Van K. Tharp
**Clever traden mit System 2.0**

Van K. Tharp

# CLEVER TRADEN
## MIT SYSTEM 2.0

Erfolgreich an der Börse
mit Money Management und Risikokontrolle

FinanzBuch Verlag

Bibliografische Information der Deutschen Bibliothek:
Die Deutsche Bibliothek verzeichnet diese Publikation in der
Deutschen Nationalbibliografie; detaillierte bibliografische Daten
sind im Internet über **http://dnb.ddb.de** abrufbar.

Das Originalbuch erschien unter dem Titel: Van K. Tharp »Trade your Way to Financial Freedom,
Second edition« bei The McGraw-Hill Companies, Inc.
Original edition copyright © 2007 by Lake Lucerne Limited Partnership. All rights reserved.
German edition copyright © 2008 by FinanzBuch Verlag. All rights reserved.

Cover-Gestaltung: Melanie Feiler
Gesamtbearbeitung: Druckerei Joh. Walch, Augsburg
Lektorat: Dr. Renate Oettinger
Übersetzung: Jürgen Skuda Baerenundbullen
Druck: Druckerei Joh. Walch, Augsburg

1. Auflage 2008
© 2008
FinanzBuch Verlag GmbH
Frundsbergstraße 23
80634 München
Tel. 089/65 12 85-0
Fax 089/65 20 96

Alle Rechte vorbehalten, einschließlich derjenigen des auszugsweisen Abdrucks
sowie der photomechanischen und elektronischen Wiedergabe. Dieses Buch will keine
spezifischen Anlage-Empfehlungen geben und enthält lediglich allgemeine Hinweise.
Autor, Herausgeber und die zitierten Quellen haften nicht für etwaige Verluste,
die aufgrund der Umsetzung ihrer Gedanken und Ideen entstehen.

Für Fragen und Anregungen:
tharp@finanzbuchverlag.de

ISBN 978-3-89879-334-6

Weitere Infos zum Thema:
www.finanzbuchverlag.de

*Dieses Buch ist meiner Frau gewidmet, Kalavathi Tharp.
Kala hat mich mein Leben lang inspiriert.
Ohne diese Inspiration und ihre große Liebe
wäre dieses Buch niemals zustandegekommen.*

# Inhaltsverzeichnis

Vorwort .............................. 11
Vorwort zur zweiten Auflage ........... 17
Vorwort zur ersten Auflage ............ 21
Danksagung ........................... 25

## Teil 1
## Der wichtigste Faktor in Ihrem Erfolg: Sie selbst!

1. Die Legende des Heiligen Grals ..................... 31
   Die Metapher des Heiligen Grals ................... 34
   Worauf es beim Traden wirklich ankommt. ........... 38
   Marktgenies formen. ............................... 40
2. Bewertende Neigungen: Warum es den meisten
   so schwer fällt, die Märkte zu beherrschen ........ 47
   Neigungen, die sich auf die Entwicklung von
   Trading-Systemen auswirken. ....................... 50
   Neigungen, die sich auf die Art und Weise auswirken,
   wie man Trading-Systeme testet .................... 65
   Neigungen, die sich darauf auswirken,
   wie man sein System tradet. ....................... 68
   Zusammenfassung ................................... 72
3. Die eigenen Ziele festlegen ...................... 75
   Ziele bestimmen: ein wesentlicher Teil bei der Arbeit
   an einem System ................................... 77
   Tom Basso zum Thema Zielsetzungen ................. 78
   Die eigenen Ziele festlegen ....................... 87

## Teil 2
## Entwurf eines eigenen Systems

4. Schritte zur Entwicklung eines Systems ............ 95
   1. Bestandsaufnahme. .............................. 96
   2. Ein aufgeschlossenes Wesen entwickeln und
      Marktinformationen sammeln .................... 98
   3. Bestimmen Sie Ihre Mission und Ihre Ziele. .... 101

4. Das Konzept bestimmen,
   das man gerne traden möchte ........................ 102
5. Das große Ganze ermitteln ........................... 106
6. Den eigenen Zeitrahmen fürs Trading ermitteln ......... 107
7. Das Wesen des eigenen Tradings bestimmen
   und objektiv messen ................................. 111
8. Die Höhe des Anfangsrisikos 1R bestimmen ............. 112
9. Fügen Sie Ihre Ausstiegspunkte zur Gewinnmitnahme hinzu und bestimmen Sie die Verteilung
   der R-Multiples Ihres Systems und seine Erwartung ..... 114
10. Bestimmen Sie die Genauigkeit der Verteilung
    Ihrer R-Multiples ................................... 115
11. Das eigene Gesamtsystem bewerten ................... 116
12. Die Verwendung von Position Sizing zur
    Einhaltung der eigenen Ziele ....................... 117
13. Bestimmen, wie man das eigene System
    verbessern kann ................................... 118
14. Das Worst-Case-Szenario im Kopf durchspielen ........ 118

**5. Ein funktionierendes Konzept auswählen ............. 121**
Trendfolgesysteme .................................... 122
Fundamentalanalyse ................................... 126
Value-Trading ........................................ 131
Band-Trading ......................................... 134
Saisonabhängige Tendenzen ............................ 140
Spreading ............................................ 148
Arbitrage ............................................ 152
Analyse der verschiedenen Märkte ..................... 159
Alles hat seine Ordnung .............................. 164
Zusammenfassung ...................................... 171

**6. Trading-Strategien, die ins große Bild passen ....... 175**
Meine Sicht des Gesamtbilds .......................... 178
Faktor eins: die Verschuldung der USA ................ 179
Faktor zwei: die anhaltende Baisse ................... 185
Faktor drei: die Globalisierung der Wirtschaft ....... 190
Faktor vier: die Auswirkungen Offener Investmentfonds . 194
Faktor fünf: Veränderungen von Regeln, Vorschriften und Steuern 198
Faktor sechs: die Neigung des Menschen zum Verlieren des
Wirtschaftsspiels .................................... 202
Andere Bereiche, die Sie ebenfalls in Betracht ziehen sollten ... 204
Wie werden Sie das Gesamtbild im Auge behalten? ...... 205
Zusammenfassung ...................................... 207

7. **Sechs Schlüssel zu einem großartigen Trading-System....** **209**
    Die Schneeballschlacht-Metapher........................ 211
    Erwartung unter der Lupe betrachtet .................... 215
    Gelegenheit und Erwartung............................. 220
    Prognosen: eine tödliche Falle ......................... 221
    Reale Trading-Anwendungen ........................... 222
    Das Abschneiden eines Systems ermitteln................ 229
    Zusammenfassung.................................... 232

# Teil 3
# Die wesentlichen Teile eines Systems verstehen

8. **Verwenden Sie Setups, um Ihrem System auf die Sprünge zu helfen........................** **239**
    Die fünf Einstiegsphasen .............................. 241
    Setups – so werden Sie zum Markt-Stalker ................ 248
    Filter gegen Setups................................... 254
    Setups, die von bekannten Systemen verwendet werden...... 259
    Zusammenfassung.................................... 269
9. **Einstiegs- oder Markt-Timing ......................** **271**
    Der Versuch, den willkürlichen Einstieg zu schlagen .......... 273
    Gängige Einstiegstechniken ............................ 275
    Entwerfen Sie Ihr eigenes Einstiegssignal ................. 295
    Eine Einstiegsevaluierung, die in einigen gängigen
    Systemen verwendet wird.............................. 300
    Zusammenfassung.................................... 305
10. **Wann Sie passen sollten: So schützen Sie Ihr Kapital .....** **307**
    Wie Ihr Stop funktioniert .............................. 308
    Verwenden Sie einen sinnvollen Stop..................... 319
    Stops, die von gängigen Systemen verwendet werden........ 323
    Zusammenfassung.................................... 326
11. **Wie man Gewinne mitnimmt.......................** **329**
    Was hinter Ausstiegsstrategien zur Gewinnmitnahme steckt ... 330
    Einfach nur einen Stop und ein Gewinnziel verwenden........ 338
    Einfachheit und Multiple-basierte Ausstiege ............... 339
    Was man vermeiden sollte............................. 340
    Von gewöhnlichen Systemen verwendete Ausstiege.......... 341
    Zusammenfassung.................................... 344

# Teil 4
# Allgemeine Übersicht

| | |
|---|---|
| **12. Jeder kann Geld verdienen** ........................... | **347** |
| Wie sieben Trader Ihre Eigenschaften anwenden. ............. | 349 |
| Wie unsere Trader fünf grundlegende Marktsituationen bewerten | 355 |
| Sechs Wochen später: die Resultate. ...................... | 387 |
| Ergebnisse der R-Multiples. ............................. | 395 |
| Zusammenfassung. ..................................... | 397 |
| **13. Das eigene System auswerten.** ...................... | **399** |
| Unterschiedliche Vorgehensweisen ....................... | 400 |
| Expectunity (Erwartung und Chance): Opportunity als Faktor... | 402 |
| Die Cost-of-Trading-Opportunity ........................ | 404 |
| Maximale Drawdowns ................................... | 408 |
| Newsletter-Empfehlungen als Beispielsysteme verwenden..... | 410 |
| Zusammenfassung. ..................................... | 416 |
| **14. Positionsgrößenbestimmung – der Schlüssel zum Erreichen Ihrer Ziele** ........................ | **419** |
| Grundlegende Position-Sizing-Strategien. ................. | 426 |
| Modell eins: eine Einheit je feste Geldmenge. .............. | 428 |
| Modell zwei: gleichwertige Einheiten für Aktienhändler ...... | 433 |
| Modell drei: das Prozent-Risiko-Modell ................... | 435 |
| Modell vier: das Prozent-Volatilitäts-Modell. .............. | 439 |
| Zusammenfassung der Modelle .......................... | 441 |
| Von anderen Systemen verwendetes Position Sizing. ......... | 443 |
| Zusammenfassung. ..................................... | 448 |
| **15. Fazit** ............................................. | **451** |
| Fehler vermeiden ...................................... | 453 |
| Was jetzt noch fehlt: ein Interview mit Dr. Tharp ........... | 455 |

| | |
|---|---|
| **Literaturverzeichnis** ................. | **467** |
| **Index** ............................. | **471** |
| **Über den Autor.** .................... | **475** |

# Vorwort

Zunächst einmal möchte ich anmerken, dass alle meine neuen Trader unbedingt *Clever traden mit System* lesen sollten. Von allen Büchern, die Dr. Van Tharp veröffentlicht hat, gibt dieses Buch die Kernaussage dessen am besten wieder, was er in seinen Workshops und Fernstudienkursen vermittelt. Mein Name ist Chuck Whitman; ich bin CEO von »Infinium Capital Management«, einer Proprietary-Trading-Firma mit Sitz an der Chicago Board of Trade. Derzeit haben wir 90 Angestellte, sind an 15 verschiedenen Börsen aktiv und handeln Basisobjekte sowie Optionen aller Vermögensarten. Ich selbst habe viele Ausgaben dieses Buches gekauft, doch bevor ich näher darauf eingehe, möchte ich Ihnen zunächst über meine Erfahrungen mit Van Tharp berichten.

Erstmals aufmerksam auf Vans Lehren wurde ich im Jahre 1998, als Bruce, einer meiner Mentoren, zwei von Vans Fernstudienkursen in die Hände bekam: zum einen den Kurs »Peak Performance Course for Traders and Investors« und zum anderen »Developing a Winning System That Fits You«. Später besuchte auch Bruce eines von Vans Systemseminaren, und als er zurückkam, erzählte er mir, wie sehr ihn die Themen und der hohe Standard der Schüler, die das Seminar besucht hatten, beeindruckt hätten.

Damals befand ich mich gerade mitten in einer der schwierigsten Phasen meiner Trader-Karriere überhaupt. Komischerweise war 1997 eines meiner erfolgreichsten Trading-Jahre, und 1998 hatte ich mich entschlossen, alles dafür zu tun, um als Trader so gut zu werden, wie ich nur konnte. Allerdings bestand die einzige mir bekannte Methode darin, »mehr zu tun«, damit ich mein neues Einnahmenziel erreichen konnte, und natürlich übertrieb ich es mit meinen Trades und hatte damit zu kämpfen, dass mein Konto zwischen riesigen Gewinnen und Verlusten ständig hin- und herschwankte. Im Frühjahr 1998 ging ich einen umfangreichen Trade ein – in der Theorie ein toller Trade. Doch ich wickelte den Trade schlecht ab, und er wuchs sich rasch zu einem der größten Verluste meiner Karriere aus. Wenn ich heute darauf zurückblicke, dann hatte ich damals viele Fehler gemacht, und laut Vans Definition eines Fehlers bedeutet dies, dass ich »meine Regeln nicht befolgt hatte«. Ich hatte im Vorfeld des Trades keinerlei Szenarien durchgespielt und fand mich mit einem schrecklichen Risiko-Rendite-Verhältnis wieder. Als ich dann gegen meinen Verlust ankämpfte, begann ich emotional zu reagieren und tat alles nur Erdenkliche, um ihn zu verhindern. Dabei handelt es sich um das, was Van die »Verlustfalle« nennt. Anstatt einen nur kleinen Verlust mitzunehmen, kämpfte ich dagegen an und versuchte verzweifelt, ihn zu verhindern. Und je mehr ich gegen den Verlust ankämpfte, desto schlimmer wurde er. Und je größer er wurde, desto mehr wollte ich ihn verhindern und desto weniger war ich bereit auszusteigen. Schließlich wurde der Verlust zu schmerzhaft, und ich löste meine Position auf. Sobald ich aus dem Trade ausgestiegen war, schwor ich mir, dass ich aus dem Erlebten lernen und alles tun würde, um es niemals zu wiederholen. Dies entpuppte sich als wichtiger Wendepunkt in meiner Laufbahn als Trader.

Ich begann, mich selbst genauer unter die Lupe zu nehmen, um zu entdecken, was ich tun könnte, um ein besserer Trader zu werden. Daraufhin entschloss ich mich, das erste Buch aus dem Peak Performance Course von Bruce auszuleihen, und entdeckte darin ein Kapitel über die Verlustfalle. Ich konnte in der Geschichte mich selbst erkennen und wie ich auf jenen schwierigen Trade reagiert hatte. All die Fehler, die ich bei diesem Trade gemacht hatte, sowie meine allgemeine Herangehensweise ans Traden wurden in diesem Kapitel beschrieben. Ich war süchtig. Ich bestellte mir sofort meine eigene Ausgabe des Kurses.

Im Januar 1999 war ich aufgrund einer Knieoperation gezwungen, zehn Wochen lang im Liegen zu verbringen. Damals war ich ein Parketthändler, also nahm ich mir vor, ein paar meiner »außerbörslichen« Trading-Ideen zu testen. Außerdem begann ich, den Peak Performance Course durchzuarbeiten, und entschloss mich rasch, dass ich die Zeit am besten dazu nutzen würde, wenn ich mir die Märkte aus dem Kopf schlug und mich auf meine Trading-Psychologie konzentrierte. Zu Beginn des Kurses hatte Dr. Tharp gesagt, dass die Übungen, die man nicht machen möchte, vermutlich genau diejenigen seien, die man am dringendsten machen sollte. Also nahm ich mir vor, jede einzelne Übung im Kurs durchzugehen, und arbeitete die nächsten zehn Wochen jeden Tag vier bis sechs Stunden daran. Und meiner Meinung nach ging ich daraus als ein Trader mit vollkommen anderer Psychologie hervor, die mir seitdem als Trading-Grundlage dient.

Gleichzeitig entschloss ich mich, einen von Dr. Tharps Workshops zu besuchen. Geleitet wurde er von Van und Robert Kiyosaki, bekannt für seine Serie »Rich Dad, Poor Dad«. Dieses Seminar änderte meine Einstellung zu Vermögen und Vermögensaufbau ebenso grundlegend, wie der Peak Performance Course meine Psychologie verändert hatte. Ich stelle mit großer Freude fest, dass Dr. Tharp ein paar dieser Themen in seine neue Ausgabe von *Clever traden mit System* eingebunden hat, indem er im Vorwort finanzielle Freiheit definiert. Ich habe gelernt, dass Vermögen eine Idee und kein endlicher Reichtum ist, wie es mir in meinem Wirtschaftsstudium vermittelt wurde. Ich merkte, dass ich selbst der größte Faktor bei meinem Erfolg war und dass Zeit mehr wert war als Geld. Von diesem Punkt an begann ich, meinem Glauben zu folgen, und ich traf Entscheidungen, die sich um die Steigerung meiner Produktivität und ums Lernen drehten. Wenn ich Geld investieren konnte, um meine Produktivität zu verbessern und mehr Zeit zum Lernen zu bekommen, dann tat ich dies. Kurz nach diesem Workshop wendete ich mich wieder dem Trading zu – mit einer neuen Perspektive im Hinblick auf Trading und Vermögen. In den nächsten vier Monaten verdiente ich mehr Geld als in meiner ganzen Karriere zuvor.

Nach dieser Zeit schraubte ich meine Trader-Aktivitäten ein wenig zurück und übte sie nur noch nebenher aus. Stattdessen fing ich an, meinen lebenslangen Traum zu verwirklichen, der darin bestand, eine eigene Trading-Firma aufzubauen und ein Spekulant für Upstairs-Geschäfte zu werden. Die nächsten zwei Jahre verbrachte ich damit, zu lernen, Nachforschungen zu betreiben und mir einen Plan zurechtzulegen, wie ich traden wollte. Als Grundlage dieses Plans verwendete ich viele von Vans Prinzipien. Ich las dieses Buch und sein anderes damals veröffentlichtes Buch *Financial Freedom through Electronic Day Trading*. Ich belegte noch einige weitere von Vans Workshops und übernahm fünf wesentliche Prinzipien, um die herum ich meine Firma aufbaute. Vier dieser Prinzipien lernte ich durch Van kennen. Ich habe die Prinzipien übereinstimmend und in derselben Reihenfolge gehalten, wie sie auch Van lehrt. Hier sind sie:

1. **Psychologie.** Sie könnten die besten Gelegenheiten und Hilfsmittel überhaupt haben, doch wenn Ihre Psychologie Mängel aufweist, werden Sie es nicht schaffen. Wir handeln aus dem Glauben heraus, dass wir unsere eigenen Wirklichkeiten erzeugen und manifestieren. Wenn wir denken, die Welt hat Probleme, dann manifestieren wir diese Vorstellungen in dem, was wir sehen. Glauben wir dagegen, die Welt ist im Überfluss, dann finden wir Unmengen von Hinweisen, die dies belegen. In diesem Bereich legen wir unseren Schwerpunkt zunächst darauf, wie wir neue Mitarbeiter einstellen, kommen dann dazu, wie wir sie ausbilden, und beschäftigen uns schließlich damit, wie wir wachsen. Und in dieser neuen Ausgabe von *Clever traden mit System* werden Sie dieses Prinzip das ganze Buch hindurch finden. Sie sind für die erzielten Ergebnisse zuständig, und dies bedeutet, dass Sie auch für Ihre Trading-Arbeit verantwortlich sind. Wenn Sie Ergebnisse erzielen, die Ihnen nicht gefallen, dann haben Sie irgendeinen Fehler gemacht, und Sie können diesen Fehler beheben.

2. **Position Sizing.** Sie könnten den besten Trading-Plan, die besten Informationen und die besten Ausführungssysteme haben, doch wenn Sie zu viel riskieren, werden Sie scheitern. Wie Van in dieser neuen Ausgabe aufzeigt, ist eine risikoarme Idee eine Idee, bei der das Risiko nur so hoch angesetzt ist, dass man langfristig gesehen auch die denkbar schlimmsten Fälle überlebt, sodass man die langfristige Erwartung des Systems erreichen kann. Dies ist einer der echten Schlüssel zum Trading-Erfolg, und Sie sollten dieses Buch mehrere Male lesen, nur um sicherzugehen, dass Sie diesen Punkt verstanden haben. Sie werden Verluste haben, und es kommt darauf an, dass Sie den Schaden dieser Verluste in Grenzen halten, damit Sie am Ende eine optimale Rendite erzielen. Position Sizing gehört zu den wichtigsten Aspekten beim Trading, doch kaum jemand lehrt es. Es ist jener Teil Ihres Systems, der Ihnen hilft, Ihre Ziele zu erreichen. Sorgen Sie dafür, dass Ihnen dies bei der Lektüre dieses Buches wirklich klar wird.

3. **Marktauswahl.** Dieses Prinzip habe ich hinzugefügt, obwohl es Teil des Modells ist, das Dr. Tharp in Kapitel vier vorstellt. Der Markt, auf dem Sie traden, ist viel wichtiger als die Art und Weise, wie Sie traden. Ich habe in meiner gesamten Karriere immer wieder erlebt, wie sich dieses Prinzip auswirkt. Ende der 90er-Jahre, Anfang des neuen Jahrtausends gab es Leute, die mit dem Aktienoptionshandel enorme Summen Geld verdienten, doch keine Ahnung von dem hatten, was sie da eigentlich machten. Nur wenige Jahre später sprachen mich ausgerechnet einige dieser Trader darauf an, ob sie nicht für unsere Firma arbeiten könnten. Dagegen habe ich auch einige wirklich große Trader erlebt, die ein solides Auskommen hatten, weil sie aus schlechten Märkten alles herausholten. Wären sie in einem der aktiven Märkte gewesen, wären sie zu Legenden geworden. Dies bestätigte meine Ansicht: Finde die aktivsten Märkte mit der höchsten Volatilität und konzentriere dich auf sie. Oder wie es John Paul Getty zu sagen pflegte: »Gehe dorthin, wo das Öl ist!« Ich stelle mit Vergnügen fest, dass Dr. Tharp diese neue Ausgabe um ein weiteres Kapitel erweitert hat, in dem er das große Ganze bewertet und sich damit beschäftigt, Märkte und Strategien zu finden, die ins Gesamtbild passen.

4. **Ausstiegspunkte.** Ob man auf den Märkten Geld verdient, hängt in erster Linie davon ab, wie man aus dem Markt aussteigt. Man muss seine Gewinne in Grenzen halten, indem man weiß, wann man danebenliegt, und bei seinen schlechten Trades den Hebel umlegen. Dies wird in Kapitel zehn ausführlich erörtert. Außerdem muss man wissen, wie man einen Gewinner handhabt und ihn optimal weiterlaufen lässt. Dies wird in Kapitel elf beschrieben. Einige der größten Trader, die ich kenne und beobachtet habe, waren Meister, wenn es darum ging, zuzugeben, dass sie sich getäuscht hatten, und aus der Position ohne falschen Stolz auszusteigen. Und das Ganze machten sie in einer solchen Art und Weise, dass nicht mal jemand wusste, dass sie dabei waren, aus dem Markt auszusteigen.

5. **Einstiegspunkte.** In Kapitel neun erfahren Sie, dass Sie willkürlich in den Markt einsteigen und dennoch Geld verdienen können. Dr. Tharp spricht sogar über sein System mit willkürlichen Einstiegspunkten und zeigt Ihnen, wie man damit Geld macht. Wenn Sie über eine solide Psyche verfügen, dank derer Sie ohne falschen Stolz traden können, ein System mit positiver Erwartung, das Sie dadurch erzeugen, dass Sie sicherstellen, dass Ihre Verluste auf ein Minimum beschränkt sind (Van nennt dies »sicherstellen, dass die Verluste 1R oder weniger betragen«) und für exzellente Risiko-Rendite-Verhältnisse traden (»Ihre Gewinner ein Vielfaches vom Anfangsrisiko sein lassen«, wie Van dazu sagt) und in den besten Märkten aktiv sind sowie Position Sizing verwenden, um Ihre Ziele zu erreichen – dann ist Ihr Einstiegspunkt

eigentlich gar nicht so wichtig. Diese Prinzipien werden im Verlauf dieser neuen Auflage von *Clever traden mit System* erörtert.

Diese Prinzipien sind das Herz meines Geschäfts, und ich bringe sie allen Neulingen sowie den Mitarbeitern meiner Firma bei. Diese Prinzipien stehen in scharfem Kontrast zu den folgenden Ansichten, die von der Mehrheit der allgemeinen Trading-Gemeinde geteilt werden:

➡ Man muss die richtige Aktie auswählen. Wenn man noch überhaupt kein Geld verdient hat, dann hat man sich vermutlich für die falsche Aktie entschieden. – Stellen Sie diese Ansicht dem oben erwähnten fünften Prinzip gegenüber.
➡ Man sollte stets voll investiert sein, und das Risiko der betroffenen Streuung ist kontrolliert. – Stellen Sie diese Ansicht dem zweiten Prinzip gegenüber.
➡ Wenn Sie Geld im Markt verlieren, dann vermutlich deshalb, weil Sie ein Opfer des Marktes oder Ihres Brokers oder Beraters sind. – Stellen Sie dies dem ersten Prinzip gegenüber.

Daher bemüht sich das allgemeine Trader-Publikum in erster Linie darum, die richtigen Aktien zur rechten Zeit auszuwählen, und ignoriert dabei, was für den Erfolg wirklich wichtig ist. Auch deshalb ist dieses Buch so wichtig.

In Kapitel 2 werden Sie erfahren, warum Erfolg für so viele Menschen in immer weitere Ferne rückt – der Grund sind all die Vorurteile, denen sie unterliegen, wenn sie Entscheidungen treffen. Dr. Tharp bezeichnet diese als »wertende Heuristik«. Und komischerweise verwenden gerade diejenigen, die darüber Bescheid wissen, diese Vorurteile, um eine Prognose des Marktes treffen zu können. Im Gegensatz dazu haben wir Vans Gedanken aufgegriffen, dass die meisten verlieren, weil sie es nicht schaffen, wirksame Entscheidungen zu treffen. Warum sollten wir also nicht versuchen, effizienter zu werden?

Wie ich bereits erwähnt habe, verlange ich von meinen neuen Tradern, dass sie *Clever traden mit System* lesen. Dieses Buch verschafft Einblick in all die anderen von Van verfassten Werke, die ich als so wertvoll empfunden habe. Dank dieses Buches können Sie lernen, wie man ein Trading-System entwickelt, das den persönlichen Vorstellungen entspricht; außerdem hilft es Ihnen, Ihre Ziele zu erreichen. Wenn Sie es immer wieder lesen, werden Sie einen umso besseren Einblick in die fünf wesentlichen Prinzipien gewinnen, mit denen ich mein Unternehmen leite.

Hätte mir Dr. Tharp nicht seine Philosophie beigebracht, dann hätte ich weder den Erfolg und das Glück noch die Gelegenheit gehabt, sie mit vielen anderen bei der Gründung meiner Firma zu teilen. Ich glaube, Gott hat es so gewollt, dass ich Dr. Tharp über den Weg gelaufen bin und die Chance hatte, von ihm zu lernen. Beim Aufbau meiner Firma habe ich diese Philosophien immer und immer wieder auf die Probe gestellt. Sie sind hauptverantwortlich dafür, dass meine Firma so große Erfolge erzielt hat.

Ich hoffe, auch Sie ziehen die wunderbaren Lehren aus diesem Buch und nutzen sie zu einem profitableren Trading und dazu, bewusster zu leben.

*Chuck Whitman*
*Chief Executive Officer*
*Infinium Capital Management*
*Chicago, Illinois*

# Vorwort zur zweiten Auflage

## Finanzielle Freiheit durch dieses Buch erreichen

Zunächst möchte ich auf den englischen Titel eingehen, der die Worte »finanzielle Freiheit« enthält. Viele waren der Meinung, die Worte »finanzielle Freiheit« machten den Titel ein bisschen zu kommerziell. Jack Schwager schrieb über die erste Auflage sogar folgenden Kommentar: »Zwar kann ich Ihnen keine finanzielle Freiheit versprechen, doch was ich Ihnen versprechen kann, ist ein Buch voller solider Ratschläge zum Thema Trading und vieler Ideen, mit deren Hilfe Sie Ihre eigene Trading-Methodologie entwickeln können. Und wenn Sie nicht glauben, dies sei genug, dann brauchen Sie dieses Buch unbedingt.«

Was also ist finanzielle Freiheit? Der erste Abschnitt meines Buches *Safe Strategies for Financial Freedom* ist dieser Thematik gewidmet. Ich will diese Diskussion hier keinesfalls wiederholen, möchte sie aber kurz zusammenfassen.

Finanzielle Freiheit ist tatsächlich eine neue Art, über Geld zu denken. Die meisten glauben, das Spiel mit dem Geld dadurch zu gewinnen, dass sie das meiste Geld und das meiste Spielzeug haben. Diese Regel haben andere aufgestellt, um Sie in die Irre zu führen. Wenn Sie ihr folgen, werden nicht Sie, sondern ein anderer das Spiel mit dem Geld gewinnen. Und zwar aus folgendem Grund: Nur eine Person auf der Welt kann das meiste Geld haben, und selbst wenn Sie glauben, als Milliardär hätten Sie die nötigen Voraussetzungen, bedeutet dies immer noch, dass Ihre Chancen, das Spiel zu gewinnen, äußerst gering sind.

Wenn Sie glauben, man könne das Spiel dadurch gewinnen, dass man das meiste Spielzeug hat, dann werden Sie vermutlich in der Schuldenfalle enden, denn schließlich können Sie jedes Spielzeug jetzt kaufen, wenn die Anzahlung und die monatlichen Zahlungen niedrig genug sind. Wenn man so vorgeht, steigt man jedoch irgendwann in eine Welt riesiger Verbraucherschulden und ein Leben finanzieller Sklaverei ab, in dem finanzielle Freiheit (so wie ich sie verstehe) in immer weitere Ferne rückt.

Finanzielle Freiheit bedeutet für mich, dass man zu anderen Regeln greift, um das Spiel mit dem Geld zu gewinnen. Und wenn Sie jenen Regeln folgen, sich Ihrem Ziel verschreiben und aus Ihren Fehlern lernen, dann kann ich Ihnen finanzielle Freiheit durch dieses Buch versprechen. Finanzielle Freiheit bedeutet, dass Ihr Geld, das für Sie arbeitet, mehr Geld einfährt, als Sie benötigen, um Ihre monatlichen Kosten zu bestreiten. Wenn Ihre monatlichen Kosten beispielsweise 5.000 Dollar betragen und Ihnen das Geld, das für Sie arbeitet, monatlich 5.000 Dollar oder mehr einbringt, dann sind Sie finanziell unabhängig.

Als Trader oder Investor aktiv zu sein ist nur eine von vielen Möglichkeiten, die man hat, um sein Geld für sich arbeiten zu lassen. Ich glaube, wenn Sie durch dieses Buch eine Methodologie entwickeln können, die Sie auch ohne allzu viel Arbeit aufrechterhalten können (ein paar Stunden pro Tag reichen vollkommen aus) und die genug Geld hervorbringt, um Ihre monatlichen Kosten zu bestreiten, dann sind Sie finanziell unabhängig. Ein Beispiel: Wenn Sie ein Konto mit 300.000 Dollar haben, durch dieses Konto als Trader jedes Jahr 60.000 Dollar (also 20 Prozent) verdienen und dazu pro Tag nur ein paar Stunden aufbringen müssen, dann sind Sie finanziell unabhängig. Das heißt nicht, dass Sie nicht Hunderte oder gar Tausende von Stunden damit zubringen werden, den Grundstein für Ihre finanzielle Freiheit zu legen. Ebenso wenig bedeutet dies, dass Sie aufhören können, an sich selbst zu arbeiten, und immer noch eine gleichmäßig hohe Rendite erzielen. Was es aber bedeutet, ist Folgendes: Finanzielle Freiheit ist möglich, sobald Sie die Grundlage dafür schaffen.

## Sie handeln nur ihre Vorstellungen

Dieses Buch wurde ursprünglich im Jahre 1999 veröffentlicht. Seitdem habe ich immer wieder gehört, wie sehr es die Ansichten vieler Menschen in Bezug auf Trading, Geldanlage und Herangehensweise an die Märkte verändert hat.

Ich war immer der Auffassung, dass man nicht die Märkte handeln kann. Stattdessen handelt man seine Vorstellungen vom Markt. Wenn Sie zum Beispiel glauben, dass der Markt demnächst steigen wird (oder dass er allgemein auf lange Sicht steigen wird), und der Meinung sind, dass Trendfolgesysteme funktionieren, dann könnten Sie eine Trendfolgemethode verwenden und Aktien kaufen, die steigen. Wenn Sie jedoch glauben, dass der Markt überbewertet ist und vermutlich bald fallen wird, dann könnte es schwierig für Sie werden, Aktien zu kaufen, die steigen, da dies Ihren Vorstellungen widerspricht.

Alles, was ich in der ersten Auflage dieses Buches geschrieben habe, spiegelte meine damaligen Vorstellungen von den Märkten und von dem, was für den Erfolg eines Traders notwendig ist, wider. Vorstellungen entsprechen jedoch nicht der Realität. Vielmehr handelt es sich um Filter der Realität. Ich erkenne dies seit Langem an und habe immer wieder gesagt, dass das, was ich lehre, die nützlichsten Vorstellungen widerspiegelt, die ich heute vom Markt und vom Erfolg eines Traders habe.

Über die Jahre bin ich immer wieder Vorstellungen begegnet, die scheinbar noch hilfreicher sind. Und in den sieben Jahren, die vergangen sind, seit die erste Auflage dieses Buches veröffentlicht wurde, habe ich viele neue, wesentlich hilfreichere Vorstellungen übernommen. Auch wenn sich die meisten Kernkonzepte aus der ersten Auflage nicht verändert haben, so haben sich dennoch genügend Dinge verändert, damit ich mit Ihnen dieser neuen Auflage des Buches noch weiter helfen kann.

Im Folgenden ein Auszug der wesentlichen Veränderungen, die meine derzeitigen Vorstellungen widerspiegeln:

- Ich glaube, alle Trading-Systeme sollten das Gesamtbild widerspiegeln. Im Jahre 1999 befanden wir uns fast am Ende eines großen säkularen Bullenmarktes, der 1982 begonnen hatte. 1999 konnte man jede beliebige High-Tech-Aktie kaufen, sechs Monate lang daran festhalten und vielleicht sein Geld verdoppeln. Doch auf säkulare Bullenmärkte folgen säkulare Bärenmärkte wie derjenige, der im Jahre 2000 begann. Diese dauern meist bis zu 20 Jahre, sodass man, um gute Gewinne zu erzielen, Strategien benötigt, die diese Makrotendenzen ausnutzen. Der Bärenmarkt bedeutet nichts Schlechtes. Es bedarf lediglich eines anderen Schwerpunktes, damit man Geld darin verdient.
- Mein Modell zur Entwicklung eines Trading-Systems, das zu einem passt, hat sich im Verlauf der vergangenen sechs Jahre leicht verändert, und dieses Buch beinhaltet diese Veränderungen.
- Zwar sind die Konzepte in der ersten Auflage weitestgehend zeitlos, dies gilt jedoch nicht für meinen Blickwinkel darauf. In dieser zweiten Auflage habe ich daher meinen Schwerpunkt auf das gerichtet, was meiner Meinung nach zurzeit am besten funktioniert.
- Meine Erklärung des Begriffs Erwartung in der ersten Auflage dieses Buches war leicht irreführend und definitiv verwirrend. Ich habe sie in meinen anderen Büchern *Financial Freedom through Electronic Day Trading* und *Safe Strategies for Financial Freedom* verändert und außerdem darauf geachtet, dass sie auch in diesem Buch glasklar ist.
- Mittlerweile bin ich fest davon überzeugt, dass man sich Systeme als Verteilungen von R-Multiples vorstellen kann, die sie erzeugen. Dies wird Ihnen klar, wenn Sie dieses Buch lesen. Sobald Sie dies verstehen, wird sich Ihr Blickwinkel auf Trading-Systeme völlig verändern.
- Da man sich Systeme als Verteilungen von R-Multiples vorstellen kann, ist es auch möglich, anhand dieser Verteilungen zu simulieren, wie künftige Ergebnisse aussehen könnten. Und was fast noch wichtiger ist: Mithilfe solcher Simulationen erhält man Aufschluss darüber, wie man das Position Sizing seines Systems gestalten sollte, um seine Ziele zu erreichen. Ich habe diesem Thema in dieser neuen Auflage besondere Aufmerksamkeit gewidmet.

Zudem gibt es in dieser Auflage viele kleine, aber bedeutende Veränderungen, die Ihnen dabei helfen werden, ein wesentlich besserer Trader oder Investor zu werden. Ich hoffe, Sie profitieren von dieser zweiten Auflage im gleichen Maße, wie es viele von der ersten Auflage behaupten.

*Dr. Van K. Tharp, August 2006*

# Vorwort zur ersten Auflage

Eine Reihe von Kunden hat mich darum gebeten, bestimmte Abschnitte in diesem Buch auszusparen, und zwar mit dem Verweis »Du gibst zu viel preis«. Doch mein Job ist es, Trader und Investoren darauf vorzubereiten, Spitzenleistungen zu erbringen. Dabei kommt es auf jedes verfügbare Werkzeug an, da es in der Literatur derart viele Fehlinformationen gibt, dass der Durchschnittsmensch permanent in die Irre geführt wird.

Dabei sind diese Fehlinformationen meist keine Absicht. Viele wollen regelrecht in die Irre geführt werden. Sie stellen permanent die falschen Fragen, zum Beispiel:

- Was wird der Markt jetzt tun?
- Was sollte ich jetzt kaufen?
- Ich besitze die Aktie XYZ. Glauben Sie, sie wird demnächst steigen? (Wenn Sie nein sagen, dann werden Sie jemand anderen fragen, bis Sie einen Menschen finden, der Ihre Meinung teilt.)
- Sagen Sie mir, wie ich in den Markt einsteigen und die meiste Zeit über »richtig« liegen kann.

Und diese Verkaufsinformationen werden dadurch belohnt, dass man den Fragestellern die Antworten gibt, die sie wollen.

Im April 1997 hielt ich ein zweitägiges Seminar in Deutschland. Gegen Ende der Veranstaltung stellte ich die Teilnehmer vor die Wahl: Entweder wir führten eine Übung durch, die sich mit Selbstsabotage beschäftigte (die sie alle nötig hatten), oder sie könnten mir Fragen stellen. Obwohl ich glaube, dass es das Wichtigste ist, an sich selbst zu arbeiten, entschieden sie sich dafür, mir Fragen zu stellen. Wissen Sie, wie die erste Frage, die man mir stellte, lautete? »Dr. Tharp, wie wird sich der US-Aktienmarkt Ihrer Meinung nach im weiteren Verlauf des Jahres 1997 verhalten?« Und dies, obwohl ich während der beiden vergangenen Tage alles versucht hatte, um ihnen zu erklären, warum solche Fragen unwichtig sind. Hoffentlich werden Sie, wenn Sie das Buch zu Ende gelesen haben, verstehen, warum.

Wenn die Leute, nachdem sie gefragt haben, was sie kaufen sollen, als Nächstes zu Fragen über das »Wie?« kommen, dann stellen sie immer noch die falschen Fragen. Nun lautet die Frage in etwa so:

Nach welchen Kriterien sollte ich in den Markt einsteigen, damit ich die meiste Zeit über richtig liege?

Um Antwort auf solche Fragen zu erhalten, steht eine riesige Industrie zur Verfügung. Neueste Bücher zur Geldanlage sind voll von Einstiegsstrategien, die laut Autor zu 80 Prozent zuverlässig sind oder große Gewinne versprechen. Ein Bild sagt meist mehr als tausend Worte, daher wird jede Strategie von einer Grafik begleitet, in der der Markt nichts als stieg. Solche Best-Case-Bilder können eine Menge Leute beeinflussen und beim Verkauf vieler Bücher helfen. Außerdem bringen sie eine Menge Newsletter und Trading-Systeme unters Volk. Leider helfen sie jedoch nur den wenigsten.

Auf einer Konferenz für Investoren sprach 1995 ein bekannter Referent zu den Terminmärkten über seine Einstiegssignale mit hoher Gewinnwahrscheinlichkeit. Der Raum war brechend voll, als er behutsam erklärte, was man tun müsse. Gegen Ende des Vortrags meldete sich ein Teilnehmer und fragte: »Wie steigen Sie aus dem Markt aus?« Seine Antwort, wenngleich spaßig, lautete: »Sie wollen aber auch alle Geheimnisse von mir wissen, stimmt's?«

Auf einer weiteren Konferenz rund ein Jahr später sprach der Hauptredner rund eine Stunde lang vor 600 Menschen über Einstiegstechniken mit hoher Gewinnwahrscheinlichkeit. Jeder hing gebannt an seinen Lippen. Über Ausstiegspunkte wurde nichts gesagt, außer dass man enge Stops verwenden und großen Wert auf Money Management legen sollte. Nach dem Vortrag verkaufte derselbe Redner in gerade mal einer halben Stunde Bücher im Wert von 10.000 Dollar, da die Leute ganz hin und weg waren, dass solche Einstiegstechniken mit hoher Gewinnwahrscheinlichkeit die Antwort waren.

Auf der gleichen Konferenz hielt ich einen Vortrag zum Thema Position Sizing, dem Hauptfaktor bei der Bestimmung von Gewinnen. 30 Leute hörten mir zu, und etwa vier von ihnen kauften ein Buch, das sich mit diesem speziellen Thema beschäftigt. Man neigt zu den Dingen, die nicht funktionieren. Dies liegt in der Natur des Menschen.

Solche Geschichten könnten sich in einer Konferenz nach der anderen wiederholen. Die Leute rennen scharenweise in Vorträge über Einstiegssignale mit hoher Gewinnwahrscheinlichkeit oder über die Software, die ihnen vermeintlich Aufschluss darüber gibt, was sie gerade jetzt kaufen sollten. Und weniger als ein Prozent werden irgendetwas Bedeutsames erfahren. Dagegen verlieren sich nur wenige Zuhörer in Vorträgen über Position Sizing und persönliche Psychologie – die wichtigsten Schlüssel, um echtes Geld zu machen.

Selbst in die Softwareprogramme, die sich mit den Märkten beschäftigen, sind derartige Neigungen eingebaut. Diese Produkte sind meist vollgeladen mit Indikatoren, mit deren Hilfe man perfekt verstehen kann, warum die Märkte in der Vergangenheit das getan haben, was sie getan haben. Warum sollten sie das nicht tun? Diese Indikatoren werden aufgrund jener Daten der Vergangenheit geformt, über die sie die Kurse voraussagen. Wenn man dies mit künftigen Kursen tun könnte, wäre die Software wunderbar. Die Wahrheit ist jedoch, dass sich die Kurse nicht auf diese Art und Weise voraussagen lassen. Dennoch wird auf diese Weise massenhaft Software verkauft. Und diese Software beantwortet tatsächlich die Frage, die den meisten unter den Nägeln brennt: »Was soll ich jetzt kaufen?«

Es kann durchaus sein, dass ich mich noch vielen heiligen Kühen zuwende, bevor ich dieses Buch beende. Der Grund ist, dass man die echten Geheimnisse des Marktes nur dann erlernen kann, wenn man darauf achtet, was tatsächlich funktioniert. Wenn Ihre Aufmerksamkeit anderswo liegt, werden Sie vermutlich gar keine Geheimnisse lüften. Dieses Buch enthält jedoch nur meine Ansichten und Meinungen. Es ist voll von Informationen, die Ihnen helfen werden, Ihre Performance als Trader oder Investor wirklich zu verbessern. Finden Sie es heraus, und Sie werden einen Riesensatz nach vorne machen, wenn es darum geht, dauerhaft Geld zu verdienen.

*Dr. Van K. Tharp*
*Juni 1998*

# Danksagung

Dieses Buch ist ein Ergebnis von 25 Jahren Überlegungen zu den Märkten, dem Studium Hunderter großer Trader und Investoren sowie der Anleitung vieler weiterer angehender Größen, denen ich geholfen habe, einige der in diesem Buch erwähnten Prinzipien anzuwenden. Die erste Auflage diente Tausenden von Tradern als Inspiration. Und wenn diese neue Auflage erneut Tausenden von Tradern hilft, selbst jenen, die ich nie getroffen habe, dann war sie die Mühe wert.

Während der 25 Jahre, die ich in diesem Bereich verbrachte, haben mir zahlreiche Personen geholfen, den Überlegungen, die in dieses Buch eingeflossen sind, Kontur zu verleihen. Natürlich kann ich nur einigen wenigen dieser Personen namentlich danken. Dennoch gelten jedem, der auf irgendeine Art seinen Beitrag geleistet hat, mein tiefster Dank und meine Anerkennung.

Tom Basso hat für meine Überlegungen und mein Leben wertvolle Beiträge geleistet. Tom fungierte in über einem Dutzend meiner Seminare und in einigen unserer Schulen für Profi-Trader als Gastreferent. Zudem trug Tom mit einigen Abschnitten zu diesem Buch bei.

Ray Kelly gehörte zu meinen ersten Kunden. Ich habe seine gesamte Entwicklung verfolgt: von einem knallharten, irischen Parketthändler, dessen Lieblingsspruch »My way or the highway!« lautete, hin zu jemandem, der seine Zeit bereitwillig Schulkindern in den Innenstädten zur Verfügung stellte, um sie davon zu überzeugen, allmählich Verantwortung für ihr Leben zu übernehmen, und der später ein Spiritual Retreat (Zentrum zur inneren Einkehr) in Kalifornien leitete. Ray gehörte zu den besten mir bekannten Tradern und war auch ein hervorragender Lehrer. Er trat auf vielen unserer Seminare auf und verfasste für dieses Buch das Kapitel zum Thema Arbitrage. In der Zeit nach Veröffentlichung der ersten Auflage dieses Buches ist Ray verstorben. Er war etwas Besonderes, und ich vermisse ihn sehr.

Ich möchte mich bei Chuck Whitman für das Vorwort zu diesem Buch bedanken. Chuck ist Teil meines Programms »Super Trader«, und ich habe mich immer wieder telefonisch mit ihm über Systemideen beraten. Chuck gehörte nicht nur zu meinen besten Kunden, er hat sich auch zu einem vorbildlichen Trader entwickelt.

Chuck LeBeau half mir, die Brücke zwischen dem berühmten Trader-Axiom »Halte deine Verluste in Grenzen und lasse deine Gewinne laufen« und der Bedeutung von Ausstiegspunkten zu schlagen. Denken Sie darüber nach: Verluste in Grenzen zu halten bedeutet, Verluste vorzeitig abzubrechen, das heißt auszusteigen. Und auch Gewinne laufen zu lassen hat in erster Linie damit zu tun, auszusteigen. Das gesamte Axiom handelt vom Aussteigen. Chucks Hartnäckigkeit, mir diesen Punkt klar zu machen, erwies sich als äußerst wertvoll für mich. Chuck tritt bei unseren Seminaren zum Thema fortschrittliche Systeme häufig als Gastdozent auf.

Ich möchte mich auch bei D. R. Barton bedanken. Im Verlauf der vergangenen 15 Jahre habe ich beobachtet, wie sich D. R. von einem Techniker zu einem Trader-Ausbilder entwickelt hat, der auch wertvolle Beiträge zu unseren Workshops geleistet hat. Der Abschnitt zum Thema Band-Trading im Kapitel über Konzepte stammt von D. R., dem damit die Ehre zuteil wird, Gastbeiträge zu allen drei Büchern geleistet zu haben, die ich bei McGraw-Hill veröffentlicht habe.

Kevin Thomas, Jerry Toepke und Louis Mendelsohn lieferten allesamt hervorragende Beiträge zum Kapitel über Konzepte. Ihr Werk vermittelt wertvolle Einblicke und ist sehr hilfreich. Ich bin ihnen für ihre Beiträge sehr dankbar. Kevin schloss sich als Erster meinem Programm »Super Trader« an, und heute bildet er in London Trader aus.

Außerdem möchte ich mich bei Chuck Branscomb bedanken. Als Chuck erstmals unsere Workshops besuchte, glaubte er, über ein hervorragendes System zu verfügen, hatte aber in Wirklichkeit überhaupt kein System – sondern lediglich ein paar Einstiegssignale. Mit den Jahren merkte ich, wie er sich zu einem äußerst bewanderten System-Trader mauserte. Er ist außerdem ein tolles Beispiel dafür, wie man aus einem soliden System ein zuverlässiges »Einfühlungsvermögen« in den Markt entwickeln kann. Chuck ist ehemaliger Herausgeber unseres Newsletters und half mir in dieser Funktion, Begriffe wie »R-Multiple« zu prägen, denen Sie im Verlauf dieses Buches immer wieder begegnen werden.

Sowohl Frank Gallucci als auch Chris Anderson halfen mir bei der Entwicklung einer Software, die mir gezeigt hat, wie wichtig es ist, mithilfe von Simulationen den passenden Position-Sizing-Algorithmus zu bestimmen, um seine Tradingz-Ziele zu erreichen. Zudem möchte ich mich auch bei John Humphreys bedanken, der all meine Vorschläge zum Thema Position Sizing aufgriff und mir die Millionen von Möglichkeiten aufzeigte, die es heute für verschiedene Algorithmen gibt.

Ich möchte meinen Leuten bei IITM dafür danken, dass sie mir geholfen haben, dieses Buch zu einem Ende zu bringen. Cathy Hasty war mir eine große Hilfe beim Layout dieses Buches in seinem ursprünglichen Format mit den Grafiken. Becky McKay war mir mit Korrekturlesen und bei der Aufbereitung der Kapitel eine enorme Hilfe bei der zweiten Auflage dieses Buches. Mir standen nur einige Monate zur Verfügung, um die zweite Auflage fertigzustellen, und ohne dich, liebe Becky, hätte ich das niemals geschafft. Ebenso dankbar bin ich Ana Walle und Tamika Williams, die mir bei diesem Projekt in vielfältiger Weise beigestanden und mich unterstützt haben. Und ein besonderer Dank geht an Melita Hunt, die mich dazu inspiriert hat, diese zweite Auflage des Buches zu schreiben. Melita war bahnbrechend bei diesem Projekt und spielte die wichtigste Rolle, wenn es darum ging, Einzelheiten mit meinem Verleger, McGraw-Hill, abzuklären, der diese Zweitauflage möglich machte.

Ich möchte meinen Herausgebern bei McGraw-Hill danken, die diese Zweitauflage möglich machten. Zu ihnen gehören auch Jeanne Glasser, Acquisition Editor (empfiehlt dem Verlag Werke zur Veröffentlichung), und Jane Palmieri, Editing Manager (Leiter der Redaktion). Zudem möchte ich mich bei Marci Nugent bedanken, dem viele Fehler aufgefallen sind, die sich immer ins Manuskript einschleichen.

Soweit ich weiß, wurde »Position Sizing« – also Positionsgrößenbestimmung – vor der ersten Auflage dieses Buches nie als Trading-Begriff verwendet. Seit der Veröffentlichung der ersten Auflage hat es Money Management praktisch als das Wort ersetzt, das den entscheidenden Aspekt eines Trading-Systems am besten beschreibt – die Frage: »Wie viel?«. All jenen unter Ihnen, die diesen Terminus übernommen haben, egal ob Ihnen dieses Buch gefällt oder nicht, spreche ich meinen Dank aus, weil Sie dadurch einiges an Verwirrung aus diesem bedeutendsten Trading-Aspekt genommen haben.

Ich möchte auch den großen Tradern danken, mit denen ich in all den Jahren zusammenarbeiten durfte. Viele von ihnen haben durch die Befolgung der in diesem Buch enthaltenen Konzepte in ihrer Trading-Karriere mehrere Millionen an Gewinnen erwirtschaftet. Egal ob sie mir geholfen haben, die Konzepte besser zu verstehen, oder ob sie mir geholfen haben, anderen zu beweisen, dass diese Konzepte funktionieren – ich spreche ihnen hiermit meine tiefe Dankbarkeit aus.

Zuletzt möchte ich mich noch bei den drei Personen bedanken, die ich am meisten liebe – bei meiner Frau Kalavathi, meinem Sohn Robert und meiner Nichte Nanthini. Ihr alle seid meine Inspiration. Danke, dass es Euch gibt.

# Teil 1

## Der wichtigste Faktor in Ihrem Erfolg: Sie selbst!

Die Ziele dieses Buches sind zweigeteilt:

1. Zum einen will es Ihnen bei Ihrer Suche nach den Geheimnissen des Heiligen Grals helfen, und gleichzeitig ...

2. ... will es Ihnen bei Ihrer Suche nach einem Erfolg versprechenden Trading-System helfen, das zu Ihnen passt.

Beide Ziele gehen von einer wesentlichen Voraussetzung aus: dass Sie selbst der wichtigste Faktor Ihres Erfolgs sind. Jack Schwager kam, nachdem er zwei Bücher geschrieben hatte, für die er einige der weltweit besten Trader interviewt hatte, zu folgendem Schluss: Der wichtigste Faktor ihres Erfolges bestand darin, dass jeder von ihnen ein Trading-System besaß, das zu ihm passte. Ich würde diese Annahme gerne noch einen Schritt weiterführen: Man kann nur dann ein passendes System entwickeln, wenn man etwas über sich selbst weiß.

Demnach beschäftigt sich der erste Teil dieses Buches mit Selbstfindung und damit, dass man sich an einen Punkt bewegt, von dem aus man Marktrecherche betreiben kann. Ein weiteres Kapitel handelt von der psychologischen Kernaussage erfolgreichen Tradings (worum es sich beim Heiligen Gral tatsächlich handelt), ein anderes von der wertenden Heuristik und wieder ein anderes von der Festlegung persönlicher Zielsetzungen.

# 1 Die Legende des Heiligen Grals

*Wir müssen nur dem Heldenweg folgen, und wir werden dort einen Gott finden, wo wir geglaubt haben, wir hätten etwas Scheußliches gefunden. Und dort, wo wir geglaubt haben, wir hätten einander getötet, werden wir uns selbst töten. Wo wir dachten, uns nach außen zu bewegen, nähern wir uns dem Zentrum unserer eigenen Existenz. Und wo wir geglaubt haben, fertig zu sein, werden wir mit aller Welt vereint.*

– Joseph Campbell
*Die Kraft der Mythen (Seite 51)*

Ich möchte Ihnen ein Geheimnis über den Markt anvertrauen. Sie können richtig viel Geld verdienen, indem Sie Break-outs kaufen, die über den normalen täglichen Schwankungsbereich einer Kursbewegung hinausgehen. Dies nennt man Volatilitäts-Break-outs. Ein Trader ist berühmt dafür, dass er mit Volatilitäts-Break-outs Millionen verdient. Sie können dies auch schaffen! Sie können eine Menge Geld machen! Und hier ist Ihre Anleitung.

Zunächst nehmen Sie den Schwankungsbereich des gestrigen Tages. Wenn es zwischen gestern und vorgestern eine Lücke gibt, dann fügen Sie die Lücke dem Schwankungsbereich hinzu. Dies bezeichnet man als den tatsächlichen Schwankungsbereich. Nehmen Sie nun 40 Prozent des gestrigen tatsächlichen Schwankungsbereiches und klammern Sie den heutigen Eröffnungskurs um diesen Betrag ein. Der obere Wert ist Ihr Kaufsignal, und der untere Wert ist Ihr Verkaufssignal (also für Leerverkäufe). Wenn einer der beiden Werte erreicht wird, dann steigen Sie in den Markt ein, und Sie werden eine 80-prozentige Chance haben, Geld zu verdienen. Und langfristig gesehen werden Sie sogar richtig viel Geld verdienen.

Hat sich dieser Tipp interessant für Sie angehört? Nun, genauso hat er Tausende von Spekulanten und Investoren angelockt. Und obwohl ein Tipp immer auch eine gewisse Wahrheit enthält – er kann eine Grundlage sein, um auf dem Markt richtig viel Geld zu machen –, handelt es sich sicherlich nicht um ein magisches Erfolgsgeheimnis. Viele, die diesem Rat Folge leisten, könnten pleitegehen, da er nur ein Teil einer soliden Methodologie ist. So erfährt man beispielsweise nichts darüber,

- wie man sein Kapital schützt, wenn sich der Markt in die falsche Richtung bewegt;
- wie oder wann man seine Gewinne mitnehmen sollte;
- wie viel man beim Auftauchen eines Signals kaufen oder verkaufen sollte;
- für welche Märkte sich die Methode eignet und ob sie in allen Märkten funktioniert;
- wann die Methode funktioniert und wann sie kläglich versagt.

Doch das Wichtigste ist, dass man sich bei der Zusammensetzung all dieser Teile die Frage stellt, ob die Methode den persönlichen Ansprüchen genügt. Ist es etwas, womit man als Trader auch umgehen kann? Passt die Methode zu den persönlichen Investitionszielen? Passt sie zur Persönlichkeit eines Traders? Kann man mit den Drawdowns oder Durststrecken leben, die sie vielleicht hervorbringt? Erfüllt das System die persönlichen Kriterien, damit man sich bei dessen Anwendung wohlfühlt, und worin bestehen diese Kriterien?

Dieses Buch soll Tradern und Investoren helfen, mehr Geld zu verdienen, indem sie mehr über sich selbst lernen und dann eine Methodologie entwickeln, die zu ihrer eigenen Persönlichkeit und zu ihren Zielen passt. Es richtet sich sowohl an Trader als auch an Investoren, da beide darauf aus sind, in den Märkten Geld zu verdienen. Der Trader wählt dabei einen eher neutralen Weg, indem er bereit ist, sowohl zu kaufen als auch Leerverkäufe zu tätigen.

Im Gegensatz dazu sucht der Investor nach einer Investition, die man kaufen und eine längere Zeit festhalten kann. Beide befinden sich auf der Suche nach einem magischen System, das sie bei ihrer Entscheidungsfindung unterstützt – das sogenannte System des Heiligen Grals.

Die Suche nach den auf dem Markt möglichen Gewinnen beginnt meist irgendwo anders. Im Prinzip durchläuft ein typischer Investor oder Trader, der sich aufs Traden vorbereitet, einen Evolutionsprozess. Zunächst wird er süchtig nach der Idee, eine Menge Geld zu verdienen. Vielleicht gibt ihm irgendein Broker einen Tipp, wie viel Geld er verdienen kann, wenn er auf dem Markt aktiv wird. In North Carolina habe ich mal einen Werbespot im Radio gehört, der ungefähr so ging:

> Wissen Sie, wo man Jahr für Jahr Geld verdient? Ausschließlich im landwirtschaftlichen Sektor – die Leute müssen ja schließlich etwas essen. Und wenn Sie sich das Wetter der vergangenen Tage betrachten, dann muss es irgendwann fast zu einem Engpass kommen. Und dies bedeutet höhere Preise. Und schon für eine kleine Investition in Höhe von 5.000 Dollar können Sie eine Menge Getreide kontrollieren. Wenn sich Getrei-

## 1. Die Legende des Heiligen Grals

de nur einige Pennies in Ihre Richtung entwickelt, können Sie bereits ein kleines Vermögen verdienen. Natürlich birgt eine solche Empfehlung auch immer gewisse Risiken. Natürlich kann man Geld verlieren, was vielen immer wieder passiert. Aber wenn ich mit dem, was ich sage, recht habe, dann überlegen Sie sich doch einmal, wie viel Geld Sie verdienen könnten![1] (Ähnliche Tipps habe ich für zahlreiche andere Rohstoffe und in letzter Zeit sogar für den Handel von Währungen gehört.)

Sobald der Trader seine ersten 5.000 Dollar eingesetzt hat, ist er süchtig. Selbst wenn er alles verliert – was in den meisten Fällen auch passiert –, wird er weiter der festen Überzeugung sein, dass er das große Geld machen kann, wenn er auf den Märkten aktiv wird. »Hat nicht Hillary Clinton aus 1.000 Dollar 100.000 Dollar gemacht? Wenn sie das schafft, dann schaffe ich das erst recht.«[2] Folglich wird unser Investor richtig viel Zeit in die Suche nach jemandem investieren, der ihm sagen kann, was er bei seinem Streben, die wirklich tollen Gelegenheiten ausfindig zu machen, kaufen oder verkaufen soll.

Ich kenne kaum jemanden, der dadurch, dass er auf den Rat anderer gehört hat, durchweg Geld verdient hat. Natürlich gibt es Ausnahmen, aber nur sehr wenige. Mit der Zeit verlieren diejenigen, die dem Rat anderer gefolgt sind und daraufhin ihr Kapital verloren haben, den Mut und sind schließlich weg vom Fenster.

Oft fällt man auch auf das herein, was einem in der Zeitung angepriesen wird. Das hört sich dann meist so an: »Wären Sie dem Rat unseres Gurus gefolgt, hätten Sie 320 Prozent auf XYZ, 220 Prozent auf GEF und 93 Prozent auf DEC verdient. Und noch ist es nicht zu spät. Für nur 1.000 Dollar können Sie die Empfehlungen unseres Gurus für jeden der nächsten zwölf Monate erhalten.« Wie Sie aus den Kapiteln zur Umsatzerwartung und zur Positionsgröße erfahren werden, hätte man auch ganz leicht pleitegehen können, wenn man solchen Ratschlägen eines Gurus gefolgt wäre, da man nichts über die Absicherung nach unten oder die Umsatzerwartung des jeweiligen Systems weiß.

Ein Guru auf dem Gebiet Optionshandel gab mir einmal folgenden Tipp: »Wärest du voriges Jahr bei jedem Trade meinem Rat gefolgt, dann hättest du aus 10.000 Dollar 40.000 Dollar gemacht.« Klingt das nicht beeindruckend? Für die meisten schon, doch was er wirklich meinte, war Folgendes: Wenn man bei jedem von ihm empfohlenen Trade 10.000 Dollar riskiert hätte, dann hätte man bis zum Ende des Jahres 40.000 Dollar verdient. Anders ausgedrückt: Wenn man pro Trade ein Risiko von 1R eingegangen wäre (wobei R die Wahrscheinlichkeit misst, dass ein Anlageziel nicht erreicht wird), dann wäre man am Ende des

---

[1] Hier die Worte des Werbespots, so gut ich mich an sie erinnere. Der tatsächliche Wortlaut war wohl etwas anders.
[2] Diese Bemerkungen über das Trading der früheren »First Lady« spiegeln lediglich meine persönliche Meinung wider. Sie können sich Ihre eigene Meinung darüber bilden, ob sie wirklich so viel Glück hatte, wenn Sie das Kapitel zum Thema Position Sizing lesen.

Jahres bei 4R angekommen. Glauben Sie mir: 99 Prozent aller Trading-Systeme, die Sie wahrscheinlich entwickeln, werden besser abschneiden als dieses hier. Dennoch blättert man die 1.000 Dollar für den Ratschlag des Gurus hin, da der Tipp statt einer Rendite von 4R eine 400-prozentige Rendite verheißt. Das heißt, man ist so lange dazu bereit, bis man sich dazu entschließt, vielleicht doch lieber eine bessere Frage zu stellen.

Einige schaffen es wie durch ein Wunder auf die nächste Stufe, die da lautet: »Zeigen Sie mir, wie man es macht.« Urplötzlich begeben sie sich auf eine wilde Suche nach der magischen Methodologie, die ihnen eine Menge Geld verspricht. Dies nennen einige die »Suche nach dem Heiligen Gral«. Während dieser Suche versucht unser Trader irgendetwas zu finden, das ihm den geheimen Schlüssel für die Schatzkammer unsagbarer Reichtümer in die Hände fallen lässt. Üblicherweise besucht man auf dieser Stufe zahlreiche Seminare, bei denen man etwas über verschiedene Methoden erfährt, wie zum Beispiel Folgendes:

Hier sehen Sie mein Stuhlmuster. Es besteht aus mindestens sechs Balken in einer Häufung, gefolgt von einem siebten Balken, der das Ballungsgebiet nach oben zu durchbrechen scheint. Sehen Sie, dass es wie ein nach links geneigter Stuhl aussieht? Sehen Sie, was auf diesem Chart passiert ist, nachdem es zu einem Stuhlmuster kam – der Markt schnellte förmlich in die Höhe. Und hier ist ein weiteres Beispiel. So einfach ist das. Und hier sehen Sie einen Chart, das zeigt, wie viel Gewinn ich mit dem Stuhlmuster im Verlauf der vergangenen zehn Jahre erzielt habe. Schauen Sie sich das an: 92.000 Dollar Gewinn jedes Jahr, und das mit einer Investition von nur 10.000 Dollar.

Doch irgendwie verwandelt sich diese Investition in Höhe von 10.000 Dollar in riesige Verluste, sobald diese Investoren tatsächlich versuchen, das Stuhlsystem zu verwenden. (Sie werden die genauen Gründe für diese Verluste im späteren Verlauf dieses Buches erfahren.) Ungeachtet dieser Rückschläge begeben sich diese Investoren jedoch auf die Suche nach noch einem weiteren System. Und diesen Teufelskreis verlassen sie erst, wenn sie letztlich pleite sind oder die wahre Bedeutung hinter der Metapher des Heiligen Grals verstanden haben.

## Die Metapher des Heiligen Grals

In Trader-Kreisen hört man oft den folgenden Satz: »Sie befinden sich auf der Suche nach dem Heiligen Gral.« Üblicherweise bedeutet dies, dass sie sich auf der Suche nach den magischen Geheimnissen des Marktes befinden, die ihnen zum Reichtum verhelfen – den geheimen Regeln, denen alle Märkte unterliegen. Aber gibt es solche Geheimnisse überhaupt? Ja, natürlich! Und wenn Sie die Metapher des Heiligen Grals wirklich verstehen, dann werden Sie auch die Geheimnisse verstehen, wie man im Markt Geld verdient.

# 1. Die Legende des Heiligen Grals

Verschiedene Bücher wie etwa Malcolm Goodwins *Holy Grail* beschäftigen sich mit der Thematik der Metapher des Heiligen Grals.[3] Neben den Fantasieerzählungen über den Gral wurde die Metapher auch ausgiebig im Verlauf der Geschichte verwendet, und die meisten Abendländer erkennen etwas, das als die »Suche nach dem Gral« beschrieben wird, augenblicklich als äußerst bedeutsam an. Gelehrte verwenden den Begriff in Bezug auf vielerlei Dinge, angefangen von Blutfehden bis hin zur Suche nach der ewigen Jugend. Einige Gelehrte betrachten die »Suche nach dem Gral« als eine Suche nach Perfektionismus, Erleuchtung, Einheitlichkeit oder gar nach der direkten Gemeinschaft mit Gott. Was die Investoren angeht, so findet ihre »Suche nach dem Heiligen Gral« im Rahmen dieser anderen Suchen statt.

Die meisten Investoren glauben, dass die Märkte einer magischen Ordnung unterliegen. Sie glauben, dass einige darüber Bescheid wissen und dass diese wenigen mit dem Markt ein riesiges Vermögen machen. Diese Gläubigen versuchen permanent, den Geheimnissen auf die Spur zu kommen, sodass auch sie reich werden können. Solche Geheimnisse existieren. Doch nur wenige wissen, wo man sie findet, da sie sich dort befinden, wo kaum einer mit diesen Geheimnissen rechnen würde.

Je weiter Sie in diesem Buch vorankommen, desto besser werden Sie die Geheimnisse verstehen, wie man in den Märkten Geld erzielt. Und je mehr sich Ihnen diese Geheimnisse offenbaren, desto mehr werden Sie allmählich die wahre Bedeutung der »Suche nach dem Gral« verstehen.

Laut einer interessanten Grals-Sage herrscht im Himmel ein fortwährender Krieg zwischen Gott und Satan. Inmitten dieses Konflikts befindet sich der Gral, herbeigeschafft von neutralen Engeln. Somit besteht er inmitten eines spirituellen Weges zwischen gegenteiligen Paaren (wie etwa Gewinnen und Verlusten). Mit der Zeit wurde diese äußerst umstrittene Frage zu einem Ödland. Joseph Campbell sagt, das Ödland symbolisiere das unauthentische Leben, das die meisten von uns führen.[4] Die meisten von uns machen meist das, was die anderen machen, folgen der Masse und verhalten sich so, wie es ihnen gesagt wird. Somit repräsentiert das Ödland unseren fehlenden Mut, unser eigenes Leben zu führen. Wenn wir den Heiligen Gral finden, bedeutet dies, dass wir die Mittel finden, um aus dem Ödland zu entkommen, das heißt unser eigenes Leben zu führen und dadurch das ultimative Potenzial der menschlichen Psyche zu erreichen.

Investoren, die der Masse folgen, verdienen im Verlauf langer Trends vielleicht Geld, werden im Allgemeinen jedoch eher verlieren, während diejenigen Investoren, die unabhängig denken und handeln, meist Geld machen werden. Was hindert diejenigen, die der Masse folgen, daran, voranzukommen? Sie fra-

---
3 Malcolm Goodwin, *The Holy Grail: Its Origins, Secrets and Meaning Revealed.* (New York: Viking Studio Books, 1994). *Dieses Buch beschäftigt sich mit neun Mythen rund um den Heiligen Gral, die in einem Zeitraum von 30 Jahren zwischen 1190 und 1220 n. Chr. erschienen.*
4 Joseph Campbell (gemeinsam mit Bill Moyers), *The Power of Myth (Die Macht der Mythen) (New York, Doubleday, 1988).*

gen andere um Rat (einschließlich ihrer Nachbarn), anstatt unabhängig zu denken und eine zu ihnen passende Methode zu entwickeln. Die meisten Investoren verspüren das heftige Verlangen, bei jedem Trade richtig zu liegen, und folglich finden sie einige richtig tolle Einstiegstechniken, die ihnen das Gefühl vermitteln, den Markt im Griff zu haben. So könnten Sie zum Beispiel verlangen, dass der Markt ganz nach Ihrer Pfeife tanzt, bevor Sie einsteigen. Doch wahres Geld macht man durch intelligente Ausstiege, da man dadurch als Trader seine Verluste im Rahmen halten und seine Gewinne weiter ausbauen kann. Für intelligente Ausstiege ist es jedoch erforderlich, dass der Trader mit dem, was der Markt tut, absolut in Einklang ist. Allgemein lässt sich Folgendes sagen: Man verdient nur dann Geld in den Märkten, wenn man sich selbst findet, sein Potenzial ausschöpft und mit dem Markt in Einklang ist.

Es gibt wahrscheinlich Hunderttausende von Trading-Systemen, die funktionieren. Doch wenn man den Leuten solch ein System in die Hand gibt, werden sie es meistens nicht befolgen. Warum nicht? Weil das System nicht zu ihnen passt. Eines der Geheimnisse erfolgreichen Tradings besteht darin, dass man ein Trading-System findet, das zu einem passt. So kam etwa Jack Schwager, nachdem er genügend »Markt-Genies« interviewt hatte, um zwei Bücher zu schreiben, zu folgendem Schluss: Die wichtigste Eigenschaft aller guten Trader ist, dass sie ein System oder eine Methodologie gefunden hatten, die zu ihnen passten.[5] Somit liegt ein Teil des Geheimnisses bei der Suche nach dem Heiligen Gral darin begründet, dass man seinen eigenen, unverwechselbaren Weg findet – und damit etwas findet, das tatsächlich zu einem passt. Doch das ist längst noch nicht alles bei der Metapher des Heiligen Grals.

> *Man macht nur dann Geld in den Märkten, wenn man sich selbst findet, sein Potenzial ausschöpft und im Einklang mit dem Markt ist.*

Man macht nur dann Geld in den Märkten, wenn man sich selbst findet, sein Potenzial ausschöpft und im Einklang mit dem Markt ist.

Das Leben beginnt in der neutralen Position zwischen Gewinnen und Verlusten – es fürchtet weder Verluste, noch sehnt es sich nach Gewinnen. Das Leben ist einfach, und das wird durch den Gral repräsentiert. Doch sobald sich ein Mensch seiner selbst bewusst wird, entstehen auch Angst und Gier. Doch wenn man die Gier abschüttelt (und damit die Angst, die sich aus Mangel ergibt), erreicht man eine ganz spezielle Einheit mit allem. Und genau hier kommen große Trader und Investoren ins Spiel.

Joseph Campbell, der verstorbene große Gelehrte und führende Experte auf dem Gebiet Mythen, sagt dazu Folgendes:

---

5 Jack Schwager, Market Wizards (Marktgenies) (New York: New York Institute of Finance, 1988).

Angenommen, das Gras würde sagen: »Was um Himmels willen bringt es, ständig so geschnitten zu werden?« Stattdessen wächst es einfach weiter. Dies ist der Sinn der Energie im Zentrum. Darin liegt der Sinn vom Bild des Grals, von der unerschöpflichen Quelle des Ursprungs. Dem Ursprung ist es egal, was passiert, sobald er anfängt zu existieren.[6] Eine der Grals-Legenden beginnt mit einem kurzen Gedicht, das folgendermaßen lautet: »Jeder Akt hat sowohl gute als auch schlechte Ergebnisse.« Somit hat auch jeder Akt im Leben sowohl positive als auch negative Folgen – Gewinne und Verluste sozusagen. Das Beste, was wir tun können, ist, beide zu akzeptieren, während wir uns dem Leichteren zuwenden.

Überlegen Sie sich, was dies für Sie als Investor oder Trader bedeutet. Sie spielen ein Spiel des Lebens. Manchmal gewinnen Sie, und manchmal verlieren Sie, sodass es sowohl positive als auch negative Folgen gibt. Um sowohl das Positive als auch das Negative zu akzeptieren, müssen Sie diesen speziellen Ort in Ihrem Inneren finden, wo Sie einfach sein können. Von diesem Punkt aus gesehen gehören Verluste genauso zum Trading wie Gewinne. Diese Metapher ist für mich das wahre Geheimnis des Heiligen Grals.

Wenn Sie diesen Ort in Ihrem Inneren nicht gefunden haben, dann können Sie mit Verlusten nur sehr schlecht umgehen. Und wenn Sie die negativen Folgen nicht akzeptieren können, dann werden Sie als Trader nie erfolgreich sein. Gute Trader erzielen normalerweise bei weniger als der Hälfte ihrer Trades Geld. Wenn Sie Verluste nicht akzeptieren können, dann werden Sie wohl kaum bereit sein, aus einer Position auszusteigen, wenn Sie genau wissen, dass Sie falsch liegen. Es ist eher wahrscheinlich, dass aus kleinen Verlusten riesige Verluste werden. Und was noch wichtiger ist: Wenn Sie nicht akzeptieren können, dass Verluste unweigerlich eintreten, dann können Sie auch kein gutes Trading-System akzeptieren, das langfristig gesehen eine Menge Geld einfährt, aber mit dem man in 60 Prozent der Fälle Geld verlieren könnte.

> *Um sowohl das Positive als auch das Negative zu akzeptieren, muss man diesen speziellen Ort in seinem Inneren finden, wo man einfach sein kann. Von diesem Ort aus gesehen gehören Verluste genauso zum Trading wie Gewinne.*

Um sowohl das Positive als auch das Negative zu akzeptieren, muss man diesen speziellen Ort in seinem Inneren finden, wo man einfach sein kann. Von diesem Ort aus gesehen gehören Verluste genauso zum Trading wie Gewinne.

---

6 *Campbell, The Power of Myth.*

## Worauf es beim Traden wirklich ankommt

Fast jeder erfolgreiche Investor, den ich bisher getroffen habe, hat die Lehre von der Metapher des Heiligen Grals verinnerlicht – dass sich Erfolg in den Märkten aus innerer Kontrolle ergibt. Dies bedeutet für die meisten Investoren eine radikale Veränderung. Innere Kontrolle lässt sich gar nicht so schwer erreichen, doch den meisten fällt es schwer, sich klar zu machen, wie wichtig sie ist. So glauben etwa die meisten Investoren, Märkte seien Lebewesen, die Opfer hervorbringen. Wenn Sie an diese Aussage glauben, dann trifft genau dies auf Sie zu. Doch Märkte bringen keine Opfer hervor; jeder Trader hat sein Schicksal selbst in der Hand. Kein Trader wird den Erfolg finden, ohne dieses wichtige Prinzip zumindest unterbewusst zu verstehen.

Lassen Sie uns einige Fakten betrachten:

- Die meisten erfolgreichen Marktprofis erzielen Erfolge dadurch, dass sie ihr Risiko kontrollieren. Die Risikokontrolle läuft unseren natürlichen Neigungen zuwider. Zur Risikokontrolle benötigt man eine ungeheure innere Kontrolle.
- Die meisten erfolgreichen Spekulanten haben Erfolgsquoten von 35 bis 50 Prozent. Sie sind nicht erfolgreich, weil sie die Kurse so gut vorhersagen. Sie sind erfolgreich, weil die Größe ihrer profitablen Trades die Größe ihrer Verluste bei Weitem übersteigt. Dies erfordert eine ungeheure innere Kontrolle.
- Die meisten erfolgreichen konservativen Investoren sind Querdenker. Sie machen das, wovor sonst jeder Angst hat. Sie kaufen, wenn sich alle anderen davor fürchten, und sie verkaufen, wenn alle anderen die Gier packt. Sie sind geduldig und bereit, auf die passende Gelegenheit zu warten. Auch dazu gehört innere Kontrolle.

Um als Investor erfolgreich zu sein, benötigt man mehr als jeden anderen Faktor innere Kontrolle. Dies ist der erste Schritt hin zum Trading-Erfolg. Wer alles dafür tut, um diese Kontrolle zu entwickeln, wird letztlich auch erfolgreich sein.

Lassen Sie uns die innere Kontrolle, den Schlüssel zum Trading-Erfolg, aus einer weiteren Perspektive betrachten. Wenn ich mit anderen darüber rede, was beim Trading entscheidend ist, dann kommen wir meist auf drei Bereiche zu sprechen: Psychologie, Money Management (das heißt die Größeneinteilung von Positionen) sowie die Entwicklung eines Systems. Die meisten richten ihr Hauptaugenmerk auf die Entwicklung eines Systems und legen weniger Wert auf die beiden anderen Punkte. Wer erfahrener ist, weiß, dass zwar alle drei Aspekte wichtig sind, doch dass Psychologie am wichtigsten ist (60 Prozent), danach Position Sizing (etwa 30 Prozent) kommt und erst zum Schluss die Entwicklung eines Systems (etwa zehn Prozent). Dies sehen Sie in Abbildung 1.1 veranschau-

# 1. Die Legende des Heiligen Grals

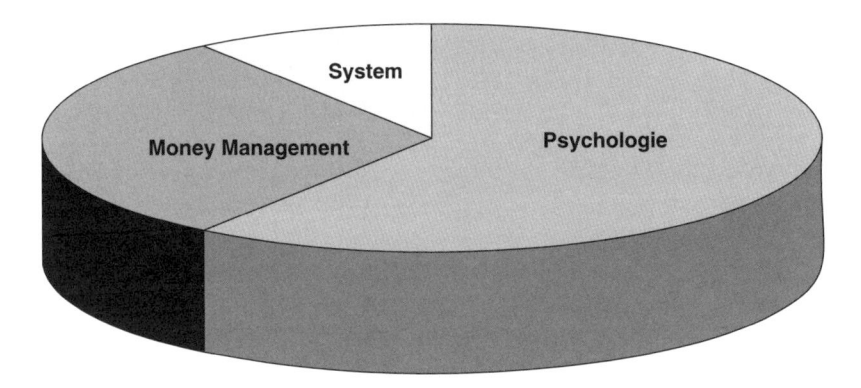

**Abbildung 1.1:** Die Bestandteile des Tradings

licht. Diese Leute würden behaupten, dass innere Kontrolle ausschließlich in den Bereich »Psychologie« fällt.

Ein guter Trader hat mir einmal gesagt, dass seine persönliche Psychologie überhaupt keine Rolle bei seinem Trading spiele, da alles, was er mache, automatisch ablaufe. Ich antwortete ihm Folgendes: »Das ist interessant, aber was, wenn Sie sich entschließen, eines Ihrer Signale nicht zu nehmen?« Er meinte: »Das würde niemals passieren!« Rund sechs Jahre später zog er sich als professioneller Trader zurück, da sein Partner einen Trade nicht eingegangen war. Bei diesem Trade handelte es sich um einen riesigen Gewinner, der sie in diesem Jahr deutlich ins Plus gebracht hätte. Doch genau in diesem Bereich hatten sie bereits so viele Verluste erlitten, dass sich sein Partner entschloss, diesen Trade nicht einzugehen.

Ein großer Trader hat mir einst erzählt, dass er einen zehnwöchigen College-Kurs zum Thema Trading abgehalten habe (Ende der 70er-Jahre). In der ersten Woche vermittelte er seinen Studenten grundlegende Informationen zum Thema Trading. Danach brachte er eine weitere Woche damit zu, der Klasse Donchians 10-20-Moving-Average-Crossover-System näherzubringen. Er brauchte jedoch die verbleibenden acht Wochen, um seine Studenten davon zu überzeugen, das von ihm vermittelte System zu verwenden – sie dazu zu bringen, genug an sich selbst zu arbeiten, um die Verluste zu akzeptieren, die es (oder jedes andere gute Trading-System) hervorbringen würde.

Ich war lange Zeit der Ansicht, Trading sei zu 100 Prozent Psychologie und dass diese Psychologie Position Sizing und die Entwicklung eines Systems beinhalte. Der Grund ist ganz einfach: Wir sind Menschen und keine Roboter. Um uns in irgendeiner Art und Weise zu verhalten, müssen wir Informationen durch das Gehirn verarbeiten. Unser Verhalten muss ein Trading-System nicht nur entwerfen, sondern es auch ausführen. Und um irgendeine Form von Verhalten zu reproduzieren, muss man die Bestandteile dieses Verhaltens lernen. Und hier kommt die Lehre von Modellen ins Spiel.

## Marktgenies formen

Vielleicht hatten Sie schon einmal das Vergnügen, einen von einem Investmentexperten durchgeführten Workshop zu besuchen, bei dem dieser seine Erfolgsgeheimnisse erklärt. Ich habe Ihnen zum Beispiel gerade von einem Trading-Kurs erzählt, den einer der weltweit größten Trader Anfang der 70er-Jahre abgehalten hat. Er verbrachte die ersten beiden Wochen damit, der Klasse eine Methode beizubringen, die sie sehr reich gemacht hätte (zumindest damals), und danach brauchte er acht Wochen, bis er die Klasse an einem Punkt hatte, an dem sie bereit war, diese Methode auch anzuwenden.

Ähnlich den Studenten in diesem Kurs waren vielleicht auch Sie in einem von Ihnen besuchten Workshop beeindruckt von der Ausstrahlung und den Fähigkeiten des Experten. Am Ende des Workshops waren Sie vielleicht voller Zuversicht, dass Sie mithilfe seiner Methoden auch Geld verdienen könnten. Doch als Sie versuchten, seine Geheimnisse in die Tat umzusetzen, haben Sie vielleicht festgestellt, dass Sie kein bisschen klüger waren als vor dem Workshop. Irgendetwas funktionierte nicht, oder irgendwie schafften Sie es einfach nicht, das Gelernte umzusetzen.

Warum passiert dies? Dies hat folgenden Grund: Sie strukturieren Ihren Denkprozess anders als der Experte. Seine mentale Struktur, die Art, wie er denkt, ist einer der Schlüssel zu seinem Erfolg.

Wenn Ihnen andere beibringen, wie sie sich den Märkten nähern, dann werden sie Ihnen aller Wahrscheinlichkeit nach nur oberflächlich zeigen, was sie tatsächlich tun. Das soll aber nicht heißen, dass sie vorhaben, Sie zu betrügen. Es soll vielmehr heißen, dass sie die wesentlichen Elemente dessen, was sie tun, nicht wirklich verstehen. Und selbst wenn sie es verstehen würden, dann würde es ihnen wahrscheinlich schwer fallen, diese Informationen anderen zu vermitteln. Dadurch vermuten viele, dass man über eine gewisse »Begabung« oder eine Art von Talent verfügen müsse, um in den Märkten erfolgreich zu sein. Folglich verlieren viele den Mut und verlassen die Märkte, da sie glauben, nicht über das nötige Talent zu verfügen. Aber Talent kann man lernen!

*Wenn mindestens zwei Menschen etwas gut beherrschen, dann können auch die meisten anderen diese Fähigkeit erlernen.*

Ich glaube an Folgendes: Wenn mindestens zwei Menschen etwas gut beherrschen, dann können auch die meisten anderen diese Fähigkeit erlernen. Das Wesentliche dabei ist, dass man zunächst ein Modell dieser Fähigkeit erstellt. Im Verlauf der zurückliegenden 20 Jahre hat sich die Lehre von Modellen beinahe als Untergrundbewegung herauskristallisiert. Diese Bewegung ergibt sich aus einer von Richard Bandler und John Grinder entwickelten Technologie namens Neurolinguistische Programmierung (kurz NLP).

Wenn mindestens zwei Menschen etwas gut beherrschen, dann können auch die meisten anderen diese Fähigkeit erlernen.

NLP-Seminare folgen meist nur der Spur von Techniken, die der Modellprozess hinterlässt. Wenn ich zum Beispiel ein Seminar abhalte, dann vermittle ich meist nur die Modelle, die ich entwickelt habe, indem ich mir Spitzen-Trader und Investoren zum Vorbild nahm. Wenn Sie jedoch genug NLP-Kurse besuchen, dann werden Sie irgendwann einmal auch den Modellprozess selbst verstehen.

Ich habe drei grundlegende Aspekte von Trading sowie den Prozess der Vermögensbildung modellhaft dargestellt. Das erste von mir entwickelte Modell beschäftigt sich damit, wie man ein großer Trader beziehungsweise Investor sein und die Märkte beherrschen kann. Die wesentlichen Schritte bei der Entwicklung eines solchen Modells sehen vor, dass man mit einer Reihe von großen Tradern und Investoren zusammenarbeitet, um festzustellen, was sie gemein haben. Wenn man versucht, sich eine Person zum Vorbild zu nehmen, dann wird man einige Eigenarten feststellen, die nur diese Person aufweist. Wenn man sich dagegen die allgemeinen Elemente einer Reihe von großen Tradern und Investoren zum Vorbild nimmt, dann stellt man fest, was deren Erfolg wirklich ausmacht.

Als ich meine Muster-Trader beispielsweise zum ersten Mal fragte, was sie eigentlich machten, erzählten sie mir von ihrer Methodologie. Nachdem ich mit etwa 50 Tradern gesprochen hatte, stellte ich fest, dass keiner von ihnen dieselbe Methodologie hatte. Somit kam ich zu folgendem Schluss: Ihr Erfolgsgeheimnis lag nicht in ihren Methoden, abgesehen davon, dass diese alle das Konzept »risikoarm« enthielten. Somit war einer der Bestandteile, den all diese Trader hatten, die Fähigkeit, risikoarme Konzepte zu finden. Ich werde im nächsten Kapitel genauer erläutern, was man unter einem risikoarmen Konzept versteht.

Sobald man entdeckt, welche gemeinsamen Elemente ihre Arbeit aufweist, muss man feststellen, woraus jede gemeinsame Tätigkeit wirklich besteht. Worin bestehen die Überzeugungen, dank derer sie die Märkte beherrschen können? Wie denken sie, damit sie diese Tätigkeiten auch effektiv ausführen können? Worin bestehen die notwendigen mentalen Strategien, um die Tätigkeit auszuüben (das heißt die Abfolge ihres Denkens)? Welcher mentale Zustand ist nötig, um die Tätigkeit auszuführen (beispielsweise Engagement oder Offenheit)? All diese Bestandteile sind psychologischer Natur, was ein weiterer Grund dafür ist, dass ich glaube: Trading (oder eigentlich alles andere auch) besteht zu 100 Prozent aus Psychologie.

Der letzte Schritt, um festzustellen, ob man es geschafft hat, ein genaues Modell zu entwickeln, besteht darin, dass man dieses Modell anderen vermittelt und prüft, ob sie dieselben Ergebnisse erzielen. Das von mir entwickelte Trading-Modell ist Teil meines Fernstudiums für Spitzenleistungen (»Peak Performance Home Study Course«)[7]. Außerdem vermitteln wir das Modell in unserem Workshop für Spitzenleistungen (»Peak Performance Workshop«). Und wir konnten tatsächlich schon einige äußerst erfolgreiche Trader hervorbringen, was den Erfolg unseres Modells bestätigt.

Das zweite von mir entwickelte Modell beschäftigt sich damit, wie große Trader und Investoren ihr Handwerk lernen und wie sie ihre Recherchen durchführen. Dies ist die Thematik dieses Buches. Die meisten betrachten dies als den nicht psychologischen Teil von Trading. Das Überraschende dabei ist, dass die Tätigkeit, ein für sie passendes System zu finden und zu entwickeln, eine rein mentale Tätigkeit ist. Man muss seine Vorstellungen vom Markt ermitteln, damit das persönliche System mit diesen Vorstellungen übereinstimmt. Man muss sich selbst gut genug kennen, um seine persönlichen Ziele sowie ein zu diesen Zielen passendes System zu entwickeln. Und man muss so lange an seinem System feilen, bis man sich als Trader damit wohlfühlt. Man muss seine Kriterien für Wohlbefinden kennen. Die meisten neigen dazu, dies nur unzureichend zu tun. Um diese Neigungen zu überwinden, müssen die meisten einige Schritte in ihrer Persönlichkeitsentwicklung unternehmen. Generell denke ich: Je mehr therapeutische Arbeit ein Einzelner geleistet hat, desto leichter fällt es diesem Einzelnen, ein System zu entwickeln, mit dem er erfolgreich traden kann.

Eine Ihrer Hauptaufgaben, wenn Sie sich auf die Suche nach dem richtigen System begeben, besteht darin, genug über sich selbst herauszufinden, sodass Sie ein System erstellen können, das für Sie funktioniert. Doch wie macht man das? Und wie finden Sie – wenn Sie schließlich genug über sich selbst wissen – heraus, was für Sie funktioniert?

Das dritte von mir entwickelte Modell beschäftigt sich damit, wie große Trader während eines Trades ihre Positionsgröße ermitteln. Jeder große Trader beschäftigt sich mit dem Thema Money Management. Es gibt sogar einige Bücher zum Thema Money Management, doch die meisten befassen sich eher mit den Ergebnissen von Money-Management-Strategien (das heißt der Risikokontrolle oder dem Erzielen optimaler Gewinne) als mit dem Thema selbst. Money Management ist im Wesentlichen jener Teil Ihres Systems, der Ihre Positionsgröße ermittelt – der im Verlauf des Trades die Frage »Wie viel?« beantwortet. Ich habe mich dazu entschlossen, dieses Thema im weiteren Verlauf des Buches »Position Sizing« zu taufen. Dadurch möchte ich eventuell entstehende Verwirrung im

---

[7] Van K. Tharp, *The Peak Performance Course for Traders and Investors* (Cary, N. C.: International Institute of Trading Mastery, 1988–2006).
Für weitere Informationen wählen Sie 919-466-0043 oder gehen Sie im Internet auf www.iitm.com. Dies ist mein Modell des Trading-Prozesses, das so präsentiert wird, dass Sie es auch selbst anwenden können.

Keim ersticken. Und seit der erstmaligen Veröffentlichung dieses Buches haben viele von Ihnen diesen Begriff ebenfalls übernommen.

Wie auch in anderen Trading-Bereichen, sind die meisten in Bezug auf Position Sizing deshalb zum Scheitern verurteilt, weil sie bestimmte psychologische Neigungen haben. Als ich 1997 beispielsweise an der Erstauflage dieses Buches arbeitete, befand ich mich auf einer Tour mit Auftritten in acht asiatischen Städten. In jeder Stadt wurde deutlich, dass sich die Mehrheit des Publikums der Bedeutung von Position Sizing überhaupt nicht bewusst war. Die meisten waren institutionelle Trader, und viele wussten noch nicht einmal, wie viel Geld sie tradeten oder wie viel Geld sie verlieren konnten, bevor sie ihren Job verloren. Somit verfügten sie über keinerlei Methode, um entsprechend zu bestimmen, wie groß oder klein ihre Positionen sein sollten.

Um meinem Publikum diesen Gedanken zu verdeutlichen, ließ ich es ein Spiel spielen, mit dem ich die Bedeutung von Position Sizing veranschaulichen wollte. Doch als ich zu Ende gesprochen hatte, fragte mich niemand »Dr. Tharp, was würden Sie mir in meiner Situation bezüglich Position Sizing raten?« Dabei hätten die meisten große Fortschritte beim Traden erzielen können, wenn sie diese Frage gestellt und eine entsprechende Antwort darauf erhalten hätten.

Sie werden in diesem Buch die wesentlichen Elemente von Position Sizing kennenlernen, da es ein maßgeblicher Bestandteil bei der Entwicklung eines Systems ist. Das gesamte Modell stelle ich jedoch in einem anderen Buch dar: *The Definitive Guide to Expectancy and Position Size.*[8]

Das vierte von mir entwickelte Modell beschäftigt sich mit Vermögen. Wie ich zu Beginn dieses Kapitels bereits erwähnt habe, verlieren die meisten das Spiel mit dem Geld, weil sie, um das Spiel zu gewinnen, den Regeln anderer folgen. Sie glauben, dass die Person mit dem meisten Geld oder den meisten Spielsachen das Spiel gewinnt. Vielleicht gewinnt man, wenn man Millionär oder Milliardär wird, und wenn das dann der Fall ist, verlieren die meisten.

Oder vielleicht gewinnt man, wenn man die meisten Spielsachen oder die besten Spielsachen hat. Und wenn man das Spiel richtig spielt, kann man jetzt jedes Spielzeug kaufen, vorausgesetzt, die Anzahlung und die monatlichen Zahlungen sind niedrig genug. Wenn Sie also dieser Regel folgen, dann werden Sie den Weg finanzieller Sklaverei entlanggeführt, da Ihre Verbraucherschulden immer mehr anwachsen. Heute gibt der durchschnittliche Amerikaner zum ersten Mal seit der Großen Depression (Weltwirtschaftskrise 1929ff.) mehr aus, als er verdient. Und dies kommt alles durch Kredite. Somit ist klar, dass wir das Spiel mit dem Geld verlieren.

---

*8 Van K. Tharp, The Definitive Guide to Expectancy and Position Sizing (Cary, N. C.: International Institute of Trading Mastery). Für detailliertere Informationen wählen Sie 919-466-0043 oder gehen Sie im Internet auf www.iitm.com.*

Ich habe dafür folgende Lösung parat: Man sollte neue Regeln einführen! Finanzielle Freiheit ergibt sich, wenn das passive Einkommen (Einkommen, das man erzielt, wenn man sein Geld für sich arbeiten lässt) größer ist als die monatlichen Kosten. Wenn Sie also pro Monat 5.000 Dollar zum Leben benötigen, dann werden Sie finanziell gesehen frei, sobald ihr passives Einkommen größer ist als 5.000 Dollar pro Monat. So einfach ist das, und jeder mit genug Verlangen und Engagement kann es tun. Ich habe die Abläufe detailliert in meinem dritten Buch *Safe Strategies for Financial Freedom* beschrieben.[9]

In dem vorliegenden Buch möchte ich mich eher auf das Trading als ein Mittel, passives Einkommen aufzubauen, konzentrieren. Wenn Sie mit Traden oder Investitionen genug Einkommen erzielen können, um Ihre monatlichen Kosten zu decken, und wenn Sie dazu pro Tag nur einige Stunden Ihrer Zeit aufbringen müssen, dann bin ich durchaus bereit, dieses Einkommen als »passives Einkommen« zu bezeichnen. Und durch diesen Prozess können Sie finanziell unabhängig werden.[10] Es kann zwar durchaus sein, dass Sie mehrere Jahre opfern müssen, um das Traden zu lernen und um einen Business-Plan sowie dazu passende Systeme zu entwickeln, doch sobald Sie dies geschafft haben, könnten Sie meines Erachtens finanziell unabhängig sein. Ich habe schon viele gesehen, die es geschafft haben, und wenn Sie das nötige Engagement und das Verlangen mitbringen, auf Ihrem Weg zum Erfolg als Allererstes an sich selbst zu arbeiten, dann können auch Sie es schaffen.

Ich habe dieses Buch in drei große Teile unterteilt: Teil eins beschäftigt sich mit Selbstfindung und damit, dass man sich selbst an einen Punkt bewegt, von dem aus man Marktrecherche betreiben kann. Kapitel zwei befasst sich mit bewertender Heuristik, und Kapitel drei handelt davon, wie man seine persönlichen Ziele festlegt. Ich habe Abschnitt eins absichtlich kurz gehalten, sodass Sie nicht allzu ungeduldig mit mir werden, weil ich Ihnen das vorenthalte, was Sie für das A und O beim Thema »Systementwicklung« halten mögen. Die Tatsache, dass ich den Punkt »Selbstfindung« an erste Stelle gesetzt habe, hat folgenden Grund: Darauf kommt es, wenn Sie ein erfolgreiches System entwickeln wollen, in allererster Linie an.

Teil zwei behandelt mein Modell für die Entwicklung eines Systems. Es beschäftigt sich mit Konzepten zum Thema Marktsysteme, und ich habe zahlreiche Experten gebeten, die Teile meines Buches zu verfassen, die sich mit diesen Konzepten befassen. Außerdem geht es in Teil zwei um das Thema Erwartung – einen dieser Schlüsselbegriffe, die jeder verstehen sollte. Kaum jemand, der aktiv an den Märkten teilnimmt, weiß, was Erwartung überhaupt bedeutet. Und

---

9 *Van K. Tharp, Safe Strategies for Financial Freedom (New York: McGraw-Hill, 2004).*
10 *Um es als passives Einkommen zu erfassen, muss es sich um einen festen Ertrag handeln. Wenn Sie zum Beispiel in einem Monat ein Plus von 30 Prozent verzeichnen, im nächsten ein Plus von 20 Prozent, dann ein Minus von 25 Prozent, im Monat darauf ein Minus von 15 Prozent und danach ein Plus von 60 Prozent, dann wäre ich vorsichtig, dies als passives Einkommen zu bezeichnen, da der Ertrag nicht beständig ist und man nicht fest damit rechnen kann.*

fast niemand versteht, welche Auswirkungen es hat, wenn man ein System rund um die Erwartung erstellt. Somit könnte es für Sie wichtig sein, diesen Teil sorgfältig zu studieren. Außerdem habe ich ein neues Kapitel eingefügt, damit man das Gesamtbild versteht, da dieses Verständnis für die Entwicklung eines eigenen Systems unerlässlich ist.

Teil drei deckt die verschiedenen Teile eines Systems ab. Dazu zählen Aufbau, Techniken zum Einstieg und zur Wahl des richtigen Zeitpunktes, Ausstiegspunkte bei Stop-Losses, Ausstiege zur Gewinnmitnahme und – als einer der wichtigsten Punkte – Position Sizing.

Teil vier beschäftigt sich damit, wie man dies alles zusammensetzt. Enthalten ist auch ein Kapitel, in dem es darum geht, wie sich sieben verschiedene Investoren den Märkten nähern. Außerdem ist ein Kapitel enthalten, das anhand von beispielhaften Newsletters verdeutlicht, wie man sein System auswertet. Ein weiteres Kapitel behandelt das Thema Position Sizing. Das abschließende Kapitel dieses Buches enthält all die anderen Dinge, die man bedenken sollte, wenn man ein großer Trader werden möchte.

# 2 Bewertende Neigungen: Warum es den meisten so schwer fällt, die Märkte zu beherrschen

*Meist traden wir unsere Ansichten über die Märkte, und sobald wir uns über unsere Ansichten klar werden, ist es unwahrscheinlich, dass wir von ihnen abrücken. Und wenn wir auf den Märkten aktiv werden, gehen wir davon aus, alle verfügbaren Informationen in Betracht zu ziehen. Stattdessen kann es aber sein, dass unsere Ansichten durch selektive Wahrnehmung gerade die nützlichsten Informationen ausgesondert haben.*
*– Dr. Van K. Tharp*

Jetzt verstehen Sie, dass die Suche nach dem System des Heiligen Grals eine innere Suche ist. Dieses Kapitel wird Ihnen bei dieser Suche dahingehend behilflich sein, dass es Ihnen hilft, den ersten Schritt zu gehen, nämlich den, sich bewusst zu werden, was Sie eigentlich zurückhalten könnte. Und das Wunderbare daran ist Folgendes: Wenn Sie dieses Bewusstsein erlangen und akzeptieren, dass Sie für Ihr eigenes Leben verantwortlich sind, dann können Sie sich auch ändern.

Allgemein gesagt haben unsere Probleme meist einen gemeinsamen Ursprung: die unheimliche Menge an Informationen, die wir regelmäßig verarbeiten müssen. Der französische Wirtschaftswissenschaftler George Anderla hat die Veränderungen in der Durchflussmenge von Informationen gemessen, mit denen wir Menschen zurechtkommen müssen. Er kam dabei zu folgendem Schluss: In den 1.500 Jahren zwischen Jesus und Leonardo da Vinci hat sich der Informationsfluss verdoppelt. Bis zum Jahre 1750 (das heißt innerhalb von rund 250 Jahren) hat er sich dann erneut verdoppelt. Die nächste Verdoppelung dauerte nur rund 150 Jahre bis zur Jahrhundertwende. Mit Beginn des Computerzeitalters verringerte sich die Verdoppelungszeit auf etwa fünf Jahre. Und angesichts der heutigen Computer, die elektronische Schwarze Bretter, DVDs, Lichtleitersysteme, das Internet usw. bieten, verdoppelt sich die Menge an Informationen, denen wir ausgesetzt sind, derzeit in etwa einem Jahr oder einem noch kürzeren Zeitraum.

Forscher schätzen, dass der Mensch angesichts dessen, was er derzeit von seinem Hirnpotenzial ausschöpft, nur rund ein bis zwei Prozent aller verfügbaren visuellen Informationen aufnehmen kann. Und für Trader und Investoren hat sich die Situation weiter zugespitzt. Ein Trader oder Investor, der sich jeden Markt auf der Welt gleichzeitig anschaut, hat es leicht mit rund einer Million Informationseinheiten pro Sekunde zu tun, die auf ihn einströmen. Bei vielen Tradern flimmern zwei bis vier Computerbildschirme gleichzeitig. Und da irgendwo auf der Welt immer einige Märkte geöffnet haben, reißt der Informationsfluss niemals ab. Einige schlecht beratene Trader sitzen tatsächlich wie angewurzelt vor ihren Trading-Bildschirmen und versuchen, möglichst lange möglichst viele Informationen zu verarbeiten – solange es ihr Gehirn eben mitmacht.

Die Aufnahmefähigkeit unserer bewussten Wahrnehmung ist streng limitiert. Selbst unter idealen Bedingungen liegt diese begrenzte Kapazität irgendwo zwischen fünf und neun Informationsbrocken gleichzeitig. Bei einem Informations«brocken« kann es sich entweder um eine Einheit oder um Tausende Einheiten handeln (ein Brocken könnte zum Beispiel die Zahl 2 oder die Zahl 687.941 sein). Hier ein Beispiel: Lesen Sie die folgende Liste von Zahlen, schließen Sie das Buch und versuchen Sie dann, alle Zahlen aufzuschreiben:

6, 38, 57, 19, 121, 212, 83, 41, 917, 64, 817, 24

Konnten Sie sich alle Zahlen merken? Wohl kaum, da der Mensch bewusst nur sieben plus/minus zwei Informationsbrocken verarbeiten kann. Doch auf uns strömen jede Sekunde Millionen von Informationseinheiten ein. Und derzeit verdoppelt sich die Zahl der verfügbaren Informationen jedes Jahr. Wie kommen wir damit zurecht?

Die Antwort lautet, dass wir die Informationen, denen wir ausgesetzt sind, verallgemeinern, löschen und verdrehen. Die meisten Informationen verallgemeinern und löschen wir – »Oh, ich interessiere mich nicht für den Aktienmarkt«. Dieser eine Satz nimmt rund 90 Prozent der Informationen über die Märkte auf, verallgemeinert sie als »Informationen zum Aktienmarkt«, löscht sie und zieht sie in der Folge nicht weiter in Betracht.

Außerdem verallgemeinern wir die Informationen, auf die wir tatsächlich achten, indem wir sie selektieren: »Ich werde mir nur die täglichen Balkendiagramme für Märkte ansehen, welche die folgenden Kriterien erfüllen.« Danach überlassen wir es unseren Computern, die Daten anhand jener Kriterien auszusondern, sodass sich eine ungeheure Menge an Informationen auf einige Zeilen auf einem Computerbildschirm verringert. Und diese paar Zeilen können wir in unserer bewussten Wahrnehmung sehr gut verarbeiten.

Die meisten Trader und Investoren verzerren die verallgemeinerten Informationen, die noch verblieben sind, dann dadurch, dass sie sie als Indikatoren darstellen. So betrachten wir beispielsweise nicht nur den letzten Balken. Stattdessen glauben wir, die Informationen seien wesentlich aussagekräftiger, wenn sie in Form eines zehntägigen exponentiellen Gleitenden Durchschnitts oder eines 14-tägigen RSI (Relative Stärke Index), eines Stochastik, eines Bandes, einer Trendlinie usw. vorlägen. All diese Indikatoren sind Beispiele für Verzerrungen. Und das, was die Leute traden, sind ihre Ansichten über die Verzerrungen. Und diese Ansichten können nützlich sein oder auch nicht.

Psychologen haben viele dieser Löschungen und Verzerrungen genommen und sie unter der Bezeichnung »bewertende Heuristik« in Gruppen eingeteilt. Man spricht von »bewertend«, da unser Entscheidungsfindungsprozess betroffen ist. Die Bezeichnung »Heuristik« kommt daher, dass es sich um Abkürzungen handelt, dank derer wir innerhalb kurzer Zeit eine Vielzahl von Informationen durchkämmen und sortieren können. Ohne sie könnten wir niemals Marktentscheidungen treffen. Dennoch sind sie äußerst gefährlich für jemanden, der sich ihrer Existenz nicht bewusst ist und sie darüber hinaus unbewusst verwendet. Sie wirken sich auf die Art und Weise aus, wie wir Trading-Systeme entwickeln und Entscheidungen in Bezug auf den Markt treffen.

In erster Linie wird die bewertende Heuristik dazu verwendet, den Status quo zu bewahren. Meist traden wir unsere Ansichten vom Markt, und sobald wir uns bei diesen Ansichten festgelegt haben, ist es unwahrscheinlich, dass wir sie ändern. Und wenn wir auf den Märkten aktiv werden, gehen wir davon aus, alle verfügbaren Informationen in Betracht zu ziehen. Stattdessen haben wir aber vielleicht längst die nützlichsten verfügbaren Informationen durch unsere selektive Wahrnehmung ausgesondert.

Interessant ist, was Karl Popper aufzeigt: Fortschritte im Wissen ergeben sich für uns eher dadurch, dass wir versuchen, etwas an unseren Theorien zu bemängeln, als dadurch, dass wir versuchen, sie zu stützen.[11] Wenn Poppers Theorie stimmt, dann sind wir meist umso erfolgreicher, wenn es darum geht, Geld im Markt zu machen, je mehr wir uns unserer Ansichten und Vermutungen bewusst werden (insbesondere in Bezug auf den Markt) und diese widerlegen.

Das vorliegende Kapitel bezweckt Folgendes: Es will erkunden, inwieweit solch eine bewertende Heuristik oder solche Neigungen sich auf den Trading- oder Investitionsprozess auswirken. Zunächst beschäftigen wir uns mit Neigungen, die den Prozess der Systementwicklung verzerren. Die meisten der behandelten Neigungen fallen in diese Kategorie. Einige von ihnen wirken sich jedoch auch auf andere Trading-Aspekte aus. So wirkt sich zum Beispiel der Irrglaube des Spielers (»Gambler's Fallacy«) auf die Entwicklung eines Trading-Systems

---

11 Karl Popper, *Objective Knowledge: An Evolutionary Approach* (Oxford: Clarendon Press, 1972).

aus, weil man Systeme möchte, die keine längeren Durststrecken aufweisen. Zudem wirkt er sich darauf aus, wie ein System nach seiner Entwicklung getradet wird.

Als Nächstes beschäftigen wir uns mit Neigungen, die sich darauf auswirken, wie man Trading-Systeme testet. So behauptete zum Beispiel ein Mann, als er mit einigen in diesem Buch enthaltenen Informationen konfrontiert wurde, es sei voller Widersprüche, und wesentliche Elemente würden fehlen. Bei diesen Aussagen handelte es sich jedoch nur um Prognosen, die von ihm kamen. Das in diesem Buch enthaltene Material steht in keinerlei Konflikt zueinander – es handelt sich lediglich um Informationen. Sollten Sie also solche Widersprüche empfinden, dann nur deshalb, weil diese Widersprüche aus Ihnen selbst kommen. Außerdem werden einige Schritte, welche die meisten vollziehen, wenn sie ein System entwickeln, ausgelassen. Sie werden jedoch absichtlich ausgelassen, da meine Recherche zeigt, dass sie unwichtig oder eher störend sind denn hilfreich, wenn man ein gutes System entwickeln möchte.

Zuletzt wenden wir uns jenen Neigungen zu, die sich darauf auswirken könnten, wie man das selbst entwickelte System letztlich tradet. Zwar geht es in diesem Buch um die Recherche für Trading-Systeme, dennoch sind die hier enthaltenen Neigungen wichtig, da man sie berücksichtigen sollte, wenn man seine Recherchen durchführt, bevor man richtig anfängt zu traden. Ich habe diesen Abschnitt jedoch absichtlich kurz gehalten, da sich mein Fernstudium für Trader und Investoren wesentlich detaillierter mit diesen Neigungen beschäftigt.

## Neigungen, die sich auf die Entwicklung von Trading-Systemen auswirken

Bevor man über Trading-Systeme nachdenkt, muss man die Marktinformationen in einer solchen Art und Weise darstellen, dass das Gehirn mit den verfügbaren Informationen zurechtkommt. Betrachten Sie sich das Diagramm in Abbildung 2.1. Es zeigt ein typisches Balkendiagramm, das darstellt, wie sich die meisten Marktaktivitäten vorstellen. Ein tägliches Balkendiagramm, wie in der Abbildung zu sehen, nimmt die Daten eines ganzen Tages und fasst sie zusammen. Diese Zusammenfassung besteht aus höchstens vier Informationen: Eröffnungskurs, Schlusskurs, Höchst- und Tiefstwert.

Japanische Candlestick-Charts veranschaulichen die Informationen ein wenig genauer und liefern zudem visuelle Informationen darüber, ob sich der Markt generell nach oben oder nach unten bewegt hat. Abbildung 2.2 zeigt, dass der fette Teil des Balkens (der Körper) den Unterschied zwischen Eröffnungs- und Schlusskurs widerspiegelt, während die extremen Kursdifferenzen (die Dochte) den Höchst- und Tiefstwert widerspiegeln. Candlesticks sind schwarz,

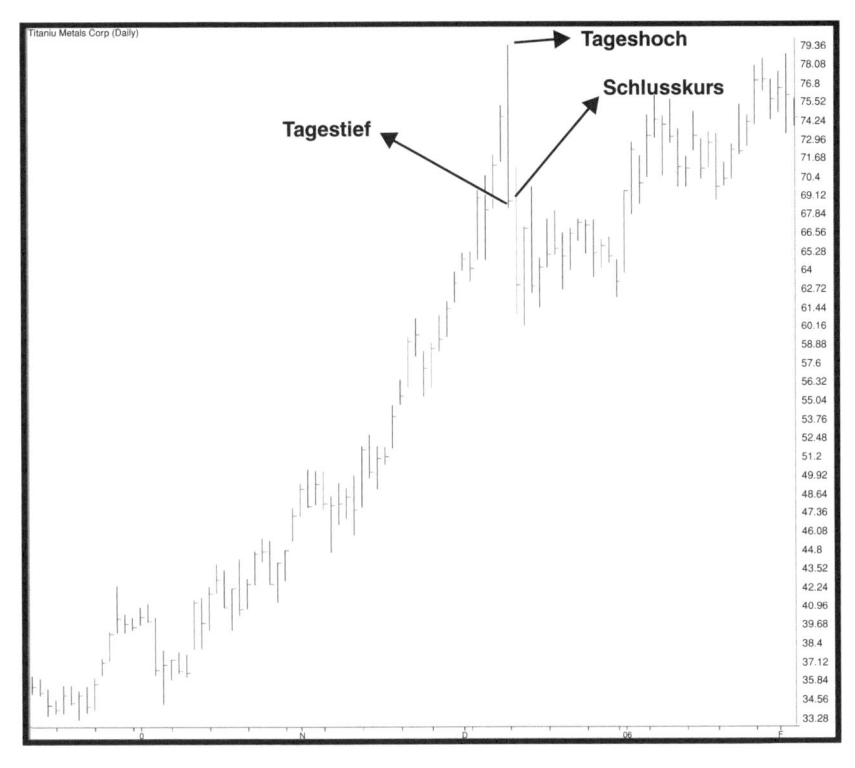

2. Warum es den meisten so schwer fällt, die Märkte zu beherrschen

**Abbildung 2.1:** Ein einfaches Balkendiagramm

wenn sich der Markt nach unten bewegt, und weiß, wenn er sich nach oben bewegt. Dadurch kann man wesentlich besser erkennen, was passiert ist.

**Repräsentativitätsneigung**

Die beiden Diagramme in Abbildung 2.1 und Abbildung 2.2 sind gute Beispiele für das von allen verwendete erste heuristische, sogenannte repräsentative Gesetz. Dies bedeutet Folgendes: Wenn eine Sache dafür vorgesehen ist, eine andere Sache zu repräsentieren, dann geht man davon aus, dass es sich tatsächlich um das handelt, was repräsentiert werden soll. Somit betrachten die meisten von uns lediglich das tägliche Balkendiagramm und akzeptieren, dass es die Trading-Aktivitäten eines Tages repräsentiert. In Wirklichkeit handelt es sich lediglich um eine Linie auf einem Blatt Papier – nicht mehr und nicht weniger. Dennoch hat man vermutlich bereits akzeptiert, dass es aussagekräftig ist, und zwar aus folgenden Gründen:

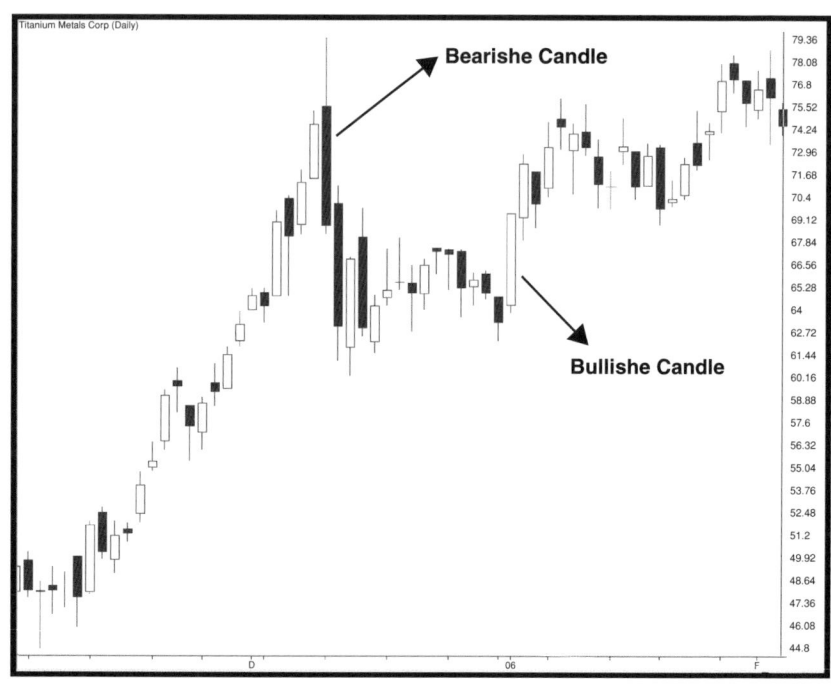

**Abbildung 2.2:** Japanischer Candlestick-Chart

- Als man begonnen hat, die Märkte zu studieren, erfuhr man, dass es aussagekräftig sei.
- Alle anderen verwenden tägliche Balkendiagramme als Repräsentation der Märkte.
- Wenn man Daten kauft oder kostenlose Daten erhält, dann sind diese meist in Form von täglichen Balkendiagrammen.
- Wenn man über die Trading-Aktivitäten eines Tages nachdenkt, stellt man sich normalerweise ein tägliches Balkendiagramm vor.

Das Balkendiagramm in Abbildung 2.1 und der Candlestick-Chart in Abbildung 2.2 zeigen lediglich dreierlei Dinge. Erstens zeigen sie den Bereich, innerhalb dessen sich die Kurse im Tagesverlauf bewegt haben. Zweitens geben sie Aufschluss darüber, wie sich die Kurse bewegt haben – sie bewegten sich vom Eröffnungs- bis zum Schlusskurs (zuzüglich einer Varianz für Höchst- und Tiefstwert). Und drittens verdeutlichen die japanischen Candlesticks die allgemeine Bewegung an jenem Tag durch die Schattierung.

Was aber zeigt ein typisches Balkendiagramm nicht? Ein tägliches Balkendiagramm zeigt nicht, in welchem Ausmaß es zu Aktivitäten kam. Es zeigt nicht, welche Aktivitäten bei welchem Kurs herrschten. Es zeigt nicht, wann genau im Verlauf eines Tages sich der zugrunde liegende Rohstoff oder die zugrunde liegende Aktie bei einem bestimmten Kurs bewegte (abgesehen vom Börsenbeginn oder vom Börsenende). Doch genau diese Informationen könnten für einen Trader oder Investor sehr nützlich sein. Einen Teil dieser Informationen erhält man, wenn man seinen Zeitrahmen einengt und sich fünfminütige Balken- oder Kästchendiagramme ansieht. Aber Vorsicht: War es nicht Sinn und Zweck eines täglichen Balkendiagramms, den Informationsfluss einzudämmen, damit man von ihm nicht überwältigt wird?

Es gibt noch zahlreiche andere Informationen, die für einen Trader von Nutzen sein könnten und nicht in täglichen Balkendiagrammen auftauchen. Wurden im Falle von Terminkontrakten auch jene Transaktionen berücksichtigt, bei denen neue Kontrakte eröffnet oder alte Kontrakte ausgebucht wurden? Welche Art von Menschen war auf dem Markt aktiv? Hat während des gesamten Tages vielleicht eine Handvoll Parketthändler miteinander gehandelt und dabei versucht, sich gegenseitig zuvorzukommen oder auszumanövrieren? Wie viele Aktivitäten fanden in Form eines einzelnen Fondsanteils statt – 100 Aktienanteile oder ein einziger Rohstoffkontrakt? Wie viele Aktivitäten fanden in Form umfangreicher Fondsanteile statt? Wie viele Käufe und Verkäufe wurden durch Großinvestoren getätigt? Und wie viele Käufe und Verkäufe wurden durch Portfoliomanager offener Investmentfonds oder Manager umfangreicher Investmentfonds mit Waren als Fondsvermögen getätigt? Wie viele Käufe und Verkäufe wurden durch Hedger oder Großunternehmen getätigt?

Zudem gibt es eine dritte Gruppe von Informationen, die in den täglichen Balkendiagrammen nicht repräsentiert werden – wer sich im Markt befindet. Wie viele Menschen halten beispielsweise im Augenblick Kauf- oder Verkaufspositionen? Welche Größe haben ihre Positionen? Diese Informationen sind zwar erhältlich, doch meist nicht allzu leicht zugänglich. Die verschiedenen Börsen könnten angesichts der heute verfügbaren Computer jeden Tag folgende Informationen speichern und veröffentlichen:

Der Kurs bewegte sich von 83 auf 85. Gegenwärtig halten 4.718 Investoren Kaufpositionen, und die durchschnittliche Positionsgröße liegt bei 200 Fondsanteilen. Im Tagesverlauf erhöhte sich die Zahl der Kaufpositionen um insgesamt 50.600 Fondsanteile. Insgesamt 298 Investoren halten an Verkaufspositionen fest, wobei die durchschnittliche Positionsgröße bei 450 Fondsanteilen liegt. Die Verkaufspositionen nahmen um fünf Fondsanteile zu. Die führenden 100 Positionen werden von folgenden Marktteilnehmern gehalten und ihre Position liegt bei ... [woraufhin eine Liste folgt].

Vielleicht sagen Sie jetzt: »Ja, ich möchte gerne wissen, wer was besitzt und wie groß die einzelnen Positionen sind.« Nun gut, falls Sie im Besitz dieser Informationen wären, wüssten Sie dann auch, was Sie damit anfangen sollten? Wären diese Informationen von gesteigertem Wert für Sie? Wohl kaum – es sei denn, Sie hätten Ansichten, die Ihnen einen Handel mit diesen Informationen erlauben würden.

Das tägliche Balkendiagramm gibt auch keinerlei Aufschluss über statistische Wahrscheinlichkeiten – angenommen, X passiert, was ist dann die Wahrscheinlichkeit für Y? Man kann die Wahrscheinlichkeit von Y anhand statistischer Daten bestimmen, aber nur dann, wenn die Variable X (und eigentlich auch Y) in den persönlichen Daten enthalten ist. Aber was, wenn X oder Y interessant ist, in den persönlichen Daten aber nicht auftaucht?

Schließlich gibt es noch einen weiteren bedeutenden Typ von Informationen, den ein einfaches tägliches Balkendiagramm nicht enthält: psychologische Informationen. Zu diesen Informationen gehört die Überzeugungskraft der Kaufpositionen und der Verkaufspositionen. Wann kann man damit rechnen, dass verschiedene Trader ihre Positionen glattstellen und zu welchem Kurs? Wie werden sie auf verschiedene Pressemeldungen oder Kursbewegungen reagieren? Und wie viele Menschen sitzen außerhalb des Marktes und glauben, dass er steigt oder dass er fällt? Kann es sein, dass sie diesen Glauben in Marktpositionen umwandeln, und unter welchen Umständen? Und falls ja, zu welchem Kurs, und wie viel Geld werden sie wohl im Rücken haben, um ihre Positionen zu stützen? Doch selbst wenn Sie diese Informationen hätten, haben Sie dann auch Ansichten, die Ihnen helfen, Geld daraus zu machen?

*Das Unheimliche daran ist, dass ein tägliches Balkendiagramm, das bestenfalls zusammenfassende Informationen enthält, üblicherweise die Rohdaten sind, die man manipuliert, um zu seinen Entscheidungen zu kommen.*

Bis jetzt haben Sie wahrscheinlich geglaubt, ein tägliches Balkendiagramm sei im Grunde genommen der Markt. Doch merken Sie sich: Alles, was Sie wirklich sehen, ist eine einfache Linie auf Ihrem Computer oder Chart Book. Sie gehen davon aus, dass es den Markt repräsentiert. Man könnte es eine Verallgemeinerung der Marktaktivitäten an einem gegebenen Tag nennen, aber das ist auch schon die beste Bezeichnung dafür.

Das Unheimliche daran ist, dass ein tägliches Balkendiagramm, das bestenfalls zusammenfassende Informationen enthält, üblicherweise die Rohdaten sind, die man manipuliert, um zu seinen Entscheidungen zu kommen.

Ich hoffe, Sie verstehen allmählich, warum die bewertende Heuristik für Sie als Trader so wichtig ist – und alles, was ich Ihnen an die Hand gegeben habe, ist nur ein heuristisches Beispiel, die Tatsache, dass wir gerne davon ausgehen, dass ein Balkendiagramm tatsächlich die Marktaktivitäten eines ganzen Tages repräsentiert.

Man könnte nur anhand von Balkendiagrammen traden. Doch die meisten wollen etwas mit ihren Daten tun, bevor sie traden, also verwenden sie Indikatoren. Leider tut man dasselbe mit Marktindikatoren. Man geht davon aus, sie seien die Wirklichkeit anstatt lediglich Versuche, etwas zu repräsentieren, das passieren könnte. RSI, Stochastik, Gleitende Durchschnitte, MACD (Moving Average Convergence Divergence) usw. – alle scheinen Realität zu werden, und man vergisst gerne, dass es sich lediglich um Verzerrungen der Rohdaten handelt, die angeblich irgendetwas repräsentieren sollen.

Denken Sie beispielsweise an das technische Konzept von Unterstützungslinien auf einem Chart. Ursprünglich beobachteten Techniker Folgendes: Sobald die Kurse auf dem Chart in einen bestimmten Bereich fielen, schienen sie zurückzuprallen. Somit ging man davon aus, dass dieser Bereich eine Ebene sei, auf der eine Menge Käufer bereit sind, zu kaufen und somit den Kurs der Aktie zu »stützen«. Leider behandeln viele Begriffe wie Unterstützungsebene (Support Level) und Widerstandsebene (Resistance Level) so, als handele es sich um echte Phänomene anstatt lediglich um Konzepte, die Beziehungen repräsentieren, die man in der Vergangenheit beobachtet hat.

Vorhin habe ich über die Repräsentativitätsneigung in dem Sinne gesprochen, dass man etwas gerne danach beurteilt, »wie es aussieht«, und nicht entsprechend seiner Wahrscheinlichkeitsrate. Dies ist besonders wichtig im Hinblick auf die Verwendung eines Trading-Systems oder Trading-Signals. Hat man Informationen zur Wahrscheinlichkeitsrate in Betracht gezogen, als man sein Trading-System entwickelte oder die Gültigkeit seiner Signale bewertete? Das heißt, achtet man auf die Anzahl der Fälle, in denen dem Signal auch das vorhergesagte Ergebnis folgt? Wohl kaum, denn von 1.000 Tradern kenne ich keinen einzigen, der dies tut – auch wenn ich den Leuten immer wieder davon erzähle. Dies bedeutet Folgendes: Die meisten testen ihre Systeme nicht einmal oder kennen die Erwartung ihrer Systeme nicht (siehe Kapitel sieben).

Lassen Sie uns einige weitere Neigungen betrachten. Wir werden bestimmen, inwieweit sich diese zusätzlichen Neigungen darauf auswirken, was man über die Märkte und die Entwicklung eines Trading-Systems denkt.

**Zuverlässigkeitsneigung**

Eine Neigung, die in engem Zusammenhang mit der Repräsentativitätsneigung steht, ist die Annahme, unsere Daten seien zuverlässig – dass sie tatsächlich das sind, was sie sein sollen. Was etwa das tägliche Balkendiagramm angeht, so gehen wir üblicherweise davon aus, dass es die Daten eines Börsentages repräsentiert. Es sieht aus wie die Daten eines Börsentages, also muss es das auch sein. Doch viele Datenanbieter kombinieren Tages- und Nachtdaten; handelt es sich also tatsächlich um die Daten eines Börsentages? Und wie sieht es mit der Genauigkeit dieser Daten aus?

Erfahrene Trader und Investoren wissen, dass das Abschätzen der Zuverlässigkeit von Daten zu den größten Problemen zählt, die Trader haben können. Die meisten Datenanbieter sind in Bezug auf tägliche Balkendiagramme recht genau, doch wenn man beginnt, Daten über Mindestkursschwankungen, fünfminütige Balkendiagramme, 30-minütige Balkendiagramme usw. zu verwenden, dann ist es mit der Genauigkeit schnell vorbei. Wenn Sie also ein System aufgrund fünfminütiger Balkendiagramme testen, dann könnte die Mehrheit Ihrer Ergebnisse (egal ob gut oder schlecht) eher etwas mit ungenauen Daten zu tun haben anstatt mit den tatsächlich erwarteten Resultaten.

Schauen Sie sich im folgenden Kasten die Geschichte über die Probleme, die man mit Daten haben kann, an. Es handelt sich um eine persönliche Geschichte von Chuck Branscomb, die in einem unserer Newsletter erschienen ist.

Sobald Sie die Geschichte gelesen haben, können Sie verstehen, wie die meisten weitaus mehr über die Märkte akzeptieren, als tatsächlich wahr ist. Es ist nicht alles so, wie man es vermuten würde. Und wenn man glaubt, ein gutes System zu haben, dann könnte man auch einfach schlechte Daten haben, die es gut aussehen lassen. Umgekehrt könnte man glauben, ein schlechtes System zu haben, wenn man tatsächlich schlechte Daten hat, die ein gutes System schlecht aussehen lassen.

Doch nehmen wir einmal an, man akzeptiert die Tatsache, dass tägliche Balkendiagramme den Markt tatsächlich repräsentieren. Man möchte diese Verallgemeinerung akzeptieren und sie traden. Das ist schön und gut, dennoch möchte ich Ihnen gerne zeigen, wie sich meist noch wesentlich mehr Neigungen in die persönliche Denkweise einschleichen können.

> **Eine persönliche Geschichte von Chuck Branscomb**
>
> Ich trade mit einem von mir selbst entworfenen System ein Portfolio von 16 Terminkontraktmärkten. Ich verwende ein Betriebssystem für Portfolio-Trading, das meinen Systemcode mit täglichen Daten vergleicht, um jede Nacht Aufträge zu generieren. Die wesentlichen Ein- und Ausstiegsregeln sind in ein Softwareprogramm einprogrammiert, das in Echtzeit abläuft, sodass ich alarmiert werde, sobald ich eine Position in einem Markt eingegangen bin.
>
> Am 10. Juli 1995 hatte ich vor Markteröffnung all meine Aufträge zum Ein- und Ausstieg für das Portfolio korrekt platziert. Kurz nachdem die Devisenmärkte in Chicago geöffnet hatten, alarmierte mich die in Echtzeit ablaufende Software bezüglich einer Kaufposition, die ich im Kanadischen Dollar eingegangen war. Ich war schockiert, schließlich hatte ich an jenem Tag noch nicht einmal einen Auftrag für den Kanadischen Dollar generiert. Ich saß einfach nur da und starrte den Bildschirm einige Sekunden lang völlig ungläubig an. Da ich mich gedanklich bereits darauf eingestellt hatte, von unerwarteten Begebenheiten auf dem Markt unangenehm überrascht zu werden, verfiel ich ganz automatisch in mein erprobtes Verhaltensmuster: tief einatmen, alle Muskeln zwischen Stirn und großem Zeh entspannen und dabei ausatmen und einen systematischen Prozess erzeugen, bei dem man nach Fehlern

Ausschau hält – angefangen von den wahrscheinlichsten bis hin zu eher unwahrscheinlichen.

Es dauerte einige Minuten, bis ich feststellte, dass die Daten, die ich heruntergeladen hatte, um sie mit meiner Portfoliosoftware zu vergleichen, und die Daten, die meine Echtzeitsoftware zusammengetragen hatte, unterschiedliche Tiefstwerte für den Vortag ergaben. Eine schnelle Überprüfung der Kursdaten (Tick Data) vom Vortag bestätigte meinen Verdacht: Die Daten, die das Portfoliosystem verwendete, waren falsch. Schnell überarbeitete ich die Datenbank per Hand und ließ das Programm noch einmal ablaufen. Nun generierte es einen Einstiegsauftrag. Ich warf einen Kontrollblick auf den Bildschirm, der mir anzeigte, dass sich der Markt mittlerweile erholt und meinen Einstiegspunkt deutlich übertroffen hatte. Ich spürte, wie sich langsam der Frust in mir ausbreiten wollte, blieb aber dennoch ruhig und gab die Informationen aus dem Programm in meine Portfoliotabelle ein, um die Größe meiner Position zu bestimmen. Als ich wieder auf den Bildschirm sah, bemerkte ich, dass der Markt um weitere fünf Ticks gestiegen war, kaum dass ich den Auftrag fertig hatte. Meine Reaktion an diesem Punkt war vollkommen automatisch und fokussiert: Ich rief mein Trade Desk an und platzierte einen Auftrag, die Position am Markt einzugehen.

Dieser gesamte Prozess beanspruchte rund zehn Minuten meiner Zeit. Währenddessen entfernte sich der Kanadische Dollar allmählich immer mehr von meinem beabsichtigten Einstiegspunkt. Die Tatsache, dass ich im Kopf auf alles vorbereitet war, bewahrte mich glücklicherweise davor, meine weiteren Aktionen spontan anzugehen. Zu meinen Zielen als Trader gehört, dass ich niemals den Einstieg in einen Trade verpasse, da ich nie wissen kann, wann es zu einer ausgeprägten Kursbewegung kommen kann. Einen Trade mit erheblichen Gewinnen zu verpassen ist weitaus schlimmer, als nur einen kleinen Verlust mitzunehmen. Sobald ich wusste, dass ich mich bereits in jenem Markt befinden sollte, war der Anruf eine ganz automatische, fokussierte Reaktion. Für die Art von Trading, wie ich sie betreibe, war es genau das Richtige. Es bringt mir nichts, darauf zu hoffen, dass der Markt zu meinem Einstiegspunkt zurückkehrt, oder mich spontan für Anschlussaufträge zu entscheiden.

Diese Begebenheit zeigte mir ganz deutlich, dass ich ein Verfahren entwickeln musste, das mich dazu zwingen würde, die Tagesdaten für jeden einzelnen Terminkontrakt diszipliniert zu überprüfen. Bis zu jenem Punkt war ich der Meinung, meine Art, die täglichen Daten zu durchforsten, sei vollkommen ausreichend. In der Vergangenheit war ich vielen Fehlern auf die Schliche gekommen, doch jetzt wusste ich, dass ich tagtäglich noch wesentlich mehr Arbeit hineinstecken müsste, um sicherzustellen, dass ich meinen Business-Plan wie vorgesehen einhalten konnte.

*Aus Market Mastery, Juli 1996, Band 1 (2), S. 2-3.*

**Lottoneigung**

Die Lottoneigung bezieht sich auf das gesteigerte Vertrauen, das man hat, wenn man Daten in irgendeiner Art und Weise manipuliert – als ob eine Manipulierung der Daten irgendetwas bedeuten und man dadurch die Kontrolle über den Markt gewinnen würde. Jetzt, wo man das tägliche Balkendiagramm als persönliche Methode, den Markt zu repräsentieren, akzeptiert hat, muss man entweder tägliche Balkendiagramme traden oder sie in irgendeiner Art und Weise manipulieren, bis man genug Vertrauen in sie gewonnen hat. Doch natürlich kann und wird man dieses gesteigerte Vertrauen durch eine Manipulierung von Daten selbst oft gewinnen.

Ein perfektes Beispiel dafür, wie diese Illusion einer Kontrolle funktioniert, liefert das staatliche Lotteriespiel. Wenn man Lotto spielt, darf man ein paar Zahlen auswählen (meist sechs oder sieben), und sollte man zufällig alle richtig haben, wird man auf der Stelle zum Millionär. Dieses Lottospiel ist allgemein beliebt (selbst bei logisch denkenden Menschen, die sich der geringen Gewinnchancen genau bewusst sind). Warum? Weil der Preis so groß und das Risiko so klein ist (verglichen mit der Höhe des Preises ist ein Dollar pro Lottoschein nicht gerade viel), dass man förmlich zum Spielen verleitet wird. Dabei ist es ganz egal, dass die Chancen derart gering sind, dass man sogar dann kaum gewinnen würde, wenn man eine Million Lottoscheine (jeder mit unterschiedlichen Zahlen) kaufen würde. Die Chance, bei einer staatlichen Lotterie eine Million Dollar zu gewinnen, liegt bei etwa eins zu 13 Millionen (und wenn man auf einen höheren Gewinn hofft, verschlechtern sich die Chancen noch weiter).

Der große Preis für einen derart kleinen Geldbetrag ist auch eine Heuristik, es ist jedoch nicht die Lottoneigung. Die Lottoneigung ist die Illusion von Kontrolle, die man erhält, wenn man das Spiel spielt. Viele glauben, dass sich ihre Gewinnchancen irgendwie verbessern, nur weil sie die Möglichkeit haben, die Zahlen selbst auszuwählen. Somit halten es einige sogar für möglich, dass ihre Gewinnchancen steigen, wenn sie die Zahlen in ihrem Geburtsdatum oder einem Jahrestag auswählen. Vor einigen Jahren gewann beispielsweise in Spanien ein Mann den Lotto-Jackpot. Er gewann ihn aufgrund seiner Interpretation eines Traumes. Er hatte das Gefühl, in sieben Nächten hintereinander von der Zahl sieben geträumt zu haben. Da er irrtümlicherweise dachte, sieben mal sieben ergäbe 48, wählte er einen Lottoschein mit den Zahlen vier und acht aus.

Andere wiederum verwenden nicht ihre Träume, sondern ziehen Hellseher oder Astrologen zu Rate. Im Prinzip kann man alle Arten von Ratschlägen kaufen, um eventuell den Jackpot zu knacken. Einige warten förmlich darauf, Ihnen ihre Tipps zu verkaufen, da sie die Zahlen analysiert haben und glauben, sie könnten die nächsten Zahlen vorhersagen. Andere haben ihre eigene Lottomaschine und glauben ernsthaft, dass, wenn sie nur eine zufällige Abfolge von Zahlen errechnen könnten, diese eventuell mit den von der staatlich kontrollierten Lottomaschine ermittelten Zahlen übereinstimmen könnte. Auch sie warten förmlich darauf, Sie gegen Bezahlung zu beraten. Und sobald irgendein Guru oder Astrologe behauptet, er habe mehrere Jackpot-Gewinner (was durchaus nicht unmöglich ist, wenn diese Person genügend Anhänger hat), dann fühlen sich noch weitaus mehr Menschen zu dieser Person hingezogen. Man ist bereit, alles zu tun, um die magischen Zahlen zu finden.

Falls Ihnen dies irgendwie bekannt vorkommt, dann war dies meine Absicht. Denn genau dies passiert in spekulativen Märkten. Man glaubt, schnell mal ein paar Dollar verdienen zu können, wenn man nur die richtigen Zahlen auswählt. Die richtigen Zahlen auszuwählen bedeutet im Falle von Spekulanten oder Investoren, dass sie einfach wissen wollen, was sie kaufen sollen und wann. Die wichtigste Frage, die eine durchschnittliche Person stellt, lautet:»Was sollte ich jetzt gerade kaufen, damit ich ein Vermögen verdiene?« Den meisten ist es lieber, wenn ihnen irgendjemand sagt, was sie tun sollen.

Man ist bereit, alles Mögliche zu tun, nur um herauszufinden, was man jetzt tun sollte. Man kauft Software, die Zahlen aussucht und Tendenzen analysiert. Broker haben Folgendes festgestellt: Wenn sie ihre Hilfe bei der Auswahl der Zahlen anbieten, indem sie im Radio oder in Fernsehshows Einstiegspunkte ablesen, dann werden Tausende ihre Tipps haben wollen. Wenn man dafür bekannt ist, dass man in der Öffentlichkeit Ratschläge erteilt, dann wird man schnell als Experte betrachtet, egal wie genau (oder ungenau) diese Ratschläge sind. Außerdem gibt es wahrlich genug Gurus, die sich wunderbar vermarkten können und in ihren Newslettern mit dem allergrößten Vergnügen mitteilen, was man kaufen sollte und wann. Und natürlich spielen in diesem Prozess auch Astrologen und Wahrsager eine Rolle.

Der eine oder andere bekommt irgendwann den Eindruck, dass er alleine besser dran wäre. Daraufhin lässt er sich von Einstiegssignalen faszinieren, die er als gleichbedeutend mit einem vollständigen Trading-System erachtet. Mit Einstiegssignalen bekommt man ein Gefühl der Kontrolle, da der Punkt, an dem man sich dazu entschließt, den Markt zu betreten, der Punkt ist, an dem der Markt genau das tut, was man von ihm verlangt. Folglich hat man das Gefühl, eine gewisse Kontrolle zu haben – nicht nur über den Einstiegspunkt, sondern über den gesamten Markt. Leider macht der Markt, sobald man eine Position eingegangen ist, was er will, sodass man außer dem Ausstieg rein gar nichts mehr unter Kontrolle hat.

Ich bin immer wieder erstaunt, wenn ich sehe, was die Leute für ein Trading-System halten! Vor einigen Jahren besuchte mich zum Beispiel ein Mann aus Australien. Er hatte sich in ganz Amerika mit Experten darüber unterhalten, welche Art von Trading-Systemen überhaupt funktioniert. Eines Abends berichtete er mir beim Essen über das Gelernte und zeigte mir das »Innenleben« der verschiedenen von ihm entdeckten Systeme, sodass ich ihm meinen Segen geben konnte. Er hatte einige tolle Ideen. Doch all seine Trading-Systeme, so wie er sie mir vorlegte, hatten mit Einstiegstechniken zu tun. Im Prinzip beschrieb er mir bei jedem Trading-System immer wieder dasselbe – den Einstieg. Mein Kommentar lautete wie folgt: Er befinde sich zwar auf einem guten Weg, doch ein wirklich gutes System hätte er erst dann, wenn er bereit wäre, mindestens ebenso viel Zeit auf seine Ausstiegspunkte und Positionsgrößen zu verwenden.

Die meisten sind der Meinung, sie haben ein Trading-System, wenn sie irgendeinen Einstiegspunkt haben, der ihnen Geld bringt. Wie Sie im späteren

Verlauf dieses Buches erfahren werden, besteht ein professionelles Trading-System aus nicht weniger als zehn Bestandteilen, wobei dem Einstiegssignal wohl die geringste Bedeutung zukommt. Dennoch wollen die meisten immer nur vom Einstieg hören.

Im Jahre 1995 hielt ich in Malaysia auf einer internationalen Konferenz einen Vortrag zum Thema Technische Analyse bei Terminkontrakten und Aktien. Insgesamt waren wir 15 Redner aus den Vereinigten Staaten, und unsere Vorträge wurden vom Publikum bewertet. Die Redner mit den besten Bewertungen hatten sich in erster Linie über Einstiegssignale ausgelassen. Jener Redner, der über die verschiedenen Bestandteile eines Trading-Systems sprach und dessen Rede somit äußerst wertvoll war, erhielt weitaus niedrigere Bewertungen.

Ich besuchte einen der höher bewerteten Vorträge. Der Redner war ein brillanter Trader, der auf seinem Konto 1994 einen Anstieg von 74 Prozent verzeichnet hatte, während der Drawdown bei lediglich zehn Prozent lag. Doch das, worüber er sprach, waren in erster Linie Signale, um Veränderungen in einem Trend ausfindig zu machen. In seinem Vortrag präsentierte er sechs bis acht solcher Signale und erwähnte, wenn er gefragt wurde, irgendetwas über Ausstiegspunkte und Money Management. Später fragte ich ihn, ob er all diese Signale traden würde. Seine Antwort lautete: »Natürlich nicht! Ich trade ein Trendfolgesignal. Aber das ist das, was die Leute hören wollen, also gebe ich es ihnen.«

Einer meiner Klienten machte, als er dies las, folgende Beobachtung: »Ich hatte schon immer das Gefühl, dass diese ›Lottoneigung‹ nur eine Methode ist, um mit der Angst fertig zu werden, keine Kontrolle zu haben. Die meisten würden lieber so tun, als hätten sie alles unter Kontrolle (und falsch liegen), als die Angst zu verspüren, keine Kontrolle über die Umwelt zu haben, in der sie existieren müssen. Der große Schritt besteht darin zu realisieren, dass ›ich meine Handlungen unter Kontrolle habe‹. Und das reicht vollkommen aus!«

Diese Neigung ist derart ausgeprägt, dass man häufig nicht die Informationen erhält, die man benötigt, um im Markt voranzukommen. Stattdessen bekommt man das, was man gerne hören möchte. Schließlich wird das meiste Geld damit verdient, dass man den Menschen das gibt, was sie wollen, anstatt ihnen das zu geben, was sie brauchen. Dieses Buch ist eine Ausnahme von dieser Regel. Und ich hoffe, es gibt in Zukunft noch eine ganze Reihe weiterer Ausnahmen.

**Das Gesetz der kleinen Zahlen**

Das in Abbildung 2.3 gezeigte Muster könnte für einige durchaus eine weitere Neigung repräsentieren.

Es gibt vier Tage, an denen der Markt überhaupt nichts macht (innerhalb der ersten fünf aufgeführten Tage). Danach kommt es zu einem kräftigen Anstieg. Wenn Sie einige Chartbücher durchgehen, dann könnten Sie durchaus vier bis fünf ähnliche Beispiele finden. Das Gesetz der kleinen Zahlen besagt, dass nicht viele solcher Fälle nötig sind, um voreilige Schlüsse zu ziehen. So steigen viele

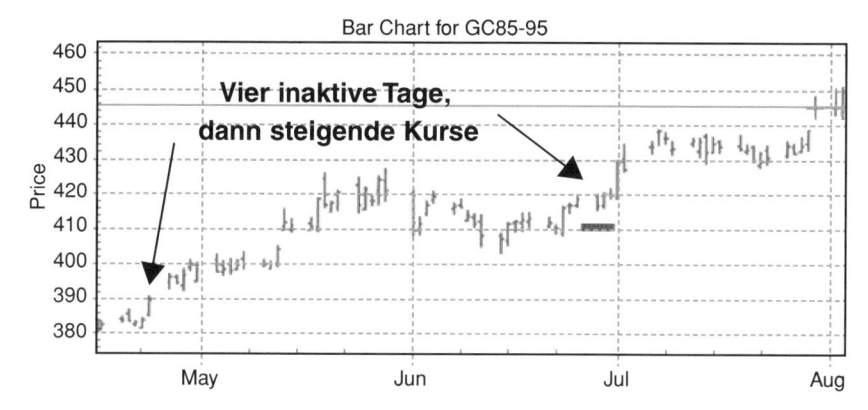

## 2. Warum es den meisten so schwer fällt, die Märkte zu beherrschen

**Abbildung 2.3:** (Balkendiagramm für GC85-95) Beispiel eines Musters, durch das man auf den Markt und zu Einstiegssignalen gelockt wird (vier inaktive Tage, gefolgt von einem Tag mit steigenden Kursen)

von uns in den Markt ein, wenn nach vier Tagen mit engen Kursverläufen ein Tag folgt, an dem die Kurse kräftig ansteigen.

In der Tat habe ich folgende Beobachtung gemacht: Die meisten Trader folgen den Mustern, die sie in einigen wenigen gut gewählten Beispielen beobachten. Wenn man beispielsweise ein Muster wie das in Abbildung 2.3 sieht, dem eine umfangreiche Kursbewegung folgt, dann geht man davon aus, dass es sich bei diesem Muster um ein gutes Einstiegssignal handelt. Wie Sie sehen, fließen in diese Entscheidung alle vier bislang erörterten Neigungen ein.

Das folgende Zitat von William Eckhardt beschreibt diese Neigung wohl am besten:

> Wir betrachten Daten nicht neutral – das heißt, wenn das menschliche Auge einen Chart überfliegt, dann gewichtet es nicht alle Datenpunkte gleichermaßen. Stattdessen fokussiert es sich auf bestimmte hervorstechende Fälle, und wir neigen dazu, uns unsere Meinung auf Grund dieser speziellen Fälle zu bilden. Es entspricht der Natur des Menschen, die überwältigenden Erfolge einer Methode herauszupicken und die tagein, tagaus auftretenden Verluste zu übersehen, durch die man sich bis auf die Knochen aufreibt. Somit wird selbst bei einer relativ sorgfältigen Recherche der Charts der Eindruck vermittelt, das System sei weitaus besser, als es in Wirklichkeit ist.[12]

---

[12] Jack Schwager, «William Eckhardt: The Mathematician», *The New Market Wizards: Conversations with America's Top Traders* (New York: HarperCollins, 1992), S. 114.

Die wissenschaftliche Forschung ist sich dieser Neigung durchaus bewusst. Selbst wenn man seine Recherche noch so gewissenhaft betreibt, wird man immer dazu neigen, sein Ergebnis seiner Hypothese anzupassen. Deshalb führen Wissenschaftler Doppelblindversuche durch – Tests, bei denen der Experimentator erst dann weiß, welche Gruppe die Versuchsgruppe und welche Gruppe die Kontrollgruppe ist, wenn das Experiment vorüber ist.

**Neigung zum Konservatismus**
Sobald wir ein Trading-Konzept im Kopf haben, setzt sich unsere Neigung zum Konservatismus durch: Wir schaffen es nicht, widersprüchliche Hinweise zu erkennen, oder sehen sie nicht einmal. Der menschliche Verstand ist schnell, wenn es darum geht, die wenigen herausragenden Beispiele von Kursbewegungen zu sehen, die funktionieren, während er Beispiele, die nicht funktionieren, umgeht oder sie ignoriert. Würde man sich zum Beispiel eine Vielzahl von Daten ansehen, dann könnte man vielleicht herausfinden, dass sich dem Muster in Abbildung 2.3 in 20 Prozent aller Fälle eine umfangreiche Kursbewegung anschloss. In den restlichen Fällen passierte nichts Außergewöhnliches.

Die meisten ignorieren die widersprüchlichen Hinweise komplett, trotz der Tatsache, dass sie überwältigend sind. Doch nach sieben oder acht Verlusten hintereinander machen sie sich plötzlich Sorgen über die Stichhaltigkeit ihres Trading-Systems, ohne jemals festzustellen, wie viele Verluste eintreten könnten.

Wenn die in 20 Prozent der Fälle eintretende Kursbewegung groß genug ist, dann lässt es sich immer noch traden – doch nur, wenn man darauf achtet, seine Verluste während der 80 Prozent von Kursbewegungen, in denen nichts passiert, im Rahmen zu halten. Doch natürlich verdeutlicht dies die Bedeutung der Lottoneigung. Wenn man sich ausschließlich auf das Muster konzentriert, wird man wohl kaum Geld machen.

Diese Neigung führt dazu, dass man nur das aussucht, was man im Markt gerne sehen möchte oder zu sehen gedenkt. Dies bedeutet, dass die meisten dem Markt nicht neutral gegenübertreten und nicht mit dem Strom schwimmen können. Stattdessen suchen sie permanent etwas, das sie zu sehen meinen.

**Neigung zur Willkür**
Die nächste Neigung beeinflusst die Entwicklung von Trading-Systemen auf zweierlei Art und Weise: Erstens gehen Wirtschaftswissenschaftler und Investoren gerne davon aus, der Markt sei willkürlich – die Kurse würden sich meist ganz zufällig bewegen. Zweitens gibt es die abwegigsten Mutmaßungen darüber, was diese Willkür – falls es sie gibt – bedeuten könnte.

Ein Grund, warum man gerne Spitzen- und Tiefstwerte herauspickt, ist, dass man davon ausgeht, dass sich der Markt jederzeit umkehren kann und wird. Im Grunde genommen nimmt man an, der Markt sei willkürlich. Tatsächlich sind noch immer viele akademische Forscher der Ansicht, der Markt sei willkürlich.[13] Doch ist diese Vermutung auch richtig? Und selbst wenn diese Ansicht richtig ist, könnte man einen solchen Markt überhaupt traden?

Der Markt könnte durchaus gewisse willkürliche Eigenschaften aufweisen, das heißt aber noch lange nicht, dass er auch wirklich willkürlich ist. So kann man zum Beispiel mithilfe eines willkürlichen Zahlengenerators eine Reihe von Balkendiagrammen generieren. Wenn man sich diese Balkendiagramme betrachtet, dann sehen sie aus wie Balkendiagramme. Doch dies ist ein Beispiel für die Repräsentativitätsneigung, und »wie willkürlich aussehen« heißt noch lange nicht »willkürlich sein«. Diese Art von Daten unterscheidet sich von Marktdaten, da die Verteilung der Kurse im Markt extreme Differenzen aufweist, die man angesichts willkürlicher Kurse mit normaler Verteilung niemals vorhersehen könnte. Warum? Wenn man sich Marktdaten betrachtet, dann nimmt die Veränderlichkeit der Stichproben immer weiter zu, je mehr Daten man hinzufügt. Der 80-Punkte-Rückgang im S&P, der sich am 19. Oktober 1987 ereignete – innerhalb eines Jahrzehnts nach Einführung der S&P-Terminkontrakte –, wäre anhand einer willkürlichen Zahlenreihe nur schwierig vorherzusehen gewesen. Es könnte einmal in 10.000 Jahren vorkommen, doch dies ereignete sich zu unseren Lebzeiten. Darüber hinaus passierte es noch ein weiteres Mal. Am 27. Oktober 1997 fiel der S&P um 70 Punkte, und am nächsten Tag wies er einen Tageskursbereich von 87 Punkten auf. In ähnlicher Weise verzeichnete auch der Nasdaq zwischen 2000 und 2002 mehrere riesige eintägige Rückgänge.

Die Tatsache, dass die Verteilungen von Marktkursen meist eine unendliche oder fast unendliche Varianz aufweisen, deutet darauf hin, dass noch weitaus extremere Szenarien, als man sie sich vorstellen kann, gleich ums Eck warten. Daher wird man auch jegliche abgeleitete Risikoabschätzung erheblich unterschätzen. Und leider gehen die meisten viel zu viel Risiko im Markt ein. Wenn ein Marktgenie wie Tom Basso behauptet, ein Risiko von gerade mal drei Prozent des Gesamtvermögens auf eine einzige Position sei »reinster Wahnsinn«, dann deutet dies darauf hin, dass die meisten Marktteilnehmer ein völlig unverantwortliches Risiko eingehen.

Selbst wenn die Märkte willkürlich wären, würde man diese Willkür nicht verstehen. Wenn es in einer zufälligen Sequenz tatsächlich zu einem langen Trend kommt, dann geht man davon aus, es handele sich nicht um Zufall. Man entwickelt Theorien, die den Schluss nahelegen, es handele sich um etwas anderes als eine lange Serie in einer willkürlichen Sequenz. Diese Tendenz ergibt sich aus unserem natürlichen Hang, die Welt so zu behandeln, als sei alles vorhersehbar und verständlich. Somit suchen wir nach Mustern, wo es keine gibt, und vermuten die Existenz ungerechtfertigter Kausalzusammenhänge.

---

13 Zum Beispiel Burton G. Malkiel, A Random Walk Down Wall Street, 8. Auflage. (New York: Norton, 2004).

Eine Konsequenz unserer Neigung zur Willkür (sowie der Lottoneigung) ist, dass viele dazu tendieren, Spitzen- und Tiefstwerte herauspicken zu wollen. Wir wollen »recht haben« und den Markt kontrollieren, also projizieren wir unsere Vorstellungen auf den Markt. Dies führt meist dazu, dass wir uns einbilden, wir könnten Spitzen- und Tiefstwerte herauspicken. Doch dies geschieht im Leben eines Traders oder Investors eher selten. Wer es versucht, sollte sich auf viele negative Erlebnisse einstellen.

**Die Neigung, alles verstehen zu wollen (Need-to-Understand Bias)**
Die Neigung, alles verstehen zu wollen, wirkt sich bei den meisten darauf aus, wie sie ihr Trading-System entwickeln. Dabei ignorieren sie das Element der Willkürlichkeit vollkommen. Genau genommen beschäftigen sie sich noch nicht einmal mit Position Sizing als Teil ihres Systems.

Einer meiner Klienten, Joe, behauptete einst, er habe die meisten Schwierigkeiten mit dem Markt, wenn er eine Position eingehe und durch etwas irritiert werde. Also stellte ich ihm eine Reihe von Fragen. »Wie oft entwickeln sich deine Positionen zu Gewinnern?« Er antwortete mir, dass er in etwa 60 Prozent der Fälle richtig liege. »Wenn dich etwas irritiert, wie oft kommt es dann vor, dass du am Ende einen Gewinn erzielst?« Dieses Mal lautete seine Antwort, er würde fast nie einen Gewinn erzielen, wenn er durch etwas irritiert würde. Daraufhin sagte ich: »Da dein System mehr oder weniger auf Zufall beruht, verstehst du wahrscheinlich sowieso nicht allzu viel von den Märkten. Doch wenn dich etwas ganz offensichtlich irritiert, dann solltest du einfach nur noch aussteigen.« Er stimmte mir zu, dass dies wohl keine schlechte Idee sei.

Wenn man genauer über Joes Trading-System nachdenkt, wird klar, dass er eigentlich gar keines hatte. Warum? Joe war so damit beschäftigt, jeden Aspekt des Marktes zu verstehen, dass er keine klar festgelegten Ausstiegssignale hatte, die ihm (1) entweder sagten, wann er aussteigen solle, um sein Kapital zu bewahren, oder (2) wann er seine Gewinne mitnehmen solle.

Die meisten müssen erst noch gut durchdachte Theorien über das erstellen, was in den Märkten vor sich geht. Die Medien versuchen ständig, den Markt zu erklären, selbst wenn sie rein gar nichts über den Markt wissen. Wenn zum Beispiel der Dow Jones um mehr als 100 Punkte nachlässt, dann sind am nächsten Tag die Zeitungen voll von zahllosen Erklärungen. Dies könnte sich in Ihrer Lokalzeitung dann in etwa wie folgt anhören:

> Die Ankündigung der Zentralbank am späten Mittwochabend, eventuell die Zinsen zu erhöhen, verunsicherte die Investoren am Donnerstag. Die Aktien – insbesondere Aktien von Bauunternehmen – fielen in den Keller, da man quer durch die Branche einen Gewinnrückgang befürchtete. Im heutigen Marktklima scheinen Investoren immer dann besonders nervös zu sein, sobald sie das Gefühl haben, die Zinsen könnten steigen. Zudem sind die Investoren besorgt über die möglichen Folgen der Vor-

gänge im Nahen Osten. Ein kleines Anzeichen von Ärger reicht schon aus, um die Investoren völlig nervös zu machen.

Am Tag darauf steigt der Dow Jones Industrieindex dann vielleicht wieder um mehr als 100 Punkte. In der Zeitung liest man dann meist etwas wie:

> Die Wall Street, die vor Kurzem noch Angst vor einer möglichen Zinserhöhung hatte, schüttelte das Gerücht ab und stürzte sich wieder auf den Markt, wodurch der Dow Jones Industrial um mehr als 100 Punkte anstieg. R. P. Jinner von ›H. P. Mor Securities‹ meinte dazu: »Die Gewinne waren in letzter Zeit so gut, dass Investoren möglicherweise abträgliche Nachrichten scheinbar gelassen hinnehmen.«[14]

Die Neigung, alles verstehen zu wollen, wird noch wesentlich komplizierter, wenn es um den Entwurf eines Trading-Systems geht. Tägliche Balkendiagramme werden oft auf eigentümlichste Art und Weise manipuliert, und danach werden seltsame Theorien entwickelt, mit denen man den Markt anhand jener Manipulationen erklären will. Danach nehmen die entstehenden Theorien eine Art Eigenleben an, doch in Wirklichkeit fehlt es ihnen an der nötigen Grundlage. Was ist zum Beispiel die rationale Grundlage für Elliotts Wellentheorie? Warum sollte sich der Markt in drei Etappen in eine Richtung bewegen und in zwei Etappen in die andere?

Verstehen Sie jetzt allmählich, warum die Entwicklung eines Trading-Systems so voller psychologischer Neigungen ist? Meine Erfahrung ist, dass sich die meisten erst dann mit den Problemen auseinandersetzen können, die bei der Entwicklung eines Trading-Systems entstehen, wenn sie zuvor einige ihrer persönlichen psychologischen Probleme in Bezug auf Furcht oder Angst gelöst haben. Darüber hinaus gibt es einige, die solche Fragen gar nicht klären wollen – es gibt tatsächlich Menschen, die diesen Abschnitt einfach übersprungen haben, nur um gleich zum Eingemachten zu kommen, was das Thema Systementwicklung betrifft.

## Neigungen, die sich auf die Art und Weise auswirken, wie man Trading-Systeme testet

Unsere nächsten Neigungen haben mit dem Testen von Trading-Systemen zu tun. Die meisten begegnen diesen Neigungen niemals, da sie nie so weit gehen, dass sie ein Trading-System auch wirklich testen. Genau genommen hält die vorhin erwähnte Neigung zum Konservatismus die meisten davon ab, jemals ein

---

14 *Diese Geschichten sind frei erfunden, dennoch sind sie typische Beispiele dafür, was man zur Erklärung der Marktaktivitäten lesen könnte.*

System zu testen. Und was noch wichtiger ist: Die meisten kommen noch nicht einmal dahin, überhaupt ein System zu haben, das sich testen lässt. Doch für diejenigen, die es tatsächlich so weit schaffen, können die nächsten Neigungen fürchterliche Folgen haben.

**Freiheitsgradneigung (Degrees-of-Freedom Bias)**
Ein Freiheitsgrad ist ein Parameter, der für jeden zulässigen Wert ein unterschiedliches System hervorbringt. Ein Beispiel: Ein Gleitender Durchschnitt auf der Basis von zehn Tagen bringt andere Resultate hervor als ein Gleitender Durchschnitt auf der Basis von 24 Tagen. Somit repräsentiert die Länge eines Gleitenden Durchschnitts einen Freiheitsgrad. Allgemein neigt man dazu, möglichst viele Freiheitsgrade in sein System integrieren zu wollen. Je mehr Indikatoren man hinzufügt, desto besser lassen sich historische Marktkurse beschreiben. Je mehr Freiheitsgrade man in einem System hat, desto wahrscheinlicher ist es, dass sich dieses System für eine Serie von Kursen eignet. Schade ist nur eines: Je mehr ein System zu den Daten passt, anhand derer es entwickelt wurde, desto unwahrscheinlicher ist es, dass es auch in Zukunft Gewinne abwirft.

Die Software zur Systementwicklung (das heißt zumindest der größte Teil davon) unterstützt diese Freiheitsgradneigung sogar noch. Geben Sie einem Systementwickler genügend Spielraum, und diese Person wird ein System entwerfen, das die Kursbewegungen im Markt perfekt vorhersagt und auf dem Papier Tausende Dollar verdient – das heißt mit bestimmten historischen Märkten. Meistens kann man mit seiner Software nach Herzenslust Optimierungen vornehmen. Doch letztlich hat man dann ein völlig bedeutungsloses System, das anhand der Daten, auf Grund derer es entwickelt wurde, zwar ein wahres Vermögen verdient, das aber beim echten Trading katastrophal abschneidet.

Die meisten Softwareanwendungen zur Systementwicklung sollen diesen Neigungen gerecht werden. Man will die perfekte Antwort auf die Märkte haben. Man will in der Lage sein, die Märkte perfekt vorherzusagen. Daher kann man mittlerweile Softwareanwendungen für einige hundert Dollar kaufen, dank derer man Marktdaten der Vergangenheit zahlreichen Studien unterziehen kann. Innerhalb weniger Minuten kann man fast den Eindruck gewinnen, als seien die Märkte perfekt vorhersehbar. Und diese Ansicht hält man so lange aufrecht, bis man irgendwann versucht, den echten Markt anstatt nur den historisch optimierten Markt zu traden.

Doch ich kann diese Neigung noch so oft erwähnen, die meisten von Ihnen werden ihr dennoch irgendwann nachgeben. Schließlich will man sein System noch immer so weit wie möglich optimieren. Ich möchte Ihnen daher mehrere Vorsichtsmaßnahmen bei solchen Optimierungen an die Hand geben. Zuerst sollten Sie das von Ihnen verwendete Konzept so gut verstehen, dass Sie gar nicht erst das Gefühl bekommen, eine Optimierung sei notwendig. Je mehr Sie das von Ihnen verwendete Konzept verstehen, desto weniger wird es nötig sein, dass Sie historische Tests durchführen.

Zweitens würde ich Ihnen sehr ans Herz legen, dass Sie im Geiste verschiedene Szenarien durchspielen, zu denen es im Markt kommen könnte. So könnten Sie sich zum Beispiel Folgendes vorstellen: den nächsten Krieg, einen nuklearen Terrorangriff, die Einführung des Euros als weltweite Reservewährung, die Einführung einer gemeinsamen Währung in Asien, den Zusammenschluss von China und Japan zu einer gemeinsamen Macht oder Arbeitslosenzahlen, die um 120 Prozent in die Höhe schießen. Einige dieser Ideen mögen zwar abwegig erscheinen, doch wenn Sie verstehen können, wie Ihr System mit solchen Ereignissen umgehen würde, wenn es tatsächlich dazu kommen sollte, dann verstehen Sie Ihr Konzept sehr gut.

Egal wie viele Trader und Investoren von den Gefahren einer übermäßigen Optimierung hören, sie werden dennoch nicht damit aufhören, ihre Systeme ständig zu optimieren. Daher empfehle ich Ihnen dringend, nicht mehr als vier bis fünf Freiheitsgrade in Ihrem System zu verwenden. Wenn Sie also in Ihrem kompletten System zwei Indikatoren (mit jeweils einem Freiheitsgrad) und zwei Filter verwenden, dann sollte dies eigentlich völlig ausreichend sein. Filter und Indikatoren, die möglicherweise in Betracht kommen könnten, werden im weiteren Verlauf dieses Buches noch eingehend erläutert.

**Postdictive Error Bias**

»Postdictive Error« bedeutet, dass man bei seinen Tests Informationen verwendet, die zum Zeitpunkt der Entscheidung noch gar nicht vorgelegen hätten. Dieser Fehler ist beim Test von Systemen weit verbreitet. Man begeht ihn recht schnell. Wenn man zum Beispiel bei bestimmten Softwareanwendungen nicht aufpasst, dann kann es leicht passieren, dass man für seinen Test die Daten des heutigen Tages verwendet und somit einen Postdictive Error begeht – stellen Sie sich vor, was es wert wäre, wenn man zur Vorhersage des heutigen Kursverhaltens bereits den Tagesschlusskurs kennen würde. Genau das ist ein Postdictive Error.

Bisweilen sind diese Fehler eher subtil. Da zum Beispiel den höchsten Kursen in Ihren Daten fast immer niedrigere Kurse folgen, können sich hohe Kurse leicht in eine Trading-Regel einschleichen, die wunderbar funktioniert – aber eben nur im Nachhinein.

Wenn Ihre Ergebnisse beim Datentest zu gut erscheinen, um wahr zu sein, dann sind sie dies meist auch. Meist erklären sich solche Ergebnisse durch einen Postdictive Error.

**Die Neigung, sich selbst nicht ausreichend Schutz zu gewähren**

Wenn Sie ein System erstellen, dann sollte es immer Ihr Ziel sein, es so zu entwerfen, dass es ein möglichst kleines Risiko birgt. Unter einem möglichst kleinen Risiko verstehe ich:

> eine Methode mit einer langfristig gesehen positiven Erwartung und einem Risiko-Gewinn-Verhältnis (Risiko = maximaler Drawdown zwischen

Spitzen- und Tiefstwert / Gewinn = allgemeine Rendite), mit dem man leben kann. Diese Methodologie muss zu einem Position Sizing gehandelt werden (meist basierend auf einem Prozentsatz des Vermögens), das Sie, kurzfristig gesehen, vor den schlimmstmöglichen Bedingungen schützt, während Sie weiter in der Lage sind, die langfristige Erwartung des Systems zu erreichen.

Die meisten Trader neigen dazu, mit viel zu großen Positionsgrößen zu agieren, die sie, kurzfristig gesehen, nicht vor solchen Katastrophenszenarien schützen. Die meisten können und werden nicht alle möglichen Ereignisse voraussagen, die ihre Systeme beeinflussen könnten. Demnach sollte jede rentable Trading- oder Investmentmethode alle möglichen Absicherungen enthalten, die Schutz gewähren, wenn man sich in einem Trade befindet, der sich ungünstig entwickelt.

Wenn man den Durchschnittsmenschen fragt: »Wie willst du aus einem miesen Trade herauskommen, der sich wirklich gegen dich entwickelt?«, dann hat dieser Mensch keine Antwort darauf. Die meisten verfügen nicht über die Absicherung, die sie eigentlich haben sollten. Und was noch wichtiger ist: Ihre Positionsgrößen sind bei Weitem zu groß. Wenn man 50.000 Dollar hat und mindestens fünf verschiedene Terminkontrakte gleichzeitig tradet, dann ist das Risikoniveau meist viel zu hoch. Wenn man ein Day-Trader ist und Nachschussforderungen erhält, dann ist das Risikoniveau viel zu hoch. Ein derartiges Risiko kann zwar durchaus für eine hohe Rendite sorgen, doch auf lange Sicht wird man damit pleitegehen. Denken Sie an die Neigung, sich zu schützen. Wenn Sie allein auf diese Neigung achten, dann könnten Sie damit einen Großteil des Vermögens wahren, das Sie gegenwärtig auf Ihrem Konto haben.

## Neigungen, die sich darauf auswirken, wie man sein System tradet

Nehmen wir einmal an, Sie haben ein System auf Herz und Nieren geprüft und festgestellt, dass es sich gut traden lässt. Leider gibt es noch immer wesentlich mehr Neigungen, sich über sein System hinwegzusetzen.

Man will die maximale Performance, sodass man immer versucht ist, sich über sein Trading-System hinwegzusetzen. Die wenigen Male, bei denen man in irgendeiner Art und Weise in sein System eingegriffen und die Performance tatsächlich gesteigert hat, haben sich förmlich ins Gedächtnis eingebrannt. Man vergisst gerne die Fälle, in denen das nicht funktioniert hat, und die tagtäglich anfallende Slippage (also die Trading-Kosten), die sich auf das Endergebnis ausgewirkt haben.

Wenn Sie kein Trading-System haben, dann wir Ihr Trading von zahlreichen Neigungen beeinflusst. Doch selbst wenn Sie das beste System überhaupt haben, kommen mehrere entscheidende Neigungen ins Spiel. Lassen Sie uns einen Blick auf diese Neigungen werfen, durch die man gerne dazu verleitet wird, sich über sein System hinwegzusetzen.

**Der Irrglaube des Spielers (Bias of the Gambler's Fallacy)**
Der Irrglaube des Spielers ist eine natürliche Folge der Neigung zur Willkür. Dabei handelt es sich um die Ansicht, dass sich, sobald sich ein Trend in einer zufälligen Sequenz (oder, was das betrifft, im Markt) bildet, der Trend jederzeit ändern könne. Somit erwarten wir nach vier aufeinanderfolgenden Tagen mit steigenden Kursen automatisch einen Tag mit fallenden Kursen. Selbst allgemein anerkannte Marktforscher sind vor dieser Neigung nicht gefeit. So wird diese Neigung bei Larry Williams meiner Meinung nach in folgendem Zitat deutlich: »Wenn man drei oder vier verlustreiche Trades hintereinander hatte, dann spricht einiges dafür, dass es sich beim nächsten Trade nicht nur um einen Gewinner, sondern um einen richtig großen Gewinner handelt.«[15]

Wenn man wie Profispieler versteht, was es bedeutet zu gewinnen, dann wird man dazu neigen, während einer Glückssträhne mehr zu setzen und während einer Durststrecke weniger. Der Durchschnittsmensch macht jedoch genau das Gegenteil: Er setzt nach einer Reihe von Verlusten mehr und nach einer Reihe von Gewinnen weniger.

Ralph Vince hat einmal ein Experiment mit 40 Doktoranden durchgeführt.[16] Dabei bat er sie, 100 Versuche eines einfachen Computerspiels zu spielen, bei dem sie in 60 Prozent der Fälle gewinnen würden. Jeder von ihnen erhielt 1.000 Dollar Spielgeld und konnte bei jedem Durchlauf so viel oder so wenig setzen, wie er wollte. Keiner der Doktoranden hatte Ahnung von Position Sizing, also welchen Teil seines Kapitals er beim jeweils nächsten Trade riskieren sollte.

Wie viele von ihnen verdienten Geld? Nur zwei der 40 Teilnehmer hatten am Ende des Spiels mehr als die ursprünglichen 1.000 Dollar – fünf Prozent. Doch hätten sie pro Wette konstant zehn Dollar eingesetzt, dann hätten sie am Ende rund 1.200 Dollar gehabt. Und wenn sie optimal gespielt und den höchstmöglichen Gewinn erzielt hätten (was man in diesem Fall dadurch geschafft hätte, dass man jedes Mal 20 Prozent seines neuen Vermögens aufs Spiel setzte – ein Ansatz, den der Autor dieses Buches nicht empfiehlt), dann hätten sie am Ende (durchschnittlich) rund 7.490 Dollar gehabt.

Was war passiert? Die Teilnehmer neigten dazu, nach einem negativen Durchgang mehr und nach einem positiven Durchgang weniger zu setzen. Nehmen wir einmal an, die ersten drei Wetten sind Verlierer, und man setzt jedes Mal 100 Dollar ein. Jetzt ist man auf 700 Dollar gefallen. Man denkt sich: »Da ich jetzt drei Verluste hintereinander hatte und meine Gewinnchancen bei 60 Pro-

---
15 *Larry Williams, The Definite Guide to Futures Trading, Vol. II (Brightwaters, N. Y.: Windsor Books, 1989), S. 202.*
16 *Ralph Vince, The Ralph Vince Experiment, in Technical Trader's Bulletin, Hsgb. David W. Lucas und Charles LeBeau (März 1992), S. 1–2.*

zent liegen, bin ich mir sicher, dass es höchste Zeit für einen Gewinn ist.« Also setzt man 400 Dollar. Doch man erleidet einen weiteren Verlust. Nun fällt man bis auf 300 Dollar, und die Chancen, den Verlust wieder wettzumachen, sind verschwindend gering.

Der Irrglaube des Spielers spielt meist auch eine Rolle dabei, wie man sein Trading-System entwickelt, wie man die Größe seiner Positionen bestimmt und wie man tradet. Das zufällige Element wird dabei völlig außer Acht gelassen. Man sucht nach Gewissheit und tradet sein System, als ob man sie hätte, ohne sich ausreichend zu schützen. Daher betrachtet man Position Sizing überhaupt nicht als Teil seines Systems.

**Die Neigung, mit Gewinnen konservativ und mit Verlusten riskant umzugehen**

Die Regel Nummer eins beim Trading lautet folgendermaßen: »Halte die Verluste im Rahmen und baue die Gewinne aus.« Wer dieser einfachen Regel folgen kann, wird meist auch richtig viel Geld im Markt machen. Die meisten neigen jedoch dazu, einen der beiden Teile dieser Regel nicht zu befolgen.

Betrachten Sie sich das folgende Beispiel, in dem Sie sich für eine von zwei Möglichkeiten entscheiden müssen. Was wäre Ihnen lieber: (1) ein sicherer Verlust von 9.000 Dollar oder (2) eine fünfprozentige Chance, überhaupt nichts zu verlieren, plus eine 95-prozentige Chance, 10.000 Dollar zu verlieren?

Wofür haben Sie sich entschieden: für den sicheren Verlust oder das riskante Zocken? In diesem Fall entscheiden sich rund 80 Prozent der Bevölkerung für das riskante Zocken. Doch das riskante Zocken bringt einen wesentlich größeren Verlust hervor (10.000 Dollar × 0,95 + 0 × 0,05 = 9.500 Dollar Verlust – was mehr ist als der sichere Verlust in Höhe von 9.000 Dollar). Wer sich fürs Zocken entscheidet, verstößt gegen die elementarste Trading-Regel: »Halte die Verluste im Rahmen!« Doch die meisten entscheiden sich noch immer fürs Zocken, da sie glauben, der Verlust würde aufhören und der Markt würde fortan umkehren. Doch dies ist meist nicht der Fall. Folglich wird der Verlust etwas größer und dadurch noch schwerer zu verkraften. Und damit beginnt ein vollkommen neuer Prozess. Irgendwann wird der Verlust derart groß, dass der Zocker gezwungen ist, ihn zu realisieren. Viele Kleininvestoren gehen pleite, weil sie ihre Verluste nicht mehr verkraften können.

Betrachten Sie sich nun ein weiteres Beispiel. Was wäre Ihnen lieber: (1) ein sicherer Gewinn von 9.000 Dollar oder (2) eine 95-prozentige Chance, 10.000 Dollar zu gewinnen, plus eine fünfprozentige Chance, überhaupt nichts zu gewinnen?

Haben Sie sich für den sicheren Gewinn oder das riskante Zocken entschieden? Rund 80 Prozent der Bevölkerung entscheiden sich für den sicheren Gewinn. Das riskante Zocken bringt jedoch einen wesentlich größeren Gewinn hervor (10.000 Dollar × 0,95 + 0 × 0,05 = 9.500 Dollar Gewinn – was mehr ist als der sichere Gewinn in Höhe von 9.000 Dollar). Wer sich für den sicheren Gewinn entscheidet, verstößt gegen den zweiten Teil der elementaren Trading-Regel: »Baue die Gewinne aus!«

Sobald Sie einen Gewinn in der Hand haben, haben die meisten so viel Angst, ihn wieder zu verlieren, dass sie beim kleinsten Anzeichen eines Umschwungs dazu neigen, den sicheren Gewinn mitzunehmen. Selbst wenn ihr System kein Ausstiegssignal abgibt, ist es so verlockend, die Gefahr zu umgehen, den Gewinn wieder zu verlieren, dass viele Investoren und Trader lieber weiterhin über die großen Gewinne jammern, die ihnen entgehen, während sie die sicheren kleinen Gewinne mitnehmen.

Diese beiden weit verbreiteten Neigungen werden am besten in folgendem alten Sprichwort ausgedrückt: »Nutze die Gunst der Stunde, aber behaupte dich auch in schlechten Zeiten.« Der gute Trader sollte besser folgenden Spruch befolgen: »Achte genau auf Gelegenheiten zur Gewinnmitnahme, doch renne beim ersten negativen Anzeichen wie ein gejagtes Reh davon.«

**Die Neigung, dass der aktuelle Trade oder die aktuelle Investition unbedingt ein Gewinner sein muss**

Was all diese Probleme so in den Vordergrund schiebt, ist das überwältigende Verlangen von Menschen, gegenwärtige Positionen zum Laufen zu bringen. Was passiert? Wenn man im ersten Fall eine verlustreiche Position hat, wird man alles versuchen, um sie wieder »aufzupäppeln« in der Hoffnung, dass es bald zu einem Marktumschwung kommt. Daher läuft man Gefahr, dass die Verluste bei diesen Positionen noch größer werden. Im zweiten Fall nimmt man Gewinne viel zu früh mit, um sicherzustellen, dass diese Gewinne auch wirklich Gewinne bleiben.

Warum? Wir haben das überwältigende Verlangen, stets recht zu behalten. Immer wieder erzählen mir Trader und Investoren, wie wichtig es für sie sei, richtig zu liegen, wenn sie eine Marktprognose erstellen oder – noch schlimmer – wenn sie ihr Geld in den Markt investieren.

Vor einiger Zeit arbeitete ich mit einem Kunden zusammen, der jeden Tag ein Fax mit Prognosen für einen bestimmten Rohstoff veröffentlichte. Groß-Trader rund um den Globus abonnierten seinen Fax-Dienst, da er von bemerkenswerter Genauigkeit war. Er war für seine Genauigkeit weltweit anerkannt. Doch trotz der Tatsache, dass er äußerst genau war, hielten sich seine Erfolge als Trader dieses Rohstoffes in Grenzen. Warum? Wegen seines Bedürfnisses, recht zu haben. Sobald eine Person eine Prognose erstellt, spielt das Ego kräftig mit, und man kann nur schwer akzeptieren, wenn im Verlauf eines Trades irgendetwas passiert, das von dieser Prognose abzuweichen scheint. Somit wird es äußerst schwierig, etwas zu traden, für das man auf irgendeine Art und Weise eine öffentliche Prognose getroffen hat.

## Zusammenfassung

Die Menge an Informationen, denen der Durchschnittsmensch heute ausgesetzt ist, verdoppelt sich Jahr für Jahr. Bewusst können wir jedoch nur etwa sieben Informationseinheiten verarbeiten, bevor sie verloren gehen. Demzufolge haben wir eine Reihe von Abkürzungen oder heuristischen Methoden entwickelt, um mit den Unmengen an Informationen klarzukommen, denen wir ausgesetzt sind. Diese heuristischen Methoden sind unter den meisten Umständen durchaus nützlich, doch sind ihre Auswirkungen auf Trader und Investoren so stark, dass ich der Ansicht bin, dass der Durchschnittsmensch nur dann die Aussicht hat, Geld in den Märkten zu erzielen, wenn er mit ihnen fertig wird. Ich habe diese heuristischen Methoden in drei Arten von Neigungen aufgeteilt, die ich Ihnen im Folgenden nochmals kurz präsentiere.

### Neigungen, die sich auf die Entwicklung eines Trading-Systems auswirken

*Repräsentativitätsneigung.* Wenn eine Sache etwas repräsentieren soll, dann geht man davon aus, dass es sich tatsächlich um das handelt, was repräsentiert werden soll. Somit gehen wir davon aus, dass es sich beim täglichen Balkendiagramm um den Markt handelt oder dass unser Lieblingsindikator der Markt ist. Stattdessen sollten wir bedenken, dass die Repräsentation lediglich eine Abkürzung für die Präsentation zahlreicher Informationen ist oder, noch schlimmer, eine Verzerrung dieser Informationen.

*Zuverlässigkeitsneigung.* Man geht davon aus, dass etwas genau ist, obwohl dies vielleicht gar nicht so ist. So sind zum Beispiel Marktdaten, die man in seinen historischen Tests verwendet oder die man in Echtzeit erhält, oft voller Fehler. Wenn man nicht berücksichtigt, dass Fehler auftreten können und werden, dann kann es sein, dass man bei seinen Trading- und Investitionsentscheidungen haufenweise Fehler begeht.

*Lottoneigung.* Der Mensch will den Markt gerne kontrollieren, sodass er sich auf den Einstieg konzentriert, wo er den Markt »zwingen« kann, vieles zu tun, bevor er einsteigt. Doch sobald er einsteigt, wird der Markt leider genau das tun, was er eben tun wird. Und die goldene Trading-Regel »Halte die Verluste im Rahmen und baue die Gewinne aus« hat nichts mit Einstiegen, sondern ausnahmslos mit Ausstiegen zu tun.

*Die Neigung zum Gesetz der kleinen Zahlen.* Viele sehen gerne Muster, wo es gar keine gibt, und man braucht nur ein paar wohlgewählte Beispiele, um jemanden davon zu überzeugen, dass ein Muster von Bedeutung ist. Wenn man diese Neigung mit der Neigung zum Konservatismus kombiniert, ergibt sich eine äußerst gefährliche Situation.

*Neigung zum Konservatismus.* Sobald man der Meinung ist, ein solches Muster gefunden zu haben, und überzeugt ist, dass es funktioniert (mittels einiger weniger wohlgewählter Beispiele), wird man alles in seiner Macht Stehende tun, um Hinweisen darauf, dass es nicht funktioniert, aus dem Weg zu gehen.

*Neigung zur Willkür.* Der Mensch geht gerne davon aus, dass der Markt willkürlich ist und viele Spitzen- und Tiefstwerte aufweist, die sich gut traden lassen. Doch die Märkte sind keineswegs willkürlich. Kursverteilungen zeigen, dass die Märkte mit der Zeit eine unendliche Varianz aufweisen, oder das, was Statistiker als »lange Schweife« am Ende einer Bell-Kurve bezeichnen. Außerdem verstehen viele nicht, dass selbst willkürliche Märkte lange Strähnen haben können. Somit ist eine Trading-Methode, bei der man versucht, Höchst- und Tiefstwerte herauszufischen, so ziemlich das Schwierigste überhaupt.

*Die Neigung, alles verstehen zu wollen.* Wir versuchen, auf dem Markt Ordnung zu schaffen und Gründe für alles zu finden. Dieser Versuch, Ordnung vorzufinden, blockiert gerne unsere Fähigkeit, uns dem Fluss der Märkte anzupassen, da wir das sehen, was wir zu sehen erwarten, und nicht das, was wirklich passiert.

**Neigungen, die sich darauf auswirken, wie man Trading-Systeme testet**

*Die Neigung zum Freiheitsgrad.* Wir wollen unsere Systeme optimieren; und wir glauben, dass wir umso mehr darüber wissen, wie man gut tradet, je mehr wir die Daten so manipulieren, dass sie zur Historie passen. Stattdessen ist man wesentlich besser dran, wenn man versteht, wie sein Konzept (das man verwendet, um zu traden oder zu investieren) funktioniert, und wenn man nur in minimalem Maße historische Tests durchführt.

*Die Neigung zum Postdictive Error.* Bei der Entwicklung eines Systems können wir versehentlich Daten verwenden, die im Echtzeit-Trading noch gar nicht aufgetreten sind. Wenn man zum Beispiel den heutigen Schlusskurs in seine Analyse mit einbezieht, dann werden die Tests vermutlich sehr gut ausfallen – insbesondere dann, wenn man dazu neigt, vor dem Schlusskurs auszusteigen.

*Die Neigung, sich selbst nicht ausreichend Schutz zu gewähren.* Vielen ist nicht bewusst, dass Position Sizing und Ausstiegsstrategien ein wesentlicher Teil des Tradings sind. Somit setzen sie oft in einem einzigen Trade einen viel zu großen Teil ihres Kapitals aufs Spiel.

**Neigungen, die sich darauf auswirken, wie man sein System tradet**

*Der Irrtum des Spielers (Gambler's Fallacy Bias).* Man geht davon aus, dass die Wahrscheinlichkeit eines Gewinnes nach einer langen Durststrecke ebenso steigt wie die Wahrscheinlichkeit eines Verlustes nach einer langen Glückssträhne.

*Die Neigung, mit Gewinnen konservativ und mit Verlusten riskant umzugehen.* Der Mensch will seine Gewinne schnell mitnehmen und seinen Verlusten einen gewissen Spielraum geben. Dies vermittelt ihm den Eindruck, richtig zu liegen; was er aber tatsächlich tut, ist, seine Gewinne abzukürzen und seine Verluste weiter anwachsen zu lassen.

*Die Neigung, dass der aktuelle Trade oder die aktuelle Investition unbedingt ein Gewinner sein muss.* Diese Neigung könnte der eigentliche Grund für alle anderen Neigungen sein. Doch recht zu haben hat wenig mit Geldverdienen zu tun.

# 3 Die eigenen Ziele festlegen

*Die Menge, die Welt und manchmal sogar das Grab treten für denjenigen zur Seite, der weiß, wohin er geht. Den ziellos Umherwandernden dagegen schieben sie zur Seite.*

*– Altes römisches Sprichwort*

Jetzt verstehen Sie, dass es sich bei der Suche nach dem Heiligen Gral um eine innere Suche handelt. Außerdem sollte man einen Eindruck davon gewonnen haben, wovon man eventuell zurückgehalten wird. Jetzt ist es an der Zeit zu entscheiden, was man will. Sam bat mich um eine zehnminütige Unterredung, da er es anscheinend nicht schaffte, befriedigende Ergebnisse zu erzielen. Ich sagte zu, also trafen wir uns im Anschluss an eine meiner Geschäftsreisen am O'Hare Airport in Chicago. Unser Gespräch verlief in etwa folgendermaßen:

**Womit kann ich dir helfen, Sam?**
*Nun, ich habe einfach nicht das Gefühl, mit meinen Trading-Ergebnissen auf dem richtigen Weg zu sein.*

**Was meinst du mit »auf dem richtigen Weg«?**
*Ich bin mit meinen Ergebnissen nicht zufrieden.*

**Welche Ziele hast du dieses Jahr auf dem Markt?**
*Nun, eigentlich habe ich gar keine Ziele.*

**Was würdest du dieses Jahr gerne auf dem Markt erreichen?**
*(Nach einer langen Pause) Ich würde meiner Frau gerne ein Auto von meinen Gewinnen kaufen.*

**Okay. Über welche Art von Auto reden wir hier? Einen Rolls-Royce? Einen Mercedes? Einen Lexus? Einen Pickup-Truck? Was willst du ihr kaufen?**

*Oh, ein amerikanisches Auto – eines, das man für etwa 15.000 Dollar bekommt.*

**Hervorragend. Wann möchtest du dieses Auto kaufen?**
*Im September. In etwa drei Monaten!*

**Fein. Wie viel Geld hast du auf deinem Trading-Konto?**
*Rund 10.000 Dollar.*

**Also möchtest du in rund drei Monaten 150 Prozent aus deinem Konto machen?**
*Ja, das kommt ungefähr hin.*

**Ist dir bewusst, dass eine Rendite von 150 Prozent in drei Monaten gleichbedeutend ist mit einer jährlichen Rendite von fast 1.000 Prozent?**
*Nein, eigentlich nicht.*

**Wie hoch ist der Verlust auf deinem Konto, den du hinnehmen würdest, um so viel zu verdienen?**
*Weiß ich nicht. Ich habe noch nicht wirklich darüber nachgedacht.*

**Bist du bereit, 5.000 Dollar zu verlieren?**
*Nein, so etwas könnte ich nicht machen. Das ist viel zu viel.*

**Bist du bereit, 2.500 Dollar zu verlieren? Das sind 25 Prozent.**
*Nein, das ist immer noch zu viel. Vielleicht zehn Prozent.*

**Also möchtest du in drei Monaten 150 Prozent auf dem Markt verdienen, bist aber nur bereit, dafür zehn Prozent Risiko einzugehen?**
*Ja.*

**Kennst du eine einzige Trading-Methode, die dir durchweg ein Risiko-Rendite-Verhältnis von 15 zu eins bietet?**
*Nein.*

**Ich kenne auch keine. Drei zu eins ist normalerweise ein sehr gutes Risiko-Rendite-Verhältnis.**

Zwar gibt es viele Trading- und Investmentmethoden, die gutes Geld machen, doch ich kenne keine einzige, die diesen Anforderungen gerecht wird. Dennoch geben sich die meisten Trader und Investoren mit geringen Geldbeträgen am Anfang ähnlichen Erwartungen hin – Erwartungen, denen sie wohl kaum gerecht werden können.

## Ziele bestimmen:
## ein wesentlicher Teil bei der Arbeit an einem System

Vor einigen Jahren habe ich mit einem Mann zusammengearbeitet, dessen Job es war, angehenden Beratern im Warenhandel (CTA = Commodity Trading Advisor) Geld zu geben. Teil seiner Arbeit war es, die unterschiedlichen Systeme zu bewerten, die diese CTAs entwickelt hatten, und viele hielten ihn für einen absoluten Fachmann auf dem Gebiet der Systementwicklung.

Einmal sagte ich zu ihm: »Wenn du einem Trader, der versucht, mit einem neuen System anzukommen, eine bestimmte Anregung geben könntest, welche wäre das?« Er antwortete mir: »Dass er mindestens 50 Prozent der Zeit, die er in die Entwicklung seines Systems investiert, damit verbringt, seine Ziele zu formulieren.« Er meinte, dass Ziele ein elementarer Teil jedes Systems seien und dass doch relativ wenige sich die Mühe machten, Zeit in deren Ausarbeitung zu stecken. Wenn Sie ein Trader oder Investor sind und ein System entwickeln wollen, mit dem Sie auf dem Markt aktiv werden können, dann entscheiden Sie genau, was Sie eigentlich erreichen möchten, bevor Sie loslegen.

Ihre Ziele sind ein elementarer Teil Ihres Systems. Wie können Sie ein Trading-System entwickeln, wenn Sie keine Ahnung haben, was es überhaupt machen soll? Schließlich können Sie ja ebenso wenig irgendwohin gehen, wenn Sie keine Ahnung haben, wohin Sie gehen. Es ist einfach unmöglich. Also müssen Sie zunächst entscheiden, was Sie eigentlich erreichen möchten. Sobald Sie dies getan haben, können Sie entscheiden, ob Ihre Ziele realistisch sind. Falls ja, können Sie danach ein Trading-System entwickeln, um diese Ziele zu erreichen.

Ich nahm mir den Rat meines Freundes zu Herzen, als wir unseren ersten Workshop durchführten – »Wie entwickle ich ein gewinnbringendes Trading-System, das zu mir passt?«. Ein Großteil dieses Workshops war dem Thema Zielsetzungen gewidmet. Es beklagten sich jedoch derart viele Teilnehmer darüber, dass das Thema Zielsetzungen Teil dieses Workshops war, dass wir nun von unseren Teilnehmern erwarten, dass sie sich bereits im Vorfeld eines Workshops damit auseinandersetzen.

Typische Kommentare lauteten zum Beispiel: »Was hat denn das mit Trading zu tun?« »Das sind private Dinge. Ich habe keine Lust, Unterrichtszeit damit zu verbringen, über mein Vermögen oder irgendetwas Ähnliches zu sprechen.«

Keiner von ihnen schien sich darüber im Klaren zu sein, dass sie nicht wirklich in der Lage sein würden, ein »passendes« System zu entwickeln, falls sie ihren Zielen keine Zeit widmeten. Sie mussten sich selbst nach ihren Stärken und Schwächen einschätzen, nach ihrer Zeit, ihren Mitteln, ihrem Kapital und ihrem Können und danach, was sie eigentlich erreichen wollten. Welche Rendite wollten sie erzielen? Welche Drawdowns wären sie bereit zu akzeptieren, um diese Rendite erzielen zu können? Dies ist einer der wesentlichen Punkte bei unserer Suche nach dem Heiligen Gral.

## Tom Basso zum Thema Zielsetzungen

Zu unseren ersten drei Workshops zum Thema Systementwicklung hatten wir Tom Basso als Gastredner eingeladen. Im Verlauf dieser Workshops befragte ich ihn regelmäßig zu seinen Zielen, um zu zeigen, wie man sich diesem Teil der Aufgabe nähern sollte. Freundlicherweise war Tom gerne bereit, sich für dieses Buch ein weiteres Mal befragen zu lassen.

Tom Basso war Vorsitzender von Trendstat Inc. mit Sitz in Scottsdale, Arizona. Er arbeitete als professioneller Gelddisponent, der sowohl einen Abschluss als CTA als auch als eingetragener Anlageberater (RIA = Registered Investment Advisor) hatte. Zudem war er insofern ein privater Investor, als er sein eigenes Geld in seine Fonds investierte.

Auf meinen Vorschlag hin interviewte Jack Schwager Tom in seinem Buch *The New Market Wizards*. Danach taufte ihn Schwager »Mr. Serenity« (Seine Durchlaucht), und er betrachtet ihn als sein bestes persönliches Vorbild unter allen Markt-Genies, die er bisher interviewt hat. Darüber hinaus ist Basso einer der logischsten und am besten organisierten Menschen, die ich kenne. Daher dachte ich mir, es könnte Sie vielleicht interessieren, wie Tom über die Entwicklung von Trading-Systemen denkt.

Um uns unserer Ziele bewusst zu werden, sollten wir zunächst eine Bestandsaufnahme bei uns selbst durchführen und dabei auf Zeit, Geld, Fähigkeiten und andere Mittel achten. Toms Antworten sind kursiv gedruckt:

**Tom, wie viel Kapital hast du?**
*Derzeit verwalten wir etwa 95 Millionen Dollar.*[17]

**Wie viel Geld brauchst du jedes Jahr zum Leben?**
*Rund 80.000 Dollar.*

**Wie viel davon musst du aus deinen Trading-Gewinnen bestreiten?**
*Gar nichts. Trendstat zahlt mir ein Gehalt.*

Ich stelle diese Frage, um herauszufinden, welchen Prozentsatz seines Trading-Kapitals die Person alleine verdienen muss, um überleben zu können. Diese Frage ist wichtig, um herauszufinden, ob es überhaupt vernünftig ist. Wer zum Beispiel 30 Prozent oder mehr verdienen muss, nur um zu überleben, versetzt sich damit in eine unhaltbare Lage und gibt darüber hinaus seinem Trading-Kapital wenig Gelegenheit zu wachsen.

---

*17 In der Zeit nach Beendigung dieses Interviews wuchsen die von Trendstat verwalteten Vermögenswerte auf mehr als eine halbe Milliarde Dollar an. Tom hat sich seitdem jedoch als professioneller Gelddisponent zurückgezogen und verbringt seine Zeit damit, seinen Ruhestand zu genießen.*

Ich habe häufig mit Menschen zu tun, die etwa 100.000 Dollar Trading- oder Investmentkapital besitzen, aber davon pro Jahr rund 50.000 Dollar zum Leben benötigen. Meiner Meinung nach versetzen sie sich damit in eine sehr schwierige Lage. Möglicherweise glauben sie, jedes Jahr 100 Prozent erzielen zu können, was ihnen vielleicht sogar gelingt. Doch wenn zu Beginn ein 30-prozentiger Drawdown steht – was durchaus möglich ist –, wird ihre Lage äußerst prekär, um es vorsichtig auszudrücken. Daher ist es das Beste, erst darüber nachzudenken, bevor man in diese Lage gerät. Offensichtlich hat Tom Basso mit nichts von alledem ein Problem.

**Teil 1: Selbsteinschätzung**

**Tom, wie viel Zeit kannst du jeden Tag deinen Trading-Aktivitäten widmen?** [Dies ist wichtig, da die Zeit, die man zur Verfügung hat, fast alleine darüber bestimmt, welche Art von Trading-System man entwickeln muss. Wer eine Vollzeitstelle hat und nur abends einen Blick auf die Märkte werfen kann, muss logischerweise ein System finden, das sich eher langfristig verwenden lässt.]
*Mir stehen jeden Tag rund sechs Stunden zur Verfügung, aber diese Zeit verbringe ich zu einem Großteil damit, unser Trading-Geschäft zu verwalten.*

**Mit wie vielen Ablenkungen musst du rechnen, während du tradest?**
*Mit vielen.*

**Offensichtlich benötigst du eine Trading-Methode, die es dir ermöglicht, mit diesen Ablenkungen klarzukommen.**
*Ja.*

**Was denkst du, wie viel Zeit musst du in die Entwicklung deines Trading-Systems, in deine persönliche psychologische Arbeit und in die Ausarbeitung deines Business-Plans fürs Trading stecken?**
*In meinem Fall habe ich im Verlauf der zurückliegenden 20 Jahre bereits eine Menge Zeit investiert. Wir planen und forschen jedoch die ganze Zeit über. Die dafür benötigte Zeit investiere ich gerne.*

**Wie gut kennst du dich mit Computern aus? Was musst du noch lernen, bevor du dieses Unterfangen angehst?**
*Ich kenne mich sehr gut mit Computern aus. Die ersten Modelle bei Trendstat habe ich alle selbst programmiert. Heutzutage habe ich jedoch ein voll automatisiertes Büro und Programmierer, die sich rund um die Uhr um unsere Computer kümmern. Meine Aufgabe ist es lediglich, nach Ineffizienzen zu suchen und darauf zu achten, dass sich meine Mitarbeiter darum kümmern.*

**Was weißt du über Statistiken?**
*Ich verstehe einfache Statistiken und kann damit umgehen. Zudem bin ich mit einigen multivariaten Statistiken vertraut.*

**Wie würdest du deine Marktkenntnisse einschätzen?** [Hierzu zählen unter anderem Kenntnisse von Trading-Mechanismen, was die Märkte bewegt, wie man Aufträge effektiv und kostengünstig durchführt, welche Indikatoren man benötigen könnte usw.]
*Ich habe ausreichend Erfahrung mit Optionen, Termingeschäften, Aktien, Obligationen, Offenen Investmentfonds und Währungen. Ich bin sehr vertraut mit Trading-Mechanismen und kostengünstigen Ausführungen. Außerdem habe ich meine eigene Auffassung von der Funktionsweise der Märkte.*

**Wo liegen psychologisch gesehen deine Stärken und Schwächen, insbesondere im Hinblick auf die Entwicklung von Trading-Systemen?**
*Ich bin äußerst strategisch und geduldig, und ich denke, diese Eigenschaften kommen mir bei der Entwicklung langfristiger Trading-Strategien zugute. Ich bin selbstbewusst, was mir eine ungeheure psychische Stärke gibt, den von uns entwickelten Systemen zu vertrauen. Was die Schwächen angeht, würde ich sagen, dass ich stets versuche, eine Menge zu schaffen – oft vielleicht zu viel. Bisweilen kann mich dies von meiner eigentlichen Mission als Trader ablenken.*

**Wie sieht es mit deinen Stärken und Schwächen bezüglich persönlicher Disziplin aus?**
*In Bezug auf Disziplin bin ich recht gut. Es fällt mir nicht schwer, einem System zu folgen.*

**Neigst du zu Zwängen (das heißt, verhedderst du dich leicht vor lauter Aufregung, wenn du tradest), leidest du unter persönlichen Konflikten (gab es in deiner Vergangenheit Konflikte im familiären Umfeld, in der Arbeit oder in vergangenen Trading-Erfahrungen) oder gibt es irgendwelche emotionalen Probleme, die sich immer wieder bemerkbar machen, wie beispielsweise Angst oder Ärger?**
*Ich halte mich selbst sicherlich nicht für zwanghaft. Ich finde Trading überhaupt nicht aufregend. Für mich ist es lediglich ein Geschäft. Ich betrachte Trading als interessanten Denksport.*
*Ich denke nicht, dass ich unter Konflikten leide. Mein Familienleben ist relativ stabil. Zudem werde ich nur selten ärgerlich oder bin frustriert. Früher bin ich immer mal wieder angespannt gewesen. Aber in einem deiner Workshops habe ich etwas darüber gelernt, was als Erstes passiert, wenn ich angespannt bin. In meinem Fall verkrampften sich zunächst die Finger.*

*Sobald ich mir dessen bewusst wurde, ging ich automatisch in einen Zustand der Entspannung über. Und mittlerweile läuft dies derart automatisch ab, dass ich es noch nicht einmal merke.*

**Was musst du – ausgehend von deiner persönlichen Bestandsaufnahme – lernen, leisten oder lösen, bevor du mit dem Traden beginnst? Und wie wirst du dies tun?**
*Ich denke, meine persönliche Bestandsaufnahme war und ist recht solide. Ich bin in der Lage, gut zu traden.*

Ich hoffe, diese Bestandsaufnahme wird denjenigen unter Ihnen, die vieles noch überwinden müssen, die Augen öffnen. Sie sollten über all diese Dinge ernsthaft nachdenken, bevor Sie mit der Entwicklung eines Trading-Systems loslegen. Warum? Der Sinn eines guten Trading-Systems ist, eines zu finden, das den persönlichen Anforderungen am ehesten gerecht wird!

**Teil 2: Die eigenen Ziele festlegen**
Dieser Abschnitt ist bei der Entwicklung eines Trading-Systems vermutlich der wichtigste Teil. Man kann etwas erst dann erreichen, wenn man weiß, wohin man gehen will. Deshalb sollte ein Großteil der Zeit, die man mit der Entwicklung eines Trading-Systems verbringt, der Ausarbeitung persönlicher Ziele gewidmet werden.

Dabei sollten die Ziele für Einzel-Trader und -Investoren anders behandelt werden als für diejenigen, die Geld verwalten. Da Tom beide Rollen ausfüllt, habe ich ihm die Fragen für beide Gruppen gestellt. Hier sind zunächst die Fragen für Einzel-Trader und -Investoren.

A. Ziele für Einzel-Trader und -Investoren

**Worin hast du als Trader Vorteile? Welches spezielle Konzept, das dir einen Vorteil verschafft, verfolgst du beim Trading?** [Falls dir keine Antwort einfällt, werden in Kapitel fünf verschiedene Konzepte eingehend erörtert.]
*Wir unterscheiden uns durch strategisches Denken, da viele andere dies nicht tun. Ein weiterer Vorteil sind unsere Geduld und Unvoreingenommenheit. Die meisten sind weder geduldig noch unvoreingenommen. Die maschinelle Programmierung ist ebenso ein Vorteil. Die meisten erreichen nicht das Niveau, das wir erreicht haben. Dieser Vorsprung äußert sich in langfristigem automatisiertem Trend-Following.*

**Wie viel Geld hast du persönlich? Wie viel von diesem Geld könntest du verlieren? Die meisten Fonds werden beispielsweise bei 50 Prozent eingestellt. Wie sieht es bei dir aus? Wie viel Risiko kannst du bei einem bestimmten Trade eingehen?**

*Ich habe mehrere Millionen Dollar, und ich könnte problemlos 25 Prozent davon verlieren. Mein gesamtes Geld steckt in unserem Trading-Programm, und pro Trade riskieren wir nur zwischen 0,8 und 1,0 Prozent. Würde ich jedoch auf eigene Faust traden, dann würde ich das Risiko auf ein bis 1,5 Prozent anheben. Ich denke, zwei bis drei Prozent Risiko wären bei mir die Grenze, teilweise deshalb, weil ich in bis zu 20 Märkten gleichzeitig sein könnte.*

**Wie viel Geld musst du jedes Jahr erzielen? Brauchst du dieses Geld zum Leben? Was ist, wenn du nicht genug Geld verdienst, um davon zu leben? Kann es sein, dass du sogar mehr Geld verdienst, als du zum Leben brauchst, sodass dein Trading-Kapital wachsen kann? Verkraftest du es, wenn du regelmäßig Geld von deinem Trading-Kapital entnimmst, um deine monatlichen Rechnungen zu bezahlen?**
*Mein Einkommen bestreite ich von meinem Gehalt bei Trendstat, sodass ich mein Trading-Einkommen nicht anrühren muss. Mein Trading-Einkommen ist lediglich ein zweites Einkommen für mich.*

**Mir ist klar, dass diese Frage auf dich nicht zutrifft, ich möchte sie dir dennoch stellen, da sie zu den Standardfragen zählt, was das Thema Zielsetzungen betrifft. Gehst du die Sache realistisch an, oder erwartest du, wie der beste Trader auf der Welt zu traden? Nehmen wir zum Beispiel an, du hast ein sehr gutes System, das in der Hälfte der Fälle richtig liegt und Gewinne abwirft, die doppelt so groß sind wie deine Verluste. Dennoch könnte es auch in diesem System vorkommen, dass du aus reinem Zufall zehn Verluste in Folge verzeichnest. Dein System funktioniert immer noch wie erwartet, aber du könntest leicht zehn Verluste in Folge haben. Kämst du damit klar?**
*Ich denke, ich bin recht realistisch, was die Erträge und das Risiko angeht. Mir sind auch zehn Verluste in Folge nicht unbekannt. Ich habe das in der Vergangenheit erlebt, also weiß ich, dass man damit rechnen sollte.*

**Hast du die Zeit, kurzfristig zu traden?**
*Ich habe jeden Tag rund sechs Stunden Zeit, um mich dem Traden zu widmen. Die restliche Zeit widme ich speziellen geschäftlichen oder persönlichen Verpflichtungen. Ich habe nicht vor, kurzfristig zu traden, sodass dies kein Problem darstellt.*

**Wie viele soziale Kontakte brauchst du?**
*Ich brauche nicht viele, genieße sie aber.*

**Kannst du Tag für Tag selbstständig arbeiten? Brauchst du ein bis zwei andere Menschen um dich herum, oder brauchst du viele andere um dich herum? Inwieweit beeinflussen dich diese anderen Menschen?**
*Ich habe bei Trendstat eine ganze Menge Personal, auch wenn ich das nicht brauche. Ich kann sehr gut selbstständig arbeiten. Diese Leute beeinflussen mich in Bezug auf die frühe Entwicklungsphase unserer Trading-Modelle überhaupt nicht.*

**Kannst du kurz sagen, welchen Prozentsatz deines Trading-Kapitals du jedes Jahr voraussichtlich verdienst?**
*Etwa 20 bis 40 Prozent.*

**Welches Risiko bist du bereit einzugehen, um das zu erreichen?**
*Rund die Hälfte des potenziellen Gewinns, sodass der größtmögliche Verlust bei 20 Prozent in einem Jahr läge.*

**Was ist der größte Drawdown zwischen Spitzen- und Tiefstwert, den du hinnehmen würdest?**
Rund 25 Prozent.

**Wie wirst du wissen, dass dein Plan funktioniert, und wie wirst du wissen, wann er nicht funktioniert? Was erwartest du von deinem System in unterschiedlichen Märkten: bei Trends, Konsolidierungen, hoher Volatilität?**
*Ich plane alles. Ich erstelle Worst-Case-Szenarien, und wir spielen sie einfach als Übung durch. Für jedes Szenario beschreibe ich sowohl den besten als auch den schlimmsten Fall. Dadurch bin ich dann meist auf alles vorbereitet und habe eine Reihe von Erwartungen. Wenn die Ergebnisse in Reichweite meiner Erwartungen liegen, dann weiß ich, dass alles wie geplant verläuft. Fallen die Ergebnisse außerhalb dieser Reichweite, dann weiß ich, dass etwas in Ordnung gebracht werden muss. In diesem Fall schreiten wir ein und überlegen uns genau, was falsch lief.*
*Normalerweise gehe ich im besten Fall von 40-prozentigen Erträgen und im schlechtesten Fall von zehnprozentigen Erträgen aus, wobei die durchschnittlichen Erträge zwischen 15 und 25 Prozent liegen. Im ungünstigsten Fall rechnen wir auch mit einem Drawdown von 25 Prozent.*
*Ich kann mich noch an ein Jahr erinnern, in dem mein Ertrag bei über 40 Prozent lag. Ich war sehr froh darüber, da ich die Extremwerte unserer Parameter überschritten hatte. Dies zeigte mir Folgendes: Unser Risiko war zu hoch, und genauso gut hätten wir auch bei einem Kursrückgang außerhalb unserer Parameter liegen können. Daher setzten wir uns zusammen und*

*reduzierten unser Risiko, sodass es nicht zum schlimmsten Fall bei fallenden Kursen kommen konnte.*

B. Ziele für Terminhandelsberater

**Kommen wir nun zu den Zielen für dich als Trading-Manager. Welche Art von Kunden möchtest du? Privatkunden? Ein paar gute Freunde? Verschiedene Terminverwalter, die ihr Geld bei dir anlegen? Äußerst anspruchsvolle Trader?**

*Wir wollen ausgeglichene Kunden mit vernünftigen Zielsetzungen. Mein persönliches Ziel ist es, auch weiterhin zu den 100 größten Firmen zu zählen, das heißt, wir entscheiden uns für jene Kunden, die uns dahin bringen werden. Wir haben sowohl Privatkunden als auch institutionelle Kunden. In gewisser Weise unterscheiden sie sich zwar, ansonsten sind sie jedoch gleich. Uns sind beide recht.*

**Wie sind deine Kunden? Welche Ziele haben sie? Welchen Service bietest du ihnen? Versuchen sie beispielsweise, ihre Anlagen ganz speziell zu streuen, indem sie ihr Geld bei dir anlegen?**

*Unsere Kunden achten definitiv auf eine Streuung ihrer Anlagen. Diese bieten wir ihnen mit vier verschiedenen Programmen, die bei geringeren Drawdowns Erträge im Bereich zwischen zehn und 20 Prozent anstreben. Mit Drawdowns von zehn Prozent versuchen wir zudem, Erträge von 20 Prozent zu erzielen. Unsere Kunden wissen das, also ist es das, was sie in Bezug auf ihre Ziele bekommen.*

**Da du mit dem Geld deiner Kunden tradest, wie viel Risiko können sie vertragen? Wann wäre es wahrscheinlich, dass sie ihr Geld zurückziehen?**

*Sie erwarten ein Risiko im Bereich von fünf bis zehn Prozent. Jeder Drawdown, der höher als 15 Prozent ist oder länger als ein Jahr dauert, ist tödlich – eine Menge Kunden würde uns feuern.*

**Wie viele Gewinne können sie eigentlich verkraften, bevor sie zu überschwänglich werden?**

*Gewinne über 25 Prozent werden definitiv wahrgenommen. Wir wollen nicht zu hoch liegen, ansonsten fangen die Kunden an zu träumen und erwarten, dass diese Art von Performance anhält.*

**Welche Gebühren erhebst du? Anders ausgedrückt: Wie viel entnimmst du dem Kundenkonto jedes Quartal oder jeden Monat? Welche Erträge musst du erzielen, damit du einen Kunden zufrieden stellst, der diese Gebühren aufbringen muss?**

*Wir erheben eine Verwaltungsgebühr von zwei Prozent und eine Erfolgsgebühr von 20 Prozent. Unsere Kunden sind mit diesen Gebühren absolut einverstanden, solange sie ihre 15- bis 20-prozentigen Gewinne nach Abzug aller Gebühren erzielen können, und auch die Drawdowns machen ihnen meist nichts aus.*

**Welches Trading-Volumen hast du? Wie willst du es erreichen? Was hast du vor, sobald du es erreichst? Inwieweit verändert dies dein Trading?**
*Unser Volumen beträgt etwa ein bis zwei Milliarden Dollar. Wir streben es durch unsere gegenwärtige Marketingpolitik gegenüber Banken, großen Terminverwaltern und Einzelpersonen mit hohem Eigenkapital an. Sobald wir es erreichen, weisen wir neues Geld einfach zurück. Je größer wir werden, desto mehr müssen wir schauen, dass wir unsere Trading-Aktivitäten auf immer weniger Trading-Desks zusammenlegen.*

**Was ist das Schlimmste, was in Bezug auf deine Kundenbeziehungen passieren kann? Wie kannst du dich darauf vorbereiten, dass es gar nicht erst so weit kommt?**
*Das Schlimmste, was mit einem Kunden passieren kann, ist eine Überraschung. Wir achten darauf, dass dies nicht passiert, indem wir unsere Kunden schulen. Ich habe sogar schon ein Buch mit dem Titel* Panic Proof Investing *(etwa: Krisensichere Investitionen) verfasst.*[18]

**Wie gehst du damit um, wenn eine große Menge neuen Kapitals eingeschossen wird oder es zu einer großen Entnahme von Kapital kommt?**
*Wenn viel neues Kapital eingeschossen wird, dann ist dies in unseren Programmen eingeplant. Große Kapitalentnahmen stellen uns ebenfalls nicht vor Probleme, da wir eigens hierfür Softwareanwendungen entwickelt haben.*

Wie Sie sehen, hat Tom Basso jedes kleinste Detail seines Trading-Programms sorgfältig geplant. Daher ist eine Übung wie diese so wichtig. Sie sorgt dafür, dass man über Fragen nachdenkt, über die man sich ansonsten wohl kaum Gedanken gemacht hätte.

**Teil 3: Trading-Ideen**
Der letzte Abschnitt befasst sich speziell damit, wie man traden will. Er beschäftigt sich mit Gedanken zu Märkten, Ein- und Ausstieg sowie Money Management – den Besonderheiten Ihres Trading-Plans.

---

18 Tom Basso, *Panic Proof Investing* (New York: Wiley, 1994).

**Tom, welche Art von Märkten willst du traden? Ist es angebracht, sich zu spezialisieren? Willst du nur liquide Märkte traden, oder interessieren dich auch einige illiquide Märkte?**
*Ich bin kein Spezialist, sondern orientiere mich eher allgemein. Es gibt 20 Terminmärkte, auf denen ich aktiv bin, dazu 15 Währungsmärkte und 30 Offene Investmentfonds. Sie sind alle sehr liquide, da ich mich ausschließlich auf liquide Märkte konzentriere. Würde ich mich nicht auf diese liquiden Märkte konzentrieren, dann hätten wir ein sehr geringes Volumen – nicht die mehreren Milliarden, denen wir mit Macht entgegenstreben.*

**Was denkst du über den Einstieg in die Märkte? Für wie wichtig hältst du Einstiegspunkte?**
*Der Einstieg ist wohl der am wenigsten wichtige Bestandteil meines Tradings. In den Markt steige ich gerne dann ein, wenn es zu einer Trendänderung kommt. Genau in diesem Moment – wenn sich der Trend verändert – ist das Risiko-Rendite-Verhältnis so gut wie im gesamten restlichen Trade nicht mehr.*

**Welchen anfänglichen Risiko-Stop stellst du dir angesichts deiner Ziele für Ertrag und Drawdown vor? Wirst du – wenn der Stop sehr eng ist – in der Lage sein, gleich wieder in den Markt einzusteigen, sodass du keine Kursbewegung verpasst?**
*Meiner Meinung nach sollten Stops ein Verstoß gegen den Beweggrund sein, warum ich überhaupt erst in den Trade einsteigen wollte. Und, ja, ich habe immer eine Möglichkeit parat, um in den Trade zurückzukommen.*
*Mein Stop hängt vom jeweiligen Markt ab und davon, was er macht. Er hängt nur indirekt mit Risiko zusammen – es sei denn, das Risiko, dass ich überhaupt eine Position eingehen kann, ist zu hoch. Das Risiko kontrolliere ich im Rahmen meines Position Sizing, aber ich vermute mal, dass hierzu noch eine spezielle Frage kommen wird.*

**Wie hast du vor, deine Gewinne mitzunehmen? Reversal-Stops? Trailing-Stops? Technische Stops? Kursziele? Entgegen der allgemeinen Meinung sollte einer der Schwerpunkte im Bereich Stops und Ausstiegspunkte liegen.**
*Ich habe keine Limits bezüglich dessen, was ich in einem Trade verdienen kann. Meine Philosophie lautet, dass ich versuche, meine Gewinne weiter auszubauen. Sollte ich je einen Trade finden, der ständig in meine Richtung verläuft, sodass ich nicht gezwungen bin auszusteigen, umso besser!*
*Ich verwende Trailing-Stops oder technische Stops. Sobald diese erreicht werden, steige ich aus meiner Position aus.*

**Wie verhältst du dich in Bezug auf Position Sizing?**
*Ich erstelle ein Portfolio mit Instrumenten, die zu einem bestimmten Prozentsatz meines Vermögens mit festem Risiko und begrenzter Volatilität gehandelt werden. Ich behalte das Maß des anfänglichen Risikos und der Volatilität im Auge und achte darauf, dass sie bestimmte Werte nicht überschreiten. Außerdem achte ich darauf, dass das laufende Risiko und die laufende Volatilität einen festen Prozentsatz meines Vermögens nicht überschreiten. Somit weiß ich immer, zu welchen Kursschwankungen es im Verlauf eines Tages in meinem Portfolio kommen kann, und es liegt genau innerhalb meiner stillschweigenden Grenzen (sleeping limits).*

Vielleicht können Sie jetzt verstehen, warum es für die Entwicklung eines Trading-Systems so wichtig ist, seine Ziele festzulegen. Falls ja, dann habe ich erreicht, was ich mit diesem Kapitel erreichen wollte. Der Rest dieses Kapitels gibt Ihnen die Möglichkeit, die gleichen Fragen für sich selbst zu beantworten.

Es ist kein Problem, sich für die Beantwortung dieser Fragen ein paar Minuten Zeit zu nehmen (auch wenn einige von Ihnen nicht einmal das tun werden). Man sollte sich jedoch unbedingt die Zeit nehmen, über die von diesen Fragen angeschnittenen Punkte nachzudenken. Deshalb sollte man diesem Teil der Aufgabe 50 Prozent widmen, wenn man sich aufs Traden vorbereitet.

## Die eigenen Ziele festlegen

### Teil 1: Selbsteinschätzung

**Wie viel Zeit kann man pro Tag dem Traden widmen?** [Dies ist wichtig, da die Zeit, die man zur Verfügung hat, fast alleine darüber bestimmt, welche Art von Trading-System man entwickeln muss. Wer eine Vollzeitstelle hat und nur abends einen Blick auf die Märkte werfen kann, muss logischerweise ein System finden, das sich eher langfristig verwenden lässt.]

**Mit wie vielen Ablenkungen kannst du rechnen, während du tradest?**

**Was denkst du, wie viel Zeit musst du in die Entwicklung deines Trading-Systems, in deine persönliche psychologische Arbeit und in die Ausarbeitung deines Business-Plans fürs Trading stecken?**

**Wie gut kennst du dich mit Computern aus? Was musst du noch lernen, bevor du dieses Unterfangen angehst?**

**Was weißt du über Statistiken?**

> **Wie würdest du deine Marktkenntnisse einschätzen?** [Hierzu zählen unter anderem Kenntnisse von Trading-Mechanismen, was die Märkte bewegt, wie man Aufträge effektiv und kostengünstig durchführt, welche Indikatoren man benötigen könnte usw.]
>
> **Wo liegen, psychologisch gesehen, deine Stärken und Schwächen, insbesondere im Hinblick auf die Entwicklung von Trading-Systemen?**
>
> **Wie sieht es mit deinen Stärken und Schwächen bezüglich persönlicher Disziplin aus?**
>
> **Neigst du zu Zwängen (das heißt, verhedderst du dich leicht vor lauter Aufregung, wenn du tradest), leidest du unter persönlichen Konflikten (gab es in deiner Vergangenheit Konflikte im familiären Umfeld, in der Arbeit oder in vergangenen Trading-Erfahrungen), oder gibt es irgendwelche emotionalen Probleme, die sich immer wieder bemerkbar machen, wie beispielsweise Angst oder Ärger?**
>
> **Was musst du – ausgehend von deiner persönlichen Bestandsaufnahme – lernen, leisten oder lösen, bevor du mit dem Traden beginnst? Und wie wirst du dies tun?**

Bevor Sie mit der Entwicklung eines Trading-Systems loslegen, sollten Sie unbedingt über all diese Dinge nachdenken. Der Sinn eines guten Trading-Systems ist, eines zu finden, das den persönlichen Anforderungen am ehesten gerecht wird!

**Teil 2: Die eigenen Ziele festlegen**
Dieser Abschnitt ist bei der Entwicklung eines Trading-Systems vermutlich der wichtigste Teil. Man kann etwas erst dann erreichen, wenn man weiß, wohin man gehen will. Deshalb sollte ein Großteil der Zeit, die man mit der Entwicklung eines Trading-Systems verbringt, der Ausarbeitung persönlicher Ziele gewidmet werden.

Ziele für Einzelpersonen
> **Worin hast du als Trader Vorteile? Welches spezielle Konzept, das dir einen Vorteil verschafft, verfolgst du beim Trading?** [Falls Ihnen keine Antwort einfällt, werden in Kapitel fünf verschiedene Konzepte eingehend erörtert. Überlegen Sie sich die einzelnen Punkte, und beantworten Sie danach die Frage.]
>
> **Wie viel Geld hast du persönlich? Wie viel von diesem Geld könntest du verlieren? Die meisten Fonds werden beispielsweise bei 50 Pro-**

zent geschlossen. Wie sieht es bei dir aus? Wie viel Risiko kannst du bei einem bestimmten Trade eingehen?

Wie viel Geld musst du jedes Jahr machen? Brauchst du dieses Geld zum Leben?

Was ist, wenn du nicht genug Geld machst, um davon zu leben? Kann es sein, dass du sogar mehr Geld verdienst, als du zum Leben brauchst, sodass dein Trading-Kapital wachsen kann? Verkraftest du es, wenn du regelmäßig Geld von deinem Trading-Kapital entnimmst, um deine monatlichen Rechnungen zu bezahlen?

Gehst du die Sache realistisch an, oder erwartest du, wie der beste Trader auf der Welt zu traden? Nehmen wir zum Beispiel an, du hast ein sehr gutes System, das in der Hälfte der Fälle richtig liegt und Gewinne abwirft, die doppelt so groß sind wie deine Verluste. Dennoch könnte es auch in diesem System vorkommen, dass du aus reinem Zufall zehn Verluste in Folge verzeichnest. Dein System funktioniert immer noch wie erwartet, aber du könntest leicht zehn Verluste in Folge haben. Kämest du damit klar?

Hast du die Zeit, kurzfristig zu traden?

Wie viele soziale Kontakte brauchst du?

Kannst du Tag für Tag selbstständig arbeiten? Brauchst du ein bis zwei andere Menschen um dich herum, oder brauchst du viele andere um dich herum? Inwieweit beeinflussen dich diese anderen Menschen?

Kannst du kurz sagen, welchen Prozentsatz deines Trading-Kapitals du jedes Jahr voraussichtlich verdienst?

Welches Risiko bist du bereit einzugehen, um das zu erreichen?

Was ist der größte Drawdown zwischen Spitzen- und Tiefstwert, den du hinnehmen würdest?

Wie wirst du wissen, dass dein Plan funktioniert, und wie wirst du wissen, wann er nicht funktioniert? Was erwartest du von deinem System in unterschiedlichen Märkten: bei Trends, Konsolidierungen, hoher Volatilität?

## Ziele für Trading-Manager

Kommen wir nun zu den Zielen für diejenigen unter Ihnen, die vorhaben, als Trading-Manager zu arbeiten.

**Welche Art von Kunden möchtest du? Privatkunden? Ein paar gute Freunde? Verschiedene Terminverwalter, die ihr Geld bei dir anlegen? Äußerst anspruchsvolle Trader? Institutionelle Kunden?**

**Wie sind deine Kunden? Welche Ziele haben sie? Welchen Service bietest du ihnen? Versuchen sie beispielsweise, ihre Anlagen ganz speziell zu streuen, indem sie ihr Geld bei dir anlegen?**

**Da du mit dem Geld deiner Kunden tradest, wie viel Risiko können sie vertragen? Wann wäre es wahrscheinlich, dass sie ihr Geld zurückziehen?**

**Wie viele Gewinne können sie verkraften, bevor sie zu überschwänglich werden?**

**Welche Gebühren erhebst du? Anders ausgedrückt: Wie viel entnimmst du dem Kundenkonto jedes Quartal oder jeden Monat? Welche Erträge musst du erzielen, damit du einen Kunden zufrieden stellst, der diese Gebühren aufbringen muss?**

**Welches Tradingvolumen hast du? Wie willst du es erreichen? Was hast du vor, sobald du es erreichst? Inwieweit verändert dies dein Trading?**

**Was ist das Schlimmste, was in Bezug auf deine Kundenbeziehungen passieren kann? Wie kannst du dich darauf vorbereiten, dass es gar nicht erst so weit kommt? Wie gehst du mit Kundenproblemen oder Problemkunden um?**

**Wie gehst du damit um, wenn eine große Menge neuen Kapitals eingeschossen wird oder es zu einer großen Entnahme von Kapital kommt?**

### Teil 3: Trading-Ideen

Der letzte Abschnitt befasst sich speziell damit, wie man traden will. Er beschäftigt sich mit Gedanken zu Märkten, Ein- und Ausstieg sowie Money Management – den Besonderheiten Ihres Trading-Plans.

Welche Art von Märkten willst du traden? Ist es angebracht, sich zu spezialisieren? Willst du nur liquide Märkte traden, oder interessieren dich auch einige illiquide Märkte?

Willst du erst einige Bedingungen aufstellen, bevor du in den Markt einsteigst? Falls ja, um welche Bedingungen handelt es sich? [Tom ließ diese Frage unbeantwortet, doch es könnte recht hilfreich sein, wenn Sie sie beantworten.]

Was denkst du über den Einstieg in die Märkte? Für wie wichtig hältst du Einstiegspunkte?

Welchen anfänglichen Risiko-Stop stellst du dir angesichts deiner Ziele für Ertrag und Drawdown vor? Wirst du – wenn der Stop sehr eng ist – in der Lage sein, gleich wieder in den Markt einzusteigen, sodass du keine Kursbewegung verpasst? [Anders ausgedrückt: Finden Sie heraus, welche Art von Stop-Loss Ihnen vorschwebt.]

Wie hast du vor, deine Gewinne mitzunehmen? Reversal-Stops? Trailing-Stops? Technische Stops? Kursziele? Entgegen der allgemeinen Meinung sollte einer der Schwerpunkte im Bereich Stops und Ausstiegspunkte liegen.

Wie verhältst du dich in Bezug auf Position Sizing? [Hier können Sie alles aufschreiben, was Ihnen dazu einfällt.]

Dies sind in etwa die wichtigsten Themen, über die Sie sich Gedanken machen sollten.

# Teil 2

## Entwurf eines eigenen Systems

Das Ziel des zweiten Teils ist es, Ihnen beim Entwurf eines Systems zu helfen und im weiteren Verlauf die nötigen Vorarbeiten zu leisten, um ein System zu erstellen. Teil zwei setzt sich aus vier Kapiteln zusammen. Kapitel vier präsentiert die wichtigsten Schritte, die notwendig sind, um ein System zu entwickeln, das den persönlichen Anforderungen gerecht wird. Darin enthalten sind jahrelange Studien der weltbesten Trader und Investoren, mit deren Hilfe genau ermittelt werden soll, wie sie ihre Recherchen durchführen.

Kapitel fünf liefert eine Übersicht über einige der diversen Konzepte, die man in seinem Trading-System verwenden könnte. Ich habe einige äußerst sachkundige Personen gebeten, einen Beitrag zu diesem Kapitel zu verfassen; außerdem habe ich eigene Abschnitte hinzugefügt. Lesen Sie sich die verschiedenen Konzepte durch und stellen Sie fest, welches Konzept Ihnen am ehesten zusagt. Vielleicht übernehmen Sie ja gleich mehrere.

Kapitel sechs verdeutlicht, wie ich das große Ganze verstehe. Meiner Meinung nach muss man stets das große Ganze berücksichtigen, ganz egal, welches System man entwickelt. Darüber hinaus sollte man stets in der Lage sein, sein System anzupassen, falls sich das große Ganze verändert. Vielleicht hatte man ja bisher ein Trendfolgesystem, das 1998 ausschließlich Aktien von High-Tech-Unternehmen kaufte und von dem man sich große Reichtümer und großen Erfolg versprach. Sollte man tatsächlich ein solches System gehabt haben, dann hätte sich im Jahre 2000 alles komplett verändert.

Kapitel sieben befasst sich mit dem Begriff »Erwartung«. Erwartung bezieht sich darauf, wie viel man mit seinem Trading-System pro riskiertem Dollar verdienen wird. Nur wenige Trader oder Investoren verstehen den Begriff tatsächlich, und doch ist es eines der wichtigsten Themen im gesamten Buch.

# 4 Schritte zur Entwicklung eines Systems

*Es muss eine Abbildung, ein Modell der Daten geben, die den zu navigierenden Bereich darstellen und auf denen die beste Route verzeichnet ist.*
*– Dr. David Foster*

Es ist sehr nützlich zu glauben, dass, wenn mehrere etwas gut können, diese Fähigkeit vervielfältigt oder nachempfunden und jemand anderem beigebracht werden kann. Diese Ansicht ist es, womit sich die Neurolinguistische Programmierung (NLP) oder die Lehre des Modellierens befasst. Um ein gutes Modell zu entwickeln, muss man einige Personen finden, die das, was man modelliert, gut können. Danach muss man diese Personen interviewen, um herauszufinden, was sie gleich machen. Dies sind die Hauptaufgaben beim Erstellen des Modells.[19] Worauf es besonders ankommt, ist, herauszufinden, was sie gleich machen. Falls man dies nicht tut, wird man lediglich die Eigenarten der beteiligten Personen entdecken, die normalerweise nicht ganz so wichtig sind.

In meiner Rolle als Coach habe ich im Verlauf der zurückliegenden 25 Jahre mit Hunderten hervorragender Trader und Investoren zusammengearbeitet. Während dieser Zeit hatte ich die Gelegenheit, von diesen Experten zu erfahren, wie man Trading-Recherchen durchführt. Die Schritte sind recht klar und leicht nachzuvollziehen. Dieses Kapitel ist eine Kurzfassung des durch diese Verbindungen von mir entwickelten Modells. Außerdem haben wir das Modell seit der vorigen Ausgabe dieses Buches weiter verbessert.

---

*19 Um vorzügliche Leistungen zu modellieren, bedarf es wesentlich mehr als nur herauszufinden, worin die Hauptaufgaben bestehen. Man muss die Bestandteile jeder Aufgabe ausfindig machen und in der Lage sein, das Modell in anderen zu installieren. Uns ist dies mit dem Modell zur Systementwicklung gelungen. Das Thema Modellentwicklung alleine würde aber schon ein ganzes Buch füllen.*

## 1. Bestandsaufnahme

Der erste Schritt besteht im Wesentlichen darin, eine Bestandsaufnahme seiner selbst durchzuführen – seiner Stärken und Schwächen. Um auf den Märkten erfolgreich zu sein, muss man ein System entwickeln, das zu einem passt. Um solch ein System zu entwickeln, muss man eine sorgfältige Bestandsaufnahme seiner selbst durchführen, die folgende Punkte beinhalten sollte: Fähigkeiten, Temperament, Zeit, Mittel, Stärken und Schwächen. Ohne eine solche Bestandsaufnahme kann man unmöglich eine Methodologie entwickeln, die zu einem passt.

Man sollte sich unter anderem mit folgenden Fragen beschäftigen:

- Kennt man sich gut mit Computern aus? Falls nicht, hat man dann die nötigen Mittel, um einen Fachmann anzuheuern oder jemanden, der einem helfen kann, seine Computerkenntnisse zu erweitern?
- Wie viel Kapital hat man zur Verfügung? Wie viel davon ist Risikokapital? Man muss genug Geld haben, um mit dem System, das man entwickelt hat, traden oder investieren zu können. Unzureichende Geldmittel sind eines der Hauptprobleme für viele Trader und Investoren. Wenn man nicht genügend Geldmittel zur Verfügung hat, dann kann man unmöglich ein angemessenes Position Sizing praktizieren. Dies ist jedoch einer der Hauptbestandteile eines erfolgreichen Systems, den die meisten ignorieren.
- Wie gut kann man mit Verlusten umgehen?
- Wie sehr ist man mathematisch begabt? Und inwieweit kommt man mit Statistik und Wahrscheinlichkeit zurecht?

Es gibt viele wichtige Punkte, die man in Betracht ziehen sollte. So sollte man zum Beispiel überlegen, welchen zeitlichen Zwängen man unterliegt. Wenn man eine Vollzeitstelle hat, dann sollte man über die Verwendung eines langfristigen Systems nachdenken, bei dem man lediglich rund eine halbe Stunde pro Abend damit verbringen muss, sich die Tagesenddaten zu betrachten. In diesem Fall gibt man seinem Broker die Stop-Orders für den nächsten Tag. Ein solches System zu traden erfordert weniger Zeit, sodass es sich besonders dann anbietet, wenn man nicht so viel Zeit hat. In der Tat verlassen sich auch viele Profis, die den ganzen Tag über mit den Märkten beschäftigt sind, noch immer auf langfristige Systeme, die ausschließlich Tagesenddaten verwenden.

Lassen Sie uns einen weiteren Punkt betrachten, den man unbedingt in Erwägung ziehen sollte. Haben Sie vor, mit eigenem Geld auf den Märkten aktiv zu werden oder mit fremdem Geld? Wenn Sie für andere Personen traden, dann müssen Sie mit der Auswirkung ihrer Psychologie auf Ihr Trading umgehen, die bisweilen erheblich sein kann. Wie würde es sich zum Beispiel auf Ihr Trading auswirken, wenn sich Ihre Kunden permanent über irgendetwas bei Ihnen beschweren würden?

Nehmen wir einmal an, Sie sind ein Vermögensverwalter, und nach zwei Monaten voller Verluste entzieht Ihnen eine Klientin ihr Geld. Danach haben Sie drei Monaten mit Gewinnen, woraufhin sich die Klientin entschließt, ihr Geld wieder bei Ihnen anzulegen. Nachdem Sie dann erneut zwei Monate mit Verlusten haben, zieht sie ihr Geld erneut zurück. Sie beschließt, so lange zu warten, bis Sie richtig gut in Fahrt gekommen sind, und nach fünf Monaten mit Gewinnen setzt sie ihr Geld erneut ein. Danach verzeichnen Sie erneut zwei Monate mit Verlusten. Dies führt letztlich dazu, dass Ihre Kundin permanent verliert, während Sie als Vermögensverwalter eine Menge Geld verdient haben. Doch der Verschleiß, den Ihre Kundin bis dahin durchgemacht hat, könnte sich auch auf Sie und Ihr Trading auswirken, insbesondere dann, wenn sie sich häufig beschwert.

Ich würde Ihnen außerdem empfehlen, eine gründliche Bestandsaufnahme Ihrer persönlichen Psyche durchzuführen. Sie sollten ausreichend Zeit damit verbringen, über die im Abschnitt »Selbstinventur« in Kapitel drei zum Thema »Kundengelder verwalten« gestellten Fragen nachzudenken und zu überlegen, was Sie darauf antworten würden. Haben Sie nur spontan geantwortet, oder haben Sie eine genaue Einschätzung dessen wiedergegeben, was Sie denken und fühlen? Haben Sie des Weiteren nur die Fragen beantwortet, oder haben Sie jede Antwort gut durchdacht, bevor Sie sie aufs Papier gebracht haben? Vergleichen Sie Ihre Antworten mit Tom Bassos Antworten, sodass Sie sich mit einem professionellen Vermögensverwalter der Spitzenklasse vergleichen können.

Zusätzlich zu den Fragen in Kapitel drei sollten Sie sich als Teil Ihrer Selbstinventur folgende sehr wichtige Frage stellen: »Wer bin ich?« Die Antwort auf diese Frage ist die Grundlage für alles andere, was Sie tun, also denken Sie ernsthaft darüber nach.

Ich arbeite zum Beispiel bei einer großen Trading-Firma, und Anfang 2006 stellte der Vorsitzende dieser Firma seine monatlichen Beratungsgespräche mit mir ein. Er sagte, er verändere gerade alles, was er mache, und müsse einige wesentliche Dinge in seinem Kopf ordnen. Nun gut, nachdem ich seine E-Mail gelesen hatte, war mir klar, dass er sich erneut der Frage »Wer bin ich?« zugewandt hatte. In seinem speziellen Fall war er (1) Vorstandsvorsitzender des Unternehmens, (2) der Vorsitzende einer Trading-Gruppe und (3) einer der besten Trader in dieser Gruppe. Die Antwort, zu der er gelangte, veranlasste ihn letztlich dazu, seine Trading-Gruppe aufzulösen, damit er sich mehr auf sein eigenes Trading konzentrieren konnte, da ihm seine Selbstinventur bei der Entscheidung geholfen hatte, dass Rolle Nummer zwei nicht zu ihm passte.

Um die Frage »Wer bin ich?« hinlänglich zu beantworten, würde ich Ihnen Folgendes ans Herz legen: Schreiben Sie alles auf, was Sie von sich selbst halten. Setzen Sie sich mit mehreren Blatt Papier hin und fangen Sie an, alles aufzuschreiben, was Ihnen zu sich selbst einfällt. Wer sind Sie wirklich, und was glauben Sie? Wenn Sie etwa 100 Dinge aufgeschrieben haben, an die Sie glauben, dann gewinnen Sie schon einen recht guten Eindruck. Hier ein paar Ansichten, die einer meiner Kunden aufgeschrieben hat:

- Ich bin Vollzeit-Profi, der jeden Tag mehrere Stunden investieren kann, um der bestmögliche Trader zu sein.
- Innerhalb der nächsten zwölf Monate werde ich alles tun, um zu einem Vollzeit-Trader zu werden.
- Ich bin ein Kurzzeit-Trader für mein persönliches Konto und ein sehr langfristiger Trader für mein Ruhestandskonto.
- Ich glaube, dass ich mit meinem kurzfristigen Trading-Konto 50 Prozent oder mehr erzielen kann, während ich mich mit meinem Ruhestandskonto darauf beschränke, den Markt zu übertreffen.

Dies ist zwar nur ein Auszug der von ihm verfassten Ansichten über sich selbst, doch hoffentlich können Sie daraus allmählich erkennen, wie sie alles andere prägen. Doch nun ist es höchste Zeit, dass Sie Ihre Ansichten über sich selbst aufschreiben.

## 2. Ein aufgeschlossenes Wesen entwickeln und Marktinformationen sammeln

Einer der von uns durchgeführten dreitägigen Workshops lautet »Wie man ein profitables System entwickelt, das den persönlichen Anforderungen entspricht«. Wir bieten zudem eine Hörreihe zu diesem Thema aus einem früheren Workshop an. Die meisten lernen von diesem Workshop oder dieser Hörreihe eine ganze Menge, doch bisweilen lernt man erst dann genug, wenn man sich zunächst mit einigen der Fragen auseinandersetzt, die die persönliche Psyche betreffen. So scheinen einige dem, was wir zu vermitteln versuchen, vollkommen verschlossen gegenüberzustehen. Sie haben ihre eigenen Vorstellungen davon, was sie wollen, und sie sind einfach nicht offen für ein generelles Modell zur Verbesserung ihrer Methodik – und noch wesentlich weniger für spezielle Vorschläge dazu, wie sie sich verändern sollten. Und das Interessante ist, dass diejenigen, die am wenigsten aufgeschlossen für die ihnen vorgelegten Ideen sind, meist genau die sind, die das Material am nötigsten bräuchten.

Daher besteht der erste Teil von Schritt zwei im Modell zur Systementwicklung darin, ein vollkommen aufgeschlossenes Wesen zu entwickeln. Hier nun einige Vorschläge, wie man dies tun kann.

Zuerst müssen Sie verstehen, dass so gut wie alles, was Ihnen je beigebracht wurde, aus Überzeugungen besteht, inklusive jedes Satzes, den Sie bisher in diesem Buch gelesen haben. »Die Erde ist eine Scheibe« ist ebenso eine Überzeugung wie die Aussage »Die Erde ist eine Kugel.« Sie könnten jetzt sagen: »Nein, die zweite Aussage ist eine Tatsache.« Vielleicht, aber sie ist auch eine Überzeugung – mit unheimlich viel Bedeutung in jedem einzelnen Wort. Was bedeutet zum Beispiel das Wort Kugel? Oder was bedeutet eigentlich das Wort Erde?

Alles, was scheinbar eine Tatsache ist, ist noch immer relativ und hängt davon ab, wie man die Situation auslegt. Inwieweit es sich um Tatsachen handelt, hängt von Vermutungen ab, die man anstellt, sowie vom Blickwinkel, von dem aus man die Situation betrachtet – und bei beidem handelt es sich ebenso um Überzeugungen. Sie werden in Ihrem Denken weniger stur und wesentlich flexibler und offen sein, wenn Sie »Tatsachen« als »nützliche Überzeugungen« betrachten, zu denen Sie gelangt sind.

Die Wirklichkeit, die wir kennen, besteht ausschließlich aus unseren Überzeugungen. Sobald man seine Überzeugungen ändert, wird sich auch die Wirklichkeit verändern. Natürlich ist auch das, was ich eben gesagt habe, eine Überzeugung. Wenn Sie jedoch diese Überzeugung für sich übernehmen, dann können Sie allmählich zugeben, dass Sie nicht wirklich wissen, was wirklich ist. Stattdessen haben Sie lediglich ein Modell der Welt, anhand dessen Sie Ihr Leben führen. Somit können Sie jede neue Überzeugung nach ihrem »Nutzen« bewerten. Wenn etwas im Widerspruch zu dem steht, was Sie wissen oder glauben, dann überlegen Sie sich folgende Frage: »Könnte es eventuell sein, dass dies eine nützlichere Überzeugung ist?« Sie wären überrascht, wie offen Sie plötzlich neuen Ideen und neuen Vorschlägen gegenüberstehen werden. Das folgende Einstein-Zitat gehört zu meinen Lieblingszitaten: »Das wahre Wesen der Dinge werden wir nie erfahren, niemals.«

Daher ist es, wenn man ein offenes Wesen entwickeln will, auch unerlässlich, dass man herausfindet, welche eigenen Überzeugungen man vom Markt hat. Wenn man nicht offen ist, scheint es sich gar nicht um »Überzeugungen« zu handeln – vielmehr scheint es das zu sein, »was ist«. Wenn man so wie jeder »eine Illusion« tradet, dann ist dies besonders gefährlich, wenn man es nicht weiß. Und oft gibt man sich selbst mit seinen Überzeugungen völlig den Illusionen hin.

> *Merken Sie sich Folgendes: Sie traden oder investieren nicht in Märkten – Sie traden oder investieren entsprechend Ihren Überzeugungen von den Märkten.*

Charles LeBeau, ein erfahrener 40-jähriger Trader, sagt, dass er, als er anfing, Trading-Systeme für den Computer zu entwerfen, Hunderte von Überzeugungen vom Markt hatte. Die meisten dieser Überzeugungen hielten den strengen computergestützen Tests jedoch nicht stand.

Wenn Sie ein offenes Wesen haben, dann fangen Sie an, über die Märkte zu lesen.[20] Ich lege Ihnen praktisch jedes Buch von Jack Schwager ans Herz. Beginnen Sie jedoch mit *Market Wizards* und *The New Market Wizards*. Dies sind zwei der besten Bücher, die es zum Thema Trading und Geldanlage gibt. Exzellent sind auch zwei weitere Bücher von Schwager: *Fundamental Analysis* und *Technical Analysis*.

---

*20 Die Literaturhinweise auf all diese Werke finden Sie am Ende des Buches.*

*Computer Analysis of the Futures Market* von Charles LeBeau und David Lucas ist eines der besten Bücher zum systematischen Prozess der Entwicklung eines Trading-Systems. Aus der Lektüre dieses Buches und aus regelmäßigen Workshops, die ich gemeinsam mit Chuck durchgeführt habe, konnte ich wirklich viel lernen. Außerdem empfehle ich Ihnen folgende Bücher: *Smarter Trading* von Perry Kaufman, *Trading with the Odds* von Cynthia Kase und *How to Make Money in Stocks* von William O'Neil. Tushar Chandes Buch *Beyond Technical Analysis*[21] eignet sich ebenfalls hervorragend, da es den Leser dazu bringt, über Konzepte nachzudenken, deren Darstellung hier den Rahmen sprengen würden.

Nach der Lektüre der oben erwähnten Werke verfügen Sie über das nötige Hintergrundwissen, um nützliche Überzeugungen über die Märkte zu entwickeln, die Ihnen bei Ihren weiteren Handlungen zugute kommen werden. Diese Bücher geben Antwort auf viele dringende Fragen rund ums Thema Trading, die Ihnen vielleicht im Kopf umherschwirren. Genauere Informationen zu diesen Büchern erhalten Sie am Ende dieses Buches im Abschnitt »Empfohlene Literatur«.

Sobald Sie diese Literaturliste abgearbeitet haben, sollten Sie aufschreiben, was Sie über die Märkte denken. Jeder Satz in diesem Buch spiegelt eine oder mehrere meiner Überzeugungen wider. Es kann sein, dass Sie diejenigen finden wollen, mit denen Sie in Bezug auf den Markt übereinstimmen. Sie werden einen guten Ausgangspunkt für Ihre Aufgabe darstellen, herauszufinden, was Sie über den Markt denken. Dieser Schritt wird Sie auf weitere Aufgaben vorbereiten, mit denen Sie es zu tun haben werden, wenn Sie die Märkte erforschen und Ihr eigenes System entwickeln, um eine Menge Geld zu verdienen. Diese Studie der Märkte, die Sie durchgeführt haben werden, sowie die Liste Ihrer Überzeugungen (sie sollten mindestens 100 davon aufschreiben), die Ihre Studie hervorgebracht hat, werden vermutlich die Grundlage für ein zu Ihnen passendes Trading-System sein. Zumindest aber wird Ihnen die Liste als guter Ausgangspunkt dienen. Betrachten Sie jeden einzelnen Teil eines Trading-Systems, wie er im vorliegenden Buch beschrieben wird, und stellen Sie sicher, dass Sie für jeden Teil eine Liste von Überzeugungen erstellt haben.

Während Sie dieses Buch lesen, sollten Sie sich notieren, womit Sie einverstanden sind und womit nicht. Es gibt kein Richtig oder Falsch, sondern nur Überzeugungen und die Bedeutung und die Energiemenge, die man ihnen beimisst. Wenn Sie diese Übung durchführen, erfahren Sie eine Menge über Ihre Überzeugungen. So habe ich zum Beispiel zehn Tradern ein Manuskript dieses Buches gegeben, damit sie ihre Kommentare dazu abgeben konnten. Was ich zurückbekam, spiegelte einfach ihre Überzeugungen wider. Im Folgenden einige Beispiele:

➡ Ich würde mal behaupten, dass Position Sizing ein Teil deines Systems ist und kein eigenständiges System.

---

21 *Chandes Buch ist sehr gut, auch wenn ich nicht mit all seinen Schlussfolgerungen übereinstimme, insbesondere wenn er anfängt, Portfolios zu testen und Rückschlüsse auf das Thema Position Sizing zu ziehen.*

- Indikatoren sind keine verzerrten Chartdaten, sondern Ableitungen.
- Beim Punkt »Erwartungen« gibt es viele Fehler aufgrund bewertender Heuristiken wie »Kurvenanpassungen«, »Datenrecherche« sowie dem Problem langfristiger Daten.
- Ich glaube nicht, dass sich katastrophale Ereignisse vorhersehen lassen, abgesehen davon, dass sie die Marktvolatilität und/oder den Wert steigen oder sinken lassen. Daher kommt es in erster Linie darauf an, ein System zu entwerfen, das sich einer veränderlichen Volatilität anpasst.
- Ein schlechter Trade ist noch kein Trade mit Verlust, sondern ein Trade, der meine Einstiegskriterien nicht erfüllt hat, die ich trotzdem übernommen habe.
- Ich glaube nicht, dass die Zuverlässigkeit (Gewinnquote) irgendetwas mit deinem Einstiegspunkt zu tun hat. Vielmehr glaube ich, dass sie mit deinen Ausstiegspunkten zusammenhängt.
- Wenn du behauptest, wir befänden uns in einem anhaltenden Bärenmarkt, erzeugst du damit eine psychologische Neigung für deine Leser. Du hast aber keine Kristallkugel.
- Du behauptest, die Märkte bewegten sich in 85 Prozent der Fälle seitwärts. Ich halte das für zu hoch gegriffen – 50 bis 75 Prozent trifft es wohl eher zu.

Die Menschen mit diesen Überzeugungen wollten alle, dass ich an meinem Buch Veränderungen vornehme, die ihre Überzeugungen wiedergeben. Ich habe mich aber dazu entschlossen, an meinen eigenen Überzeugungen festzuhalten und Sie lediglich darüber zu informieren, dass es durchaus sein kann, dass Ihre Überzeugungen nicht mit den meinen übereinstimmen. Sie sollten lediglich darauf achten, dass Ihnen Ihre Überzeugungen auch nutzen. Worauf es wirklich ankommt, ist, dass Sie sich Ihrer Überzeugungen bewusst werden, da Sie nur ein System traden werden, das zu Ihren Überzeugungen passt.

## 3. Bestimmen Sie Ihre Mission und Ihre Ziele

Sie können erst dann ein passendes System entwickeln, mit dem Sie Geld im Markt verdienen können, wenn Ihnen völlig klar ist, was Sie in den Märkten eigentlich genau erreichen wollen. Über seine eigenen Ziele nachzudenken und sie sich klar zu vergegenwärtigen sollte die Hauptpriorität bei der Entwicklung Ihres Systems haben. Im Prinzip sollte es 20 bis 50 Prozent der Zeit in Anspruch nehmen, die Sie dem Entwurf eines Systems widmen. Leider ignorieren die meisten diese Aufgabe völlig oder widmen ihr nur ein paar Minuten. Um zu erkennen, ob Sie der Ermittlung Ihrer Ziele genug Aufmerksamkeit widmen, sollten Sie sich zunächst in Erinnerung rufen, wie viel Zeit Sie mit der Übung in Kapitel drei verbracht haben.

Verbringen Sie viel Zeit mit Kapitel drei und denken Sie intensiv darüber nach. Das Kapitel enthält einen detaillierten Fragebogen, den Sie ausfüllen können. Wenn Sie sich für die Beantwortung der Fragen, die ich auch Tom Basso gestellt habe, nur 15 bis 30 Minuten Zeit genommen haben, dann reicht dies vermutlich nicht aus. Ziele zu formulieren gehört zu den Aufgaben, denen die meisten gerne aus dem Weg gehen, doch wenn Sie ein tolles System zum Traden oder Investieren entwickeln wollen, dann müssen Sie dieser Aufgabe genug Aufmerksamkeit schenken. Wissen Sie noch, wie wichtig es ist, stets aufgeschlossen zu sein? Wer aufgeschlossen sein will, muss auch seinen Zielen genügend Aufmerksamkeit widmen.

## 4. Das Konzept bestimmen, das man gerne traden möchte

Aus meiner Arbeit als Trading-Coach weiß ich, dass nur bestimmte Konzepte funktionieren. Somit besteht Ihr nächster Schritt darin, sich mit den unterschiedlichen Konzepten vertraut zu machen, die funktionieren, und zu entscheiden, auf welche davon Sie sich konzentrieren möchten. Ich habe der Erläuterung dieser unterschiedlichen Konzepte ein ganzes Kapitel gewidmet, will sie aber schon hier kurz skizzieren.

### Trend Following (Trendfolgesysteme)

Dieses Konzept geht davon aus, dass Märkte bisweilen dazu neigen, einem Trend zu folgen (das heißt, sie bewegen sich für längere Zeit nach oben oder nach unten). Wenn Sie es schaffen, den Beginn eines Trends auszumachen und einen Großteil der Kursbewegung mitzunehmen, dann können Sie als Trader viel Geld verdienen. Doch um mit Trendfolgesystemen umzugehen, muss man in der Lage sein, das zu kaufen, was steigt, und das zu verkaufen, was fällt. Und wenn es schon eine ganze Zeit lang steigt, dann umso besser – man muss immer noch in der Lage sein, es zu kaufen, wenn man dieses bestimmte Konzept traden möchte. Wer ein Trendfolgesystem verwendet, sollte sich jedoch unbedingt die folgenden Fragen stellen:

- ➡ Wie werde ich meine Trends ausfindig machen? Wie werde ich wissen, dass ein Markt einem Trend folgt?
- ➡ Werde ich Trends sowohl bei steigenden als auch bei fallenden Kursen folgen?
- ➡ Was werde ich tun, wenn sich der Markt seitwärts bewegt (was vielen Schätzungen zufolge in etwa 85 Prozent der Fälle passiert)?
- ➡ Wie sehen meine Einstiegskriterien aus?
- ➡ Wie gehe ich mit Korrekturen um?
- ➡ Wie werde ich wissen, dass der Trend vorbei ist?

Abbildung 4.1 zeigt ein hervorragendes Beispiel eines Trends. Dabei können Sie Folgendes erkennen: Wenn man solche Trends früh genug erkennen kann, dann

**Abbildung 4.1:** Papa John's Pizza: ein klares Beispiel für eine Aktie im Aufwärtstrend

hat man beste Voraussetzungen, um richtig viel Geld zu verdienen. Tom Basso beschreibt das Konzept von Trendfolgesystemen in Kapitel fünf auf eine ganz hervorragende Art und Weise.

**Band-Trading**

Das zweite Konzept, das sich erfolgreich traden lässt, ist das sogenannte Band-Trading. Hier gehen wir davon aus, dass die Märkte, die wir traden, mehr oder weniger einem festen Schwankungsbereich folgen. Solche Märkte steigen eine begrenzte Zeit lang, bis sie den oberen Rand ihres Schwankungsbereiches erreichen. Danach fallen diese Märkte für eine begrenzte Zeit, so lange, bis sie den unteren Rand ihres Schwankungsbereiches erreichen. Abbildung 4.2 zeigt ein Beispiel eines Marktes mit festem Schwankungsbereich, das man beim Band-Trading verwenden könnte.

Wie Sie sehen, wäre man im Falle der hier gewählten Aktie (Linear Technology Corp.) gut beraten, wenn man verkaufen würde, sobald der Kurs das obere Band berührt und danach durchbricht. Genauso gut wäre es, wenn man kaufen würde, sobald der Kurs das untere Band berührt und danach durchbricht. Doch es kommt immer wieder zu den gleichen Fragen. Wie bestimmt man die Bänder?

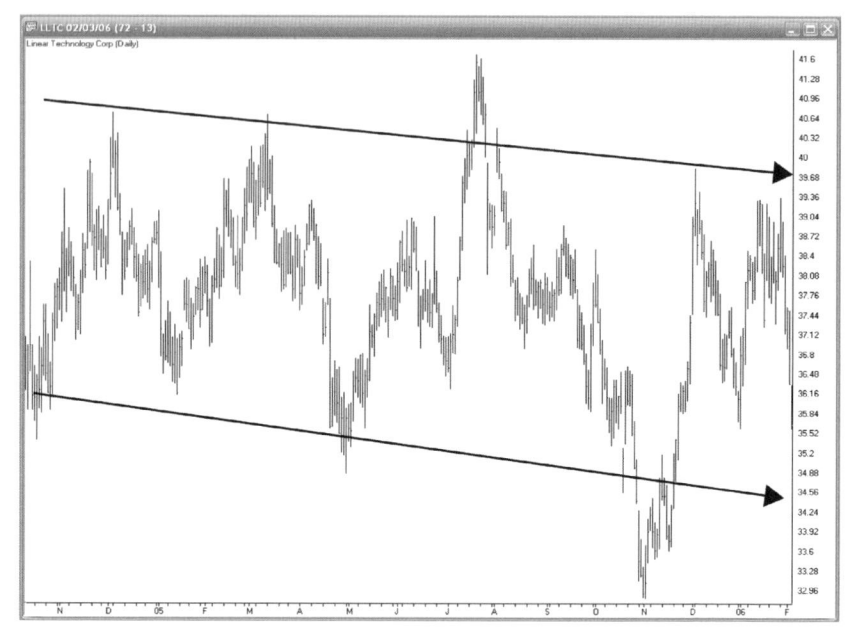

**Abbildung 4.2:** Ein Markt mit festem Kursbereich (geeignet für Band-Trading)

Ich habe sie einfach nachträglich eingezeichnet, es gibt aber auch mathematische Formeln, die sie objektiver machen. Wie stellt man eine Position glatt, insbesondere da der Kurs das gegenüberliegende Band nicht immer berührt? Und was, wenn das Band, das man verwendet, zusammenbricht?

Wenn man solch einen Markt mit festem Kursbereich ausfindig machen kann, dann hätte man das Ziel, im oberen Bereich zu verkaufen und im unteren Bereich zu kaufen. Und falls einem dieses Konzept gefällt, sollte man sich in allererster Linie folgende Fragen stellen:

- Wie finde ich kursgebundene Märkte zum Kaufen?
- Funktionieren meine Bänder in einem trendorientierten Markt?
- Wie ermittle ich den Kursbereich? Sollte ich zum Beispiel feste oder statische Bänder verwenden?
- Wie sehen meine Einstiegskriterien aus?
- Was, wenn mein Band zusammenbricht? Wie werde ich aussteigen?
- Steige ich am anderen Ende des Bandes aus und unter welchen Kriterien?

D. R. Barton beschreibt das Konzept des Band-Tradings in Kapitel fünf auf hervorragende Art und Weise.

## Value-Trading

Value-Trading dreht sich um eine Definition des Wertes. Man kauft Aktien oder Rohstoffe, die unterbewertet sind, und verkauft sie, sobald sie überbewertet sind. Wenn man diese Methode verwendet, sollte man sich in erster Linie folgende Fragen stellen:

- Wie bestimme ich den Wert?
- Wann ist etwas unterbewertet?
- Was sind meine Kriterien, um etwas zu kaufen, das unterbewertet ist?
- Was sind meine Kriterien, um etwas zu verkaufen, das überbewertet ist?

Viele Fundamental-Trader und Portfoliomanager verwenden eine Art von Value-Trading.

## Arbitrage

Arbitrage liegt vor, wenn man etwas an einem Ort zu einem niedrigen Kurs kauft und es an einem anderen Ort zu einem höheren Kurs verkauft. Zu diesen Kursunterschieden kommt es meist aufgrund eines vorübergehenden Schlupfloches im Gesetz oder in der Art, wie der Markt funktioniert. So fand zum Beispiel einer meiner Kunden kürzlich heraus, dass man einen Sitz an der Chicago Board of Trade (CBOT) für rund drei Millionen Dollar kaufen könnte, dass er aber die verschiedenen Bestandteile des Sitzes für 3,8 Millionen Dollar verkaufen könnte. Dies ist bei jeder Transaktion ein eingebauter Gewinn von 27 Prozent. Solch ein Trade ist eine einfache, todsichere Sache. Doch einfache Trades haben meist auch Nachteile. In diesem Fall musste er, um den Sitz an der Chicago Board of Trade kaufen zu können, auch Aktien an der Chicago Board of Trade erwerben. Diese Aktien musste er sechs Monate lang behalten, bevor er sie verkaufen durfte. Sollte die Aktie also während der sechs Monate, in denen er sie behalten musste, um 27 Prozent fallen, dann würde dies seine gesamten Gewinne zunichte machen. Somit gibt es wie in den meisten Arbitrage-Trades immer auch ein gewisses Risiko.

Wenn man sich Arbitrage als Nische ausgesucht hat, dann sollte man sich vor allem folgende Fragen stellen:

- In welchen Marktbereichen muss ich nach Schlupflöchern suchen?
- Was genau ist das Schlupfloch, und wie kann ich es am besten ausnutzen?
- Wo liegen die Risiken?
- Wie lange wird das Schlupfloch bestehen, und wie werde ich wissen, dass es vorbei ist?

Viele Parketthändler, insbesondere diejenigen, die Optionen verwenden, führen Arbitrage in unterschiedlicher Art und Weise durch. Und auch die wenigen Day-Trader, die seit 2000 überlebt haben, haben dadurch überlebt, dass sie gute

Arbitragegelegenheiten ausfindig gemacht haben. Der verstorbene Ray Kelly beschreibt Arbitrage in seinem Beitrag in Kapitel fünf auf hervorragende Art und Weise.

**Spreading als Konzept**

Eine weitere von Market Makern und Optionshändlern verwendete Technik ist Spreading. Spreading weist insofern gewisse Ähnlichkeiten mit Arbitrage auf, als man meist eine Sache kaufen und eine andere verkaufen muss, um darauf zu hoffen, dass man ein richtiges Verhältnis hat. So ist der Handel ausländischer Währungen meist eine Art Spreading, da man bei einer Währung (die man besitzt und bei der man profitiert, falls sie steigt) Kaufpositionen gegen eine andere Währung (bei der man profitiert, falls sie fällt) eingeht.

Als Spreader sollte man sich folgende Fragen unbedingt stellen:

- Was könnte sich meiner Meinung nach bewegen?
- Wo kann ich gegen diese Kursbewegung Verkaufspositionen eingehen, damit ich mein Risiko absichere?
- Gibt es irgendwelche Begrenzungen für meinen Gewinn (wie es zum Beispiel bei bestimmten Options-Spreads der Fall ist)?
- Wie werde ich wissen, ob ich falsch liege?
- Wie werde ich wissen, dass die Kursbewegung vorüber ist, wenn ich richtig liege?

Kevin Thomas, der als Erster meinem Programm »SuperTrader« beigetreten ist, schreibt in Kapitel fünf über Spreading.

Andere in Kapitel fünf enthaltene Konzepte, aus denen Sie auswählen könnten, sind Seasonals (die Auswahl von Trades zu einem bestimmten Zeitraum, der sich für eine Kursbewegung am ehesten eignet) und die Entscheidung, dass das Universum einer geheimen Ordnung unterliegt. Daneben sind mir keine weiteren Trading-Konzepte mehr bekannt. Doch ich denke, dass es immer noch genug Konzepte sind, von denen Sie ein oder zwei auswählen können.

# 5. Das große Ganze ermitteln

Seit 1982 coache ich Trader, und während dieser Zeit habe ich viele Marktzyklen erlebt. Als ich angefangen habe, als Coach zu arbeiten, handelten die meisten meiner Trader Terminkontrakte oder Optionen. Dies war besonders deshalb interessant, da ich genau zu Beginn des riesigen Bullenmarktes bei Aktien anfing.

In den 80er-Jahren handelten die meisten meiner Kunden auch weiterhin Terminkontrakte, obwohl die Terminmärkte immer mehr von großen CTAs dominiert wurden. Und dann waren Trends in Terminkontrakten gegen Ende des

Jahrzehnts (als sich die Inflation beruhigte) eher gering. Und ich merkte, wie sich all diese Trader allmählich dem Handel von Devisen zuwandten.

Später – Mitte der 90er-Jahre – gewann ich immer mehr Aktienhändler als Kunden. Dies erreichte im März 2000 einen Höhepunkt, als mehr als 70 Teilnehmer unseren Workshop zum Aktienmarkt besuchten. Damals meinte ein Barkeeper des örtlichen Hotels, in dem wir unsere Workshops abhielten: »Vielleicht sollten wir auch einmal Dr. Tharps Workshop zum Aktienmarkt besuchen.« Doch der andere Barkeeper meinte nur: »Nein, den Workshop könnte ich auch selber halten.«

Solche Dinge passieren meist bei Marktextremen, und Sie wissen ja, was im Jahre 2000 passiert ist. Heute, im Jahre 2006, stelle ich Folgendes fest: Etwa die Hälfte unserer Kunden handelt erneut Terminkontrakte. Somit bewegen sich unsere Kunden offensichtlich in Zyklen, und es zieht sie vor allem auf einen völlig überbewerteten Markt – vielleicht zum falschen Zeitpunkt. Daher halte ich es nun für unerlässlich, dass man bei seiner Systementwicklung auch das große Ganze bewertet. Mehrere miteinander nicht übereinstimmende Systeme, die alle zum großen Ganzen passen, würden einen hervorragenden Business-Plan ausmachen. Außerdem könnte man einige Systeme mehr entwickeln, die man verwenden könnte, falls sich das große Ganze ändert.

Ich halte diesen Schritt für äußerst wichtig und habe diesem Buch daher ein weiteres Kapitel hinzugefügt, das Ihnen helfen soll, das große Ganze zu bewerten. Außerdem vermittle ich jeden Monat einen aktualisierten Eindruck vom großen Ganzen in meinem kostenlosen E-Mail-Newsletter *Tharp's Thoughts*.

## 6. Den eigenen Zeitrahmen fürs Trading ermitteln

Ihre sechste Aufgabe besteht darin, zu entscheiden, wie aktiv Sie im Markt sein wollen. Welchen Zeitrahmen verwenden Sie? Wollen Sie einen sehr langfristigen Ausblick haben und nur etwa einmal im Quartal eine Änderung Ihres Portfolios vornehmen? Wollen Sie ein Aktien-Trader sein, der an seinen Positionen ein Jahr oder länger festhält? Wollen Sie ein langfristig orientierter Terminhändler sein, dessen Positionen eine Laufzeit von ein bis sechs Monaten haben? Wollen Sie ein Swing-Trader sein, der jeden Tag mehrere Trades eingehen könnte, von denen keiner länger als ein paar Tage dauert? Oder wollen Sie das Nonplusultra an Aktivitäten – als Day-Trader arbeiten, der jeden Tag drei bis zehn Trades eingeht, die bis zum Ende des Tages glattgestellt werden, sodass man keinerlei Übernachtrisiko eingeht?

Tabelle 4.1 zeigt die Vor- und Nachteile von langfristigem Trading. Langfristig zu traden oder zu investieren ist einfach. Dazu braucht man jeden Tag nur ein wenig Zeit, und der psychische Druck hält sich ebenfalls in Grenzen – insbesondere dann, wenn man seine Freizeit dazu nutzt, zu arbeiten oder Zeit mit seinen Hobbys zu verbringen. Meist kann man ein recht einfaches System ver-

| Vorteile | Nachteile |
|---|---|
| Man braucht den Markt nicht den ganzen Tag lang im Auge zu behalten – man kann sich mithilfe von Stops oder Optionen schützen. | Man kann jeden Tag durch abrupte Bewegungen aus dem Markt genommen werden. |
| Bei dieser Art von System ist der psychische Druck des Marktes am geringsten. | Es kann bei einer einzelnen Position zu erheblichen Kursschwankungen kommen. |
| Die Transaktionskosten sind gering. | Man muss Geduld haben. |
| Man braucht nur ein oder zwei Trades, damit man das ganze Jahr mit einem Gewinn abschließt. | Die Zuverlässigkeit (Anzahl von Trades mit Gewinnen) liegt bei unter 50 Prozent. |
| Die Erwartung (siehe Kapitel sieben) liegt oft weit über einem Dollar pro eingesetztem Dollar. | Oft kommt es nur zu wenigen Trades, sodass man sein Kapital aus dem Handel mehrerer Märkte schlagen muss. |
| Mithilfe einer einfachen Methode kann man eine Menge Geld verdienen. | Man benötigt sehr viel Geld zur Teilnahme, wenn man große liquide Terminmärkte traden möchte. |
| Theoretisch hat man bei jedem Trade oder jeder Investition eine unendliche Gewinnchance. | Wenn man eine gute Trading-Gelegenheit verpasst, kann aus einem erfolgreichen Jahr schnell ein Jahr mit Verlust werden. |
| Die Kosten für Daten und Ausrüstung sind minimal. | |

**Tabelle 4.1 :** Die Vor- und Nachteile langfristigen Tradings

wenden, mit dem man immer noch genug Geld verdient, wenn man die Größe seiner Positionen angemessen gestaltet.

Ich denke, der wesentliche Vorteil von langfristigem Trading oder langfristigen Investitionen ist, dass man bei jeder Position im Markt eine unendliche Gewinnchance hat (zumindest in der Theorie). Wenn Sie sich diejenigen ansehen, die durch Investitionen reich wurden, dann werden Sie feststellen, dass viele von ihnen ihr Vermögen dadurch aufgebaut haben, dass sie eine Vielzahl von Aktien gekauft und einfach daran festgehalten haben.[22] Eine der Aktien

---

22 *Oft kommt es vor, dass diese Leute ein Dutzend gering kapitalisierter Aktien gekauft haben. Elf könnten sich als wertlos erweisen, während sich eine als neuer Riese entpuppt. Da die Aktien weitgehend ignoriert wurden, wird der Besitzer die Verlierer nicht los, bevor sie wertlos werden, und er wird sich des Gewinners erst bewusst, wenn dieser schon eine Menge Geld wert ist.*

erwies sich als wahre Goldgrube und machte aus einer Investition von wenigen tausend Dollar im Verlauf von zehn bis 20 Jahren mehrere Millionen Dollar.

Der hauptsächliche Nachteil langfristigen Tradings oder langfristiger Investitionen ist, dass man Geduld haben muss. Es kann zum Beispiel durchaus sein, dass man nur wenige Gelegenheiten erhält, sodass man warten muss, bis sie sich ergeben. Wenn man dann eine Position eingegangen ist, muss man zudem noch recht umfangreiche Kursschwankungen über sich ergehen lassen (allerdings hat man die Möglichkeit, etwas zu entwerfen, das sie minimiert) und die nötige Geduld aufbringen, um so lange zu warten, bis sie vorbei sind. Ein weiterer Nachteil längerfristigen Tradings ist, dass man meist mehr Geld zur Teilnahme benötigt. Wenn man nicht genug Geld hat, dann kann man seine Positionen in einem Portfolio nicht in ausreichender Größe traden. Tatsächlich verliert man oft Geld in den Märkten, weil man einfach nicht genug Geld hat, um so zu traden oder zu investieren, wie man es tun möchte.

Kurzfristigeres Trading (was alles von Day-Trading bis hin zu Swing-Trading von einem bis fünf Tagen sein kann) hat verschiedene Vor- und Nachteile, die in Tabelle 4.2 dargestellt sind. Lesen Sie sich die Liste durch, und vergleichen Sie diese mit der von Tabelle 4.1. Sobald Sie dies getan haben, können Sie selbst entscheiden, was am besten zu Ihrer Persönlichkeit passt.

Vor einiger Zeit traf ich einen Kurzfrist-Devisenhändler, der pro Tag ungefähr sechs Trades einging. Kein Trade dauerte länger als ein bis zwei Tage. Das Faszinierende an dem, was er tat, war jedoch die Tatsache, dass seine Gewinne und Verluste ungefähr gleich waren und er bei 75 Prozent seiner Trades Geld verdiente. Dies ist eine fantastische Trading-Methode. Ihm standen 500.000 Dollar zum Traden zur Verfügung sowie ein Kreditrahmen von zehn Millionen Dollar bei einer Bank. Wenn Sie das im weiteren Verlauf dieses Buches behandelte Thema »Position Sizing« verstehen, werden Sie merken, dass dieses System dem Heiligen Gral so nahe kommt wie sonst nichts mehr. Mit diesem System und dem Kapital, das er hat, konnte er mühelos hundert Millionen pro Jahr verdienen.[23]

Dies ist bei den meisten kurzfristigen Systemen jedoch nicht der Fall. Bei den meisten liegt die Zuverlässigkeit selten über 60 Prozent, und in der Regel sind ihre Gewinne kleiner als ihre Verluste – was bisweilen sogar zu einer negativen Erwartung führt.[24] Bisweilen kann ein großer Verlust das ganze System über den Haufen werfen und den Trader psychisch fertigmachen. Zudem ist der

---

*23 Irgendwie ist das Schicksal oft grausam zu jenen mit solch einem tollen System. Im vorliegenden Fall konnte dieser Trader nicht in großem Stil handeln, und es war ihm auch nicht möglich, sein Problem psychologisch zu lösen, da er nicht glaubte, irgendetwas mit dem Problem zu tun zu haben. In diesem Moment ist er sogar vollkommen unfähig zu handeln, da er nervös ist und glaubt, sein Magen halte ihn vom Traden ab. Daher bin ich der Ansicht, dass er die wahre Bedeutung hinter einem Heiligen-Gral-System – sich selbst im Markt zu finden – gar nicht versteht.*

*24 Einer meiner Kunden hat ein Day-Trading-System entwickelt, das darauf beruht, dass die Gewinne deutlich größer sind als die Verluste. Sein System hat eine Zuverlässigkeitsquote von unter 50 Prozent, bringt ihm aber dennoch eine unheimliche Rendite ein. Dies zeigt, dass es andere Möglichkeiten gibt, sich kurzfristige Systeme vorzustellen.*

| Vorteile | Nachteile |
|---|---|
| Die meisten Day-Trader erhalten jeden Tag viele Gelegenheiten. | Die Transaktionskosten sind noch immer hoch und können sich summieren. So belaufen sich beispielsweise auf meinem eigenen aktiven Konto die Transaktionskosten für voriges Jahr auf rund 20 Prozent des ursprünglichen Kontowertes. |
| Diese Art von Trading ist sehr spannend und aufregend. | |
| Wenn Sie eine Methode mit einer Erwartung von 50 Cent oder mehr pro eingesetztem Dollar haben, dann haben Sie eventuell keinen einzigen Monat mit Verlusten – oder sogar keine einzige Woche. | Spannung hat meist nichts mit Geldverdienen zu tun – sie ist ein psychologisches Bedürfnis! |
| Day-Trader gehen kein Übernachtrisiko ein, sodass man selbst in großen Märkten kaum oder gar keine Margen benötigt. | Die Gewinne sind zeitlich befristet, sodass man oft eine Zuverlässigkeit von weit über 50 Prozent benötigt, um Geld zu verdienen. Ich habe von dieser Faustregel jedoch einige bemerkenswerte Ausnahmen gesehen. |
| Einstiegssysteme mit hoher Wahrscheinlichkeit, wie sie die meisten wollen, funktionieren beim kurzfristigen Trading. | Die Kosten für Daten sind sehr hoch, da die meisten Kurzfrist-Trader Echtzeitkurse benötigen. |
| Es gibt immer eine weitere Chance, um Geld zu verdienen. | Viele Einstiegspunkte mit hoher Wahrscheinlichkeit können Verluste mit sich bringen, die höher sind als die Gewinne. |
| Die Transaktionskosten sind mittlerweile gefallen, sodass sie nicht mehr unbezahlbar sind. | Kurzfristige Systeme unterliegen dem weißen Rauschen der Märkte. |
| | Der kurzfristige psychische Druck ist enorm. |

**Tabelle 4.2:** Die Vor- und Nachteile kurzfristigen Tradings

psychische Druck beim kurzfristigen Trading enorm. Ich habe schon Anrufe erhalten, deren Wortlaut wie folgt war:

»Ich verdiene fast jeden Tag Geld und hatte in fast zwei Jahren keine einzige Woche mit Verlusten. Zumindest bislang nicht. Gestern habe ich alles, was ich in den vergangenen zwei Jahren an Gewinnen verzeichnet habe, wieder verloren.«

Vergessen Sie dies nicht, bevor Sie sich entscheiden, dass kurzfristiges Trading etwas für Sie ist. Ihre Gewinne sind begrenzt. Ihre Transaktionskosten sind hoch. Und was am wichtigsten ist: Der psychische Druck kann Sie fertigmachen.

Dennoch glaube ich, dass die prozentual größten Gewinne von aktiven Kurzzeit-Tradern erzielt werden, die ihre Nerven wirklich im Griff haben. Ich habe schon Kurzfrist-Trader gesehen, die pro Monat 50 Prozent oder noch mehr verdient haben (mit kleinen Geldbeträgen wie etwa einem Konto von 50.000 Dollar), als sie mit sich und dem Markt absolut in Einklang waren.

Die Transaktionskosten sind mittlerweile gefallen, dass sie nicht mehr unbezahlbar sind.

Doch sie sind noch immer hoch und können sich summieren. So beliefen sich beispielsweise auf meinem eigenen aktiven Konto die Transaktionskosten für voriges Jahr auf rund 20 Prozent des ursprünglichen Kontowertes.

## 7. Das Wesen des eigenen Tradings bestimmen und objektiv messen

Was ist die Hauptidee, die Sie beobachtet haben? Der erste Teil Ihrer Idee sollte Ihnen Aufschluss über die Bedingungen geben, unter denen sich die Kursbewegung ereignet. Wie kann man diesen Teil seiner Idee objektiv messen? Meist wird Ihnen die Antwort auf diese Frage zwei Elemente Ihres Systems liefern: die Aufbaubedingungen, die Sie möglicherweise verwenden wollen, und das Timing oder Einstiegssignal. Diese Themen werden im weiteren Verlauf dieses Buches noch eingehend erörtert.

Ihr Aufbau- und Ihr Einstiegssignal sind wichtig für die Zuverlässigkeit Ihres Systems – wie oft werden Sie Geld verdienen, wenn sich eine solche Kursbewegung ereignet? Dies sollte man unabhängig von allen anderen Bestandteilen seines Systems testen.

LeBeau und Lucas haben in ihrem vorhin erwähnten Buch eine exzellente Methode, um solche Signale zu testen. Was sie machen, ist Folgendes: Sie bestimmen die Zuverlässigkeit des Signals (das heißt, in wie viel Prozent der Fälle es Gewinne einbringt) nach unterschiedlichen Zeitabschnitten. Man könnte es zum Beispiel mit einer Stunde, dem Ende des Tages sowie nach ein, zwei, fünf, zehn und 20 Tagen versuchen. Ein zufälliges System sollte eine durchschnittliche Zuverlässigkeit von etwa 50 Prozent erzielen (das heißt meist zwischen 45 und 55 Prozent). Wenn Ihr Konzept besser als zufällig ist, dann sollte es Ihnen eine Zuverlässigkeit von 55 Prozent oder besser bieten – insbesondere in den Zeitabschnitten zwischen einem und fünf Tagen. Wenn es dies nicht tut, dann ist es nicht besser als zufällig, egal wie solide das Konzept zu sein scheint.

Wenn man seinen Einstieg testet, dann ist – wenn man die Zuverlässigkeit des Einstiegs zum Ziel hat – das Einzige, worauf man achtet, wie oft er nach den gewählten Zeiträumen profitabel ist. Man hat keine Stops, sodass dies keine Überlegung ist. Wenn man Stops hinzufügt, wird die Zuverlässigkeit des Systems abnehmen, da manch profitabler Trade vermutlich bei einem Verlust glattgestellt wird. Ebenso wenig berücksichtigt man Transaktionskosten (also Slippage und Kommissionen), wenn man die Zuverlässigkeit bestimmt. Sobald man die Transaktionskosten hinzufügt, wird die Zuverlässigkeit abnehmen. Man möchte wissen, dass die Zuverlässigkeit seines Systems weitaus besser ist als pures Glück, bevor diese Elemente dazukommen.

Einige Ideen erscheinen regelrecht brillant, wenn Sie sie zum ersten Mal wahrnehmen. Fast könnten Sie glauben, Sie hätten Hunderte von Beispielen für großartige Kursbewegungen. Alle haben Ihre Idee gemein, woraufhin Sie äußerst nervös werden. Sie müssen aber auch das Gewinn-Verlust-Verhältnis in Betracht ziehen. Wie oft liegt Ihre Idee vor, wenn es gar keine gute Kursbewegung gibt? Wenn das Gewinn-Verlust-Verhältnis sehr hoch ist, dann haben Sie kein wirklich tolles Konzept, und oft ist es nicht viel besser als pures Glück.

> *Stattdessen sollten Sie meines Erachtens eher darauf hinarbeiten, Ihre Idee so weit wie möglich zu verstehen. Je mehr Sie verstehen, worin Ihr Vorteil wirklich besteht, desto weniger historische Tests werden Sie durchführen müssen.*

Sicherheitshalber sollten Sie eine Sache unbedingt bedenken, wenn Sie diese Art von Tests verwenden: Zuverlässigkeit ist nicht die einzige Überlegung in Ihrem System. Wenn Ihnen Ihre Einstiegsidee hilft, riesige Kursbewegungen mitzunehmen, dann könnte dies sehr wertvoll sein.

Manch einer mag jetzt behaupten, ich hätte einen wichtigen Schritt bei der Systementwicklung vernachlässigt: Optimierung. Eine Optimierung des Systems kommt jedoch aufs Gleiche hinaus, wie wenn man seine Idee nach der Vergangenheit richtet. Je mehr man dies tut, desto weniger wahrscheinlich ist es, dass das System in der Zukunft funktioniert.

## 8. Die Höhe des Anfangsrisikos 1R bestimmen

Ein wichtiger Teil Ihrer Idee ist, dass Sie wissen, wann sie nicht funktioniert. Somit besteht der nächste Schritt darin, dass man versteht, wie es sich auswirkt, wenn man einen Sicherungs-Stop hinzufügt.[25] Ihr Sicherungs-Stop ist jener Teil des Systems, der Ihnen sagt, wann Sie aus einem Trade aussteigen sollten, um Ihr Kapital zu schützen. Es handelt sich um einen wesentlichen Teil jedes Systems. Es ist jener Punkt, an dem man aussteigen sollte, um sein Kapital zu bewahren, da die Idee, die man hatte, scheinbar nicht funktioniert. Wie jemand genau erfährt, dass seine Idee nicht funktioniert, hängt davon ab, um welche Art von Idee es sich handelt.

---

*25 Das Wort Stop wird hier verwendet, weil man solche Stops meist ausführt, indem man eine Stop-Order im Markt erteilt. Dies bedeutet: »Führen Sie meinen Auftrag als limitierten Auftrag aus, sobald dieser Preis erreicht wurde.«*

Nehmen wir beispielsweise an, Sie haben eine Theorie, die besagt, der Markt unterliege einer »perfekten« Ordnung. Sie können Marktwendepunkte auf den Tag genau bestimmen – manchmal sogar auf die Stunde genau. In diesem Fall würde Ihnen Ihr Konzept einen Aufbau liefern, welcher der Zeit entspricht, zu der sich der Markt voraussichtlich bewegt. Ihr Einstiegssignal sollte eine Kursbestätigung sein, dass sich der Markt tatsächlich bewegt, wie etwa ein Volatilitätsdurchbruch (siehe auch Kapitel neun). An diesem Punkt benötigen Sie einen Stop, um zu erfahren, dass Ihre Idee nicht funktioniert. Wofür könnten Sie sich entscheiden? Was, wenn der Markt Ihr Zeitfenster verlässt, ohne dass Sie einen nennenswerten Gewinn erzielt haben? Dann würden Sie vermutlich aussteigen wollen, da Sie es nicht geschafft haben, den Wendepunkt vorherzusagen, der ursächlich für Ihren Einstieg war. Oder Sie könnten die durchschnittliche tägliche Kursspanne (beispielsweise die Average True Range) der letzten zehn Tage für das weiße Rauschen des Marktes halten. Sollte sich der Kurs um diesen Betrag (oder ein Mehrfaches dieses Betrags) gegen Sie entwickeln, dann möchten Sie vielleicht gerne aussteigen.

Beispiele für Sicherungs-Stops erörtern wir ausführlich in Kapitel zehn. Lesen Sie sich dieses Kapitel genau durch, und suchen Sie sich einen Stop (oder mehrere), die am besten zu Ihren Ideen passen. Vielleicht führt Ihre Idee aber auch zu einem logischen Stop-Punkt, der in diesem Kapitel nicht behandelt wird. Falls dem so ist, dann verwenden Sie diesen logischen Stop-Punkt.

Denken Sie darüber nach, was Sie mit Ihrem Einstiegspunkt eigentlich erreichen wollen: Ist er recht willkürlich? Glauben Sie, dass es zu einem bedeutenden Trend kommen könnte? Falls ja, dann werden Sie dem Markt vermutlich ausreichend Spielraum lassen wollen, damit sich der Trend entwickeln kann. Demnach sollten Sie lieber einen sehr weiten Stop verwenden.

Vielleicht ist Ihre Idee aber auch ganz präzise. Sie rechnen damit, oft falsch zu liegen, doch wenn Sie richtig liegen, dann gehen Sie davon aus, dass Sie kein Geld mit diesem Trade verlieren. Falls dies der Fall ist, können Sie sehr enge Stops verwenden, die nicht allzu viel Geld verlieren, wenn sie zur Ausführung kommen.

Sobald Sie sich darüber im Klaren sind, welchen Stop Sie verwenden wollen, sollten Sie Ihre im vorherigen Schritt erstellten Berechnungen nochmals durchführen, nur dass Sie diesmal Ihren Stop plus Transaktionsgebühren (voraussichtliche Slippage und Kommissionen) mit einbeziehen. Wahrscheinlich werden Sie einen bedeutenden Rückgang in der Zuverlässigkeit Ihres Einstiegssignals bemerken, wenn Sie diese Werte hinzufügen. Ein Beispiel: Wenn Ihre Zuverlässigkeit zu Beginn bei 60 Prozent lag, dann wird sie vermutlich auf 50 oder 55 Prozent fallen, sobald Sie für jeden Trade Ihren Stop und die Transaktionskosten hinzufügen.

In dieser Phase des Prozesses haben Sie jetzt für jeden Trade, den Sie durchführen, Ihr Anfangsrisiko oder R bestimmt. Dies stellt einen riesigen Schritt für Sie dar, da Sie sich Ihre Gewinne nun als Vielfaches Ihres Anfangsrisikos (oder als R-Multiple) vorstellen können. Die meisten guten Trader glauben beispielsweise, dass sie erst dann einen Trade eingehen sollten, wenn dessen potenzieller Ertrag mindestens drei Mal so hoch ist wie ihr potenzielles Risiko (3R). Im weiteren Verlauf dieses Buches werden Sie erfahren, dass jedes System wirklich durch die Verteilung der R-Multiples der Gewinne und Verluste definiert wird, die es erzeugt.

## 9. Fügen Sie Ihre Ausstiegspunkte zur Gewinnmitnahme hinzu und bestimmen Sie die Verteilung der R-Multiples Ihres Systems und seine Erwartung

Der dritte Teil Ihres Systems sollte Ihnen Aufschluss darüber geben, wann die Kursbewegung vorbei ist. Somit sollten Sie als nächsten Schritt bestimmen, wie Sie Ihre Gewinne mitnehmen werden. In Kapitel elf beschäftigen wir uns ausführlich mit Ausstiegspunkten, und Sie werden erfahren, welche Ausstiegspunkte am effektivsten sind. Lesen Sie sich dieses Kapitel durch und ermitteln Sie, welche Ausstiegspunkte am besten zu Ihrem Konzept passen. Machen Sie sich Gedanken über ihre persönliche Situation – was Sie eigentlich erreichen wollen, welchen Zeitrahmen Sie verwenden, welche Idee Sie haben –, bevor Sie Ihren Ausstiegspunkt wählen.

Allgemein lässt sich sagen: Wenn man ein Langfrist-Trader oder -Investor ist, der versucht, einen größeren Trend mitzunehmen oder die Vorzüge langfristiger fundamentaler Werte zu genießen, dann sollte man eher einen recht weiten Stop verwenden. Man muss nicht permanent in die Märkte ein- und wieder aussteigen. Da man nur bei etwa 30 bis 50 Prozent seiner Positionen Geld verdienen wird, möchte man, dass die Gewinne wirklich groß ausfallen – bis zu 20 Mal das durchschnittliche Risiko. Falls dies der Fall ist, sollten Ihre Ausstiegspunkte so gewählt werden, dass Sie damit einige große Gewinne mitnehmen.

Wenn Sie dagegen ein Day-Trader oder Scalper sind, der blitzschnell ein- und aussteigt, dann sollten Sie eher enge Stops verwenden. Man rechnet damit, bei mehr als 50 Prozent seiner Positionen richtig zu liegen – und genau genommen muss man dies auch, da man für riesige Erträge nicht lange genug im Markt ist. Stattdessen sucht man nach kleinen Verlusten mit einem Risiko-Rendite-Verhältnis von ungefähr eins. Dennoch ist es möglich, in 50 bis 60 Prozent der Fälle Geld zu verdienen, die Verluste im minimalen Bereich zu halten und immer noch ein paar Trades mitzunehmen, mit denen man große Gewinne erzielt.

Wonach man allgemein sucht, wenn man seine Ausstiegspunkte hinzufügt, ist, dass man die Erwartung seines Systems so hoch wie möglich gestaltet. Erwartung ist das durchschnittliche R-Multiple eines Trading-Systems. Oder anders gesagt: Es ist der durchschnittliche Geldbetrag, den man in seinem System pro Trade und pro eingesetztem Dollar erzielt – im Verlauf vieler, vieler Trades. Die genaue Formel für die Erwartung sowie die dazugehörigen Faktoren werden in Kapitel sieben eingehend erläutert. Zu diesem Zeitpunkt im Modell besteht Ihr Ziel jedoch ausschließlich darin, eine möglichst hohe Erwartung zu erzeugen. Zudem sucht man nach möglichst vielen Gelegenheiten zum Traden (innerhalb eines begrenzten Zeitrahmens), um diese Erwartung zu realisieren.

Meiner Meinung nach kontrolliert man die Erwartung über seine Ausstiegspunkte. Daher haben die besten Systeme drei oder vier verschiedene Ausstiegspunkte. Sie müssen die von Ihnen gewählten Ausstiegspunkte einen nach dem anderen testen. Wahrscheinlich werden Sie Ihre Auswahl nach einer bestimmten Logik treffen wollen, ausgehend von Ihrer Trading- und/oder Investitionsidee. Sie sollten ihre Ausstiegspunkte jedoch mit allem, was Sie bisher wissen, testen, um festzustellen, wie sie sich auf Ihre Erwartung auswirken.

Sobald Sie Ihre Erwartung ermittelt haben, sollten Sie sich die Ergebnisse Ihres Systems für jeden einzelnen Trade betrachten. Wie ist die Erwartung aufgebaut? Setzt sie sich hauptsächlich aus Trades mit einem Risiko-Rendite-Verhältnis von eins zu eins oder zwei zu eins zusammen? Oder stellt man fest, dass ein oder zwei richtig große Trades den größten Teil der Erwartung ausmachen? Falls sie langfristig ist und Sie nicht genug Beteiligung von großen Trades haben, dann müssen Sie wahrscheinlich Ihre Ausstiegspunkte dahingehend ändern, dass Sie einen dieser großen Trades mitnehmen können.[26]

## 10. Bestimmen Sie die Genauigkeit der Verteilung Ihrer R-Multiples

An diesem Punkt haben Sie eigentlich alles, was ein Trading-System ausmacht, da Sie in der Lage sein sollten, die Verteilung der R-Multiples dieses Systems zu bestimmen. Anders ausgedrückt: Schauen Sie sich all ihre historischen Gewinn- und Verlustergebnisse an. Wie sieht diese Verteilung aus? Betragen Ihre Verluste 1R oder weniger, oder haben Sie eher Verluste, die größer sind als 1R? Wie sehen Ihre Verluste in Abhängigkeit Ihres Anfangsrisikos aus? Haben Sie einige vereinzelte 20R-Trades? Oder sogar 30R-Trades? Oder haben Sie viele 2R- und 3R-Gewinne? Wie sieht es mit der Verteilung Ihrer R-Multiples aus?

Vielleicht gibt es bestimmte Tendenzen, die Ihre anfängliche Bestimmung der Erwartung beeinflussen. Daher sollten Sie jetzt unbedingt die Genauigkeit der Verteilung Ihrer R-Multiples bestimmen, indem Sie diese in sehr kleinem Rahmen in Echtzeit traden. Was, wenn Sie mit ein bis zehn Aktienanteilen oder einem einzelnen Rohstoffkontrakt gehandelt haben? Welche Art von Verteilung würden Sie damit für Ihr R-Multiple erhalten? Ähnelt sie der Verteilung, die Sie

---

*26 Wenn Sie sich Ihre Erwartung ausgehend von den Ergebnissen des tatsächlichen Handels betrachten (das heißt was Sie im Markt gemacht haben), dann könnte eine niedrige Erwartung (15 Cent pro riskiertem Dollar oder weniger) auf psychologische Probleme wie etwa die Nichteinhaltung des Systems oder kopfloses Verhalten und eine frühzeitige Gewinnmitnahme zurückzuführen sein.*

in der Theorie oder durch historische Tests ermittelt haben? Hat sie eine gute Erwartung?

Außerdem müssen Sie wissen, welche Art von Verteilung Ihr Trading-System in jeder Art von Markt für das R-Multiple hervorbringt. So können sich Märkte zum Beispiel nach oben, nach unten oder zur Seite hin bewegen. Dies geschieht entweder in aller Ruhe oder sehr stürmisch. Wenn Sie diese Elemente zusammennehmen, dann haben wir nun sechs verschiedene Arten von Märkten:

- Ruhig nach oben
- Stürmisch nach oben
- Ruhig zur Seite hin
- Stürmisch zur Seite hin
- Ruhig nach unten
- Stürmisch nach unten

Sie sollten wissen, was Sie von Ihrem System in jedem Einzelnen dieser Märkte erwarten können. Und dies bedeutet mindestens 30R-Multiple von abgeschlossenen Trades aus jedem dieser Märkte. Und wenn Ihnen diese Daten nicht zur Verfügung stehen, dann müssen Sie zumindest in der Theorie verstehen, wie Ihr System in jedem Einzelnen dieser Märkte abschneidet, bevor Sie mit dem Traden beginnen. Wird Ihr System zum Beispiel in Märkten funktionieren, die sich mit hoher Volatilität nach unten bewegen? Die meisten Systeme, abgesehen von einigen Optionssystemen, werden in Märkten, die sich ruhig zur Seite hin bewegen, nicht funktionieren. Doch dies müssen Sie erst mit Sicherheit wissen.

## 11. Das eigene Gesamtsystem bewerten

Sobald Sie ein System haben, müssen Sie feststellen, wie gut es ist. Dies können Sie auf unterschiedliche Art und Weise tun.

Die einfachste Möglichkeit, die Qualität eines Systems zu bestimmen, ist durch seine Gewinnrate. Hier kämen Sie zu dem Schluss, dass das System, das am häufigsten Gewinne produziert, das beste System sein wird. Doch in Kapitel eins (bewertende Neigungen) haben wir bereits gezeigt, dass man ein System haben könnte, das in 90 Prozent der Fälle richtig liegt, mit dem man dennoch Geld verlieren könnte, wenn man es häufig genug verwendet. Somit ist die Gewinnrate nicht unbedingt die beste Maßeinheit.

Es gibt wesentlich bessere Methoden, mit denen man die Qualität eines Systems ermitteln kann:

- Die Erwartung des Systems. Ist ein System, das einen durchschnittlichen Gewinn von 2,3R pro Trade hervorbringt, nicht besser als ein System, das einen durchschnittlichen Gewinn von lediglich 0,4R erzeugt? Nun ja, die Antwort lautet: »Manchmal«.

➠ Wie sieht es mit dem voraussichtlichen Gewinn in Bezug auf R am Ende einer festen Zeitspanne aus? Was, wenn System eins am Monatsende 20R an Gewinnen hervorbringt, während System zwei 30R produziert? Ist nicht System zwei das bessere? Erneut lautet die Antwort:»Manchmal«, da dies auch von der Variabilität des Systems abhängt. Ein Beispiel: Das System, das einen durchschnittlichen Gewinn von 30R erzeugt, könnte in 30 Prozent aller Fälle eine negative Erwartung aufweisen, während das System, das einen durchschnittlichen Gewinn von 20R erzeugt, vielleicht niemals eine negative Erwartung aufweist.

Sobald Sie die Genauigkeit Ihres Systems ermittelt haben und wissen, wie es in unterschiedlichen Märkten und verglichen mit anderen möglichen Systemen abschneidet, ist es höchste Zeit, daran zu arbeiten, dass Sie auch Ihre Ziele einhalten. Und dies erreichen Sie am ehesten durch Position Sizing.

## 12. Die Verwendung von Position Sizing zur Einhaltung der eigenen Ziele

Ihre Erwartung ist eine grobe Schätzung des wahren Potenzials Ihres Systems. Sobald Sie ein angemessenes System entwickeln, müssen Sie feststellen, welchen Algorithmus Sie verwenden sollten, um die Größe Ihrer Positionen zu bestimmen.

Wie groß werden Sie eine Position maximal gestalten? Können Sie es sich vielleicht sogar leisten, nur eine einzige Position einzugehen (das heißt einen Aktienanteil oder einen Terminkontrakt)? Wenn man seine Ziele erreichen will, muss man diese Fragen unbedingt beantworten können – egal, ob man eine dreistellige Zahl als Ertrag anstrebt oder ein allmählich ansteigendes Vermögen. Wenn der Algorithmus, den Sie zur Ermittlung Ihrer Positionsgröße verwenden, unzureichend ist, dann werden Sie pleitegehen, egal wie Sie Pleitegehen definieren (ob es sich um 50 Prozent Ihres Kapitals handelt oder um alles). Doch wenn die Techniken, mit denen Sie die Größe Ihrer Positionen bestimmen, gut auf Ihr Kapital, Ihr System und Ihre Ziele abgestimmt sind, dann können Sie für gewöhnlich Ihre Ziele auch erreichen.

> *Position Sizing ist der wichtigste Teil jedes Systems, da es dafür sorgt, dass man entweder seine Ziele erreicht oder aber ruiniert wird. Position Sizing ist jener Teil Ihres Systems, der Ihnen hilft, Ihre Ziele zu realisieren.*

Kapitel 14 dieses Buches erörtert eine Reihe von Modellen zum Thema Position Sizing, die Sie möglicherweise in Betracht ziehen könnten, wenn Sie Ihr eigenes System entwerfen. Sobald Sie Ihre Ziele festgelegt und ein System mit hoher Erwartung entwickelt haben, können Sie mithilfe dieser Modelle Ihre Ziele erreichen. Sie müssen jedoch erst mehrere Modelle anwenden und testen, bevor Sie eines finden, das perfekt zu dem passt, was Sie erreichen möchten.

## 13. Bestimmen, wie man das eigene System verbessern kann

Die nächste Aufgabe bei der Entwicklung eines Systems besteht darin, festzustellen, wie man es verbessern kann. Marktrecherche ist ein fortlaufender Prozess. Meist ändern sich die Märkte je nach Charakter derjenigen, die auf ihnen aktiv sind. So wird zum Beispiel der Aktienmarkt derzeit von professionellen Investmentfondsmanagern dominiert. Doch von den gut 7.000 Managern sind weniger als zehn lange genug dabei, um die anhaltenden Bärenmärkte, zu denen es in den 70er-Jahren kam, miterlebt zu haben. Zudem wird der Terminmarkt von professionellen CTAs dominiert – von denen die meisten Trendfolgestrategien haben, die sie mittels großer Geldsummen anwenden. In weiteren zehn bis 20 Jahren weisen die Märkte vielleicht ganz andere Teilnehmer auf, sodass sie einen anderen Charakter annehmen könnten.

Jedes System mit einer guten, positiven Erwartung wird seine Performance steigern, wenn innerhalb eines bestimmten Zeitraumes mehr Trades eingegangen werden. Somit kann man die Performance meist dadurch steigern, dass man unabhängige Märkte hinzufügt. In der Tat wird ein gutes System in vielen verschiedenen Märkten gut abschneiden, sodass man einfach größere Chancen hat, wenn man viele Märkte hinzufügt.

Außerdem lässt sich die Performance meist dadurch steigern, dass man voneinander unabhängige Systeme hinzufügt – jedes Einzelne mit seinem eigenen unverwechselbaren Position-Sizing-Modell. Wenn man zum Beispiel ein größeres Trendfolgesystem mit einem sehr kurzfristigen System hat, das Nutzen aus sich konsolidierenden Märkten zieht, dann ist man meist gut beraten, wenn man beide Systeme miteinander kombiniert. Die Hoffnung dabei ist, dass das kurzfristige System Geld verdient, wenn es keine trendorientierten Märkte gibt. Dadurch wirken sich mögliche Drawdowns, die das trendorientierte System während dieser Phasen erzeugt, weniger stark aus, und bisweilen kann es sogar sein, dass man insgesamt Geld verdient. In beiden Fällen wird die Performance verbessert, da man mit einer höheren Kapitalbasis in Trends einsteigt.

## 14. Das Worst-Case-Szenario im Kopf durchspielen

Es ist wichtig, dass man sich überlegt, was das eigene System unter verschiedensten Umständen tun könnte. Welches Abschneiden erwartet man von seinem

System in allen Arten von Marktbedingungen: äußerst volatile Märkte, sich konsolidierende Märkte, stark trendorientierte Märkte, sehr dünne Märkte ohne Interesse? Man wird erst dann wirklich wissen, was man von seinem System erwarten kann, wenn man versteht, wie es vermutlich abschneiden wird – egal unter welchen Marktbedingungen.

Tom Basso riet den Studenten in unserem Workshop zum Thema Systeme gerne, sie sollten sich ihre Systeme wie folgt vorstellen:

Stellen Sie sich bei jedem Trade vor, wie es wäre, die andere Seite einzunehmen. Tun Sie einfach so, als ob Sie kaufen (statt verkaufen) oder verkaufen (statt kaufen) würden. Wie würden Sie sich fühlen? Was würde in Ihrem Kopf vorgehen?

Diese Übung gehört zu den wichtigsten Übungen überhaupt. Ich empfehle Ihnen sehr, sie ernst zu nehmen.

Außerdem sollten Sie Vorkehrungen für jede mögliche Katastrophe treffen, die sich ereignen könnte. Wie würde Ihr System zum Beispiel abschneiden, sollte der Markt einen ein- bis zweitägigen Preisschock (das heißt eine sehr große Kursbewegung) zu Ihren Ungunsten erleiden? Machen Sie sich Gedanken darüber, wie Sie mit einer unerwarteten, einmaligen Kursbewegung im Markt fertig werden würden, wie etwa einem Rückgang des Dow um 500 Punkte (dies ist in zehn Jahren zweimal passiert!) oder einem weiteren Erdöl-Desaster, wie wir es während des Golf-Krieges in Kuwait erlebt haben. Wegen des derzeitigen Rohstoffbooms liegt der Ölpreis gegenwärtig bei sage und schreibe 70 Dollar pro Barrel.[27] Was, wenn ihn die weltweite Nachfrage auf 150 Dollar pro Barrel hochtreibt? Wie wird sich so etwas auf Sie und Ihr Trading auswirken? Was, wenn es erneut zu einer umfangreichen Inflation kommt, die unsere Schulden auslöscht? Was würde mit einem System passieren, wenn die Währungen dadurch stabilisiert würden, dass man sie mit dem Goldpreis verknüpft, und man selbst mit Währungen handelt? Oder was, wenn mitten im Atlantik ein Meteorit niedergeht, der in Europa und den USA die Hälfte der Bevölkerung auslöscht? Oder was ist mit profaneren Dingen, wenn zum Beispiel Ihre Kommunikationstechnik zusammenbricht oder Ihre Computer gestohlen werden?

Sie müssen sich genau überlegen, was das Worst-Case-Szenario für Ihr System sein könnte und wie Sie damit umgehen würden. Gehen Sie in sich, und eruieren Sie jedes mögliche Szenario, das Ihnen einfällt und das für Ihr System fatale Folgen hätte. Wenn Sie Ihre Liste mit Katastrophen haben, entwickeln Sie verschiedene Notfallpläne. Planen Sie im Geiste Ihre Reaktion, und spielen Sie diese in Gedanken immer wieder durch. Sobald Sie sich über Ihr Verhalten im Falle einer unerwarteten Katastrophe im Klaren sind, ist Ihr System komplett.

---

*27 Dieser Ölpreis betrifft den Zeitpunkt zum Redaktionsschluss der Originalausgabe.*

# 5 Ein funktionierendes Konzept auswählen

*»Je mehr man das Konzept versteht, das man tradet, wie es sich unter allen möglichen Marktbedingungen verhalten könnte, desto weniger historische Tests muss man durchführen.«*

– Tom Basso

Ich schätze, dass weniger als 20 Prozent aller auf den Märkten aktiven Trader oder Investoren einem System folgen. Wer es doch tut, verwendet häufig nur vordefinierte Indikatoren und versteht die Konzepte hinter seinem System nicht wirklich. Daher habe ich eine Reihe von Experten gebeten, über die von ihnen verwendeten Konzepte zu schreiben. Es handelt sich hier keineswegs um eine erschöpfende Erörterung der unterschiedlichen Konzepte, die man verwenden könnte. Es ist lediglich eine Auswahl. Wenn Sie dieses Kapitel durchlesen, sollten Sie sich zum Ziel setzen, jedes Konzept zu überdenken und festzustellen, ob es zu Ihrer Persönlichkeit und zu Ihren Ansichten passt. Das passende Konzept wird dasjenige sein, mit dem Sie am erfolgreichsten handeln. Doch Sie müssen Ihr Konzept erst durch und durch verstehen, bevor Sie ein System entwickeln, um es umzusetzen.

Während ich an der ersten Auflage dieses Buches arbeitete, erhielt ich einen Anruf von einem Experten zur Chaostheorie. Er sagte, er verfolge meine Arbeit seit vielen Jahren. Er glaube durchaus an meine Seriosität, bezweifle aber stark, dass ich bei Systemen recht hätte. Er meinte, es sei lächerlich anzunehmen, dass überhaupt irgendein System möglich sei – stattdessen habe alles nur mit Glück und individueller Psychologie zu tun. Ich sagte, ich würde ihm zustimmen, wenn er »System« ausschließlich als eine Einstiegstechnik definierte. Stattdessen, sagte ich, müsse man durch Stops und Ausstiegspunkte eine Methode mit positiver Erwartung[28] entwickeln, damit Psychologie und Position Sizing überhaupt von Bedeutung seien.

---

[28] Das Thema Erwartung werden wir in Kapitel sieben ausführlich behandeln. Es gehört zu den wichtigsten Themen, die Sie als Trader oder Investor unbedingt verstehen sollten.

Die meisten versuchen, als System ein Einstiegssignal mit hoher Wahrscheinlichkeit zu finden. Meist haben sie keinerlei Vorstellung von ihrem Ausstiegspunkt oder einem angemessenen Position Sizing. Dies führt meist zu einer Trading-Methode mit negativer Erwartung. Im Gegensatz dazu kann jemand, der weiß, welche Rolle Ausstiegspunkte und Position Sizing in Systemen spielen, recht gut mit einem Einstiegssystem leben, das nur 40 Prozent Gewinner hervorbringt. Ich glaube, mein Anrufer war leicht sprachlos; immerhin brachte er es dann aber noch fertig zu sagen, dass ich unrecht hätte: »Niemand kann aufgrund von Daten aus der Vergangenheit eine Erwartung entwickeln – egal in welcher Form«, meinte er.[29] Doch interessanterweise hatte ausgerechnet jene Person ein Buch darüber geschrieben, wie man auf dem Markt richtig »groß« Geld verdienen könne, indem man die Chaostheorie versteht.

Ich fand unsere Unterhaltung recht interessant. Ich halte mich für einen äußerst aufgeschlossenen Menschen, da ich den Standpunkt vertrete, dass man jedes – wirklich jedes – Konzept traden kann, solange man eine positive Erwartung hat. Was ich dabei gelernt habe, ist, dass selbst diese grundlegende Annahme, jedes Konzept mit einer positiven Erwartung traden zu können, noch immer eine Annahme ist – eine Annahme, die die Grundlage dafür ist, was ich über Systeme denke. Wie ich schon gesagt habe, können wir nur durch unsere Überzeugungen traden. Lassen Sie uns nun – ausgehend von jener Annahme – einen Blick auf einige Trading-Konzepte werfen, wie sie von vielen Tradern und Investoren verwendet werden.

## Trendfolgesysteme

Ich habe einige großartige Trader (und wunderbare Freunde) gebeten, über die verschiedenen Konzepte zu schreiben. Tom Basso haben Sie ja bereits kennengelernt, als ich ihn in Kapitel drei interviewt habe. Tom und ich haben etwa 20 Workshops gemeinsam absolviert, und ich kann aus eigener Erfahrung bestätigen, dass er der ausgeglichenste Trader ist, den ich je getroffen habe. Zwar hat sich Tom mittlerweile in den Ruhestand verabschiedet, doch als er noch aktiv war, war er der »technischste« Trader, den ich je getroffen habe. Alles in seinem Büro war computergestützt. Selbst seine Börsenaufträge übermittelte er seinem Broker per computergesteuertem Fax. Tom tradete zwei computergestützte Trendfolgesysteme, sodass ich sofort an ihn dachte, als ich mir überlegte, wer etwas über Trendfolgesysteme schreiben könnte.[30]

---

29 *Die CFTC (Commodity Futures Trading Commission – US-Aufsichtsbehörde für den Terminhandel mit Sitz in Washington, D. C.) verlangt, dass Commodity Trading Advisors (Berater im Warenhandel) eine Klausel in ihre Anzeigen und Offenlegungsdokumente aufnehmen, die besagt, dass Ergebnisse aus der Vergangenheit sich nicht in künftigen Ergebnissen widerspiegeln.*

30 *Tom Basso hat sich mittlerweile vom Trading zurückgezogen und verbringt seine Zeit mit Dingen, die ihm Spaß machen. Als er jedoch diesen Artikel verfasste, war er aktiver Vermögensverwalter. Man erreicht ihn noch immer mittels E-Mail unter der Adresse tom@trendstat.com.*

**Tom Basso: die Philosophie von Trendfolgesystemen**
Viele erfolgreiche Investoren fallen in eine Gruppe namens Trendfolger. In der folgenden Diskussion werde ich versuchen zu beschreiben, worum es bei Trendfolgesystemen eigentlich geht und warum Investoren bei ihren Investitionsbemühungen an der Verwendung dieser allgemeinen Prinzipien interessiert sein sollten.

Teilen wir zunächst den Begriff Trendfolge in seine beiden Bestandteile auf. Der erste Teil ist: Trend. Jeder Trader benötigt einen Trend, um Geld zu verdienen. Denken Sie einmal darüber nach: Wenn es – unabhängig von der verwendeten Technik – keinen Trend gibt, nachdem man kauft, dann wird man nicht in der Lage sein, zu höheren Preisen zu verkaufen. Sie werden bei einem solchen Trade einen Verlust verzeichnen. Nach einem Kauf muss es einen Trend nach oben geben, damit man zu höheren Preisen verkaufen kann. Wenn man dagegen zunächst verkauft, dann muss es anschließend einen Trend nach unten geben, damit man zu niedrigeren Preisen wieder kaufen kann.

Der nächste Teil unseres Begriffes lautet: Folge. Wir verwenden dieses Wort, da Trendfolger immer erst warten, bis sich der Trend ändert, um ihm anschließend zu »folgen«. Wenn sich der Markt nach unten bewegt und dann Anzeichen für einen bedeutenden Umschwung nach oben aufweist, kauft der Trendfolger sofort diesen Markt. Somit folgt der Trader dem Trend.

»Lass deine Gewinne laufen. Halte deine Verluste in Grenzen.« Dieses alte Trader-Axiom beschreibt Trendfolgesysteme nahezu perfekt. Trendfolgeindikatoren teilen dem Investor mit, wann sich die Richtung des Trends geändert hat – entweder von oben nach unten oder von unten nach oben. Um die derzeitige Richtung zu messen und die Veränderung im Auge zu behalten, verwendet man verschiedene Charts oder mathematische Darstellungen des Marktes. Sobald sich ein Trader im Trend befindet, lehnt er sich zurück und genießt das Ganze, solange sich der Trend in seine Richtung entwickelt. Dies versteht man unter »Gewinne laufen lassen.«

Vor einiger Zeit hörte ich, wie ein neuer Investor einem äußerst erfolgreichen Trendfolger einige Fragen stellte. Der Trendfolger hatte gerade einige Devisenkontrakte gekauft, und der Neueinsteiger fragte ihn: »Welche Ziele verfolgen Sie mit diesem Trade?« Der Trendfolger antwortete ihm weise: »Ich will bis zum Mond. Ich habe es noch nie so weit geschafft, aber vielleicht gelingt es mir ja eines Tages ...« Dies sagt eine Menge über die Philosophie von Trendfolgesystemen aus. Sofern der Markt mitmacht, würde der Trendfolger in den Trade einsteigen, sobald der Markt seine Kriterien für einen »Trend« erfüllte, und würde für den Rest seines Lebens daran festhalten.

Leider endet der Trend meist an einem bestimmten Punkt. Somit sollte bei einem Richtungswechsel stets der andere Aspekt des Axioms ins Spiel kommen: »Halte deine Verluste in Grenzen.« Ein Trader stellt seine Position sofort glatt, sobald er das Gefühl hat, dass sich die Richtung des Marktes verändert hat und gegen seine Position verläuft. Wenn die Position an diesem Punkt voraus ist, dann hat der Trader einen Gewinn erzielt. Wenn die Position aber zu diesem Zeitpunkt zurück ist, dann bricht der Trader den Trade ab, um so einem unkontrollierbaren Verlust zuvorzukommen. In beiden Fällen steigt der Trader aus einer Position aus, die sich gegen ihn entwickelt.

### Der Vorteil von Trendfolgesystemen

Der Vorteil von Trendfolgesystemen ist ganz einfach zu beschreiben: Man wird niemals eine größere Kursbewegung verpassen, egal auf welchem Markt. Wenn sich der Markt, den man beobachtet, von unten nach oben dreht, dann muss jeder Trendfolgeindikator ein Kaufsignal abgeben. Die Frage ist nur, wann. Wenn es sich um eine größere Kursbewegung handelt, dann wird man das Signal bekommen. Je längerfristig die Trendfolgeindikatoren sind, desto geringer die Transaktionskosten – ein eindeutiger Vorteil von Trendfolgesystemen.

Strategisch gesehen muss dem Investor klar sein, dass, wenn es ihm gelingt, in nahezu jedem Markt auf eine größere Kursbewegung aufzuspringen, die Gewinne aus nur einem Trade gewaltig sein können. Eigentlich kann schon ein Trade für das ganze Jahr ausreichen. Somit kann die Zuverlässigkeit einer Strategie weit unter 50 Prozent liegen und immer noch einen Gewinn aufweisen. Dazu kommt es, wenn die durchschnittliche Größe der Trades mit Gewinnen deutlich über der durchschnittlichen Größe der Trades mit Verlusten liegt.

### Der Nachteil von Trendfolgesystemen

Der Nachteil von Trendfolgesystemen besteht darin, dass Ihr Indikator den Unterschied zwischen einer größeren profitablen Kursbewegung und einer unprofitablen Kursbewegung von kurzer Dauer nicht ausmachen kann. Somit kommt es oft vor, dass Trendfolger auf Signale hereinfallen, die sich sofort gegen sie wenden, was zu kleineren Verlusten führt. Ein Trendfolger, der mehrfach zu früh kauft oder verkauft, gerät in immer größere Schwierigkeiten und wird irgendwann versuchen, seine Strategie aufzugeben.

Die meisten Märkte verbringen einen Großteil der Zeit in nicht trendorientierten Bedingungen. Trendphasen kommen oft nur in 15 bis 25 Prozent der Fälle vor. Doch der Trendfolger muss bereit sein, in diesen ungünstigen Märkten aktiv zu sein, damit er den großen Trend nicht verpasst.

### Funktionieren Trendfolgesysteme immer noch?

Selbstverständlich! Dies hat zum einen folgenden Grund: Gäbe es keine Trends, dann bräuchte man auch keine organisierten Märkte. Erzeuger könnten ihre Produkte an den Markt verkaufen, ohne über eine Absicherung zum eigenen Schutz nachzudenken. Endverbraucher wüssten, dass sie die benötigten Produkte zu einem angemessenen Preis beziehen könnten. Und Unternehmensanteile würde man nur wegen des Einkommens aus Dividenden kaufen. Sollten also Trends für eine bestimmte Zeitspanne verschwinden, dann würden diese Märkte wahrscheinlich aufhören zu existieren.

Zum anderen hat es folgenden Grund: Gäbe es keine Trends, dann könnte man mit einer relativ willkürlichen Verteilung von Preisänderungen rechnen. Doch wenn man sich auf fast allen Märkten die Verteilung der Preisänderungen im Verlauf der Zeit anschaut, dann wird man einen sehr langen Schweif in Richtung großer Preisänderungen bemerken. Warum? Weil es ungewöhnlich große Preisänderungen gibt, mit denen man in einem bestimmten Zeitraum niemals rein zufällig rechnen würde. Ein Beispiel: Im Jahr 1982 eröffnete der S&P-Terminmarkt, und innerhalb von fünf Jahren verzeichnete er eine Preisentwicklung, mit der man vielleicht alle 100 Jahre rechnen würde. Diese ungewöhnlich großen Preisänderungen innerhalb eines kurzen Zeitraumes sind der Grund, warum Trendfolgesysteme funktionieren, und man sieht sie permanent.

### Sind Trendfolgesysteme für jedermann geeignet?

Trendfolgesysteme gehören vermutlich zu den Techniken, die der neue Trader oder Investor am ehesten verstehen und anwenden kann. Je längerfristig die Indikatoren, desto weniger werden sich die gesamten Transaktionskosten auf die Gewinne auswirken. Kurzfristige Modelle haben oft Schwierigkeiten, die Kosten vieler Transaktionen zu bewältigen. Zu den Kosten zählen nicht nur Kommissionen, sondern auch das Slippage auf die Trades. Je weniger Trades man eingeht – vorausgesetzt man hat die nötige Geduld dafür –, desto weniger gibt man für Transaktionskosten aus, und desto leichter fällt es, einen Gewinn zu erzielen.

Es gibt zahlreiche Beispiele, bei denen sich Trendfolgesysteme nicht eignen. Parketthändler, die kleinere Gewinne mitnehmen, werden wohl kaum Trendfolgesysteme verwenden. Investoren, die Kurssicherungsgeschäfte durchführen, könnten es riskanter finden, ihr Risiko mithilfe von Trendfolgeindikatoren abzusichern als durch irgendeine Form einer passiven wirtschaftlichen Absicherungsmethode. Day-Trader könnten Schwierigkeiten mit Trendfolgemodellen haben. Als Day-Trader kann man seine Gewinne wegen der zeitlichen Zwänge nicht einfach laufen lassen. Der Tag geht ganz einfach zu Ende, und der Trader ist gezwungen, die Position glattzustellen.

Wenn Trendfolgesysteme Ihrer Persönlichkeit und Ihren Bedürfnissen entsprechen, dann versuchen Sie es doch mal. Es gibt viele Beispiele erfolgreicher Trader und Investoren, die diese langerprobte Methode durchweg auf die Märkte übertragen. Angesichts der Tatsache, dass die Wirtschaftswelt immer unstabiler wird, gibt es ständig neue Trends, die der Trendfolger ausnutzen kann.

### Anmerkungen des Herausgebers

Von allen erörterten Konzepten sind Trendfolgesysteme vermutlich die erfolgreichste Technik für Trader oder Investoren. Genau genommen funktionieren alle im weiteren Verlauf dieses Buches dargestellten Systemmodelle auf der Grundlage von Trendfolgesystemen. Wie Basso bereits hervorgehoben hat, besteht das größte Problem darin, dass es auf den Märkten nicht immer Trends gibt. Dies ist jedoch meist kein Problem für diejenigen, die auf dem Aktienmarkt aktiv sind. Es gibt Tausende Aktien, die man traden kann – sei es mit Kauf- oder mit Verkaufspositionen. Wenn man bereit ist, sowohl als Käufer als auch als Verkäufer aufzutreten, dann gibt es immer gute trendorientierte Märkte.

Die Schwierigkeit, die viele mit dem Aktienmarkt haben, ist, dass es (1) Zeiten gibt, zu denen nur wenige Aktien einen Aufwärtstrend aufweisen, sodass die besten Gelegenheiten nur den Verkäufern vorbehalten sind; dass man (2) nicht weiß, wie man Leerverkäufe tätigt und es lieber sein lässt; dass (3) die Börsenverantwortlichen Leerverkäufe erschweren (das heißt um Leerverkäufe zu tätigen, muss man in der Lage sein, die Aktie auszuleihen, und man muss bei einem höheren Kurs verkaufen) und dass (4) Rentenkonten Leerverkäufe meist nicht zulassen. Wenn man jedoch Leerverkäufe plant, dann kann dies unter den passenden Marktbedingungen durchaus lukrativ sein.

## Fundamentalanalyse

Ich habe einen weiteren Freund, Charles LeBeau, gebeten, den Abschnitt zur Fundamentalanalyse zu schreiben. LeBeau ist allgemein bekannt als der frühere Herausgeber eines großartigen Newsletters mit dem Namen *Technical Traders Bulletin*. Außerdem hat er an einem exzellenten Buch – *Computer Analysis of the Futures Market* – als Co-Autor mitgewirkt. Chuck ist ein talentierter Redner, und er hält häufig Vorträge bei Konferenzen zur Kapitalanlage. Zudem ist er oft als Gastdozent in unseren Workshops zum Thema »Wie man ein gewinnbringendes Trading-System entwickelt, das zu einem passt« aufgetreten. Chuck ist mittlerweile im Ruhestand und lebt in der Nähe von Sedona, Arizona. Als er noch aktiver Trader war, arbeitete er als CTA (Berater im Warenhandel) und hatte später seinen eigenen Hedgefonds.[31]

Vielleicht fragen Sie sich jetzt, warum ich ausgerechnet Chuck, der einen solch ausgeprägten technischen Hintergrund hat, gebeten habe, etwas über die Fundamentalanalyse zu schreiben. Früher hielt Chuck an einer bedeutenden Universität Vorlesungen zum Thema Fundamentalanalyse, zudem leitete er ein treuhänderisch verwaltetes, auf fundamentalen Hintergrunddaten beruhendes Trading-System für Island View Financial Group. Chuck LeBeau pflegte immer zu sagen: »Ich bezeichne mich gerne als einen Trader, der bereit ist, die besten Hilfsmittel zu verwenden, die es gibt, um seine Arbeit zu erledigen.«

### Charles LeBeau: Einführung in das Fundamental-Trading

Die Fundamentalanalyse, wie sie beim Terminhandel angewandt wird, ist die Verwendung tatsächlicher und/oder voraussichtlicher Beziehungen von Ange-

---

*31 Chuck LeBeau ist mittlerweile ebenfalls im Ruhestand. Sie können Chuck LeBeau unter folgender Adresse erreichen: clebeau2@cableone.net.*

bot und Nachfrage zur Vorhersage der Richtung und des Ausmaßes künftiger Preisänderungen. Es mag genauere und ausführlichere Definitionen geben, aber diese kurze Übersicht soll die Vorzüge und praktischen Anwendungen der Fundamentalanalyse hervorheben.

Fast alle Trader gehen fälschlicherweise davon aus, dass sie entweder »Fundamentalisten« sein sollen, die ausschließlich auf die Analyse von Angebot und Nachfrage setzen, oder »Techniker«, die keinerlei Wert auf Hintergrunddaten legen und ihre Entscheidungen ausschließlich aufgrund von Preisaktivitäten treffen. Wer zwingt uns zu solch unnötigen und unlogischen Entweder-oder-Entscheidungen, wenn es darum geht, wie man am besten tradet? Sollten Sie jemals zwei oder mehr gute Ideen haben, dann fahren Sie fast immer besser, wenn Sie sie alle durchführen, anstatt in die Entweder-oder-Falle zu tappen.[32]

Im Vergleich zur Technischen Analyse weist die Fundamentalanalyse klare Vorteile auf, was die Bestimmung von Kurszielen betrifft. Korrekt interpretiert kann man aus technischen Indikatoren die Richtung und den Zeitpunkt herauslesen, doch was das Ausmaß der voraussichtlichen Kursbewegung betrifft, bleiben sie meist hinter den Erwartungen zurück. Einige Techniker behaupten, ihre Methoden würden ihnen Kursziele geben, doch nach 40 Jahren Trading muss ich erst noch eine technische Methode finden, die sich zur Vorhersage von Kurszielen tatsächlich eignet. Es besteht jedoch keinerlei Zweifel daran, dass eine gute Fundamentalanalyse hilfreich sein kann, wenn es um die Bestimmung von ungefähren Gewinnzielen geht. Durch die Verwendung fundamentaler Kursziele sollte man einen ungefähren Eindruck darüber gewinnen, ob man lieber einen schnellen, kleinen Gewinn mitnehmen oder für ein größeres längerfristiges Kursziel an seinen Positionen festhalten möchte. Wie begrenzt die Genauigkeit der fundamentalen Kurszielsetzung auch sein mag, so ist es für einen erfolgreichen Trader dennoch ein großer Vorteil, wenn er zumindest eine ungefähre Vorstellung vom Ausmaß des zu erwartenden Gewinns hat.

Die Fundamentalanalyse hat klare Grenzen. Selbst die Resultate der bestmöglichen Fundamentalanalyse sind noch immer schmerzlich ungenau. Wenn man alles richtig macht, oder noch besser: wenn man sich auf die aufwendige Analyse eines wahren fundamentalen Experten verlässt, dann ist man vielleicht in der Lage zu schlussfolgern, dass ein bestimmter Markt zu einem ungewissen Zeitpunkt in der Zukunft vermutlich eine »große« Kursbewegung nach oben vollzieht. Bestenfalls erhält man mithilfe der Fundamentalanalyse Aufschluss über die Richtung und das grobe Ausmaß künftiger Kursbewegungen. Doch es kommt selten vor, dass man erfährt, wann die Kursbewegung einsetzen wird oder wie weit sich die Kurse genau bewegen werden. Wenn man jedoch die Richtung und das grobe Ausmaß künftiger Kursänderungen kennt, dann handelt

---

[32] Ich möchte hier nicht vom Thema abschweifen und mich darüber auslassen, wie man seine Entscheidungen zu treffen hat; dieses Thema eignet sich eher für einen von Dr. Tharps unterhaltsamen Workshops. Worauf ich hinaus will, ist Folgendes: Fundamentalanalyse und Technische Analyse lassen sich beim Traden wunderbar miteinander kombinieren.

es sich sicherlich um entscheidende Informationen, die für einen Trader von unermesslichem Wert sein können. Unsere logische Kombination der Fundamentalen und der Technischen Analyse wird uns mehrere wichtige Teile des Trading-Puzzles liefern – wobei Position Sizing (womit wir uns an anderer Stelle beschäftigen werden) das fehlende Stück ist.

### Wie man die Fundamentalanalyse verwendet

Beschäftigen wir uns nun mit dem praktischen Aspekt einer erfolgreichen Anwendung der Fundamentalanalyse. Die folgenden Vorschläge beruhen auf jahrelangem tatsächlichem Trading mithilfe der Fundamentalanalyse. Die Reihenfolge sagt nicht unbedingt etwas über ihre Bedeutung aus.

*Vermeiden Sie es, Ihre eigene Fundamentalanalyse durchzuführen, auch wenn Sie über eine hoch spezialisierte Ausbildung verfügen sollten.* Ich handle seit mittlerweile 40 Jahren auf dem Terminmarkt und halte an einer bedeutenden Universität für Studenten im Aufbaustudium regelmäßig Vorlesungen zum Thema Fundamentalanalyse, dennoch käme ich nie auf die Idee, meine eigene Fundamentalanalyse durchzuführen. Wahre Experten zum Thema Fundamentalanalyse, die wesentlich besser qualifiziert sind als Sie oder ich, widmen dieser Aufgabe ihre ganze Zeit, und ihre Rückschlüsse sind jederzeit kostenlos zu haben.

Schauen Sie sich einfach mal nach qualifizierten Experten um, deren Fundamentalanalyse für jedermann verfügbar ist. Setzen Sie sich mit den großen Maklerfirmen in Verbindung und bitten Sie diese, Sie in ihre Adressenkartei aufzunehmen. Schließen Sie ein Probe-Abo mit Consensus ab und lesen Sie alle Analysen. Suchen Sie sich diejenigen aus, die Ihnen gefallen, und merzen Sie die schwächeren Quellen aus. Achten Sie auf Analysten, die bereit sind, hilfreiche Prognosen zu treffen, und nicht ständig nur um den heißen Brei herumreden. Bedenken Sie Folgendes: Für jeden Markt reicht eine gute Quelle für fundamentale Informationen vollkommen aus. Wenn zu viele Quellen auf Sie einwirken, erhalten Sie widersprüchliche Informationen, die Sie nur verwirren und unschlüssig machen.

*Nachrichten und Fundamentalanalyse sind nicht dasselbe.* Die Fundamentalanalyse sagt die Kursrichtung voraus, während Nachrichten die Kursrichtung verfolgen. Zu meiner Zeit als leitender Angestellter bei einer größeren Rohstofffirma erhielt ich nach Börsenschluss oft Anrufe von Medienvertretern, die mich fragten, warum ein bestimmter Markt an jenem Tag gestiegen oder gefallen war. Wenn der Markt gestiegen war, lieferte ich ihnen irgendwelche optimistischen Nachrichten, die meine Aufmerksamkeit erregt hatten. War der Markt gefallen, lieferte ich ihnen irgendwelche negativen Nachrichten. Auf den Märkten befinden sich jeden Tag massenweise positive wie negative Nachrichten im Umlauf. Was in den Zeitungen steht, sind irgendwelche »Nachrichten«, die zufälligerweise mit der Richtung der Kurse an jenem Tag übereinstimmen.

Sie werden auch beobachten, dass bevorstehende Nachrichten einen Markt länger und weiter bewegen als Nachrichten, über die tatsächlich berichtet wird. Die Erwartung positiver Nachrichten kann einen Markt über mehrere Wochen oder Monate stützen. Wird schließlich über die positiven Nachrichten berichtet, kann es gut sein, dass sich der Markt in die Gegenrichtung bewegt. Deshalb scheint das alte Sprichwort »Kaufe das Gerücht, verkaufe die Tatsache« so gut zu funktionieren. (Für negative Nachrichten gilt selbstverständlich dieselbe Logik.)

*Passen Sie mit Ihrer Reaktion auf fundamentale Berichte auf.* Nehmen wir zum Beispiel an, dass gerade ein Ernterbericht veröffentlicht wurde, der zeigt, dass die Sojabohnenernte um zehn Prozent geringer ausfallen wird als im vergangenen Jahr. Auf den ersten Blick scheint es sich um äußerst positive Nachrichten zu handeln, da das Angebot an Sojabohnen zuletzt erheblich reduziert wurde. Doch wenn die auf diesem Markt aktiven Trader und Analysten damit gerechnet hätten, dass der Bericht 15 Prozent weniger Sojabohnen ausweist, dann könnte es anlässlich des »positiven« Berichts zu einem heftigen Preisrückgang kommen. Bevor man analysieren kann, ob ein Bericht positiv oder negativ ist, muss man darauf achten, wo die Erwartungen liegen, und den Bericht im Kontext dieser Erwartungen sehen. Ebenso wenig sollte man anhand der ersten Reaktion beurteilen, ob ein Bericht positiv oder negativ ist. Geben Sie dem Markt ein bisschen Zeit, um die Nachrichten zu verdauen. Oft werden Sie merken, dass die erste Reaktion auf einen Bericht entweder übertrieben oder ungenau ist.

*Achten Sie auf Märkte, die auf eine steigende Nachfrage treffen.* Die Nachfrage ist der Hauptgrund für lang anhaltende Aufwärtstrends, bei denen man leicht große Gewinne erzielen kann. Nachfragegesteuerte Märkte sind jene Märkte, auf denen man langfristige Trades durchführen kann, die für ein ungewöhnlich hohes Profitabilitätsniveau sorgen. Natürlich steigen die Märkte auch aufgrund mangelnden Angebots an, doch oft werden Sie merken, dass Kurserholungen, die von Bedenken hinsichtlich des Angebots hervorgerufen werden, eher von kurzer Dauer sind und dass die langfristigen Kursprognosen in diesen Märkten mit mangelndem Angebot meist überschätzt werden. Achten Sie als Trader auf nachfragegesteuerte Märkte.

*Auf den richtigen Zeitpunkt kommt es an. Haben Sie also Geduld mit Ihrem fundamentalen Szenario.* Die besten Fundamentalanalysten scheinen in der Lage zu sein, Kurstrends wesentlich müheloser vorauszusehen als die meisten Marktteilnehmer. Dies ist sicherlich ein Vorteil, wenn man genau auf den richtigen Zeitpunkt achtet. Wenn man jedoch impulsiv ist und zu früh in den Markt einsteigt, kann man innerhalb kurzer Zeit richtig viel Geld verlieren. Haben Sie Geduld und warten Sie, bis Ihnen Ihre technischen Indikatoren mitteilen, wann der Markt anfängt, sich in die gewünschte Richtung zu orientieren. Denken Sie daran: Das Ziel ist nicht, der Erste zu sein, der die richtige Prognose hat. Vielmehr ist es das Ziel, Geld zu machen und sein Risiko im Griff zu haben. Vielleicht müssen Sie mehrere Wochen oder gar Monate warten, bis Sie eine genaue fundamentale Prognose ausnutzen können. Wer zu früh aktiv wird, kann aus einer genauen Prognose leicht einen Verlust-Trade machen.

*Viele Prognosen für bedeutende Kursänderungen bewahrheiten sich aus dem einen oder anderen Grund letztlich doch nicht.* Wenn Sie gut genug nach genauen Quellen für fundamentale Informationen über eine breite Gruppe von Märkten gesucht haben, dann könnten Sie durchaus damit rechnen, über acht bis zehn Prognosen größerer Kursänderungen in einem typischen Jahr informiert zu werden. Von diesen Prognosen werden meist nur sechs bis sieben eintreffen. Doch wenn Sie es schaffen, in der Hälfte dieser Fälle relativ zeitnah Ihre Positionen einzugehen, und dann Ihre Gewinne vernünftig laufen lassen, sollten Sie eigentlich ein extrem profitables Jahr haben.

*Seien Sie entscheidungsfreudig und bereit, Ihren Teil an Verlusten hinzunehmen.* Haben Sie keine Angst davor, Märkten hinterherzulaufen, die sich mit großem fundamentalen Potenzial bewegen. Vielen Tradern, egal ob fundamental oder technisch ausgerichtet, fehlt der Nerv oder die Disziplin, in einen Markt einzusteigen, sobald er losgelegt hat. Es entspricht der Natur des Menschen, zu günstigeren Kursen einsteigen zu wollen und mit seinem Einstieg bis zu einem Pullback zu warten, zu dem es möglicherweise niemals kommen wird. Man muss die Zuversicht und den Mut haben, sofort aktiv zu werden. Die beste Analyse, egal ob fundamental oder technisch, ist in Händen eines unentschlossenen »Traders« wertlos. Wenn Sie zweifeln, dann beginnen Sie zunächst mit einer kleinen Position, die Sie danach allmählich ausbauen.

Ich hoffe, diese kurze Einführung in die Fundamentalanalyse hat ein paar Ideen in Ihnen wachgerufen und Sie davon überzeugt, dass die Fundamentalanalyse Teil Ihres Tradingplans sein sollte. Wenn ja, würde ich Ihnen sehr ans Herz legen, sich näher mit dieser Thematik auseinanderzusetzen. Das beste Buch zu diesem Thema ist meiner Meinung nach *Schwager on Futures: Fundamental Analysis*[33] von Jack Schwager. Wer sich als Trader für die Verwendung der Fundamentalanalyse interessiert, für den sollte dieses hervorragend geschriebene Buch äußerst hilfreich sein.

**Anmerkungen des Herausgebers**

Chuck LeBeaus Kommentare gelten hauptsächlich für den Handel auf Terminmärkten und könnten in der von Gallacher entwickelten Methodologie verwendet werden, die im späteren Verlauf dieses Buches dargestellt wird. Wenn Sie auf dem Aktienmarkt traden oder investieren, dann betrachten Sie sich den fol-

---

33 *Jack Schwager, Schwager on Futures: Fundamental Analysis (New York: Wiley, 1996).*

genden Abschnitt zum Thema Value-Trading. Zudem werden Ihnen im späteren Verlauf zwei Systeme präsentiert, bei denen es ebenfalls um Fundamentalanalyse geht – William O'Neils CANSLIM-System und Warren Buffetts Geschäftsmodell. Buffetts Modell ist fast ausschließlich fundamental, und O'Neils Modell für Setups beruht auf einer Fundamentalanalyse.

## Value-Trading

Value-Trading ist eine der Methoden, die von Portfoliomanagern in erster Linie verwendet werden, wenn sie auf dem Aktienmarkt aktiv werden. Im Wesentlichen verfolgt man dabei das Ziel, etwas zu kaufen, sobald etwas unterbewertet ist, und es zu verkaufen, wenn es einen angemessenen Wert erreicht hat oder sobald es überbewertet ist. Wenn man bereit ist, Aktien leerzuverkaufen, dann kann man dies auch tun, wenn sie überbewertet sind, und sie zurückkaufen, wenn sie einen angemessenen Wert erreichen oder unterbewertet werden. Viele entscheiden sich für die erste Möglichkeit und nur die wenigsten für die letzte. Ich habe mich dazu entschlossen, diesen Teil selbst zu schreiben, da ich das Value-Konzept in den Pensionsfonds trade, die ich für mein Unternehmen verwalte.

### Was bei Value-Investitionen funktioniert

Viele der größten Trader in der Geschichte des Aktienmarktes würden sich vermutlich als Value-Trader bezeichnen. Die Liste würde auch den Namen Warren Buffett und den Namen seines Mentors, Benjamin Graham, enthalten. Außerdem würden die Namen solcher Koryphäen wie Sir John Marks Templeton und großer Investoren wie Michael Price, Mario Gabellio, John Neff, Larry Tisch, Marty Whitman, David Dreman, Jim Rogers und Michael Steinhardt auftauchen – um nur einige zu nennen. Alle diese Größen ähneln einander insofern, als sie ihren Schwerpunkt auf Werte legen. Dennoch unterscheiden sie sich voneinander, weil sie Werte leicht unterschiedlich definieren. In diesem kurzen Abschnitt zum Thema Value-Investitionen gehe ich auch kurz auf Ideen ein, die meiner Meinung nach funktionieren, sowie auf Ideen, an deren Funktionstüchtigkeit ich zweifle. Außerdem möchte ich einige Vorkehrungen hinzufügen, die meiner Meinung nach jede Form von Value-Investition weitaus erfolgreicher gestalten.

Sprechen wir zunächst darüber, was funktioniert. Was bei Value-Investitionen immer funktioniert – vorausgesetzt, man hat ein bisschen Geduld –, ist, dass man etwas deutlich unter seinem tatsächlichen Wert kauft. Doch die wichtigste Frage, die man sich stellen sollte, lautet natürlich, wie man den Wert ermittelt. In meinem Buch *Safe Strategies for Financial Freedom* gehe ich ausführlich auf eine von Benjamin Grahams berühmten Techniken zum Geldverdienen ein – Grahams Zahlentechnik. In diesem Fall ist Wert ganz einfach: Was ist der Liquidationswert des Unternehmens? Sollte man innerhalb des nächsten Jahres alle Vermögenswerte des Unternehmens verkaufen, wie viel könnte man dann dafür bekommen? Diese Informationen findet man auch, wenn man in *Yahoo* oder *BusinessWeek* unter »company's current assets« (derzeitige Vermögenswerte des Unternehmens) nach einem Unternehmen nachschlägt. Würde man dann das Gesamtvermögen des Unternehmens nehmen und davon die Gesamtschulden abziehen, hätte man einen tollen Eindruck davon, was das Unternehmen wert ist, würde man es innerhalb des nächsten Jahres auflösen.

Was nun, wenn man feststellen sollte, dass der Liquidationswert eines Unternehmens bei zehn Dollar pro Anteil liegt, und wenn man darüber hinaus bemerkt, dass die Aktien des Unternehmens derzeit für sieben Dollar pro Anteil verkauft werden? Das nenne ich dann ein Wertespiel. Bezogen auf den Liquidationswert des Unternehmens kann man die Aktie tatsächlich zu 70 Cent auf den Dollar erwerben. Dies ist ein Realwert, und diese Aktien findet man meist dann problemlos, wenn sich der Markt in einem Tief befindet. Als wir beispielsweise im April 2003 unser Buch *Safe Strategies for Financial Freedom* schrieben, fanden wir eine Liste von vier Aktien, die es durch unseren Ausleseprozess geschafft hatten. Der Markt stand kurz vor einem Umschwung, sodass wir neun Wochen später am 20. Juni die gleichen Aktien erneut in Augenschein nehmen konnten – kurz bevor das Buch in Druck gehen sollte. Neun Wochen später waren jene vier Aktien um 86,25 Prozent gestiegen, während der S&P 500 innerhalb desselben Zeitraumes nur um 15 Prozent gestiegen war. Ich möchte jedoch betonen, dass dies am Ende eines Kursrückgangs in einem Bärenmarkt passierte und dass es seitdem nicht allzu viele Aktien gegeben hat, die diese Kriterien erfüllen konnten.

Aktien zu finden, die deutlich unter ihrem tatsächlichen Liquidationswert verkauft werden, ist eine extreme Form von Value-Investing. Es gibt auch andere Methoden. So könnte man zum Beispiel Aktien aussuchen, die in ihren Büchern Vermögenswerte deutlich unter ihrem tatsächlichen Wert aufführen. Dies könnte man beispielsweise mit Bodenwerten tun. Was, wenn ein Unternehmen seine Bodenwerte mit 1.000 Dollar pro Acre (etwa 4.047 m$^2$) angibt, während der tatsächliche Wert bei 50.000 Dollar pro Acre liegt? Wenn man solche Abschläge ausfindig machen kann, dann weiß man auch, dass man es mit einer stark unterbewerteten Aktie zu tun hat. Manche Unternehmen besitzen Unmengen von Land, das sie in ihren Büchern weit unter Wert angeben, darunter beispielsweise St. Joe (besitzt drei Prozent von Florida, die in den Büchern mit zwei Dollar pro Acre angegeben sind), Alexander and Baldwin (besitzt Land auf Hawaii, das in den Büchern mit 150 Dollar pro Acre angegeben ist) und Tejon Ranch (besitzt riesige Landflächen, die in den Büchern mit 25 Dollar pro Acre angegeben sind). Grundsätzlich lässt sich Folgendes sagen: Wenn man diese Unternehmen kauft, dann kauft man Land für fast gar nichts – verglichen mit dem, was es wert ist.[34]

---

34 *Ein Newsletter, der sich darauf konzentriert, solche Empfehlungen zu erteilen, ist* Extreme Value – *erhältlich unter www.stansberryresearch.com. Dies soll keine Empfehlung für den Newsletter sein. Dennoch gehört er zu jenen Newsletters, die im weiteren Verlauf dieses Buches als Systeme analysiert werden.*

**Wie man etwas, das funktioniert, noch verbessert**
Es gibt eine klare Technik, mit der jeder Investor seine Value-Engagements verbessern kann, und zwar dann, wenn er sich an folgende Vorkehrung hält: Kaufe niemals eine unterbewertete Aktie, wenn sie fällt. Wenn man zum Beispiel eine Aktie findet, die bei 70 Prozent ihres Liquidationswertes verkauft wird, dann will man sie nicht unbedingt am nächsten Tag schon kaufen. Ja, es ist eine günstige Aktie, doch sie ist deshalb so günstig, weil man sie aus unterschiedlichsten Gründen verkauft. Dies könnte sich in der Zukunft durchaus noch etwas hinziehen. Und nur weil sie heute unterbewertet ist, bedeutet das nicht, dass sie in zwei oder drei Monaten nicht noch mehr unterbewertet sein wird.

Stattdessen sollte sich die Aktie erst einmal bewähren. Suchen Sie nach einem Hinweis auf dem Markt, dass der Abwärtstrend vorüber ist. Ich selbst werde eine Value-Aktie erst dann kaufen, wenn sie sich bewährt hat. Ich will wenigstens, dass meine Aktie für mindestens zwei Monate einen Bezugswert gebildet hat, das heißt, dass sie sich zwei Monate lang im selben Kursbereich bewegt hat. Noch lieber wäre mir natürlich, wenn die Aktie mindestens zwei Monate lang steigt, bevor ich sie kaufe. Ein reiner Value-Investor könnte angesichts dieser Idee verrückt werden und sagen:»Du hättest sie wesentlich günstiger bekommen können!« Stimmt schon, doch wir haben dieses Konzept verwendet, als wir im April 2003 unsere Value-Aktien kauften. Hätten wir sie wesentlich eher gekauft, dann hätten wir ein Jahr oder noch länger an ihnen festhalten können, ohne irgendwelche Gewinne zu erzielen. Es hängt ganz von Ihnen ab, doch denken Sie daran, dass Sie nur Ihre Überzeugungen von den Märkten handeln und dass Sie selbst entscheiden müssen, ob Ihre Überzeugungen nützlich sind oder nicht.

Übrigens, wenn man dieses Konzept verwendet, bei dem der Markt sich beweisen soll, dann ist man den meisten Portfoliomanagern gegenüber klar im Vorteil, die Value-Investionen tätigen. Der große Portfoliomanager könnte Aktien im Wert von mehreren Millionen Dollar kaufen, und sein Kauf der Aktien könnte sich auf den Kurs der Aktie erheblich auswirken. Somit wagt er es gar nicht abzuwarten, bis der Kurs anfängt zu steigen. Wenn man jedoch nur eine kleine Menge der Aktie kauft (also weniger als 10.000 Anteile), dann kann man ruhig warten, bis die Aktie anfängt, sich nach oben zu bewegen. Im Prinzip könnte man so lange warten, bis die großen institutionellen Anleger anfangen, die Aktie, die man entdeckt hat, zu erwerben.

**Was bei Value-Investitionen nicht funktioniert**
An der Wall Street werden Aktienanalysten reich dafür entlohnt, dass sie versuchen festzustellen, wann etwas unterbewertet ist. Diese Analysten achten auf Dinge wie künftige Produkte, die demnächst eingeführt werden, den potenziellen Markt für diese Produkte und wie sich Verkäufe dieses Produkts im nächsten Jahr auf den Kurs des Unternehmens auswirken könnten. Sie durchkämmen haufenweise fundamentale Daten, um Prognosen über künftige Ge-

winne zu erstellen. Und ausgehend von diesen Prognosen künftiger Gewinne können sie dann sagen: »Diese Aktie ist unterbewertet« oder »Diese Aktie ist überbewertet«.

In den vielen Jahren meiner Tätigkeit als Trading-Coach habe ich keinerlei Beleg dafür gesehen, dass diese Methode funktioniert. Die meisten Analysten geben lediglich grobe Schätzungen hinsichtlich vieler Variablen ab, die sie betrachten. Sie behaupten, Unternehmensfunktionäre würden sie belügen. Doch selbst wenn dies nicht passieren würde, gibt es meiner Meinung nach noch immer keinerlei Hinweis darauf, dass ihre Prognosen über künftige Gewinne im Hinblick auf das künftige Abschneiden der Aktie tatsächlich von so großer Bedeutung sind. Wenn Sie meinen Rat hören wollen: Lassen Sie die Finger von Value-Investitionen. Es handelt sich um keine echte Wertmessung.

## Band-Trading

Die Märkte verlaufen nur in rund 15 Prozent der Fälle trendorientiert. Was macht man also in den anderen 85 Prozent der Fälle? Entweder hält man sich zurück, oder man findet eine Strategie, die in den meisten Märkten über weite Strecken funktioniert. Eine Strategie in dieser Art ist Band-Trading. D. R. Barton leitet unsere Workshops zum Thema kurzfristiges Trading (Swing-Trading und Day-Trading) und hat auch schon einige praktische Erfahrungen mit Band-Trading gemacht. D. R. schreibt sogar einen Newsletter, der auf einer Band-Trading-Technik beruht, die er selbst entwickelt und getestet hat.[35] Somit hielt ich ihn für eine gute Wahl, um den folgenden Abschnitt zu verfassen.

### D. R. Barton, Jr.: ein Überblick über Band-Trading

Trader und Investoren interessieren sich oft für eine Methodologie, die quer durch fast alle Marktbedingungen effektiv ist. Band-Trading (auch bekannt als Range-Trading) ist eine Strategie, die in der überwiegenden Mehrheit von Marktumgebungen funktioniert. Wir werden im Folgenden näher auf diese Bedingungen eingehen. Doch zunächst wollen wir Band-Trading definieren und uns anschauen, welche Marktansichten Band-Trading effektiv machen.

Eine Band-Trading-Strategie versucht, beim Tiefstwert eines Kursbereiches zu kaufen und beim höchsten Wert zu verkaufen. Band-Trading beruht auf dem Glauben, dass sich der Markt ähnlich einem Gummiband oder einer Feder bewegt, das heißt, er dehnt sich bis zu einem bestimmten Punkt aus und zieht sich dann wieder zusammen. Diese Art von Verhalten lässt sich besonders gut in einem seitwärts gerichteten Markt beobachten und nachvollziehen. Der zweite

---

[35] D. R. Barton erreichen Sie unter 302-731-1551 oder unter drbarton@ilovetotrade.com. Es war mir nicht möglich, die R-Multiples dieses Newsletters zu bewerten, bevor diese Auflage veröffentlicht wurde.

5. Ein funktionierendes Konzept auswählen

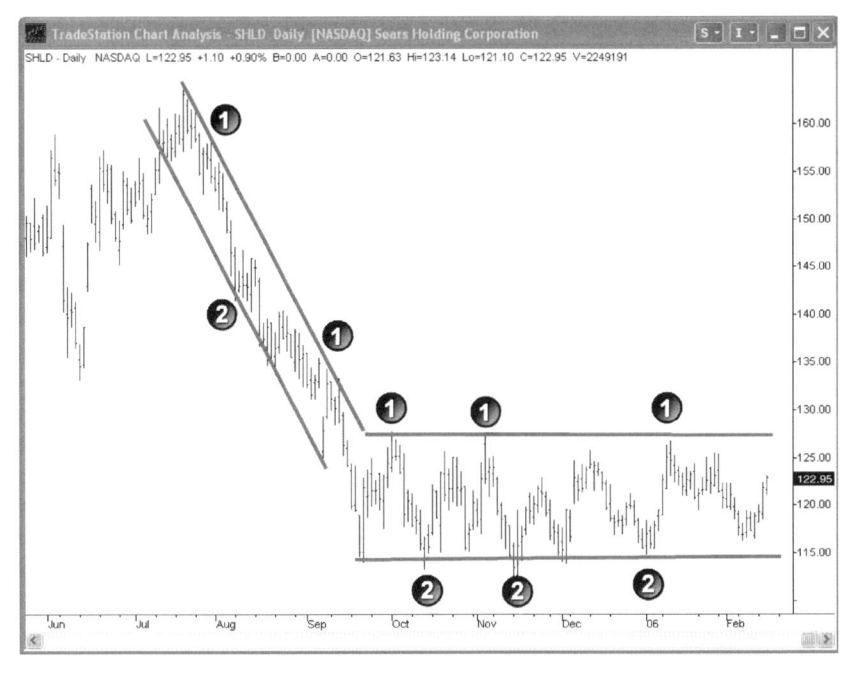

**Abbildung 5.1:** Zu sehen sind sowohl ein trendorientierter als auch ein sich konsolidierender Bereich.

Teil des Charts in Abbildung 5.1 zeigt, wie sich der Kurs innerhalb eines ausgeprägten Kanals zur Seite hin bewegt.

Der Kurs bewegt sich bis zu einem Spitzenwert (Punkt 1), zieht sich dann bis ganz nach unten zurück (Punkt 2), um diesen Zyklus danach zu wiederholen (von 1 nach 2 und wieder nach 1).

Zwar ist die Verwendung von festen Kursbereichen für seitwärts gerichtete Märkte relativ weit verbreitet, dagegen weiß kaum jemand, dass man Band-Trading auch äußerst effektiv für Trendmärkte verwenden kann. Selbst wenn Märkte einem Trend folgen, bewegen sie sich nur selten in einer geraden Linie nach oben oder unten. Wesentlich häufiger kann man das Merkmal der meisten Trends beobachten: »Drei Schritte nach oben, zwei Schritte zurück«. Wenn Sie sich erneut Abbildung 5.1 betrachten, können Sie sehen, dass sich der Kurs zu Beginn eindeutig in einem Abwärtstrend befindet. Wir können jedoch immer noch dasselbe Kursmuster beobachten, das wir schon im seitwärts gerichteten Markt erkannt haben: ganz nach oben (Punkt 1), wieder nach unten (Punkt 2) und dasselbe noch einmal bis hinunter zu Punkt 2. Dieses Verhalten – ausdeh-

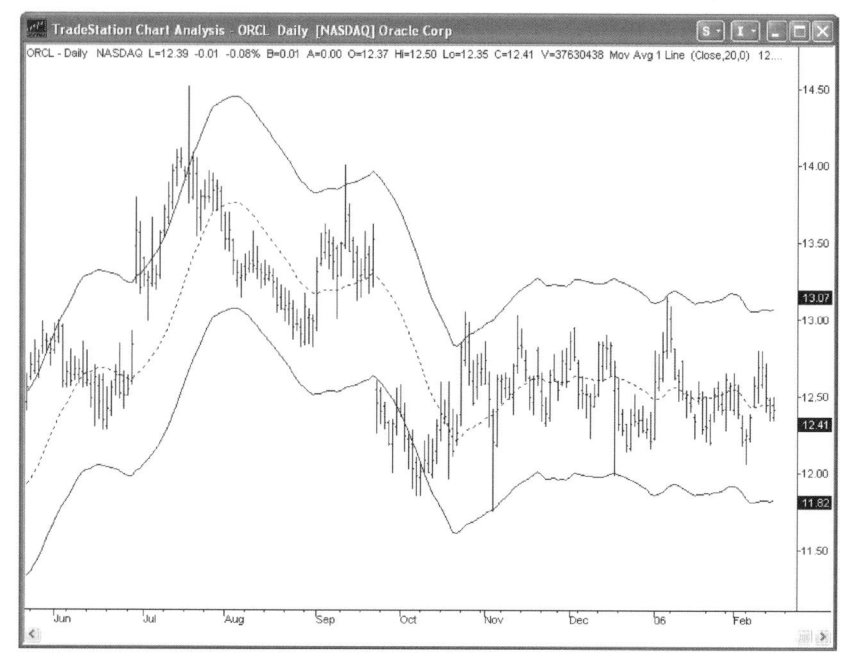

**Abbildung 5.2:** Ein Beispiel für statische Bänder mit Gleitendem Durchschnitt: 20-Tage-einfacher-Gleitender-Durchschnitt mit einem oberen und unteren Band im Abstand von etwa fünf Prozent

nen, zusammenziehen, ausdehnen, zusammenziehen – verschafft uns eine wiederholt auftretende Marktaktivität, aus der wir Kapital schlagen können.

### Wie man die verschiedenen Bänder definiert

Kursbereiche lassen sich visuell und mathematisch in drei grobe Bereiche einteilen: Kanäle, statische Bänder und dynamische Bänder.

Kanäle werden meist durch einen einzelnen Kurs am oberen Kanal und einen weiteren am unteren Kanal abgegrenzt. Diese beiden Kanäle bleiben so lange unverändert, bis sie neu abgegrenzt werden. Ein Beispiel ist der wohlbekannte Donchian-Kanal, der den Höchstwert der letzten x Tage als oberen Kanal und den Tiefstwert der letzten x Tage als den unteren Kanal verwendet. Ein Kanal verändert sich nur dann, wenn ein neuer Höchst- oder Tiefstwert erzielt wird.

Statische Bänder bestehen aus einem oberen und unteren Band, und jedes dieser Bänder wird in einem bestimmten Abstand zur zentralen Linie (oder Grundlinie) eingezeichnet. Diese Anordnung bezeichnet man auch als Umschlag. Abbildung 5.2 zeigt die einfachste Form eines statischen Bandes oder Umschlags: einen einfachen Gleitenden Durchschnitt, bei dem das obere und das

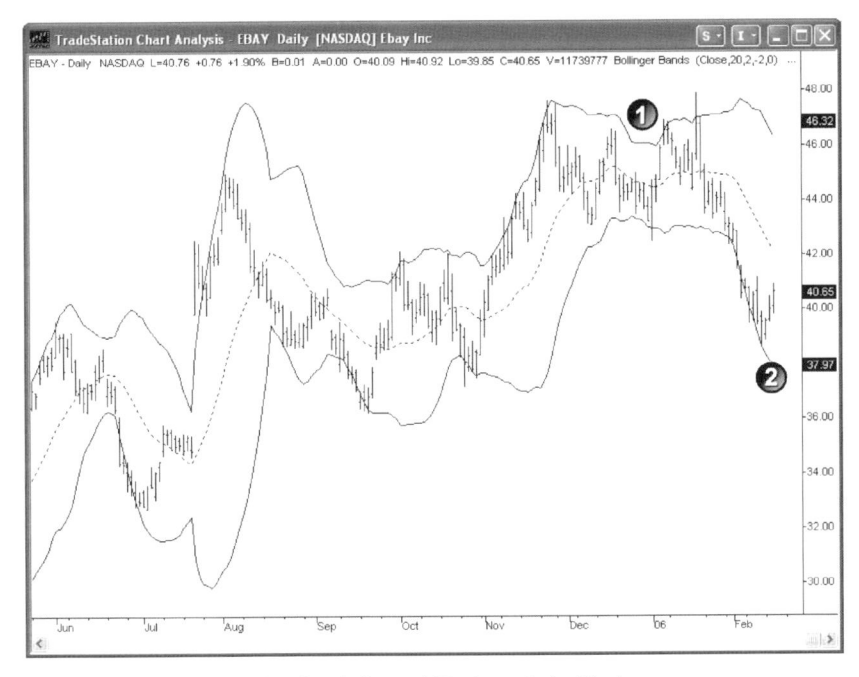

**Abbildung 5.3:** Bollinger-Bänder als Beispiel für dynamische Bänder

untere Band in einem benutzerdefinierten prozentualen Abstand von der Linie des Gleitenden Durchschnitts eingezeichnet werden. (In dem Chart erkennen Sie einen 20-Tage-einfachen-Gleitenden-Durchschnitt, bei dem das obere und das untere Band in einem Abstand von fünf Prozent zur Linie des Gleitenden Durchschnitts eingezeichnet wurden.)

Dynamische Bänder gehen vom gleichen Ansatz aus wie statische Bänder – nämlich einer Grundlinie (meist ein einfacher Gleitender Durchschnitt). Doch bei dynamischen Bändern variiert der Abstand zwischen der Grundlinie und dem oberen und unteren Band – meist hängt er von der jeweiligen Volatilität ab. Am bekanntesten sind die Bollinger-Bänder, benannt nach ihrem Erfinder John Bollinger.

Abbildung 5.3 zeigt einige Bollinger-Bänder mit Standardwerten: Die Grundlinie wird von einem 20-Tage-einfachen-Gleitenden-Durchschnitt repräsentiert, wobei das obere und das untere Band zwei Standardabweichungen über und unter der Grundlinie eingezeichnet werden. (Die Standardabweichung ist eine statistische Maßeinheit, die meist zur Bestimmung der Volatilität verwendet wird.) Ein weiteres häufig verwendetes dynamisches Band verwendet die Average True Range (ATR), um den Abstand des oberen und unteren Bandes zur Grundlinie zu variieren.

Abbildung 5.3 zeigt, wie sich Bollinger-Bänder anpassen, je nachdem, ob die Volatilität zu- oder abnimmt. Wie Sie sehen, liegen die Bänder in Zeiten geringer Volatilität nahe beieinander (Punkt 1), während sie bei zunehmender Volatilität weiter auseinander liegen (Punkt 2).

## Wie man mithilfe von Bändern tradet

Ich habe schon alle drei Arten von Bändern in Trading-Systemen gesehen. Ich selbst schreibe einen Newsletter, der sich mit der Verwendung anpassungsfähiger dynamischer Bänder (wenn auch keine Bollinger-Bänder) beschäftigt, die sich nicht nur bei Tests, sondern auch in tatsächlichen Trades bewährt haben. Hier nun einige Richtlinien für Trader, die Bänder verwenden.

Egal ob Sie statische oder dynamische Bänder verwenden, zu einem großen Teil besteht die Kunst und Wissenschaft des Band-Tradings darin, dass man die Breite der Bänder genau festlegt. Bei der Auswahl der Bandbreite gibt es immer bestimmte Einbußen: Wenn man einen einheitlichen Parameter verwendet, wie etwa den fünfprozentigen Umschlag mit Gleitendem Durchschnitt, sichert man sich vor Testparametern zur Kurvenanpassung. Doch wenn man sowohl für volatile als auch für weniger volatile Instrumente ein Prozent verwendet, kann dies dazu führen, dass man auf den volatilen Märkte zu aktiv wird, während man sich auf den weniger volatilen Märkte zu sehr zurückhält. Die Verwendung einer optimierten Bandbreite für jeden einzelnen Markt hätte mit ziemlicher Sicherheit überoptimierte Parameter zur Folge, die sich bei echten Trades als wenig robust erweisen würden. Ein nützlicher Kompromiss könnte darin bestehen, dass man für einen Aktiensektor oder eine Rohstoffgruppe mit ähnlicher Volatilität einen optimalen Wert ermittelt.

In einen Band-Trade kann man auf zweierlei Art und Weise einsteigen: entweder mit einer reinen Gegentrendstrategie oder wenn sich die Kurse wieder zurückziehen. Beim Einstieg mit einer reinen Gegentrendstrategie würde man die Aktie oder den Rohstoff verkaufen (oder leerverkaufen), sobald das obere Band erstmals berührt wird, oder kaufen, sobald das untere Band berührt wurde. Entscheidet man sich für einen Einstieg, nachdem sich die Kurse wieder zurückgezogen haben, dann bedeutet dies, dass man so lange mit dem Einstieg warten würde, bis sich die Kurse wieder um einen festen Wert zwischen die Bänder in den Kanal zurückgezogen haben, nachdem sie zuvor ein Band berührt oder durchbrochen haben. Die wichtigste Frage, die man sich hier stellen sollte, lautet: »Möchte ich, dass sich die Position in meine Richtung entwickelt, bevor ich in meinen Band-Trade einsteige?«

Sobald man sich in einem Band-Trade befindet, möchte man im Idealfall an seiner Position festhalten, bis sie sich in Richtung des anderen Bandes bewegt. Danach sollte man seine Position wechseln. Im Idealfall würde man also bei steigenden Kursen am oberen Band verkaufen und bei fallenden Kursen am unteren Band kaufen. Dadurch würde man erst als Käufer Gewinne erzielen, danach als Verkäufer, danach wieder als Käufer und so weiter. Alles wäre wunderbar, und man würde einen Gewinn nach dem anderen erzielen.

Doch die Welt ist nicht ideal, und Band-Trader müssen sich die folgenden Fragen unbedingt stellen:

- Was, wenn die Bänder nie berührt werden?
- Was, wenn die Bänder abreißen und nicht mehr genau genug sind?
- Was, wenn sich der Kurs nach meinem Einstieg zwar in meine Richtung bewegt, sich aber dem anderen Band nicht annähert?
- Und was, wenn der Kurs das Band geradewegs durchbricht und es zu keinem Umschwung kommt?

Kluge Band-Trader sollten sich mit all diesen Fragen auseinandersetzen. Und dies erreichen sie dadurch, dass sie das von ihnen verwendete Konzept durch und durch verstehen. Man muss sich darüber im Klaren sein, wie das eigene Konzept funktioniert und wann man falsch liegt. Man muss wissen, um welche Art von Band es sich handelt, und was man tun muss, wenn das Band-Konzept, das man verwendet, nicht mehr funktioniert. Und man muss sich mit allen Katastrophenszenarien auseinandersetzen, zu denen es beim Band-Trading kommen könnte. Wenn man all dies versteht, dann kann man das Konzept nehmen und es zu einer Methodologie entwickeln, die wirklich zu einem passt.

### Stärken und Schwächen von Band-Trading
Band-Trading kann als Fundament Ihrer Trading-Hilfsmittel dienen oder andere Strategien sinnvoll ergänzen. Zum Schluss dieses Abschnitts sollten wir uns die Vor- und Nachteile von Band-Trading noch einmal betrachten.

**Stärken beim Band-Trading** Band-Trading eignet sich für weitaus mehr Marktbedingungen als Trendfolgestrategien. Solange es genug Volatilität gibt, die ein brauchbares Band erzeugt, funktioniert es sowohl in steigenden als auch in fallenden oder seitwärts gerichteten Märkten. Dies sowie häufigere Gelegenheiten zum Traden ermöglichen es einem erfolgreichen Band-Trader, eine gleichmäßigere, weniger volatile Ertragskurve zu erzeugen als ein Trendfolger. Daher können Band-Trader häufig aggressivere Position-Sizing-Strategien verwenden und benötigen auf ihren Konten weniger Eigenkapital, um ihre Strategie erfolgreich umzusetzen.

**Schwächen beim Band-Trading** Ein Band-Trader benötigt Einstiegspunkte, die von ihrem Wesen her eher gegen den Trend gerichtet sind. Man verkauft nach einer Kursbewegung nach oben und kauft nach einer Kursbewegung nach unten. Dies fällt vielen Trendfolgern sehr schwer. Es gibt einige Aktien und Rohstoffe, deren Kurse kaum trendorientiert verlaufen und die somit für Trendfolger kaum geeignet sind. In ähnlicher Weise gibt es jene Aktien und Rohstoffe, die Kursbereiche aufweisen, die für einen Band-Trader zu eng sind, oder die sich kaum innerhalb fester Kursbereiche bewegen (sie dehnen sich zum Beispiel häufig weit über die Bänder hinaus aus). Solche Aktien und Rohstoffe findet man nur mit der nötigen Erfahrung und/oder durch wiederholte Tests.

**Anmerkungen des Herausgebers**
Band-Trading liefert einem Trader normalerweise sehr viele Gelegenheiten und eignet sich hervorragend für kurzfristig orientierte Trader. Wenn Sie also (1) gerne und viel traden, (2) gerne bei Spitzenwerten verkaufen und (3) bei Tiefstwerten kaufen, dann könnte die eine oder andere Form von Band-Trading genau das Richtige für Sie sein.

Wenn Sie sich die Charts betrachten, dann werden Sie zahlreiche Beispiele sehen, die hervorragend funktionieren, und viele Beispiele, die überhaupt nicht klappen. Ihr Job als Band-Trader wäre es, (1) die guten Trades zu maximieren und (2) die schlechten Trades zu minimieren, indem Sie entweder diese Trades herausfiltern oder ihre Auswirkung durch die Wahl Ihrer Ausstiegspunkte verringern. Doch zu diesen Themen kommen wir später noch, da sie generell für jedes System wichtig sind, das man entwickelt.

## Saisonabhängige Tendenzen

Meiner Meinung nach handelt es sich bei Moore Research Center, Inc. mit Sitz in Eugene, Oregon, um das führende Unternehmen, was die Recherche zu saisonabhängigen Tendenzen auf dem Markt angeht. Dort spezialisiert man sich auf die computergestützte Analyse von Terminkontraktpreisen, Kassakursen und Aktienkursen. Seit 1989 veröffentlicht man einen monatlichen Bericht mit Studien zu speziellen, vielschichtigen Fragen zum Terminmarkt, die rund um die Welt gehen. Außerdem führt man tolle Recherchen zu wahrscheinlichen Tendenzen auf dem Markt durch. Daher habe ich mich auch an Steve Moore gewendet, als ich überlegte, wer dieses Kapitel verfassen sollte. Steve sagte mir, dass das Center über einen Spezialisten für Öffentlichkeitsarbeit verfüge - Jerry Toepke, den Herausgeber von *Moore Research Center Publications*. Jerry hat schon viele Artikel verfasst und ist bei mehreren Konferenzen als Redner aufgetreten.[36] Einige der Abbildungen in diesem Abschnitt sind zwar schon ein wenig älter, doch die Punkte, die sie darstellen, haben noch immer Gültigkeit, und darauf kommt es ja schließlich an.

---

36 *Moore Research Center, Inc.*, erreichen Sie unter *1-800-927-7257* oder unter *www.mrci.com*.

**Jerry Toepke: Warum saisonale Daten funktionieren**
Die saisonale Methode zielt eher darauf ab, künftige Kursbewegungen vorherzusagen, anstatt permanent auf einen endlosen Strom oft widersprüchlicher Nachrichten zu reagieren. Zwar werden die Märkte von zahlreichen Faktoren beeinflusst, dennoch kehren bestimmte Bedingungen und Ereignisse in jährlichen Abständen wieder. Am auffälligsten ist hier vielleicht der alljährliche Wetterzyklus von Warm zu Kalt und wieder zu Warm. Doch auch der Kalender markiert jährlich wiederkehrende bedeutende Ereignisse, wie etwa die Fälligkeit für die Einkommensteuer immer am 15. April. Solche jährlichen Ereignisse sorgen für jährliche Zyklen von Angebot und Nachfrage. Enorme Getreidevorräte zur Erntezeit schwinden im Verlauf des Jahres dahin. Die Nachfrage nach Heizöl nimmt meist zu, je kälter es wird, und lässt nach, sobald die Bestände aufgefüllt sind. Die monetäre Liquidität kann abnehmen, wenn Steuern gezahlt werden, nimmt aber zu, sobald die Zentralbank wieder Geld in Umlauf bringt.

Diese jährlichen Zyklen von Angebot und Nachfrage rufen saisonale Preisphänomene hervor – mehr oder weniger stark ausgeprägt und mehr oder weniger zeitnah. Ein jährliches Muster an sich verändernden Bedingungen kann dann ein mehr oder weniger scharf umrissenes jährliches Muster an Preisreaktionen hervorrufen. Somit lässt sich Saisonabhängigkeit als natürlicher Rhythmus des Marktes beschreiben, die bewährte Neigung von Preisen, sich jedes Jahr zu einem ähnlichen Zeitpunkt in die gleiche Richtung zu bewegen. Somit wird es zu einem gültigen Prinzip, dass jeder Markt einer objektiven Analyse unterliegt.

In einem stark von jährlichen Zyklen beeinflussten Markt kann die jährliche Preisbewegung mehr als nur die Folge einer saisonalen Ursache sein. Sie kann derart fest verankert sein, dass sie fast schon ein eigenständiger elementarer Zustand ist – so, als ob der Markt sein eigenes Gedächtnis hätte. Warum? Sobald Verbraucher und Produzenten in ein Muster verfallen, verlassen sie sich gerne darauf, fast schon so, dass sie davon abhängig werden. Erworbene Rechte halten es dann am Leben.

Muster implizieren eine gewisse Vorhersagbarkeit. Künftige Preise bewegen sich, wenn sie Veränderungen spüren, und passen sich an, sobald diese Veränderungen realisiert werden. Wenn diese Veränderungen ihrem Wesen nach alljährlich sind, entsteht ein sich wiederholender Zyklus von Antizipation und Realisation. Dieses immer wiederkehrende Phänomen ist der saisonalen Trading-Methode immanent, da es wiederkehrende Trends vorausahnen, in sie einsteigen und sie mitnehmen soll, sobald sie auftauchen, und aussteigen soll, sobald sie realisiert werden.

Der erste Schritt besteht darin, das saisonale Preismuster eines Marktes ausfindig zu machen. In der Vergangenheit verwendete man wöchentliche oder monatliche Höchst- und Tiefstpreise, um relativ grobe Studien zu erstellen. Solch eine Analyse gibt beispielsweise Auskunft darüber, dass die Viehpreise im April in 67 Prozent der Fälle höher waren als im März und in 80 Prozent der Fälle höher als im Mai. Computer können nun aber aus einer Vielzahl täglicher Preisaktivitäten über mehrere Jahre hinweg ein tägliches saisonales Muster für das Preisverhalten ableiten. Solch ein Muster liefert, wenn es richtig aufgebaut ist, den jährlichen Preiszyklus eines Marktes in historischer Perspektive.

Die vier Hauptbestandteile jedes Zyklus sind: (1) sein Tiefpunkt, (2) sein Anstieg, (3) sein Höhepunkt und (4) sein Abstieg. Wenn man diese einzelnen Bestandteile in ein saisonales Preismuster überträgt, ergeben sich ein saisonaler Tiefpunkt, ein saisonaler Anstieg, ein saisonaler Höhepunkt und ein saisonaler Abstieg. Ein saisonales Muster veranschaulicht dann in grafischer Form eine feste Neigung von Marktpreisen, alljährlich wiederkehrend Zustände von größtem Angebot – geringster Nachfrage, steigender Nachfrage – abnehmendem Angebot, größter Nachfrage – geringstem Angebot sowie abnehmender Nachfrage – steigendem Angebot vorherzusehen. Anhand dieses Musters könnte man dann allmählich beginnen, die künftige Preisbewegung besser vorherzusehen.

Betrachten Sie in Abbildung 5.4 das saisonale Muster, das sich für Heizölderivate im Januar herausgebildet hat (1982-1996). Die Nachfrage und somit die Preise sind im Juli – dem oft heißesten Monat des Jahres – meist niedrig. Wenn

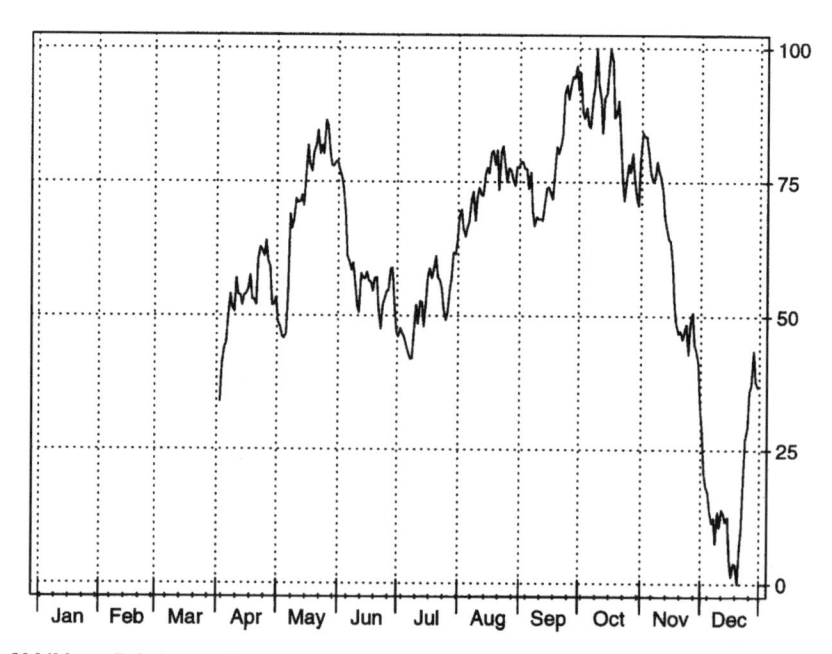

**Abbildung 5.4:** Januar Heizöl Nummer 2 (NYM), 15-jährige saisonale Daten (1982-1996)

die Branche dann allmählich mit kühlerem Wetter rechnet, verzeichnet der Markt eine steigende Nachfrage nach künftigen Beständen an Heizöl – was die Preise nach oben treibt. Schließlich erreichen die steigenden Preise ihren Höhepunkt meist noch vor Einsetzen des kältesten Wetterperiode, wenn die erwartete Nachfrage realisiert wird, Raffinerien einen Gang höher schalten, um die Nachfrage zu befriedigen, und sich der Markt auf eine künftige Auflösung seiner Bestände konzentriert.

Das andere primäre Erdölderivat trifft auf einen anderen, wenngleich noch immer vom Wetter beeinflussten Nachfragezyklus, den man anhand des in Abbildung 5.5 gezeigten saisonalen Musters (1986-1995) für August-Benzin sehen kann. Die Preise sind im Winter, wenn die Verkehrsbedingungen schlechter werden, meist niedriger. Sobald aber die Branche allmählich die Sommersaison voraussieht, nimmt die Nachfrage nach künftigen Beständen zu und lässt die Preise steigen. Wenn dann am Memorial Day (Volkstrauertag in den USA) die Sommerreisesaison offiziell eröffnet wird, haben die Raffinerien genug Ansporn, um diese Nachfrage zu befriedigen.

Saisonale Muster, die man von täglichen Preisen ableitet, treten nur selten in Form perfekter Zyklen auf. Selbst in Mustern mit ausgeprägten saisonalen Höchst- und Tiefstwerten unterliegen dazwischenliegende saisonale Trends verschiedenen, oftmals widersprüchlichen Kräften, bevor man sie vollständig rea-

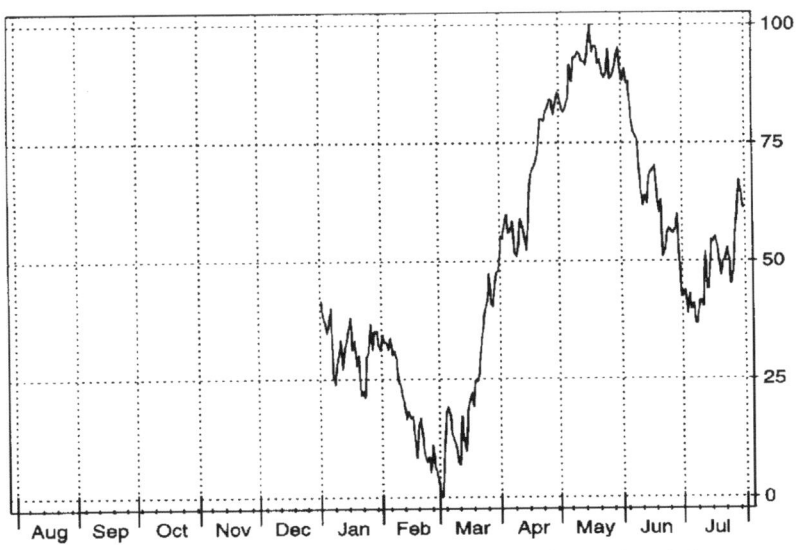

**Abbildung 5.5:** August bleifreies Normalbenzin (NYM), zehnjährige saisonale Daten (1986-1995)

lisiert. Ein saisonaler Kursrückgang könnte oft von kurzen Kurserholungen unterbrochen werden. Obwohl zum Beispiel die Preise für Vieh meist von März/April bis in den Juni/Juli hinein gefallen sind, neigten sie dennoch stark dazu, sich Anfang Mai zu erholen, da Einzelhandelsgeschäfte dann anlässlich der am Memorial Day stattfindenden Grillfeste einen großen Absatzmarkt für ihre Bestände an Rindfleisch haben. Die Preise für Sojabohnen nehmen zwischen Juni/Juli und der Ernte im Oktober meist ab, doch spätestens am Labor Day (1. Mai) hat der Markt meist eine Angst vor Frost vorausgesehen.

Umgekehrt kann ein saisonaler Anstieg häufig von kurzen Kursrückgängen unterbrochen werden. So werden zum Beispiel Aufwärtstrends auf dem Terminmarkt regelmäßig von Zyklen eines künstlichen Angebotsdrucks unterbrochen, die mit dem erstmöglichen Ankündigungstag für nahe gelegene Kontrakte zusammenhängen. Solche Liquidationen zur Vermeidung der Andienung können Gelegenheiten zur Gewinnmitnahme bieten, man kann aber auch in Positionen einsteigen oder neue Positionen schaffen.

Somit kann ein saisonales Muster, das anhand von täglichen Preisen konstruiert wird, nicht nur die vier Hauptbestandteile saisonaler Preisbewegungen darstellen, sondern auch besonders verlässliche Segmente größerer saisonaler Trends. Wenn man es schafft, elementare Ereignisse auszumachen, die oft mit

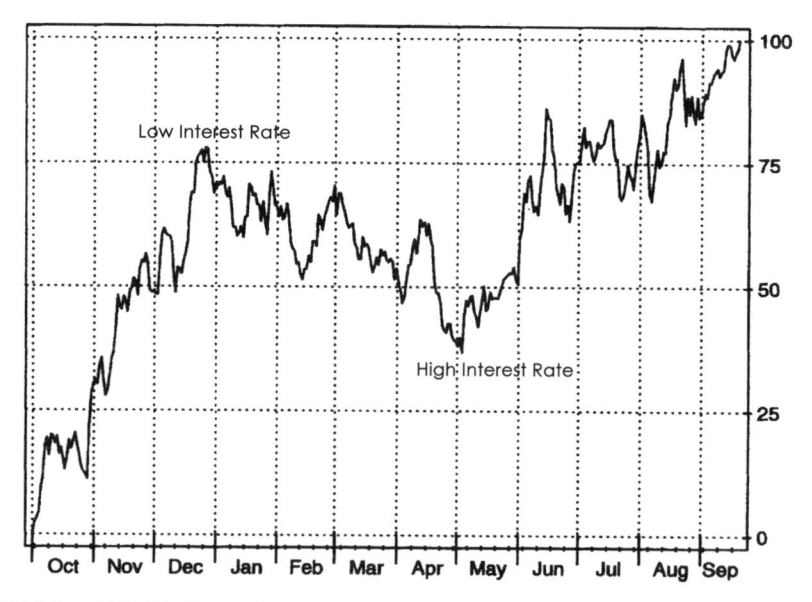

**Abbildung 5.6:** 30-jährige Schatzobligationen (CBT), September, 15-jährige saisonale Daten (1981-1995)

diesen Unterbrechungen zusammenfallen, dann kann man sein Vertrauen in das Muster sogar noch stärken.

Betrachten Sie in Abbildung 5.6 das saisonale Preismuster, das sich für September-Schatzobligationen herausgebildet hat (1981-1995). Das Geschäftsjahr der US-Regierung beginnt am 1. Oktober, was die Liquidität erhöht und die Nachfrage nach Krediten ein wenig dämpft. Ist es reiner Zufall, dass die Tendenz, dass die Anleihenkurse von diesem Datum ab steigen, auch dazu neigt, mit der persönlichen Einkommensteuerpflicht für das Kalenderjahr zu kulminieren?

Ist der saisonale Rückgang bis in den Mai hinein ein Zeichen dafür, dass der Markt anlässlich der Steuerzahlungen eine verknappte Liquidität erwartet? Achten Sie auf den letzten heftigen Rückgang, der – welch Überraschung! – am 15. April beginnt, dem letzten Tag für die Zahlung der Einkommensteuern. Neigt die Liquidität nach dem 1. Juni dazu, deutlich zuzunehmen, weil die Zentralbank endlich in der Lage ist, neue Gelder in Umlauf zu bringen?

Werfen Sie einen genauen Blick auf die typischen Marktaktivitäten rund um den 1. Dezember, 1. März, 1. Juni und 1. September – Daten für die erste Andienung gegenüber Terminkontrakten auf Schuldurkunden an der Chicago Board of Trade, der weltgrößten Terminbörse. Achten Sie schließlich noch auf die deutlichen Kursrückgänge während der ersten oder zweiten Woche des zweiten Monats jedes Quartals – November, Februar, Mai und August. Rentenhändler wissen, dass die Preise dazu neigen, zumindest bis in den zweiten Tag einer vierteljährlichen Rückerstattung von Schatzwechseln hineinzufallen – einer Zeit, zu der der Markt ein besseres Gespür für die dreitägige Auktionsdeckung (auction's coverage) entwickelt.

Betrachten Sie zudem das Muster für November-Sojabohnen in Abbildung 5.7, wie es sich in den 15 Jahren zwischen 1981 und 1995 herausgebildet hat, seit Brasilien zu einem Hauptproduzenten wurde – mit einem Erntezyklus, der dem der nördlichen Hemisphäre genau entgegengesetzt verläuft. Achten Sie auf die Tendenz der Preise, seitwärts zu verlaufen, um dann im sogenannten February-Break zu sinken, wenn amerikanische Produzenten ihre jüngste Ernte auf den Markt bringen und sich das brasilianische Getreide rasch entwickelt. Wenn dann erste Andienungsanzeigen gegen März-Kontrakte aufgegeben werden, sind die fundamentalen Hintergrunddaten für eine Kurserholung im Frühjahr vorhanden – die brasilianische Ernte ist eingefahren, also realisiert, der Abgabedruck amerikanischer Erzeuger erreicht seinen Höhepunkt, der Markt rechnet mit erneuter Nachfrage, da billigere Flusstransporte immer stärker verfügbar werden und der Markt sein Hauptaugenmerk allmählich darauf legt, einen Anreiz für amerikanische Anbauflächen sowie eine Prämie für Wetterrisiken zu schaffen.

Bis Mitte Mai jedoch ist die Menge an erstklassigen Anbauflächen für Sojabohnen im Mittleren Westen weitgehend bestimmt, und die Bepflanzung kommt allmählich in Gang. Gleichzeitig beginnt Brasilien damit, seine jüngste Ernte auf den Markt zu bringen. Das Vorhandensein dieser neuen Vorräte und das Poten-

**Abbildung 5.7:** November Sojabohnen (CBT), 15-jährige saisonale Daten (1981-1995)

zial der neuen Ernte in Amerika sorgen gemeinsam meist dafür, dass neuer Druck auf die Marktpreise ausgeübt wird. Die kleineren Spitzen Ende Juni und Mitte Juli kennzeichnen die Tendenzen für gelegentliche Ernteengpässe.

Bis Ende August ist die neue US-Ernte eingefahren – realisiert –, und bisweilen kann es vorkommen, dass Terminwaren einen frühen saisonalen Tiefststand erreichen. In den meisten Fällen sinken die Preise jedoch weiter bis zum Erntetief im Oktober – doch nur, wenn sie sich im September aufgrund kommerzieller Nachfrage nach den ersten neu geernteten Sojabohnen und/oder Bedenken hinsichtlich erster Frostschäden an der Ernte erholt haben. Beachten Sie im Zusammenhang mit dem ersten Anzeigetag der Andienung für Juli-, August-, September- und November-Kontrakte auch die kleineren Unterbrechungen (Kursrückgang und Kurserholung).

Solche Trading-Muster wiederholen sich jedoch nicht unbedingt. Wie jede andere Methodologie, hat auch die saisonale Methode ihre ureigenen Begrenzungen. Von unmittelbarem praktischen Belang für Trader könnten Fragen zum Thema Timing und kontrasaisonale Preisbewegung sein. Hintergrunddaten, sowohl tägliche als auch längerfristige, unterliegen unweigerlich einem stetigen Auf und Ab. So sind zum Beispiel einige Sommer heißer und trockener als andere, und dies zu kritischeren Zeitpunkten. Selbst Trends von außergewöhnlicher saisonaler Be-

## 5. Ein funktionierendes Konzept auswählen

schaffenheit geht man am besten mit Vernunft an, einem einfachen technischen Indikator und/oder einer grundlegenden Vertrautheit mit aktuellen Hintergrunddaten zur Erhöhung der Selektivität und zum besseren Timing.

Wie umfangreich muss ein stichhaltiges statistisches Muster sein? Meist gilt: Je mehr, desto besser. Für bestimmte Anwendungen könnte die jüngste Geschichte jedoch praktischer sein. So war beispielsweise Brasiliens Aufstieg zu einem bedeutenden Sojabohnenproduzenten im Jahre 1980 ein wesentlicher Faktor dafür, dass sich die Trading-Muster dieses Marktes aus den 70er-Jahren um fast 180 Grad drehten. Dagegen konnte es in einer inflationären Umgebung von Nachteil sein, wenn man sich ausschließlich auf deflationäre Muster verließ, wie sie zwischen 1985 und 1991 vorherrschten.

In derartigen historischen Übergängen kann es zu einer zeitlichen Verzögerung in der Relevanz jüngster Muster kommen. Solche Auswirkungen lassen sich unter anderem durch die Analyse von Kassamärkten neutralisieren, doch bestimmte Muster, die speziell bei Terminkontrakten auftreten (wie etwa Muster, die von der Andienung oder dem Verfallsdatum beeinflusst werden), bleiben oft unübersetzbar.

Somit müssen sich sowohl Mustergröße als auch das Muster selbst für ihre beabsichtigte Verwendung eignen. Diese lassen sich willkürlich bestimmen, allerdings nur von einem Anwender, der sich der Konsequenzen seiner Wahl voll bewusst ist.

Ähnliche Fragen beschäftigen sich mit Zukunftsprognosen anhand von Statistiken, die die Vergangenheit bestätigen, aber für sich genommen nichts voraussehen können. Das Super-Bowl-Sieger/Aktienmarktrichtung-Phänomen ist ein Beispiel statistischer Übereinstimmung, da es keinerlei Zusammenhänge zwischen Ursache und Wirkung gibt. Dennoch wirft es eine berechtigte Frage auf: Wenn Computer nur Rohdaten herausfiltern, welche Entdeckungen sind dann überhaupt von Bedeutung? Ist ein Muster, das sich beispielsweise in 14 der zurückliegenden 15 Jahre wiederholt hat, unbedingt stichhaltig?

Sicherlich wecken Muster, die von Hintergrunddaten beeinflusst werden, größere Zuversicht, doch alle relevanten Hintergrunddaten in jedem Markt zu kennen ist unpraktikabel. Wenn man saisonale Muster richtig anordnet, kann man oft Trends ausfindig machen, die zwischen bestimmten Zeitpunkten wiederholt in derselben Richtung auftraten und eine hohe Vergangenheitsverlässlichkeit aufwiesen. Eine Anhäufung derartiger historisch verlässlicher Trends mit ähnlichen Ein- und/oder Ausstiegsdaten verringert nicht nur die Wahrscheinlichkeit statistischer Abweichungen, sondern impliziert auch wiederkehrende elementare Bedingungen, die in der Zukunft vermutlich erneut auftreten und den Markt mehr oder weniger stark und mehr oder weniger rasch beeinträchtigen werden.

Ein saisonales Muster stellt lediglich den ausgetretenen Pfad dar, den ein Markt tendenziell verfolgt hat. Der wahre Grund, warum saisonale Daten funktionieren, liegt in der eigenen Beschaffenheit eines Marktes.

**Anmerkungen des Herausgebers**
Einige werben für saisonale Informationen, die meiner Ansicht nach keinerlei Bedeutung haben. Solche Informationen sehen dann meist wie folgt aus: Der Preis von X hat sich in 13 der zurückliegenden 14 Jahre am 13. April nach oben bewegt. Computer werden immer Korrelationen wie diese finden, und einige Trader werden versuchen, sie als Grundlage zu nehmen. Sie sollten ein saisonales Muster ohne logische Beziehung zwischen Ursache und Wirkung jedoch immer nur auf eigenes Risiko verwenden. Die Ergebnisse des Super Bowl im Januar 2006 sahen für 2006 zum Beispiel einen Anstieg im Aktienmarkt voraus.[37]
Hätten Sie sich darauf verlassen wollen?

# Spreading

Kevin Thomas gehörte zu den erfolgreicheren Parketthändlern an der LIFFE (London International Financial Futures and Options Exchange, Finanzterminbörse samt dem neuen Handel in Aktienoptionen), bevor sie zu einer elektronischen Börse wurde. Kevin war auch der Erste, der unser zweijähriges Programm »Super Trader« absolvierte. Zum Zeitpunkt, als dieser Abschnitt verfasst wurde, handelte Kevin hauptsächlich Spreads auf dem Parkett. Als ich Kevin zum ersten Mal für einen meiner Newsletter interviewte, sprach er ausgiebig über Spreads. Daher dachte ich, es sei logisch, ihn zu bitten, das Spreading-Konzept für dieses Buch zu beschreiben. Kevin benutzte die Begriffe »Eurodollar« (in London gehandelte Dollars) und »Euromark« (in London gehandelte Deutsche Mark), da dies die Kontrakte waren, die er damals handelte. Einige der in diesem Teil des Buches abgebildeten Charts zeigen, womit Kevin handelte, als es auf der Börse noch aktive Parketthändler gab. Ich habe mich dennoch dazu entschlossen, sie in diesem Buch zu lassen, auch wenn sie Instrumente widerspiegeln, die heute nicht mehr gehandelt werden, denn sie vermitteln auch heute noch lehrreiche Informationen zum Thema Spreading.

### Kevin Thomas: Einführung in das Spreading
Spreads lassen sich im Terminmarkt dazu verwenden, Positionen zu schaffen, die sich wie Kauf- und Verkaufspositionen verhalten. Es lohnt sich durchaus, sich mit dieser Art synthetischer Positionen auseinanderzusetzen. Sie weisen im Vergleich zum Outright-Trading einige Vorteile auf – ein geringeres Risiko-

---

37 *Eine alte Korrelation, die in mehr als 80 Prozent der Fälle zutrifft, besagt: Wenn ein ehemaliges AFL-Team (wie zum Beispiel Denver) den Super Bowl gewinnt, wird der Markt danach fallen. Wenn ein ehemaliges NFL-Team gewinnt, dann wird der Markt steigen. (AFL – American Football League/ NFL – National Football League). Diese Prognose fiel im Jahre 1998 offensichtlich vollkommen auseinander, als ein ehemaliges Team aus der AFL den Super Bowl gewann und gleichzeitig der Markt von 1998 bis 1999 kräftig stieg. In den Jahren 2000 und 2001 gewann ein ehemaliges Team aus der NFL, und Sie wissen ja, wie sehr der Markt in diesen Jahren gefallen ist.*

profil und einen wesentlich niedrigeren Einschusssatz. Außerdem lassen sich einige Spreads wie jeder andere Markt auch in Charts darstellen.

Bei Eurodollars zum Beispiel könnte man einen nahe liegenden Kontrakt kaufen und einen Kontrakt, der noch ein Jahr länger läuft, verkaufen, und diese künstliche Position würde nur für die Einschussrate des Spreads die Eigenschaften einer Verkaufsposition einnehmen. Diese Art von Spread bezeichnet man als Inter-Lieferungs-Spread. Er lässt sich in Märkten verwenden, die liquide Terminkontrakte haben. Das Verhalten des Spreads ist jedoch von Markt zu Markt unterschiedlich.

Bei Zinsterminkontrakten ist der Handel von Kalender-Spreads (ein Spread zwischen einem nahe liegenden Kontrakt und einem Terminkontrakt) eine häufig angewandte Strategie, die davon abhängt, wie man die kurzfristigen Zinssätze einschätzt. Wenn man glaubt, die Zinsen werden steigen, dann würde man die nahe liegenden Kontrakte kaufen und die Terminkontrakte verkaufen. Mehr Kontraktmonate zwischen den beiden bedeuten eine höhere Änderungssensibilität und Volatilität des Spreads. Ein Spread zwischen Juni und September desselben Jahres wird meist weniger volatil sein als ein Spread zwischen September des laufenden Jahres und September des nächsten Jahres. Dies zeigt das Beispiel in Abbildung 5.8 recht anschaulich.

Abbildung 5.8 zeigt die Bewegung des Spreads zwischen September 1996 Euromark und September 1997 Euromark. Ich habe Trendlinien eingezeichnet

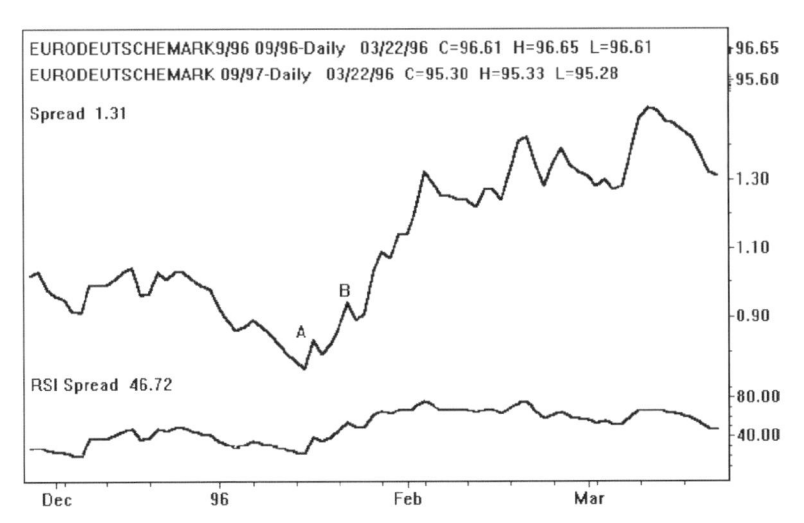

**Abbildung 5.8:** Kalender-Spreads mit nahe liegenden (unten) und weiter entfernten Kontrakten (Das Diagramm wurde von Kevin Thomas mithilfe von SuperCharts von Omega Research, Inc. erstellt.)

und einen 14-tägigen RSI eingefügt. Wie Sie sehen, kam es an Punkt A zu einer Divergenz und an Punkt B zu einem Break-out. Dies war ein Signal dafür, dass die kurzfristigen Zinssätze kurz davor waren zu steigen. Hätte man den Spread gekauft, hätte man zunächst an der bevorstehenden Abwärtsbewegung im Markt teilnehmen können. Wie Sie sehen, bewegte sich der Spread danach um 76 Ticks vom tiefsten Punkt zum höchsten Punkt dieser Kursbewegung.

Die Diagramme in Abbildung 5.9 zeigen, wie sich die einzelnen Monate innerhalb desselben Zeitraumes bewegt haben. Wie Sie sehen, diente die Bewegung des Spreads in der Tat als guter Leitindikator dessen, was in den einzelnen Monaten passieren würde. Außerdem war die Kursbewegung im Spread größer als die Abwärtsbewegung im September 1996 und lag bei rund 75 Prozent der Abwärtsbewegung im September 1997. Der Einschuss für den Spread beträgt 600 Euromark pro Einheit, verglichen mit 1.500 Euromark für eine reguläre Terminposition.

Derartige Spreads sind vor allem bei Parketthändlern beliebt, da sie mit ihnen in der Lage sind, an einer Position teilzunehmen, die ein geringeres Risikoprofil aufweist als eine Outright-Terminposition und zudem ein gutes Gewinnpotenzial besitzt. Sobald man eine Spread-Position eingegangen ist, kann man diese wie jede andere Position behandeln, die man stattdessen hätte. Auch Trendfolgesysteme und Position-Sizing-Modelle lassen sich anwenden.

Kreuzparitäten sind zum Beispiel Spreads, die mithilfe von Währungen aus dem Internationalen Geldmarkt (IMM = International Monetary Market) ge-

**Abbildung 5.9:** Bewegung in einzelnen Monaten (Das Diagramm wurde von Kevin Thomas mithilfe von SuperCharts von Omega Research, Inc. erstellt.)

## 5. Ein funktionierendes Konzept auswählen

*Durch die Verwendung von Spreads kann man Beziehungen erzeugen, die ansonsten oftmals nicht zur Verfügung stünden.*

schaffen werden können, zum Beispiel Deutsche Mark und Yen. Dadurch entsteht eine der weltweit am häufigsten gehandelten Beziehungen, auf die man aber niemals käme, wenn man nur im Sinne von Dollar und Pfund denken würde. Ein weiteres häufig gehandeltes Beispiel wäre der Handel von Cash-Bonds gegen Bond-Futures, auch Basis-Trading genannt.

Eine weitere geläufige Strategie in diesen Märkten ist ein Butterfly-Spread – der Unterschied zwischen zwei Spreads, die einen Monat gemeinsam haben (zum Beispiel Kaufposition 1. September 1996, Verkaufsposition 2. Dezember 1996 und Kaufposition 1. März 1997). Butterfly-Spreads sind aufgrund der Kommissionskosten für einen Trader im ungeregelten Freiverkehr (Off-Floor-Trader) sehr teuer. Ein Parketthändler in einem Markt wie Eurodollar oder Euromark kann diese Strategie jedoch aufgrund der niedrigeren Kommissionen und mit seinem Vorteil als Market Maker verwenden. Die Strategie beinhaltet meist ein sehr geringes Risiko und eine hohe Gewinnerwartung. Da der Parketthändler zwei Spreads tradet, kann er einen Spread oft streichen (das heißt kostendeckend arbeiten) und beim anderen einen Gewinn verzeichnen, oder er kann den kompletten Butterfly-Spread streichen.

Rohstoffe eignen sich ebenfalls für Inter-Lieferungs-Spreads. Nehmen wir an, Sie sagen voraus, dass die Kupferpreise aufgrund eines Lieferengpasses steigen werden. Wenn dies der Fall ist, dann würden Sie den nahe liegenden Kontrakt kaufen und den Terminkontrakt verkaufen. Dazu kommt es, da in Zeiten von Mangel Terminkontrakte kurz vor Fälligkeit höhere Preise aufweisen und zu einem Phänomen führen, das man als Deport (Aufpreis für Kassaware) bezeichnet.

Beim Handel von Rohstoffen sollten Sie immer bedenken, dass die physische Andienung Teil der Kontraktspezifikationen ist. Cash-and-carry ist eine Strategie, die man beim Handel von Metallen – sowohl Nichtedel- als auch Edelmetallen – anwenden kann, sofern sie reichlich vorhanden sind. Der Gedanke dabei ist, dass man das Metall in einem Depot entgegennimmt und es zu einem künftigen Zeitpunkt rückliefert, wenn der Ertrag (der Preisanstieg) den Zinssatz für diesen Zeitraum übersteigt. Wenn der Zinssatz höher liegt als der Ertrag oder der Ertrag am Ende negativ ist, dann lohnt sich diese Strategie nicht.

Inter-Lieferungs-Spreads sind eine weitere lohnende Spread-Trading-Idee. Hier handelt man einfach verschiedene Märkte gegeneinander, also beispielsweise S&P gegen Schatzobligationen, Kreuzparitäten, Gold gegen Silber usw. Van hat dem Thema Inter-Markt-Analyse in diesem Kapitel sogar einen völlig neuen Abschnitt beigefügt, und John Murphy hat ihm ein ganzes Buch gewidmet (*Intermarket Technical Analysis*).[38]

---

[38] John Murphy, *Intermarket Technical Analysis* (New York: Wiley, 1986).

Die Grundidee dabei lautet, dass man solche Spreads deshalb verwendet, weil man glaubt, dass die relative Kursbewegung der beiden Märkte vermutlich die beste Trading-Idee ist, die man hat.

Es gibt zahlreiche Arten anderer Spreads, die man betrachten kann, darunter (1) Spreads von Optionskontrakten und (2) Arbitrage, womit wir uns im weiteren Verlauf dieses Kapitels beschäftigen werden. Beide sind für sich genommen reine Trading-Kunstformen. Spreads können beliebig einfach oder kompliziert gestaltet sein, es lohnt sich aber auf jeden Fall, sich genauer damit auseinanderzusetzen.

**Anmerkungen des Herausgebers**
Beim Spreading lassen sich alle vorausgehenden Konzepte anwenden. Der Vorteil beim Spreading besteht lediglich darin, dass man eine Beziehung handeln kann, die man zuvor nicht handeln konnte. Wenn Sie zum Beispiel Gold kaufen, dann kaufen Sie tatsächlich das Verhältnis zwischen Gold und Ihrer Währung. Das Verhältnis wird steigen, wenn entweder Ihre Währung im Vergleich zu Gold an Wert verliert oder Gold im Vergleich zu Ihrer Währung an Wert gewinnt. Im Jahr 2003 schienen wir zum Beispiel einen Anstieg im Goldpreis zu haben. Doch eigentlich stieg Gold 2003 nur deshalb, weil der US-Dollar fiel und wir die Goldpreise in US-Dollar betrachteten. Dagegen fand die Kursbewegung, die Gold 2006 verzeichnete, in allen Währungen statt. Tatsächlich bewegte sich der Goldpreis nach oben, während der Dollar fiel.

Ein Spread stellt lediglich ein neues Verhältnis dar, das man handeln kann. Dabei könnte es sich um eine Aktie handeln, deren Preis in Dollar oder Euro angegeben wird, oder auch um das Verhältnis zwischen Gold und den Ölpreisen.

## Arbitrage

Ray Kelly war einer meiner engsten Freunde, und er gehörte zu meinen ersten Kunden. Zudem war er ein großartiger Lehrer und einer der besten Trader, die ich je kennengelernt habe. Seit 1987, als ich aufgehört habe, mit ihm zu arbeiten, bis Anfang 1994 erzielte Ray jedes Jahr durchschnittliche Gewinne von 40 bis 60 Prozent. Dies schaffte er teilweise dadurch, dass er in all der Zeit nur einen Monat mit Verlusten hatte (Verluste von gerade mal zwei Prozent). Später zog sich Ray als aktiver Trader zurück und verlegte sich aufs Coaching und darauf, ein spirituelles Zufluchtszentrum im südlichen Kalifornien zu leiten. Mittlerweile ist er gestorben, und ich merke, dass ich oft an ihn denke. Rays Beitrag ist äußerst humorvoll und zeugt von einem großen Verständnis der Marktmechanismen. Lesen Sie ihn und denken Sie genau wie ich mit einem Lächeln an ihn.

## Ray Kelly: Arbitrage – was es ist und wie es funktioniert

Wenn man mich fragt, wie ich meinen Lebensunterhalt verdiene, und ich antworte: »Mit Arbitrage«, dann begegnet man mir mit demselben ausdruckslosen Blick, wie ich ihn habe, wenn ich die Motorhaube meines Autos öffne oder jemand das Wort »Infinitesimalrechnung« sagt. Mütter rufen ihre Kinder zu sich, und Männer beäugen mich voller Argwohn.

Wenn Sie es schaffen, Ihre Angst vor dem Wort mit »A« für etwa zehn Minuten zu besiegen, dann garantiere ich Ihnen, dass Sie nicht nur verstehen, worum es bei Arbitrage im Wesentlichen geht, sondern auch, inwieweit sie sich auf das Alltagsleben auswirkt. Wenn Sie beginnen, wie ein Arbitragehändler zu denken, dann werden Sie in jeder Facette Ihres Lebens Gelegenheiten erkennen, die Sie bisher übersehen hatten. Ihr Wissen wird Sie bei der nächsten Cocktailparty davor bewahren, sich in Richtung Bowle zu verabschieden, sobald jemand anfängt, von »diesen Arbitragetypen« zu reden. Stattdessen wird man Sie auf der Party als einen Intellektuellen betrachten und Ihnen bewundernde Blicke zuwerfen – und dies alles, weil Sie zehn Minuten investiert haben, um den folgenden Abschnitt zu lesen.

*Arbitrage ist die Magie der Entdeckung. Es ist die Kunst und Lehre, sich derart ins kleinste Detail versetzen zu können, dass es fast schon widerlich ist. Es ist der Vorgang, jeden Teil einer Situation so anzuschauen, als ob es sich um einen Diamanten handelt, der sich langsam auf einem Sockel dreht, sodass man all seine Facetten betrachten kann und sie als einzigartig und keinesfalls gleichartig erkennt. Es ist etwas für diejenigen unter Ihnen, die gerne knifflige Rätsel lösen.*

Arbitrage wird von Unternehmern in fast jeder Branche betrieben. Laut Wörterbuch ist Arbitrage »der Kauf von Wechseln in einem Markt und deren Verkauf in einem anderen«. Das Wörterbuch beschreibt eine Frau aber auch als »weiblicher Mensch.« Beide Definitionen sind zwar völlig korrekt, treffen aber nicht den eigentlichen Kern des Wortes.

Edwin Lefèvre beschreibt in seinem Buch *Reminiscence of a Stock Operator*[39], was sich Anfang der 20er-Jahre mit dem Aufkommen des Telefons ereignete. Alle Aktienkurse der New Yorker Aktienbörse, der New York Stock Exchange, wurden via Fernschreiberhäuser übermittelt, die wir heute als Bucket Shops (nicht konzessionierte Makler) kennen. Dies ähnelte stark dem sanktionierten Wetten auf Pferderennen. Die Shops erlaubten es einer Person, einen Kurs zu kennen und danach einen Kauf- oder Verkaufsauftrag zu platzieren. Der Unterschied bestand darin, dass der Shop-Besitzer der Buchmacher oder Regionalexperte war und den Trade selbst verbuchte, anstatt die Börse anzurufen.

---

39 *Edwin Lefèvre, Reminiscence of a Stock Operator (New York: Wiley Investment Classics, 2006; Erstveröffentlichung im Jahre 1923).*

Zum Beispiel meldete der Ticker, dass Eastman Kodak für 66 1/2 gehandelt wird. Wenn der Kunde gesagt hatte: »Kaufen Sie 500 Anteile«, bestätigte der Shop-Besitzer den Kauf und nahm die Gegenseite dieser Transaktion ein.

Irgendwann fand ein Pfiffikus mit Telefon dann heraus, dass das Telefon wesentlich schneller war als der Fernsprecher auf dem Parkett der New Yorker Aktienbörse. Dann führte er einige kleine Trades durch, um mit seinem Shop Präsenz zu zeigen, wobei er in Zeiten hoher Volatilität stets in telefonischem Kontakt mit Kollegen stand. Wenn schlechte Nachrichten veröffentlicht wurden, dann konnte es vorkommen, dass er feststellte, dass Eastman Kodak – obwohl auf dem Börsenticker mit 66 1/2 angegeben – an der Handelsniederlassung in New York tatsächlich bei 65 notiert wurde. Also verkaufte er dem Shop-Besitzer möglichst viel zu 66 1/2 und kaufte es durch seinen Freund auf dem Parkett in New York zu 65 zurück. Somit erzielte er für je 100 Anteile sichere 150 Dollar. Mit der Zeit heuerte dieser clevere Bursche andere an, die für ihn bei den Bucket-Shops handelten, und drängte viele von ihnen aus dem Markt. Schließlich bekamen die noch verbliebenen Bucket-Shops ihre eigenen Telefone.

Ist diese Aktion skrupellos oder einfach nur eine Möglichkeit, die Preise eines Marktes effizienter zu gestalten? Ist es von Seiten des Shop-Besitzers skrupellos, die Trades selbst zu buchen, anstatt sie im Namen der Person aufzugeben, die die Aktien tatsächlich kauft?

Man bezeichnet verschiedene Praktiken gerne als »gut« und »schlecht« oder »richtig« und »falsch«. Der Shop-Besitzer hat das Gefühl, dass die Handlungen des Arbitragehändlers falsch sind. Der New Yorker Makler dagegen liebt nicht nur diese Geschäfte, da sie ihm höhere Kommissionen bescheren, sondern er liebt auch den Arbitragehändler.

Die Arbitragehändler selbst haben das Gefühl, dass sie – da das Telefon offen für jeden ist – nur etwas ausführen, worauf jeder halbwegs intelligente Mensch selber kommen würde. Sie verspüren keinen Zwang, ihre Cleverness zu leugnen, indem sie denen, die irgendwann selber daraufkommen könnten, alles auf die Nase binden. Mit der Zeit finden sich immer wieder andere, die versuchen, die Arbitragehändler aufzuhalten oder sich einzuschalten, um die Gelegenheit weniger profitabel zu gestalten.

> *Das Entscheidende ist doch, dass eine Volkswirtschaft an sich keinen Ehrenkodex hat. Sie existiert einfach nur. Eine Volkswirtschaft verhält sich neutral zu den Emotionen der Akteure. Sie sagt: »Wenn Geld auf dem Tisch liegt, dann gehört es demjenigen, der es sich nimmt.«*

Meinen ersten Arbitragehandel habe ich als Teenager durchgeführt. Ich lebte in einer reichen Wohngegend, obwohl ich pleite war. In der Post meines Vaters befanden sich immer wieder »kostenlose« Kreditkarten. Eines Tages in den 60ern hatten wir mal wieder einen dieser Schneestürme, wie sie im Mittleren Westen häufiger vorkommen. Ich wohnte genau gegenüber einer Eisenwarenhandlung, und ich wusste, dass man dort eine Schneefräse für 265 Dollar kaufen konnte. Mann, was war das für eine Schneefräse! Ich konnte sehen, dass es nicht einmal die Schneepflüge schafften, zu den Häusern der Reichen vorzudringen.

Außerdem bemerkte ich eines Tages einen ungeöffneten Brief auf dem Schreibtisch meines Vaters, der eine »Towne and Country«-Kreditkarte enthielt. Ich habe denselben Namen wie mein Vater, also habe ich sie mir geschnappt. (Das nennt man wohl Risikoarbitrage.) Als die Eisenwarenhandlung um sieben Uhr öffnete, kaufte ich die Schneefräse mit der Kreditkarte. Bis acht Uhr abends hatte ich elf lange Auffahrten vom Schnee befreit und dabei 550 Dollar verdient. Am nächsten Morgen um sieben Uhr verkaufte ich die Fräse wieder an den Ladenbesitzer, der mir dafür 200 Dollar gab. Er gab mir den Beleg meiner Kreditkarte zurück, wofür ich ihm die kaum benutzte Schneefräse aushändigte, nach der noch immer große Nachfrage herrschte. Ich sackte 485 Dollar ein und war mit mir selbst hochzufrieden!

Vor einigen Jahren fragte mich ein Mann, der sich im Besitz von 3.000 Aktienanteilen befand, um Rat. Er hatte die Möglichkeit, durch die Firma weitere Aktienanteile zu einem verbilligten Preis zu kaufen. Dabei hatte er die Chance, eine 25-Dollar-Aktie für 19 Dollar zu kaufen. Zwar war die Anzahl der Aktien, die er kaufen konnte, eher klein, dennoch schien es sich um eine gute Gelegenheit zu handeln.

Ich war 25 Jahre lang an der Chicago Board Options Exchange (CBOE = US-Börse für den Handel mit Optionen) aktiv und konnte nie eine vergleichbare Investition finden. Daher sagte ich ihm, es handele sich um ein gutes Geschäft, und informierte mich beim Unternehmen genauer über deren »Dividend Reinvestment Plan«, bei dem gezahlte Dividenden gleich wieder in Aktien des Unternehmens angelegt werden. Zudem stellte ich fest, dass andere Unternehmen über ähnliche Pläne verfügten und dass die Makler allgemein versuchten, an diesen Plänen teilzuhaben.

Ich stellte mir folgende Frage: »Wie machen sie das? Wenn sie eine Million Aktienanteile kaufen würden, dann könnten sie lediglich den Betrag der Dividende reinvestieren, und die Zinsen auf den Kauf würden den Gewinn aufzehren.« Zudem hätten sie ein riesiges Marktrisiko. Doch ich sah, wie andere den Trade durchführten, und wollte unbedingt herausfinden, wie es funktionierte. Offensichtlich konnte man damit Geld verdienen. Ich ging Akten durch, unterhielt mich mit den sogenannten Margin Clerks und beobachtete die Trades, die stattfanden, bevor es zur Ausschüttung von Dividenden kam. Allmählich verschaffte ich mir einen genaueren Eindruck. Schließlich löste ich das Problem dessen, was wie eine mathematische Nullnummer aussah. Ich hatte jedoch nicht genug Kapital, um selbst aktiv zu werden, sodass ich den mühsamen und qualvollen Weg einschlug und mich auf die Suche nach einem Unternehmen in der Wertpapierbranche begab, das es nicht praktizierte und es mir nicht gleich wegnehmen würde, sobald ich es den Leuten dort erklärt hätte. Dies war ein langwieriger Prozess.

Ein Arbitragehändler muss ein Unternehmen finden, das bereit ist, über das Offensichtliche hinauszuschauen – denn genau dort befinden sich die wahren

Gelegenheiten. Rechtsanwälte bilden meist eine hervorragende Widerstandsmauer. Anwälte für institutionelle Anleger werden dafür bezahlt, dass sie Nachforschungen anstellen, und der Status quo lässt sich normalerweise nur schwer verändern. Wenn etwas schiefgeht, sind sie schuld. Doch wenn sich die Dinge hinziehen, dann bekommen die Anwälte ihr Geld dennoch. Wenn es eine kleine Wendung auf dem Weg gibt, dann werden sie nicht dafür bezahlt, einen anderen Weg zu finden, sondern nur dafür, dass der eingeschlagene Weg nicht funktionieren wird. Sie mögen es nicht, wenn man sie nach Einzelheiten fragt, und genauso wenig mögen sie schnelle Antworten. Darin besteht ihr Reiz. Sobald man andererseits diesen Prozess durchlaufen hat, wird man zu einem Teil des Status quo – zumindest für eine gewisse Zeit.

Arbitrage ist meist zeitsensitiv. Sobald man bestimmte Gelegenheiten entdeckt, sorgt der Wettbewerb in der Regel für geringere Gewinne, und die Verantwortlichen stopfen die Schlupflöcher, die einst übersehen wurden. Diesen Zeitrahmen bezeichnet man meist als »das Fenster«. Ein Unternehmen, das einen Dividend Investment Plan hat, könnte zum Beispiel sagen: »Wir haben diesen Plan nur für Kleininvestoren gedacht.« Der Arbitragehändler könnte entgegnen, dass die Absichten des Unternehmens nicht Teil der gesetzlichen Bestimmungen seines Plans sind.

Das Unternehmen wiederum wird meist einen Ausweg in Gesetzen suchen oder versuchen, seinen Plan zu ändern. In beiden Fällen deutete die Arbitragegelegenheit auf einen Fehler in der volkswirtschaftlichen »Absicht« des Unternehmens hin. Der Arbitragehändler wird aus diesem Fehler bezahlt.

Die institutionellen Anleger, denen ich im Verlauf der Jahre Ideen vorlegte, haben ein Problem namens Infrastruktur. Große Unternehmen werden in Abteilungen zerlegt, die spezielle Teile ihres Geschäfts verwalten. Bei den Wertpapieren könnte sich beispielsweise eine Gruppe um Kundenkonten, eine andere um Aktienanleihen und wieder eine andere um Eigenhandel kümmern usw. Jede Abteilung hat ihre eigenen Gewinnziele und das, was man als Hurdle Rate bezeichnet. Die Hurdle Rate ist eine Berechnung der Mindestrendite, bei der der Abteilungsleiter ein Geschäftsvorhaben aufrechterhalten wird.

Der CEO übergibt das Management meist in die Hände des Abteilungsleiters. Das Problem hier ist, dass es der Wirtschaft (und der Gelegenheit) völlig egal ist, welche Struktur ein Unternehmen aufweist. Was aus Sicht des Unternehmens effizient sein mag, könnte Ineffizienzen hinterlassen, die als im Geschäftsleben anfallende Kosten akzeptiert werden. Da es für den Abteilungsleiter eines Unternehmens ein Gräuel ist, einen Blick in den Zuständigkeitsbereich eines anderen Managers zu werfen, geht man solche Ineffizienzen selten zeitnah an, falls man sich überhaupt darum kümmert.

In einer speziellen und realen Situation konfrontierte ich eine größere Maklerfirma mit einer Strategie, die nach Abzug meines Anteils eine Nettorendite von 67 Prozent auf das eingesetzte Kapital verzeichnete. Um dies zu schaffen, benötigte ich bedauerlicherweise drei Abteilungen des Unternehmens. Jede dieser Abteilungen hatte eine Hurdle Rate von 30 Prozent. Keine Abteilung war bereit, weniger hinzunehmen, da dies das Gesamtbild der einzelnen Abteilung geschwächt hätte, selbst wenn die Gesamtrendite des Unternehmens dadurch erheblich gestiegen wäre. Ich verhandelte fast zwei Jahre lang, und in dieser Zeit ging die Rendite von 67 Prozent auf 35 Prozent zurück. Es standen buchstäblich Tausende Millionen Dollar an potenziellen Gewinnen auf dem Spiel. Das Unternehmen führte nie einen Trade durch, und soweit ich weiß, arbeiten dieselben Manager auch heute noch dort.

Sobald man sich durch die Infrastruktur gekämpft und Glaubwürdigkeit bei einer Firma gewonnen hat, treten andere Probleme auf. Die Truppen in den Schützengräben werden irritiert, weil nichts von dem, was man tut, normal ist. Sie werden permanent gebeten, die Dinge für mich ein bisschen anders zu erledigen als sie es für ihre Stammkunden gewohnt sind. Wir bestehen auf eine minutiöse Konzentration auf kleine, scheinbar unverfängliche Abläufe. Wenn zum Beispiel ein Trade an der New Yorker Aktienbörse durchgeführt wird, kann ich eine feste Gebühr von – sagen wir – 150 Dollar verhandeln, unabhängig davon, wie groß der Trade ist. Wo ich meinem Kunden nicht helfen kann, ist, wenn es darum geht, mit der Börsenaufsichtsbehörde über ihre Gebühr für Aktienverkäufe in Höhe von 0,003 Prozent zu verhandeln. Dies scheint zwar nur eine kleine Summe zu sein, doch bei einem Trade von 100 Millionen Dollar sind dies schon 3.333,33 Dollar. Für mich ist das eine Menge Geld.

Eine Maklerfirma kann von der US-Regierung keine Gebühren verlangen. Sie reicht die Gebühr einfach an den Kunden weiter, und solche Gebühren bleiben unwidersprochen. Doch sollte mein Kunde jedes Jahr 1.000 dieser 100-Millionen-Trades durchführen, dann läge die staatliche Gebühr bei über drei Millionen Dollar. Doch auch hier kümmert sich die Wirtschaft – oder die Gelegenheit – nur wenig um die Unnachgiebigkeit der Politik – und sei es die amerikanische Regierung. Doch wenn ich meinem Kunden vorschlage, dass er – sollte er seinen Trade statt in den USA in Toronto durchführen – diese Gebühr sparen würde, von Befragungen durch staatliche Behörden weitgehend befreit wäre und sein guter Ruf im Inland nicht leiden würde, dann liebt mich dieser Kunde. Der Börsenangestellte, der diese Trades durchführen muss, liebt mich dagegen keineswegs. Ich habe ihm seinen Tag mit Dingen vermasselt, die in seinen Augen völlig belanglos sind. Doch sollte ich ihn an zehn Prozent der eingesparten Gebühren beteiligen, würde ihm schnell ein Licht aufgehen. Allerdings gilt: Je mehr Informationen ich preisgebe, desto schneller verschwindet der Vorteil.

Irgendwann werden auch andere merken, was ich da tue, und eine Möglichkeit finden, wie sie sich an den Gewinnen beteiligen können. Dies bezeichnet man als Reverse Engineering – ein Vorgang, aus einem bestehenden System oder Produkt durch Untersuchung der Strukturen, Zustände und Verhaltensweisen die Konstruktionselemente zu extrahieren. Einige Firmen haben ganze Abteilungen, die sich damit beschäftigen, die Straße zu beobachten und Strategien ausfindig zu machen. Ich glaube stark daran, dass dieser Prozess ein wesentlicher Teil der

> *Ihre Mission als Arbitragehändler besteht darin, Ineffizienzen zu korrigieren, ob man es will oder nicht. Sie werden dafür bezahlt, Fehler zu korrigieren. Ihr Job ist es, die Strategie oder das Konzept eines anderen Stück für Stück auseinanderzupflücken. Wenn Sie nichts finden, was meist der Fall ist, dann fahren Sie einfach mit einer anderen Strategie oder einem anderen Konzept fort.*

Preisermittlung im Wirtschaftssystem ist. Der Arbitragehändler zeigt in einer Art und Weise, der sich die Bürokratie nicht verschließen kann, bestimmte Fehleinschätzungen und Sinnestäuschungen auf. In vielen Fällen zwingt dies Institutionelle dazu, Umstände zu betrachten, die sie anonsten ignorieren würden.

Ich wundere mich immer noch über all die Vorkehrungen, die Wertpapierfirmen und Banken scheinbar treffen – um dann doch wie immer im Chaos von Milliardenschulden zu versinken. Der Prozess der Billigung einer Strategie ist derart rigoros, dass die Arbitragehändler, die den Handel durchführen, keinerlei Anreiz haben, ihren eigenen Gesellschaften bei der Risikobewertung zu helfen. Am Ende finden sich die Arbitragehändler – bedingt durch das Wesen ihres Geschäftes – fast immer in der Rolle eines Gegners wider. Die Integrität des Traders sollte bei allen Aspekten des Lebens eines Traders stark berücksichtigt werden. Integrität scheint die letzte Verteidigungslinie der meisten Trading-Unternehmen zu sein.

Alles in allem könnte man einerseits sagen, dass es in der Karriere eines Arbitragehändlers niemals Stabilität geben wird, da sich alles permanent verändert – die Schlupflöcher werden gestopft, und die Gewinne werden kleiner. Andererseits kann man feststellen, dass sich im Leben alles permanent ändert, und diese Veränderung zu akzeptieren bedeutet, ein großes Abenteuer zu leben. Man kann feststellen, dass Fehler und Fehleinschätzungen Teil der menschlichen Existenz sind. Sie sind, wie wir lernen und wachsen.

Die Art und Weise, wie Sie Dinge betrachten, Ihr Gerüst oder Bezugsrahmen, entscheidet darüber, wie Sie Arbitrage betrachten.

Die Bereitschaft des Arbitragehändlers, diese zusätzliche Strecke zurückzulegen, ist entscheidend für seinen Erfolg. Arbitrage bereinigt Ineffizienzen. Sie hält mich davon ab, ein Zuschauer zu sein. Schließlich gibt es im Leben nur zwei Orte, an denen man sein kann – auf dem Spielfeld oder auf der Tribüne. Ich bin lieber auf dem Spielfeld.

**Anmerkungen des Herausgebers**

Die meisten Trades oder Investitionen stellen eine Form von Arbitrage dar – indem man den Markt nach Ineffizienzen absucht. Arbitrage sorgt für eine Einheitlichkeit der Preise und ermöglicht den Märkten eine gewisse Ordnung. Ray Kellys Form der Arbitrage stellt jedoch Arbitrage in ihrer reinsten Form dar. Sie ist fast schon eine Lizenz zum Gelddrucken, wenn auch nur für eine begrenzte Zeit. Wenn Sie wirklich vorhaben, als professioneller Trader zu arbeiten, dann bin ich fest davon überzeugt, dass Sie permanent nach solchen Gelegenheiten Ausschau halten sollten. Jede Gelegenheit könnte, falls man sie findet und anständig ausnutzt, mehrere Millionen Dollar wert sein.

## Analyse der verschiedenen Märkte

In der ersten Auflage von *Clever traden mit System* befand sich unter anderem ein Beitrag von Lou Mendelsohn zum Thema Neuronale Netze. Diese sind jedoch weniger ein Trading-Konzept denn eine Methode, die Märkte zu analysieren. Somit habe ich mich dazu entschlossen, diesen Teil in dieser Auflage wegzulassen. Was man jedoch als Konzept betrachten könnte, ist, was Netzwerke bewirken können, und zwar das Aufzeigen von Beziehungen zwischen den Märkten. Und dies könnte man als Trading-Konzept betrachten. Darüber hinaus wird es angesichts meiner Überzeugung, dass die Wirtschaft zu einer globalen Wirtschaft wird, immer wichtiger, die Beziehungen zwischen Märkten zu verstehen. Louis Mendelsohn ist ebenfalls ein Experte, was die Analyse verschiedener Märkte betrifft, sodass ich ihn gebeten habe, etwas zu diesem interessanten Thema beizutragen.[40]

### Louis B. Mendelsohn: Inter-Markt-Analyse

Wenn Sie in einem Restaurant auf der Speisekarte ein Filet Mignon für 27,95 Dollar sehen, könnte es durchaus sein, dass dies ein bisschen zu teuer für Ihren Geschmack ist. Daher entscheiden Sie sich lieber für die Lammkoteletts zu 21,95 Dollar oder das Huhn für 15,95 Dollar.

Willkommen in der Welt der Inter-Markt-Analyse. Bewusst oder unbewusst treffen Sie vermutlich jeden Tag dieselben Entscheidungen wie Unternehmensbosse, wenn sie entscheiden, ob sie ihre Büros oder Fabriken mit Erdgas oder Heizöl heizen (falls sie überhaupt die Wahl haben). Oder wie Farmer, wenn sie ihre Materialkosten und die Marktpreise betrachten, um festzustellen, ob sie lieber Getreide oder Sojabohnen anbauen sollten. Oder wie Investoren, wenn sie die Rendite von Aktien kleinerer Gesellschaften mit denen größerer Gesellschaften oder von einem Marktsektor mit einem anderen oder zwischen internationalen und einheimischen Aktien vergleichen.

### Keine isolierten Märkte

Kein einziger Markt operiert im luftleeren Raum, insbesondere im heutigen globalen, 24-stündigen, elektronisch gehandelten Markt, wo ein Markt sofort davon beeinflusst wird, was auf anderen verbundenen Märkten passiert. Während viele Trader zurück auf historische Kurse blicken, um einzuschätzen, inwieweit das

---

[40] Louis B. Mendelsohn ist Vorsitzender und CEO von Market Technologies, LLC, in Wesley Chapel, Florida, und der Entwickler von VantagePoint Intermarket Analysis Software. Außerdem arbeitet er an einer kostenlosen Website für Neu-Trader unter www.TradingEducation.com mit. Zu erreichen ist er unter www.Tradertech.com.

bisherige Verhalten eines Marktes Hinweise darauf geben könnte, wie sich der Markt in der Zukunft präsentiert, müssen sie auch zur Seite schauen, um zu sehen, wie sich die Kurse in anderen Märkten auf den Kurs des Marktes auswirken, auf dem sie aktiv sind.

Die meisten Trader wissen intuitiv, dass die meisten Märkte miteinander in Beziehung stehen und dass eine Entwicklung, die einen Markt betrifft, meist auch Auswirkungen auf andere Märkte hat. Dennoch beschränken sich viele Einzel-Trader noch immer darauf, Werkzeuge zur Analyse einzelner Märkte und Informationsquellen zu verwenden, die es schon seit den 70er-Jahren gibt, als ich in dieser Branche angefangen habe.

Obwohl man sich der Tatsache, dass die Märkte miteinander zusammenhängen, schon seit Langem bewusst ist, besteht die Schwierigkeit darin, diese Zusammenhänge so zu quantifizieren, dass Trader sie bei ihrer Entscheidungsfindung ausnutzen können. Meine Recherchen seit Mitte der 80er-Jahre konzentrieren sich hauptsächlich auf die Entwicklung einer quantitativen Methode, mit deren Hilfe man eine Intermarket-Analyse durchführen kann. Es handelt sich weder um eine radikale Abkehr von der traditionellen Technischen Analyse einzelner Märkte noch um einen Versuch, diese zu ersetzen.

Die Intermarket-Analyse ist in meinen Augen lediglich eine Erweiterung der traditionellen Technischen Analyse einzelner Märkte – angesichts des globalen Kontexts der heutigen voneinander abhängigen Wirtschaften und Finanzmärkte.

Insbesondere in Märkten wie dem Devisenmarkt, die die Preisbasis für andere Märkte darstellen, ist man gezwungen, eine Methode zu übernehmen, welche die Intermarket-Analyse in der einen oder anderen Form einbindet. Ein wichtiger Aspekt meiner fortlaufenden Recherche ist unter anderem, dass ich analysiere, welche Märkte sich gegenseitig am meisten beeinflussen, und dass ich feststelle, in welchem Maße sie sich gegenseitig beeinflussen.

»Hurricaneomics«, ein von mir 2005 geprägter Begriff, ist ein perfektes Beispiel für die Vernetzung von Ereignissen und Märkten und dafür, wie man nichts isoliert betrachten kann. Die Serie von Hurrikans, von der die Golfküste und Florida 2005 betroffen waren, verursachte nicht nur lokale Schäden für die Wirtschaft dieser Regionen. Ganz im Gegenteil: Die Auswirkungen von Hurrikans werden noch Monate und Jahre später in der Weltwirtschaft zu spüren sein und Einfluss auf die Energiemärkte, Agrarmärkte, die Baubranche, das Staatsdefizit, die Zinssätze und natürlich den Devisenmarkt haben. Die Hurricaneomic-Analyse geht Hand in Hand mit der Intermarket-Analyse, indem sie Ereignisse wie Naturkatastrophen und deren Auswirkungen auf die globalen Finanzmärkte betrachtet.

**Markteinflüsse entdecken**

Die Recherche in meiner fortlaufenden Entwicklung von »VantagePoint Intermarket Analysis Software« begann, als sie 1991 erstmals auf den Markt gebracht wurde. Diese Recherche deutet auf Folgendes hin: Wenn man zum Beispiel den Wert des Euros, verglichen mit dem des Dollars, analysieren möchte (EUR/

USD), dann muss man sich nicht nur die Daten für den Euro, sondern auch die Daten für andere verbundene Märkte anschauen, um versteckte Muster und Beziehungen ausfindig zu machen, die sich auf das Verhältnis zwischen Euro und Dollar auswirken:

- Australischer Dollar/US-Dollar (AUD/USD)
- Australischer Dollar/Japanischer Yen (AUD/JPY)
- Britisches Pfund
- Euro/Kanadischer Dollar (EUR/CAD)
- Gold
- Nasdaq 100 Index
- Britisches Pfund/Japanischer Yen (GBP/JPY)
- Britisches Pfund/US-Dollar (GBP/USD)
- Japanischer Yen

Die Inter-Markt-Beziehungen zwischen verschiedenen Währungen mögen ziemlich offensichtlich sein, aber der Einfluss von Aktienindizes, US-Schuldverschreibungen oder Erdölpreisen auf ein Devisenpaar könnte schon etwas abweginer wirken. Doch Recherchen haben ergeben, dass diese verbundenen Märkte tatsächlich einen wichtigen Einfluss auf einen angestrebten Devisenmarkt haben und frühe Einblicke in die künftige Kursrichtung des Devisenmarktes vermitteln können.

Einige Analysten führen gerne Korrelationsstudien zweier miteinander verbundener Märkte durch. Dabei messen sie, inwieweit sich die Kurse eines Marktes in Bezug auf die Kurse des zweiten Marktes bewegen. Man spricht von einer perfekten Wechselbeziehung zweier Märkte, wenn die Kursänderung des zweiten Marktes anhand der Kursänderung des ersten Marktes exakt vorhergesagt werden kann. Zu einer absolut positiven Korrelation kommt es, wenn sich beide Märkte in dieselbe Richtung bewegen. Zu einer absolut negativen Korrelation kommt es, wenn sich die beiden Märkte in entgegengesetzte Richtungen bewegen.

Diese Methode lässt sich jedoch nur begrenzt anwenden, da sie lediglich die Kurse eines Marktes mit denen eines anderen Marktes vergleicht und dabei den Einfluss unberücksichtigt lässt, den andere Märkte auf den Zielmarkt ausüben. In den Finanzmärkten und insbesondere den Devisenmärkten muss man mehrere verbundene Märkte in die Analyse einfließen lassen, anstatt davon auszugehen, dass es zwischen nur zwei Märkten eine Eins-zu-eins-Beziehung zwischen Ursache und Wirkung gibt.

Zudem lassen die Korrelationsstudien auch eventuelle zeitliche Vorsprünge und Verzögerungen in der wirtschaftlichen Aktivität oder andere Faktoren, die sich auf Märkte wie den Devisenmarkt auswirken, unberücksichtigt. Diese Berechnungen gehen ausschließlich von momentanen Werten aus und lassen oftmals längerfristige Folgen von Zentralbankinterventionen oder einer politischen Kursänderung unberücksichtigt, die sich erst nach einer gewissen Zeit auf dem Märkten bemerkbar machen.

## Umkehrfaktor

In einigen Fällen ist es die umgekehrte Korrelation, die am maßgeblichsten ist, insbesondere für Märkte wie Gold oder Öl, deren Preise im internationalen Handel in US-Dollar angegeben werden. Ein Chart, der den Goldpreis mit dem Wert des US-Dollars vergleicht (siehe Abbildung 5.10), verdeutlicht Folgendes: Wenn der Wert des US-Dollars zurückgeht, dann steigen nicht nur ausländische Währungen, sondern auch der Goldpreis. Studien anhand von Daten der vergangenen Jahre haben eine negative Korrelation zwischen Gold und dem Dollar von mehr als minus 0,90 ergeben – das heißt, sie bewegen sich fast nie zusammenhängend, sondern so gut wie immer in entgegengesetzte Richtungen.

Andererseits weist der Wert von EUR/USD gegenüber den Goldpreisen eine äußerst positive Korrelation auf – das heißt, der Wert des Euros und die Goldpreise gehen oftmals Hand in Hand, was darauf hindeutet, dass beide Märkte davon profitieren, wenn Gelder weg vom US-Dollar fließen (siehe Abbildung 5.11).

Wenn man auf einem Goldchart einen Trend oder ein Preissignal erkennt, kann dies durchaus ein brauchbarer Anhaltspunkt sein, um eine Position im Devisenmarkt einzugehen, wo sich bislang vielleicht noch keine neue Kursbewegung ergeben hat. Oder umgekehrt: Eine Kursbewegung auf dem Devisenmarkt kann auf eine Kursbewegung auf dem Goldmarkt hinweisen.

Aufgrund des weltweiten Stellenwertes von Erdöl in Wirtschaft und Handel ist es ein weiterer wesentlicher Markt, den es zu beobachten gilt, da alles, was sich auf sein Angebot und seine Verteilung auswirkt, meist auch zu einer Reaktion in anderen Märkten führt. Daher sorgen Terroranschläge oder Naturkatastrophen wie der Hurrikan Katrina, die den normalen Zufluss neuer Ölvorräte

**Abbildung 5.10:** Umgekehrte Beziehung zwischen Gold und US-Dollar

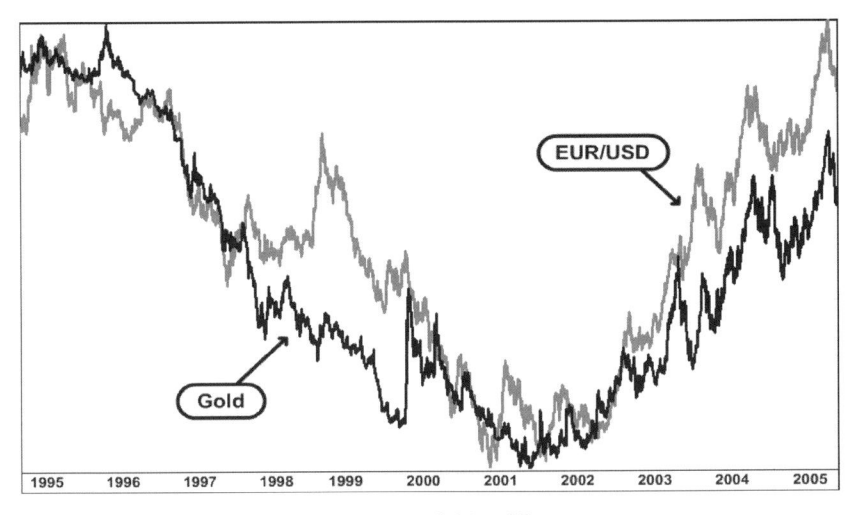

**Abbildung 5.11:** Direkte Beziehung zwischen Gold und Euro

bedrohen, oft für eine unmittelbare Reaktion auf den Devisenmärkten und auf anderen Märkten.

Obwohl es sich dabei um solche Schocks handelt, die eine Marktanalyse für jeden Trader schwierig machen, geht es in einem eher typischen Szenario meist um dezente Bewegungen, die sich in Inter-Markt-Beziehungen abspielen und auf eine möglicherweise bevorstehende Kursänderung hinweisen. Sollten Sie überhaupt keine Inter-Markt-Analyse durchführen, dann werden Sie diese Beziehungen wohl kaum bemerken, genauso wenig wie die Auswirkungen, die sie auf verbundene Märkte haben, da diese Hinweise meist nicht offensichtlich zutage treten.

### Multimarkt-Effekt

Märkte sind dynamisch, verändern sich permanent und entwickeln sich. Wenn man versucht, die vielfachen Auswirkungen von fünf oder zehn verbundenen Märkten auf einen Zielmarkt gleichzeitig zu untersuchen, wobei man auf Daten aus fünf bis zehn Jahren zurückgreift, um wiederkehrende, vorhersagbare Muster zu finden, dann bleiben Methoden wie die lineare Korrelationsanalyse und die subjektive Chartanalyse als Hilfsmittel zur Trend- und Kursprognose hinter den Erwartungen zurück.

Gegenseitige Marktbeziehungen lassen sich unmöglich mit Analysewerkzeugen für einzelne Märkte aufspüren. Jeder Trader, der es ernst meint, muss von Anfang an darauf achten, die richtigen Werkzeuge zu verwenden. Natürlich ist nichts 100-prozentig korrekt – egal wie viel man ausgibt oder welche Werkzeuge man verwendet. Selbst das beste Werkzeug kann nur mathematische

Wahrscheinlichkeiten vermitteln, aber keine Gewissheiten. Doch Ihre Werkzeuge müssen keineswegs perfekt sein, damit Sie als Trader einen Vorteil haben.

Wenn Sie über analytische Werkzeuge verfügen, mit deren Hilfe Sie die wiederkehrenden Muster innerhalb einzelner Märkte und zwischen verbundenen globalen Märkten ausfindig machen können, dann haben Sie alles, was Sie brauchen, um gegenüber anderen Tradern im Vorteil zu sein. Diese Einsicht in die Kursaktivitäten der nächsten Trading-Tage kann Ihnen zusätzliches Vertrauen verschaffen und die Disziplin vermitteln, die Sie brauchen, um sich an Ihre Trading-Strategien zu halten. Darüber hinaus sind Sie in der Lage, zum richtigen Zeitpunkt ohne Selbstzweifel oder Zögern aktiv zu werden.

Selbstverständlich sollte die Marktanalyse nicht auf Beziehungen zwischen einzelnen Märkten beschränkt sein. In der heutigen Welt mit rascher Fernmeldetechnik und ausgeklügelten Trading-Techniken sollte man eine Methode verwenden, die ich als synergistische Marktanalyse bezeichne. Dabei handelt es sich um eine Kombination aus Technischer Analyse, Inter-Markt-Analyse und Fundamentalanalyse. Dazu gehören nicht nur traditionelle Werkzeuge, die zum persönlichen Trading-Stil passen, sondern auch das Ausnutzen von Informationen, die heute im Internet verfügbar sind.

**Anmerkungen des Herausgebers**

Im nächsten Kapitel werde ich mich mit dem mentalen Szenario-Trading befassen. Dies bedeutet, dass man versteht, wie sich das große Ganze auf die eigenen Trading-Ideen auswirkt. Dabei werde ich Ihnen das große Ganze nahebringen und Ihnen zeigen, wie man es sich für sein eigenes Trading zunutze machen kann. Die Vorstellung, dass die Märkte zusammenhängen, ist im Grunde genommen dasselbe: Wie kann man den Dollar traden, ohne den Einfluss von Euro, Gold, Öl und Zinssätzen zu kennen – um nur einige der wichtigsten Variablen zu nennen?

Natürlich kann man sich dazu Kurse, Handelswert, Bänder oder Trends anschauen. Aber wäre es nicht von Nutzen, wenn man dazu auch wüsste, was man von dem, was sich auf anderen Märkten abspielte, halten sollte? Hierin liegt die große Stärke der Inter-Markt-Analyse.

# Alles hat seine Ordnung

Die Vorstellung, dass alles seine Ordnung hat, ist extrem verbreitet. Man möchte die Funktionsweise der Märkte verstehen, sodass es am attraktivsten erscheint, eine allem zugrunde liegende Struktur zu erkennen. Natürlich glaubt man, dass man, wenn man die zugrunde liegende Struktur erst einmal gefunden hat, die Bewegungen der Märkte voraussagen könne. In vielen Fällen gibt es sogar noch genauere Theorien, da sie versuchen, Wendepunkte der Märkte vorauszusagen. Dies spricht natürlich die psychologische Neigung der meisten an, laut der man immer recht haben und die Märkte kontrollieren will. Folglich möchte man auch Marktwendepunkte mitnehmen. Außerdem lässt sich diese Vorstellung sehr gut vermarkten. Es gibt zahlreiche Theorien, bei denen es um eine Ordnung des Marktes geht, darunter etwa Gann, Elliott-Wellen oder astrologische Theorien.

Ich habe mich entschlossen, diesen Abschnitt selbst zu schreiben, und zwar aus folgenden Gründen:

(1) Jemand, der ein Experte in einer Theorie über die Planmäßigkeit von Märkten ist, ist in einer anderen nicht unbedingt ein Experte.
(2) Die Experten schienen mehr damit beschäftigt zu sein, ihre Theorien zu belegen (oder zu widerlegen), als mit der Frage, ob sich das Konzept traden lässt oder nicht. Da ich glaube, dass sich fast jedes Konzept traden lässt, dachte ich, es sei einfacher für mich, die Konzepte in allgemeinen Worten zu erörtern und danach zu zeigen, wie man sie traden könnte.

Im Wesentlichen gibt es drei Arten von Konzepten, die von einer gewissen Ordnung der Märkte ausgehen. All diese Konzepte funktionieren so, dass sie Wendepunkte im Markt vorhersagen. Ich nehme bei ihrer Erörterung einige grobe Vereinfachungen vor, wobei ich die Experten in den unterschiedlichen Konzepten, die ich beschreibe, unter den Lesern um Nachsicht bitte.

**Menschliches Verhalten unterliegt einem Zyklus**

Das erste Konzept geht davon aus, dass die Märkte vom menschlichen Verhalten abhängen und dass sich die Motive von Menschen durch eine bestimmte Struktur charakterisieren lassen. Die bekannteste Struktur dieser Art ist die Theorie der Elliott-Wellen. Hier nimmt man an, dass die Impulse von Angst und Gier einem genau umschriebenen Wellenmuster folgen. Grundsätzlich geht man davon aus, dass sich der Markt aus fünf Aufwärtswellen zusammensetzt, denen drei regulierende Wellen folgen. So würde zum Beispiel eine bedeutende Aufwärtsbewegung des Marktes aus fünf Aufwärtswellen bestehen (wobei die Wellen zwei und vier in die entgegengesetzte Richtung verlaufen), denen sich drei Abwärtswellen anschließen (wobei die mittlere Welle in die entgegengesetzte Richtung verläuft). Jede Welle hat ein charakteristisches Merkmal, und meist lässt sich die dritte der fünf aufeinanderfolgenden Wellen am besten traden. Was diese Theorie jedoch wesentlich komplizierter gestaltet, ist die Tatsache, dass es Wellen innerhalb von Wellen gibt. Anders ausgedrückt: Es gibt Elliott-Wellen von unterschiedlichem Ausmaß. So würde zum Beispiel die erste Welle der Hauptbewegung aus einer ganzen weiteren Abfolge von fünf Wellen bestehen, denen sich drei regulierende Wellen anschließen. Genau genommen kam Elliott zu folgendem Schluss: Es gibt Wellen von neun unterschiedlichen Ausmaßen, angefangen von der Grand-Supercycle-Welle bis hin zur kleinsten Wellenebene – der Subminuette.

Es gibt bestimmte Regeln, die dem Elliott-Wellen-Theoretiker helfen, Entscheidungen über den Markt zu treffen. Zudem gibt es gewisse Abweichungen von den Regeln insofern, als Wellen länger oder kürzer sein können und es verschiedene Muster gibt. Worum es bei diesen Regeln und Abweichungen genau geht, würde bei dieser Erörterung den Rahmen sprengen, doch mithilfe dieser Regeln können Sie tatsächlich Marktwendepunkte ausfindig machen, die sich traden lassen. Anders ausgedrückt: Die Aufgabe besteht darin, festzustellen, welche Wellenserie verantwortlich für einen bestimmten Wendepunkt war.

### Physische Systeme beeinflussen menschliches Verhalten in vorhersehbaren Mustern

Das zweite Konzept der Ordnung in den Märkten basiert auf den Aspekten physischer Systeme im Universum. Die Logik, sich physische Systeme anzuschauen, beruht auf folgenden Annahmen: (1) Marktbewegungen basieren auf dem Verhalten von Menschen. (2) Menschen werden sowohl physisch als auch emotional von den unterschiedlichen physischen Systemen und der von ihnen ausgestrahlten Energie beeinflusst. Wenn es demnach (3) Muster für diese physischen Energien gibt, dann sollten sie starke vorhersehbare Auswirkungen auf die Märkte haben.

Ein Beispiel: Wissenschaftler haben herausgefunden, dass Sonnenflecken regelmäßigen Zyklen unterliegen. Sonnenflecken sind im Grunde genommen eine Abgabe elektromagnetischer Energie von der Sonne und können sich grundlegend auf die Erde auswirken.

Große Mengen an Sonnenfleckenaktivität führen dazu, dass riesige Mengen geladener Teilchen in der Magnetosphäre der Erde gefangen sind. Dies scheint die Erde von einigen gefährlichen Auswirkungen der Sonne zu schützen. Außerdem scheinen die intensivsten Phasen der Sonnenfleckenaktivität – wovon man ausgehen könnte, falls diese Theorie stimmen sollte – mit den Höhepunkten in der Zivilisation zusammenzufallen. Derzeit befinden wir uns in einer solchen Phase! Im Gegensatz dazu scheinen Phasen geringer Sonnenfleckenaktivität mit dem zusammenzufallen, was man als Rückschritte in der Zivilisation bezeichnen könnte. Offenbar könnte man – falls eine solche Theorie gültig ist und sich die Sonnenfleckenaktivität voraussagen lässt – davon ausgehen, dass die Sonnenfleckenaktivität einen starken Einfluss darauf ausübt, was im Markt passiert.

Es gibt zahlreiche Versuche, Märkte miteinander in Beziehung zu setzen und ihr Verhalten vorauszusagen, die auf bedeutenden physischen Systemen wie der Aktivität der Sonne beruhen. Es ist sehr leicht, genug Best-Case-Beispiele zusammenzustellen, um anderen – oder sich selbst – die Richtigkeit dieser Theorien zu beweisen. Ich selbst habe dies schon hunderte Male erlebt, da es eine einfache wahrnehmbare Voreingenommenheit gibt, die Menschen anhand einiger gut gewählter Beispiele von bestimmten Verhältnissen überzeugen wird. Nichtsdestotrotz gibt es einen großen Unterschied zwischen Theorie und Realität.

John Nelson – ein Fachmann für Radiowellenausbreitung – war in der Lage, sechsstündige Intervalle der Ausbreitung von Radiowellen mit einer Genauigkeit von 88 Prozent vorherzusagen. Dazu verwendete er planetarische Anordnungen. Mehrere Marktforscher haben die Daten der schlimmsten Stürme von 1940 bis einschließlich 1964 dazu herangezogen, um Statistiken über die prozentuale Veränderung im Dow Jones Industrieindex (DJIA = Dow Jones Industrial Average) von minus zehn Tagen bis plus zehn Tage seit Eintreten der Stürme zu führen. Dabei stellen sie fest, dass der Dow Jones einen statistisch bedeutenden Rückgang von zwei Tagen vor dem Sturm bis drei Tage nach dem Sturm aufweist. Und während Neumond- oder Vollmondphasen wird dieser Effekt sogar noch verstärkt. Doch meistens befand sich der Aktienmarkt in dieser Zeit in einem Bärenmarkt, wenn es bereits eine Tendenz nach unten gab.[41]

Am 5. März 1989 entlud sich auf der Sonnenoberfläche eine massive Eruption, die 137 Minuten andauerte. Die Sensoren der Überwachungsanlage wurden überlastet, und in der Gegend, in der sich die Eruption ereignete, konnte man klar eine Anhäufung von Sonnenflecken erkennen. Am 8. März setzte ein solarer Protonenfluss ein, und eine große Menge dieser Ionen begann, auf dem Sonnenwind der Erde entgegenzufliegen, was bis zum 13. März dauerte.

Überwachungsgeräte zur Messung des Erdmagnetismus auf den Shetland-Inseln registrierten eine Veränderung im Magnetismus von acht Grad pro Stunde (wobei die normale Abweichung gerade einmal 0,2 Grad betrug). In Stromleitungen, Telefonleitungen und Kabelnetzwerken kam es zu heftigen Überspannungen. Radio- und Satellitenkommunikationen wurden stark beeinträchtigt. In Kanada wurde eine Überspannung von Transformatoren festgestellt, und mehr als eine Million Menschen waren plötzlich ohne Strom. Doch bei dieser Eruption handelte es sich keineswegs um ein spektakuläres Ereignis, was die Aktivität der Sonne betrifft.

Die Sonneneruption zwischen dem 5. und 13. März 1989 war in Bezug auf das, wozu die Sonne fähig ist, klein, und trotzdem handelte es sich um die größte je verzeichnete Eruption dieses Jahrhunderts – größer als jeder der von Nelson registrierten Stürme. Die offensichtliche Frage heißt demnach: »Wie hat sich das auf die Märkte ausgewirkt?« Die Antwort lautet – soweit ich es sagen kann –, dass es sich überhaupt nicht auswirkte.

In einem 1979 von Francois Masson verfassten Buch mit dem Titel *The End of Our Century* (Das Ende unseres Jahrhunderts)[42] sagte der Autor für das Jahr 2000 eine Sonnenfleckenaktivität und einen Höchststand des Aktienmarktes

---

41 *Diese Information verdanken wir Internetpost von Greg Meadors und Eric Gatey. Die schlimmsten Stürme fanden demnach an folgenden Tagen statt: 23. März 1940; 4. August 1941; 18. September 1941; 2. Oktober 1942; 7. Februar 1944; 27. März 1945; 23. September 1957; 24. April 1960; 15. Juli 1960; 30. August 1960; 12. November 1960; 14. April 1961; 22. September 1963. Siehe auch www.mindspring.com/edge/home.html.*

42 *Für Literaturhinweise zu dieser Theorie gehen Sie auf www.divinecosmos.com/index.php?option=com_content&task=category&sectionid=6&id=26&Itemid=36*

voraus. Und tatsächlich: Im April 2000 kam es zu einem Höchstwert der Sonnenfleckenaktivität. Masson behauptete, die Sonnenfleckenaktivität unterliege einem 16-Jahre-Zyklus. Wissenschaftler glauben dagegen heute, dass sie einem Elf-Jahre-Zyklus unterliegt. Darüber hinaus würden wir den Tiefstwert der Sonnenfleckenaktivität für das Jahr 2006 erwarten. Würde es dann also zu einem erneuten Wirtschaftsboom kommen? Ich persönlich glaube das nicht. Wenn Sie sich jedoch wirklich dafür interessieren, Sonnenzyklen besser zu verstehen, dann empfehle ich Ihnen *The 23rd Cycle* (Der 23. Zyklus) von Sten Odenwald.[43] Eine Darstellung dieses Phänomens finden Sie in Abbildung 5.12, die uns die NASA zur Verfügung gestellt hat.

Trotz einiger gegenteiliger Beweise wollen wir einmal davon ausgehen, dass die Aktivitäten dieser physikalischen Gebilde einem gewissen Rhythmus unterliegen, der sich doch ein wenig auf die Märkte auswirkt. Vielleicht erhöht es ja die Chancen, in Bezug auf eine Marktveränderung »recht zu haben«, von 48 auf 52 Prozent. Das sind in etwa dieselben Chancen, wie sie ein Card Counter beim Blackjack in Las Vegas hat, und die Kasinos werfen Card Counters aus dem Spiel. Somit lässt sich auch die Erklärung, dass physische Systeme für Ordnung in den Märkten sorgen, traden.

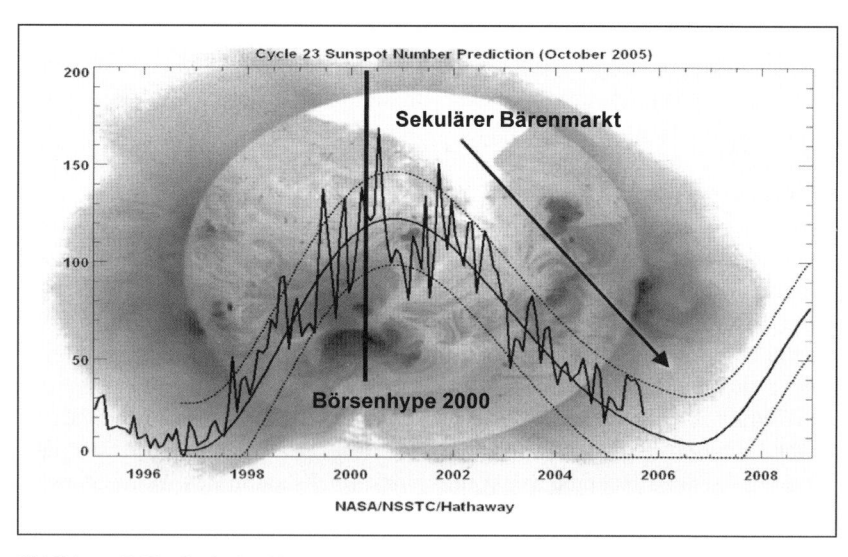

**Abbildung 5.12:** Grafische Abbildung von Sonnenfleckenaktivitäten

---

43 Sten F. Odenwald. *The 23rd Cycle: Learning to Live with a Stormy Star* (Der 23. Zyklus: Lernen, mit einem stürmischen Stern zu leben) (New York: Columbia University Press, 2001).

## Das Universum unterliegt einer mysteriösen mathematischen Ordnung

Das dritte Konzept zur Ordnung in den Märkten durchsucht die Mathematik, um zu den Antworten zu gelangen. Es behauptet, dass bestimmte »magische« Zahlen und die Beziehungen zwischen diesen Zahlen die Märkte beeinflussen. Gerüchte besagen beispielsweise, Pythagoras habe in einer antiken »mystischen Schule« gelehrt, dass alle Prinzipien des Universums auf Mathematik und Geometrie beruhten. Darüber hinaus scheinen gewisse »magische« Gesellschaften und Sekten diese Ansicht weiterzuführen. Das Werk von W. D. Gann, das derzeit von vielen Anhängern unterstützt wird, beruht auf mathematischer Ordnung.

Theorien zur mathematischen Ordnung gehen in erster Linie von zwei Annahmen aus:

(1) dass bestimmte Zahlen wichtiger sind als andere, wenn es darum geht, Marktwendepunkte vorherzusagen, und
(2) dass diese Zahlen sowohl hinsichtlich des Preisniveaus als auch hinsichtlich der Zeit wichtig sind (das heißt wann man mit einer Veränderung auf dem Markt rechnen kann).

Nehmen wir zum Beispiel Folgendes an: Sie halten die Zahlen 45, 50, 60, 66, 90, 100, 120, 135, 144, 618 usw. für magische Zahlen. Was Sie dann tun würden, wäre, »bedeutende« Spitzen- oder Tiefstwerte zu finden und diese Zahlen darauf zu übertragen – wobei Sie sowohl auf die Zeit als auch auf den Preis achten würden. Sie könnten zum Beispiel eine Marktkorrektur von 0,50, 0,618 oder 0,667 erwarten. Außerdem könnten Sie davon ausgehen, dass Ihr Zielpreis in 45 Tagen oder 144 Tagen oder einer anderen magischen Zahl von Tagen erreicht wird.

Wenn Sie genügend magische Zahlen haben, dann können Sie im Nachhinein eine Menge von Prognosen errechnen und nachprüfen. Diese Prognosen können Sie dann auf die Zukunft ausweiten, und vielleicht funktionieren einige von ihnen sogar. Dazu kommt es meist dann, wenn Sie genügend magische Zahlen zur Auswahl haben, mit denen Sie arbeiten können. Wenn Sie zum Beispiel einen Raum mit 33 Menschen haben, dann ist die Wahrscheinlichkeit, dass zwei von ihnen am selben Tag Geburtstag haben, ziemlich groß. Dies bedeutet aber noch lange nicht, dass dieser gemeinsame Geburtstag eine magische Zahl darstellt, auch wenn einige gerne zu diesem voreiligen Schluss kommen.

Nehmen wir einmal an, dass solche Zahlen tatsächlich existieren. Nehmen wir außerdem an, dass sie nicht perfekt sind, aber die Zuverlässigkeit Ihrer Prognosen deutlich erhöhen. Mit magischen Zahlen könnten Sie zum Beispiel vorhersagen, dass es am 23. Juli im Dow Jones Industrieindex zu einem größeren Umschwung kommen sollte. Sie gehen davon aus, dass die Zuverlässigkeit Ihrer Prognose bei 55 Prozent liegt. Wenn Sie über einen derartigen Vorteil verfügen, dann haben Sie ein Ereignis, das sich traden lässt.

Einige dieser magischen Zahlen bezeichnet man als Fibonacci-Zahlen. Ich habe schon einige ziemlich erstaunliche Korrelationen beobachtet, sobald Fibonacci Retracements auf einem Chart eingezeichnet wurden. So scheinen zum Beispiel 0,667, 0,618 und 0,5 fast »magisch« zu sein, wenn es um die Vorhersage von Wendepunkten geht. Dafür gibt es jedoch auch eine nicht mathematische Erklärung. Wenn genug Menschen an den Einfluss magischer Zahlen glauben, dann erzielen sie ihre Magie alleine dadurch, dass man an sie glaubt. Wie Sie wissen, kann man nur seine Ansichten vom Markt traden.

**Fazit**

Was haben diese drei Konzepte zur Ordnung auf den Märkten gemein? Sie alle sagen Wendepunkte voraus. In den meisten Fällen erteilen Wendepunkte Tradern Informationen darüber, wann man in den Markt einsteigen sollte. In einigen Fällen weisen sie auch auf Gewinnziele hin und geben Aufschluss darüber, wann man aus dem Markt aussteigen sollte. In Kapitel neun werden Sie erfahren, dass es möglich ist, Geld mit einem Trading-System zu verdienen, bei dem der Einstiegspunkt vollkommen willkürlich ist. Wenn es also irgendeine Prognosemethode gibt, durch die man den Markt besser vorhersagen kann als nur rein zufällig, dann sollte ein Trader, der sie verwendet, gewisse Vorteile haben.

Wie sollte man solche Prognosen traden? Erstens könnte man den voraussichtlichen Stichtag (egal mit welcher zeitlichen Varianz) als einen Filter für den Einstieg verwenden. Wenn Ihnen also Ihre Methode einen Marktwendepunkt für den 23. Juli mit einer möglichen Varianz von einem Tag voraussagt, dann sollten Sie zwischen dem 22. und dem 24. Juli nach einem Einstiegssignal Ausschau halten.

Zweitens müssen Sie darauf achten, dass Ihnen der Markt, bevor Sie einsteigen, mitteilt, dass er die von Ihnen erwartete Kursbewegung vollzieht. Die Kursbewegung selbst sollte Ihr Trading-Signal sein, nicht der Zeitpunkt, an dem Sie mit der Kursbewegung rechnen. Die einfachste Möglichkeit für einen Trader wäre, nach einem Break-out-Signal mit hoher Volatilität Ausschau zu halten, und zwar innerhalb des Zeitfensters, in dem man mit einer Kursbewegung rechnet.

Nehmen wir zum Beispiel an, die durchschnittliche tägliche Kursspanne (gemessen anhand der Average True Range) für die letzten zehn Tage liegt bei vier Punkten. Ihr Signal könnte 1,5 Mal diese Spanne sein oder sechs Punkte. Somit würden Sie bei einer Kursbewegung von sechs Punkten (ausgehend vom gestrigen Schlusskurs) einsteigen. Danach würden Sie den Trade mithilfe geeigneter Stops, Ausstiegspunkten und Position Sizing kontrollieren. Darauf gehen wir in den folgenden Kapiteln noch genauer ein.

Die Schlüssel dazu, solche Konzepte der Ordnung auf profitable Art und Weise zu traden, sind dieselben wie die Schlüssel, mit denen man jedes Konzept ordentlich tradet. Als Erstes benötigt man gute Ausstiegspunkte, um sein Kapital zu bewahren, wenn das persönliche Konzept nicht funktioniert, und um eine große Auszahlung zu erzeugen, falls es funktioniert. Als Zweites muss man, um seine Tradingziele erreichen zu können, die richtige Größe für seine Positionen finden. Somit kann man solche Konzepte auch dann noch mit Gewinn traden, wenn Sie die Genauigkeit um ein Prozent erhöhen. Wenn man jedoch weniger Wert auf den Prognoseteil solcher Systeme legt (und damit sein Bedürfnis, alles unter Kontrolle zu haben und richtig zu liegen, aufgibt) und sich auf Ausstiegspunkte und Position Sizing konzentriert, sollte man damit gut bedient sein.

## Zusammenfassung

Die Absicht dieses Kapitels war es, Ihnen ein paar der zahlreichen Konzepte näherzubringen, die Sie verwenden können, um im Markt zu traden oder zu investieren, je nachdem, woran Sie glauben. Jedes dieser Konzepte könnte Ihnen einen Vorteil verschaffen, doch keines dieser Konzepte wird Ihnen dabei helfen, Geld zu verdienen, es sei denn, Sie kombinieren sie mit all den anderen bedeutsamen Faktoren, die in diesem Buch auftauchen, wie zum Beispiel der Tatsache, dass man einen anfänglichen Stop verwendet, über Ausstiegspunkte verfügt, sein System als eine Verteilung von R-Multiples versteht oder Position Sizing verwendet, um seine Ziele zu erreichen. All diese Themen werden im weiteren Verlauf dieses Buches behandelt und müssen in Zusammenhang mit den Konzepten gesehen werden, die Sie letztlich zu Ihrem primären Investitions»stil« machen.

Keines dieser Konzepte ist meiner Meinung nach »gültiger« (oder wertvoller) als ein anderes. Darüber hinaus verspüre ich keinerlei persönliche Vorlieben für eines dieser Konzepte. Ich habe dieses Kapitel aus folgendem Grund eingefügt: Ich wollte einfach zeigen, wie viele unterschiedliche Ideen es gibt.[44]

➡ Tom Basso begann diese Diskussionen, indem er über Trendfolgesysteme sprach. Er vertrat einfach die Ansicht, dass sich die Märkte gelegentlich für längere Zeit in eine Richtung bewegen oder einem Trend folgen. Diese Trends lassen sich mitnehmen und bilden die Grundlage für eine Form von Trading. Die Grundphilosophie dabei ist, dass man ein Kriterium findet, um festzustellen, wann der Markt einem Trend folgt, in Richtung des Trends in den Markt einsteigt und dann aussteigt, sobald der Trend vorüber ist oder sich das Signal als falsch erweist. Diese Technik lässt sich mühelos verfolgen, und man kann richtig gutes Geld damit verdienen, wenn man die Konzepte dahinter versteht und sich konsequent daran hält.

---

44 *Einige Konzepte habe ich unerwähnt gelassen (zum Beispiel Scalping, statistisches Trading, Hedging usw.), und zwar aus einem einzigen Grund: Hätte ich sie aufgenommen, hätte es den vorgesehenen Umfang dieses Kapitels bei weitem übertroffen. Daher habe ich mich auf die hauptsächlich verwendeten Konzepte beschränkt und versucht, diese weitestgehend zu erläutern.*

→ Chuck LeBeau erörterte das nächste Konzept, die Fundamentalanalyse. Dies ist die eigentliche Analyse von Angebot und Nachfrage im Markt, und viele Wissenschaftler halten sie für die einzige Möglichkeit, um zu traden. Das Konzept liefert Ihnen normalerweise tatsächlich ein Kursziel, doch es kommt durchaus vor, dass Ihre Analyse (oder die Analyse eines Experten) keinerlei Bezug zu dem hat, was die Kurse tatsächlich tun. Dennoch verwenden einige Trader Hintergrunddaten mit recht großem Erfolg, sodass Sie sich auch mit dieser Option durchaus vertraut machen könnten. Chuck liefert Ihnen sieben Vorschläge, denen Sie folgen können, falls Sie sich an dieses Konzept halten möchten. Allgemein gesagt ist ein Trend, der von Hintergrunddaten gestützt wird, wesentlich stärker als ein Trend ohne Hintergrunddaten. Chuck beschäftigt sich mit der Fundamentalanalyse in erster Linie in Bezug auf den Terminmarkt und weniger in Bezug auf den Aktienmarkt. Dazu kommen wir im Value-Teil.

→ Als Nächstes habe ich mich mit der Idee von Value-Investitionen beschäftigt. Hier kauft man das, was man für unterbewertet hält, und verkauft, was man für überbewertet hält. Dieses einfache Konzept wird oft von Leuten verwendet, die man gerne als Markt-Genies bezeichnet. Die wesentliche Frage lautet jedoch: »Wie ermittelt man Werte?« Dieser Abschnitt erörtert die Methoden, die funktionieren, und die Methoden, die nicht funktionieren, und liefert darüber hinaus einige Tipps, wie Sie Ihre Performance verbessern können, wenn Ihnen Value-Investitionen gefallen.

→ D. R. Barton beschäftigte sich mit dem Thema Band-Trading. Wenn Sie glauben, dass sich ein Markt in einem festen Kursbereich bewegt und dass dieser Bereich groß genug ist, um darin aktiv zu werden, dann bietet Ihnen Band-Trading die perfekten Lösungen. Dieses Konzept eignet sich besonders gut für kurzfristige Trader und für diejenigen, die ungern bei Höchstwerten kaufen und bei Tiefstwerten verkaufen. D. R. erörtert nicht nur die Vor- und Nachteile von Band-Trading, sondern liefert auch eine kurze Beschreibung der verwendeten Bänder.

→ Jerry Toepke erörterte das Konzept der saisonalen Tendenzen. Die Saisonalanalyse beruht auf den grundlegenden Eigenschaften bestimmter Produkte, zu bestimmten Jahreszeiten teurer und zu anderen Zeiten billiger zu sein. Das Ergebnis ist ein Konzept, das sowohl die Angebots-und-Nachfrage-Analyse der Fundamentalanalyse als auch den zeitlichen Wert von Trendfolgesystemen miteinander kombiniert. Es ist eine weitere Möglichkeit, auf den Märkten aktiv zu werden, wenn man sicherstellt, dass es für alle saisonalen Tendenzen, die man findet, einen triftigen Grund gibt.

→ Kevin Thomas, ein früherer Parketthändler an der Londoner Finanzterminbörse LIFFE, schrieb über das Thema Spreading. Der Vorteil von Spreading ist, dass man Beziehungen zwischen Produkten tradet anstatt die Produkte selbst. Dadurch entstehen neue Gelegenheiten, die sich ansonsten nicht ergeben würden. Kevin reichert seine Diskussion mit einigen wunderbaren Beispielen an.

- Arbitrage, ein von Ray Kelly auf äußerst humorvolle und geschickte Art und Weise präsentiertes Thema, sucht nach Gelegenheiten, bei denen es sich oftmals um einmalige Chancen handelt. Sobald sich solch einmalige Gelegenheiten ergeben, ist dies wie eine Lizenz zum Gelddrucken. Doch früher oder später ist es vorbei mit diesen Gelegenheiten, sodass sich der Arbitragehändler auf die Suche nach neuen Chancen begeben muss. Ray liefert zahlreiche Beispiele für solche einmalige Gelegenheiten, und erzählt auf humorvolle Art und Weise über seine frustrierenden Erlebnisse bei der Suche nach solchen Gelegenheiten.
- Lou Mendelsohn beschäftigte sich mit dem Thema »Inter-Markt-Analyse«, der Idee, dass ein Markt von vielen anderen Märkten beeinflusst werden könnte. Wenn Sie allmählich verstehen, wie diese Märkte miteinander verbunden sind, dann haben Sie irgendwann vermutlich einen Vorteil, wenn es darum geht, Kursänderungen in dem Markt zu verstehen, für den Sie sich als Trader interessieren.
- Das letzte Konzept, mit dem wir uns beschäftigt haben, war eine Übersicht mehrerer Theorien, die behaupten, eine magische Ordnung zu durchschauen, der die Märkte unterliegen. Es gibt drei verschiedene Ordnungskonzepte: (1) Konzepte, die auf Wellen menschlicher Emotion beruhen, (2) Konzepte, die auf großen physischen Ereignissen beruhen, die das menschliche Verhalten beeinflussen, und (3) Konzepte, die auf mathematischer Ordnung beruhen. Viele davon mögen kaum oder überhaupt nicht aussagekräftig sein, dennoch verwendet man sie, weil man glaubt, sie würden funktionieren. Und je mehr man daran glaubt, dass etwas funktioniert, desto »realer« wird das Konzept, und letztlich funktioniert es sogar. Somit lassen sich diese Konzepte durchaus gewinnbringend einsetzen – ebenso wie man mit willkürlich gewählten Einstiegspunkten Gewinne einfahren kann, wozu wir im nächsten Kapitel kommen werden. In dieser letzten Diskussion haben Sie erfahren, wie Sie eines dieser Ordnungskonzepte verwenden (falls Ihnen eines davon zusagt) und daraus Nutzen ziehen. Solche Konzepte eignen sich vermutlich besonders gut für Trader, die das Gefühl haben, sie müssten erst wissen, wie die Märkte funktionieren, bevor sie sich auf das Ganze einlassen.

# 6 Trading-Strategien, die ins große Bild passen

*Mit jedem Dollar, um den das Bruttoinlandsprodukt der USA wächst, nimmt die Verschuldung um vier Dollar zu. Hierbei handelt es sich um die schlechteste Performance eines Kreditausbaus in der Geschichte und natürlich auch im Vergleich zu jedem anderen Land.*

– **Dr. Kurt Richebächer,**
*Vorlesung zur Wirtschaftslehre, November 2005*

Als ich die erste Auflage dieses Buches schrieb, ließ ich einen Trading-Stil, den ich Mental-Scenario-Trading nannte, außen vor. Ich hatte die Erfahrung gemacht, dass es sich dabei um eine Art Kunstform handelte, die von einigen der besten Investoren und Trader verwendet wurde. So würde ich zum Beispiel die Börsenzauberer Bruce Kovner und Jim Rogers als Mental-Scenario-Trader bezeichnen. Der beste Weg, deren Vorgehensweise zu beschreiben, ist, zu sagen, dass diese Trader stets über die Vorgänge auf der Welt informiert und auf dem Laufenden waren und dass sie infolge ihres Wissens großartige Ideen für ihr Trading hatten. Jim Rogers sagte einmal über das Mental-Scenario-Trading: »Wie kann man in American Steel investieren, ohne zu wissen, was sich beim malaysischen Palmenöl so tut? All diese Aspekte sind Teil eines großen, dreidimensionalen Puzzles, das sich ständig verändert.«[45]

Ich habe nie mit einem Mental-Scenario-Trader zusammengearbeitet, weswegen ich auch in meinen Büchern oder Kursen nie besonders auf dieses Thema eingegangen bin. Doch meine Einstellung zum Mental-Scenario-Trading hat sich seit der ersten Auflage dieses Buches verändert. Ich bin der Meinung, dass jeder zumindest um das große Bild, die weltweiten Vorgänge, wissen und zwei oder drei Systeme traden sollte, die sich aus den Mustern entwickeln, die sich herauszukristallisieren scheinen. Hier sind zum Beispiel einige meiner Gedanken zum Gesamtbild. Und wieder gilt: Seien Sie sich bitte bewusst, dass es sich

---

45 Jack Schwager, *Market Wizards* (New York: New York Institute of Finance, 1988), S. 306.

hierbei nur um meine Gedanken, meine Realitäts-Filter handelt, und dass Ihre Ideen und Vorstellungen womöglich ganz anders aussehen:

- Ich bin der Meinung, dass Schwellenländer immer größere Mengen an Rohstoffen konsumieren werden.
- Ich bin außerdem der Meinung, dass die USA am Beginn einer anhaltenden Baisse stehen, im Laufe derer solche Themen wie die extrem hohe Verschuldung des Landes und die Rentenproblematik der sogenannten Babyboomer eine wichtige Rolle spielen werden.
- Ich glaube, dass die Vereinigten Staaten in ihrer Rolle als Weltmacht den Höhepunkt erreicht haben und langfristig ihre Vormachtstellung einbüßen werden. In diesem Punkt bin ich schlicht und ergreifend Realist, denn im Verlauf der Geschichte passierte das noch jeder Großmacht.
- Geht man von einem solchen Szenario aus, so glaube ich, dass es in den USA mindestens zu einer allgemeinen Abwertung des Dollars kommen wird (im besten Falle) und dass das Land mit recht hoher Inflation konfrontiert werden wird, die die Kaufkraft des Dollar stark angreifen wird. Wir könnten einen Dow von 40.000 erleben, wobei der Dollar, gemessen an der heutigen Kaufkraft, etwa fünf Cent wert wäre. Und für den Fall, dass Sie denken, ich würde einen großen Börsenboom vorhersagen: Das hieße so viel wie ein Dow, der bei 2.000 Punkten steht, gemessen am Dollar-Wert des Jahres 2006.

Aufgrund dieser Überzeugungen will ich mich auf bestimmte Trading-Ideen konzentrieren:

- Seien Sie langfristig vorsichtig im Umgang mit dem US-Dollar und dem US-Aktienmarkt.
- Gehen Sie langfristig von großartigen Trading-Gelegenheiten auf den internationalen Aktienmärkten aus.
- Erwarten Sie langfristig hervorragende Trading-Gelegenheiten bei Gold, Öl und Rohstoffen im Allgemeinen.
- Geben Sie Verbrauchsgütern (wie Bauholz) den Vorzug vor Aktien (wie etwa von General Motors). Auch Sammlerobjekte werden sich in den nächsten zehn bis 15 Jahren ausnehmend gut entwickeln.

Auf einige dieser Ideen (und andere) werde ich in diesem Kapitel detailliert eingehen. Ich will diese Ideen erläutern, um Ihnen einen Eindruck davon zu vermitteln, wie man ein solches Gesamtbild-Szenario erstellt. Mein Gesamtbild mag mit dem Ihren vielleicht nicht deckungsgleich sein, doch indem Sie über das meinige lesen, stoßen Sie eventuell auf Fragen und Ideen, auf die Sie bei der Zusammenstellung und Planung Ihres eigenen Gesamtbildes dann zurückkommen können. Des Weiteren sollten Sie, wenn Sie Ihr Gesamtbild erstellen, in der Lage sein, dieses zu messen und dessen Fortschritte aufzunehmen und zu aktualisieren.

Ich rate heutzutage allen meinen Kunden, dass sie einen Geschäftsplan entwickeln sollten, mit dessen Hilfe sie ihre eigenen langfristigen Trading-Szenarien simulieren. Bei diesem Plan geht es darum, sich selbst zu fragen: »Wie wird das Gesamtbild in den nächsten fünf bis 20 Jahren aussehen?« Die Antwort auf diese Frage wird Ihnen dabei helfen, sich auf die Märkte, auf denen man traden sollte, und auf die Art des Tradings, mit dem man arbeiten möchte, zu konzentrieren.

Während ich meine Version des Gesamtbilds für Sie erstellte, dämmerte es mir, dass ich ja eigentlich vorschlage, jeder solle als Grundlage für sein Trading in Form von Mental Scenarios denken. Einerseits kann man sich so wie ich auf das Gesamtbild konzentrieren, um so herauszufinden, auf welchen Märkten man investieren möchte und welche Erträge man erwarten kann. Als Alternative kann man jedoch auch auf regelmäßiger Basis bis tief ins Innere des Gesamtbilds eindringen und so immer mehr zu einem Mental-Scenario-Trader beziehungsweise -Investor werden.

Im Grunde genommen haben Sie die Wahl: Wollen Sie ein erfolgreicher Trader/Investor werden, dann schlage ich Ihnen vor, sich breitflächig auf das Gesamtbild zu konzentrieren, um herauszufinden, auf welche Art von Markt Sie sich konzentrieren sollten und wie man auf diesen Märkten am besten vorgeht. Entscheiden Sie sich für diese Option, so wäre es vermutlich am besten, Sie würden im Wochenrhythmus (oder zumindest im Monatsrhythmus) Daten sammeln, um Ihr Gesamtbildszenario auf den neuesten Stand zu bringen. Dadurch können Sie herausfinden, ob (1) Sie Ihre Meinung revidieren sollten oder ob (2) Sie hinsichtlich eines Aspekts des Gesamtbilds, oder womöglich hinsichtlich des ganzen Szenarios, völlig danebenlagen.

Andererseits könnten Sie mehr und mehr Ideen und Informationen zum Gesamtbild sammeln – so lange, bis dieses Datensammeln zum Teil Ihrer täglichen Routine geworden ist. Wenn Sie so vorgehen, werden sich spezifische Trading-Ideen entwickeln, aufgrund derer Sie handeln wollen. Entspricht dies eher Ihrem Stil, so sind Sie meiner Meinung nach zum Mental-Scenario-Trader/Investor geworden.

Lassen Sie uns also einen genaueren Blick darauf werfen, wo Sie in Ihrer Entwicklung als Trader/Investor gerade stehen. Sie sollten mittlerweile über eine Liste mit Ihren Gedanken zu sich selbst und Ihrem Trading verfügen. Und nachdem Sie Kapitel fünf gelesen haben, sollten Sie auch wissen, welche Konzepte Sie ansprechen. Nun würde ich Sie gerne dazu ermutigen, zumindest über die Entwicklung eines Systems nachzudenken, das in das Gesamtbild, so wie Sie es sehen, passt, und einige Messtechniken auf Monatsbasis zu entwickeln, mit deren Hilfe Sie auch bei Veränderungen innerhalb des Gesamtbilds auf dem neuesten Stand bleiben.

Dieses Kapitel, ebenso wie all die anderen Kapitel, spiegelt meine Meinungen, Gedanken und Überzeugungen wider, die ich in meiner Laufbahn als Trader stets als hilfreich empfand und die dazu beigetragen haben, dass ich ein sehr guter Trading-Coach wurde. Ich werde über das große Bild, das Gesamtbild, schreiben, wie ich es gerade jetzt, also Ende des Jahres 2006, sehe. Ich möchte Ihnen nur ein Beispiel dafür geben, wie das Gesamtbilddenken funktioniert. Ihre Sicht der Dinge mag ganz anders aussehen. Außerdem kann es durchaus sein, dass meine Überzeugungen in der Zukunft völlig anders aussehen, da es zu neuen Entwicklungen kommt. Doch sollten sich die Dinge ändern, verfüge ich über eine Methode, mit deren Hilfe ich den Markt nach Daten absuchen kann, die dazu führen würden, dass ich meine Sicht der Dinge, der weltweiten Vorgänge, revidiere. Auch Sie sollten eine solche Methode haben. Des Weiteren ist es wichtig zu verstehen, dass zwar einige Aspekte des Gesamtbilds auf eine Krise hindeuten können, dass jede Krise jedoch auch eine wirtschaftliche Gelegenheit sein kann.

## Meine Sicht des Gesamtbilds

Sehe ich mir das Gesamtbild heute an, so glaube ich, dass einige primäre Faktoren berücksichtigt werden müssen. Da wäre erstens die riesige Verschuldung der USA: Die gesamte Staatsverschuldung entspricht etwa 125.000 Dollar pro Person. Zweitens glaube ich, dass wir mitten in einer anhaltenden Baisse stecken, die im Jahr 2000 begann und durchaus noch bis 2020 anhalten kann. Das soll nicht heißen, dass die Aktienkurse sinken werden, doch es bedeutet, dass die Bewertungen der Aktien, gemessen an den Kurs-Gewinn-Verhältnissen, schlechter ausfallen werden. Drittens entsteht gerade eine globale Wirtschaft, in der ehemalige Dritte-Welt-Länder wie China und Indien zu bedeutenden Akteuren und Handelspartnern werden. Der vierte wichtige Faktor des Gesamtbildes ist, zumindest für die US-amerikanische Bevölkerung, der Einfluss der großen Portfoliomanager auf den Aktienmarkt. Derzeit unterstützen sie die großen Aktienindizes wie etwa den S&P 500 noch. Doch gehen die ersten Babyboomer im Jahr 2010 in Rente, wird es wahrscheinlich zu einer jahrelangen Nettotilgung kommen, was sich negativ auf die großen Indizes auswirken wird. Der fünfte Schlüsselfaktor ist, sich der Veränderungen bei Steuern, Politik oder Regulierungen bewusst zu sein, die das gesamte Wirtschaftsbild verändern könnten. Für gewöhnlich tut eine Regierung ihr Möglichstes, ihrer Probleme Herr zu werden, indem sie kurzfristige Lösungen anwendet, doch solche Lösungen gehen in der Regel zu Lasten der künftigen Generationen. Der letzte Schlüsselaspekt ist, dass der Mensch, wenn es um finanzielle Entscheidungen geht, sehr ineffizient ist. Doch es gibt auch eine gute Nachricht: Man kann tatsächlich effizient werden. Wahrscheinlich gibt es noch andere Faktoren, die Sie vielleicht im Rahmen Ihrer Mental-Scenario-Planung erwägen möchten, doch die eben erwähnten sind die für mich wichtigsten Aspekte.

Der Grund, warum ich meine Gedanken zum Gesamtbild noch einmal wiederhole, ist ein ganz einfacher: Ich möchte Ihnen einen Ausgangspunkt geben.

Die Schlüsselaspekte, die Sie als wichtig erachten, können natürlich völlig anders ausfallen.

## Faktor eins: die Verschuldung der USA

Im Jahr 1983 waren die USA noch die größte Gläubigernation der Welt. Zwei Jahre später wurde das Land zum ersten Mal seit 1914 zum Schuldner. Heute, im Jahr 2006, sind die Vereinigten Staaten die größte Schuldnernation in der Geschichte. Im Jahr 1993 sagte der Abgeordnete James Traficant, Jr. (Ohio) in einer Rede vor dem Abgeordnetenhaus:

> Herr Vorsitzender, wir befinden uns in Chapter Eleven. Die Mitglieder des Kongresses sind offizielle Treuhänder, die der größten Re-Organisierung eines Bankrotts seit Menschengedenken vorstehen, dem Bankrott der Regierung der Vereinigten Staaten. Hiermit legen wir also voller Hoffnung einen Plan für unsere Zukunft vor. Manche sagen, es sei der Bericht eines Leichenbeschauers, der zu unserem Untergang führen wird.[46]

Ich erinnere mich noch daran, als die US-Staatsverschuldung im Jahre 1980 die Billionen-Dollar-Marke erreichte. Damals dachte ich oft: »Dieser Wert kann doch unmöglich noch weiter steigen – wie sollte das gehen!?« Nun ja, heute ist dieser Betrag ungleich größer, und es scheint uns nicht wirklich schlecht zu gehen, also besteht vielleicht tatsächlich die Möglichkeit, dass es für immer so weitergeht. Aber ist das wirklich möglich? Ich habe beschlossen, mir einmal einen Chart der US-Verschuldung der vergangenen 100 Jahre anzusehen; diesen Chart sehen Sie in Abbildung 6.1. Ich kann Ihnen sagen: Es sieht nicht gut aus.

Im Jahr 1900 betrug die Staatsschuld der USA etwa 2,1 Milliarden Dollar, 1920, nach Gründung der Federal Reserve, stieg die Staatsverschuldung von 2,6 auf 16 Milliarden Dollar. Aufgrund der Ausgaben des Zweiten Weltkriegs stieg die Verschuldung nach 1950 deutlich, auch deshalb, weil der US-Dollar zur weltweiten Reservewährung wurde. Zu einem weiteren deutlichen Anstieg kam es 1980 infolge der Ausgaben für den Vietnam-Krieg und wegen der Weigerung der USA, Dollar gegen Gold zu tauschen.

Doch seit damals ist die Verschuldung völlig aus dem Ruder gelaufen, und im Jahr 2006, noch nicht einmal zehn Jahre seit 2000, betrug sie 8,5 Milliarden Dollar. Es ist gut möglich, dass sich die Verschuldung der USA bis zum Jahr 2010 bereits auf 15 Milliarden Dollar beläuft. Außerdem beinhaltet dieser Chart noch keine künftigen Ansprüche wie etwa die Sozialversicherung; inklusive solcher Zahlungen beläuft sich die Verschuldung der Vereinigten Staaten laut Berech-

---

*46 Protokoll des Kongresses der Vereinigten Staaten von Amerika, 17. März 1993, Band 33, S. H-1303. Referent ist der Abgeordnete James Traficant, Jr.*

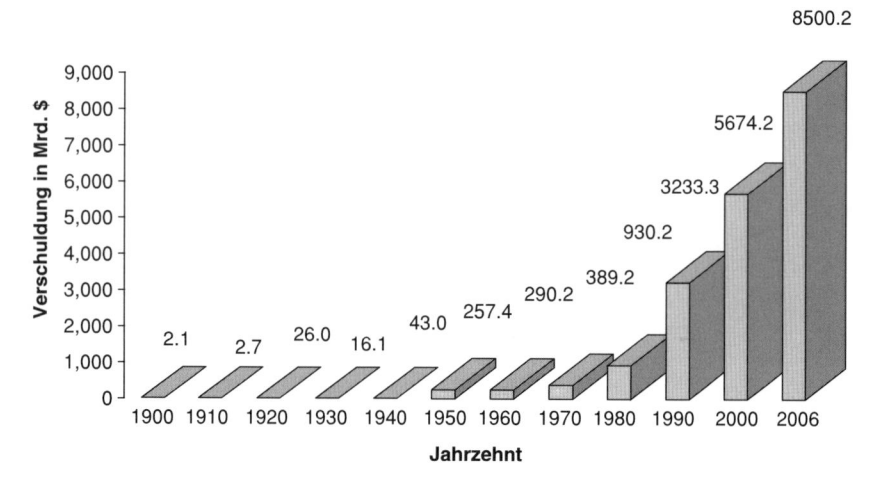

**Abb. 6.1:** Die offizielle Staatsverschuldung der USA seit 1900 (in Jahrzehnten)

nungen der Regierung auf 67 Billionen Dollar. Eine Studie von Dr. Laurence J. Kotlikoff, die von der Federal Reserve St. Louis gesponsert wurde, kam zu dem Ergebnis, dass die Regierung der Vereinigten Staaten von Amerika bankrott ist.[47]

Momentan haben wir ein Zahlungsbilanzproblem, das sich auf etwa 750 Milliarden Dollar pro Jahr beläuft, wobei etwa 200 Milliarden davon direkt nach China gehen. Das bedeutet, dass die USA im Jahr etwa 750 Milliarden Dollar mehr in anderen Ländern ausgeben, als sie selbst ins Ausland exportieren. Schon jetzt hält das Ausland Schuldverschreibungen der USA im Wert von drei Billionen Dollar. Das Ausland scheint dazu bereit zu sein, da US-amerikanische Verbraucher in den 90er-Jahren das Wachstum der Weltwirtschaft förderten. Doch es hat Jahrzehnte gedauert, bis die Regierungen im Ausland diese Verschuldung im Wert von drei Billionen Dollar gegenüber den USA angehäuft hatten. Angesichts der US-Zahlungsbilanz, die derzeit 750 Milliarden Dollar pro Jahr ausweist, werden sich die Schulden der Vereinigten Staaten im Ausland allein innerhalb der nächsten vier Jahre verdoppeln. Was wird geschehen, wenn man im Ausland beschließt, diese Schulden der USA einzufordern? Das Ausland steckt hier in einer Zwickmühle: Beschließt man, die US-Schulden einzutreiben, so verliert der Dollar massiv an Wert, ebenso wie die Verbindlichkeiten. Außerdem gilt: Verliert der Dollar deutlich an Wert, wird es für das Ausland so gut wie

---

47 Kommentar von John F. Wasik, www.bloomberg.com, 17. Januar 2006.

unmöglich, mehr Produkte an die spielzeughungrigen US-Verbraucher zu verkaufen. Die italienische Regierung hat bereits US-Schuldtitel als Teil ihrer offiziellen Regierungsreserven verkauft und diese durch britische Pfund ersetzt.

**Die Schulden der US-Unternehmen**

Außerdem ist nicht die Regierung allein für das Schuldenproblem verantwortlich. Im Lauf der Jahre haben US-Unternehmen massiv Schulden gemacht. Im Mai des Jahres 2002, als der Nasdaq nach seinem historischen Höchststand um 70 Prozent gesunken war, entdeckte mein Freund Steve Sjuggerud, dass sich die Schulden aller im Nasdaq gelisteten Unternehmen in den USA auf 2,3 Billionen Dollar beliefen. Nehmen wir einmal die beiden größten Aktiengesellschaften (Microsoft und Intel) heraus, so sieht die Situation folgendermaßen aus: Der Nasdaq ist zwei Billionen Dollar wert, wobei sich die Schulden auf 2,3 Billionen Dollar belaufen. Das ist in etwa so, als kaufte man ein Haus, das 200.000 Dollar wert ist, und würde dafür eine Hypothek von 230.000 Dollar aufnehmen. Kurz nachdem Steve darüber berichtet hatte, beschlossen die Zuständigen des Nasdaq, diese Daten nicht mehr zu veröffentlichen. Das Fazit lautet: Die Schuldensituation der US-Unternehmen sieht nicht gut aus.

Im vorangegangenen Kapitel habe ich erwähnt, wie wir den Wert von US-Unternehmen betrachten, wie er sich zusammensetzt. Nehmen wir also das Umlaufvermögen (Wie viel ist das Unternehmen wert, falls alles innerhalb eines Jahres zu Geld gemacht würde) und ziehen von diesem Wert die Gesamtschulden des Unternehmens ab. Versuchen Sie das doch einmal mit zehn oder 15 der großen US-Unternehmen! Nehmen Sie sich ein paar der bekannten Unternehmen wie etwa General Electric, Boeing, Google, Microsoft oder IBM und vielleicht noch ein paar Aktiengesellschaften, die sie sich willkürlich aus der Zeitung picken, vor. In mindestens 70 Prozent der Fälle wird die Zahl, die Sie erhalten, negativ sein. Was das bedeutet? Es bedeutet, dass die US-Unternehmen zu hohe Schulden haben und in der Klemme stecken.

**Die Schulden der US-Verbraucher**

Jetzt lassen Sie uns einen Blick auf die Schulden der US-Verbraucher werfen, damit Sie nicht auf die Idee kommen, der US-Verbraucher sei anders als die Regierung und die Unternehmen der Vereinigten Staaten. Die Schuld der Verbraucher in den USA hat gigantische Ausmaße erreicht und betrug im Jahr 2006 weit mehr als 2,2 Billionen Dollar. Noch im Jahr 1998 lag die Verschuldung der privaten Haushalte bei 1,3 Billionen Dollar.

Zum ersten Mal seit den 30er-Jahren ist die Verschuldung der privaten Haushalte (gemessen in Prozent des zur Verfügung stehenden Einkommens) negativ.

Nimmt man noch die Hypotheken dazu, so beläuft sich die Verschuldung auf mehr als zehn Billionen Dollar. Laut John Wasik, der für Bloomberg schreibt, hat die Verschuldung der privaten Haushalte das zur Verfügung stehende Einkom-

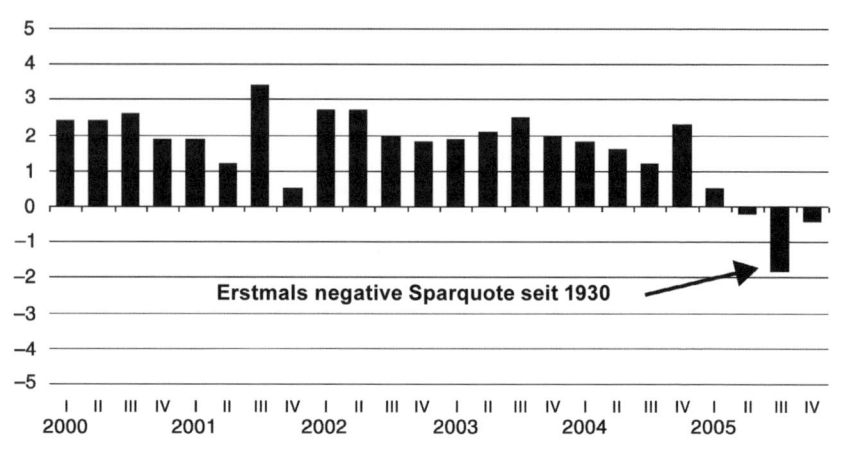

**Bild 6.2:** Die private Sparquote (in Prozent des verfügbaren Einkommens)

men seit dem Jahr 2000 mit einer jährlichen Rate von 4,5 Prozent überholt.[48] Die Fed zeigte auf, dass sich in der ersten Hälfte des Jahres 2003 die privaten Spareinlagen nach Abzug der Einkommensteuer auf nur noch zwei Prozent beliefen. Drei Jahre später befinden sich die Ersparnisse zum ersten Mal seit der Weltwirtschaftskrise im negativen Bereich. Der Chart des US-amerikanischen Bureau of Economic Analysis in Abbildung 6.2 zeigt dies ganz deutlich.

### Ausweg aus der Schuldenkrise

Wie also sieht die Lösung des Problems aus? Nun ja, es gibt mehrere. Zum Ersten sollten wir den logischen Schritt machen und unsere Politiker davon abbringen, weiterhin zu viel auszugeben. Die Regierung könnte einige ihrer Vermögenswerte verkaufen, wie zum Beispiel Teile des riesigen Grundbesitzes, um so vielleicht aus den roten Zahlen zu kommen. Dr. Kotlikoff schlug in seinem Bericht über den Bankrott der US-Regierung vor, eine Regierungsmehrwertsteuer von 33 Prozent einzuführen, die Staatsausgaben um 50 Prozent zu senken, die Sozialversicherung zu privatisieren und ein global budgetiertes Gesundheitssystem aufzubauen. Glauben Sie, dass das alles tatsächlich passieren wird? Wenn Sie das wirklich denken, dann unterscheiden sich die Politiker, die Sie kennen, ganz massiv von denen, die ich kenne. Und da die US-Bürger selbst in Anbetracht ihrer Schulden nicht unbedingt logisch handeln, wie können wir da erwarten, dass unsere gewählten politischen Vertreter logisch vorgehen?

---

48 Diese Studie finden Sie unter www.research.stlouisfed.org/publications/review/06/07/Kotlikoff.pdf.

Die zweite Lösung wäre ganz einfach, den Zahlungsverpflichtungen nicht nachzukommen. Was würde dann geschehen? Staatsanleihen mit kurzer Laufzeit, die bisher als risikolos galten, wären wertlos, ebenso wie Staatsanleihen mit langer Laufzeit. Der US-Dollar wäre wertlos, die USA wären bankrott. Das Land könnte noch nicht einmal einen Kredit aufnehmen, da kein anderes Land bereit wäre, einen solchen zu gewähren. Daher ist Lösung Nummer zwei nicht wirklich praktikabel.

Lösungsvorschlag Nummer drei sieht wie folgt aus: wirtschaftlicher Kollaps und schwere Depression. Während solcher Szenarien nimmt die Währung an Wert zu, während Güter und Dienstleitungen an Wert verlieren. Wäre das Geld mehr wert, so sähe die Schuld, die sich auf 37 Billionen Dollar beläuft, viel eher wie eine Staatsschuld im Wert von 370 Billionen Dollar aus, und es wäre unmöglich, sie ohne einen Ausfall zu bezahlen. Dieses deflationäre Szenario ist völlig unwahrscheinlich. Der derzeitige Vorsitzende der Fed, Ben Bernanke, sagte im November 2002 Folgendes vor dem National Economists Club:

> Unser zweites Bollwerk gegen eine Deflation innerhalb der Vereinigten Staaten ... ist das Zentralbanksystem der Vereinigten Staaten selbst. Der Kongress hat der Fed die Verantwortung übertragen, die Preisstabilität zu gewährleisten (nur eine der Zielsetzungen der Fed), was ganz sicher bedeutet, Deflation ebenso zu vermeiden wie Inflation. Ich bin sicher, dass die Fed jedes Mittel, das nötig ist, einsetzen würde, um eine Deflation innerhalb der Vereinigten Staaten abzuwenden, und ich bin außerdem überzeugt, dass die Zentralbank der USA, wenn nötig in Zusammenarbeit mit anderen Behörden der Regierung, über ausreichend politische Instrumente verfügt, um sicherzustellen, dass jedwede Deflation, sollte es tatsächlich zu einem solchen Szenario kommen, schwach und nur von kurzer Dauer wäre.

Die vierte Lösung wäre, die Schulden derart aufzublähen, bis sie quasi nicht mehr existieren. Nach seiner Aussage, die Fed werde eine Deflation um jeden Preis vermeiden, sagte Bernanke weiter:

> Die Regierung der USA verfügt über eine gewisse Technologie, genannt die Druckerpresse (oder, heutzutage, deren elektronisches Äquivalent), die es ihr erlaubt, zu einem Preis, der nicht der Rede wert ist, so viele US-Dollar zu produzieren, wie sie möchte. Indem die Regierung die Menge der sich im Umlauf befindenden Dollars erhöht, oder selbst indem sie dies nur androht, kann sie den Wert des Dollars, gemessen in Waren und Dienstleistungen, reduzieren, was einer Aufwertung des Dollar-Preises dieser Waren und Dienstleistungen entspricht. Wir kommen also zu dem Schluss, dass eine entschlossene Regierung in einem Papiergeldsystem jederzeit höhere Ausgaben und somit positive Inflation generieren kann.

So deutet Bernanke also auf die logischste aller Lösungen – die Schuld wird so lange aufgebläht, bis sie quasi nicht mehr existiert. Tatsächlich bedeutet Inflation ja, dass unser Geld, unsere Währung, immer mehr an Wert verliert.

Meine Mutter, die, würde sie noch leben, heute über 100 Jahre alt wäre, konnte sich noch an jene Zeiten erinnern, als ein Kinobesuch nur fünf Cent kostete. Ich kann mich noch erinnern, dass ich als Kind Doppelvorstellungen im Kino besuchte (es wurden tatsächlich zwei Filme gezeigt, man musste allerdings nur für einen bezahlen) und 50 Cent dafür zahlte. Autokinos, die die ganze Nacht hindurch geöffnet hatten, waren sogar noch besser: Ein Auto voller Leute zahlte damals für vier bis sechs Filme nur ein paar Dollar. Heute zahlt man an der Kinokasse für ein einziges Ticket zwischen acht und zehn Dollar, und die Kinos verdienen das meiste Geld mit den Lizenzen, nicht mit den Tickets. Es kann einen also durchaus 20 Dollar kosten, wenn man einen Film sehen, etwas Popcorn essen und dazu noch etwas trinken will. Das nennt man Inflation.

Doch die USA haben in ihrer Geschichte meist nur relativ schwache Inflationen erlebt. Das Inflationsziel der Fed steht bei etwa zwei Prozent. Doch was, wenn sich die Inflation pro Jahr auf 100 Prozent beliefe, wie es in einigen Ländern Zentral- und Südamerikas der Fall war? Käme es zu einem solchen Szenario, so wäre die US-Staatsschuld, ebenso wie der Dollar, bald wertlos. Doch die USA könnten jederzeit mit einer neuen Währung an den Start gehen. Ein solches Inflationsszenario wäre die wahrscheinlichste Lösung für das Problem der kontinuierlich wachsenden Verschuldung der Vereinigten Staaten. Unsere Staatsschuld könnte in die Nichtexistenz inflationiert werden. Unter solchen Umständen würde der Wert von Gütern und Dienstleistungen dramatisch steigen.

Wie würde sich ein solches Inflationsszenario auf den Aktienmarkt auswirken? Während der Baisse von 1966 bis 1982 war die Inflation relativ hoch. Auf dem Aktienmarkt herrschte recht hohe Volatilität, die jedoch an einen bestimmten Kursbereich gebunden war, während sich der Dow zu dieser Zeit meist zwischen 500 und 1.000 bewegte. Während dieser ganzen Zeit stiegen die Aktienkurse ein wenig, doch die Aktienbewertungen sanken deutlich, und die Anleger verloren für gewöhnlich Geld. Das könnte leicht wieder geschehen. Bis zum Jahr 1982 waren die durchschnittlichen Kurs-Gewinn-Verhältnisse so stark gesunken, dass sie sich im einstelligen Bereich befanden.

Die fünfte Lösung wäre eine Abwertung des US-Dollars gegen andere Währungen. Durch diese Lösung würde die Zahlungsbilanz ausgeglichen, oder es gäbe vielleicht sogar einen Überschuss, angenommen die US-Verbraucher hören auf, zu konsumieren, da Güter aus dem Ausland immer teurer werden. Aus diesem Grund sollte diese Lösung als Möglichkeit in Betracht gezogen werden. Zu diesem Szenario kommt es, wenn die USA die Zinssätze erhöhen, weil Geld immer dorthin fließt, wo es am besten behandelt wird. Doch hohe Zinsen bedeuten, dass es immer teurer wird, unsere Schulden zu bedienen. Wie könnten die Vereinigten Staaten in einer solchen Situation also ihre angehäuften Schulden loswerden oder sie gar verwalten?

Es gibt auch noch eine sechste Lösung: Die Regierung müsste so weit gehen, ihre Versprechungen hinsichtlich Zahlungsansprüchen für Sozialversicherung und Medicare, der Gesundheitsversorgung für ältere Bürger, nicht einzuhalten. Eine Rückzahlung unserer kurz- und langfristigen Staatsanleihen ist keine vertraglich festgelegte Verpflichtung – es handelt sich um ein Versprechen der Regierung. Es wäre für die Regierung ein Leichtes, die Gesetze so zu verändern, dass eine Erfüllung dieser Zahlungsansprüche nicht länger nötig wäre.

**Wie sieht Ihre persönliche Einschätzung des Faktors eins aus?**
- Glauben Sie, dass Regierung, Unternehmen und Verbraucher in den USA auch in der Zukunft in dem Maße Ausgaben werden tätigen können, wie sie dies heute tun, ohne dass ihr Verhalten ernste Konsequenzen nach sich zieht?
- Oder glauben Sie, dass wir, selbst wenn wir noch heute der Defizitfinanzierung den Riegel vorschieben, den riesigen Schuldenberg ohne ernste wirtschaftliche Konsequenzen abbauen können?
- Lautet Ihre Antwort auf die ersten beiden Fragen Nein, was glauben Sie: Mit welchen wirtschaftlichen Konsequenzen ist zu rechnen? Ihre Antwort sollte Teil der Planung sein, die Sie hinsichtlich des Gesamtbilds betreiben.
- Lautet Ihre Antwort auf die ersten beiden Fragen Ja, dann sagen Sie mir: Wie soll man mit der Tatsache umgehen, dass die Bruttozinszahlungen der Vereinigten Staaten derzeit 14 Prozent der Ausgaben der Regierung ausmachen (obwohl bei dieser Zahl geschwindelt wird und die Sozialversicherung für etwa die Hälfte dieses Betrags verantwortlich gemacht wird)? Was wird geschehen, wenn das Defizit weiter wächst?

## Faktor zwei: die anhaltende Baisse

Der US-Aktienmarkt neigt dazu, sich in großen anhaltenden Zyklen zu bewegen die zwischen 15 und 20 Jahre dauern können. Während der Haussezyklen steigen die Aktienbewertungen, was bedeutet, dass die Kurs-Gewinn-Verhältnisse (KGVs) steigen. Während der Baissezyklen sinken die Aktienbewertungen (die KGVs sinken, was für gewöhnlich bedeutet, dass auch die Kurse sinken).[49] Die Tabellen 6.1 und 6.2 zeigen die wichtigsten und größten Zyklen, die der US-Aktienmarkt im Verlauf der vergangenen 200 Jahre durchlebt hat.

---

[49] Meine Hauptquellen für dieses Material sind Michael Alexanders Buch Stock Cycles: Why Stocks Won't Beat Money Markets Over The Next Twenty Years (Lincoln, Neb.: Writers Club Press, 2000) und Ed Easterlings fabelhafte Studien auf www.crestmontresearch.com ebenso wie sein Buch Unexpected Returns: Understanding Secular Stock Market Cycles (Fort Bragg, Calif.: Cypress House, 2005) S. 49-52; Weitere Informationen stammen aus meiner jahrelangen Lektüre von Richard Russells E-Mail-Kommentaren zur Dow-Theorie (www.dowtheoryletters.com).

| Hausse | ungefährer Zeitraum | reale Jahreserträge in % |
|---|---|---|
| Eisenbahn-Boom | 1843 – 1853 | 12,5 |
| Bürgerkrieg und Nachkriegszeit | 1861 – 1881 | 11,5 |
| Vor dem Ersten Weltkrieg | 1896 – 1906 | 11,5 |
| Die wilden Zwanziger | 1921 – 1929 | 24,8 |
| Boomphase nach dem Zweiten Weltkrieg | 1949 – 1966 | 14,1 |
| High-Tech-Boom | 1982 – 2000 | 14,8 |

**Tabelle 6.1:** Die wichtigsten Haussemärkte

Laut dem Markthistoriker Michael Alexander haben die Vereinigten Staaten in den zurückliegenden 200 Jahren vieler solcher Zyklen durchlebt. Tabelle 6.1 zeigt eine Liste der wichtigsten Haussemärkte. Im Durchschnitt dauern diese Haussemärkte etwa 15 Jahre an, und Investoren, die Werte der größeren Unternehmen kaufen und halten, verdienen pro Jahr etwa 13,2 Prozent. Diese Haussemärkte decken 103 der angesprochenen 200 Jahre ab.

Zum Leidwesen all jener Investoren, die Verfechter der Kaufen-und-Halten-Strategie sind, folgen auf solche wichtigen Haussemärkte für gewöhnlich auch große Baissen, bei denen es sich um Gesundschrumpfungen im großen Stil handelt, durch die die Exzesse der Hausse korrigiert werden sollen.

| Baisse | ungefährer Zeitraum | reale Jahreserträge in % |
|---|---|---|
| Vor dem Krieg von 1812 | 1802 – 1815 | 2,8 |
| Die erste große Depression | 1835 – 1843 | –1,1 |
| Die Ära vor dem Bürgerkrieg | 1853 – 1861 | –2,8 |
| Die erste Bankenkrise | 1881 – 1896 | 3,7 |
| Die zweite Bankenkrise | 1906 – 1921 | –1,9 |
| Die zweite große Depression | 1929 – 1949 | 1,2 |
| Die Zeit der Inflation | 1966 – 1982 | –1,5 |
| Kampf gegen den Terror | 2000 – Heute | ? |

**Tabelle 6.2:** Die wichtigsten Baissemärkte

Die USA befinden sich derzeit in einer solchen Baisse, die Anfang 2000 begann. In Tabelle 6.2 finden Sie eine Auflistung der wichtigsten Baisseszenarien.

Durchschnittlich dauern Baissemärkte 18 Jahre, die realen Jahreserträge belaufen sich auch 0,3 Prozent.[50] Aus diesem Grund kann es sein, dass den Aktien eine längere Phase sinkender Kurse bevorsteht.

Nun mögen Sie dagegenhalten, dass dies alles ja nur irgendjemandes Theorie ist, dass Sie Beispiele aus der Vergangenheit aufgreifen und Argumente für die verschiedensten Zyklen finden könnten und dass, nur weil es in der Vergangenheit zu solchen Zyklen gekommen ist, sich diese Entwicklung nicht zwangsläufig so fortsetzen muss. Doch vielleicht ändern Sie Ihre Meinung wenn Sie Ed Easterlings Finanz-Physik verstanden haben.

Hier sind einige Schlüsselaspekte:

- Ein anhaltender Baissezyklus bedeutet nicht, dass die Aktienkurse 18 Jahre lang sinken. Vielmehr deutet der Aktienmarkt auf die allgemeine Richtung eines größeren Zyklus hin, innerhalb dessen es jedoch zu anderen Hausse- oder Baissezyklen kommt, die Jahre dauern können. So sagte zum Beispiel Alexander im Jahr 2005, dass wir einen Baissezyklus erleben könnten, der sich bis ins Jahr 2007 fortsetzt.
- Ein anhaltender Zyklus trifft keine Prognose hinsichtlich Preisen und Kursen. Stattdessen prognostiziert er Bewertungen. Ein Beispiel: In einem inflationären Umfeld könnten die Kurse dramatisch steigen, jedoch nicht so hoch wie die Inflation selbst. Das bedeutet, dass man auf dem Aktienmarkt realen Wert verlieren würde. Außerdem könnten die Wertpapiererträge massiv ansteigen, während die Kurse relativ langsam in die Höhe klettern. Dies könnte letztendlich zu recht niedrigen KGVs führen, während der Aktienmarkt weiter steigt. Während des Baissezyklus zwischen 1966 und 1982 prallte der Dow Jones Industrial Average mehrmals an der 1.000er-Marke ab, die Kurs-Gewinn-Verhältnisse jedoch erodierten weiter. Während anhaltender Hausse- und Baissemärkte variiert die Zahl der Hochs im Vergleich zu den Tiefs nicht besonders stark. Lediglich die Investitionsergebnisse verändern sich, da man anhaltende Baissemärkte mit einem hohen Prozentsatz magerer Jahre assoziiert, wohingegen anhaltende Haussemärkte stets mit einem hohen Prozentsatz erfolgreicher Jahre in Verbindung gebracht werden. [51]
- Anhaltende Hausse- und Baissemärkte haben nichts mit der Wirtschaft zu tun. Zwischen 1966 und 1982 beispielsweise wuchs die Wirtschaft mit einer durchschnittlichen Jahresrate von 9,6 Prozent, während der Aktienmarkt

---

*50 »Reale« Renditen sind inflationsbereinigt. Laut Alexanders Stock Cycles beträgt die gesamte reale Rendite auf Aktien seit 1802 6,8 Prozent. Zwei Drittel dieser Renditen stammen aus Dividenden.*
*51 Vgl. Easterling, Unexpected Returns, S. 49–52.*

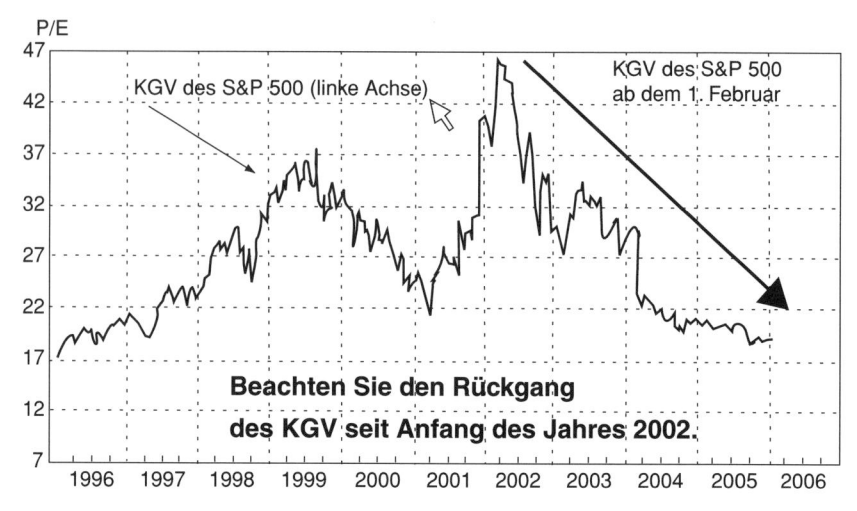

**Abbildung 6.3:** Veränderungen des KGV seit Anfang 2002

eine Talfahrt erlebte. Und während die Wirtschaft von 1982 bis Ende 1999 jährlich mit einer Rate von 6,2 Prozent wuchs, betrug die jährliche Wachstumsrate des Aktienmarkts zu dieser Zeit 15,4 Prozent. Ironischerweise war in den vergangenen 100 Jahren das Wirtschaftswachstum während anhaltender Baissemärkte, wenn der Aktienmarkt schwächelte, tatsächlich stärker.

Sollten Sie bisher noch keinen Blick auf Crestmont Researchs Matrix geworfen haben, empfehle ich Ihnen wärmstens, dies zu tun. Diese Matrix zeigt, gemessen über Perioden mit einer Dauer von 20 Jahren, reale Erträge aus den Aktienmärkten.[52] Was einem bei diesem Chart auffällt, ist Folgendes: Es kann durchaus passieren, dass man – angenommen, man investiert dann in Aktien, wenn das KGV hoch ist – durchaus über Zeiträume von bis zu 20 Jahren investieren kann und doch negative Erträge erzielt. Als der letzte anhaltende Haussemarkt endete, befanden sich die Kurs-Gewinn-Verhältnisse des Aktienmarktes auf ihrem historischen Höchststand. Selbst im Jahr 2006 liegen sie noch weit über dem Durchschnitt, zu dem man angemessene Erträge erwarten kann. Wie lautet also das Fazit? Der Aktienmarkt ist ein gefährliches Pflaster, wenn man lediglich investieren und an Wertpapieren festhalten will.

---

52 *Gehen Sie hierfür auf www.crestmontresearch.com/content/Matrix%20Options.htm.*

Mit welchem Bild sind wir derzeit konfrontiert? Am 1. Februar 2006 lag das KGV des S&P 500 bei 19,26. Damit lag das KGV noch zehn Prozent unter der erwarteten Rendite für den Zehn-Jahres-Zeitraum. Des Weiteren liegt es noch immer weit über dem Durchschnitt der zurückliegenden 100 Jahre. In diesem Zeitraum lag das KGV bei 15,8.

Beträgt das KGV der S&P-500-Unternehmen 19 oder mehr, so liegt das durchschnittliche KGV zehn Jahre später für gewöhnlich bei neun. Abbildung 6.3 zeigt die Veränderung des KGV des S&P 500 seit Beginn der Baisse im Jahr 2000. Beachten Sie, dass die Märkte zwischen 2003 und Mitte 2006 zwar nicht ausnehmend schlecht aussahen, das KGV jedoch seit 2002 dennoch deutlich gesunken ist. Ist Easterlings Theorie zutreffend, so könnten wir einem wesentlich schlimmeren Bärenmarkt ausgesetzt sein.

Easterlings nächste Beobachtung ist, dass anhaltende Baisseszenarien dann ihren Anfang nehmen, wenn die Dividendenrenditen besonders niedrig ausfallen. Während der zurückliegenden 100 Jahre lag die durchschnittliche Dividendenrendite des S&P 500 bei etwa 4,4 Prozent. Zu einer Hausse kommt es meist dann, wenn die Dividendenquoten hoch sind, wohingegen niedrige Ausschüttungen eher ein Baisseszenario einläuten. Zwar steigt derzeit die Dividendenquote des S&P 500 (womöglich aufgrund günstiger Dividendenbesteuerung), doch historisch gesehen ist sie mit 1,48 Prozent recht niedrig. Auf solch niedrigen Niveaus nehmen Baisseszenarien ihren Anfang.

Das Schlüsselelement in Ed Easterlings Arbeit ist, wie ich finde, seine Theorie zur Frage, warum sich Kurs-Gewinn-Verhältnisse verändern. Alles hängt mit Inflation oder Deflation zusammen. Im Grunde genommen gilt: Herrscht niedrige und stabile Inflation, so kann das KGV des S&P 500 auf Basis des Aktienmarktes durchaus 20 Zähler oder mehr betragen. Wächst die Inflation jedoch oder setzt Deflation ein, so sinken die KGVs massiv. In der Endphase eines anhaltenden Baissemarktes liegen die Kurs-Gewinn-Verhältnisse normalerweise im einstelligen Bereich. Außerdem ist laut Easterlings Forschungsergebnissen eine Investition dann am ungünstigsten, wenn die KGV-Werte hoch sind und die Inflation relativ stabil ist. Doch obwohl Abbildung 6.3 zeigt, dass die KGV-Werte generell sinken, so sind sie doch im historischen Vergleich recht hoch, und Inflation zeichnet sich ab.

Easterling glaubt, dass das US-Wirtschaftswachstum – das reale BIP – im Zeitablauf relativ stabil ist und dass die Einnahmen der US-Unternehmen im Einklang mit dem BIP wachsen werden. Aus diesem Grund ist Easterling der Meinung, dass ein Investor sich nur Inflation und Deflation anzusehen braucht, um zu bestimmen, wie die Unternehmen in Zukunft bewertet werden. Bei moderater Inflation von ein bis zwei Prozent erhalten wir hohe KGV-Werte von 20 oder mehr. Steigt die Inflation jedoch auf drei oder vier Prozent so sinken die KGV-Werte auf etwa 15. Bei einer Inflation von vier bis fünf Prozent, sinken die Werte auf 13 Zähler und bei sieben Prozent oder mehr auf zehn und darunter. Unter deflationären Bedingungen egal welcher Größenordnung (zum Beispiel minus drei Prozent) werden die KGV-Werte ebenfalls in den einstelligen Bereich abstürzen.

**Wie sieht Ihre persönliche Einschätzung des Faktors zwei aus?**
Was bedeutet dies also für Sie? Hier einige der Fragen, die Sie sich stellen sollten, wenn Sie langfristig über die Aktienmärkte nachdenken:

- Glauben Sie, dass die Kurs-Gewinn-Verhältnisse von Aktien Zyklen durchlaufen?
- Glauben Sie, dass die langfristigen Erträge aus den Aktienmärkten leicht einen Betrag von null annehmen könnten, wenn die KGV-Werte hoch sind (über 19 )?
- Glauben Sie, dass die Wahrscheinlichkeit besteht, dass die KGV-Werte fallen, wenn sich die Inflation aufheizt oder Deflation ins Spiel kommt?
- Glauben Sie, dass dies auf Ihr Investmentsystem zutrifft? Meiner Meinung nach trifft es umso weniger auf Sie zu, je kürzer Ihr Zeitrahmen ausfällt. Es wäre jedoch falsch zu sagen:»Ich bin ein Day-Trader und davon nicht betroffen«, denn die meisten Day-Trader hatten deshalb keinen Erfolg, weil die Volatilität des Aktienmarktes in der Anfangsphase dieser Baisse verpuffte. Für gewöhnlich gilt: Befindet sich der Markt in einer Phase des Rückgangs, so schwindet das Interesse an der Börse, und die Volatilität nimmt ab.

## Faktor drei: die Globalisierung der Wirtschaft

Sachkundige Investoren können es sich nicht leisten, ihren Kopf in den Sand der US-Märkte zu stecken und den weltweiten Vorgängen keine Beachtung zu schenken. Das Jahr 2003 schien zum Beispiel ein tolles Jahr für den US-Aktienmarkt zu sein, da der S&P 500 um etwa 25 Prozent stieg. Doch selbst wenn man auf dem US-Aktienmarkt 25 Prozent verdient hätte, hätte man an den internationalen Märkten trotzdem Geld verloren, da der Dollar um 40 Prozent an Wert verlor und die Performance des US-Aktienmarktes eine der schlechtesten weltweit war. Im Jahr 2003 hätte man zum Beispiel in Europa 50-prozentige Erträge einfahren können; das Gleiche gilt für Asien. In Lateinamerika hätten die Gewinne 38 Prozent betragen und in Japan sogar 39 Prozent – und das, obwohl das Land seit zehn Jahren in einer massiven Rezession/Depression steckt. Ein cleverer Investor muss sich von einem globalen wirtschaftlichen Standpunkt aus einen Gesamteindruck verschaffen.

Lassen Sie uns also einen Blick auf einige der Faktoren werfen, die das Gesamtbild weltweit beeinflussen. Meiner Meinung nach gibt es drei große Faktoren. Erstens befinden sich Schwellenländer im wirtschaftlichen Wachstum. Zweitens benötigen diese aufstrebenden Wirtschaftsnationen Rohstoffe, wodurch sie die Rohstoffpreise massiv nach oben treiben. Drittens unterstützen derzeit die Länder weltweit den US-Dollar, da das globale Wachstum der 90er-Jahre fast ausschließlich den US-Verbrauchern zu verdanken war. Dieses Phänomen nannten manche Ökonomen »Bretton Woods II«.[53]

Der erste wichtige Punkt ist das Wachstum der Schwellenländer. China und Indien zum Beispiel entwickeln sich zu bedeutenden internationalen Handelspartnern. Viele US-Unternehmen investieren große Summen in China, wodurch die Wirtschaft des Landes wächst. Die US-Unternehmen streben nach einem Zugang zum chinesischen Markt, der die eine Milliarde Menschen umfassende Bevölkerung Chinas einschließt. Um den Zugang zu diesem Markt zu erhalten, machen die US-Unternehmen massive Zugeständnisse.

Während sich die Produktion eher nach China verlagert, scheint sich der Dienstleistungsbereich verstärkt in Indien anzusiedeln. Aus Indien kommen jedes Jahr viele hoch qualifizierte Fachkräfte in den Bereichen Unternehmen und Ingenieurswesen in die USA. Sie arbeiten für einen Bruchteil der Kosten ihrer US-amerikanischen Kollegen, sodass viele Unternehmen damit beginnen, ihre Serviceleistungszentren nach Indien zu verlegen. Es kann zum Beispiel gut sein, dass Sie bei einem Techniker in Indien landen, wenn Sie den technischen Kundendienst von Microsoft oder Dell anrufen. Laut Forrester Research werden bis zum Jahr 2015 etwa 3,3 Millionen Stellen in der US-High-Tech und Service-Industrie ins Ausland verlegt, die meisten davon nach Indien. Das entspricht einem Verlust an US-Löhnen im Wert von rund 136 Milliarden Dollar.[54] Zusätzlich ersetzen internationale Unternehmen ihre US-amerikanischen Spitzenmanager mit Führungskräften aus Indien, da diese billiger sind und über dieselben – oder gar bessere – Qualifikationen verfügen.[55]

Der zweite wichtige Punkt ist, dass das Wachstum der Schwellenländer zu boomenden Rohstoffpreisen führt. Im *Economist* hieß es: Sollte Chinas Rohstoff- und Energieverbrauch das Niveau eines Industriestaats erreichen, wäre es nicht in der Lage, die eigene Nachfrage nach Ressourcen zu decken.[56] Doch langsam aber sicher beschaffen sich die Chinesen weltweit Rohstoffe, und das bedeutet, dass wir selbst ohne Inflation in den nächsten zehn bis 15 Jahren einen massiven Rohstoffboom erleben werden.

Mein Freund Steve Sjuggerud war Ende 2004 in Argentinien. Er erzählte mir, dass es dort vor Chinesen nur so wimmelte und dass sie alles in ihrer Macht Stehende taten, sich möglichst billig Vorräte an Holz, Kupfer, landwirtschaftlichen Erzeugnissen und allen möglichen Rohstoffen zu sichern. Warum, glauben Sie, ist der Ölpreis innerhalb der zurückliegenden zehn Jahre auf über 70 Dollar

---

*53 Auf den Terminus »Bretton Woods II« stieß ich sowohl in John Maudins wöchentlichem Newsletter (www.JohnMaudlin.com) als auch in William (»Bill«) Gross' Marktkommentar, den Sie auf der PIMCO-Bonds-Website (www.pimco.com) finden.*
*54 Vgl. Christian Science Monitor, 23. Juli 2003.*
*55 Aus dem Gespräch mit einem Freund, der die Asien-Abteilung eines der größten Unternehmen der Welt leitete.*
*56 Economist, 19. August 2004.*

pro Barrel gestiegen? Das hat nichts damit zu tun, dass das Öl knapp wird. Vielmehr liegt es an der wachsenden globalen Nachfrage, wobei China hier als einer der größten Nachfrager agiert.

Schaut man sich die Rohstoffpreise der letzten paar Jahre einmal genauer an, so sieht man, dass sich ein deutlicher Aufwärtstrend abzeichnet. Für gewöhnlich signalisieren steigende Rohstoffpreise einen Anstieg der Inflation, doch sie sind auch ein Anzeichen dafür, dass die massive weltweite Nachfrage nach begrenzten Rohstoffressourcen ebenfalls zunimmt. Abbildung 6.4 zeigt den Anstieg des Rohstoffindex CRB. Bitte beachten Sie den deutlichen Aufwärtstrend: Die Preise steigen von 280 auf etwa 360 – das entspricht einem Anstieg von etwa 31 Prozent im Zeitraum eines Jahres.

Der dritte wichtige globale Faktor ist, dass viele Länder am US-Dollar festhalten – das gilt vor allem für asiatische Länder –, um weiterhin an die US-Verbraucher verkaufen zu können. Schätzungen zufolge ist ein Großteil des Weltwirtschaftswachstums der 90er-Jahre auf die unersättliche Produktnachfrage der US-Verbraucher zurückzuführen. Andere Länder wollen weiterhin an die US-Verbraucher verkaufen, und das können sie nur dann in angemessenem Rahmen, wenn ihre Währungen im Vergleich zum US-Dollar nur wenig kosten. Dadurch kam es zu einem inoffiziellen Abkommen, bekannt als Bretton Woods II, in dessen Rahmen das Ausland dazu neigt, den US-Dollar durch den Kauf von

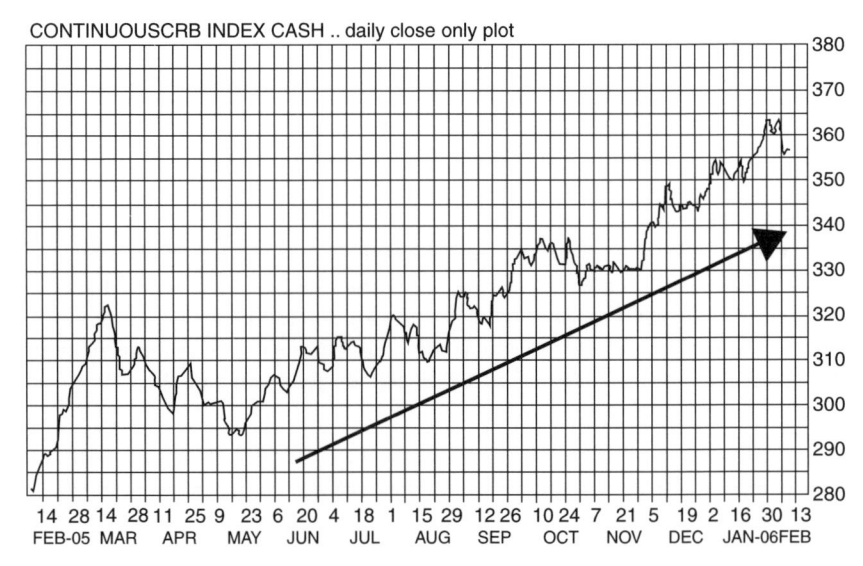

**Abbildung 6.4:** Der Anstieg der Rohstoffpreise (Stand: 9. Februar 2006)
Quelle: Barcharts.com

US-Schulden zu stützen, um einen Absturz der US-Währung (trotz massiver Zahlungsbilanzdefizite) zu verhindern. Das Ausland hält nun US-Schulden im Wert von etwa drei Billionen Dollar. Dieser Wert wird durch den Kauf von kurz-, mittel- und langfristigen Staatsanleihen aufrechterhalten. Es hat mehr als zehn Jahre gedauert, um diesen Schuldenberg anzuhäufen, doch schon innerhalb der nächsten drei Jahre könnte er doppelt so hoch sein, wenn sich die Zahlungsbilanz der Vereinigten Staaten nicht verändert.

Was also wird das Ausland tun? Falls die anderen Länder die Staatsverschuldung der Vereinigten Staaten nicht weiter durch den Kauf von US-Schuldurkunden decken, so wird der US-Dollar deutlich an Wert verlieren. Dies hätte unschöne Auswirkungen, da sich der US-Verbraucher importierte Güter aus dem Ausland zum einen nicht mehr länger leisten könnte und das Ausland zum anderen eine Menge Geld verlöre, da es US-Dollars in Form von Schuldscheinen hält.

Die Lösung für dieses Problem, die viele betroffene Länder bereits anwenden, ist, die Deckung der US-Verschuldung und die Unterstützung des US-Dollars langsam abzubauen. So lässt China zum Beispiel eine langsame, moderate Aufwertung seiner Währung zu. Außerdem verwendet man in China die US-Dollar-Reserven für den Kauf rohstoffbasierter Produkte und Industriezweige, statt weiterhin US-Schuldtitel anzuhäufen.

**Wie sieht Ihre persönliche Einschätzung des Faktors drei aus?**
Schaut man sich seine Investmentergebnisse an, so muss man dies meiner Meinung nach aus globaler Perspektive tun. Steigen Ihre Investments, ist das großartig, doch was geschieht mit der Hauptwährung, auf der all Ihre Investments basieren? Hier ein Beispiel: Wenn Sie mit Ihrem Investment auf dem US-Aktienmarkt 25 Prozent verdienen, während der Dollar im Vergleich zu anderen Währungen 40 Prozent an Wert verliert, dann haben Sie eigentlich Geld verloren. Verdienen Sie an Ihrem Investment 25 Prozent, obwohl Sie – mit einem Blick über den Tellerrand der USA hinaus – 50 Prozent hätten verdienen können, dann ist Ihre Performance eher mäßig.

Wenn Sie also Ihren Investmentstil auf den Prüfstand stellen, sollten Sie immer auch die Weltwirtschaft in Ihre Überlegungen mit einbeziehen, indem Sie sich die folgenden Fragen stellen:

- Wie hat sich meine Basiswährung (im Verhältnis zu anderen Währungen) innerhalb des Zeitraumes, den ich gerade betrachte, entwickelt?
- Wie hat die Inflation den Wert meiner Basiswährung verändert?
- Sind meine Renditen im Vergleich zu anderen internationalen Märkten, auf denen ich während des gleichen Zeitraumes hätte investieren können, angemessen?

➡ Wie entwickelt sich die Weltwirtschaft innerhalb dieses Zeitraumes, und welchen Einfluss wird diese Entwicklung auf meine Investmentstrategie haben?
  ➡ Was geschieht zum Beispiel, wenn die Rohstoffpreise weiterhin mit 30 Prozent pro Jahr wachsen?
  ➡ Was geschieht, wenn die Wirtschaft des Landes, in dem ich hauptsächlich investiere (zum Beispiel die Vereinigten Staaten), im Vergleich zur Wirtschaft anderer Nationen weltweit schrumpft?
➡ Was geschieht, falls Bretton Woods II aufgegeben wird und das Ausland die US-Verschuldung und den Dollar nicht länger unterstützt?

## Faktor vier: die Auswirkungen Offener Investmentfonds

Während der meisten Haussemärkte nehmen die Menschen am Markt teil, indem sie Wertpapiere direkt kaufen. Doch die letzte Hausse bildete eine Ausnahme, und die Marktteilnahme fand durch Offene Investmentfonds statt. Diese Fonds werden angeblich von professionellen Managern betreut, die ihr Risiko streuen könnten und die für Sie Research und Informationsbeschaffung übernehmen. Als der Markt im Jahr 2000 seinen Höchststand erreichte, gab es beinahe so viele Offene Investmentfonds wie notierte Aktien. Außerdem wurden die meisten dieser Fonds von recht jungen Managern betreut, deren Erfahrungen einzig und allein auf der 18 Jahre dauernden Hausse zwischen 1982 und 2000 beruhten. So etwas wie eine ordentliche Baisse hatten sie nicht einmal ansatzweise erlebt.

Nach den ersten 30 Monaten dieser großen Baisse wurden 566 der Offenen Investmentfonds in andere Fonds integriert. Weitere 414 Offene Fonds wurden aufgelöst. Das bedeutet, dass innerhalb der ersten 30 Monate der Baisse 980 Offene Investmentfonds einfach verschwanden.

Gregory Baer und Gary Gensler schreiben in ihrem Buch *The Great Mutual Fund Trap*,[57] dass die meisten Anleger besser fahren, wenn sie in passiv gemanagte Indexfonds investieren, als wenn sie in aktiv betreute Offene Investmentfonds anlegen. Dies sind die Gründe dafür:

➡ Aktiv gemanagte Offene Investmentfonds können einen Indexfonds ohne professionelle Betreuung für gewöhnlich nicht outperformen. Laut Baer und Gensler liegt die durchschnittliche auf das Jahr umgerechnete Performance eines aktiv betreuten Offenen Investmentfonds, der seit etwa fünf Jahren

---

57 Gregory Baer und Gary Gensler, *The Great Mutual Fund Trap: An Investment Recovery Plan* (New York, Broadway Books, 2002).

existiert, um 1,9 Prozent hinter der Performance des S&P 500. Jene Fonds, die komplett versagten, sind in diesen Zahlen nicht einmal berücksichtigt.

- Die Finanzmedien werden hauptsächlich von zwei Industriezweigen unterstützt, den Maklergesellschaften und den Offenen Investmentfonds. Aus diesem Grund sind die Informationen, die Sie aus diesen medialen Quellen erhalten, insofern voreingenommen, als die Medien ihre Brötchengeber in bestem Licht darstellen wollen. Was Sie hören und lesen, ist also für gewöhnlich nicht in Ihrem besten Interesse. Stattdessen sollen diese Informationen Sie bei der Stange halten und dafür sorgen, dass Sie aktiv auf dem Markt traden.

- Die Anleger tendieren dazu, in den Offenen Investmentfonds zu investieren, der gerade »heiß« ist. Doch diese »heißen« Fonds bleiben in ihrer Wertentwicklung meist hinter dem Rest des Marktes zurück, wenn sie erst einmal der breiten Öffentlichkeit angepriesen wurden.

- Die besten Fonds sind meist recht klein und bestehen erst seit weniger als drei Jahren. Der Grund dafür ist, dass die Familie der Offenen Investmentfonds kleinen neuen Fonds eine Vorzugsbehandlung angedeihen lässt, indem man ihnen bei neuen Aktien den Vortritt lässt (Erstemissionen, die zu einem Preisnachlass aufgenommen werden können) und indem man zulässt, dass die kleineren Fonds vor den Größeren der Familie traden. Wird ein kleiner Fonds »heiß«, so kann die Familie ihn so lange aggressiv bewerben, bis daraus ein großer Fonds geworden ist. Baer und Gensler berichten, dass Fonds, die beworben werden, zwar in der Vergangenheit großartige Wertentwicklungen an den Tag legten, diese jedoch, nachdem sie der breiten Öffentlichkeit angepriesen wurden, nur selten aufrechterhalten können.

- Während es manchen Offenen Investmentfonds gelingt, den Markt zu schlagen, geschieht dies doch mit hoher Variabilität. Der Fonds mag in einem Jahr 40 Prozent einfahren, im nächsten Jahr 15 Prozent verlieren, im folgenden Jahr mag der Fonds einen Gewinn von 35 Prozent erwirtschaften, nur um im nächsten Jahr wieder 30 Prozent zu verlieren. Der Fonds mag die beste Gesamtperformance haben, doch diese Performance zeichnet sich durch massive Schwankungen aus. Auf eine so geartete Performance wären Sie sicher nicht aus, vor allem wenn der Kauf eines Indexfonds wesentlich erfolgversprechender wäre.

- Verkauft ein Offener Investmentfonds ein Wertpapier mit Gewinn, so muss der Fonds seine Steuererträge an die Teilhaber weitergeben. Somit könnten Sie also im November einen Offenen Investmentfonds kaufen, dabei zusehen, wie er an Wert verliert, und müssten trotzdem noch Steuern auf die Erträge bezahlen, die der Offene Investmentfonds zu einem früheren Zeitpunkt des Jahres, also vor Ihrem Einstieg, machte. Diese Steuer unterscheidet sich von der Steuer, die Sie auch dann bezahlen müssen, wenn Sie den Offenen Investmentfonds gewinnbringend verkaufen, doch Sie sind trotzdem dafür verantwortlich.

➡ Offene Investmentfonds ziehen nicht nur Gebühren für Betreuung, Marketing und Verwaltung nach sich. Diese Fonds bringen auch Trading-Kosten mit sich und die Kosten dafür, einen bestimmten Anteil ihrer Vermögenswerte in bar zu halten. Viele Offene Investmentfonds veranschlagen auch sogenannte Sales Loads, also einen bestimmten Betrag, der beim Kauf oder Verkauf des Fonds fällig wird. Und wer zahlt all das? Sie! Aus diesem Grund sind die Kosten, die durch die Investition in aktiv gemanagte Fonds entstehen, riesig. Laut Baer und Gensler sind diese Gebühren der vorrangige Grund dafür, warum aktiv betreute Offene Investmentfonds einen passiven Fonds, der einen größeren Index einfach kauft und hält, nicht outperformen können.

Es gibt auch einige Nachteile Offener Investmentfonds, die Baer und Gensler nicht aufführen:

➡ Erstens kontrollieren Offene Investmentfonds einen Großteil des Aktienmarktes durch ihre Eigentümerschaft. Die meisten Fonds neigen dazu, in die großen erstrangigen Wall-Street-Unternehmen zu investieren, zum Teil deshalb, weil diese über die größte Liquidität verfügen. Außerdem ist es recht unwahrscheinlich, dass die Öffentlichkeit, sollten Fonds an Wert verlieren, ihnen dafür die Schuld gibt, wenn Giganten wie General Electric und Microsoft zum Bestand zählen. Doch in Baisseszenarien, wie sie in den Überlegungen zu Faktor zwei beschrieben wurden, stellt diese Art von Strategie ein großes Risiko für den Markt dar. Kommt es zu Panikverkäufen, was bei einem größeren Marktzusammenbruch mit an Sicherheit grenzender Wahrscheinlichkeit eintreten wird, können Offene Investmentfonds nur durch den Verkauf ihrer liquidesten Aktien – die der erstrangigen Unternehmen – an Bargeld kommen. Tritt ein solcher Fall ein, so werden wir den rapiden Absturz wichtiger Indizes erleben. [58]
➡ Zweitens können offene Investmentfonds die Marktindizes nicht outperformen, weil sie für gewöhnlich basierend auf einem Modell getradet werden, das keine herausragende Wertentwicklung erwartet. Stattdessen ist das Ziel des durchschnittlichen Offenen Investmentfonds, die Durchschnittswerte des Marktes und anderer Offener Investmentfonds zu schlagen. Das bedeutet, dass ein Fondsmanager, der einen Verlust von nur fünf Prozent hinnehmen musste, als Star gefeiert wird, wenn der Gesamtmarkt auf das Jahr hochgerechnet um 15 Prozent niedriger notiert und die meisten anderen Fonds 20 Prozent oder mehr verloren haben. Doch auch ein Verlust von fünf Prozent ist und bleibt ein Verlust!

---

*58 Zum Marktrückgang zwischen 2000 und Ende 2002 kam es hauptsächlich deshalb, weil einzelne Trader ihre Aktien verkauften. Die Einlösungen Offener Investmentfonds sind noch nicht so hoch. Kommt es zu keiner großflächigen Einlösung Offener Investmentfonds, so würde ich keinen massiven Kursrückgang, wie in diesem Buch bereits erwähnt, erwarten.*

➡ Drittens verfügen die meisten Offenen Investmentfonds über eine Art Leitfaden, der bestimmt, wie investiert wird. Dieser Leitfaden schreibt für gewöhnlich vor, dass die Fonds den Aktien gegenüber ein bestimmtes Maß an Engagement einhalten. So kann zum Beispiel der Leitfaden eines Offenen Investmentfonds fordern, dass der Fonds auch im Falle einer Baisse zu 90 Prozent in S&P-500-Werte investiert. Verschiedene Offene Investmentfonds haben verschiedene Leitfäden, doch die meisten dieser Regelwerke lassen das Maß an Flexibilität, das nötig wäre, um die gängigsten Techniken zur Risikokontrolle anzuwenden, die ich meinen Kunden schon seit geraumer Zeit ans Herz lege, nicht zu. Mit anderen Worten: Diese Fonds praktizieren keine ordentliche Risikokontrolle und wenden keine Techniken zur Bestimmung des Umfangs der Positionen an, über die Sie später in diesem Buch noch viel erfahren werden. Daher würde es mich nicht überraschen, wenn es zum Zeitpunkt, da diese Baisse endet, nur mehr 1.000 oder weniger Offene Investmentfonds gäbe.

➡ Viertens sahen sich die meisten Rentner gezwungen, ihre Rentenfonds in Offene Investmentfonds anzulegen, da ihre 401(k)-Pläne, eine Art Firmenrente, keine andere Art der Investition zulassen. Aus diesem Grund wird es zu einer massiven Liquidation Offener Investmentfonds kommen, wenn die Babyboomer zwischen 2008 und 2011 das Rentenalter erreichen. Und da es im Grunde genommen diese Fonds sind, die die großen Indizes stützen, werden wir vermutlich Zeugen deutlicher Talfahrten der wichtigsten Indizes, wenn sich die Rentenfonds aus dem Markt zurückziehen.

Dieser letzte Punkt ist vermutlich der wichtigste Aspekt von allen. Denken Sie sorgfältig darüber nach und entscheiden Sie dann, ob Sie daran glauben oder nicht. Entspricht dieser Punkt der Wahrheit, so ist er einer der wichtigsten Faktoren, der zum Tragen kommen wird, noch bevor die derzeitige Baisse endet.

Doch ein Aspekt Offener Investmentfonds hat sich auf lange Sicht als äußert hilfreich für den Aktienmarkt erwiesen: die Entwicklung börsengehandelter Indexfonds, sogenannter Exchange Traded Funds (ETFs). Man findet ETFs für so gut wie alles – Länder, Marktsektoren, Investitionsstile, sogar für manche Rohstoffe wie Gold und Energie. Im Grunde genommen bedeutet das, dass man, auch wenn der Aktienmarkt auf lange Sicht nicht das profitabelste Pflaster sein mag, wahrscheinlich einen ETF für irgendeinen Sektor der Weltwirtschaft finden kann, der sich sehr gut entwickelt. Meiner Meinung nach ist das ein sehr heller Silberstreif am Horizont. Jede potenzielle Krise birgt auch eine Chance.

**Wie sieht Ihre persönliche Einschätzung des Faktors vier aus?**
Meiner Meinung nach muss man sich ansehen, was die institutionellen Anleger treiben, wenn man sich ein Gesamtbild machen will. Meine grundlegenden Ansichten dazu, wie Offene Investmentfonds den Markt beeinflussen, habe ich ja bereits dargelegt. Gerade jetzt schichten diese Fonds auf der Suche nach besse-

ren Renditen viel Geld um, doch das Geld verlässt den Markt nicht und dient eher der Unterstützung der wichtigen Indizes. Doch Sie sollten anfangen, auch darüber nachzudenken, was geschieht, wenn die Rentenfonds aus dem Markt abgezogen werden.

Darüber hinaus bin ich auch nicht auf die anderen Aspekte der Mittel institutioneller Kapitalsammelstellen eingegangen. Ich glaube, dass institutionelle Anleger zu den ineffizientesten Tradern der Welt zählen, und doch kontrollieren sie einen beträchtlichen Anteil der Gelder auf den verschiedenen Märkten. Banken dienen als Märkte für Devisen, doch Bank-Trader sind (meiner Meinung nach) weitestgehend sehr ineffizient und schlecht gemanagt. Wie wirkt sich dies auf Sie aus, wenn Sie ein Forex-Trader sind?

Ich glaube, Sie sollten sich zumindest die folgenden Fragen stellen:

- Auf welchen Märkten werde ich traden, und wer tradet das meiste Geld auf diesen Märkten?
- Mit welchem System operieren die Big Player auf meinem Markt? Besteht die Möglichkeit, dass ihre Systeme völlig zusammenbrechen? Wie und unter welchen Umständen könnte dies geschehen?
- Wie kann ich überwachen, was die großen Trader tun?
- Inwiefern wird sich »Was die großen Trader tun« auf meine Strategie und meine Performance auswirken?

## Faktor fünf: Veränderungen von Regeln, Vorschriften und Steuern

Ein weiterer Faktor, der das Trading-Gesamtbild stark beeinflusst, ist jedwede Veränderung der Regeln, Vorschriften und Gesetze (vor allem der Steuergesetze), die den Markt, auf dem Sie traden wollen, betreffen. Es ist besonders wichtig, hinsichtlich solcher Veränderungen stets auf dem neuesten Stand zu sein, obwohl es manchmal schwer abzusehen ist, inwiefern sie sich in der Zukunft auf Ihre Märkte auswirken werden. Doch lassen Sie mich Ihnen ein paar Beispiele für solche Veränderungen und deren Auswirkungen auf den Markt geben. Dann können Sie für sich entscheiden, in welchem Maße Sie künftig mit ihnen Schritt halten wollen.

### Gesetz zur Steuerreform, 1986:
#### die Eliminierung vieler Immobilieninvestments und der Schiffsindustrie

Als Ronald Reagan in den 80er-Jahren die Steuerreform in Angriff nahm, senkte er die Spitzensteuersätze dramatisch, was meiner Meinung nach viel zur Stimulation der Wirtschaft beitrug. Doch er stopfte auch viele Schlupflöcher. In den 80ern waren zum Beispiel viele Immobilienpersonengesellschaften gegründet worden, um von den Schlupflöchern im Steuergesetz zu profitieren. Doch als diese durch die Steuerreform des Jahres 1986 geschlossen wurden, gab es für diese Personengesellschaften im Grunde genommen keine Zukunft mehr. Das Ergebnis war der Bankrott einer noch nie da gewesenen Anzahl von Menschen, die alle mit diesen Schlupflöchern gearbeitet hatten. Aufgrund der Steuerreform kam es auch zu einer Krise in Bezug auf Ersparnisse und Darlehen, sodass die Regierung diesen beiden Branchen finanziell unter die Arme greifen musste – mit einer Finanzspritze im Wert von 125 Milliarden Dollar. Hier nun einige Konsequenzen dieser Steuerreform:

- Die Wertminderung bei Immobilien stieg von 19 auf 31 Jahre, wodurch profitable Investments de facto unprofitabel wurden.
- Passiven Investoren wurden Immobilienverluste aberkannt, wodurch Immobilienpersonengesellschaften, die für ihre Teilhaber mit beschränkter Haftung Immobilen ankauften, um ihnen Steuervorteile zu verschaffen, über Nacht nutzlos wurden.
- Außerdem wurde der Freibetrag auf die Kapitalertragsteuer abgeschafft, und auf den Kauf von Luxusyachten waren höhere Steuern zu entrichten, wodurch es zum Kollaps der Schiffsindustrie kam.

Stellen Sie sich jetzt bitte folgende Frage: Falls Sie in eine dieser Unternehmungen, die von den massiven Schlupflöchern im Steuergesetz profitierten, involviert gewesen wären, glauben Sie, es wäre für Sie von Vorteil gewesen, ein wenig vorauszuplanen für den Fall, dass diese Schlupflöcher gestopft würden? Im Wesentlichen waren diese Unternehmen eine Form von Arbitrage (man macht sich Schlupflöcher zunutze). In jedem Arbitrage-System muss man wissen, wann sich das Hintertürchen schließen wird, und man muss wissen, wie man aus der Sache wieder herauskommt, ohne sich finanziell zu ruinieren.

**Day-Trading: Vorschriftenänderung durch die Börsenaufsicht (SEC)**
Am 27. Februar 2001 erließ die Börsenaufsicht einige Regeln, die das Day-Trading für immer veränderten. Zuerst gab die Behörde bekannt, dass jeder, der vier oder mehr Day-Trades an fünf aufeinanderfolgenden Tagen ausführte, ein sogenannter Pattern-Day-Trader sei, ein Tagesspekulant, der nach einem Muster tradet. Die Regel selbst ist völlig lächerlich, da es vorkommen kann, dass man fünf Long-Positionen eingeht, jedoch am selben Tag noch aufgrund eines Stop-Auftrags glattstellt – und schon ist man ein Day-Trader.[59]

Außerdem gab es einen Vorteil, wenn man sich entschied, Tagesspekulant zu werden: Die Marge wurde auf das Vierfache des Aktienwerts erhöht (doch diese Marge konnte nicht über Nacht aktiviert werden). Um diesen Vorteil nutzen zu können, musste man allerdings über ein Trading-Konto in Höhe von

---

[59] Ich bin an sich kein Tagesspekulant, doch ich habe diesen Status, weil ich aufgrund eines Stops schnell aus meinen langfristigen Positionen aussteigen musste.

25.000 Dollar verfügen, weswegen etwa 80 Prozent der damaligen Tagesspekulanten nicht in Frage kamen. Diese Veränderung der Vorschriften war ein bedeutender Schachzug, der sich massiv auf den Börsenhandel auswirkte.

Es ist irgendwie ironisch, dass mein Buch zum Thema Day-Trading im Jahr 2001 auf den Markt kam. Nicht nur, dass sich kurz vor der Veröffentlichung des Buches der Handlungsspielraum der Tagesspekulanten dramatisch verändert hatte; die New Yorker Börse stellte auch auf Dezimalwährung um. Plötzlich betrug die minimale Geld-Brief-Spanne nicht mehr 1/16, sondern einen Penny. Und im Handumdrehen waren einige der Strategien, die wir für das Buch entwickelt hatten, hinfällig.

Erneut sollten Sie sich fragen: Bei welchen Vorschriften hinsichtlich meiner ausgewählten Märkte könnte es zu Veränderungen kommen, sodass sich meine Herangehensweise an den Markt grundlegend ändert? Solche Vorschriften können Ihr Trading-Verhalten und Ihre Profitabilität verändern.

### Die Entwicklung der Roth IRAs
### (Individual Retirement Accounts, private Rentenkonten)

Im Taxpayer Relief Act des Jahres 1997 wurde das Konzept des Roth IRA festgesetzt. Geld, das in ein Roth IRA angelegt wurde, war steuerlich nicht absetzbar, doch Geld, das aus einem Roth IRA entnommen wurde, musste nicht versteuert werden, ebenso wenig wie die kumulierten Gewinne. Was für ein Glücksfall, wenn auch kurzfristig, für die Regierung! Plötzlich übertrug jeder sein Geld von herkömmlichen privaten Rentenkonten in Roth IRAs, und für jeden Kapitaltransfer dieser Art erhielt die Regierung eine Steuerzahlung für den gesamten Betrag entsprechend der Steuerklasse des Investors. Während der späten 90er-Jahre wurde die Regierung unter Bill Clinton stets für ihren ausgeglichenen Haushalt gelobt. Doch wie groß war wohl der Anteil, den die massiven Steuereinnahmen aus den Rentenkontenübertragungen (von den herkömmlichen IRAs zu Roth IRAs) der vielen Millionen Steuerzahler am ausgeglichenen Haushalt hatten? Zwar kenne ich die Antwort auf diese Frage nicht, doch das Beispiel ist ein Klassiker dafür, wie eine Regierung eine Vorschrift oder ein Gesetz ändert, um sich selbst in wirtschaftlich gutem Licht zu präsentieren – auf Kosten der Steuereinnahmen der künftigen Regierung. Übrigens: Um einen Teil der Steuereinnahmen zurückzuerhalten, könnte die Regierung ganz einfach ihre Meinung ändern und die Gewinne aus Roth IRAs als steuerpflichtig erklären. Ich würde sogar so weit gehen, eine Prognose abzugeben und zu sagen, dass sie genau das tun wird. Ein Beispiel: Die Regierung sagte uns auch, dass die Sozialversicherung niemals steuerpflichtig würde, doch als Geld gebraucht wurde, war dieses Versprechen schnell vergessen.

### Politik des starken Dollars wird zur Politik des schwachen Dollars

Während Clintons Amtszeit verfolgte die Regierung eine Politik des starken Dollars, und die Währung wurde massiv unterstützt. Die kurzfristigen Zinssätze waren hoch genug, um den Dollar für ausländisches Geld attraktiv zu machen. Als die Regierung unter Präsident George W. Bush das Ruder übernahm, wurde die Politik des starken Dollars fallengelassen, und die Zinssätze wurden dramatisch gesenkt. Die Auswirkungen beider politischer Linien auf den US-Dollar waren offensichtlich, obwohl die Auswirkungen solcher Strategien auf die Wirtschaft wesentlich subtiler, ja fast unmerklich waren.

### Wie sieht Ihre persönliche Einschätzung des Faktors fünf aus?

Zu einem gewissen Grad beinhaltet die Einschätzung des Faktors fünf die Beschäftigung mit den jüngsten Veränderungen und den Versuch, die langfristigen Auswirkungen dieser Gesetzes-, Vorschriften- und Strategieänderungen zu bestimmen. Sie sollten sich selbst die folgenden Fragen stellen:

- Wie werden sich die jüngsten Veränderungen der Regierung langfristig auf meine Investments und meine Investmentstrategien auswirken?
- Sind diese Veränderungen bereits voll zum Tragen gekommen? Sind sie vielleicht bereits erschöpft? Stecken wir mitten im Prozess, oder fangen sie erst damit an, die Märkte zu beeinflussen?
- Wie werden sich Gesetzesvorschläge auf meine Märkte und meine Strategien auswirken?
- Was wird vorgeschlagen? Und könnte der Vorschlag meinen Markt oder meine Strategie völlig ruinieren?
- Gibt es irgendeine Möglichkeit, wie ich mir diese Veränderungen zunutze machen könnte?

Schließlich müssen Sie noch in der Lage sein, mögliche Veränderungen zu antizipieren. Viele der Immobilienstrategien, die durch den Tax Reform Act des Jahres 1986 ruiniert wurden, gingen zum Beispiel Verlustgeschäfte mit Immobilien ein und machten diese für Investoren profitabel, und das nur wegen der Steuerimplikationen. Man kann vermutlich folgende Faustregel aufstellen: Kostet einen eine Sache Geld und ist sie nur aufgrund von Steuerimplikationen etwas wert, so handelt es sich vermutlich um eine sehr gefährliche Strategie.

- Fällt irgendeine meiner Strategien in diese Kategorie, indem sie nur aufgrund der Steuerimplikationen Sinn ergibt?
- Ist das der Fall, wie finde ich eine Strategie, die effektiver ist und gutes Geld einbringt – auch ohne die Unterstützung der Regierung?

## Faktor sechs: die Neigung des Menschen zum Verlieren des Wirtschaftsspiels

Der letzte Faktor, über den ich schreiben möchte, ist die Ineffizienz des Menschen. Bei der Ausgestaltung verschiedener Aspekte von Erfolg stelle ich für gewöhnlich fest, dass die meisten Menschen darauf programmiert zu sein scheinen, genau das Gegenteil von dem zu tun, was ich ihnen rate. Ich stelle Ihnen hier einige solcher Beispiele vor; bei Ihrer langfristigen Planung sollten sie eine Rolle spielen.

- Einige der besten Investitionen, die Sie jemals tätigen werden, sind diejenigen mit echtem intrinsischen Wert, die sich zu Schleuderpreisen verkaufen, weil sie von jedermann gehasst werden. Dies geschieht aufgrund des Angst- und-Gier-Zyklus, über den die meisten Menschen verfügen. Die Menschen verkaufen (aus Angst), wenn der Markt seinen Tiefststand erreicht, und sie kaufen (aus Gier) am Höchststand des Marktes.
- Wenn jeder über das Investment spricht, an dem Sie interessiert sind, und Sie darüber in den Medien hören, dann ist der Zeitpunkt gekommen, um zu verkaufen. Ich erinnere mich noch, als im Jahr 1999 ein Barkeeper in unserem Hotel sagte, er bräuchte meinen Kurs über den Aktienmarkt nicht zu besuchen, da er selbst über genug Wissen verfüge, um der Lehrer zu sein. Und ich erinnere mich auch an einen Kellner in einem Restaurant, der mir erzählte, dies sei sein Teilzeit-Job, da er eigentlich Vollzeit-Trader sei und fast 400.00 Dollar an Trading-Kapital angehäuft habe. Das war der Zeitpunkt, an dem meine Nerven zu flattern begannen. Natürlich endete die anhaltende Hausse zu Beginn des Jahres 2000, nur ein paar Monate nach diesen Begebenheiten.
- Der Schlüssel zum Börsenerfolg ist, Verluste zu begrenzen und Gewinne laufen zu lassen. Doch die sogenannte Prospect Theory, die im Jahr 2002 mit dem Wirtschaftsnobelpreis ausgezeichnet wurde, besagt im Grunde, dass der Durchschnittsanleger mit Verlusten Risiken eingehen wird, bei Gewinnen jedoch eher eine konservative Vorgehensweise an den Tag legt. Mit anderen Worten: Die Leute tun genau das Gegenteil von dem, was die Goldene Regel des Tradings besagt, die ich schon seit mehr als 20 Jahren predige.
- Der durchschnittliche Spekulant glaubt, dass es beim erfolgreichen Traden nur darum geht, die richtigen Aktien auszuwählen. Verliert man Geld, hat man eben die falschen erwischt. Gute Trader wissen, dass alles, was zählt, die Vorgehensweise beim Verkaufen ist. Und wirklich erfolgreiche Trader wissen auch, wie sich die Größenbestimmung der Positionen und die persönliche Psychologie auf echten Erfolg auswirken.
- Die wichtigsten Faktoren beim Börsenhandel sind die eigene Psychologie und die Größenbestimmung der Positionen. Der Durchschnittsbürger weiß

wenig bis gar nichts über diese Themen, und ganz sicher werden Sie auch nicht erleben, dass die Medien darüber berichten. Es mag Berichte über die Psychologie des Marktes geben, doch das hat nichts mit Ihrer persönlichen Psychologie zu tun. Des Weiteren mag es vorkommen, dass in den Medien die Allokation von Vermögenswerten besprochen wird, doch nur wenige Menschen verstehen, dass der tatsächliche Vorteil der Vermögenswertallokation die Tatsache ist, dass sie Auskunft darüber gibt, »wie viel« man in jeden Vermögenswert investieren sollte; Barmittel eingeschlossen.
- Ein einfacher Weg, um dieses »Money Game« spielen zu können, ist, über passives Einkommen zu verfügen, das höher ist als die Ausgaben. Ich nenne das finanzielle Freiheit, und der Durchschnittsmensch mit Plan kann durchaus in fünf bis sieben Jahren diese finanzielle Freiheit erlangen. Doch die meisten Menschen denken, sie würden gewinnen, wenn sie das neueste Spielzeug besitzen, und wenn die Anzahlungen und die monatlichen Raten niedrig genug sind, können sie dieses Spielzeug gleich jetzt haben. Dieses Konzept führt im Grunde genommen zu finanzieller Versklavung und ist der Grund dafür, dass die Sparquote so vieler US-Verbraucher derzeit negativ ist.

Dies sind nur ein paar der Ideen und Konzepte, die mich glauben lassen, dass der Durchschnittsbürger zu finanziellem Misserfolg verdammt ist. Der durchschnittliche Mensch ist einfach zu voreingenommen, und das führt zu einem finanziellen Desaster. Um dieses Problem zu lösen, helfe ich den Menschen dabei, effizienter in ihren Entscheidungsfindungen zu werden. Ich glaube jedoch auch, dass man damit rechnen kann, dass die meisten Menschen (ebenso wie die großen Geldinstitute) für gewöhnlich zu ineffizienten Handlungen neigen, wenn es ums Geld geht. Doch die großen Geldinstitute haben einen Vorteil: Sie stellen die Regeln auf, denen die meisten Menschen folgen, während sie versuchen, als Gewinner aus dem Spiel um Geld hervorzugehen.

**Wie sieht Ihre persönliche Einschätzung des Faktors sechs aus?**
Die Überwachung dieses Faktors kann Ihnen auch dabei helfen, Trading-Ideen zu entwickeln und zu bestimmen, wann eine potenzielle Strategie aufhören wird zu funktionieren, weil ein psychologischer Gezeitenwechsel stattfindet. So sollten Sie sich zum Beispiel immer wieder die folgenden Fragen stellen:

- Inwiefern bin ich ineffizient, und wie kann ich meine Effizienz steigern und mir selbst durch Beschäftigung mit meiner persönlichen Psychologie einen Wettbewerbsvorteil verschaffen?
- Was sind die großen Trends, denen die meisten Trader gerade folgen? Sehen Sie sich die Titelblätter der Magazine und Zeitschriften an und schenken Sie den Finanzmedien Ihre Aufmerksamkeit. Fangen die Medien an, über Trends zu sprechen, so sind diese wahrscheinlich vorüber, oder es ist zumindest Zeit für eine Korrektur.

➡ Was ist besonders wertvoll und derzeit nicht besonders gefragt? Und was geschieht, wenn ich diese Investments meinen Freunden gegenüber erwähne? Hassen sie sie, so handelt es sich wahrscheinlich um gute Investments, vorausgesetzt, der Kurs sinkt nicht, oder (noch besser) sie sind mit einem Aufwärtstrend gestartet.

➡ Wie kann ich meine persönliche Psychologie und die Größenbestimmung meiner Positionen betonen, um ein effizienterer Trader oder Investor zu werden? Anregungen zu diesem Thema finden Sie immer wieder an verschiedenen Stellen in diesem Buch.

## Andere Bereiche, die Sie ebenfalls in Betracht ziehen sollten

Die sechs Faktoren, die ich aufgeführt habe, sind keineswegs die einzigen, die Sie bei der Betrachtung des großen Gesamtbildes berücksichtigen können (oder sollten). Was ist mit der globalen Erwärmung? Sind Sie der Auffassung, bei der globalen Erwärmung handle es sich um einen echten, signifikanten Trend, dann behalten Sie das im Auge. Deutliche Klimaveränderungen in den nächsten fünf bis zehn Jahren könnten Finanzen und Märkte wesentlich stärker beeinflussen als jeder der von mir erwähnten Faktoren. Denken Sie nur an die Wirbelstürme der letzten Zeit. Was, wenn diese Stürme nur die ersten Auswirkungen der globalen Erwärmung sind? Da die Ozeane wärmer werden, werden die Wirbelstürme heftiger – dies ist nur eine von vielen potenziellen wirtschaftlichen Herausforderungen, die die globale Erderwärmung mit sich bringt.

Wie sieht es mit dem möglichen Ausbruch großer Kriege aus? Die Szenarien, die ich bereits erwähnte, basieren allesamt auf der Prämisse einer friedlichen Welt. Doch was, wenn der Krieg gegen den Terror aufgrund von Handlungen der Vereinigten Staaten oder der Terroristen weiter eskaliert? Wie würde sich dies auf Ihre Märkte oder auf Ihre Trading-Strategien auswirken? Was geschieht im Fall ausbrechender Feindseligkeit zwischen anderen Ländern? Vielleicht wäre es sinnvoll, über solche Dinge nachzudenken und für den Ernstfall zu planen.

Wie sieht es mit großen Handelskriegen aus? Was, wenn bestimmte Länder einfach aufhören, mit anderen Ländern Handel zu treiben? Was wären die Konsequenzen für Ihre Märkte?

Wie steht es um die Gesundheitskrise in den USA und dem Rest der Welt? Momentan verfügen wir über eine Nahrungsmittelindustrie, die im Jahr eine Billion US-Dollar umsetzt und die amerikanischen Bürger mit industriell gefertigten Lebensmitteln versorgt, die unsere Gesundheit ruinieren. Gleichzeitig haben wir eine andere billionenschwere Industrie, die darauf ausgerichtet ist, anstelle der Ursachen die Symptome des Verzehrs industriell gefertigter Lebensmittel zu behandeln. Ein Arzt im Bundesstaat Maryland verlor seine Lizenz, weil er seinen Patienten einfach nur große Mengen Vitamine intravenös verabreichte. Ich persönlich glaube, dass diese Behandlungsmethode einen verjüngenden Effekt hat, doch ich müsste dafür in die Schweiz reisen. Ich glaube, dass sich auch Trends aus dem Gesundheitswesen deutlich auf die Wirtschaft niederschlagen werden, doch das ist natürlich nur meine Meinung.

Diese Elemente, ebenso wie andere wichtige Faktoren, die ich wahrscheinlich übersehen habe, könnten auch Teil Ihrer Gesamtbildplanung werden.

## Wie werden Sie das Gesamtbild im Auge behalten?

Sagen wir einmal, Sie entscheiden sich dafür, sich jeden Monat sechs Faktoren anzusehen. Zu diesem Zeitpunkt ist es unwichtig, um welche Faktoren es sich handelt, denn sie könnten für jeden Menschen anders ausfallen. Die Überzeugungen eines jeden Einzelnen sind anders! Doch Sie müssen herausfinden, wie sich jeder der Faktoren auf Ihre Märkte und Strategien auswirken wird. Sie sollten auch verstehen, unter welchen Umständen Sie in neue Märkte wechseln und Ihre Strategien ändern sollten. Außerdem werden Sie bestimmen müssen, wie Sie diese Faktoren messen wollen und wie Sie mit ihnen Schritt halten werden.

Lassen Sie mich Ihnen einige Beispiele dafür geben, wie Sie vorgehen können. Ich selbst schreibe ein monatliches Update der Märkte, das an jedem ersten Mittwoch des Monats in meinem kostenlosen E-Mail-Newsletter erscheint: *Tharp's Thoughts*.[60] Dadurch bin ich gezwungen, stets mit den Vorgängen, die ich für wichtig erachte, auf Augenhöhe zu sein, und ich kann anderen, die sich selbst diese Arbeit nicht machen wollen, helfen.

Ken Long, der für uns Kurse zu verschiedenen Strategien hält, die man in Verbindung mit ETFs anwenden kann, schreibt einen wöchentlichen Kommentar zu den Märkten, den er auch veröffentlicht. Dieser Kommentar beinhaltet eine relative Bewertung der Performances aller ETFs, die gerade getradet werden. Kens gewichtete Zusammenfassung sieht in etwa so aus wie in Abbildung 6.5 gezeigt.

Die Kästchen in Abbildung 6.5 stehen für ETFs verschiedener Sektoren der Weltwirtschaft. Jedes Kästchen hat seine eigene gewichtete RS (Relative Stärke)-Zahl.[61] Dahinter steckt die Idee, nach Sektoren der Wirtschaft Ausschau zu halten, die wesentlich stärker sind als der S&P 500, der durch das SPY-Kästchen in der Mitte (Rating 39) dargestellt wird. Bitte beachten Sie, dass verschiedene

---

60 *Tharp's Thoughts* ist ein wöchentlich erscheinender E-Mail-Newsletter, den Sie unter www.iitm.com abonnieren können. Ich empfehle Ihnen den Newsletter mit der Übersicht des gesamten Marktes, der am ersten Mittwoch jedes Monats erscheint.

61 Während Ken mit einem gewichteten Durchschnitt der Stärke arbeitet, könnten Sie die ETFs ebenso gut hinsichtlich ihrer Effizienz überwachen (Kursveränderung geteilt durch tägliche Volatilität), oder Sie könnten mit der risikobereinigten Stärke arbeiten oder mit jedem anderen Maßstab, basierend auf Ihrer Meinung nach wichtigen Faktoren.

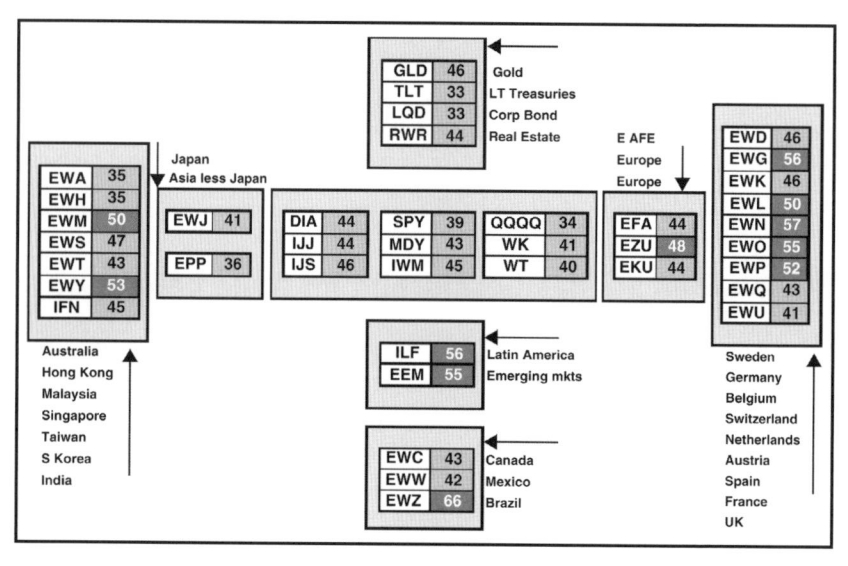

```
                              ┌─────────────┐
                              │ GLD │ 46 │ Gold
                              │ TLT │ 33 │ LT Treasuries
                              │ LQD │ 33 │ Corp Bond
                              │ RWR │ 44 │ Real Estate       E AFE            ┌─────────────┐
                              └─────────────┘                 Europe           │ EWD │ 46 │
┌─────────────┐  Japan                                        Europe           │ EWG │ 56 │
│ EWA │ 35 │  Asia less Japan                                                  │ EWK │ 46 │
│ EWH │ 35 │                                                                   │ EWL │ 50 │
│ EWM │ 50 │  ┌────────┐  ┌────────┐ ┌────────┐ ┌─────────┐  ┌────────┐        │ EWN │ 57 │
│ EWS │ 47 │  │EWJ │41 │  │DIA │44 │ │SPY │39 │ │QQQQ │34 │  │EFA │44 │        │ EWO │ 55 │
│ EWT │ 43 │  │EPP │36 │  │IJJ │44 │ │MDY │43 │ │WK   │41 │  │EZU │48 │        │ EWP │ 52 │
│ EWY │ 53 │  └────────┘  │IJS │46 │ │IWM │45 │ │WT   │40 │  │EKU │44 │        │ EWQ │ 43 │
│ IFN │ 45 │              └────────┘ └────────┘ └─────────┘  └────────┘        │ EWU │ 41 │
└─────────────┘                                                                └─────────────┘
 Australia                 ┌─────────────┐                                      Sweden
 Hong Kong                 │ ILF │ 56 │ Latin America                           Germany
 Malaysia                  │ EEM │ 55 │ Emerging mkts                           Belgium
 Singapore                 └─────────────┘                                      Switzerland
 Taiwan                                                                         Netherlands
 S Korea                   ┌─────────────┐                                      Austria
 India                     │ EWC │ 43 │ Canada                                  Spain
                           │ EWW │ 42 │ Mexico                                  France
                           │ EWZ │ 66 │ Brazil                                  UK
                           └─────────────┘
```

**Abbildung 6.5:** Weltübersichts-Modell von Tortoise, basierend auf ETFs (11. Februar 2006)

Kästchen verschiedene Ratings haben, wobei EWZ (Brasilien, Rating 66) das höchste und Anleihen (Staatsanleihen, TLT, und Unternehmensanleihen, LQD, beide Rating 33) das niedrigste Rating aufweisen.[62]

In dieser Abbildung wird die ganze Welt dargestellt. Die neun Kästchen in der Mitte stehen für den gesamten US-Aktienmarkt, wobei die Aktien der größten Unternehmen (Big Caps) ganz oben (DIA, SPY, QQQQ) aufgeführt werden, die der kleineren Unternehmen (Small Caps) unten (IJS, IWM, WT). Value-Aktien sind links abgebildet, Wachstumswerte rechts. Ausgeglichene Aktien finden sich in der Mitte. Dadurch kann man auf einen Blick erkennen, dass am 11. Februar 2006 die rentabelsten Werte des US-Markts die Small Caps (unterste Reihe) und die Value-Aktien (links) waren. Doch diese Bereiche sind von den stärksten Bereichen der Abbildung weit entfernt.

Man kann sich ganz einfach einen Überblick über die Welt verschaffen, indem man sich auf der linken Seite die asiatischen Märkte anschaut, rechts die Märkte in Europa und die US-Märkte ganz unten auf der Seite. Es ist ganz deutlich zu sehen, dass am 11. Februar 2006 Lateinamerika (ILF), die aufstrebenden

---

62 RS-Werte neigen dazu, sich recht schnell zu ändern, und dieses Modell war bereits überholt, als das Manuskript an den Verleger geschickt wurde. Doch Kens Strategie besagt, so lange an den stärksten ETFs festzuhalten, wie diese den S&P 500 outperformen, weswegen Ken Positionen lange behalten kann.

Märkte (EEM), Brasilien (EWZ), Deutschland (EWG), Österreich (EWO), die Niederlande (EWN) und Südkorea (EWY) die weltweit stärksten Sektoren waren.

Die Spitze der Grafik bildet auch andere Finanzmärkte der USA ab: Gold, Staatsanleihen mit langer Laufzeit, Unternehmensanleihen und Immobilien. Es gibt zwar einige Faktoren, die in der Grafik nicht erscheinen, doch die Abbildung liefert eine ganz ausgezeichnete Übersicht der globalen Märkte und ist eine der besten Quellen, die ich regelmäßig zu Rate ziehe. Nun können Sie entweder dafür bezahlen, dass Ihnen Tortoise Capital[63] eine solche Dienstleistung zur Verfügung stellt, oder Sie entwickeln selbst ein ähnliches Schaubild.

## Zusammenfassung

Eine Trading-Methode basiert auf mentalen Szenarien. Doch ich empfehle allen Investoren, sich zumindest einmal im Monat mit den Faktoren zu befassen, die die Märkte beeinflussen, und sich eine Methode auszudenken, mit der sie Veränderungen und deren Auswirkungen auf ihren Trading-Stil bewerten können.

Einige der Faktoren, die die großen internationalen Märkte beeinflussen, wurden basierend auf meinen Überzeugungen angesprochen. Diese sind:

- die Verschuldung der Vereinigten Staaten;
- die nachhaltige Baisse in den USA;
- der Aufstieg von Ländern wie China und Indien und die Auswirkungen des Konsumverhaltens dieser Länder auf die Rohstoffe der Erde;
- die aktuelle Struktur Offener Investmentfonds und die Probleme, die entstehen werden, wenn die Babyboomer in Rente gehen;
- die Konsequenzen von Regeln, Vorschriften und neuen Gesetzen, vor allem Steuergesetzen;
- die Tatsache, dass die meisten Menschen das Wirtschaftsspiel so spielen, dass sie verlieren müssen;
- andere potenzielle wichtige Faktoren.

Ich empfehle Ihnen wärmstens, über die Auswirkungen dieser und anderer, Ihrer Meinung nach bedeutender, Faktoren nachzudenken. Ich würde Ihnen auch stark dazu raten, einen Weg zu finden, diese Faktoren und deren mögliche Auswirkungen auf Ihre Märkte mindestens einmal im Monat zu bewerten. Für den Anfang habe ich Ihnen schon einige Quellen für monatliche Informationen mit auf den Weg gegeben.

---

*63 Für weitere Informationen über Ken Longs wöchentliche Updates besuchen Sie www.tortoisecapital.com.*

# 7 Sechs Schlüssel zu einem großartigen Trading-System

*Wissen, dass man nichts weiß, das ist das Allerhöchste.*
— *Lao Tse*

Dieses Kapitel ist der Schlüssel, um zu verstehen, wie große Trader in Systemen denken. Das Material ist besonders bedeutend, wenn man als Trader oder Investor richtig erfolgreich sein will. Daher habe ich mich dazu entschlossen, es mehrmals durch verschiedene Metaphern zu wiederholen. Aber Sie müssen es nur einmal kapieren, um die unglaublichen Vorteile, die diese Variablen für Sie auslösen können, wirklich zu verstehen.

Meiner Meinung nach gibt es sechs entscheidende Variablen, die man verstehen muss, um ein erfolgreiches Trading-System entwickeln zu können. Lassen Sie uns diese sechs Variablen erforschen und ausfindig machen, wie sie Ihre Gewinne oder Verluste als Trader oder Investor beeinflussen:

1. *Zuverlässigkeit oder in wie viel Prozent der Fälle Sie Geld verdienen.* Machen Sie zum Beispiel Geld aus 60 Prozent Ihrer Investitionen und verlieren Geld in den restlichen 40 Prozent?

2. *Die relative Größe Ihrer Gewinne im Vergleich zu Ihren Verlusten, wenn Sie auf dem kleinstmöglichen Niveau traden (also ein Aktienanteil oder ein Terminkontrakt).* Die relative Größe wäre beispielsweise gleich, wenn Sie bei verlustreichen Trades einen Dollar verlieren und bei gewinnbringenden Trades einen Dollar gewinnen würden. Dagegen wäre die relative Größe ziemlich verschieden, wenn Sie bei gewinnbringenden Trades zehn Dollar pro Anteil verdienen und bei verlustreichen Trades nur einen Dollar verlieren würden.

3. *Ihre anfallenden Kosten bei einer Investition oder einem Trade.* Dies ist die zerstörerische Kraft auf Ihrem Konto, wann immer Sie traden. Es sind Ihre Ausführungskosten und Ihre Maklerkommissionen. Diese Kosten können

sich im Verlauf mehrerer Trades tatsächlich anhäufen. Früher war Day-Trading aufgrund dieser Kosten äußerst kostspielig, doch selbst bei den heutigen deutlich gefallenen Kommissionen handelt es sich noch immer um einen Faktor, den man berücksichtigen muss, wenn man sehr aktiv ist.

4. *Wie oft man die Gelegenheit erhält zu traden* Stellen Sie sich vor, Sie halten die ersten drei Variablen konstant. Ihre Summenwirkung würde dann davon abhängen, wie oft Sie traden. Die Ergebnisse werden deutlich anders ausfallen, wenn Sie 100 Trades pro Tag oder 100 Trades pro Jahr durchführen.

5. *Ihr Position-Sizing-Modell oder wie viele Einheiten Sie gleichzeitig traden (eine Aktie oder 10.000 Aktien).* Offensichtlich wird der Betrag, den man pro Aktienanteil gewinnt oder verliert, mit der Anzahl der gehandelten Aktien multipliziert.

6. *Der Umfang Ihres Kapitals als Trader oder Investor.* Inwieweit sich die ersten vier Variablen auf Ihr Konto auswirken, hängt entscheidend von der Größe Ihres Kontos ab. So werden sich die Trading-Kosten beispielsweise wesentlich stärker auf ein Konto mit 1.000 Dollar auswirken als auf eines mit einer Million Dollar. Wenn es 20 Dollar kostet, zu traden, dann würde man auf dem 1.000-Dollar-Konto bei jedem Trade zunächst zwei Prozent verlieren, bevor man einen Gewinn verzeichnen könnte. Somit müsste man bei jedem Trade im Durchschnitt mehr als zwei Prozent Gewinne erzielen, nur um die Trading-Kosten zu decken. Dagegen würden sich dieselben 20 Dollar an Kosten so gut wie gar nicht auswirken (0,002 Prozent), wenn man ein Ein-Millionen-Dollar-Konto hat. In ähnlicher Weise wirkt sich ein Verlust in Höhe von 500 Dollar erheblich auf ein 1.000-Dollar-Konto aus, während man ihn bei einem Konto von einer Million Dollar fast gar nicht merkt (0,05 Prozent).

Würden Sie sich gerne nur auf eine dieser Variablen konzentrieren? Oder glauben Sie, dass alle sechs gleich wichtig sind? Wenn ich diese Frage so formuliere, dann stimmen Sie mir vermutlich zu, dass alle sechs Variablen wichtig sind.

Wenn Sie jedoch all Ihre Energie auf nur eine dieser Variablen konzentrieren sollten, um welche würde es sich dann handeln? Vielleicht halten Sie diese Frage für ein wenig naiv, da alle sechs Variablen wichtig sind. Dennoch stelle ich diese Frage nicht ohne Grund. Schreiben Sie Ihre Antwort also in den dafür vorgesehenen Platz.

**Antwort:**

Der Grund, warum ich Sie gebeten habe, sich nur auf einen Punkt zu konzentrieren, ist folgender: Die meisten Trader und Investoren konzentrieren sich in ihren tagtäglichen Aktivitäten häufig nur auf einen der sechs Punkte. Meist liegt ihr Hauptaugenmerk auf dem ersten Faktor – Zuverlässigkeit oder das Bedürfnis, richtig zu liegen. Viele sind so besessen davon, dass sie darüber alles andere vergessen. Doch wenn alle sechs Komponenten wichtig für den Erfolg sind, dann können Sie allmählich verstehen, wie naiv es sein kann, sich nur darauf zu konzentrieren, richtig zu liegen.

Die ersten vier Variablen sind Teil des Themas, das ich Erwartung nenne. Sie sind Schwerpunkt dieses Kapitels. Die beiden letzten Variablen sind Teil dessen, was ich den Wie-viel-Faktor oder Position Sizing nenne. Wir werden das Thema Position Sizing in diesem Kapitel streifen und uns im weiteren Verlauf des Buches näher damit auseinandersetzen.

## Die Schneeballschlacht-Metapher

Um die Bedeutung aller sechs Variablen zu veranschaulichen, möchte ich Sie durch eine Metapher führen, die Ihnen einen anderen Blickwinkel verschaffen könnte als nur den, bei dem sich alles um Geld und Systeme dreht. Stellen Sie sich vor, Sie verstecken sich hinter einer großen Schneewand. Jemand wirft mit Schneebällen auf Ihre Wand, und Ihr Ziel ist es, Ihre Wand so groß wie möglich zu halten, um maximalen Schutz zu genießen.

Somit verdeutlicht die Metapher unmittelbar, dass es sich bei der Größe der Mauer um eine äußerst bedeutende Variable handelt. Wenn die Mauer zu klein ist, werden Sie unweigerlich getroffen. Doch wenn die Mauer massiv ist, dann werden Sie vermutlich nicht getroffen. Variable sechs, die Größe Ihres Einstiegskapitals, ist ein wenig wie die Größe der Mauer. Im Prinzip könnten Sie Ihr Startkapital als eine Geldmauer betrachten, die Sie schützt. Je mehr Geld Sie haben – vorausgesetzt, die anderen Variablen bleiben unverändert –, desto besser sind Sie geschützt.

Stellen Sie sich nun vor, dass die Person, die Sie mit Schneebällen bewirft, zwei Arten von Schneebällen hat: weiße Schneebälle und schwarze Schneebälle. Weiße Schneebälle sind ein wenig wie gewinnbringende Trades; sie bleiben einfach an der Schneemauer hängen und vergrößern sie. Stellen Sie sich nun vor, wie es sich auswirken würde, wenn Sie mit vielen weißen Schneebällen beworfen würden. Sie würden die Mauer einfach vergrößern. Sie würde immer größer, und Sie wären immer besser geschützt.

Stellen Sie sich vor, die schwarzen Schneebälle lösen den Schnee auf und bilden ein Loch in der Mauer, das ihrer Größe entspricht. Sie könnten sich die schwarzen Schneebälle als »Antischnee« vorstellen. Wenn nun also viele schwarze Schneebälle auf Ihre Mauer geworfen würden, dann würde sie bald verschwinden oder zumindest eine Menge Löcher aufweisen. Schwarze Schneebälle sind in vielerlei Hinsicht wie verlustreiche Trades: Sie lassen die Sicherheitsmauer allmählich abbröckeln, so wie verlustreiche Trades Ihr Eigenkapital allmählich schwinden lassen.

Variable eins, wie oft Sie richtig liegen, ist ein bisschen so, als ob Sie sich auf den Anteil der weißen Schneebälle konzentrieren würden. Natürlich würden Sie sich wünschen, dass alle Schneebälle, die auf Ihrer Mauer landen, weiß wären und Ihre Mauer stärken würden. Sie können vermutlich leicht erkennen, wie diejenigen, deren Hauptaugenmerk nicht auf dem großen Ganzen liegt, ihre gesamte Aufmerksamkeit dem »Erzeugen« möglichst vieler weißer Schneebälle widmen.

Doch betrachten wir nun die relative Größe der beiden Arten von Schneebällen. Wie groß sind die weißen und schwarzen Schneebälle im Vergleich zueinander? Stellen Sie sich zum Beispiel vor, die weißen Schneebälle hätten die Größe von Golfbällen, während die schwarzen Schneebälle wie Gesteinsbrocken mit einem Umfang von rund fünf Metern sind. Wenn dies der Fall wäre, dann bräuchte man vermutlich nur einen schwarzen Schneeball, um die Mauer zu durchbrechen – selbst dann, wenn die Mauer den ganzen Tag lang mit weißen Schneebällen beworfen würde. Hätte dagegen der weiße Schneeball die Größe eines fünf Meter breiten Gesteinsbrockens, dann würde vermutlich schon ein Schneeball pro Tag ausreichen, um die Mauer so zu stärken, dass Sie vor einem anhaltenden Bombardement schwarzer Schneebälle von der Größe eines Golfballs ausreichend geschützt wären. Die relative Größe der beiden Arten von Schneebällen entspricht Variable zwei in unserem Modell – der relativen Größe von Gewinnen und Verlusten. Ich hoffe, dass Sie sich mithilfe der Schneeball-Metapher vorstellen können, wie wichtig Variable zwei ist.

Variable drei, die Trading-Kosten, ist ein bisschen so, als ob man sich vorstellen würde, dass jeder Schneeball die Mauer ein bisschen beschädigt – egal ob er weiß oder schwarz ist. Jeder weiße Schneeball übt einen gewissen zerstörerischen Einfluss auf die Mauer aus, hoffentlich weniger als sein Einfluss, die Mauer aufzubauen. In ähnlicher Weise zerstört jeder schwarze Schneeball einen kleinen Teil der Mauer allein dadurch, dass er dagegenschlägt, was den normalen zerstörerischen Effekt des schwarzen Schnees auf der Mauer noch verstärkt. Ohne Frage könnte sich die Größe dieser allgemeinen zerstörerischen Kraft insgesamt auf den Ausgang dieser Schneeballschlacht auswirken.

Nehmen wir an, unsere Schneebälle treffen immer nur einzeln auf die Mauer. Nachdem 100 Schneebälle die Mauer getroffen haben, hängt der Zustand Ihrer Mauer vom relativen Volumen des weißen und schwarzen Schnees ab, der auf die Mauer trifft. In unserem Modell lässt sich die Effektivität der Schneeballschlacht durch den Zustand der Mauer messen. Wenn die Mauer wächst, bedeutet dies, dass das Gesamtvolumen des weißen Schnees, der auf die Mauer trifft, größer ist als das Gesamtvolumen des schwarzen Schnees, der auf die Mauer trifft. Und die wachsende Mauer ist gleichbedeutend mit wachsenden Gewinnen.

Je größer sie wird, desto sicherer fühlen Sie sich. Wenn die Mauer schrumpft, dann bedeutet dies, dass mehr schwarzer als weißer Schnee auf die Mauer trifft. Irgendwann verliert Ihre Mauer jegliche Schutzfunktion, und Sie sind nicht mehr in der Lage, das Spiel fortzusetzen.

Wenn Sie die ersten drei Variablen zusammennehmen, können Sie den durchschnittlichen Einfluss pro Schneeball auf Ihre Mauer ausrechnen. Um den Gesamtbetrag aus schwarzem und weißem Schnees zu erhalten, der nach 100 geworfenen Schneebällen auf Ihre Mauer einwirkte, müssten Sie den Effekt des negativen Einflusses des schwarzen Schnees vom positiven Einfluss des weißen Schnees abziehen. Addieren Sie zu diesem Wert den Einfluss der gesamten zerstörerischen Kraft der Schneebälle (Faktor drei). Sobald Sie den Gesamteffekt der 100 Schneebälle ermittelt haben, teilen Sie diesen Wert durch 100, und Sie erhalten den Einfluss jedes einzelnen Schneeballs. Wenn der Einfluss positiv ist (relativ gesehen mehr weißer Schnee), dann wird Ihre Mauer wachsen. Wenn der Einfluss negativ ist (relativ gesehen mehr schwarzer Schnee), dann wird Ihre Mauer schrumpfen. Der relative Einfluss jedes einzelnen Schneeballs ist gleichbedeutend mit dem, was ich in der Trading-Welt als »Erwartung« bezeichne.

Für diejenigen unter Ihnen, die eher mathematisch veranlagt sind, hier ein Zahlenbeispiel:

Nehmen wir an, 60 weiße Schneebälle vergrößern den Haufen um rund 3.800 cm$^3$.
Nehmen wir an, 40 schwarze Schneebälle verkleinern den Haufen um rund 1.900 cm$^3$.
Nehmen wir an, der gesamte zerstörerische Einfluss von 100 Schneebällen liegt bei rund 160 cm$^3$.
Der Nettoeinfluss von 100 Schneebällen beträgt 3.800 weniger 1.900 weniger 160 für den zerstörerischen Einfluss. Somit liegt der Nettoeinfluss bei rund 1.740 cm$^3$.
Wenn man 1.740 cm$^3$ durch 100 Schneebälle teilt, dann ergibt sich folgender Nettoeinfluss: Jeder Schneeball vergrößert die Mauer um etwa 17,4 cm$^3$.

In der realen Welt gibt die Erwartung Investoren und Tradern Aufschluss über den Nettogewinn oder Nettoverlust, mit dem sie pro eingesetztem Dollar im Verlauf einer großen Zahl von Trades einzelner Einheiten rechnen können.[64] Wenn der Nettoeinfluss pro Trade positiv ist, kann man davon ausgehen, dass das Konto wächst. Wenn der Nettoeinfluss negativ ist, kann man davon ausgehen, dass das Konto verschwindet.

---

64 *Bei einer einzelnen Einheit handelt es sich beispielsweise um einen Aktienanteil oder einen Terminkontrakt.*

Beachten Sie Folgendes: Im Erwartungsmodell könnten Sie 99 Trades mit Verlusten haben, von denen jeder einen Dollar gekostet hat. Damit würden Sie ein Minus von 99 Dollar machen. Wenn Sie aber einen einzigen Trade mit einem Gewinn von 500 Dollar hätten, dann ergäbe sich eine Nettoauszahlung von 401 Dollar (500 Dollar minus 99 Dollar) – trotz der Tatsache, dass nur einer Ihrer Trades einen Gewinn verzeichnete und 99 Prozent Ihrer Trades Verluste brachten. Nehmen wir außerdem an, Ihre Trading-Kosten liegen bei einem Dollar pro Trade oder 100 Dollar pro 100 Trades. Damit hätten Sie einen Nettogewinn von 301 Dollar, und Ihre Erwartung (der durchschnittliche Einfluss jedes Trades) läge bei plus 3,01 Dollar pro eingesetztem Dollar. Verstehen Sie nun, warum sich die Erwartung aus all den ersten drei Variablen zusammensetzt? Und genauso, wie man die Einwirkung auf die Mauer durch den durchschnittlichen Einfluss eines einzelnen Schneeballs vorhersagen könnte (Schneeball-Erwartung), kann auch die Einwirkung auf das Eigenkapital vorausgesagt werden, indem man den durchschnittlichen Einfluss jedes Trades (die Trading-Erwartung) ermittelt.

Lassen Sie uns nun mit unserer Schneeball-Metapher noch ein wenig fortfahren. Variable vier ist im Wesentlichen die Häufigkeit, mit der Schneebälle geworfen werden. Nehmen wir an, dass der durchschnittliche Einfluss pro Schneeball darin besteht, dass die Mauer um weitere 17,4 cm$^3$ Schnee vergrößert wird. Wenn eine Stunde lang jede Minute ein Schneeball geworfen wird, dann wirkt sich dies dadurch aus, dass die Mauer um rund 1.050 cm$^3$ vergrößert wird. Wenn jede Stunde zwei Schneebälle geworfen werden, dann wird die Mauer nur um rund 18 cm$^3$ anwachsen. Offenbar ist der Einfluss im ersten Szenario 30 Mal größer als im zweiten. Somit wird die Häufigkeit, mit der Schneebälle geworfen werden, einen wesentlichen Einfluss auf den Zustand der Mauer haben.[65]

Die Häufigkeit Ihrer Trades wird sich in ähnlicher Weise in der Änderungsrate Ihres Eigenkapitals niederschlagen. Wenn Sie nach 100 Trades 500 Dollar netto verdienen, dann wird das Wachstum Ihres Kontos davon bestimmt, wie lange Sie brauchen, um diese 100 Trades durchzuführen. Wenn Sie für 100 Trades ein Jahr brauchen, dann wird Ihr Konto nur um 500 Dollar pro Jahr anwachsen. Wenn Sie jeden Tag 100 Trades durchführen, dann wird Ihr Konto um 10.000 Dollar pro Monat oder 120.000 Dollar pro Jahr anwachsen (wenn man von 20 Trading-Tagen pro Monat ausgeht). Welche Methode würden Sie gerne traden: eine, mit der Sie 500 Dollar im Jahr verdienen, oder eine, mit der Sie 120.000 Dollar pro Jahr verdienen? Die Antwort ist eindeutig, doch die Methoden könnten einander völlig gleichen (insofern, als beide dieselbe Erwartung haben). Der einzige Unterschied besteht in der Häufigkeit der Trades.

Wenn Sie von unserer Erörterung der Schneeballschlacht-Metapher ausgehen, welche der ersten vier Variablen halten Sie nun für die wichtigste? Warum?

---

64 *Dies impliziert, dass, wenn man die Trading-Kosten berücksichtigt, es besser ist, häufiger zu traden als weniger oft. Zwar trifft diese Annahme zu, dennoch lässt sie den psychischen Verschleiß unberücksichtigt, der sich aus häufigem Trading ergibt.*

Worauf begründen Sie Ihre Schlussfolgerung? Hoffentlich können Sie diesmal die Wichtigkeit jeder einzelnen Variablen erkennen. Diese bilden die Grundlage für die Erwartung, und sie bestimmen die Effektivität Ihres Trading-Systems.

Die Variablen fünf und sechs – die Position-Sizing-Variablen – sind die wichtigsten Faktoren in Ihrer Gesamtrentabilität. Sie sollten verstehen, wie wichtig die Größe der Mauer (Variable sechs) in diesem Spiel ist. Wenn die Mauer zu klein ist, dann könnten bereits einige schwarze Schneebälle ausreichen, um sie zu zerstören. Sie muss groß genug sein, um Sie zu schützen.

Lassen Sie uns einen Blick auf Variable fünf werfen, die Variable, die Antwort auf die Frage »Wie viel?« gibt. Bis zu diesem Punkt sind wir lediglich davon ausgegangen, dass unsere Schneebälle die Mauer immer einzeln erreichen. Doch stellen Sie sich vor, welche Auswirkungen es hätte, wenn Schneebälle in großer Zahl und zur selben Zeit auf die Mauer treffen würden. Stellen Sie sich zunächst einmal vor, wie es sich auswirken würde, wenn ein schwarzer Schneeball von der Größe eines Golfballs auf die Mauer träfe. Die Mauer bekäme eine Delle von der Größe eines Golfballs verpasst. Stellen Sie sich nun vor, 10.000 davon träfen gleichzeitig auf die Mauer. Dies beeinflusst Ihr Denken ganz erheblich, oder etwa nicht?

Die Metapher von 10.000 Schneebällen verdeutlicht, wie wichtig Position Sizing ist – der Teil Ihres Systems, der Ihnen sagt, »Wie viel«. Bis jetzt haben wir immer über eine Größeneinheit gesprochen – einen Schneeball oder eine Aktie. Ein Bombardement von 10.000 schwarzen Schneebällen von der Größe eines Golfballs könnte Ihre Mauer komplett zerstören, es sei denn, die Mauer ist massiv.

In ähnlicher Weise könnten Sie eine Trading-Methode haben, die, wenn sie verliert, pro Aktie nur einen Dollar verliert. Wenn Sie Ihre Aktie jedoch in 10.000er-Einheiten kaufen, dann wird Ihr Verlust plötzlich enorm. Er liegt nun bei 10.000 Dollar! Auch hier erkennen Sie, wie wichtig Position Sizing ist. Wenn Ihr Eigenkapital eine Million Dollar beträgt, dann ist ein Verlust von 10.000 Dollar nur ein Prozent. Doch wenn Sie nur über 20.000 Dollar an Eigenkapital verfügen, dann ist ein Verlust von 10.000 Dollar 50 Prozent.

Jetzt, wo Sie die Möglichkeit haben, alle bedeutenden Variablen zu sehen, die zum Erfolg Ihres Systems (oder Ihrer Schneeballschlacht) beitragen, können wir uns eingehender mit dem Thema Erwartung beschäftigen. Wie Sie wissen, ist die Erwartung die durchschnittliche Auswirkung eines Schneeballs. Gleichermaßen ist die Erwartung die durchschnittliche Auswirkung pro Trade und pro eingesetztem Dollar auf Ihr Konto.

## Erwartung unter der Lupe betrachtet

Eines der wahren Erfolgsgeheimnisse eines Traders besteht darin, in Bezug auf Risiko-Rendite-Verhältnisse zu denken. Gleichermaßen kommt es, wenn man die Erwartung verstehen möchte, in erster Linie darauf an, dass man seine Trades in Bezug auf das Risiko-Rendite-Verhältnis betrachtet. Stellen Sie sich folgende Frage: »Was ist das Risiko bei diesem Trade? Und lohnt die potenzielle Rendite das potenzielle Risiko?« Wie ermittelt man nun also das potenzielle Risiko eines Trades? Bevor Sie einen Trade eingehen, sollten Sie zunächst einen Punkt bestimmen, bei dem Sie aus dem Trade aussteigen würden, um Ihr Kapital zu bewahren. Dieser Punkt entspricht dem Risiko, dem Sie in diesem Trade ausgesetzt sind, oder Ihrem voraussichtlichen Verlust. Wenn Sie zum Beispiel eine 40-Dollar-Aktie kaufen und sich entscheiden auszusteigen, falls diese Aktie auf 30 Dollar fällt, dann beträgt Ihr Risiko zehn Dollar.

Ich bezeichne das Risiko, das man in einem Trade eingeht, gerne als R. Dies sollte man sich leicht merken können, da R die Abkürzung für Risiko ist. R kann entweder Ihr Risiko pro Einheit bezeichnen, das im Beispiel bei zehn Dollar pro Aktie liegt, oder es kann Ihr Gesamtrisiko bezeichnen. Wenn Sie 100 Aktienanteile mit einem Risiko von zehn Dollar pro Aktie kaufen würden, dann läge Ihr Gesamtrisiko bei 1.000 Dollar.

Denken Sie daran, dass ich Sie bitte, auf Ihr Risiko-Rendite-Verhältnis zu achten. Wenn Sie wissen, dass Ihr gesamtes Einstiegsrisiko auf eine Position 1.000 Dollar beträgt, dann können Sie all Ihre Gewinne und Verluste als ein Verhältnis zu Ihrem anfänglichen Risiko angeben. Wenn Sie zum Beispiel einen Gewinn von 2.000 Dollar erzielen (oder 20 Dollar pro Aktie), dann haben Sie einen Gewinn von 2R. Wenn Sie einen Gewinn von 10.000 Dollar haben, dann liegt Ihr Gewinnverhältnis bei 10R.

Genauso verhält es sich auf der Verlustseite. Wenn Sie einen Verlust von 500 Dollar haben, dann haben Sie ein Verlustverhältnis von 0,5R. Wenn Sie einen Verlust von 2.000 Dollar haben, dann haben Sie ein Verlustverhältnis von 2R. Moment mal, sagen Sie, wie kann man denn bitte einen Verlust von 2R haben, wenn das Gesamtrisiko bei 1.000 Dollar lag? Nun ja, vielleicht haben Sie sich nicht an Ihren Vorsatz, einen Verlust von 1.000 Dollar mitzunehmen, gehalten und sind nicht ausgestiegen, wenn Sie hätten aussteigen sollen. Möglicherweise wies der Markt eine für Sie ungünstige Lücke nach unten auf. Verluste, die größer sind als 1R, ereignen sich ständig. Ihr Ziel als Trader oder Investor ist es, Ihre Verluste bei 1R oder weniger zu halten. Warren Buffett, den viele als den erfolgreichsten Investor der Welt kennen, behauptet, die Regel Nummer eins eines Investors lautet, kein Geld zu verlieren. Doch anders, als viele glauben, muss auch ein Warren Buffett Verluste einstecken.

Daher wäre es vermutlich besser, man würde Buffetts Regel Nummer eins umformulieren und stattdessen sagen: Halte deine Verluste bei 1R oder weniger.

Wenn man eine Reihe von Gewinnen und Verlusten hat, die als Risiko-Rendite-Verhältnisse ausgedrückt werden, dann hat man im Prinzip nichts anderes als das, was ich eine Verteilung von R-Multiples nenne. Somit lässt sich jedes Trading-System als eine Verteilung von R-Multiples charakterisieren. Sie werden merken, dass es Ihnen wirklich hilft, Ihre Systeme zu verstehen und zu er-

> *Daher wäre es vermutlich besser, man würde Buffetts Regel Nummer eins umformulieren und stattdessen sagen: Halte deine Verluste bei 1R oder weniger.*

fahren, was Sie in Zukunft von ihnen erwarten können, wenn Sie diese als Verteilungen von R-Multiples betrachten.

Was hat nun aber all dies mit der Erwartung zu tun? Wenn Ihnen Ihr Trading-System eine Verteilung von R-Multiples liefert, dann müssen Sie den Mittelwert dieser Verteilung ermitteln. Und der Mittelwert der R-Multiples entspricht dem, was ich als »Erwartung« eines Systems bezeichne. Was Ihnen die Erwartung liefert, ist der durchschnittliche R-Wert, den Sie über mehrere Trades hinweg von Ihrem System erwarten können. Oder anders ausgedrückt: Die Erwartung gibt Ihnen Aufschluss darüber, wie viel Sie im Durchschnitt pro eingesetztem Dollar im Verlauf mehrerer Trades erwarten können. In der Schneeballschlacht entsprach die Erwartung der durchschnittlichen Wirkung pro Schneeball. In der Welt der Trader und Investoren ist die Erwartung nichts anderes als die durchschnittliche Wirkung eines bestimmten Trades im Vergleich zum anfänglichen Risiko oder R.

Lassen Sie uns ein Beispiel betrachten. Da sich ein Trading-System durch die Verteilung seiner R-Multiples darstellen lässt, simuliere ich Trading-Systeme gerne mithilfe eines Säckchens mit Murmeln. Nehmen wir zum Beispiel an, wir hätten ein Säckchen Murmeln mit 60 blauen Murmeln und 40 schwarzen Murmeln. Laut Spielregeln gewinnt man den eingesetzten Betrag, wenn man eine blaue Murmel zieht (es handelt sich um einen 1R-Gewinner). Wenn man dagegen eine schwarze Murmel zieht, verliert man den eingesetzten Betrag (es handelt sich um einen 1R-Verlierer). Sobald eine Murmel gezogen wird, ersetzt man sie. Nun kann man leicht die Erwartung dieses Spiels errechnen, da sie dem mittleren R-Multiple für den Sack Murmeln entspricht. Es gibt 60 1R-Gewinner und 40 1R-Verlierer. Das Nettoergebnis aller Murmeln ist plus 20R. Und da es 100 Murmeln (100 Trades) gibt, liegt die Erwartung des Säckchens Murmeln bei 20R geteilt durch 100 oder 0,2R. Im Verlauf mehrerer Trades können wir also mit durchschnittlich 0,2R pro Trade rechnen.

Wie Sie sehen, können Sie mithilfe der Erwartung in etwa abschätzen, wie viel Sie im Verlauf einer bestimmten Zahl von Trades ungefähr verdienen. Nehmen wir zum Beispiel an, Sie haben pro gezogener Murmel zwei Dollar riskiert und haben dies 1.000 Mal gemacht, wobei jede Murmel sofort ersetzt wurde, sodass die Erwartung für jeden Trade dieselbe ist. Da Ihr durchschnittlicher Gewinn 0,2R beträgt, würden Sie bei 1.000 Trades mit 200R rechnen. Und wenn Sie pro Trade zwei Dollar riskiert hätten (R = zwei Dollar), dann würden Sie mit einem Gewinn von 400 Dollar rechnen. Sehen Sie nun, warum man von »Erwartung« spricht? Man erhält einen Eindruck davon, was man von seinem System durchschnittlich erwarten kann (pro eingesetztem Dollar).

Nehmen wir an, Sie führen jeden Monat 20 Trades durch. Ihr durchschnittlicher monatlicher Gewinn sollte bei 4R liegen. Aber werden Sie jeden Monat 4R erzielen? Nein. Die Erwartung ist Ihr durchschnittlicher Gewinn (oder Verlust), ausgedrückt in Bezug auf R. Bei rund der Hälfte Ihrer Monate werden Sie weniger Geld verdienen, und in der anderen Hälfte werden Sie mehr Geld verdienen. Mit dieser Verteilung von R-Multiples habe ich sogar eine Monte-Carlo-Simulation für 10.000 Monate mit jeweils 20 Trades durchgeführt. Das heißt, ich habe einen Monat mit 20 Trades simuliert und dabei mithilfe meines Computers 20 Mal eine Murmel aus dem Säckchen gezogen (und sie danach ersetzt), um zu sehen, wie die Gesamtergebnisse aussehen würden. Diesen Vorgang habe ich 10.000 Mal wiederholt, um festzustellen, was ich durchschnittlich von diesem System erwarten konnte. Dabei stellte ich Folgendes fest: In etwa zwölf Prozent aller Monate verlor man mit diesem System Geld.

Was würde passieren, wenn unser Murmelsäckchen (ähnlich dem Markt und den meisten Glücksspielen) komplexer wäre? Nehmen wir an, Sie haben eine Reihe verschiedener Möglichkeiten, zu gewinnen und zu verlieren. Nehmen wir beispielsweise an, Sie haben ein Säckchen mit 100 Murmeln verschiedener Farben. Und nehmen wir an, jede Farbe hätte gemäß der Matrix in Abbildung 7.1 eine unterschiedliche Rendite.

Erneut gehen wir davon aus, dass eine Murmel sofort, nachdem sie gezogen wurde, ersetzt wird. Wie Sie sehen, liegen die Gewinnchancen in diesem Spiel bei lediglich 36 Prozent. Hätten Sie Lust, es zu spielen? Warum ja oder warum nein? Bevor Sie diese Frage beantworten, denken Sie daran, was wir über die ersten vier Schlüssel zum Erfolg als Investor gesagt haben. Stellen Sie sich davon ausgehend folgende Frage: »Welche Erwartung weist dieses Spiel auf? Ist es besser oder schlechter als das erste Spiel?«

Um die Erwartung dieses Spiels ausfindig zu machen, müssen wir das mittlere R-Multiple ermitteln. Dazu können wir erneut die Summe aller R-Multiples ermitteln und durch die Anzahl von Murmeln teilen (die Definition eines

| Anzahl und Farbe der Murmeln | Gewinn oder Verlust | Rendite |
|---|---|---|
| 50 schwarze Murmeln | Verlust | 1:1 |
| 10 blaue Murmeln | Verlust | 2:1 |
| 4 rote Murmeln | Verlust | 3:1 |
| 20 grüne Murmeln | Gewinn | 1:1 |
| 10 weiße Murmeln | Gewinn | 5:1 |
| 3 gelbe Murmeln | Gewinn | 10:1 |
| 3 durchsichtige Murmeln | Gewinn | 20:1 |

**Tabelle 7.1:** Matrix für die Rendite von Murmeln

Mittelwerts). Die R-Multiples aller gewinnbringenden Murmeln belaufen sich auf insgesamt +160R, und die R-Multiples aller verlustreichen Murmeln betragen zusammen -82R. Dies bedeutet, dass die Summe aller R-Multiples im Säckchen +78R beträgt. Da sich im Säckchen 100 Murmeln befinden, liegt unser Mittelwert bei 0,78R. Damit hat dieses Säckchen eine weitaus bessere Erwartung als das erste Säckchen. Im ersten Spiel konnten wir nur mit 0,2R pro Trade rechnen, wohingegen uns dieses Spiel eine Erwartung von 0,78R liefert.

Allein mithilfe dieser beiden Beispiele sollten Sie einen ganz entscheidenden Punkt gelernt haben. Die meisten suchen nach Trading-Spielen mit einer hohen Gewinnwahrscheinlichkeit. Doch im ersten Spiel lag die Gewinnwahrscheinlichkeit bei 60 Prozent, die Erwartung allerdings bei nur 0,2R. Im zweiten Spiel lag Ihre Gewinnchance lediglich bei 36 Prozent, ihre Erwartung belief sich aber auf 0,78R. Somit ist, bezogen auf die Erwartung, Spiel zwei fast vier Mal so gut wie Spiel eins.

Ich möchte es aber nicht versäumen, ein warnendes Wort einzufügen: Die Variablen fünf und sechs sind für Ihre Rentabilität extrem wichtig. Sie können Ihre Erwartung langfristig gesehen nur dann realisieren, wenn Sie – je nachdem wie viel Eigenkapital Sie haben – Ihre Positionen in vernünftiger Weise bemessen. Position Sizing ist der Teil Ihres Systems, der Ihnen Auskunft darüber gibt, wie viel Sie pro Position riskieren können. Es handelt sich um einen wesentlichen Teil des Gesamtsystems, und wir gehen im weiteren Verlauf dieses Buches noch genauer darauf ein.

Doch lassen Sie uns ein Beispiel betrachten, damit wir sehen, wie Position Sizing und Erwartung zusammenpassen. Nehmen wir an, Sie spielen Spiel eins, das 60-prozentige Murmelspiel. Ihr Eigenkapital beträgt 100 Dollar, und Sie fangen an, das Spiel zu spielen. Sagen wir, Sie riskieren gleich beim ersten Zug Ihre gesamten 100 Dollar. Ihre Chance, zu verlieren, liegt bei 40 Prozent, und zufällig ziehen Sie eine schwarze Murmel. Das kann passieren, und wenn es passiert, dann haben Sie Ihren gesamten Einsatz verloren. Anders ausgedrückt: Ihre Positionsgröße (Ihr Wettumfang) war im Vergleich zu Ihrem Eigenkapital viel zu groß, um sicher zu sein. Jetzt können Sie nicht weiterspielen, weil Sie kein Geld mehr haben. Somit können Sie langfristig gesehen die Erwartung dieses Spiels in Höhe von 0,2R nicht realisieren.

Betrachten wir nun ein weiteres Beispiel mit Spiel eins. Nehmen wir an, Sie entschließen sich, bei jedem Zug 50 Prozent Ihres Einsatzes zu riskieren und nicht 100 Prozent. Damit beträgt Ihre erste Wette 50 Dollar. Sie ziehen eine schwarze Murmel und verlieren. Nun sind Sie auf 50 Dollar gefallen. Ihr nächster Einsatz ist 50 Prozent vom Rest oder 25 Dollar. Wieder verlieren Sie. Nun haben Sie noch 25 Dollar übrig. Ihr nächster Einsatz ist 12,50 Dollar, und erneut verlieren Sie. Nun sind Sie auf 12,50 Dollar gefallen. Drei Verluste in Folge sind durchaus möglich (bei drei aufeinanderfolgenden Ereignissen liegt die Chance bei eins zu zehn) in einem System, das nur in 60 Prozent der Fälle gewinnt.⁶⁶ Jetzt müssen Sie 87,50 Dollar gewinnen, um Ihre Gewinnschwelle zu erreichen – das bedeutet einen Zuwachs von 700 Prozent. Allein mit 1R-Gewinnen ist es ganz und gar nicht wahrscheinlich, dies zu schaffen. Somit haben Sie aufgrund Ihres schlechten Position Sizing Ihre Erwartung langfristig wieder nicht erreicht und am Ende Geld verloren.

> Vergessen Sie nicht, dass die Größe Ihrer Position bei einem Trade niedrig genug sein sollte, damit Sie die langfristige Erwartung Ihres Systems auch realisieren können.

An diesem Punkt könnten Sie sagen, dass Sie Ihre Risiken durch die Wahl Ihrer Ausstiegspunkte kontrollieren und nicht durch Position Sizing. Aber erinnern Sie sich noch an unsere Metapher mit der Schneeballschlacht? Das Risiko ist im Grunde genommen Variable zwei, die Größe der Gewinne verglichen mit den Verlusten. Und genau das kontrolliert man durch seine Ausstiegspunkte. Die Positionsgröße ist eigentlich eine andere Variable (Variable fünf), die man zusätzlich zur relativen Größe seiner Gewinne und Verluste verwendet. Sie gibt Aufschluss darüber, wie viel Gesamtrisiko man im Verhältnis zum Eigenkapital eingehen kann.

## Gelegenheit und Erwartung

Bei der Auswertung eines Systems spielt auch eine weitere Variable eine Rolle, die genauso wichtig ist wie seine Erwartung. Dieser Faktor ist die Gelegenheit, unsere vierte Variable. Wie oft kann man das Spiel spielen? Nehmen wir zum Beispiel an, man könnte entweder Spiel eins oder Spiel zwei spielen. Man darf jedoch bei Spiel zwei nur alle fünf Minuten eine Murmel ziehen, während man bei Spiel eins jede Minute eine Murmel ziehen darf. Welches Spiel wäre Ihnen angesichts dieser Bedingungen lieber?

Werfen wir einen Blick darauf, wie der Faktor Gelegenheit den Wert der Spiele verändert. Nehmen wir an, man könnte das Spiel eine Stunde lang spielen. Da man in Spiel eins jede Minute eine Murmel ziehen könnte, hätte man einen Gelegenheitsfaktor von 60 oder 60 Chancen, das Spiel zu spielen. Da man in Spiel zwei alle fünf Minuten eine Murmel ziehen könnte, hätte man einen Gelegenheitsfaktor von zwölf oder zwölf Chancen, das Spiel zu spielen.

Wie Sie wissen, ist die Erwartung der Betrag, den man pro eingesetztem Dollar über eine größere Zahl von Gelegenheiten hinweg gewinnen würde. Somit ist es – je öfter man ein Spiel spielen kann – umso wahrscheinlicher, dass man die Erwartung des Spiels realisieren kann.

---

66 Wenn man 100 Trades in einem Jahr abschließt, ist es so gut wie sicher, dass man irgendwann drei Verluste in Folge haben wird. Im Prinzip ist es recht wahrscheinlich, sieben Verluste in Folge zu verzeichnen, wenn man 100 Trades durchführt.

Um die relativen Vorzüge jedes einzelnen Spiels zu ermessen, muss man die verschiedenen Male, bei denen man das Spiel spielen kann, mit der Erwartung multiplizieren. Wenn man beide Spiele im Verlauf einer Stunde miteinander vergleicht, erhält man folgende Ergebnisse:

**Spiel eins:** Erwartung von 0,2R × 60 Gelegenheiten = 12R pro Stunde
**Spiel zwei:** Erwartung von 0,78R × 12 Gelegenheiten = 9,36R pro Stunde

Damit ist, angesichts der von uns willkürlich festgelegten Zahl begrenzter Gelegenheiten, Spiel eins tatsächlich besser als Spiel zwei. Und wenn Sie die Erwartung im Markt bewerten, müssen Sie die Gelegenheiten, die Ihnen Ihr System präsentiert, in ähnlicher Art und Weise berücksichtigen. So ist zum Beispiel ein System mit einer Erwartung von 0,5R (nach Transaktionskosten), bei dem man drei Trades pro Woche hat, wesentlich besser als ein System mit einer Erwartung von 0,5R (erneut nach Transaktionskosten), bei dem man jeden Monat einen Trade macht.

## Prognosen: eine tödliche Falle

Machen wir eine kurze Pause und sprechen wir über eine Falle, in die viele Trader und Investoren gerne tappen – die Prognosefalle. Wenn man sich das Konzept der Erwartung vergegenwärtigt, kann man häufig wesentlich besser erkennen, warum so viele Leute im Lauf der Jahre mit ihren Prognosen über das künftige Verhalten eines Marktes auf die Nase gefallen sind. Die meisten der in Kapitel fünf erörterten Trading-Konzepte beruhen genau genommen auf irgendeiner Methode, künftige Ereignisse zu »prognostizieren«. So könnten wir beispielsweise annehmen, dass

- Trends anhalten werden.
- Kurse sich ans gegenüberliegende Band bewegen werden.
- Hintergrunddaten die Kurse bewegen.
- Kurse davon abhängen, was in verschiedenen Märkten passiert.
- Kurse sich anhand historischer Zyklen bewegen.
- Das Universum einer Ordnung unterliegt, mit der man Kurse und Wendepunkte besser vorhersagen kann.

Alle diese Konzepte gründen ihre Prognosealgorithmen auf der Historie – und gehen bisweilen sogar davon aus, dass sie sich exakt wiederholt. Doch äußerst erfolgreiche Prognosen können letztlich sogar dazu führen, dass man sein gesamtes Kapital verliert. Wie? Man kann eine Methode haben, die 90-prozentig genau ist, und dennoch sein gesamtes Geld damit verlieren?

Betrachten Sie sich das folgende »System«, das zu 90 Prozent aus gewinnbringenden Trades besteht, wobei der durchschnittliche gewinnbringende Trade bei 1R und der durchschnittliche Verlust bei 10R liegen. Vermutlich trauen Sie sich mit einem solchen System eine gute Prognose zu, da Sie in 90 Prozent der Fälle richtig liegen würden. Doch wie hoch ist die Erwartung dieses Systems?

Erwartung = 0,9(1R) − 0,1(10R) = −0,1R

Die Erwartung ist negativ. Dies ist ein System, durch das man in 90 Prozent der Fälle richtig liegt und am Ende dennoch sein ganzes Geld damit verliert. Wir haben eine starke psychologische Neigung, mit dem, was wir mit unseren Investitionen anstellen, auch richtig liegen zu wollen. Bei den meisten überwiegt diese Neigung ganz eindeutig den Wunsch, in unserer Methode insgesamt einen Gewinn zu verzeichnen, oder sie hindert uns daran, unseren tatsächlich möglichen Gewinn zu erreichen. Die meisten verspüren ein überwältigendes Verlangen, den Markt zu kontrollieren. Letztlich führt dies aber dazu, dass der Markt sie kontrolliert.

Mittlerweile sollte Ihnen klar sein, dass es die Kombination aus Rendite und der Wahrscheinlichkeit, zu gewinnen, ist, die einen feststellen lässt, ob eine Methode rentabel ist oder nicht. Und daher ist die Erwartung – die Art und Weise, wie sich jeder Trade pro eingesetztem Dollar auswirkt – auch so wichtig. Sie müssen auch Variable vier in Betracht ziehen (wie oft Sie die Möglichkeit haben, das Spiel zu spielen), um den relativen Wert eines Systems oder einer Methode zu bestimmen.

## Reale Trading-Anwendungen

Bisher haben wir uns mit Murmelsäckchen beschäftigt. In jedem Säckchen kennen wir den Bestand an Murmeln, die Wahrscheinlichkeit jeder Murmel und ihre Rendite. Nichts davon trifft zu, wenn wir es mit Trades im Markt zu tun haben.

Wenn man auf dem Markt aktiv wird, weiß man nicht genau, wie wahrscheinlich es ist, dass man gewinnt oder verliert. Außerdem weiß man nicht genau, wie viel man gewinnen oder verlieren wird. Man kann jedoch historische Tests durchführen und bestimmte Eindrücke (das heißt ein Muster) davon bekommen, womit man rechnen kann. Außerdem kann man sich umfangreiche Datenmuster von Trades und Investitionen in Echtzeit besorgen, die in R-Multiples angegeben werden. Zwar handelt es sich nicht um den genauen Bestand an Trades, die Ihr System erzeugt, dennoch erhalten wir einen Eindruck davon, was wir erwarten können.

Wie Sie wissen, bezeichne ich das Risiko-Rendite-Verhältnis eines Trades als R-Multiple – wobei R einfach eine Abkürzung für Risiko-Rendite ist. Um das R-Multiple eines Trades zu berechnen, müssen Sie nur das anfängliche Gesamtrisiko des Trades in den insgesamt erzielten Gewinn oder Verlust aufteilen. Tabelle 7.2 zeigt Ihnen beispielhaft, wie solche Daten aussehen könnten.

Vielleicht fällt Ihnen bei Tabelle 7.2 das eine oder andere auf. Erstens hat jede Aktie fast dasselbe anfängliche Gesamtrisiko. Dies erreicht man durch ein Position Sizing, bei dem das Gesamtrisiko ein Prozent des Eigenkapitals beträgt. In diesem Fall entspricht ein Prozent eines Kontos mit 50.000 Dollar einem Gesamtrisiko in Höhe von 500 Dollar. Die genauen Summen weichen bei den einzelnen Trades leicht voneinander ab, da die Beträge aufgerundet wurden.

Die Ausstiegspunkte im jeweils schlimmsten Fall (also das Erteilen einer Stop-Order) könnten bei jeder Aktie unterschiedlich sein, aber unser anfängliches Risiko bleibt bei jeder Aktie ungefähr gleich. Daher entscheiden wir uns bei jedem Trade für ein Gesamtrisiko von einem Prozent unseres gesamten Eigenkapitals in Höhe von 50.000 Dollar oder 500 Dollar. Anders ausgedrückt: Im Grunde genommen gleichen wir unser anfängliches Risiko mittels Position Sizing an, und dies trotz der Tatsache, dass unsere Stops verschieden sind. Im weiteren Verlauf des Buches beschäftigen wir uns noch näher damit, wie wichtig es ist, sein anfängliches Risiko festzulegen und Position Sizing zu verwenden.

Zweitens sind echte R-Multiples anders als die Zahlen in meinen Murmelspielen meist keine runden Zahlen. Stattdessen werden sie in Dezimalstellen angegeben. Im Beispiel in Tabelle 7.2 habe ich auf zwei Dezimalstellen gerundet.

Somit ist es bei einem echten System weitaus schwieriger, zu sagen, dass es sich bei 30 Prozent der Verluste um 1R-Verluste handelt. Stattdessen könnten diese Verluste bei 1,11R, 1,21R, 0,98R, 1,05R, 0,79R usw. liegen. Dies ist insbesondere deshalb wahrscheinlich, weil man die Transaktionskosten in den Gewinn- und Verlustbeträgen berücksichtigen muss.

Drittens ist das Muster in Tabelle 7.2 sehr klein – nur sechs Trades. Die Ergebnisse deuten darauf hin, dass wir es mit einer großartigen Erwartung von

| Aktie | Anfängliches Risiko | Gewinn oder Verlust | R-Multiple |
|---|---|---|---|
| ATI | $ 509 | $ 1.251 | + 2,46 |
| DLX | $ 498 | – $ 371 | – 0,74 |
| GES | $ 512 | – $ 159 | – 0,31 |
| MTH | $ 500 | $ 2.471 | + 4,94 |
| ORA | $ 496 | $ 871 | + 1,76 |
| WON | $ 521 | – $ 629 | – 1,21 |
| Gesamt | | $ 3.434 | 6,90R |
| Erwartung = | | | 1,15R |

**Tabelle 7.2:** R-Multiples von Trade-Daten

1,15R zu tun haben. Aber die Frage, die man sich unbedingt stellen sollte, lautet: Kann man aufgrund von sechs Trades tatsächlich nachvollziehen, was das System tun wird? Nein, sechs Trades sind für ein wirklich aussagekräftiges Muster viel zu wenig. Je größer unser Muster, desto wahrscheinlicher ist es, dass wir wissen, wie unser System tatsächlich abschneiden wird. Ich würde mindestens 30 Trades empfehlen, um einen Eindruck von der Erwartung zu bekommen. Doch 100 Trades vermitteln vermutlich einen weitaus besseren Eindruck davon, was man in Zukunft von einem System erwarten kann.

Betrachten wir nun ein Problem bezüglich der Erwartung eines Musters, mit dem man es zu tun hat, wenn man auf dem Markt aktiv wird. Nehmen wir an, Sie haben ein Trading-System, das Sie seit zwei Jahren verwenden. Bisher hat es 103 Trades hervorgebracht: 43 davon Gewinner und 60 davon Verlierer. Die Verteilung Ihrer Trades sehen Sie in Tabelle 7.3. Hier wird aber nur gezeigt, wie es sich auswirkt, wenn man eine Einheit pro Trade verwendet (das heißt minimales Position Sizing).

Wenn Sie einen Blick auf die Tabelle werfen, werden Sie merken, dass wir das anfängliche Gesamtrisiko jedes einzelnen Trades nicht kennen. Sie könnten sich durchaus in einer solchen Lage befinden, wenn Sie schon länger traden, ohne das Konzept der R-Multiples wirklich zu verstehen. Doch selbst wenn Sie keine Daten haben, die Ihnen Auskunft über das anfängliche Risiko jedes einzelnen Trades geben, können Sie Ihre Erwartung und die Verteilung Ihrer R-Multiples immer noch grob abschätzen, indem Sie Ihren durchschnittlichen Verlust als 1R verwenden. Und genau das machen wir jetzt anhand der Daten aus Tabelle 7.3:

$$\text{Durchschnittlicher Gewinn} = \frac{\text{Nettogewinn}}{103 \text{ Trades}}$$

$$= \frac{\$10.843}{103}$$

$$= \$105{,}27$$

$$\text{Erwartung} = \frac{\text{Durchschnittlicher Gewinn pro Trade}}{\text{Durchschnittlicher Verlust}}$$

$$= \frac{\$105{,}27}{\$721{,}73}$$

$$= 0{,}15R$$

| Gewinnbringende Trades | | | Verlustreiche Trades | | |
|---|---|---|---|---|---|
| $23 | $17 | $14 | ($31) | ($18) | ($16) |
| $12 | $32 | $8 | ($6) | ($23) | ($15) |
| $6 | $489 | $532 | ($427) | ($491) | ($532) |
| $611 | $431 | $563 | ($488) | ($612) | ($556) |
| $459 | $531 | $476 | ($511) | ($483) | ($477) |
| $561 | $499 | $521 | ($456) | ($532) | ($521) |
| $458 | $479 | $532 | ($460) | ($530) | ($477) |
| $618 | $1.141 | $995 | ($607) | ($478) | ($517) |
| $1.217 | $1.014 | $832 | ($429) | ($489) | ($512) |
| $984 | $956 | $1.131 | ($521) | ($499) | ($527) |
| $1.217 | $897 | $1.517 | ($501) | ($506) | ($665) |
| $1.684 | $1.501 | $1.654 | ($612) | ($432) | ($564) |
| $1.464 | $1.701 | $2.551 | ($479) | ($519) | ($671) |
| $2.545 | $2.366 | $4.652 | ($1.218) | ($871) | ($1.132) |
| $14.256 | | | ($988) | ($1.015) | ($978) |
| | | | ($1.123) | ($1.311) | ($976) |
| | | | ($1.213) | ($1.011) | ($993) |
| | | | ($876) | ($1.245) | ($1.043) |
| | | | ($1.412) | ($1.611) | ($3.221) |
| | | | ($1.211) | ($945) | ($1.721) |
| Durchschnittlicher Gewinn = $1.259,23 | | | Durchschnittlicher Verlust = ($721,73) | | |
| Gesamtgewinn = $54.147; Gesamtverlust = $43.304; Nettogewinn = $10.843 | | | | | |

**Tabelle 7.3:** Von einem Mustersystem im Verlauf von zwei Jahren erzeugte Trades

Hierbei handelt es sich ganz offensichtlich nur um eine grobe Schätzung der Erwartung, doch genau dazu sind Sie gezwungen, wenn Sie nicht für jeden Trade das anfängliche Risiko kennen.[67]

---

67 In der Erstauflage dieses Buches habe ich nicht realisiert, dass Erwartung nichts anderes ist als das durchschnittliche R-Multiple. Diesen Fehler habe ich in meinen neueren Büchern Financial Freedom through Electronic Day Trading und Safe Strategie for Financial Freedom korrigiert. Aufgrund dieser fehlenden Einsicht verwendeten wir in der Erstauflage einige unausgefeilte Techniken, mit denen wir die Trades in einzelne Gruppen aufteilten und anhand derer wir die Erwartung ermittelten. Die Methode, die Erwartung dadurch zu erhalten, dass man den durchschnittlichen Verlust als 1R verwendet und den durchschnittlichen Gewinn (oder Verlust) durch den durchschnittlichen Verlust teilt, ist noch immer ungenau. Dennoch ist sie wesentlich besser als die ursprüngliche Methode, die ich in der Erstauflage dieses Buches verwendet habe.

Lassen Sie uns nun zwei unterschiedliche Trading-Systeme betrachten, um festzustellen, wie man mithilfe der Erwartung ermitteln kann, welche jeweiligen Vorzüge ein System bietet.[68]

**Freds System**

Das erste System kommt von einem Optionshändler namens Fred. Zwischen dem 1. Mai und dem 31. August führte er insgesamt 21 Trades durch (siehe Tabelle 7.4).

|  | **Gewinne** | **Verluste** |  |
|---|---|---|---|
|  | $2.206,86 | $143,14 |  |
|  | $1.881,86 | $68,14 |  |
|  | $3.863,72 | $543,14 |  |
|  | $181,86 | $1.218,14 |  |
|  | $1.119,36 | $143,14 |  |
|  | $477,79 | $3.866,57 |  |
|  | $48,43 | $340,64 |  |
|  | $327,36 | $368,14 |  |
|  | $21,80 | $368,14 |  |
|  |  | $358,14 |  |
|  |  | $493,14 |  |
|  |  | $328,14 |  |
| Gesamt | $10.129,04 | $8.238,61 | = $1.890,43 |
| N | 9 | 12 | = 21 |
| Durchschnitt | $1.125,45 | $686,55 | = $90,02 |

**Tabelle 7.4:** Zusammenfassung der Trades von Optionshändler Fred

Innerhalb von vier Monaten erzielte das System im Verlauf von 21 Trades 1.890,43 Dollar. Dies bedeutet einen durchschnittlichen Gewinn von 90,02 Dollar pro Trade. Da der durchschnittliche Verlust bei 686,55 Dollar liegt, gehen wir davon aus, dass dies 1R entspricht. Wenn wir 90,02 Dollar durch 686,55 Dollar teilen, erhalten wir eine Erwartung von 0,13R.

Der größte Fehler bei Freds System ist, dass es einen riesigen Verlust von 3.867 Dollar verzeichnet, der den riesigen Gewinn von 3.864 Dollar »auffrisst«.

---

68 *Wenn man Position Sizing berücksichtigt, gibt es immer noch bessere Möglichkeiten, um die Qualität eines Systems zu bewerten. Eine Erörterung solcher Methoden würde jedoch den Rahmen dieses Buches sprengen.*

Ohne diesen einen Verlust hätte Fred ein herausragendes System. Dies bedeutet, dass sich Fred mit diesem Verlust auseinandersetzen muss, um zu sehen, ob er ähnliche Verluste in Zukunft vermeiden kann. Vermutlich versucht er nicht, seine Verluste auf 1R zu beschränken.

## Ethyls System

Lassen Sie uns als Nächstes eine weitere Gruppe von Trades betrachten, die wir »Ethyls System« nennen wollen. Ethyl führte diese Aktien-Trades innerhalb von zwei Jahren durch. Sie verzeichnete einen Gewinn von 5.110 Dollar aus dem Kauf von 1.000 Aktienanteilen und einen Gewinn von 680 Dollar aus dem Kauf von 200 Aktienanteilen, dazu einen Verlust von 6.375 Dollar aus dem Verkauf von 300 Aktienanteilen. Der Rest waren Käufe von jeweils 100 Aktienanteilen. Daher werden wir diese Gewinne und Verluste so eingeben, als handle es sich bei jedem Einzelnen um eine Handelseinheit von jeweils 100 Aktienanteilen. Dadurch vernachlässigen wir den Einfluss des Position Sizing.

Innerhalb von zwei Jahren verzeichnete das System nach unseren Anpassungen im Verlauf von 18 Trades 7.175 Dollar. Dies bedeutet einen durchschnittlichen Gewinn von 398,61 Dollar pro Trade. Wie Sie wissen, erzielte Freds System lediglich 90 Dollar pro Trade. Außerdem verdient Ethyls System in 55,6 Prozent der Fälle Geld, während Freds System nur in 45 Prozent der Fälle Geld einbringt. Offensichtlich hat Ethyl das bessere System. Oder etwa nicht?

|             | Gewinne     | Verluste    |
|-------------|-------------|-------------|
|             | $511        | $2.125      |
|             | $3.668      | $1.989      |
|             | $555        | $3.963      |
|             | $1.458      | $589        |
|             | $548        | $1.329      |
|             | $3.956      | $477        |
|             | $340        | $1.248      |
|             | $7.358      | $501        |
|             | $499        |             |
|             | $503        |             |
| Gesamt      | $19.396     | $12.221     |
| N           | 10          | 8           |
| Durchschnitt| $1.939,60   | $1.527,63   |

**Tabelle 7.5:** Zusammenfassung der Trades von Aktienhändlerin Ethyl

Lassen Sie uns in Tabelle 7.5 die Erwartung pro eingesetztem Dollar sowie den Gelegenheitsfaktor von Ethyls System betrachten. Was glauben Sie: Wer hat in Anbetracht dieser Faktoren das bessere System?

Ethyls System erzielte im Verlauf von 18 Trades 7.175 Dollar, womit es einen durchschnittlichen Gewinn von 398,61 Dollar pro Trade verzeichnete. Es hat einen durchschnittlichen Verlust von 1.527,63 Dollar, sodass wir dies als ihr Durchschnittsrisiko oder 1R ansehen müssen. Um auf Ethyls Erwartung zu kommen, müssen wir 398,61 Dollar durch den durchschnittlichen Verlust von 1.527,63 Dollar teilen. Das Nettoergebnis ist eine Erwartung von 0,26R – und dass Ethyls Erwartung zweimal so gut ist wie Freds Erwartung.

Wie Sie wissen, hing Freds Gewinn in erster Linie von einem guten Trade ab. Nun ja, dasselbe gilt für Ethyls Gewinn. Ihr einer Gewinn von 7.358 Dollar war größer als ihr gesamter zweijähriger Nettogewinn von 7.175 Dollar. Somit war ein Trade für den gesamten Gewinn von zwei Jahren verantwortlich. Dies ist bei guten, langfristigen Systemen recht häufig der Fall.

### Ein Vergleich der Systeme von Fred und Ethyl

Doch wie beeinflusst der Gelegenheitsfaktor unsere Bewertung der beiden Systeme? Freds System erzeugte in vier Monaten 21 Trades. In zwei Jahren könnte Fred leicht sechs Mal so viele Trades durchführen. Lassen Sie uns die Erwartung mal die Zahl von Gelegenheiten für einen Zeitraum von zwei Jahren vergleichen, damit wir die Systeme tatsächlich bewerten können.

Wenn Sie sich die beiden Systeme in Bezug auf die Erwartung mal Gelegenheit betrachten, dann scheint Fred das bessere System zu haben. Dies setzt jedoch voraus, dass beide Investoren ihre Gelegenheiten maximal ausgenutzt haben.

Der Vergleich der beiden Systeme bringt uns zu einer interessanten Variablen, was die Gelegenheiten betrifft. Ethyl führte im Verlauf von zwei Jahren lediglich 18 Trades durch. Doch dies bedeutete keineswegs, dass sie nur 18 Mal die Gelegenheit zu einem Trade hatte. Ein Investor nutzt seine Gelegenheiten nur unter den folgenden Bedingungen optimal aus: (1) Wenn sich eine Gelegenheit für einen Trade ergibt, investiert man alles, (2) man verfügt über eine Ausstiegsstrategie und steigt aus dem Markt aus, sobald der Ausstiegspunkt erreicht wird, und (3) man nutzt andere Gelegenheiten voll aus, sobald man dazu Geld zur Verfügung hat. Sollte auch nur eines dieser drei Kriterien nicht erfüllt werden, dann ist ein Vergleich von Systemen in Bezug auf ihre Erwartung und auf ihre Gelegenheiten nicht unbedingt aussagekräftig.

| Freds System | | | Ethyls System | | |
|---|---|---|---|---|---|
| Erwartung | Gelegenheiten | Gesamt | Erwartung | Gelegenheiten | Gesamt |
| 0,13R | 108 | 14,04R | 0,26R | 18 | 4,68R |

## Das Abschneiden eines Systems ermitteln

Nehmen wir an, wir haben ein angemessenes Muster von Trades aus unserem System. Wir haben 200 Trades aus allen möglichen unterschiedlichen Märkten. Somit erhalten wir einen recht guten Eindruck von der Verteilung der R-Multiples, die das System vermutlich erzeugen wird. Unterstellen wir nun, dass jeder Trade einfach eine Murmel ist, die wie in unserem vorherigen Beispiel aus einem Säckchen gezogen wird. Sobald man die Murmel zieht, ermittelt man ihr R-Multiple und legt sie wieder ins Säckchen zurück. Wenn wir Trades auf diese Art und Weise simulieren, vielleicht 100 Mal oder öfter, können wir einen exzellenten Eindruck davon erhalten, was wir in Zukunft von unserem Trading-System erwarten können.

Zuerst wird man einen Algorithmus für das Position Sizing entwickeln wollen, der die Erwartung unterstützt, wodurch man seine Trading-Ziele besser erreichen kann. Daneben wird man versuchen, diesen Algorithmus für jeden Trade mit dem anfänglichen Risiko und dem laufenden Kontostand zu verbinden. Wir wollen zunächst einmal ein einfaches Modell mit einem Risiko von einem Prozent verwenden, wie wir es in Tabelle 7.2 gemacht haben.

Als Zweites wird man sich die potenzielle Verteilung (die Reihenfolge) anschauen wollen, in der die Murmeln gezogen werden. Die prozentuale Gewinnwahrscheinlichkeit des Systems ist umgekehrt proportional zur Länge der Serien verlustreicher Trades. Somit benötigt man einen Position-Sizing-Algorithmus, mit dessen Hilfe man ausgedehnte Serien möglicherweise verlustreicher Trades überstehen kann, während man gleichzeitig in der Lage ist, die großen Gewinne auszunutzen. Doch selbst ein System, das in 60 Prozent der Fälle richtig liegt, kann in einer Reihe von 100 Trades leicht Serien von bis zu zehn Verlusten hintereinander verzeichnen. Man muss feststellen, wie lange solche Verluststrähnen sein können, sodass man mit ihnen umgehen kann, wenn sie tatsächlich auftreten.[69]

Viele Trader haben es nicht geschafft, ein solides System zu verwenden, weil sie (1) nicht auf die Verteilung von Trades eingestellt waren, die ihnen die Märkte durch ihre Methode präsentierten, und/oder weil sie (2) zu viel Fremdkapital oder zu wenig Eigenkapital verwendeten. Anhand der Gewinnwahrscheinlichkeit des Systems kann man in einer Reihe von 1.000 Versuchen zwar in etwa einschätzen, wie viele verlustreiche Trades es maximal in Serie geben wird, dennoch kennt man den »wahren« Wert niemals wirklich. So kann zum Beispiel selbst das Werfen einer Münze einige längere Serien ergeben, in denen die Münze wiederholt Kopf anzeigt.

---

*69 Denken Sie an die Erörterung von Zielen mit Tom Basso; Tom meinte, dass er lange Durststrecken verstehe und häufig selbst erlebt habe. Sie gehören ganz einfach zum Traden dazu.*

Abbildung 7.1 zeigt die Verteilung von Trades für ein aus 60 Trades bestehendes Muster eines Murmelspiels, das dem anhand von Tabelle 7.1 beschriebenen Muster gleicht.

Bedenken Sie, dass es sich hier nur um ein Muster handelt und dass jedes Muster vermutlich Unterschiede aufweisen wird. Beachten Sie die ausgedehnte Durststrecke zwischen Trade 46 und Trade 55. Etwa in diesem Zeitraum entwickeln viele, die das Spiel spielen, eine von zwei Meinungen: (1) Sie glauben, dass es höchste Zeit ist, dass eine Murmel mit Gewinn gezogen wird, oder (2) sie entscheiden sich, zu einem künftigen Zeitpunkt im Spiel gegen die Erwartung zu setzen, damit sie von Serien wie diesen profitieren. Wenn sich die Durststrecke in der Anfangsphase des Spiels ereignet, greift man für gewöhnlich zur zweiten Möglichkeit. Die Psyche einiger Teilnehmer zwingt sie dazu, immer mehr zu riskieren, je tiefer sie sich in einer Durststrecke befinden, da sie wissen, dass ein Gewinn kurz bevorsteht. Ich bin sicher, Sie können sich die typischen Ergebnisse eines solchen Spiels gut vorstellen.

Abbildung 7.2 zeigt die Eigenkapitalkurven für das oben erwähnte Spiel, wenn man für jeden Trade konstant 1,0 Prozent, 1,5 Prozent und 2,0 Prozent des aktuellen Eigenkapitals riskiert (und dabei die ganze Zeit über vollkommen ruhig und gleichgültig bleibt). Die Rendite für die 60 Durchläufe bei 1,0 Prozent betrug 40,1 Prozent, und der maximale Drawdown Peak-to-Trough (»Gipfel bis Tal«/errechnet vom Höchstwert der aktuellen Performance bis zum Minimum) lag bei 12,3 Prozent. Es kam zu drei nennenswerten Durststrecken von 5,6 beziehungsweise zehn Trades. Das zweiprozentige Risiko verdoppelte die Rendite, verdoppelte dabei aber auch den Drawdown. Und was würde passieren, wenn

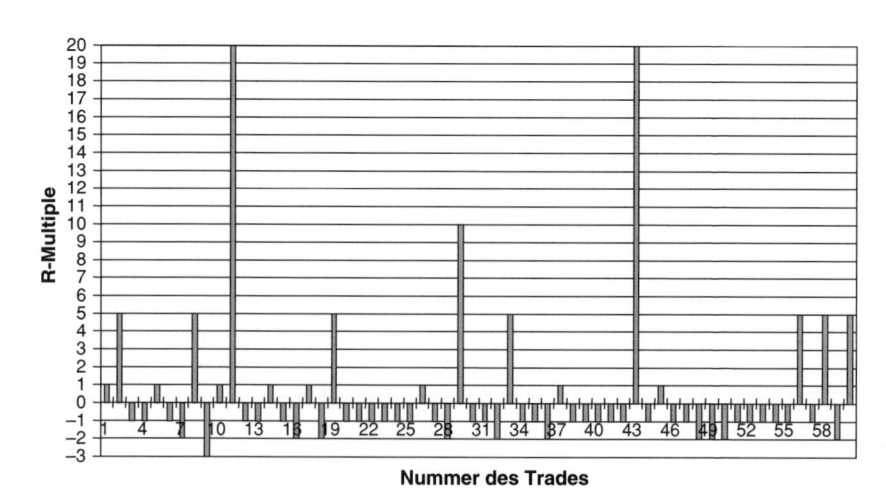

**Abbildung 7.1:** Murmelspiel: fortlaufende R-Multiples unseres Systems

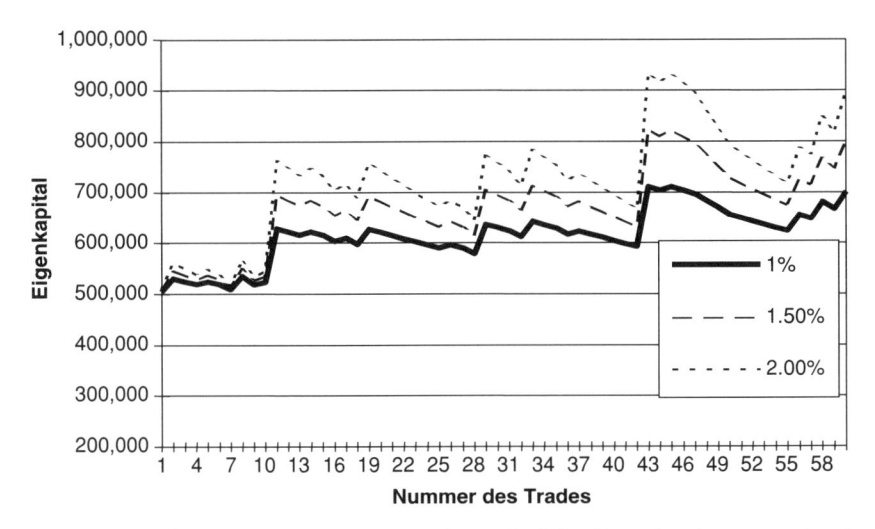

**Abbildung 7.2:** Eigenkapitalkurven neben Risiko pro Trade bei Murmelspielen entsprechend der Größe des Einsatzes

man das System nach diesem großen Drawdown aufgeben würde? In jedem Fall in Abbildung 7.2 übertrifft der größere Position-Sizing-Algorithmus die kleineren. In vielen Mustern jedoch führt größeres Position Sizing zum Ruin, insbesondere dann, wenn es früh zu Durststrecken kommt, während man mit einem kleineren Position Sizing oft in der Lage ist, solche Serien zu überstehen, was letztlich zu Gewinnen führt.

Abbildung 7.3 zeigt die Eigenkapitalkurve, wenn man konstant 1,0 Prozent des aktuellen Eigenkapitals riskiert und gegen die Erwartung setzt. Gegen die Erwartung zu setzen bedeutet, dass sich die großen Murmeln (die R-Multiples) ungünstig verhalten. Ja, Sie werden in 64 Prozent der Fälle »richtig« liegen und sich sogar über eine Serie von zehn Trades mit Gewinnen freuen können, aber Sie werden auch 37 Prozent Ihres Startkapitals verlieren.

Wenn wir versuchen würden, die Funktionsweise dieses Systems besser zu verstehen, dann müssten wir vermutlich mindestens 100 solcher Muster auswerten. An diesem Punkt könnten wir hinsichtlich des Position-Sizing-Algorithmus eine bessere Entscheidung fällen. Außerdem könnten wir uns besser darauf einstellen, was wir in Zukunft von diesem System erwarten können. Dieses Beispiel sollte Ihnen einfach zeigen, was möglich wäre, wenn Sie die R-Multiples Ihres Systems wie ein Säckchen voller Murmeln behandelten.

Wenn wir – wie von mir vorgeschlagen – 100 oder mehr Simulationen durchführen würden, dann könnten wir viele Szenarien, zu denen es in der Zukunft möglicherweise kommen kann, im Kopf durchspielen und üben, wie wir ange-

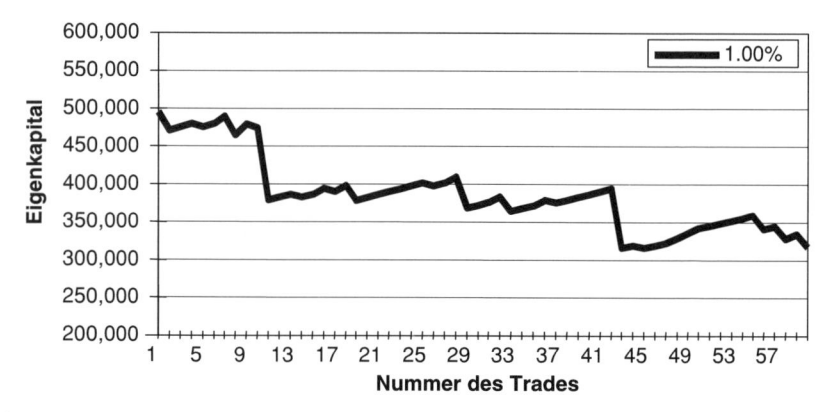

**Abbildung 7.3:** Eigenkapitalkurve eines Murmelspiels, bei dem man mit den Wahrscheinlichkeiten und gegen die Erwartung setzt, bei einem Risiko von 1,0 Prozent pro Trade

sichts jedes einzelnen Ergebnisses reagieren würden. Beachten Sie aber Folgendes: Selbst mit 100 solchen Mustern weiß man nie mit Sicherheit, was das Murmelsäckchen (oder der Markt) in Zukunft parat hat. Und was genauso wichtig ist: Man weiß immer noch nicht, ob es nicht doch einen großen R-Multiple-Verlierer dort draußen gibt, den man bisher noch nicht bemerkt hat. Deshalb sollten Sie im Kopf auch durchspielen, wie Sie auf ein Ereignis reagieren, auf das Sie nicht vorbereitet sind.

## Zusammenfassung

Nur noch mal zur Wiederholung: Sobald Sie ein System oder zumindest ein rudimentäres System haben, müssen Sie seine Erwartung berechnen und sich einigen Fragen rund um das Thema Erwartung widmen. Im Folgenden sehen Sie, welche Schritte dies beinhaltet.

Am besten und genauesten berechnen Sie die Erwartung Ihres Trading-Systems, wenn Sie für jeden Trade Ihre R-Multiples kennen. Ihre Erwartung ist nichts anderes als der Mittelwert Ihrer R-Multiples. So einfach ist das.

Wenn Sie bereits ein System haben, das Sie verwenden oder das Sie bereits getestet haben, dessen Ergebnisse Sie aber noch nicht in R-Multiples angeben können, dann können Sie davon ausgehen, dass Ihr durchschnittlicher Verlust gleich 1R ist. Somit können Sie die Erwartung des Systems berechnen, indem Sie seinen durchschnittlichen Gewinn oder Verlust pro Trade ermitteln und ihn durch Ihren durchschnittlichen Verlust teilen.

Um Ihre Erwartung zu erhalten, müssen Sie schließlich noch Ihre Gelegenheiten ermitteln. Wie viele Trades führt Ihr System in einem Jahr durch? Multiplizieren Sie dies mit Ihrer Erwartung, und Sie erhalten einen Eindruck davon, was Sie in Bezug auf R pro Jahr von Ihrem System erwarten können.

Sobald Sie ein ausreichend großes Muster haben, das Ihnen das Gefühl gibt, als würde die Verteilung der R-Multiples in Ihrem Trading-System angemessen widergespiegelt, betrachten Sie sich jedes R-Multiple als eine Murmel in einem Säckchen. Danach können Sie Trades von einem Jahr herausziehen (wobei Sie jede Murmel, die gezogen wurde, wieder ersetzen) und feststellen, wie viel Sie (1) bei jedem Trade riskieren würden, wie sich (2) der Trade auf Ihr Eigenkapital auswirkt und wie Sie (3) mental auf jeden Trade reagieren. Führen Sie dies mindestens 100 Mal für die Trades eines Jahres durch. Wenn Sie es machen, erhalten Sie einen recht guten Eindruck davon, was Sie in Zukunft von Ihrem System erwarten können.

Derartige Simulationen setzen jedoch voraus, dass Sie die R-Multiples kennen, die Ihr System erzeugen wird. Egal wie gut Ihre Muster sind, es ist vermutlich sicherer, davon auszugehen, dass es irgendwo dort draußen einen größeren Verlierer gibt, als Sie ihn je gesehen haben.

Bedenken Sie, dass Erwartung und Gewinnwahrscheinlichkeit nicht dasselbe sind. Meist neigt man dazu, bei jedem Trade oder jeder Investition recht haben zu wollen. Daher entscheidet man sich gerne für Systeme, deren Einstiegspunkte eine hohe Gewinnwahrscheinlichkeit versprechen. Doch sind diese Systeme auch mit großen Verlusten verbunden und führen zu einer negativen Erwartung. Gehen Sie daher Ihr Risiko immer in der Richtung der Erwartung Ihres Systems ein.

Und noch etwas: Sogar mit einem System, das eine äußerst positive Erwartung aufweist, kann man immer noch Geld verlieren. Wenn Sie bei einem Trade ein zu hohes Risiko gehen und verlieren, dann können (und werden) Sie sich davon nur sehr schwer wieder erholen.

# Teil 3

## Die wesentlichen Teile eines Systems verstehen

Dieser Teil soll Ihnen beim Aufbau Ihres Systems behilflich sein. Doch bevor Sie sich diesem Abschnitt widmen, sollten Sie die Teile eins und zwei des Buches gründlich durchgearbeitet haben. Sie bilden die nötige Grundlage, ohne die der eigentliche Aufbau eines Systems nicht möglich ist.

Kapitel acht beschäftigt sich mit Setups. Setups sind Bedingungen, die notwendig sind, damit etwas anderes eintreten kann. Ich habe das Thema Setups vorgezogen, da sich die meisten Ein- und Ausstiegssysteme aus einem Setup plus Auslöser zusammensetzen. In Kapitel acht erfahren Sie etwas über die gebräuchlichsten Einstiegs-Setups – sowohl für den Aktienmarkt als auch für den Terminmarkt. Dabei handelt es sich ausnahmslos um Setups, wie sie von Tradern und Investoren der Extraklasse verwendet werden. Häufig werden sie jedoch als vollkommen selbstständige Systeme angeboten, und häufig neigt man dazu, dies wegen der Lottoneigung zu akzeptieren. Wenn Sie jedoch den Stoff dieses Buches verstehen, werden Sie diese Setups mit anderen wesentlichen Teilen eines Systems kombinieren können, um etwas zu schaffen, das wirklich lohnend ist.

Kapitel neun erörtert Einstiegstechniken. Ihre Einstiegstechnik beeinflusst die Zuverlässigkeit Ihres Systems – wie oft es Geld einbringt – in hohem Maße. Mittlerweile haben Sie aber gelernt, dass die Zuverlässigkeit bei der Bewertung eines Systems nicht annähernd so wichtig ist wie Ihre Erwartung, da die Zuverlässigkeit hoch sein kann, während die Erwartung negativ sein kann. In Kapitel neun erfahren Sie, warum der Einstieg immer mehr an Bedeutung für Ihr Trading verliert, je länger Ihr Zeitrahmen wird. Kapitel neun wird Ihnen zeigen, dass die meisten Einstiegstechniken nicht viel besser sind als willkürlich gewählte Einstiegspunkte. Daneben liefert es Ihnen aber auch die wenigen Einstiegssysteme, die eine Zuverlässigkeit des Systems hervorzurufen scheinen, die höher ist, als man es von einem nur willkürlich gewählten Einstiegspunkt erwarten könnte.

Kapitel zehn handelt davon, wie man in seinem System das Risiko pro Position (also 1R) bestimmt. Jedes System sollte über eine Methode verfügen, aus dem Markt auszusteigen, um Kapital zu bewahren. Diesen Teil eines Systems bezeichnet man als »Desaster Stop«. Er gehört zu den wichtigsten Kriterien jedes Systems. Wir beschäftigen uns mit dem tieferen Sinn solcher Desaster Stops sowie mit den Vor- und Nachteilen weiter und enger Stops.

Kapitel elf handelt von Ausstiegspunkten zur Gewinnmitnahme. Ausstiegspunkte zur Gewinnmitnahme sollen Ihnen dabei helfen, das Risiko-Rendite-Verhältnis Ihrer Trades zu maximieren und damit Ihre Erwartung zu steigern. Wir beschäftigen uns mit dem Sinn mehrerer Ausstiegspunkte, verschiedenen Arten von Ausstiegspunkten, den Vorzügen mehrfacher Ausstiegspunkte und der Bedeutung einfach gewählter Ausstiegspunkte. Sie werden erfahren, wie man zur Steigerung der Erwartung Ausstiegspunkte entwickelt.

Die Diskussion in den Kapiteln acht bis elf ist keineswegs vollständig. Unser Ziel ist es lediglich, Ihnen funktionierende Techniken an die Hand zu geben und

Techniken, die nicht funktionieren, höchstens am Rande zu erwähnen. Ich habe nicht die Absicht, Ihnen ein vollständiges System zu vermitteln. Würde ich dies tun, wäre es nicht das Richtige für Sie, da es nicht zu Ihren Ansichten passen würde. Vielmehr möchte ich Ihnen die Werkzeuge geben, die Sie benötigen, um Ihr eigenes System zu entwerfen und um Ihre psychologischen Neigungen zu überwinden, um ein System entwickeln zu können, das zu Ihnen passt.

Außerdem werden wir Ihnen die einzelnen Teile eines Systems näherbringen, indem wir Ihnen zeigen, was man allgemein über einige häufig propagierte Trading-Systeme weiß. Sie werden erkennen können, auf welche Bestandteile sich jeder konzentriert und wie Sie diese weiter verbessern können, indem Sie Ihr Hauptaugenmerk darauf richten, was meist vernachlässigt wird. Ich habe keineswegs die Absicht, diese Systeme zu kritisieren, da die meisten sehr bekannt sind und sie alle die eine oder andere ausgezeichnete Eigenschaft aufweisen. Sollten Ihnen eines oder mehrere tatsächlich gefallen, ermuntere ich Sie dazu, sich an die Originalquelle zu wenden, um mehr darüber zu erfahren. Meine Absicht in diesen Kapiteln ist es, diese Systeme ausführlich genug zu besprechen, damit Sie ihre Stärken und Schwächen verstehen können.

# 8 Verwenden Sie Setups, um Ihrem System auf die Sprünge zu helfen

*Spekulation in ihrer reinsten Form verlangt nach Vorwegnahme.*
*– Richard D. Wyckoff*

Unter Setups versteht man Bedingungen, die eintreten müssen, bevor man weitere Schritte einleitet. Sie sind essentieller Aspekt der meisten Entry- und -Exit-Anteile eines jeden Systems. Ich habe mich dafür entschieden, diese Setups zuerst zu erläutern, da sie die Grundlage für die weitere Besprechung von Entry- und Exit-Techniken bilden.

Setups werden unter anderem vorrangig dazu verwendet, dem Anleger zu sagen, wann die richtigen Bedingungen herrschen und er sein System anwenden kann. In meiner Gesamtbildanalyse in Kapitel sechs habe ich zum Beispiel die These aufgestellt, dass wir uns in einer anhaltenden Baisse befinden, die noch bis 2020 dauern könnte. Doch das soll nicht heißen, dass es nicht auch zu sehr starken, profitablen Bewegungen kommen kann, während derer sich eine Marktteilnahme durchaus lohnt. Und um zu wissen wann Sie ein derartiges System aktivieren sollten, brauchen Sie nichts weiter als ein simples Setup.

Viele der Ideen und Konzepte, die ich Ihnen in Kapitel fünf vorgestellt habe, haben im Grunde genommen mit Entry-Setups zu tun. Ein Beispiel: Das »Order to the Market«-Konzept, das besagt, dass innerhalb des Marktes eine Ordnung existiert, bietet Ihnen in den meisten Fällen eine Art Gelegenheitsfenster, innerhalb dessen Sie von einer signifikanten Marktbewegung ausgehen können – dieses Fenster ist nichts anderes als ein Zeit-Setup. Es handelt sich dabei ganz sicher nicht um ein Entry-Signal oder ein Trading-System.

Ich habe mich zum Beispiel mit einem Experten auf dem Gebiet der Elliott-Wellen unterhalten, einem der Konzepte, die postulieren, dass innerhalb des Universums Ordnung herrscht. Dieser Experte behauptete, dass er bei 70 Prozent seiner Konzepte richtig liege, bei seinen Trades liege die Erfolgsquote allerdings nur bei 30 Prozent. Um sein Kapital zu schützen, setzte er den Stop typischerweise recht nah unterhalb seines Entry-Kurses. So geschah es recht oft, dass ihn der

Markt umgehend aus einer Position hinausbeförderte. Dadurch kam es öfter vor, dass er drei oder vier Mal in den Markt einsteigen musste, um von einem seiner Konzepte zu profitieren. Außerdem kam es oft vor, dass er, hatte sich der Markt erst einmal drei bis vier Mal gegen ihn gewendet, zu nervös war, um einen erneuten Einstieg zu wagen, weswegen er die Kursbewegungen letztendlich verpasste. Es kam auch vor, dass er mit seinem Konzept richtig lag, auf dem Markt jedoch dermaßen starke Volatilität herrschte, dass er glaubte, es sei zu riskant, um einzusteigen. Im Grunde genommen war das Problem dieses Traders, dass er ein Setup (in diesem Fall die Beurteilung der Marktbedingungen unter Berücksichtigung der Elliott-Wellen) mit einem ganzen Trading-System verwechselte. Er hatte kein richtiges Einstiegssystem (entsprechend der Definition in Kapitel neun), und es war ihm nicht möglich, von der hohen Reliabilität seiner Konzepte zu profitieren, weil er aufgrund seiner Stops zu oft aus dem Markt geworfen wurde.

Wir behoben beide Probleme mithilfe von Konzepten, die Sie in den nächsten Kapiteln kennenlernen werden. Doch der wichtigste Punkt war ein Problem, das viele Investoren und Trader haben: Sie verwechseln Setups mit kompletten Trading-Systemen. Die meisten Investoren und Trader kaufen sich Bücher zum Thema Börse, die ausschließlich aus solchen Setups bestehen. Werden die Setups von ausreichend Best-Practice-Beispielen begleitet, so kann der Autor seine Leserschaft für gewöhnlich davon überzeugen, dass in seinem Buch der Heilige Gral zu finden ist. Eine der wichtigsten Erkenntnisse, die Sie aus diesem Buch mitnehmen sollten, ist, dass ein Setup nur etwa zehn Prozent (oder weniger) Ihres Trading-Systems ausmacht. Die meisten Trader konzentrieren sich ausschließlich darauf, die richtigen Setups zu finden; dabei gehören die Setups in Wirklichkeit zu den unwichtigsten Aspekten des Systems.

Lassen Sie uns einen Blick auf ein Konzept – die Fundamentalanalyse – werfen, um Ihnen besser verständlich zu machen, wie Setups aus verschiedenen Konzepten entstehen können. Im Grunde genommen liefert uns die Fundamentalanalyse eine Reihe von Bedingungen, die, falls sie günstig sind, darauf schließen lassen, dass der Markt reif für den Einstieg auf der langen oder kurzen Seite ist.[70] Diese Bedingungen können bedeuten, dass der Markt aufgrund der Angebots- und Nachfragebedingungen über- oder unterbewertet ist. Doch die Fundamentaldaten geben Ihnen keinerlei Auskunft über das Timing – sie zeigen nur an, dass die Bedingungen für einen Einstieg in der Zukunft angemessen sind. Möglicherweise dauert es dann noch Monate, bis es zur tatsächlichen Marktbewegung kommt.

Um die Setup-Bedingungen besser zu verstehen, wollen wir uns mit den fünf Einstiegsphasen beschäftigen. Im Allgemeinen sollte jeder Trader oder Investor eingehend über jede dieser fünf Phasen nachdenken.

---

[70] *Die Fundamentalanalyse für Aktien funktioniert ein wenig anders. Hierbei sieht man sich die Erträge, den Buchwert, das Management und andere Aspekte an, die einem Auskunft über die interne Struktur eines Unternehmens geben.*

## Die fünf Einstiegsphasen

### Angemessene Bedingungen für Ihr System

Bei der ersten Einstiegsphase geht es darum, zu bestimmen ob die richtigen Bedingungen herrschen, um die Verwendung eines bestimmten Systems zu gewährleisten. Lautet die Antwort Ja, kann man zu den anderen Phasen übergehen. Doch lautet die Antwort Nein, so muss man nach anderen angemessenen Systemen suchen, die zu den momentan vorherrschenden Bedingungen passen.

Lassen Sie mich Ihnen ein Beispiel aus meinem Buch *Safe Strategies for Financial Freedom* geben. In diesem Buch stellte ich eine Trading-Technik für Offene Investmentfonds während einer Baisse vor. Sollten Sie sich dafür entscheiden, diese Technik als eines Ihrer Systeme zu verwenden, könnten Sie bis zu 50 Prozent Ihres Trading-Kapitals in einen inversen Offenen Investmentfonds anlegen, einen Fonds, der steigt, wenn ein wichtiger Index wie etwa der S&P 500 fällt. Doch um dieses System anzuwenden, müssen die richtigen Bedingungen herrschen.

Das System kann nur dann richtig angewendet werden, wenn sich der Markt in einer anhaltenden Baisse befindet. Basierend auf meinem Gesamtbildszenario werden wir uns die nächsten zehn bis 15 Jahre in einer solchen Baisse befinden. Doch dieses System ist darauf ausgerichtet, verwendet zu werden, wenn sich der Markt im sogenannten Rotlicht-Modus befindet. Damit sich ein Markt für den Rotlicht-Modus qualifiziert, müssen zwei der drei nun folgenden Bedingungen erfüllt sein:

1. Der Markt muss überbewertet sein, das heißt, das KGV des S&P 500 muss höher als 17 sein. Diese Bedingung wird bereits seit vielen Jahren erfüllt.
2. Die Fed muss quasi »im Weg stehen«, was so viel heißt wie: Die Fed erhöht die Zinssätze; oder, falls die Fed gerade nicht aktiv ist, dass die Zentralbank zum letzten Mal innerhalb der vergangenen sechs Monate die Gelegenheit zu einer Zinserhöhung hatte. Während ich dies schreibe (Ende 2006), hat die Fed bereits 17 Mal hintereinander die Zinsen erhöht.
3. Der Markt muss ein schlechtes Verhalten an den Tag legen. Im Grunde genommen heißt das, dass sich der Markt über seinem Gleitenden Durchschnitt der letzten 45 Wochen befindet.

Der Markt befand sich während langer Zeitspannen der anhaltenden Baisse im Rotlicht-Modus. Über diesen speziellen Indikator berichte ich einmal im Monat in meinem kostenlosen monatlichen Markt-Update.[71] Diese Art von Setup neigt dazu, recht ausgedehnt zu sein, da es sich ja tatsächlich um eine Bemessung des Gesamtbilds handelt. Doch von Juli 2005 bis jetzt (Ende 2006) befanden wir uns

---

[71] Sie können Tharp's Thoughts, meinen kostenlosen wöchentlichen Newsletter, unter www.iitm.com abonnieren.

im Rotlicht-Modus, die Märkte waren einfach nur flach, und die Baisse-Strategie für offene Investmentfonds funktionierte nicht.

Ein weiteres Beispiel ist die »Motley Fool Foolish Four«[72]-Herangehensweise. Ich habe dieses Trading-Strategie in der ersten Auflage dieses Buches erwähnt und die verschiedenen Aspekte dieses Systems erläutert. Doch da sich dieses System ausschließlich auf die Dow-30-Werte konzentriert und diese dann ein Jahr lang hält, glaube ich nicht, dass diese Methode unter den derzeit am Aktienmarkt vorherrschenden Bedingungen funktionieren kann. Bedenken Sie, dass Offene Investmentfonds die wichtigen Unternehmen, die sie als Bezugswerte nutzen, stark unterstützen. Doch wenn die Babyboomer erst einmal damit beginnen, ihre Rentenfonds aus den Offenen Investmentfonds abzuziehen, würde ich von einem Kollaps der großen Averages ausgehen. Im derzeitigen Marktklima ist also ein System, das sich darauf verlässt, die Aktien der großen Averages ein Jahr lang zu halten, nicht unbedingt das richtige. Dies ist ein Beispiel dafür, wie man mithilfe der Logik bestimmen kann, wann man ein System anwenden kann und wann nicht.[73] Außerdem können Sie sich sicher vorstellen, was geschah, als die Motley-Fool-Website Millionen von Investoren diese simple Vorgehensweise vorstellte: Viele, viele Investoren konzentrierten sich voll und ganz auf vier Aktien. Doch wie können die Dogs of the Dow als Strategie funktionsfähig und rentabel bleiben, wenn jeder vier bestimmte Aktien kauft? Die Antwort lautet: Es ist unmöglich, und das ist wahrscheinlich auch der Grund, warum diese Strategie nicht länger funktioniert.

**Marktauswahl**

Die zweite Einstiegsphase umfasst die Auswahl der Märkte, auf denen Sie traden sollten. Welche Eigenschaften sollte ein Markt haben, damit man einsteigen möchte? Denken Sie darüber nach, und beziehen Sie eines oder mehrere der folgenden Kriterien in Ihre Überlegungen mit ein:

1. **Liquidität.** Was denken Sie, wie aktiv wird der Markt in der Zukunft sein? Im Grunde genommen hat diese Frage mit der Liquidität zu tun, die wiederum damit zu tun hat, wie einfach es ist, zum Geld- oder Briefkurs – oder sogar innerhalb des Spread zwischen den beiden Kursen – in den Markt einzusteigen oder auszusteigen. Ist der Markt relativ illiquide, kann dieser Spread durchaus massiv sein, und Sie müssten hohe Summen (über die Kommission hinaus) bezahlen, um überhaupt in den Markt einsteigen zu können beziehungsweise um ihn wieder zu verlassen.

---

72 *Motley Fool Foolish Four hörte auf zu funktionieren weil es von der Motley-Fool-Website zu stark verbreitet wurde. Solche Methoden, die sich nur auf ein paar wenige Aktien konzentrieren und über die so viele Menschen Bescheid wissen, können nur eine bestimmte Zeit erfolgreich sein, und zwar eben weil so viele Menschen sie kennen.*

73 *Als dieses System an Popularität gewann, wurde es unwirksam (denn jeder kaufte lediglich vier Aktien), und als der Abwärtstrend der Baisse einsetzte, brach es vollends zusammen.*

Die Liquidität ist ein wichtiger Faktor beim Einstieg in den Markt. Warum? Traden Sie eine Position von beachtlicher Größe, so könnte es auf einem illiquiden Markt durch Ihre bloße Anwesenheit zu einer merklichen Kursbewegung kommen. Traden Sie wiederum mit kleinen Positionen – die recht einfach Zugang zu illiquiden Märkten finden –, sollten Sie solche Märkte jedoch meiden, da unbedachte Groß-Trader in diese Märkte einsteigen und durch ihre Anwesenheit signifikante Kursschwankungen hervorrufen könnten.

Trader auf dem Aktienmarkt sollten zum Beispiel Aktien meiden, die weniger als 10.000 Wertpapiere am Tag traden. Das bedeutet, dass ein voller Börsenschluss ein Prozent der täglichen Aktivität entspräche. Das könnte für Sie zum Problem werden, wenn Sie in den Markt einsteigen oder aus dem Markt aussteigen wollen.

2. **Die Neuheit des Marktes.** Grundsätzlich sollte man neue Märkte am besten meiden – seien es nun erst kürzlich geschaffene Futures-Kontrakte oder Aktien, die erst seit Kurzem an der Börse gelistet werden. Bei solchen Neuemissionen werden viele Fehler gemacht, da man nicht so recht weiß, worum es sich bei dem zugrunde liegenden Produkt handeln wird. Besteht ein Markt bereits seit etwa einem Jahr, so hat man eine wesentlich bessere Vorstellung von den künftigen Entwicklungen.

Manche Anleger und Trader spezialisieren sich auf Neuemissionen, auch IPOs – Initial Public Offerings – genannt. Natürlich neigen neue Aktien während einer starken Hausse auf den Märkten oft zu schnellen Kursanstiegen. Doch die Kurse brechen auch schnell wieder ein. Vielleicht ist es ja Ihr Steckenpferd, Ihr Wettbewerbsvorteil, sich stets ausreichend aktuelle Informationen über neue Unternehmen zu beschaffen, um sich so sicher genug zu fühlen, in diese Unternehmen zu investieren. Doch bitte bedenken Sie stets, dass dies für Neulinge ein gefährliches Terrain ist.

3. **Welche Börse dient als Markt für das zugrunde liegende Investment, und kennen Sie ihre Trading-Regeln?** Wer steht eigentlich hinter dem Markt, auf dem Sie traden? Wer sind die Market Maker? Welchen Ruf haben sie? Was können Sie erwarten, wenn Sie mit diesen Leuten Geschäfte machen? Wer macht die Vorschriften für diese Market Maker? Was wird wahrscheinlich passieren, wenn Sie an einer dieser Börsen eine Stop-Order setzen – wird sie problemlos zu Ihren Gunsten ausgeführt, oder gilt sie als Freifahrtschein, um Sie zu bestehlen?

Bestimmte Aktien- und Rohstoffbörsen sind zum Beispiel schwieriger zu traden als andere. Ein ordentlicher Fill ist sehr viel schwerer zu erlangen. Sind Sie erfahren im Umgang mit den Märkten an solchen Börsen, und wissen Sie, was Sie zu erwarten haben, dann ist es vermutlich in Ordnung, wenn Sie auf diesen Märkten traden. Sind Sie jedoch ein Marktneuling, dann ist es vermutlich am besten, wenn Sie an den älteren und bewährten Börsen handeln – der New York Stock Exchange, der Chicago Board of Trade und der Chicago Mercantile Exchange.

Für Trader die sich auf diesen Märkten nicht auskennen, können sich die internationalen Märkte sowohl als großartige Gelegenheiten als auch als Katastrophen entpuppen. Suchen Sie nach Leuten, die bereits auf den Märkten gehandelt haben, auf denen auch Sie traden wollen. Fragen Sie sie, was Sie zu erwarten haben – was kann im schlimmsten Fall passieren? Versichern Sie sich, dass Sie ein solches Katastrophenszenario durchstehen können, bevor Sie in diese Art von Markt einsteigen.

Im Jahr 1992 heiratete ich eine wundervolle Frau, die in Singapur geboren wurde und in Malaysia aufwuchs. Ende des Jahres 1993 besuchten wir ihre Verwandten in Malaysia. Wir bereisten das ganze Land, und überall sprachen die Menschen darüber, wie viel Geld man mit dem Kauf malaysischer Aktien verdienen könne. Aufgrund meiner Überzeugung, dass das Ende nah ist, wenn das allgemeine Interesse dermaßen hoch ist, war ich also fest davon überzeugt, dass dem malaysischen Aktienmarkt ein baldiger Kurseinbruch bevorstand. Und tatsächlich: Im Januar 1994 verlor der Aktienmarkt 50 Prozent seines Werts. Doch im Jahr 1993 bestand für mich keine Möglichkeit, auf diesem Markt als Leerverkäufer aktiv zu werden.

Heutzutage kann man jedoch mit Hilfe von Exchange Traded Funds auf den meisten Märkten im Ausland breitgefächert traden. Die Weltübersichts-Grafik (siehe Abbildung 6.5) zeigt Beispiele verschiedener Exchange Traded Funds, mit denen man handeln kann, um sich auf diversen internationalen Märkten zu positionieren. Wollte ich den malaysischen Aktienmarkt heute leerverkaufen, könnte ich ganz einfach malaysische ETF oder EWM shorten. In den USA ist das ganz einfach, und es ist auch möglich, obwohl die Regierung Malaysias der Meinung ist, Leerverkäufe des Marktes durch Ausländer seien anti-malaysisch.

4. **Volatilität.** Im Grunde genommen bedeutet Volatilität nichts anderes als das Ausmaß der Kursbewegung innerhalb einer bestimmten Zeitspanne. Day-Trader müssen zum Beispiel auf sehr volatilen Märkten handeln. Da sie für gewöhnlich am Ende des Tages aus einer Position aussteigen, müssen sie auf Märkten traden, deren Kurse innerhalb eines Tages ausreichend Volatilität unterworfen sind, um hohe Gewinne zuzulassen. Normalerweise eignen sich nur ausgewählte Devisenmärkte, die Aktienindizes, sehr liquide Aktien und die Rentenmärkte für Day-Trader.

Sollten Sie zufällig ein System verwenden, das Wendepunkte in konsolidierenden Märkten tradet, dann sollten Sie wahrscheinlich Märkte auswählen, die volatil genug sind, um diese Art von Trading lohnenswert zu machen. Daher wäre es erneut wichtig, die Volatilität der Märkte in die Überlegungen einfließen zu lassen.

Ob Sie nun auf konsolidierenden Märkten traden oder als Day-Trader aktiv sind: Sie brauchen ausreichend Volatilität, um in der Lage zu sein, angesichts des Ausmaßes Ihres Anfangsrisikos einen Gewinn zu generieren, der mindestens zwei bis drei Mal so hoch ist wie dieses Anfangsrisiko. Bei der Auswahl der Märkte sollte das Ihr wichtigstes Kriterium sein.

5. **Kapitalausstattung.** Aktienhändler wählen Wertpapiere oft auf der Basis der Kapitalausstattung aus. Doch manche Investoren wollen ausschließlich Aktien mit hoher Kapitalausstattung, während andere Anleger nach Aktien mit niedriger Kapitalausstattung suchen. Lassen Sie uns einen Blick auf die möglichen Gründe für jedes der Kriterien werfen.

   Üblicherweise suchen spekulative Investoren, die nach deutlichen Bewegungen auf dem Markt Ausschau halten, nach Aktien mit niedriger Kapitalausstattung (unter 25 Millionen Dollar). Nachforschungen haben bewiesen, dass der Großteil der Aktien, die um das Zehnfache oder mehr wachsen, sogenannte Low Caps sind. Allgemein gilt: Steigt die Nachfrage nach Low Caps, wird der Kurs dramatisch fallen, da sich nur einige wenige Millionen Aktien im Umlauf befinden.

   Andererseits sind konservative Investoren nicht gerade versessen auf hohe Kursschwankungen. Sie wollen nicht zusehen, wie der Kurs eines 1.000 Aktien umfassenden Auftrags um einen Punkt steigt und der Kurs eines anderen, 1.000 Aktien umfassenden Auftrags um einen Punkt fällt. Stattdessen wollen diese Investoren langsame, flüssige und ruhig verlaufende Kursveränderungen. Solche Kursbewegungen sind bei Aktien mit hoher Kapitalausstattung und Umlaufmenge im dreistelligen Bereich wesentlich wahrscheinlicher.

6. **Inwieweit folgt dieser Markt Ihrem Trading-Konzept?** Allgemein gilt: Egal wie Ihr Trading-Konzept aussieht, finden Sie einen Markt, der gut zu Ihrem Konzept passt. Und je kleiner Ihr Kapital ist, desto wichtiger ist dieser Auswahlprozess für Sie.

   Folgen Sie also dem Trend, müssen Sie Märkte mit gutem Trendverhalten finden – seien es nun Aktien mit hoher relativer Stärke oder Futures-Märkte, die typischerweise mehrmals im Jahr positive Trends aufweisen. Hat der Markt Ihrem Trading-Konzept in der Vergangenheit normalerweise entsprochen, so wird er dies wahrscheinlich in der Zukunft wieder tun.

   Dasselbe gilt für jedes andere Kriterium, das in Ihr Trading einfließt. Folgen Sie saisonalen Mustern, so sollten Sie auf Märkten mit starken saisonalen Tendenzen handeln – dazu zählen etwa landwirtschaftliche Erzeugnisse oder Energieprodukte. Folgen Sie den Elliott-Wellen, dann müssen Sie in diejenigen Märkte investieren, die den Vorgaben der Elliott-Wellen am besten entsprechen. Sind Sie ein Band-Trader, so sollten Sie nach Märkten Ausschau halten, die konstant schöne breite Bänder produzieren. Egal welches Trading-Konzept Sie verwenden: Finden Sie die Märkte, die am besten damit harmonieren.

7. **Wählen Sie ein Portfolio unabhängiger[74] Märkte.** Dieser Punkt geht ein wenig über die Möglichkeiten dieses Buches, das ja eine Einführung in die Systementwicklung ist, hinaus. Doch ich würde Ihnen raten, sich die Korrelation der verschiedenen von Ihnen ausgewählten Märkte genauer anzusehen. Von der Auswahl relativ unabhängiger Märkte werden Sie am meisten profitieren, da es dadurch wesentlich wahrscheinlicher ist, dass sich einer Ihrer Märkte in einem legitimen profitablen Trend befindet, als dies der Fall wäre, wenn alle Ihre Märkte in gegenseitiger Wechselbeziehung stünden. Sie sollten auch vermeiden, ein Portfolio mit korrelierten Positionen aufzubauen, die alle zum gleichen Zeitpunkt fallen und sich gegen Sie wenden könnten.

**Marktrichtung**

Die dritte Einstiegsphase ist die Marktrichtung. Ob Sie nun einen Marktwendepunkt traden oder auf einen sich schnell bewegenden Trend aufspringen: Die meisten Trader legen Wert darauf, die Richtung zu bestimmen, in die sich der Markt während der zurückliegenden sechs Monate vorrangig bewegt hat. Man muss verstehen, mit welcher Sorte »Tier« man es auf dem heutigen Markt zu tun hat. Das ist der langfristige Trend des Marktes.

Ein erfahrener Trader, der stets dem Trend folgte und auf dem Markt Millionen verdient hatte, erzählte mir einmal, dass er stets eine grafische Darstellung des Marktes anfertigte, diese dann an der Wand befestigte und sie dann vom anderen Ende des Raumes aus betrachtete. War der Trend auch von der anderen Seite des Zimmers offensichtlich, so handelte es sich um einen Markt, den er in Betracht ziehen würde. In den 60er- und 70er-Jahren, als es von Märkten mit langfristigen Trends nur so wimmelte, funktionierte die Vorgehensweise dieses Traders ganz ausgezeichnet. Und obwohl das Prinzip dahinter auch heute noch Gültigkeit hat, sind kurzfristigere Kriterien vielleicht angemessener, da die Markttrends ebenfalls kurzlebiger sind.

Im Allgemeinen kann man sowohl auf den rückläufigen als auch auf den steigenden Aktienmärkten Geld verdienen. Doch tatsächlich gibt es drei Richtungen, in die der Markt sich bewegen kann: nach oben, nach unten und seitwärts. In etwa 15 bis 30 Prozent aller Fälle neigen die Märkte zum Trend und bewegen sich deutlich nach oben oder unten. Doch die restliche Zeit bewegen sie sich seitwärts. Sie müssen in der Lage sein zu bestimmen, wann diese Bedin-

---

74 Ursprünglich hatte ich hier die Bezeichnung »nicht korreliert« für nicht in Wechselbeziehung stehende Märkte verwenden. Doch Tom Basso wies mich umgehend darauf hin, dass alle Märkte unter extremen Bedingungen zur Korrelation neigen. Aus diesem Grund ist »unabhängig« das bessere Wort.

gungen eintreten. Viele Trader arbeiten zum Beispiel mit Systemen, die sie konstant in den Märkten halten. Sind Sie jedoch der Auffassung, dass »seitwärts« durchaus eine Marktbedingung ist, dann sollten Sie am besten ein System verwenden, das Sie die 70 Prozent der Zeit, in denen Sie wahrscheinlich kein Geld verdienen, aus dem Markt heraushält. Sie brauchen einfach eine Art von Signal, das beobachtet und angibt, wann es zu einer Seitwärtsbewegung kommt. Perry Kaufman hat ein ausgezeichnetes Instrument entwickelt, das genau das tut und auf das wir später noch genauer zu sprechen kommen.

Wer ständig im Markt bleibt, verbringt viel Zeit in Seitwärtsbewegungen, was für trendfolgende Trader Verluste und hohe Kommissionen bedeuten könnte. Herrscht genügend Volatilität, dann könnten solche Märkte für kurzfristig orientierte Band-Trader geeignet sein. Folgen Sie also dem Trend, dann sollten Sie versuchen, Ihre Methodologie im die Vermeidung sich seitwärts bewegender Märkte zu erweitern.

**Setup-Bedingungen**

Die vierte Einstiegsphase setzt sich aus Ihren Setup-Bedingungen zusammen. Setup-Bedingungen sind, wie bereits erwähnt, Bedingungen, die entsprechend Ihrem Konzept eintreten müssen, bevor Sie in den Markt einsteigen können. Wenn Sie mit solchen Setup-Bedingungen arbeiten, erhöhen sie für gewöhnlich Ihre Chancen auf eine für Sie günstige signifikante Entwicklung.

Die meisten Investoren verdienen deshalb auf den Märkten Geld, weil sich der Markt vom Einstiegspunkt deutlich wegbewegt. Die verschiedenen, in Kapitel fünf besprochenen Konzepte sind hauptsächlich darauf ausgerichtet, die Bedingungen, zu denen man mit einer signifikanten Marktbewegung rechnen kann, genau zu beschreiben. Generell bestehen all diese Konzepte aus Markt-Setups. Diese Konzepte wurden entwickelt, um es Ihnen zu ermöglichen, »vorherzusagen«, was geschehen könnte, und Ihnen dabei zu helfen, die richtige Marktrichtung auszuwählen.

Setups können aus »Gelegenheitsfenstern« bestehen, Phasen, während derer Sie vielleicht mit einer Trendwende rechnen können: Grundlegende Bedingungen, die herrschen müssen, bevor Sie in den Markt einsteigen, saisonale Umstände, die Ihre Aufmerksamkeit erregen, oder eines der vielen anderen bedeutenden Kriterien, die sich als nützlich erweisen können.

Für gewöhnlich sind Setups kein Kriterium für den Einstieg in einen Markt. Sie sind vielmehr wichtige Kriterien, die Sie erwarten sollten, noch bevor Sie es überhaupt in Erwägung ziehen, auf einem bestimmten Markt Position zu beziehen.

In diesem Kapitel geht es um verschiedene Arten von Setups die sich bereits bewährt haben. Wir werden über Setups sprechen, die auf dem Aktienmarkt nützlich sind, und über solche, die für Futures-Märkte, Forex[75]-Märkte, Options-

---

*75 Forex steht für Foreign Exchange, also den Devisenmarkt, der von den großen Banken weltweit betrieben wird. Es handelt sich dabei um einen 24-Stunden-Markt und den größten Markt der Welt.*

börsen oder andere spekulative Bereiche von Nutzen sind. Tatsächlich werden Sie lernen, dass viele der öffentlich angebotenen Systeme aufgrund der Lottobefangenheit (Lotto Bias), die in Kapitel zwei beschrieben wurde, ausschließlich aus Setups bestehen. Doch lassen Sie uns zuerst über die letzte Einstiegsphase – das Markt-Timing – sprechen.

### Markt-Timing

Die letzte Einstiegsphase ist das Markt-Timing. Gehen wir einmal davon aus, dass Sie die Märkte, auf denen Sie traden wollen, ausgewählt haben. Sie verstehen Ihr Trading-Konzept, und die derzeitigen Marktbedingungen passen zu ihm. Außerdem arbeiten Sie mit mehreren Markt-Setups, und auch diese Bedingungen sind erfüllt. Doch es gibt noch ein letztes Schlüsselkriterium, das abgeklärt werden sollte, bevor Sie in den Markt einsteigen: die Entwicklung, die Sie erwarten könnte. Mit anderen Worten heißt das: Wenn Sie einen deutlichen Marktanstieg prognostizieren – basierend auf den Fundamentaldaten, einem saisonalen Muster, einem bevorstehenden Wendepunkt oder einem anderen Grund –, dann ist es gut möglich, dass diese Entwicklung zu dem Zeitpunkt, da Sie sie vorhersagen, noch nicht eingesetzt hat. Erfolgreiche profitorientierte Trader und Investoren warten für gewöhnlich mit dem Markteinstieg, bis die Entwicklung oder Bewegung tatsächlich einsetzt.

Im nächsten Kapitel, das dem Markteinstieg gewidmet ist, werden Sie lernen, dass nur wenige Einstiegstechniken einen simplen Zufallseinstieg schlagen können – man wirft zu einem beliebigen Zeitpunkt eine Münze, um zu entscheiden, ob man long oder short in den Markt geht. Aus diesem Grund muss man tun, was man kann, um seine Gewinnchancen zu steigern.

Der beste Weg, die Gewinnchancen zu verbessern, ist, sicherzustellen, dass der Markt sich auch in die von Ihnen antizipierte Richtung bewegt, bevor Sie in den Markt einsteigen. Im Grunde genommen ist dies Ihr Timing-Signal. Später werden wir eine ganze Reihe wichtiger Timing-Signale kennenlernen.

## Setups – so werden Sie zum Markt-Stalker

Leser, die meinen Kurs »Peak Performance Home Study« kennen, wissen auch, welche zehn Trading-Aufgaben erfolgreiche Trader regelmäßig erledigen. Eine dieser zehn Aufgaben nennt sich Stalking. Dabei geht es darum, den Zeitrahmen so zu verkürzen, dass man Einstiegsbedingungen findet, die das Risiko noch weiter senken. Kurzfristige Setups sind die besten Stalking-Instrumente.

Es gibt viele solcher Setups, weswegen ich Ihnen drei Kategorien von kurzfristigen Setups vorstellen und Ihnen für jede dieser Kategorien ein Beispiel präsentieren werde. Meine Kommentare zu diesen Setups spiegeln ganz einfach meine eigene Meinung dazu wider. Die Autoren Connors und Raschke haben ein

Buch mit dem *Titel Street Smarts*[76] geschrieben, das viele verschiedene kurzfristige Setups beinhaltet. Dieses Buch empfehle ich allen, die sich eine detailliertere Behandlung des Themas wünschen. Haben Sie tatsächlich vor, diese Muster zu traden, dann sollten Sie deren Buch wirklich aufmerksam lesen.

**Failed-Test-Setups**
Failed-Test-Setups sind im Grunde genommen gescheiterte Antestungen früherer Hochs oder Tiefs. Nach außergewöhnlichen Hochs oder Tiefs kommt es oft zu vielen interessanten Mustern. Die Ken-Roberts-Methode (siehe unten) basiert zum Beispiel auf einem Failed-Test-Setup.

Solche Tests funktionieren, weil sie gemeinhin als Einstiegssignale verwendet werden. Solche Einstiegssignale können zwar zu äußerst profitablen Trades führen, doch sie sind nicht besonders zuverlässig. Der logische Grund dafür, dass solche Tests als Einstiegssignale verwendet werden, ist, dass sich diese Methode falsche Break-outs zunutze macht (auf dem Weg zu einem neuen Höchst- oder Tiefststand), um den Trade aufzubauen.

Connors und Raschke arbeiten zum Beispiel mit einem Muster, das sie Turtle Soup nennen. Der Name kommt davon, dass eine berühmte Gruppe von Tradern, die Turtles genannt wurden, dafür bekannt war, bei 20-Tage-Break-outs in den Markt einzusteigen. Mit anderen Worten: Kletterte der Markt auf ein neues 20-Tage-Hoch, so gingen sie eine Long-Position ein. Fiel der Markt jedoch auf ein 20-Tage-Tief, nahmen sie Short-Positionen auf. Heute handelt es sich bei den meisten dieser 20-Tage-Break-out-Signale um falsche Signale, was so viel heißt wie: Sie funktionieren nicht, und der Markt fällt wieder zurück. Aus diesem Grund basiert der grundlegende Setup der Turtle Soup auf 20-Tage-Break-outs, bei denen man von einem Fehlschlag ausgeht. Die Turtles haben viel Geld verdient, indem sie diese Break-outs tradeten. (Für weitere Informationen zum Thema Channel Break-outs – Ausbruch aus dem Trendkanal – lesen Sie bitte Kapitel 9.) Seien Sie hierbei also vorsichtig.

Abbildung 8.1 zeigt ein Beispiel eines Turtle-Soup-Musters. Mitte Juli zeigt die Grafik mehrere 20-Tage-Break-outs nach oben. In jedem Fall folgt auf den Ausbruch nach oben ein substanzieller (wenn auch kurzfristiger) Rückgang. Als kurzfristiger Trader könnte man an jedem dieser Break-outs verdienen.

Würde ich Ihnen genug Beispiele solcher Muster zeigen, die funktionieren, dann würde dies Ihr Interesse daran vermutlich erheblich steigern. Es gibt viele Beispiele, die funktionieren, und viele, die es nicht tun. Das Muster ergibt meiner Meinung nach nur dann Sinn, wenn man es mit anderen Teilen eines Trading-Systems kombinieren kann – wie zum Beispiel den Exits und der Positionsgrößenbestimmung –, die für den Trading-Erfolg wirklich ausschlaggebend sind.

---

[76] *Laurence A. Connors und Linda Bradford Raschke, Street Smarts: High Probability Short-Term Trading Strategies (Sherman Oaks, Calif.: M. Gordon Publishing, 1995). Turtle Soup ist eine Handelsmarke von Connors, Basset Associates.*

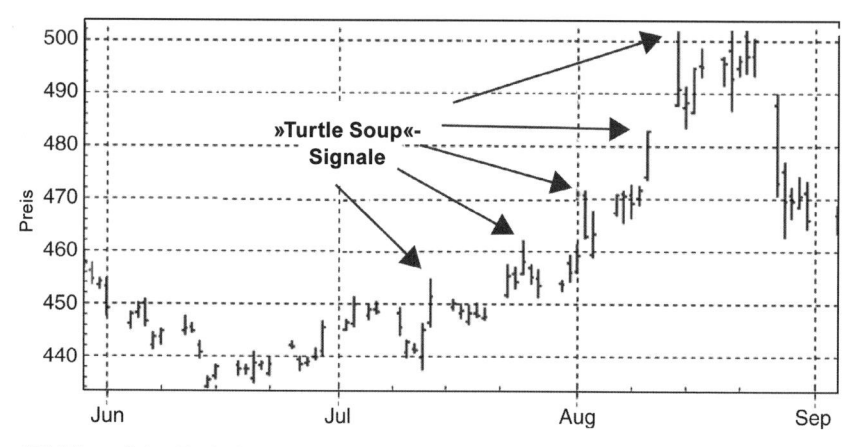

**Abbildung 8.1:** »Turtle Soup«-Setup

Ein weiteres Setup mit hoher Wahrscheinlichkeit basiert auf der Beobachtung, dass ein Markt, der sich bei Börsenschluss im oberen Bereich seiner Trading-Range befindet, mit großer Wahrscheinlichkeit bei der nächsten Börsensitzung höher eröffnen wird. Umgekehrt trifft dies genauso zu. Diese Setups verfügen über eine extrem hohe Wahrscheinlichkeit und deuten mit 70- bis 80-prozentiger Verlässlichkeit darauf hin, dass der Markt bei der Eröffnung am nächsten Tag die Richtung des Vortages fortsetzen, jedoch noch extremer in die Börsensitzung starten wird. Dieses Wissen könnte in einem Trading-System zur Exit-Bestimmung oder auch als Test-Setup verwendet werden.

Eine andere Beobachtung macht deutlich, dass es zwar sehr wahrscheinlich ist, dass der Markt bei Eröffnung der Börse die Richtung des Vortages wieder aufgreift, die Wahrscheinlichkeit, dass die Richtung bei Börsenschluss noch dieselbe ist, jedoch recht gering ist. Außerdem ist ein Kursumschwung umso wahrscheinlicher, wenn der Kurs am Vortag einen Trend durchlebt hat (das heißt, der Markt eröffnet an einem Extrem und schließt am anderen). Daher könnte diese Beobachtung die Grundlage für ein Test-Pattern-Setup bieten. Für dieses Pattern oder Muster benötigen Sie ein Anzeichen für einen Umschwung. Folglich beinhaltet dieses »Test«-Pattern drei Setups (siehe Abbildung 8.2).

Abbildung 8.2 zeigt ein Muster, das am Dienstag, dem 8. Dezember, beginnt. An diesem Tag durchläuft der Kurs einen Trend. Der Eröffnungskurs ist höher, der Schlusskurs niedriger. Dies ist der erste Teil des Setup.

1. Der Markt durchläuft an diesem Tag einen Trend – der Eröffnungskurs liegt bei einem Extrem, der Schlusskurs am anderen Extrem (siehe den 8. Dezember in Abbildung 8.2).

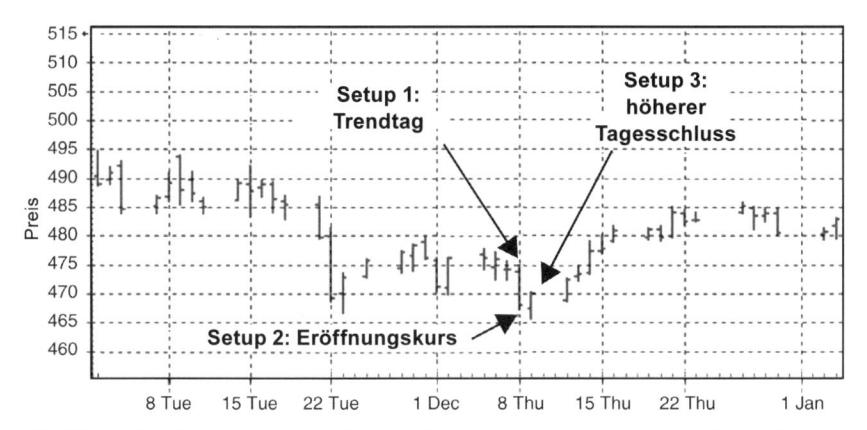

**Abbildung 8.2:** Setup eines Trend-Tages, gefolgt von einem extremeren Eröffnungskurs

2. Bei Beginn der neuen Börsensitzung greift der Markt die Richtung des Schlusskurses des Vortags auf und setzt sie fort (das heißt, war der Schlusskurs niedrig, so wird der Eröffnungskurs noch niedriger ausfallen; war der Schlusskurs hoch, so wird der Eröffnungskurs noch höher liegen). Am 9. Dezember setzt der Markt seine Richtung fort und eröffnet zu einem niedrigeren Kurs.

3. Der Markt widersetzt sich dem Hoch (Verkaufssignal) oder Tief (Kaufsignal) des Vortags. Bitte beachten Sie, dass sich der Markt, da der 9. Dezember seinen Lauf nimmt, umkehrt und auf ein Niveau über dem niedrigen Schlusskurs des Vortags klettert. Dies ist der letzte Teil des Setup (und in diesem Fall handelt es sich dabei tatsächlich um das Einstiegssignal).

Bitte beachten Sie, dass der Markt in der Abbildung auf höherem Niveau schließt und dann einige Tage lang weiter steigt. Bedenken Sie, dass ich lediglich eine Grafik herausgesucht habe, die das Muster zeigt. Dämpfen Sie Ihre Begeisterung für Setups ein wenig, denn sie sind nur ein kleiner Teil der Gleichung, deren Ergebnis erfolgreiches, profitables Trading ist.

Ist es Ihr Ziel, kurzfristig zu traden oder als Swing-Trader zu handeln, so sollten Sie vermutlich mit Failed-Test-Setups arbeiten. Jetzt, da Sie wissen, welches Prinzip hinter den Failed-Test-Setups steckt – der Markt testet ein neues Extrem an und fällt dann zurück –, können Sie Ihre eigenen zusammenhängenden Setups kreieren, ohne sich auf die Ideen und Konzepte, die bereits von anderen Tradern verwendet werden, verlassen zu müssen. Machen Sie Ihre eigenen Experimente!

**Weitere Setups – Umschwung am Höhepunkt oder Ausschöpfungsmuster**
Diese Setups folgen denselben Prinzipien wie die Failed-Test-Setups; Einziger Unterschied ist, dass es zusätzliche Belege gibt, die darauf hindeuten, dass es sich bei der Kursbewegung um ein Extrem handelt, das nicht zu Ende gebracht werden wird. Diese Setups sind für gewöhnlich darauf ausgerichtet, risikoarme Trades aufzuspüren, die eine Trendwende signalisieren. Als Teil des Setups wird ein Signal benötigt, das angibt, dass der Markt bereits ein Extrem erreicht hat. Ferner ist ein hochvolatiles Umfeld erforderlich, und als Einstiegspunkt brauchen Sie eine Kursbewegung in diejenige Richtung, in die Sie traden wollen. Diese Arten von Mustern können stark variieren, und bei vielen solcher Höhepunktbewegungen handelt es sich für gewöhnlich um Chartmuster, die man nur schwer objektiv beschreiben kann, was die Computerisierung erschwert. Ich bin im Allgemeinen kein Freund solcher Chartmuster, da es erdrückende Beweise dafür gibt, dass viele dieser Muster gar keine echten Muster sind, die man objektiv traden kann. Aus diesem Grund werden wir nur eines näher erläutern: den Gap Climax Move.

**Gap Climax Move** Ein Anzeichen für einen Climax Move – eine Kursbewegung in Richtung eines neuen Höhepunkts – ist, wenn es zu Gaps, also Lücken, kommt und der Kurs auf einen neuen Höchststand springt, diese Entwicklung jedoch nicht zu Ende bringen kann. Der Markt fällt dann zurück und schließt in der entgegengesetzten Richtung des Climax Move. Eine andere Möglichkeit ist, dass der Markt an einem folgenden Tag Anstalten macht, die Lücke zu füllen. Solche Setups basieren auf zwei Beobachtungen: (1) Lücken zu einem neuen Extrem neigen dazu, geschlossen zu werden; (2) an Tagen, da es zur Umkehr vom Marktextrem kommt, ist es recht wahrscheinlich, dass sich der Trend am nächsten Morgen fortsetzt.

Hier einige Tipps, wie Sie mit solchen Kursbewegungen umgehen können:

1. Der Markt erreicht ein neues Extrem (das heißt, das ist Ihr Climax-Setup).

2. Vielleicht brauchen Sie ein weiteres Setup, das auf eine hohe Volatilität hinweist. Ein solches Setup wäre folgendes: Die Average True Range der vergangenen fünf Tage ist etwa zwei bis drei Mal so hoch wie die der zurückliegenden 20 Tage. Doch ein solches Kriterium muss nicht notwendig sein.

3. Der Markt zeigt Anzeichen von Schwäche, wie etwa: (a) der Kurs befindet sich nach einem Extrem bei Börsenschluss am entgegengesetzten Ende des Kursbereichs oder (b) der Markt schließt die Lücke an einem der darauffolgenden Tage.

4. Dann würden Sie ein Einstiegssignal setzen, da Sie von einer kurzfristigen Kursbewegung entgegen des vorhergegangenen Trends ausgehen.

Ich glaube, solche Muster sind gefährlich. Man versucht, einen Güterzug anzuhalten, der auf einen zurast. Man hofft, dass er etwas langsamer wird oder umkehrt, damit man seine Waren abladen kann (beziehungsweise damit man zu seinen Gewinnen kommt), doch man weiß, dass der Zug jederzeit wieder Gas geben kann, nur um wieder genauso schnell zu fahren wie zuvor.

Climax-Setups sind meiner Meinung nach vor allem für tapfere Kurzzeit-Trader geeignet. Für Langfrist-Trader wären sie nur insofern von Nutzen, als die Trader sich ausreichend mit diesen Setups auskennen, um im Umfeld entsprechender Kursbewegungen nicht in den Markt einzusteigen, da eine kurzfristige Umkehr sehr wahrscheinlich ist. Interessieren Sie solche Trades, dann sollten Sie unbedingt Connors und Raschkes Buch *Street Smarts* lesen.

**Retracement-Setups – die Kurskorrektur**

Die nächste Art von Setup, über die Sie beim kurzfristigen Trading (oder beim Stalking Ihrer langfristigen Trades) nachdenken sollten, ist das Retracement, die Kurskorrektur. Im Grunde genommen besteht dieses Setup aus drei Schritten: (1) Finden Sie den langfristigen Trend des Marktes, (2) verfolgen Sie den Trend zurück und (3) steigen Sie in Richtung des Trends ein, basierend auf einem dritten Signal wie zum Beispiel der Wiederaufnahme des Trends durch ein neues Hoch. Hierbei handelt es sich um sehr alte Trading-Techniken. So sagte Richard D. Wyckoff, ein Wall-Street-Investor, der in den 20er-Jahren äußerst erfolgreich war, stets gerne: »Kaufen Sie nicht zum Break-out. Warten Sie auf den Retracement-Test.«

Sind die trendfolgenden Signale erst einmal ausgelöst, so folgt darauf für gewöhnlich eine Form von Retracement – zumindest im Tagesverlauf. Dieses Intraday-Retracement kann als risikoarmes Einstiegs-Setup verwendet werden. In Abbildung 8.3 sind mehrere solcher Kurskorrekturen deutlich zu erkennen.

Abbildung 8.3 zeigt deutliche Break-out-Signale in einem Trend. Diese werden von den oberen Pfeilen erklärt. Auf jedes dieser Signale folgt ein Retracement (siehe untere Pfeile). Bitte beachten Sie auch, wie viele Gelegenheiten sich hier bieten.

Für Trader, die dem Trend folgen, sind Retracement-Setups definitiv eine Überlegung wert. Sie haben viele Vorteile, da sie es Ihnen (1) erlauben, dichte Stops zu setzen, wodurch Trades mit sehr guten Erträgen im Verhältnis zum Risiko gewonnen werden. (2) Man kann sie sowohl für kurzfristiges Swing-Trading als auch für langfristiges Positions-Trading verwenden. (3) Sie ermöglichen dem Trader den Einstieg in einen Markt, den er eigentlich verpasst hätte. (4) Man kann durch Retracement-Setups erneut in einen Markt einsteigen, aus dem man aufgrund eines Stops aussteigen musste. Versuchen Sie, Ihre eigenen Methoden basierend auf solchen Retracements zu entwickeln, denn einige der besten trendorientierten Methoden, die mir je untergekommen sind, fußen auf diesem Konzept. Mein Freund Ken Long hat ein großartiges Beispiel eines solchen Konzepts entwickelt, das er in seinem ETF-Kurs lehrt.

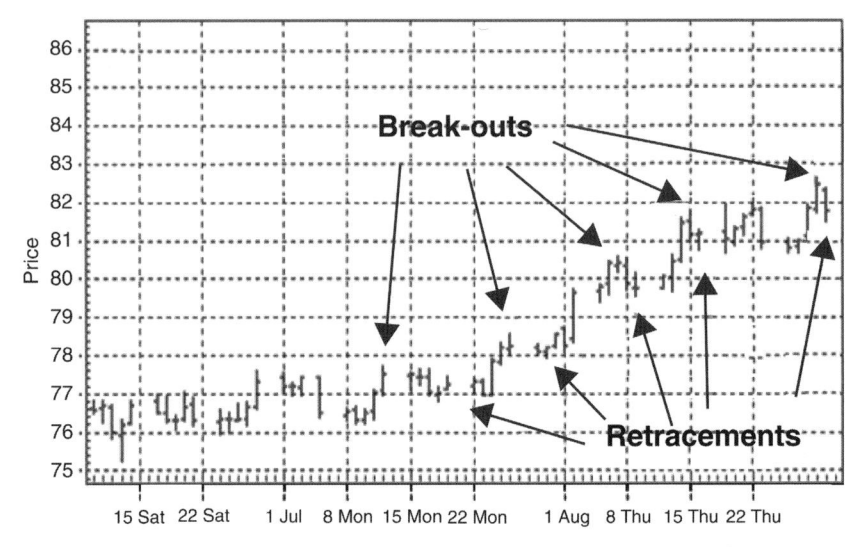

**Abbildung 8.3:** Beispiel eines deutlichen Trends mit zahlreichen Retracement-Setups

## Filter gegen Setups

Ein Filter ist eine Art Indikator, der vor Ihrem Einstieg ausgelöst werden muss. Ich sagte früher immer, dass Filter eine der zehn wichtigsten Komponenten eines Trading-Systems seien. Chuck LeBeau, der in unseren System-Development-Kursen oft als Gastredner fungiert, sagte dann für gewöhnlich während seiner Präsentation, dass man Filter völlig außen vor lassen sollte. Filter mögen einem dabei helfen, die Marktentwicklungen im Nachhinein vorherzusehen, doch beim Trading in der Gegenwart würden sie nicht helfen.

Lassen Sie mich Chucks Kommentar erklären. Aufgrund der Lottobefangenheit wollen die Menschen wissen, welches das perfekte Einstiegssignal ist, um so den Markt vor dem Einstieg »kontrollieren« zu können. Wenn Sie sich Daten aus der Vergangenheit ansehen, wird Ihnen Folgendes auffallen: Je mehr Indikatoren man findet, die zu den Daten passen, desto perfekter scheinen diese Indikatoren jede Entwicklung der Daten vorherzusagen.

Trading-Software verfügt meist über mehrere 100 Indikatoren. Mithilfe dieser Indikatoren kann man fast automatisch die Kurvenanpassung vergangener Märkte bewerkstelligen. So kann man zum Beispiel mittels eines Oszillators, eines Gleitenden Durchschnitts und einiger Zyklen nahezu perfekt prognostizieren, wie sich ein historischer Markt zu einer beliebigen Zeit verhielt. Dadurch werden Sie vermutlich sehr zuversichtlich sein, was Ihr Trading angeht, doch

Sie werden feststellen, dass Ihnen Ihre perfekt optimierten Indikatoren beim Trading auf dem Markt der Jetztzeit überhaupt nicht weiterhelfen.

Manche Anleger versuchen, dies zu umgehen, indem sie kurzfristig (das heißt über die letzten paar Monate) optimieren in der Hoffnung, dass Indikatoren, die auf Daten aus jüngster Vergangenheit optimiert wurden, auch den aktuellen Markt akkurat wiedergeben werden. Diese Unternehmungen sind jedoch nur in den seltensten Fällen von Erfolg gekrönt, denn es werden einfach zu viele Indikatoren verwendet.

Allgemein gilt: Je simpler das System, desto besser wird es auf dem Markt funktionieren. Doch es gibt eine grundlegende Ausnahme von dieser Regel. Viele verschiedene Indikatoren können auf dem Markt von Vorteil sein, wenn jeder dieser Indikatoren auf einem anderen Datentyp basiert.

Dies liefert uns einen entscheidenden Unterschied zwischen Filtern und Setups: Filter basieren normalerweise auf denselben Daten, und Sie sollten Sie im Rahmen Ihres Systems meiden. Setups, die auf unterschiedlichen Daten basieren, sind hingegen recht nützlich. Solange Ihre Setups auf unterschiedlichen, doch verlässlichen Daten basieren, gilt normalerweise: Je mehr, desto besser.

Indem wir uns einige der Setups, die Sie verwenden können, ansehen, werden Sie verstehen, was ich meine, wenn ich von verschiedenen Datentypen spreche. Hier einige Beispiele:

### Time-Setup

Aufgrund Ihrer verschiedenen Modelle haben Sie eine Vorstellung davon, wann es zu einer Kursbewegung kommen soll. Der Zeitfaktor unterscheidet sich von den Kursdaten, weswegen ein solches Setup sehr nützlich wäre. Zeitfilter können Zyklen, saisonale Daten oder astrologische Einflüsse beinhalten. In Kapitel fünf finden Sie einige interessante Time-Setups, die sich für Ihr Trading als nützlich erweisen können.

### Kursdaten in Abfolge

Es könnte für Sie erforderlich sein, dass Ihre Kursdaten in einer bestimmten Abfolge auftreten. Die daraus resultierende Information ist normalerweise wertvoller als simple Kursdaten, wenn sie auf einer hohen Wahrscheinlichkeitsbeziehung basiert, die Sie auf dem Markt beobachtet haben. Retracement-Setups basieren zum Beispiel auf einer solchen Kursdatenabfolge: (1) Auf dem Markt bildet sich ein Trend heraus, (2) es kommt zur Kurskorrektur (Retracement), und (3) der Markt macht Andeutungen, erneut die Richtung des ursprünglichen Trends einzuschlagen. Es handelt sich hierbei ausschließlich um Kursdaten, doch sie treten in einer spezifischen logischen Abfolge von Bedeutung auf.

### Fundamentaldaten

Sie haben eine gewisse Vorstellung von den Angebots-und-Nachfrage Charakteristika des Marktes, auf dem Sie traden. Sie verfügen zum Beispiel über Statistiken für Sojabohnen und außerdem über Statistiken, die über die neue Nachfrage aus dem Ausland hinsichtlich dieses Marktes Auskunft geben. Später in diesem Kapitel werden wir uns mit Gallacher und Buffett beschäftigen, und in diesem Zusammenhang werden Sie einige Beispiele für Fundamental-Setups finden. Normalerweise sind jene Trends, die durch Fundamentaldaten unterstützt werden, am stärksten.

**Volumendaten**
Das Ausmaß der Aktivität auf Ihrem ausgewählten Markt unterscheidet sich deutlich von den aktuellen Kursdaten und könnte recht nützlich sein. Über Volumendaten wurde viel geschrieben, vor allem von Börsenexperten wie Richard Arms. Der Arms-Index wird mittlerweile regelmäßig zusammen mit Markt-Updates herausgegeben. Ursprünglich war dieser Index unter dem Namen TRIN Trading Index bekannt. Dabei handelt es sich um das Verhältnis der Anstiege und Rückgänge, geteilt durch das Verhältnis von Up-Volumen (Aktienvolumen, dessen Schlusskurs höher als der des Vortages ist) zu Down-Volumen (Aktienvolumen, dessen Schlusskurs niedriger ist als der des Vortages).

So könnten Sie den Index als Setup verwenden: Arbeiten Sie mit einem Gleitenden Durchschnitt des Arms Index (normalerweise der Durchschnitt der letzten fünf Tage). Ein Wert über 1,2 deutet auf ein potenzielles Tief hin, ein Wert unter 0,8 auf ein potenzielles Hoch. Dadurch ergeben sich kurzfristige Trading-Gelegenheiten für ein bis drei Tage. Doch diese Werte sollten mit dem Einstiegssignal einer Kursbewegung in die erwartete Richtung kombiniert werden.

**Komponentendaten**
Besteht Ihr Markt aus einer Reihe von Positionen, dann wäre das Wissen, wie sich diese entwickeln, bereits eine wertvolle Information. So besteht an der Börse zum Beispiel ein großer Unterschied zwischen dem Wissen um die Vorgänge auf dem gesamten Markt und dem Wissen um die Vorgänge hinsichtlich der einzelnen Komponenten des Marktes. Wie viele Aktien steigen? Wie verhält sich das Volumen steigender Aktien zum Volumen sinkender Aktien?

Traden Sie einen Marktindex, so können Sie sich ansehen, wie sich die einzelnen Werte entwickeln. Es ist durchaus möglich, dass Investoren, die einen Marktindex wie den S&P 500 traden und dabei nur die Kursdaten des Index im Auge behalten, im Vergleich zu all den Experten, die sich die Komponentendaten ansehen, massiv ins Hintertreffen geraten.

Ein Beispiel für einen Kombinationsindikator, der zusammen mit jedem Markt-Update herausgegeben wird, ist der sogenannte Tick, der Auskunft über die Mindestkursschwankungen gibt. Der Tick bezeichnet den Unterschied zwischen allen an der New Yorker Börse notierten Aktien mit leicht steigender (Uptick) und leicht fallender (Downtick) Tendenz. Und so könnten Sie den Tick als Setup nutzen: Ein extremer Wert kann oftmals Vorbote eines Marktumschwungs sein – zumindest auf kurze Sicht. Daher wäre ein Extrem innerhalb des Tick ein

Beispiel für ein Test-Setup. Sie würden ganz einfach ein Umkehrsignal traden, das auftritt, sobald dieses Extrem erreicht ist.

**Volatilität**

Dieser Terminus bezieht sich auf das Maß an Aktivität auf dem Markt und wird für gewöhnlich durch den Wertebereich der Kurse definiert. Die Informationen, die diese Größe liefert, sind üblicherweise recht nützlich und unterscheiden sich deutlich von denen, die der Kurs alleine gibt.

Vor Jahren hielt ich einen Computer-Trading-Workshop ab, bei dem es darum ging, (1) die eine oder andere Trading-Software kennenzulernen und dann (2) einige Systeme zu entwickeln, die, basierend auf Tests mit Daten aus der Vergangenheit, ohne Optimierung im Jahr 100 Prozent oder mehr generieren würden. Ich war davon ausgegangen, dass die meisten Kursteilnehmer dafür ein Trading-System mit hoher Erwartung und großen Exits entwickeln und dieses dann mit einer Methode zur Größenbestimmung der Position kombinieren würden, die das System bis an seine Grenzen brächte. Die meisten taten auch genau das – bis auf einen Kursteilnehmer. Diese eine Ausnahme war eine Person, die herausfand, dass ein Maßstab, der einen engen Kursbereich auf dem Markt anzeigt, in Kombination mit anderen Parametern oft eine potenzielle, recht mächtige Kursbewegung signalisiert. Kombiniert man das Setup eines engen Kursbereichs mit einem guten Einstieg, so stehen die Chancen für einen Trade mit hohem Ertrag-Risiko-Verhältnis sehr gut.

Hier sind einige Ideen für Setups mit engem Kursbereich:

1. Der Markt befindet sich in einem Trend, so gemessen von einer Reihe von Indikatoren. Liegt der Kurs über oder unter einem Gleitenden Durchschnitt oder verfügt er über einen hohen ADX-Wert, wären dies entsprechende Indikatoren.

2. Der Markt bewegt sich in einem engen Kursbereich, was sich durch einen Vergleich des Kursbereichs der vergangenen fünf Tage mit dem der zurückliegenden 50 Tage aufzeigen lässt. Das Verhältnis müsste unter einen im Vorfeld bestimmten Wert fallen. Diese Prämisse wäre erfüllt, falls der Kursbereich der letzten fünf Tage bei oder unter 60 Prozent des Kursbereichs der letzten 50 Tage läge.

Mit dieser Art von Setup kann man seine Ertragserwartungen an jeden Dollar, den man im Rahmen eines langfristigen trendorientierten Trading-Systems riskiert, gut und gern um zehn bis 15 Cent erweitern.

Das zweite Setup mit engem Kursbereich könnte vielleicht so aussehen:

1. Auf dem Markt findet ein sogenannter Inside Day statt, das heißt, dass sich die Kursbewegungen nur zwischen dem Hoch und Tief des Vortages abspielen.

2. Der Kursbereich auf dem Markt ist der engste seit X Tagen.

An einem solchen Inside Day ist ein Break-out, unabhängig davon, in welche Richtung der Kurs ausbricht, normalerweise ein guter kurzfristiger Trading-Einstieg. Eine Reihe solcher Entries, die im Rahmen von Setups mit engem Kursbereich verwendet werden könnten, finden Sie in Kapitel neun.

**Fundamentaldaten der Unternehmen**
Die meisten Setups, die Warren Buffett verwendete, und einige der von William O'Neil verwendeten Setups sind die Fundamentaldaten der Unternehmen. Wie hoch sind die Gewinne? Wie hoch ist die Rendite? Wie sehen die Verkaufszahlen aus? Wie fällt die Gewinnspanne aus? Wie hoch sind die Gewinne des Eigentümers? Wie viele Aktien befinden sich im Umlauf? Wie sieht es mit Buchwert und Gewinn pro Aktie aus? Wie stark ist das Unternehmen gewachsen? Diese Art von Informationen unterscheidet sich recht deutlich von den Kursdaten. Im nächsten Abschnitt werden wir uns mit Fundamentaldaten wie diesen beschäftigen.

**Informationen über das Management**
Wer leitet Ihr potenzielles Investment, und wie haben sich diese Personen in der Vergangenheit gemacht? Warren Buffett arbeitete, was das Management angeht, mit mehreren Grundsätzen. Egal ob man nun Aktien oder einen Offenen Investmentfonds kauft, die Erfolgs- und Erfahrungsgeschichte der Person hinter Ihrem Investment ist wahrscheinlich entscheidend für den Erfolg dieses Investments.

Wahrscheinlich gibt es auch andere Arten von Daten, die ebenfalls nützlich sind. Finden Sie zum Beispiel Daten, die verlässlich sind und zu denen nur wenige andere Menschen Zugang haben, dann sind Sie durchaus in der Lage, einige sehr wertvolle Setups für Ihre Trading-Aktivitäten zu kreieren.

Jetzt, da Sie verstehen, dass nützliche Setups nicht nur auf Kursdaten basieren, haben Sie die Basis dafür geschaffen, sich Ihre eigenen Setups zu schaffen. Dies könnte einer der Schlüssel zu Ihrem persönlichen Heiligen Gral sein.

Hängen Sie sich nicht an der Bedeutung von Setups auf. Sie können Ihnen zwar dabei helfen, die Verlässlichkeit Ihrer Gewinn-Trades zu steigern, doch Sie können ebenso gut über ein höchst zuverlässiges System verfügen, das, falls Sie einige massive Verlust-Trades halten, negative Erwartung angibt. Verwenden Sie auf die Auswahl Ihrer System-Stops und -Exits mindestens ebenso viel Zeit wie auf Setups und Entries. Der Größenbestimmung Ihrer Positionen sollten Sie mehr Aufmerksamkeit widmen als allen anderen Systemkomponenten zusammengenommen. Wenn Sie sich an diesen Ratschlag halten, haben Sie gute Aussichten, darauf Ihren Heiligen Gral, der zu Ihnen und zu Ihren Zielen passt, zu finden.

# Setups, die von bekannten Systemen verwendet werden

### Börsen-Setups

Ich habe nicht vor, Ihnen im Rahmen dieser Erläuterung der Börsen-Setups eine umfassende Sammlung möglicher Setups für den Einsatz an der Börse aufzuzählen. Vielmehr glaube ich, dass es wesentlich sinnvoller ist, zwei Herangehensweisen, mit denen man auf dem Markt Geld verdienen kann, unter die Lupe zu nehmen. Jede Methode unterscheidet sich deutlich von den anderen. Durch den Vergleich der von den verschiedenen Methoden verwendeten Setups werden Sie diese wesentlich besser verstehen und letztlich in der Lage sein, eigene Setups zu entwickeln. Sollte eines der Systeme Ihr Interesse wecken, empfehle ich die Beschäftigung mit dem Quellenmaterial. All meine Kommentare spiegeln ganz einfach meine Meinung zu den verschiedenen Modellen wider.

### William O'Neils trendorientiertes CANSLIM-Modell

Eines der erfolgreichsten Trading-Modelle mit den meisten Anhängern wurde von William O'Neil und David Ryan angepriesen – das CANSLIM Modell. O'Neil stellte das Modell in seinem Buch *How To Make Money In Stocks*[77] umfassend vor. Das Modell wird außerdem in seiner Zeitung, dem *Investor's Business Daily*, und durch seinen Chart-Service *Daily Graphs* beworben und verbreitet. Viele Leute haben außerdem Kurse besucht, die O'Neils Ausbilder überall in den Vereinigten Staaten abhalten. Ich habe nicht vor, das Modell an dieser Stelle vorzustellen oder zu bewerten. Wollen Sie diese Informationen, schlage ich Ihnen vielmehr vor, entweder eine von O'Neils Publikationen zu lesen oder einen seiner Kurse zu besuchen. Ich werde das CANSLIM-Modell nur verwenden, um die Setups in einem Modell, das von vielen Tradern befolgt wird, aufzuzeigen.

CANSLIM ist ein Akronym – jeder Buchstabe steht für ein Einstiegs-Setup.

C steht für Current Earnings per Share (laufende Erträge pro Aktie), wobei O'Neils Kriterium ein 70-prozentiger Anstieg über dasselbe Quartal des Vorjahres ist. Daher sind die laufenden Erträge pro Aktie O'Neils erstes Setup-Kriterium.

A steht für Annual Earnings per Share (jährliche Erträge pro Aktie). O'Neil glaubt, dass die jährlichen Erträge pro Aktie der vergangenen fünf Jahre zumindest eine errechnete Fünf-Jahres-Rate von 24 Prozent aufweisen sollten. Hierbei handelt es sich um ein weiteres Setup.

---

[77] *William O'Neil, How To Make Money In Stocks: A Winning System In Good Times Or Bad, 2. Auflage (New York: McGraw-Hill, 1995).*

N steht für Something New, also einen neuen Aspekt des Unternehmens. Bei diesem neuen Faktor könnte es sich um ein neues Produkt oder eine neue Dienstleistung, eine Veränderung des Managements oder sogar eine Veränderung innerhalb der Branche handeln. Das bedeutet auch, dass die Aktie einen neuen Höchstkurs erreicht hat. Daher wäre der Faktor N tatsächlich zwei Entry-Setups. Doch der neue Höchstkurs könnte eigentlich das in Kapitel neun erläuterte Signal sein, das den Einstieg auslöst.

S steht für Shares Outstanding, also die in Umlauf befindlichen Aktien. O'Neil untersuchte die Aktien mit der besten Performance und fand heraus, dass deren Kapitalisierung im Durchschnitt unter zwölf Millionen Aktien lag, wobei der Zentralwert der Kapitalisierung gerade mal 4,8 Millionen Aktien betrug. Aus diesem Grund ist eine kleine Anzahl an Umlaufaktien – unter 25 Millionen Stück – ein weiteres Setup-Kriterium bei O'Neil.

L steht für Leader (Anführer). O'Neil glaubt an ein RS-Modell des Markts. Anleger, die mit der relativen Stärke arbeiten, gehen für gewöhnlich so vor: Sie ordnen die Kursveränderungen aller Aktien der zurückliegenden zwölf Monate in eine Art Rangliste ein. Eine Aktie, die zu den oberen 75 bis 80 Prozent gehört, könnte man vermutlich in Betracht ziehen. Manche Trader messen hingegen dem Ausmaß der Veränderung im Verlauf der letzten 30 Tage mehr Bedeutung bei. O'Neils Ranking fällt wohl eher in diese Kategorie. Er rät dazu, nur solche Aktien zu kaufen, die in seiner Rangliste unter den besten 80 Prozent sind – und schon haben wir ein weiteres Setup.

I steht für Institutional Sponsorship (Sponsoring durch Institutionelle). Um eine Spitzenaktie hervorzubringen, bedarf es wohl eines gewissen Maßes an Sponsoring durch institutionelle Investoren. Doch zu viel Sponsoring ist nicht empfehlenswert, da dies hieße, dass eine Menge verkauft werden muss, falls etwas schiefläuft. Des Weiteren kann es sein, dass es für einen guten Schachzug bereits zu spät ist, bis alle Institutionelle gefunden haben, wonach sie suchten. Doch für O'Neil ist ein gewisses Maß an Institutional Sponsoring ein weiteres Setup.

M steht in der Formel dafür, was der Overall Market, der Markt als Ganzer, tut. Die meisten Aktien – 75 Prozent oder mehr – neigen dazu, sich in die Richtung des Marktdurchschnitts zu bewegen. Aus diesem Grund sollten auf dem gesamten Markt positive Vorzeichen als Setup herrschen, bevor Sie Ihre Aktien kaufen.

Ich habe Ihnen nun das gesamte O'Neil-Akronym erklärt, das komplett aus Setup-Kriterien besteht. Sie wissen – abgesehen davon, dass das N-Kriterium auch den neuen Höchstkurs einer Aktie beinhaltet – noch recht wenig über den tatsächlichen Einstieg in den Markt. Außerdem wissen Sie ebenso wenig über Schutz-Stops, nichts darüber, wie man aus dem Markt wieder aussteigt, und nichts über den entscheidendsten Aspekt eines Systems: die Bestimmung der Positionsgröße. Was also von den meisten als O'Neils Trading-System gesehen wird, besteht aus nichts anderem als aus seinen Setups. Ist das nicht interessant? Wir werden uns eingehender mit O'Neils Kriterien für andere Systemaspekte befassen, wenn wir auf diese Aspekte zu sprechen kommen.

### Das Value-Modell von Warren Buffett

Warren Buffett ist einer der erfolgreichsten Investoren der Jetztzeit. Buffett hat niemals wirklich selbst etwas über seine Herangehensweise an den Markt geschrieben, doch es wurden viele Bücher über ihn und seine Vorgehensweise verfasst. Zu den besseren Werken zählen *Of Permanent Value* von Andrew Kilpatrick, Roger Lowensteins *Buffett: The Making Of An American Capitalist* und *The Warren Buffett Way* von Robert Hagstrom, Jr. Lowensteins Buch erklärt detailliert, wie der Autor selbst Buffetts Investmentphilosophie sieht. Mein liebstes Warren-Buffet-Buch wurde tatsächlich von Warren Buffett selbst geschrieben und besteht aus vielen seiner Aufzeichnungen inklusive seiner Jahresberichte für die Investoren. Sein Buch trägt den Titel *The Essays of Warren Buffett: Lessons for Corporate America*. All diese Werke sind in den Leseempfehlungen am Ende dieses Buches aufgeführt.

Auch hier soll nicht detailliert auf Buffetts Strategie eingegangen werden, vielmehr werden wir uns mit einem Überblick über die Setups, die Buffett zu verwenden scheint, beschäftigen. Sollten Sie sich eine detaillierte Beschreibung von Buffetts Strategie wünschen, verweise ich Sie auf Hagstroms Buch. Buffett habe ich aus dem einfachen Grund ausgewählt – er ist der vielleicht erfolgreichste Investor Amerikas, und seine Methodologie ist in gewisser Weise einzigartig.

Buffetts Strategie besteht darin, Unternehmen zu kaufen – dass er eigentlich Aktien kauft, spielt für ihn keine Rolle. Kauft man ein Unternehmen, hat man in den meisten Fällen nicht vor, es wieder zu verkaufen – und Buffett legt es meiner Meinung darauf an, das Gerücht, er würde den Großteil seines Bestandes nicht verkaufen, am Leben zu erhalten. Warren Buffett würde jedem, der etwas über Investments lernen will, raten, sich über jedes Unternehmen der Vereinigten Staaten, das an der Börse mit Wertpapieren handelt, zu informieren und diese Informationen dann so im Kopf abzuspeichern, dass sie jederzeit abrufbar sind. Sollten Sie angesichts der Aufgabenstellung und der mehr als 25.000 Aktiengesellschaften überwältigt sein, würde Buffett Ihnen raten, bei »A« anzufangen.

Nur wenige Menschen wären willens, sich einer Vorbereitung, wie Buffett sie vorschlägt, zu unterziehen. Tatsächlich gehen die wenigsten Trader so vor, wie Buffett es empfiehlt, stellen noch nicht einmal für die paar Unternehmen, die sie letztendlich kaufen, die entsprechenden Nachforschungen an – was auch der Grund ist, warum es Buffett leichter fällt, unterbewertete Unternehmen zu finden.

Laut Robert Hagstrom arbeitet Buffett mit zwölf Kriterien, nach denen er Ausschau hält, bevor er ein Unternehmen kauft. Neun dieser zwölf Kriterien sind letztendlich Setups, die übrigen drei könnte man als Einstiegskriterien bezeichnen. Im Prinzip könnte man auch die Einstiegskriterien zu den Setups zählen. Buffett legt nicht wirklich viel Wert auf das Timing, da es sich bei den meisten seiner Investments um Investitionen auf Lebenszeit handelt. Doch in Kapitel neun werden wir uns kurz mit seinen Kriterien für den Markteinstieg befassen. In diesem Kapitel wollen wir uns mit den neun von Buffett verwendeten Setups beschäftigen.

Die ersten drei Setups haben mit der Art des Unternehmens zu tun. Im Grunde genommen muss Buffett (1) in der Lage sein, jedes Unternehmen, das er vielleicht kaufen wird, zu verstehen, und es muss sich um ein einfaches Unternehmen handeln. Er ist nicht bereit, in High-Tech-Aktien zu investieren, da er weder diese Art von Unternehmen noch die entsprechenden Risiken versteht. Außerdem (2) muss das Unternehmen über eine konstante und stimmige Betriebsvergangenheit verfügen. Buffett will eine lange Tradition und eine lange Erfolgs- und Erfahrungsgeschichte; Unternehmen, die gerade massive Veränderungen jeglicher Art durchlaufen, meidet er. Buffett ist der Auffassung dass massive Veränderungen und außergewöhnliche Erträge nicht zusammenpassen.

Im Zuge seines letzten Unternehmens-Setups sucht Buffett (3) nach Unternehmen, die in der Lage sind, regelmäßig die Preise zu erhöhen, ohne Einbußen fürchten zu müssen. Die einzigen Unternehmen, die dazu in der Lage sind, sind diejenigen, die Produkte oder Dienstleistungen anbieten, die dringend benötigt werden und nach denen große Nachfrage besteht, für die es keinen 100-prozentigen Ersatzartikel gibt und für die Regulierungen und Vorschriften kein Problem darstellen.

Die nächsten drei Setups, die Buffett verwendet, haben mit dem Unternehmensmanagement zu tun. Buffett weiß, dass die Leitung eines Unternehmens eine psychologische Sache ist und dass der Erfolg allein von der Stärke des Managements abhängt. Aus diesem Grund (4) fordert er, dass ein Management im Umgang mit der Öffentlichkeit ehrlich sein muss. Buffett missbilligt Manager, die Schwächen ihrer Unternehmen durch die Grundsätze ordnungsgemäßer Buchführung verschleiern. Außerdem glaubt er, dass Manager, die der Öffentlichkeit gegenüber nicht offen und ehrlich sind, vermutlich auch sich selbst gegenüber nicht ehrlich sind; und Selbstbetrug führt definitiv zur Sabotage ihres Führungsstils und des Unternehmens.

Laut Buffett ist die wichtigste Aufgabe des Managements die Allokation des Kapitals. Buffetts nächstes Kriterium (5) ist es, nach Managern Ausschau zu halten, die bei der Kapitalallokation rational vorgehen. Wird das Kapital eines Unternehmens zu unterdurchschnittlichen Kapitalkosten in das Unternehmen reinvestiert, was bei Unternehmenschefs eine gängig Vorgehensweise ist, so handelt dieses Unternehmen völlig irrational. Buffett meidet solche Unternehmen komplett.

Buffetts letztes Managementkriterium (6) sieht vor, konformistische Manager, die sich stets mit anderen Führungskräften vergleichen, zu meiden. Solche Menschen verweigern sich oftmals Veränderungen, entwickeln Projekte nur, um verfügbare Gelder aufzubrauchen, imitieren das Verhalten gleichrangiger Unternehmen und lassen Ja-Sager für sich arbeiten, die Gründe finden, um jede Entscheidung ihres Chefs zu rechtfertigen. Ganz offensichtlich muss man sich, um mit Buffetts Setups arbeiten zu können, sehr intensiv mit den Unternehmen und den unternehmensinternen Vorgängen beschäftigen.

Zu Buffetts Kriterien für den Kauf eines Unternehmens gehören auch drei Finanz-Setups. Das erste dieser Setups lautet: (7) Ein Unternehmen muss auf seine Aktien gute Erträge erzielen und dabei wenig Schulden machen. Im Grunde genommen entsprechen die Aktienerträge dem Verhältnis der Betriebseinnahmen (Einnahmen abzüglich der weniger ungewöhnlichen Posten wie Kapitalgewinne oder -verluste) zum Aktienkapital der Anteilseigner, wobei der Wert dieses Kapitals an den Kosten und nicht am Marktwert gemessen wird.

Außerdem macht sich Buffett viele Gedanken über die Eigentümereinnahmen, die sich aus dem Nettoeinkommen zuzüglich der Abschreibungen abzüglich des Kapitalaufwands und des Arbeitskapitals zusammensetzen, das benötigt wird, um das Unternehmen zu betreiben. Buffett sagt, dass etwa 95 Prozent aller US-amerikanischen Unternehmen so viel von ihrem Kapital einsetzen, dass dieser Betrag ihren Abschreibungsraten entspricht, weswegen dieser Umstand bei der Einschätzung der Eigentümereinnahmen bedacht werden sollte.

Buffett legt außerdem großen Wert auf (8) die Gewinnspanne. Aus diesem Grund hält er nach Managern Ausschau, die um das Konzept des systematischen Kostenabbaus zur Erweiterung der Gewinnspanne wissen und entsprechend handeln. Buffetts Markteinstieg basiert auf seiner Auffassung, dass der Marktpreis, wenn man ein unterbewertetes Unternehmen kauft, sich letztendlich anpassen wird. Folglich werden seine Erträge besser ausfallen. Wir werden uns in Kapitel neun mit Buffetts Markteinstieg beschäftigen.

Bitte beachten Sie auch hier, dass Warren Buffett William O'Neil nicht unähnlich ist, denn auch er konzentriert sich bei seinen Überlegungen auf die Entscheidung, wann man in den Markt einsteigen sollte. Doch da Buffett, wenn er ein Unternehmen erst einmal gekauft hat, nur selten wieder verkauft, sind seine Kriterien gerechtfertigt – und seine Erfolgsstory ist der Beweis dafür.

**Setups für Futures-Märkte**

Lassen Sie uns nun einen Blick auf einige Modelle werfen, die beim Futures-Trading verwendet wurden. Das Gesamtbild, das ich Ihnen in Kapitel sechs vorgestellt habe, deutet auf einen Rohstoffboom innerhalb der nächsten zehn bis 15 Jahre hin. Folglich sollten die nun folgenden Methoden recht gut funktionieren.

Auch jetzt habe ich nicht vor, Ihnen eine vollständige Sammlung all der Setups, die man auf dem Futures-Markt anwenden kann, zu präsentieren. Stattdessen werden wir uns einige Herangehensweisen ansehen, die auf diesem Markt Erfolg versprechend sind, und die Setups, die für diese Konzepte von Bedeutung sind, genauer unter die Lupe nehmen. Zu diesem Zweck habe ich Methoden ausgewählt, die ich für solide halte, und meine Kommentare spiegeln lediglich meine Meinung zu diesen Methoden wider.

Wir werden uns mit einer Trading-Methode befassen, die Perry Kaufman in seinem Buch *Smarter Trading* vorschlägt, einer Fundamental-Trading-Methode, vorgeschlagen von William Gallacher in seinem Buch *Winner Take All*, und einer Trading-Methode, die Ken Roberts schon lange Neu-Tradern überall auf der Welt beibringt.

### Das Markteffizienzmodell von Perry Kaufman

Perry Kaufman liefert in seinem Buch *Smarter Trading* einige interessante Adaptionen trendorientierter Methoden.[78] Seinem Dafürhalten nach ist es eine sichere und konservative Herangehensweise an den Markt, wenn man beim Traden der Richtung des Trends folgt. Doch wer dem Trend folgt, muss in der Lage sein, den tatsächlichen Trend vom »weißen Rauschen« – der zufälligen Aktivität, die zu jedem beliebigen Zeitpunkt auf dem Markt herrscht – zu unterscheiden.

Kaufman zufolge sind längerfristige Trends zuverlässiger, doch sie reagieren nur sehr langsam auf Veränderungen der Marktgegebenheiten. So spiegeln langfristige Gleitende Durchschnitte große kurzfristige Kursbewegungen kaum wider. Des Weiteren ist die Kursbewegung meist schon vorbei, wenn sie endlich irgendein Signal zum Handeln gibt. Aus diesem Grund argumentiert Kaufman, dass eine anpassungsfähige Methode für trendorientierte Trader notwendig ist. Man benötigt eine Methode, sagt er, die den Markteinstieg beschleunigt, wenn der Markt in Bewegung kommt, und die inaktiv ist, solange die Märkte sich seitwärts bewegen. Kaufmans Lösung sieht die Entwicklung eines anpassungsfähigen Gleitenden Durchschnitts vor. Interessierten Lesern empfehle ich Kaufmans Buch (und die kurze Diskussion in Kapitel zehn dieses Buches), um mehr über diesen Durchschnitt zu erfahren. Hier werde ich Ihnen nur seinen Markteffizienzfilter vorstellen, der vermutlich so angepasst werden kann, dass er in Zusammenarbeit mit so gut wie jedem Einstieg funktioniert.

Im Grunde genommen wird der »schnellste« Trend, den man nutzen kann, durch das Maß der auf dem Markt herrschenden Randgeräusche begrenzt. Da der Markt an Volatilität zunimmt – das heißt, die Geräuschkulisse wächst –, muss man auf einen langsameren Trend umsteigen, um nicht zum wiederholten Ein- und Ausstieg aus dem Markt gezwungen zu werden. Beträgt die durchschnittliche Tagesvolatilität zum Beispiel drei Punkte, so fällt eine Vier-Punkte Bewegung nicht weiter ins Gewicht. Diese Kursbewegung könnte leicht innerhalb der Geräuschkulisse untergehen und korrigiert werden. Im Gegensatz dazu

---

[78] Perry Kaufman, *Smarter Trading: Improving Performance In Changing Markets* (New York: McGraw-Hill, 1995).

kann man eine 30-Punkte-Bewegung, die innerhalb eines Monats stattfindet, bei einer täglichen Volatilität von drei Punkten sehr wohl traden.

Doch gleichzeitig gilt: Je schneller sich die Kurse bewegen, umso unwichtiger wird der Faktor Geräuschkulisse. Finden innerhalb eines einzigen Tages Kursbewegungen von bis zu 20 Punkten statt, so können Schwankungen um drei Punkte vernachlässigt werden. Aus diesem Grund benötigen Sie einen Maßstab der Markteffizienz, der sowohl die Geräuschkulisse als auch die Geschwindigkeit der Kursbewegung in Richtung des Trends abdeckt. Eine Kursbewegung, die entweder »sauberer« oder »schneller« ist, kann aus einem kurzen Entry-Zeitrahmen einen Vorteil ziehen, wohingegen eine »laute« oder »langsame« Kursbewegung einen längeren Entry-Zeitrahmen verwenden muss.

Kaufmans Effizienz-Ratio kombiniert die Geräuschkulisse mit der Geschwindigkeit. Im Grunde genommen teilt die Ratio die Nettokursbewegung zwischen zwei Phasen durch die Summe der einzelnen Kursbewegung (wobei angenommen wird, dass jede Kursbewegung einen positiven Wert hat). Hierbei handelt es sich eigentlich um das Verhältnis der Geschwindigkeit der Kursbewegung zur Geräuschkulisse des Marktes. Kaufman bringt die Ratio im Zehn-Tage-Rhythmus auf den neuesten Stand, doch Sie können für Ihre Updates auch eine größere Zeitspanne wählen.

Hier die Formeln für die Effizienz-Ratio:

Geschwindigkeit der Kursbewegung = gestriger Schlusskurs – Schlusskurs vor 10 Tagen

Volatilität = $\sum$ absoluter Wert [heutiger Schlusskurs – gestriger Schlusskurs] über die Zeitspanne von 10 Tagen

$$\text{Effizienz Ratio} = \frac{\text{Geschwindigkeit der Kursbewegung}}{\text{Volatilität}}$$

Im Grunde genommen handelt es sich bei der Effizienz-Ratio um eine Zahl zwischen eins (keine Randgeräusche innerhalb der Bewegung) und null (während der gesamten Kursbewegung herrschen Randgeräusche vor). Diese Effizienz-Ratio ist ein ausgezeichneter Filter, der bei verschiedenen Geschwindigkeiten auf eine Reihe von Einstiegssignalen angewendet werden kann. Die tatsächliche Anwendung kann sich jedoch manchmal schwierig gestalten. Kaufman liefert uns allerdings ein hervorragendes Beispiel für die Verwendung mit verschiedenen Gleitenden Durchschnitten. Man könnte allerdings auch einfach festsetzen, dass diese Zahl über einem bestimmten Wert (zum Beispiel 0,6) liegen muss, um als Setup für die Umsetzung eines Entry-Signals gelten zu können.

In den kommenden Kapiteln, wenn wir uns näher damit beschäftigen, wie sich die Kombination dieser Trading-Methode mit anderen Systemkomponenten auswirkt, finden Sie weitere Details dazu, wie Kaufman auf den Märkten agieren würde. Sollte diese Methode Ihr Interesse geweckt haben, so empfehle ich Ihnen wärmstens die Lektüre von Kaufmans Buch.

### Die Fundamental-Trading-Methode von William Gallacher

Gallacher beginnt sein Buch *Winner Take All* mit einer vernichtenden Kritik am System-Trading.[79] Dann zeigt er auf, wie man mithilfe einer fundamentalen Herangehensweise viel Geld verdienen kann. Gallachers Methoden werden nicht von sehr vielen Tradern verwendet, doch im heutigen Marktklima ist eine fundamentale Herangehensweise ans Futures-Trading vermutlich sinnvoll. Aus diesem Grund habe ich mich entschieden, seine Methoden in dieses Buch mit aufzunehmen. In diesem Abschnitt präsentiere ich Ihnen die Setups in Gallachers Fundamental-Trading-Methodologie.

Zuerst sollte man laut Gallacher die Märkte entsprechend ihrem Wert auswählen, das heißt basierend darauf, ob sie historisch »billig« oder »teuer« sind. Seiner Meinung nach ist dies bei bestimmten Märkten recht einfach zu bestimmen (soll heißen: Ein Pfund Speck ist billig, wenn es 0,75 Dollar kostet, und teuer, wenn es 3,49 Dollar kostet), während es bei anderen Märkten wesentlich schwieriger ist. Der Goldkurs ist zum Beispiel von 35 Dollar pro Unze auf 850 Dollar pro Unze gestiegen und dann auf 280 Dollar pro Unze gefallen, nur um danach wieder auf 740 Dollar pro Unze zu steigen. Angesichts solcher Variabilität stellt Gallacher die Frage: »Was ist teuer und was ist billig?« Aus diesem Grund spielt die Auswahlphase des Entry in Gallachers Methodologie eine wichtige Rolle.

Gallachers zweiter Punkt ist, dass jeder Trader einen kritischen und scharfen Blick dafür entwickeln muss, wobei es sich für einen bestimmten Markt um »wichtige« Fundamentalinformationen handelt. Er sagt, dass die wichtigen Aspekte ständigem Wandel unterworfen sind, und stellt diejenigen Fundamentaldaten vor, die seiner Meinung nach derzeit für verschiedene Futures-Märkte von Bedeutung sind.

So sagt Gallacher zum Beispiel, dass die jährlichen Angebotsveränderungen zu deutlichen Kursbewegungen bei Mais führen werden. Für gewöhnlich ist der in den USA produzierte Mais das Hauptfuttermittel in der Schweinezucht. Der Großteil wird im Inland konsumiert, nur etwa 25 Prozent des Bestandes werden exportiert. Die Nachfrage ist recht konstant. Aus diesem Grund sind Veränderungen hinsichtlich des Angebots die entscheidenden Faktoren für den Wert von Mais. Gallacher sagt, dass schlechte Märkte in der Vergangenheit durch überhängende Bestände früherer Ernten abgedeckt wurden. Er sagt aber auch, dass eine Missernte zu massiven Kursanstiegen führen könnte, wenn diese überhängenden Bestände ein historisches Tief erreichen. Aus diesem Grund seien die

---

79 Ich will dem System-Trading gegenüber fair sein: Gallacher stellt nur eine simple Umkehrmethode vor, die jedoch trotz ihrer Mängel Erträge im Wert von 350 Prozent zu generieren scheint. Doch Umkehrsysteme halten Sie die ganze Zeit im Markt und verfügen über keine ausgeklügelten Ausstiegstechniken. Daher finde ich, dass man seine »Best Efforts«-System-Trading-Methode deutlich verbessern könnte. Nichtsdestotrotz ist sein Buch ausgezeichnet und stellt einige großartige Konzepte vor, an denen Trader ihre Freude haben werden. Vgl. William R. Gallacher, *Winner Take All: A Top Commodity Trader Tells It Like It Is* (Chicago: Probus, 1994).

entscheidenden Fundamental-Setups für Mais die Überhangbestände und die Angebotsmenge der neuen Ernte.

Des Weiteren erwähnt Gallacher in seinem Buch Sojabohnen, Weizen, Kakao, Zucker, Vieh, Schweinebäuche, Edelmetalle, Zins-Futures, Aktienindex-Futures und Devisen. Falls Sie an dieser Art fundamentaler Information interessiert sind, schlage ich Ihnen vor, Gallachers Buch zu lesen. Sie sollten jedoch beachten, dass manche seiner Fundamentalkonzepte angesichts der stärkeren Nachfrage nach Rohstoffen aus Ländern wie zum Beispiel China und Indien und aufgrund der Tatsache, dass das Buch bereits vor einigen Jahren geschrieben wurde, nicht mehr auf dem neuesten Stand sind.

Meine Schlussfolgerung lautet: Es ist ziemlich schwierig, präzise Setups für Rohstofffundamentaldaten zu entwickeln. Sie erhalten lediglich drei Auswahlmöglichkeiten, die besagen: Handeln Sie (1) neutral, (2) haussierend oder (3) baissierend. Diese Auswahl basiert auf einer Reihe von Informationen, die von Markt zu Markt unterschiedlich sind. Ihr echtes Setup ist folglich ganz einfach Ihre eigene Meinung, die Sie nach Durchsicht der Daten entwickeln.

Hat man sich erst einmal eine Meinung gebildet, so pocht Gallacher noch immer auf ein Einstiegssignal, die Begrenzung der Verluste, systematische Gewinnmitnahme und solide Größenbestimmung der Positionen – all diese Techniken werden in späteren Kapitel dieses Buches genauer beschrieben.

### Die Methode von Ken Roberts[80]

Ken Roberts hat seine Rohstoff-Trading-Kurse vor Tausenden von Neu-Tradern in der ganzen Welt gehalten. Er lehrt verschiedene Systeme, doch seine Hauptmethode basiert auf einem simplen Drei-Schritte-Setup, das eher subjektiver Natur ist. Im Grunde genommen ist es für diese Setups erforderlich, dass der Markt ein wichtiges Hoch oder Tief durchläuft und anschließend ein sogenanntes Reversal Hook Pattern aufweist.

**Das wichtige Hoch oder Tief** Im Grunde genommen sieht das erste Setup dieser Methode vor, dass der Markt ein neunmonatiges bis einjähriges Hoch (oder Tief) durchläuft. Klettert der Markt also auf den höchsten Wert der letzten neun Monate oder fällt es auf den tiefsten Wert der letzten neun Monate, so ist das erste Setup gegeben. Dies ist Schritt eins im Drei-Schritte-Muster.

**Auf dem Markt kommt es zum Hook Reversal** Das nächste wichtige Setup sieht vor, dass sich der Markt vom Hoch oder Tief wegbewegt und Punkt zwei ansteuert. Anschließend entwickelt sich der Markt erneut in Richtung des Hochs oder Tiefs, und es entsteht Punkt drei. Punkt zwei und Punkt drei bilden zusammen

---

*80 Ken Roberts, The World's Most Powerful Money Manual And Course (Grants Pass, Oreg.: Hrsg. Ken Roberts, 1995). Diese Methode wurde in den 50er-Jahren von William Dunnigan entwickelt und veröffentlicht. Dieses Buch wurde 1997 neu aufgelegt. Vgl. William Dunnigan, One Way Formula For Trading Stocks And Commodities (London: Pitman, 1997).*

das Hook Reversal, das heißt, der Kurs schlägt eine Art Haken, wobei Punkt drei kein neues Allzeithoch oder -tief bilden kann. Anschließend zieht der Markt wieder an Punkt zwei vorbei, und Sie könnten in den Markt einsteigen. Die Abbildungen 8.4 und 8.5 zeigen einige Beispiele für derartige Drei-Schritte-Muster.

Mir erscheinen beide Setups von Roberts Methode subjektiv. Der wichtige Höchst- oder Tiefstwert ist recht objektiv, doch die exakten Zeitparameter, im deren Rahmen diese Werte erreicht werden, sind es nicht.

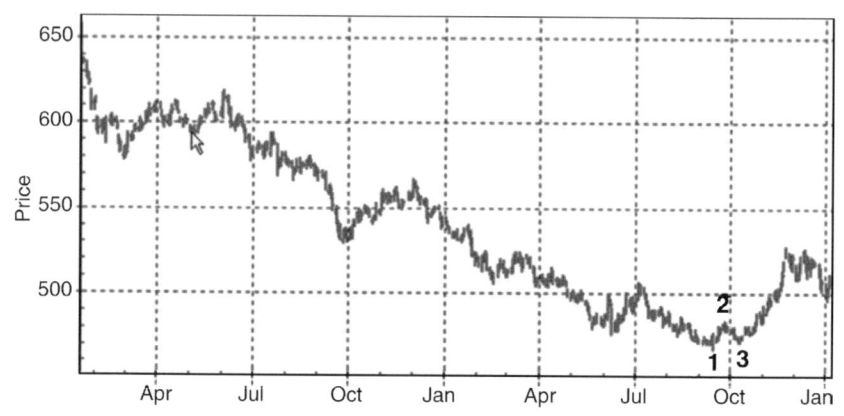

**Abbildung 8.4:** Das Drei-Schritte-Muster von Roberts in einer Baisse

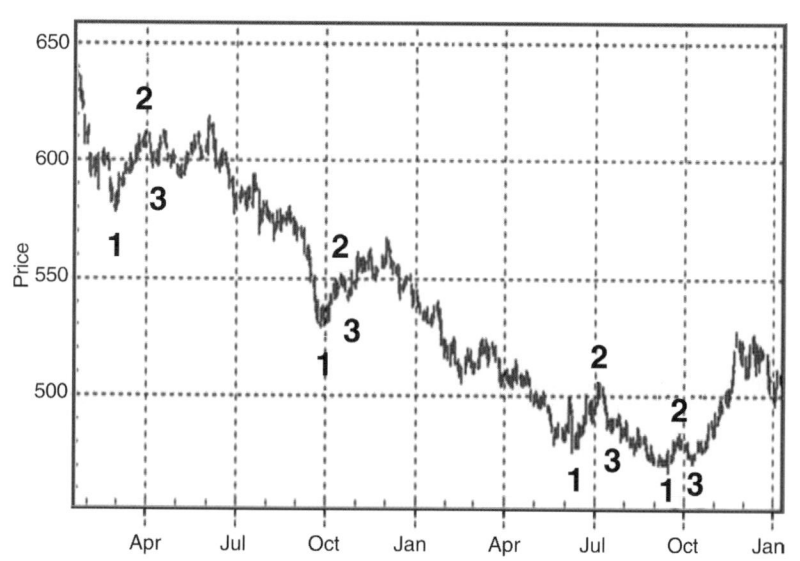

**Abbildung 8.5:** Bitte beachten Sie die drei zusätzlichen Drei-Schritte-Muster im selben Chart wie in Abbildung 8.4

Außerdem sind die exakten Bedingungen, die das Drei-Schritte-Muster definieren, recht subjektiv. Der Markt weist solche Muster nach so gut wie jedem Hoch auf – zumindest innerhalb eines kurzen Zeitrahmens –, und Roberts unterlässt es, die exakten zeitlichen Bedingungen, unter denen ein solches Muster auftreten muss, zu definieren. Aus diesem Grund bestehen ausreichend Möglichkeiten für subjektive Fehler.

Abbildung 8.4 zeigt ein typisches langfristiges Drei-Schritte-Kurstief. Das Tief (Punkt 1) beginnt Mitte September. Im Oktober klettert der Kurs bei Punkt 2 auf ein Hoch und fällt anschließend auf ein weiteres Tief bei Punkt 3 (das jedoch nicht ganz so tief liegt). Bitte beachten Sie, dass der Markt etwa einen Monat später auf neue Höchstwerte klettert.

Das Problem bei der Illustration solcher Setups ist, dass man sie sich anschaut und sofort angesichts der daraus entstehenden Möglichkeiten ins Schwärmen gerät. Unser Gehirn realisiert dabei nicht, wie viele falsche Positiva in einem Muster, vor allem wenn es sich dabei um ein subjektives Exemplar handelt, auftauchen können. Doch das soll nicht heißen, dass Sie ein solches Muster nicht traden können – Sie sollten jedoch ordentliche Stops setzen, mit Ausstiegen zur Gewinnmitnahme arbeiten und Algorithmen zur Positionsgrößenbestimmung anwenden, die zum entsprechenden Muster passen.

Jetzt sehen Sie sich bitte Abbildung 8.5 an. Der Chart ist an sich derselbe wie in Abbildung 8.4, ich habe lediglich drei weitere Drei-Schritte-Muster markiert. Sie alle hätten Verluste zur Folge gehabt.

Obwohl dieses Setup ein wenig subjektiv ist, lohnt es sich doch, über die Gesamtmethode nachzudenken. Andere Komponenten des Drei-Schritte-Systems von Ken Roberts werden wir in den folgenden Kapiteln besprechen.

## Zusammenfassung

- Die meisten Menschen messen den Setups ihrer Systeme eine überwältigend große Bedeutung bei. Doch man sollte nur etwa zehn Prozent seiner Bemühungen in die Auswahl und das Testen der Setups investieren.
- Es gibt fünf Phasen des Markteinstiegs: (1) die Auswahl des Systems, (2) die Auswahl des Marktes, (3) die Richtung des Marktes, (4) die Setups und (5) das Timing. Die ersten vier Phasen sind alle Arten von Setups.
- Für die Verwendung im kurzfristigen Trading oder als Stalking-Instrumente kommen drei Arten kurzfristiger Trading-Setups in Frage: (1) Tests, in deren Rahmen der Markt einen neuen Extremwert erreicht und dann umkehrt, (2) sogenannte Climax- oder Ausschöpfungsmuster als Anzeichen für einen Umschwung und (3) Retracements, die als Setup für den Einstieg entsprechend des Trends verwendet werden.
- Filter sind keine besonders nützliche Erweiterung eines Trading-Systems, da sie im Grunde genommen nichts weiter bieten als mehrere Lesarten der-

selben Daten. Dank solcher Filter können Sie zwar mithilfe historischer Daten Kursveränderungen genau vorhersehen, doch mit aktuellen Marktdaten funktionieren sie nicht besonders. Gute Setups hingegen verwenden andere Arten von Daten – vergleichen Sie dazu bitte den nächsten Punkt.

- Setups, die auf Datensätzen basieren, die nichts mit dem Kurs zu tun haben, können sich als äußerst nützlich erweisen. Zu diesen Datensätzen zählen (1) die Zeit, (2) die Sequenzierung von Ereignissen, (3) Fundamentaldaten, (4) Volumendaten, (5) zusammengesetzte Daten, (6) die Volatilität, (7) Unternehmensinformationen und (8) Managementdaten. Jeder dieser Datensätze könnte die Grundlage für nützliche Setups für Trader und Investoren bilden.
- Börsenindizes allein auf der Basis von Kursdaten zu traden kann sich äußerst schwierig gestalten, da die Konkurrenz nicht schläft und beim Traden wesentlich mehr Informationen aus anderen Datensätzen verwendet.
- Wir haben zwei Börsensysteme besprochen: William O'Neils CANSLIM-System und Warren Buffetts Unternehmenskaufmodell. Diese Systeme sind, so wie die meisten Trader sie kennen, hauptsächlich Setups.
- Wir haben drei Futures-Trading-Systeme im Hinblick auf Setups besprochen: Perry Kaufmans Konzept der Markteffizienz, William Gallachers Fundamentalmodell und Ken Roberts Modell, das an so vielen Orten der Welt beworben wurde.

# 9 Einstiegs- oder Markt-Timing

*Fehler zu vermeiden macht die Menschen dumm, recht zu haben macht uns obsolet.*

*– Robert Kiyosaki,*
*If You Want to Be Rich And Happy, Then Don't Go to School*[81]

Die meisten Menschen nehmen an, dass der grundlegende Zweck eines Einstiegssignals die Verbesserung des Markt-Timings und folglich auch der Zuverlässigkeit des Systems ist. Ich schätze, dass 95 Prozent oder mehr derjenigen, die versuchen, ein Trading-System zu entwickeln, nur nach einem tollen Einstiegssignal Ausschau halten. Und in der Tat erzählen mir Trader immer wieder von ihren kurzfristigen Systemen mit Verlässlichkeitsraten von 60 Prozent und mehr. Doch in vielen der Fälle fragen sich diese Trader, warum sie eigentlich kein Geld mit ihren Systemen verdienen. Ist dies nicht das erste Kapitel, das Sie lesen, so sollten Sie wissen, dass auch ein System mit einem hohen Prozentsatz an Gewinnen negative Erwartungen haben kann. Der Schlüssel zum profitablen Trading liegt in einem System mit hoher positiver Erwartung und in der Verwendung eines Modells zur Positionsgrößenbestimmung, das diese Erwartung vorteilhaft nutzt, während es Ihnen erlaubt, auch weiterhin im Spiel zu bleiben. Der Markteinstieg spielt beim profitablen Börsenhandel nur eine kleine Rolle. Nichtsdestotrotz sollten Sie einen bestimmten Teil Ihrer Energie auf das Suchen und Finden von Einstiegen, die mit Ihren Zielen einhergehen, verwenden. Dabei gibt es zwei Herangehensweisen.

Die erste Methode ist, anzunehmen, dass Verlässlichkeit von einer gewissen Bedeutung ist, und nach Anzeichen Ausschau zu halten, die nicht willkürlich sind. In einigen Büchern wird die Behauptung aufgestellt, dass man nur die richtigen Aktien auszusuchen bräuchte, um an der Börse ein Vermögen zu verdienen. Zu diesen Büchern gehören Titel wie *How To Buy Stocks The Smart Way*,

---

81 Robert Kiyosaki, *If You Want to Be Rich and Happy, Then Don't Go to School* (Lower Lake, Calif.: Asian Press, 1992).

*Stock Picking: The Eleven Best Tactics For Beating The Market, How To Buy Stocks, How To Pick Stocks Like A Pro* und *How To Buy Technology Stocks*.[82] In diesem Kapitel werden wir auch die Behauptung aufstellen, dass die Reliabilität ein wichtiges Kriterium für Einstiegssignale sein kann, und werden außerdem über potenziell gute Signale sprechen.

Bei der zweiten Methode liegt der Fokus nicht auf der Reliabilität, sondern darauf, Einstiegssignale zu finden, die das Potenzial haben, dem Trader Gewinn-Trades mit hohem R-Multiple zu liefern. Diese Herangehensweise unterscheidet sich grundlegend von der ersten, da sie hinsichtlich der für die Ertragserzielung wichtigen Faktoren völlig andere Schwerpunkte setzt. Während beide Herangehensweisen gültig sind, hat doch nur die zweite Methode das Potenzial, die Art und Weise, wie die Menschen über das Traden denken, grundlegend zu verändern.

Diejenigen Leser, die meinen Peak-Performance-Kurs kennen, wissen um die Bedeutung des Markt-Stalkings. Beim Stalking geht es darum, auf den exakt richtigen Moment zu warten, bevor man in einen Trade einsteigt, um so das Risiko zu minimieren. Der Gepard ist zum Beispiel das schnellste Tier der Welt, und obwohl er unglaublich schnell laufen kann, muss der Gepard dies vielleicht gar nicht. Der Gepard wartet vielmehr, bis ein schwaches, lahmendes, sehr junges oder sehr altes Tier in seine Nähe kommt. Ist die Beute nah genug herangekommen, bedeutet dies, dass der Gepard wesentlich weniger Energie aufwenden muss, um mit sehr hoher Wahrscheinlichkeit die Beute zu erlegen. Dasselbe gilt für Ihre Einstiegstechniken. Für viele Trader bedeutet Stalking lediglich den Übergang zu einem kürzeren Zeitrahmen, um zu bestimmen, wann der beste Zeitpunkt gekommen ist, um sich »auf seine Beute zu stürzen«.

Ich habe dieses Kapitel in vier Teile unterteilt. Im ersten Abschnitt geht es um den willkürlichen Markteinstieg (Random Entry) und die Studien, die die Verlässlichkeit beim willkürlichen Einstieg in den Markt erhöhen sollen. Der zweite Abschnitt beschäftigt sich mit einigen gängigen Techniken, die einer der beiden vorhin aufgestellten Behauptungen entsprechen. Der dritte Abschnitt behandelt die Entwicklung Ihres eigenen Einstiegssignals, und im vierten Abschnitt setzen wir unsere Diskussion spezifischer Systeme fort, und ich werde Ihnen diverse Einstiegstechniken präsentieren, die im Rahmen dieser bekann-

---

82 *Mein Kommentar spiegelt die Qualität eines dieser Bücher in keiner Weise wider. Es handelt sich dabei lediglich um eine Beobachtung der Tatsache, dass Menschen Bücher schreiben, um die Vorurteile anderer Menschen, die die Bücher kaufen wollen, zu bestätigen. Ich schlage Ihnen vor, sich selbst eine Meinung über diese Bücher zu bilden:*
 a. *Stephen Littauer, How to Buy Stocks the Smart Way (Chicago: Dearborn Trade, 1995).*
 b. *Richard J. Maturi, Stock Picking: The Eleven Best Tactics for Beating the Market (New York: McGraw-Hill, 1993).*
 c. *Louis Engel und Harry Hecht, How to Buy Stocks, 8. Ausgabe (New York: Little, Brown, 1994).*
 d. *Michael Sivy, Michael Sivy's Rules of Investing: How to Pick Stocks Like a Pro (New York: Warner Books, 1996).*
 e. *Michael Gianturco, How to Buy Technology Stocks (New York: Little, Brown, 1996).*

ten Systeme verwendet wurden – sowohl an der Börse als auch auf fremdfinanzierten Märkten.

Ich habe mich bewusst dagegen entschieden, Ihnen viele Best-Case-Szenarien zu zeigen, die nur dazu dienen sollen, den Kunden von der Gültigkeit bestimmter Methoden zu überzeugen. Diese Strategie würde lediglich Ihrer natürlichen Voreingenommenheit und den psychologischen Schwächen in die Hände spielen. Ich hingegen bin der Meinung, dass solche Szenarien im besten Falle ein Schlag unter die Gürtellinie sind. Aus diesem Grund rate ich Ihnen: Wollen Sie einer der Empfehlungen aus diesem Kapitel folgen, dann sollten Sie sie am besten selbst testen. Dadurch werden Sie mit der Methode vertraut und machen sie sich zu eigen, wodurch Sie im Umgang deutlich entspannter und souveräner sein werden. Das einzige System, mit dem Sie erfolgreich traden können, ist ein System, das zu Ihnen passt. Ein System selbst zu testen ist Teil des Prozesses, den manche Trader durchlaufen müssen, um sich ein System zu eigen zu machen.

## Der Versuch, den willkürlichen Einstieg zu schlagen

Im Jahr 1991 hielt ich gemeinsam mit Tom Basso (lesen Sie seine Abschnitte in den Kapiteln drei und fünf) einen Workshop ab. Tom erklärte, dass die wichtigsten Aspekte seines Systems die Ausstiege und die Algorithmen zur Positionsgrößenbestimmung seien. Daraufhin bemerkte ein Zuhörer: »So, wie Sie das sagen, klingt es, als könnte man beständig Geld verdienen, auch wenn man einen willkürlichen Einstieg setzt, solange man nur die Ausstiege ordentlich setzt und die Positionen clever einteilt.«

Tom antwortete, dass dem wahrscheinlich so sei. Er kehrte sofort in sein Büro zurück und testete sein eigenes System mit dem Fokus auf Ausstiege und die Größeneinteilung der Positionen in Zusammenhang mit Einstiegen, die auf dem Münzwurfprinzip basierten. Mit anderen Worten: Sein System simulierte das Traden vier verschiedener Märkte, und er verharrte auf dem Markt, kurz- oder langfristig, basierend auf einem willkürlichen Signal. Sobald er ein Ausstiegssignal erhalten hatte, stieg er wieder in den Markt ein, basierend auf dem willkürlichen Signal. Toms Resultate zeigten, dass er die ganze Zeit über Geld verdient hatte, selbst als er pro Futures-Kontrakt 100 Dollar für nachgebende Kurse und Gebühren aufwenden musste.

Also reproduzierten wir diese Resultate auf anderen Märkten. Ich veröffentlichte sie in einem meiner Newsletter und hielt mehrere Vorträge darüber. Unser System war wirklich sehr simpel: Wir bestimmten die Volatilität des Markes mithilfe eines exponentiellen Gleitenden Durchschnitts der letzten zehn Tage der Average True Range. Unser ursprünglicher Stop lag beim dreifachen Betrag dieses Volatilitätswerts. Fand der Einstieg basierend auf einem Münzwurf statt, so wurde der dreifache Volatilitäts-Stop ausgehend vom Schlusskurs gesetzt.

Doch der Stop konnte sich nur zu unseren Gunsten bewegen. Der Stop kam also immer dann näher, wenn sich die Märkte zu unseren Gunsten entwickelten oder wenn die Volatilität abnahm. Für unser System zur Größenbestimmung der Positionen verwendeten wir außerdem ein Ein-Prozent-Risiko-Modell, wie es in Kapitel 14 beschrieben wird.

Das war's! Mehr war an unserem System nicht dran – ein willkürlicher Einstieg, ein nachhängender Stop mit dem dreifachen Wert der Volatilität und ein Ein-Prozent-Risiko-Algorithmus zur Größeneinteilung der Positionen. Dieses System wendeten wir auf zehn Märkten an, und es blieb im Markt, kurz- oder langfristig, basierend auf einem Münzwurf. Das zeigt deutlich, wie Einfachheit bei der Systementwicklung funktioniert.

Jedes Mal, wenn Sie mit einem Zufallseinsstiegssystem arbeiten, erhalten Sie unterschiedliche Ergebnisse. Auf zehn Märkten im Verlauf von zehn Jahren war dieses System in 80 Prozent der Anwendungen erfolgreich, wenn es nur einen Kontrakt pro Futures-Markt tradete. Erweiterte ich es um ein einfaches Kassendispositionssystem mit einprozentigem Risiko, generierte es in 100 Prozent der Fälle Gewinne. Obwohl die Erträge nicht besonders hoch waren, so ist ein System, das mit willkürlichen Einstiegen arbeitet und konstant im Markt bleiben muss und das in 100 Prozent der Anwendungen erfolgreich ist, recht beeindruckend. Die Verlässlichkeit des Systems lag bei 38 Prozent, was für ein trendorientiertes System dem Durchschnitt entspricht.

**Die Studien von LeBeau und Lucas**

In ihrem Buch *Technical Traders' Guide to Computer Analysis of the Futures Market*[83] führen Chuck LeBeau und David Lucas einige hervorragende Studien zum Thema Einstiege durch. Bei ihren auf historischen Daten basierenden Tests verwendeten sie verschiedene Arten von Einstiegssignalen, um in den Markt gehen. Der einzige Ausstieg, den sie verwendeten, war der bei Geschäftsschluss fünf, zehn, 15 und 20 Tage später. Ihr Hauptinteresse bei dieser Herangehensweise lag darauf herauszufinden, welcher Prozentsatz ihrer Trades Erträge generierte und ob dieser Prozentsatz über dem Wert lag, den man bei einem willkürlichen Markteinstieg erwarten würde. Die Performance der meisten Indikatoren war zufällig – auch die all der Oszillatoren und der verschiedenen Überkreuzkombinationen mit Gleitendem Durchschnitt, die so beliebt sind. [84]

Verfügt man nach 20 Tagen über einen Markteinstieg mit einer Verlässlichkeit von 60 Prozent oder mehr, so könnte man dies für recht viel versprechend halten. Doch wenn der einzige Ausstieg vorsieht, dass man nach einer bestimmten Anzahl von Tagen bei Börsenschluss aus der Position aussteigt, dann öffnet

---

83 Charles LeBeau und David W. Lucas, The Technical Traders'Guide to Computer Analysis of the Futures Market (Homewood, Ill.: Irwin, 1992).
84 Es ist einfacher, ein Einsstiegssystem mit einer Verlässlichkeit von über 50 Prozent zu finden, wenn Ihr Zeitrahmen einen Tag oder weniger beträgt (wie zum Beispiel: geplanter Ausstieg zum morgigen Eröffnungskurs), als einen langfristig zuverlässigen Ausstieg zu finden.

man katastrophalen Verlusten Tür und Tor. Vor solchen Verlusten muss man sich mit einem Stop absichern. Doch dadurch reduziert man die Verlässlichkeit seines Einstiegssignals – einige dieser Signale sinken bis unterhalb des Stops (wo auch immer dieser liegen mag), kommen dann zurück und werden profitabel, nur leider ist man zu diesem Zeitpunkt bereits nicht mehr im Markt. Außerdem reduziert man die Verlässlichkeit seines Einstiegs jedes Mal weiter, wenn man sein System um einen beliebigen Stop zur Reduzierung des ursprünglichen Risikos und zur Mitnahme von Gewinnen erweitert. Warum? Der Grund ist folgender: Der Kursverlauf wird sich mit manchen der Stops, die das ursprüngliche Risiko einschränken sollen, schneiden, und man wird mit einem Verlust aus dem Markt gejagt. Daher liegt die Verlässlichkeit eines guten trendorientierten Systems für gewöhnlich bei unter 50 Prozent.

Da die meisten trendorientierten Systeme aufgrund einiger weniger guter Trades pro Jahr Erträge generieren, könnte ein weiterer Grund für ihre niedrige Reliabilität der sein, dass der Fokus guter Systeme auf Trades mit einer hohen Reliabilität liegt. Lassen Sie uns nun einen Blick auf einige gängige Einstiegstechniken werfen, die für eine oder beide dieser Methoden von Nutzen sein können.

## Gängige Einstiegstechniken

Die meisten Menschen nutzen beim Trading oder Investieren nur einige wenige Einstiegskategorien. Im folgenden Abschnitt wollen wir uns mit einigen gängigen Einstiegstechniken und deren Nützlichkeit beschäftigen.

### Channel-Break-outs – Ausbrüche aus dem Trendkanal

Nehmen wir einmal an, Sie haben als Trader, der dem Trend folgt, ein Ziel: Sie wollen keinen wichtigen Trend auf dem Markt verpassen. Welche Art Einstiegssignal könnten Sie verwenden? Die klassische Antwort auf diese Frage lautet: ein Einstiegssignal, das als Channel-Break-out, als Ausbruch aus dem Trendkanal, bekannt ist. Im Grunde genommen steigt man entweder langfristig zum Höchstwert der letzten X Tage oder kurzfristig zum Tiefstwert der letzten X Tage ein. Verfolgt der Markt einen Aufwärtstrend, so muss der Kurs ein neues Hoch erreichen. Steigt man zu einem solchen neuen Kurshoch in den Markt ein, so wird man den Aufwärtstrend nicht verpassen. Das Gleiche gilt für einen Abwärtstrend, wenn man zu einem neuen Kurstief kurzfristige Positionen eingeht. Abbildung 9.1 zeigt das Beispiel eines 40-Tage-Channel-Break-outs in einem Markt mit Aufwärtstendenz. In dieser Grafik finden sich mehrere Break-outs, doch der deutlichste findet sich am 2. August.

Im Hinblick auf Abbildung 9.1 ist der Terminus Channel, also Kanal, wohl ein wenig irreführend. Ein Kanal setzt voraus, dass sich der Markt einige Tage lang innerhalb eines engen Kursbereichs bewegt und dann plötzlich aus diesem

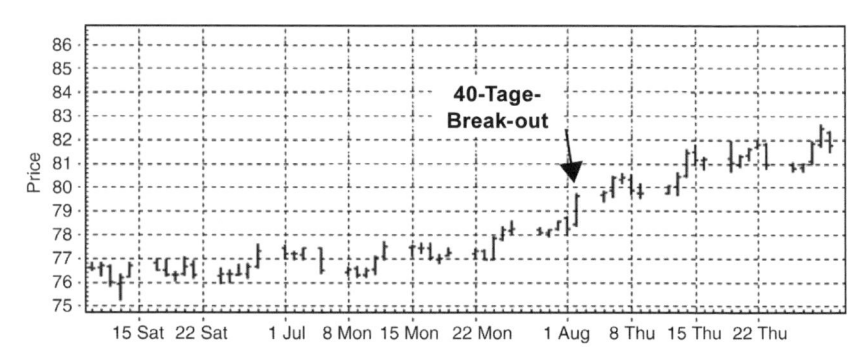

**Abbildung 9.1:** In dieser Grafik kommt es am 2. August zu einem 40-Tage-Break-out

Kanal nach oben oder unten ausbricht. Ganz offensichtlich würde diese Einstiegstechnik diese Art von Kursbewegung recht gut erfassen. Doch man müsste (1) die Länge des Kanals kennen und (2) wissen, wann der Kanal seinen Anfang nahm.

Dies führt uns zur wichtigsten Frage im Zusammenhang mit Channel-Breakouts: »Wie groß muss der Trend, der signalisiert wird, sein, damit ich in den Markt einsteigen kann?« Die Antwort auf diese Frage bestimmt die Anzahl der Tage, die benötigt werden, um das Kurshoch oder -tief, an dem Sie einsteigen, herbeizuführen.

Die Channel-Break-out-Technik wurde ursprünglich von Donchian in den 60er-Jahren beschrieben. Anschließend wurde sie von einer Gruppe von Tradern, Turtles genannt, bekannt gemacht, die beim Rohstoff-Trading unter Anwendung dieser Einstiegstechnik Milliarden von Dollars verdienten.[85] Ursprünglich stiegen sie bei einem 20-Tage-Break-out in den Markt ein und waren damit recht erfolgreich. Doch bei ihrer weiteren Arbeit mit dieser Methode stellte sich heraus, dass die 20-Tage-Break-outs nicht mehr effizient waren. Aus diesem Grund gingen die Turtles einfach zu 40-Tage-Break-outs über.

Heute lassen Studien darauf schließen, dass Break-outs zwischen 40 und 100/plus Tagen noch immer recht gut funktionieren. Break-outs nach kürzeren Zeitspannen liefern schlechtere Ergebnisse, es sei denn, man verwendet sie in Zusammenhang mit kurzfristigen Trades. Da Baissemärkte zu schnellen, scharfen Kursbewegungen neigen, kann es sein, dass sie deutlich schnellerer Einstiegssignale bedürfen.

Diese Technik ist recht einfach anzuwenden. Man kann die täglichen Hochs und Tiefs aufzeichnen. Erklimmt der Markt ein Hoch, das über jedem Wert der

---

85 *Der Erfolg der Turtle-Trader hatte mehr mit deren Algorithmus zur Größeneinteilung der Positionen zu tun, so wie es für gewöhnlich der Fall ist, als mit der Tatsache, dass sie ein Channel-Break-out-System tradeten.*

letzten 20 Tage liegt, so geht man eine langfristige Position ein. Durchläuft der Markt ein Tief, das unter den Tiefstwerten der letzten 20 Tage liegt, so geht man eine kurzfristige Position ein. Tabelle 9.1 zeigt, wie dies funktionieren könnte. In dieser Tabelle finden Sie die Getreidekurse über einen Zeitraum von 60 Tagen von Anfang 1995. Neue Kurshochs nach 20 Tagen sind fett gedruckt. Jeder fett gedruckte Kurs stellt entweder ein Entry-Ziel oder ein tatsächliches Einstiegssignal dar.

Bitte beachten Sie, dass die ersten 20 Tage zur Einrichtung einer Grundlinie, die am 30. Januar 1995 endet, verwendet wurden. Während der ersten 20 Tage kommt es am 12. Januar bei einem Kurs von 170,25 zum ersten Markthoch. Am 6. Februar wird dieser Wert mit 170 Punkten fast nochmal erreicht, doch 170,25 wird bald zum ersten 20-Tage-Hoch. Kein Kurs kommt wirklich nahe an diesen Wert heran, bis der Markt am 6. März bei 171,5 Zählern ein deutliches Einstiegssignal gibt. Bitte beachten Sie, dass der Markt auch am 10., 13., 14. und 15. März Signale zum Markteinstieg gibt, die alle ebenfalls fett gedruckt sind. Diese Einstiegssignale hätten Ihnen den Einstieg in eine der besten Getreidekursbewegungen aller Zeiten ermöglicht.

Im Fall der vorliegenden Daten wäre das Signal dasselbe gewesen, wenn wir nach einem 40-Tage-Channel-Break-out Ausschau gehalten hätten. Das Signal am 6. März stand auch für einen Höchstwert, der in den vorhergehenden 40 Tagen nicht erreicht worden war.

Nun lassen Sie uns nach Anzeichen für einen Abwärtstrend, den sogenannten Downside-Signalen, suchen. Während der ersten 20 Tage liegt der niedrigste Kurs bei 161,25 Zählern (4. Januar). Dieser Wert wird nicht unterschritten, und bald wird der Kurs vom 30. Januar (162,25) zum 20-Tage-Tief. Auch dieser Wert wird nicht unterschritten. Ende Februar ist das neue 20-Tage-Tief der Kurs, der vor 20 Tagen galt, und der Kurs steigt praktisch jeden Tag. Während dieser gesamten Zeitspanne wird kein neues 20-Tage-Tief erreicht.

Auch Cole Wilcox und Eric Crittenden haben interessante Studien mit Channel-Break-outs und Aktien durchgeführt.[86] Dabei untersuchten sie eine riesige Datenbank, die etwa 2500 Aktien umfasst (nachdem sie Penny Stocks und Aktien mit niedriger Liquidität aussortiert hatten), und verwendeten die ultimative Definition eines Channel-Break-outs, derzufolge die Aktie den höchsten bisher notierten Kurs erklimmt. Trat dieses Szenario ein, so stiegen sie am nächsten Tag zum Eröffnungskurs in den Markt ein. Sie wollten außerdem sicherstellen, dass sie so lange wie möglich dem Trend folgen könnten, weshalb sie einen Trailing-Stop mit dem zehnfachen Wert der Average True Range (ATR) verwendeten, in dessen Rahmen die ATR durch die letzten 45 Tage bestimmt wurde.

Über eine Test-Zeitspanne von 22 Jahren ließen sie 18.000 Trades laufen und fanden heraus, dass ihr durchschnittlicher Trade Erträge im Wert von 15,2 Pro-

---

*86 Die gesamte Belegstelle, die ich hier verwendet habe, können Sie unter www.blackstarfunds.com/files/ Does_trendfollowing_work_on_stocks.pdf herunterladen.*

zent generierte. Gewinn-Trades dauerten im Durchschnitt 441 Tage und brachten 51,2 Prozent ein (sie hätten 100 Prozent verdienen und 50 Prozent in besonders volatilen Aktien zurückgeben können). Verlust-Trades dauerten 175 Tage und verloren im Durchschnitt 20 Prozent. Mit 49,3 Prozent ihrer Trades verdienten Wilcox und Crittenden Geld – die Ergebnisse ihrer Studien waren also recht beeindruckend.

| Date | Open | High | Low | Close |
|---|---|---|---|---|
| 1/3/95 | 164,5 | 164,5 | 161,5 | 162 |
| 1/4/95 | 162 | 163 | 161,25 | 162,25 |
| 1/5/95 | 163,5 | 164,5 | 163 | 164,25 |
| 1/6/95 | 165,25 | 165,5 | 163,75 | 165,25 |
| 1/9/95 | 165,25 | 166,75 | 164,25 | 166,25 |
| 1/10/95 | 165,25 | 166 | 165 | 165,75 |
| 1/11/95 | 166,25 | 166,25 | 165,5 | 166 |
| 1/12/95 | 168,5 | 170,25 | 167,75 | 167,75 |
| 1/13/95 | 168 | 168,5 | 166,5 | 167,5 |
| 1/16/95 | 167 | 168,5 | 166 | 168 |
| 1/17/95 | 168,5 | 170 | 168 | 169 |
| 1/18/95 | 169 | 169 | 167,75 | 168,25 |
| 1/19/95 | 167,75 | 168,25 | 167 | 167,75 |
| 1/20/95 | 167,75 | 168,5 | 166,25 | 167 |
| 1/23/95 | 166,25 | 166,5 | 165 | 166,5 |
| 1/24/95 | 166,75 | 167,25 | 166 | 166,75 |
| 1/25/95 | 167 | 167 | 166,25 | 166,75 |
| 1/26/95 | 166,5 | 167,5 | 166 | 166,5 |
| 1/27/95 | 166 | 166,5 | 165,5 | 165,75 |
| 1/30/95 | 165 | 165 | 162,25 | 163 |
| | **End of the Initial 20-day Baseline Period** | | | |
| 1/31/95 | 162,75 | 164 | 162,5 | 163 |
| 2/1/95 | 163 | 165 | 162,75 | 164,5 |
| 2/2/95 | 164 | 165,75 | 164 | 165,25 |
| 2/3/95 | 165,5 | 166,5 | 165,5 | 166 |

**Tabelle 9.1:** Getreidekurse Anfang 1995

| Date | Open | High | Low | Close |
|---|---|---|---|---|
| 2/6/95 | 166,25 | 170 | 165,75 | 169,25 |
| 2/7/95 | 168,25 | 169 | 167 | 167,25 |
| 2/8/95 | 167 | 167,5 | 166,5 | 167,25 |
| 2/9/95 | 166 | 167,5 | 165 | 167,25 |
| 2/10/95 | 168 | 169 | 167 | 168 |
| 2/13/95 | 167,75 | 168 | 167 | 167,5 |
| 2/14/95 | 167,25 | 168,5 | 167 | 168,25 |
| 2/15/95 | 168 | 168,25 | 166,75 | 167,75 |
| 2/16/95 | 167,25 | 167,25 | 166,5 | 166,75 |
| 2/17/95 | 166,25 | 166,75 | 165,75 | 166,25 |
| 2/21/95 | 165,75 | 166 | 164,75 | 165,75 |
| 2/22/95 | 165,5 | 167 | 165,25 | 166 |
| 2/23/95 | 167 | 167,75 | 166,25 | 167,25 |
| 2/24/95 | 167 | 167,75 | 166,75 | 167,25 |
| 2/27/95 | 167,5 | 167,5 | 166,5 | 167,25 |
| 2/28/95 | 167 | 168 | 166,75 | 167,5 |
| 3/1/95 | 167 | 168,5 | 167 | 168 |
| 3/2/95 | 167,5 | 168,25 | 167 | 167,75 |
| 3/3/95 | 167,5 | 167,5 | 165,75 | 166 |
| 3/6/95 | 165,75 | 171,5 | 165,75 | 169,25 |
| 3/7/95 | 169 | 171,5 | 168,5 | 170,5 |
| 3/8/95 | 169,75 | 170,5 | 169 | 170 |
| 3/9/95 | 169,75 | 170,75 | 169,5 | 170,25 |
| 3/10/95 | 170,5 | 171,75 | 169,75 | 170,75 |
| 3/13/95 | 171,25 | 173,25 | 171,25 | 173 |
| 3/14/95 | 172,75 | 173,5 | 172,25 | 172,75 |
| 3/15/95 | 173,25 | 174,5 | 172,25 | 174 |
| 3/16/95 | 173,25 | 174,25 | 172 | 172,5 |
| 3/17/95 | 172,5 | 174 | 172 | 172,75 |
| 3/20/95 | 172,25 | 173,5 | 171,75 | 172 |

**Tabelle 9.1:** Getreidekurse Anfang 1995 *(Fortsetzung)*

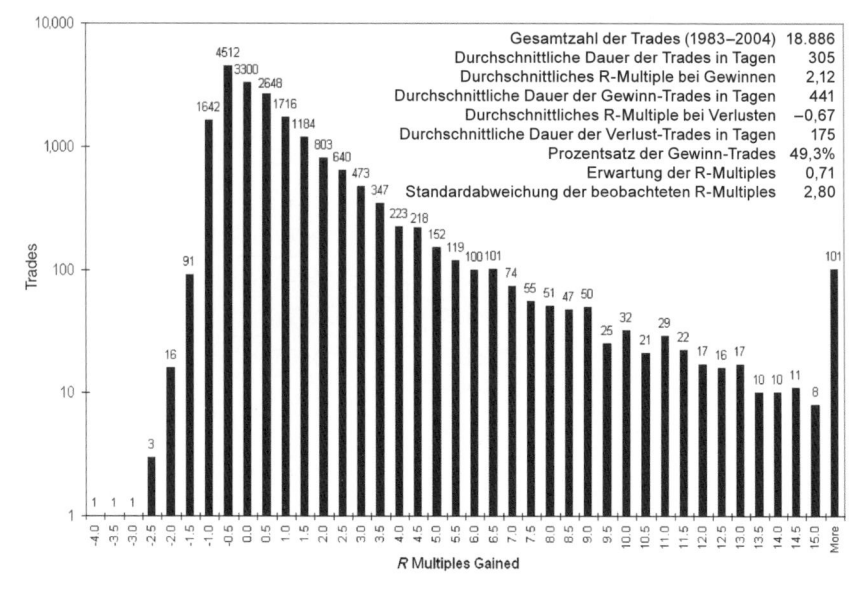

**Abbildung 9.2:** R-Multiple-Verteilung für ein langfristiges Aktiensystem

Ich hatte Bedenken, dass einige wenige hohe R-Multiples gegen Ende der Hausse hinter den meisten der Resultate stecken könnten. Doch dem war nicht so. Das Jahr mit den meisten hohen R-Multiples war nämlich 2003, was darauf schließen lässt, dass die Methode sowohl während einer Hausse als auch einer Baisse wunderbar funktioniert.

Ich wollte mir Wilcox' und Crittendens Ergebnisse gerne hinsichtlich der Erwartung ansehen, und Eric war so nett, mir die Arbeit abzunehmen, und er erstellte die Abbildung 9.2. Die Grafik zeigt die Verteilung der R-Multiples in 0,5R-Schritten. Mit anderen Worten: Jedes R-Multiple wurde berechnet und dann entsprechend dem Ergebnis in das nächstliegende Inkrement eingeordnet. Die Erwartung aller Trades betrug 0,71R mit einer Standardabweichung von 2,80R – es handelt sich also um ein ausgezeichnetes System.

Abbildung 9.2 zeigt die R-Multiple-Verteilung eines hervorragenden trendorientierten Systems. Diese Grafik stellt auf wunderbar anschauliche Weise dar, wovon ich schon lange überzeugt bin, nämlich dass ein System tatsächlich durch die Verteilung seiner R-Multiples charakterisiert wird. Weitere Abbildungen dieser Art finden Sie in Kapitel 13.

Bitte beachten Sie, dass 109 Trades Gewinne von 15R oder mehr generierten. Außerdem verzeichneten nur 91 Trades Verluste im Wert von 1,5R, 22 Trades Verluste im Wert von 2R oder mehr. Das ergibt ein exzellentes Profil. Außerdem simulierten die Autoren die Methode unter Verwendung ihrer eigenen Technik zur Größenbestimmung von Positionen und fanden so heraus, dass sie eine errechnete Jahresrendite von 19,3 Prozent einfuhr.[87]

Diese Studie zeigt, wie mächtig simple Einstiegstechniken sein können, denn recht viel einfacher, als dann in den Markt einzusteigen, wenn dieser auf ein noch nie da gewesenes Hoch klettert, kann es nicht werden. Und auch einen simpleren Ausstieg als den von Wilcox und Crittenden zu finden, einen sehr weiten Stop, ist fast nicht möglich.

Die meisten Trader wollen jedoch für gewöhnlich einen Einstieg mit einem Setup kombinieren. Vielleicht stellen sie sich die einfache Frage: »Wie kann ich sichergehen, dass ich nur die Aktien mit der besten Kursentwicklung auswähle und all die anderen aussortiere? Schließlich will ich keine 1.600 Aktien in meinem Portfolio!« Dadurch wird die Sache schon etwas komplizierter, und wir betreten die Welt der Setups.

Channel-Break-outs kann man mit verschiedenen Setups, wie zum Beispiel denen in Kapitel 8, kombinieren und sowohl für Aktien als auch für Futures verwenden. Vielleicht entscheiden Sie ja, erst dann zu traden, wenn die Fundamentaldaten des fraglichen Postens stark genug sind. Vielleicht benötigen Sie höhere Erträge pro Aktie oder ein deutliches Anzeichen für Nachfrage nach dem Rohstoff, den Sie zu traden beabsichtigen.

Der Ausbruch aus dem Trendkanal könnte auch als Setup verwendet werden. Sie könnten nach einem Break-out Ausschau halten und dann während der Kurskorrektur in den Markt einsteigen, auf die ein weiterer, kurzfristiger Break-out folgt. Ihren ersten Stop könnten Sie unterhalb der erreichten Kurskorrektur setzen, sodass Ihr anfänglicher R-Wert nicht dem zehnfachen ATR-Wert entspricht, sondern eher klein ist. Die zehnfache ATR könnten Sie dann immer noch als Stop verwenden, der zum Tragen kommt, wenn Ihr erster, recht knapper Ausstieg nach oben verlagert wird. Dies hätte eine deutlich niedrigere Verlässlichkeit zur Folge, doch die erfolgreichen R-Multiples könnten sehr hoch werden.

Es gibt Tausende Anwendungsmöglichkeiten für Channel-Break-outs. Verwendet man sie als Einstiegssignale, wird man keine wichtige Kursbewegung verpassen, denn (1) jeder große Trend geht mit einem Ausbruch aus dem Kanal einher, und (2) sollte man einmal ein Signal verpassen, ist das nicht weiter schlimm, da es, falls es sich um einen ordentlichen Trend handelt, immer wieder zu neuen Signalen kommen wird.

Channel-Break-out-Systeme haben zwei große Nachteile. Erstens tendieren sie dazu, massive Drawdowns zu produzieren. Dies liegt natürlich am Umfang

---

*87 Die Autoren schreiben, dass zu einem bestimmten Zeitpunkt ganze 1.500 Positionen offen waren und dass ihre Herangehensweise an die Positionsgrößenbestimmung dafür und für das Risiko vieler, in Wechselbeziehung zueinander stehender Positionen verantwortlich war. Zusätzlich unterstreicht die Tatsache, dass die Autoren zwar bereit sind, ihren Einstieg und Ausstieg preiszugeben, nicht aber ihre Herangehensweise an die Positionsgrößenbestimmung, ein weiteres Mal die in diesem Buch von mir wiederholt betonte Bedeutung der ordentlichen Positionsgrößenbestimmung.*

der verwendeten Stops. Verwenden Sie zum Beispiel einen anderen Ausbruch aus dem Trendkanal als Ausstieg – selbst wenn es sich um einen niedrigeren Wert handelt –, könnte es trotzdem sein, dass Sie einen großen Teil Ihrer Gewinne zurückgeben müssen. Doch dieses Problem hat eher mit dem Ausstieg als mit dem Einstieg zu tun.

Das zweite große Problem bei Channel-Break-outs ist, dass man normalerweise viel Geld benötigt, um dieses System gewinnbringend zu traden. Wir führten umfassende Tests durch, in deren Rahmen wir mit 55-Tage-Break-outs in den Markt einstiegen, bei einem 13-Tage-Break-out wieder ausstiegen, mit verschiedenen Algorithmen zur Größeneinteilung der Positionen arbeiteten und über ein Portfolio im Wert von einer Million Dollar verfügten. Die Ergebnisse ließen darauf schließen, dass eine Million Dollar für diese Art von System vermutlich der optimale Portfolioumfang wäre. Mit 100.000 Dollar könnte man nur auf ein paar wenigen Märkten handeln – kein Vergleich zu den 15 bis 20 Märkten, die mit solchen Systemen normalerweise getradet werden.

Zusammenfassend kann man sagen, dass der Markteinstieg zum Zeitpunkt eines Break-outs ein gutes System ist, das sicherstellt, dass man kein Trendsignal verpasst. Doch infolge falscher Signale kann es auch zu Fehlentscheidungen kommen. Aus diesem Grund ist die Verlässlichkeit des Systems nicht bedeutend besser als die eines Systems mit willkürlichem Markteinstieg. Zusätzlich benötigt man, um das System optimal traden zu können, ein umfangreiches Trading-Konto, da man mit diesem System auf mindestens 15 Märkten gleichzeitig vertreten sein muss.

Sollten Sie planen, mit einem Channel-Break-out zu traden, so hätte ich folgende Vorschläge für Sie: Verwenden Sie – erstens – zusammen mit dem Einstieg ein Setup, das sequenzielle Kurskonditionen beinhaltet (das heißt, mit dem Kurs geschieht etwas, bevor Sie bereit sind, ein Einstiegssignal wahrzunehmen). Vielleicht benötigen Sie zum Beispiel (1) ein enges Volatilitätsband, bevor es zum Break-out kommt, oder (2) einen effizienten Markt, bevor Sie das Break-out-Signal annehmen, und/oder (3) ein deutliches Trendsignal, das durch die hohe relative Stärke der Aktie, die Sie in Betracht ziehen, angezeigt wird. Allgemein sind es jene Setups, die eine Abfolge der Kursentwicklungen vor dem Einstieg oder nicht kursbezogene Elemente (vgl. Kapitel acht) beinhalten, die für Sie von Nutzen sind.

Zweitens kann man die Probleme, die innerhalb eines Channel-Break-out-Systems mit Drawdowns und dem Umfang des Trading-Kontos zusammenhängen, lösen, indem man Märkte, ebenso wie Stops und Ausstiege, sorgfältig auswählt. Doch diese beiden Themen werden in anderen Kapiteln dieses Buches behandelt.

### Chartbasierter visueller Einstieg

Viele Experten steigen nicht aufgrund eines exakten Einstiegssignals in den Markt ein. Stattdessen sehen sie sich ganz genau die Charts an und handeln dann basierend auf dem, was sie gesehen haben, und entsprechend ihrem Bauchgefühl.

**Abbildung 9.3:** Ein deutlicher visueller Trend

Ein großer Trader sagte mir zum Beispiel einmal, dass er sich im Rahmen seiner Einstiegstechnik einfach einen Langfristchart des Marktes ansieht, den er gerade im Auge hat. Er hängt den Chart, vergleichbar mit dem in Abbildung 9.3, an die Wand, geht dann ans andere Ende des Raumes und sieht ihn sich von dort aus an. Er habe kein Problem damit, in den Markt in Richtung des vorherrschenden Trends einzusteigen, wenn dieser Trend auch von der anderen Seite des Raumes noch deutlich zu erkennen sei.

Einer meiner Kunden fährt regelmäßig jedes Jahr Gewinne im Wert von einer Million Dollar ein, indem er mit seinem eigenen Konto Aktien handelt. Für den Markteinstieg verwendet er ausschließlich visuelle Muster, obwohl er behauptet, seine visuell basierten Einstiege seien in gewisser Weise intuitiv.

Diese Art von Einstieg bietet denjenigen Tradern, die diszipliniert genug sind, entsprechend zu handeln, echte Vorteile. So ist zum Beispiel die Kursinformation wesentlich reiner als irgendeine zusammengefasste Information, die uns ein Indikator liefert. Lässt die Kursinformation auf einen klaren Trend schließen, so stehen die Chancen ziemlich gut – vermutlich liegt die Wahrscheinlichkeit bei 60 Prozent –, dass sich der Trend noch eine Weile fortsetzen wird. Aus diesem Grund ist ein Markteinstieg entsprechend der Richtung des Trends wohl sehr viel besser als ein zufälliger Einstieg.

**Muster**

Viele Trader gehen bei der visuellen Interpretation von Charts noch sehr viel weiter. So konzentriert man sich zum Beispiel bei der Technischen Analyse auf die vielen verschiedenen Chartmuster, die die Märkte formen. Manche werden als haussierend, andere als baissierend beschrieben. Daher könnten Ihnen solche Muster Einstiegssignale liefern. Zu den verschiedenen Chartmustern gehören tägliche Muster wie Gaps, Spikes, Key Reversal Days, Thrust Days, Run Days, Inside Days und Wide-Ranging Days. Diese Muster werden in der Regel als kurzfristige Trading-Signale verwendet.

Andere Muster beschreibt man besser als Fortsetzungsmuster. Zu diesen Mustern zählen Dreiecke, Flaggen und Wimpel. Sie sind nur dann von Bedeutung, wenn Sie vorhaben, nach einem Ausbruch aus diesen Mustern in Richtung eines großen Trends in den Markt einzusteigen.

Schließlich gibt es noch die sogenannten Top Patterns und Bottom Patterns. Dazu zählen Doppelböden und Doppel-Tops, Kopf-Schulter-Formation, Rounding Top beziehungsweise Bottom, Dreiecke, Keile und Island Reversals. Diese Muster würden sich natürlich eher als Einstiegssignale für die sogenannten Top beziehungsweise Bottom Picker eignen.

Andere Grafiken setzen sich aus Candlesticks, also Kerzencharts, zusammen, wobei der Unterschied zwischen Eröffnungs- und Schlusskurs entweder als »clear« oder als »filled in« bezeichnet wird – jeweils abhängend davon, ob der Kurs hoch oder niedrig ist. Den Mustern, die man mit diesen Kerzen formen kann, wurden ganze Bücher gewidmet. Diese Muster tragen so obskure Namen wie Doji, Hammer oder Hanging Man. Abbildung 9.4 zeigt den Ausschnitt des Kerzencharts von Google (GOOG) Anfang des Jahres 2006.

Haben Sie Interesse am muster- und formationsbasierten Trading, dann lesen Sie die entsprechenden Kapitel in Jack Schwagers Buch *Schwager on Futures: Fundamental Analysis*.[88] Das Buch enthält hervorragende Beschreibungen all dieser Muster und Formationen und auch eine Vielzahl an Chartbeispielen. Doch

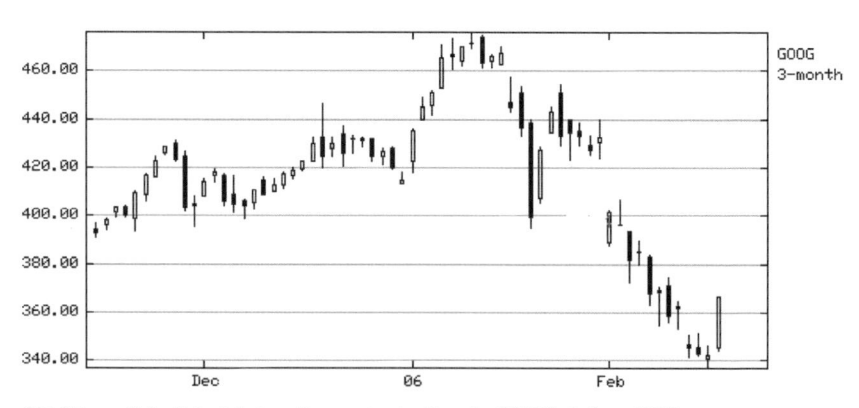

**Abbildung 9.4:** Beispiel eines Kerzencharts: Google (GOOG), Anfang 2006

---

88 Jack Schwager, *Schwager on Futures: Fundamental Analysis* (New York: Wiley, 1996).

es ist sehr schwer, solche Muster für den Computer aufzubereiten, und folglich auch, sie zu testen. Werden diese verschiedenen Muster getestet, werden zudem keine Beweise dafür gefunden, dass sie die Verlässlichkeit von Einstiegssignalen auf über 50 Prozent steigern können. Deshalb habe ich beschlossen, in diesem Kapitel nicht in mühevoller Kleinarbeit auf die Beschreibung solcher Muster einzugehen. Die meisten Trader sind viel besser dran, wenn sie einfach in Richtung des Trends in den Markt einsteigen, statt innerhalb dieses Trends nach einem bestimmten Muster zu suchen.[89]

**Prognose**

In dem Abschnitt in Kapitel fünf, der sich mit der Ordnung des Universums befasst, haben wir einige Prognosetechniken besprochen. Zu diesen zählen Elliott-Wellen, die Gann-Technik und verschiedene Arten des Gegentrend-Tradings, die Tops und Böden vorhersagen. Ich bin der Meinung, dass Prognosen nichts mit erfolgreichem Trading zu tun haben. Viele Prognoseexperten haben, obwohl sie sehr gut sind in dem, was sie tun, massive Schwierigkeiten, damit auf den Märkten Geld zu verdienen.

Ich traf einmal einen Mann, der sich selbst als den Michael Jordan der Märkte bezeichnete – was so viel bedeutet wie: Er glaubt, es gebe keinen Besseren als ihn, was die Börse angeht. Er behauptete, die Märkte seien wunderbar geordnet und systematisch und er habe einige quasi patentierte Geheimnisse ausgearbeitet, die er selbst für eine Million Dollar nicht preisgeben würde. Um mir sein Wissen und sein Talent zu beweisen, zeigte er mir einige alte Konten, die er innerhalb von sechs Monaten von 5.000 auf 40.000 Dollar gepusht hatte.

Seine Geheimnisse interessierten mich nicht besonders, doch ich wollte wissen, wie er tradete. Also sah ich ihm etwa sechs Monate lang dabei zu. Während dieser Zeit erlitt das Konto, das er tradete, einen Wertverlust von 97 Prozent. Nur etwa 22 Prozent seiner Trades waren erfolgreich, und das Konto war nicht einmal in diesen sechs Monaten profitabel.

Seien Sie auf der Hut vor Menschen, die behaupten, sie verfügten über umfangreiches Trading-Wissen. Beobachten Sie, wie diese Menschen traden, und achten Sie besonders darauf, wie sie ihre Positionen einteilen. Wenn sie nicht mit risikoarmer Positionsgrößeneinteilung arbeiten, kann ich Ihnen nur raten, die Beine in die Hand zu nehmen.

Einer der Gründe, warum es diesem Trader an Treffsicherheit mangelte, ist der – und das trifft auf die meisten Trader zu –, dass er stets Wendepunkte auf dem Markt antizipierte. Im November sagte er zum Beispiel frühen Frost im Mittleren Westen vorher, der die Sojabohnenernte des nächsten Jahres zerstören würde. Doch der Frost kam nicht. Mehrere Male sagte er, auf dem Markt sei die

---

89 Bei dieser Studie ging es nicht vorrangig darum, einen Trade mit hohem R-Multiple zu finden oder ein System mit hoher Erwartung zu entwickeln, so wie wir es in diesem Buch vertreten. Vielmehr ging es darum, äußerst zuverlässige Einstiege zu finden, was die meisten Menschen aufgrund der Lottoneigung tun.

Zeit für einen zyklischen Umschwung gekommen. Er sagte, die Wendungen würden dramatisch, weswegen er früh in den Markt einsteigen wolle. Der Umschwung fand jedoch nie statt, und falls doch, dann waren die Auswirkungen verschwindend gering.

Prognosen aufzustellen ist schön und gut, solange diese Prognosen von der Bestätigung durch den Markt begleitet werden. Mit anderen Worten: Sollten Sie glauben, dass Sie in der Lage sind, Böden oder Tops auf dem Markt vorauszusagen, dann ist das wunderbar. Doch gehen Sie den Trade erst dann ein, wenn Ihnen der Markt irgendeine Art von Bestätigung liefert, dass tatsächlich ein Umschwung stattfindet. Ein gutes Beispiel für eine solche Bestätigung ist der Volatilitäts-Break-out, auf den wir nun näher eingehen wollen.

### Volatilitäts-Break-out

Die beiden nun folgenden Techniken, der Volatilitäts-Break-out und gerichtete Kursbewegungen, wurden zuerst von J. Welles Wilder, Jr. in seinem Buch *New Concepts in Technical Trading Systems*[90] beschrieben.

Volatilitäts-Break-outs sind im Grunde genommen dramatische Kursbewegungen in eine bestimmte Richtung. Nehmen wir an, die ATR liegt bei etwa drei Punkten. Wir könnten einen Volatilitäts-Break-out als Bewegung vom 0,8fachen Wert der ATR (gemessen vom vorherigen Schlusskurs) innerhalb eines Tages definieren beziehungsweise als Kursbewegung von 2,4 Punkten. Sagen wir, heute schließt der Kurs bei 35 Punkten. Ein Volatilitäts-Break-out würde eine Bewegung – entweder nach oben oder nach unten – von 2,4 Punkten, ausgehend vom Schlusskurs, bedeuten. Stiege der Kurs auf 37,4 Punkte, so wäre dies ein Volatilitäts-Break-out nach oben, und Sie könnten kaufen. Sänke der Kurs auf 32,6, würde es sich um einen Volatilitätsausbruch nach unten handeln, und Sie sollten den Markt shorten. Dies ist die Art von Einstiegssignal, wie ich sie jenen Lesern empfehlen würde, die mit Setups arbeiten, die Marktprognosen beinhalten.

Wilders System unterscheidet sich leicht von dem eben erklärten. Er empfiehlt, die Average True Range mit einer Konstanten von 3,0 zu multiplizieren (er nennt dies die Average True Range, multipliziert mit einer Konstanten, also Average True Range times a Constant, ACR). Im Grunde genommen wird dieser Wert dann als weiter Stop ausgehend vom Schlusskurs verwendet, und er wird gleichzeitig Ausstiegspunkt für eine aktuelle Position und Einstiegspunkt für eine neue Position. Eigentlich sind sich dieser Ausstieg und derjenige, den wir im Rahmen des Random-Entry-Systems verwendet haben, sehr ähnlich (also ATR mal drei).

Allgemein gilt: Kommt es auf dem Markt zu einer starken eintägigen Bewegung in eine beliebige Richtung, so ist dies ein gutes Zeichen, und Sie sollten entsprechend dieser Richtung in den Markt einsteigen. Vielleicht herrscht gera-

---

[90] J. Welles Wilder, Jr., *New Concepts in Technical Trading Systems* (Greensboro, N. C.: Trend Research, 1978).

de ein deutlicher Aufwärtstrend, doch ein solider Volatilitäts-Break-out nach unten wäre ein Anzeichen dafür, dass der Trend vorüber ist und Sie der neuen Marktrichtung folgen sollten. Zumindest sollten Sie sich niemals einem massiven Volatilitäts-Break-out entgegenstellen, was diesen Break-out zu einem guten Ausstiegspunkt macht. Mehr dazu im nächsten Kapitel.

Abbildung 9.5 zeigt das Beispiel eines Volatilitätsausbruchs bei Rententiteln. Abhängig davon, wie der Volatilitäts-Break-out definiert wird, scheint ein deutlicher Ausbruch am 24. Juli stattzufinden und ein noch deutlicherer Ausbruch am 2. August. Bitte beachten Sie den breiten Kursbereich am Tag des Break-outs, und schauen Sie auch darauf, wie weit der Kurs zum Zeitpunkt des Ausbruchs vom alten Schlusskurs entfernt ist.

Die Verwendung eines Volatilitäts-Break-outs hat einige interessante Vorteile. Erstens unterscheidet sich diese Art der Kursbewegung deutlich vom Channel-Break-out – was bei einem langen Trendkanal (40 Tage und mehr) einen sehr deutlichen Trend erforderlich macht. Die Beispiele in Abbildung 9.5 waren jedoch beide auch Channel-Break-outs.

Der Volatilitäts-Break-out könnte ganz einfach das Ende eines alten und den Beginn eines neuen Trends signalisieren. Daher hätte zumindest ein Teil der Kursbewegung eines Volatilitäts-Break-outs nur wenig mit einem Channel-Break-out gemein. Findet der Ausstieg rasch genug statt, besteht womöglich de facto gar kein Zusammenhang zwischen den von diesen unterschiedlichen Einstiegssignalen generierten Erträgen.

Der zweite Vorteil ist, wie bereits erwähnt, dass Volatilitäts-Break-outs für all diejenigen ideal sind, die verschiedene Modelle verwenden, um Kursbewegungen vorherzusehen. Kursprognosen können ziemlich gefährlich sein, es sei

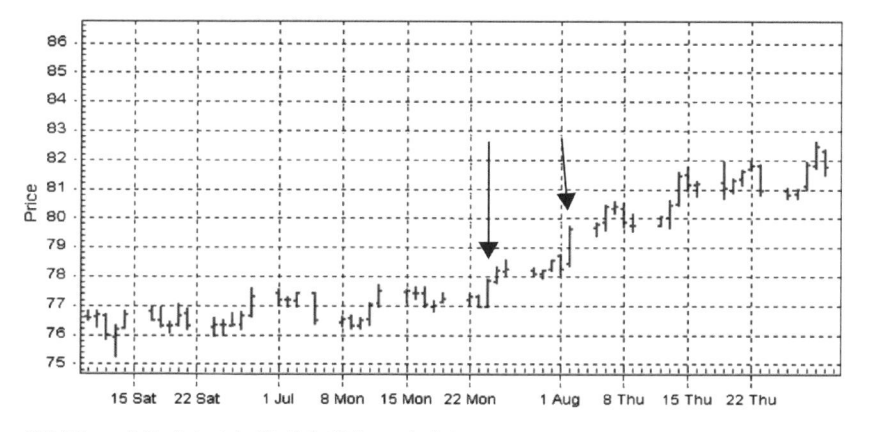

**Abbildung 9.5:** Beispiele für Volatilitätsausbrüche

denn, sie gehen mit einem soliden Trading-System einher. Volatilitätsausbrüche könnten Ihnen dabei helfen, im Rahmen dieses soliden Systems den Einstiegspunkt zu setzen und so mit Ihrem »geheimen Wissen« um die Vorgänge auf dem Markt zu traden.

**Gerichtete Kursbewegung und durchschnittliche gerichtete Kursbewegung**
Markttechnikern macht schon seit einiger Zeit das Konzept der sogenannten Trendiness auf dem Markt zu schaffen. Woher weiß man, wann es auf einem Markt tatsächlich zum Trend kommt?

J. Welles Wilder, Jr. entwickelte – ebenfalls in seinem Buch *New Concepts in Technical Trading Systems* – zwei Konzepte, die er »gerichtete Kursbewegung« und »durchschnittliche gerichtete Kursbewegung« nannte und die für viele Trader eine Definition der Trendiness darstellen. Charles Babcock zum Beispiel veröffentlichte vor seinem Tod jedes Jahr ein Buch mit dem Titel *Trendiness in the Market*.[91] In diesem Buch ordnete er die verschiedenen handelbaren Futures-Märkte entsprechend ihrer Trendiness in eine Rangliste ein. Das Buch basierte auf folgender Vorstellung: Tradet man diejenigen Märkte, die in der Vergangenheit die meisten Trends aufwiesen, dann könnte man mit sehr hoher Wahrscheinlichkeit in der Zukunft auf einen Trend in einem solchen Markt aufspringen. Babcocks Messung der Trendiness war ganz einfach eine Messung der Profitabilität. Man verwendet einen 28-Tage-Index der gerichteten Kursbewegung (siehe unten), um die einzelnen Märkte zu traden. Ist der Nettowert der gerichteten Kursbewegung hoch, so geht man langfristige Positionen ein; ist der Nettowert der gerichteten Kursbewegung niedrig, geht man kurzfristige Positionen ein. Profitable Märkte erhielten das Prädikat »trendy«, die Märkte mit der größten Profitabilität galten als »trendiest markets.«

Hier nun die grundlegenden Voraussetzungen einer gerichteten Kursbewegung:

1. Herrscht ein Aufwärtstrend, so sollte der heutige Höchstkurs über dem gestrigen Höchstkurs liegen. Die Differenz zwischen den beiden Kursen ist die aufwärtsgerichtete Kursbewegung.

2. Herrscht Abwärtstrend, so sollte der niedrigste Kurs des heutigen Tages unter dem niedrigsten Kurs des gestrigen Tages liegen. Die Differenz zwischen den beiden Kursen ist daher die abwärtsgerichtete Kursbewegung.

3. Inside Days: Tage, an denen Höchst- und Tiefstkurs die entsprechenden Vorgaben des Vortages nicht durchbrechen, werden im Grunde genommen ignoriert.

---

[91] Bruce Babcock, *Trendiness in the Market* (Sacramento, Calif.: CTCR Products, 1995).

4. **Outside Days:** Liegen sowohl der Höchst- als auch der Tiefstkurs außerhalb des Kursbereichs des Vortags, bedeutet dies sowohl aufwärts- als auch abwärtsgerichtete Kursbewegungen. Verwendet wird jedoch nur der größere Wert.

Der Indikator der gerichteten Kursbewegung wird wie folgt berechnet:

1. Addieren Sie die Up-Tage ($\sum$ DI+) und die Down-Tage ($\sum$ DI-) eines vorbestimmten Zeitraums (Wilder empfiehlt 14 Tage).

2. Teilen Sie jede Summe durch die Average True Range derselben Anzahl an Tagen. Der Indikator der gerichteten Kursbewegung wird dann wie folgt berechnet:

3. Bestimmen Sie die Differenz zwischen $\sum$ DI+ und $\sum$ DI- und finden Sie den absoluten Wert, das heißt die DI-Differenz = |($\sum$ DI+) minus ($\sum$ DI-)|.

4. Bestimmen Sie die DI-Summe: DI-Summe = $\sum$ DI+ plus $\sum$ DI-.

5. Der Index der gerichteten Kursbewegung wird definiert durch (DI-Differenz)/(DI-Summe) x 100. Die Multiplikation mit 100 normalisiert den Index der gerichteten Kursbewegung, sodass er zwischen 0 und 100 fällt.

6. Während Wilder für die Berechnungen einen Zeitraum von 14 Tagen empfiehlt, vertreten LeBeau und Lucas die Meinung, dass auch Zeiträume zwischen 14 und 20 Tagen funktionieren, wobei 18 Tage optimal wären.

Die vielleicht wichtigste Erweiterung des Indikators der gerichteten Kursbewegung ist der Index der durchschnittlichen gerichteten Kursbewegung (ADX). Beim ADX handelt es sich lediglich um einen Gleitenden Durchschnitt des Index der gerichteten Kursbewegung. Für gewöhnlich wird der Durchschnitt über dieselbe Zeitspanne errechnet, die schon vorher verwendet wurde (in unserem Fall also 14 Tage).

LeBeau und Lucas behaupten, dass »eine richtige Interpretation des ADX es Tradern ermöglicht, ihre Chancen, gute Märkte zu finden und schlechte zu vermeiden, deutlich zu verbessern«. Sie glauben, dass der ADX tatsächlich eine Möglichkeit bietet, die Stärke verschiedener Trends zu quantifizieren, und behaupten, in diesem Bereich mehr Studien durchgeführt zu haben als jeder andere. Da ich schon viele Workshops mit Chuck LeBeau gehalten habe, weiß ich, wie gern er mit dem ADX arbeitet.

Allgemein gilt: Je höher der ADX, desto mehr Trendbewegung hat auf dem Markt stattgefunden. Doch man weiß nie, ob die Kursbewegung aufwärts- oder abwärtsgerichtet war. Je niedriger der ADX, desto weniger Trendbewegung hat auf dem Markt stattgefunden. So gibt die Höhe des ADX zwar Auskunft über die Stärke des Trends, sagt jedoch nichts über die Richtung des Trends aus.

Laut LeBeau und Lucs kann man den absoluten Wert des ADX nicht dazu verwenden, um anzuzeigen, ob es sich um einen starken oder einen schwachen Trend handelt. Stattdessen machten sie folgende Beobachtungen:

1. Solange der ADX steigt, zeigt jeder ADX-Level über 15 einen Trend an.

2. Je größer der ADX-Anstieg, desto stärker der Trend. Springt der ADX zum Beispiel von 15 auf 20, so stellt dies wahrscheinlich ein besseres Signal dar als ein Sprung von 25 auf 27.

3. Ist der ADX rückläufig, bedeutet dies nur, dass sich der Trend abschwächt oder dass sich der Markt nicht länger in einem Trend befindet.

4. Steigt der ADX, funktionieren Indikatoren wie zum Beispiel überkaufte oder überverkaufte Oszillatoren nicht. Solche Oszillatoren funktionieren nur dann, wenn der ADX sinkt.

Bevor wir uns damit beschäftigen, wie man den ADX oder die gerichtete Kursbewegung als Einstiegssignale nutzen kann, lassen Sie uns einen Blick auf einige der Probleme werfen, die im Zusammenhang mit dem ADX auftreten können. Dazu gehören Spikes und der Verzögerungsfaktor.

Ändert sich die Marktrichtung plötzlich in Form eines Spikes, so fällt dem ADX die Anpassung schwer. Verändert der Markt zum Beispiel plötzlich seine Richtung, kann es sein, dass der langfristigere ADX, empfohlen von LeBeau und Lucas, plötzlich den Anschein macht, sich abzuflachen – was auf einen trendfreien Markt hindeutet. Folglich könnte es sein, dass ein signifikanter Abwärtstrend vom ADX völlig ignoriert wird.

Der langfristige ADX hat außerdem eine eingebaute Verzögerung. Das heißt, Sie werden nicht merken, dass Sie sich in einem Markt befinden, auf dem ein Trend stattfindet, bis dieser Trend bereits in vollem Gange ist. Sind Sie ein kurzfristig orientierter Trader und wollen möglichst früh in Trends einsteigen, so ist dies ein echter Nachteil. Haben Sie es jedoch nur auf starke Trends mit deutlichem Signal abgesehen, so stellt der Verzögerungseffekt des ADX für Sie überhaupt kein Problem dar.

Jetzt, da Sie wissen, worum es sich bei gerichteter Kursbewegung und ADX handelt, stellen wir Ihnen im Folgenden einige nützliche Einstiegssignale vor – als Denkanstöße sozusagen:

1. Steigen Sie in den Markt ein, nachdem sich DI+ und DI- geschnitten haben. Long-Positionen sollten Sie eingehen, wenn der DI+-Wert über den DI--Wert gestiegen ist und wenn der Höchstwert des Vortages überboten wurde. Kurzfrist-Trades sollten eingegangen werden, wenn der DI--Wert über den DI+-Wert steigt und der Tiefstwert des Vortages unterboten wurde. So verwende-

te Wilder den Indikator ursprünglich, und er glaubt, dass das Durchdringen der Kursbarriere ein wichtiger Teil des Signals ist.

2. Steigen Sie in Richtung der Marktbewegung ein, wenn der ADX innerhalb von zwei Tagen um mehr als vier Punkte steigt.[92] Natürlich benötigen Sie ein Setup (zum Beispiel die visuelle Untersuchung des Chart), das Ihnen sagt, ob Sie long oder short einsteigen sollten, da der Anstieg des ADX ja lediglich auf einen starken Trend hindeutet.

3. Steigen Sie in den Markt ein, wenn der ADX den höchsten Stand der zurückliegenden zehn Tage erreicht. Auch hier benötigen Sie ein weiteres Signal (ebenfalls ein Setup), das Ihnen sagt, in welche Richtung Sie einsteigen sollten.

**Gleitende Durchschnitte und adaptive Gleitende Durchschnitte**

Gleitende Durchschnitte sind sehr beliebte Trading-Indikatoren, weil sie unkompliziert und leicht zu berechnen sind. Soweit ich das sagen kann, werden sie verwendet, seit Menschen an der Börse handeln.

Das Konzept hinter einem solchen Durchschnitt ist recht einfach: Der Kurs der letzten X Tage wird durch eine einzige Zahl, den Durchschnitt, dargestellt. Diesen Durchschnitt erhält man, wenn man die einzelnen Tageskurse der X Tage addiert und das Ergebnis dann durch die Anzahl der Tage dividiert. Dieser Durchschnitt bewegt sich mit der Zeit. Sobald Sie den neuesten Kursstand erhalten, nehmen Sie den Kurs von vor X Tagen (der Anzahl der Tage des Gleitenden Durchschnitts) aus der Rechnung heraus, fügen den neuesten Kurs hinzu und dividieren dann erneut durch die Anzahl der Tage.

Den meisten Menschen fällt es leichter, eine Einheit statt zum Beispiel 30 verschiedene Einheiten zu verstehen, obwohl die 30 Einheiten vielleicht ausführlichere Informationen über die tatsächlichen Vorgänge auf dem Markt liefern würden. Doch der Mensch hat das Gefühl, mehr Kontrolle über den Markt zu besitzen, wenn er die Daten in irgendeiner Form transformiert. Aus diesem Grund verwenden viele Trader und Investoren Gleitende Durchschnitte.

Basiert Ihr Durchschnitt auf vielen Tagen, so wird er sich nur sehr langsam bewegen. Verwenden Sie für die Berechnung des Durchschnitts nur wenige Tage, so wird er sich schneller bewegen. Viele Marktteilnehmer arbeiten zum Beispiel mit einjährigen Gleitenden Durchschnitten, um herauszufinden, welcher Trend allgemein auf dem Markt herrscht. Ist der Kurs beständig gestiegen, sollte er deutlich über dem einjährigen Gleitenden Durchschnitt liegen. Fällt der Kurs auf einen Wert unterhalb des einjährigen Gleitenden Durchschnitts, schließen viele Trader daraus, dass die Kurse ihre Richtung geändert haben müssen. In ihrer *Encyclope-*

---

[92] *Oder welche Zahl auch immer Sie Ihren Tests zufolge verwenden sollten, um Ihr Ziel zu erreichen.*

*dia of Technical Market Indicators*[93] fanden Colby und Meyers heraus, dass die Strategie, Aktien zu kaufen, wenn der Kurs über den einjährigen Gleitenden Durchschnitt stieg, und sie zu verkaufen, wenn der Kurs den Gleitenden Durchschnitt nach unten durchbrach, eine Buy-and-Hold-Strategie deutlich schlug.

Kurzfristige Gleitende Durchschnitte sind hingegen schnell. Damit der Kurs über einen Fünf-Tage-Durchschnitt steigt, muss ein Markt nicht an besonders vielen Tagen zulegen. Die Kurse könnten jedoch ebenso schnell unter diesen Durchschnitt sinken.

Donchian war einer der Ersten, die über ein System schrieben, das mit Gleitenden Durchschnitten arbeitete. Er verwendete sowohl den Fünf-Tage als auch den 20-Tage-Durchschnitt. Stieg der Fünf-Tage-Durchschnitt auf einen Wert oberhalb des 20-Tage-Durchschnitts, so ging man langfristige Positionen ein. Fiel der Fünf-Tage-Durchschnitt und sank auf einen Wert unterhalb des 20-Tage-Durchschnitts, war es Zeit für die Aufnahme von Short-Positionen.

Diese Art von System eignet sich gut für Märkte, auf denen unverfälschte Trends herrschen. Die Voraussetzung des Systems ist allerdings, dass der Markt sich nur in zwei Richtungen bewegt, nämlich nach oben oder nach unten. Leider befinden sich die Märkte nur zu 15 Prozent der Zeit in Trends und verbringen die restlichen 85 Prozent mit der Konsolidierung. Daher kann es passieren, dass solche Systeme während der Konsolidierungsphase ab und zu falsche Signale aussenden.

Um dieses Problem in den Griff zu bekommen, beschlossen die Trader, drei Gleitende Durchschnitte zu verwenden. R. C. Allen machte Anfang der 70er-Jahre eine Methode bekannt, bei der man mit Gleitenden Durchschnitten über vier, neun und 18 Tage arbeitete.[94] Kommt es zu einer Überschneidung der Vier- und Neun-Tage-Durchschnitte mit dem 18-Tage-Durchschnitt, ist es Zeit, in den Markt einzusteigen – steigen der Vier- und der Neun-Tage-Durchschnitt, geht man Long-Positionen ein, sinken sie, so geht man short. Ändert der Vier-Tage-Durchschnitt seine Richtung und kreuzt den Neun-Tage-Durchschnitt, ist dies Ihr Signal für den Ausstieg. Sie erhalten jedoch erst dann ein neues Einstiegssignal, wenn sich sowohl der Vier-Tage- als auch der Neun-Tage-Durchschnitt auf derselben Seite des 18-Tage-Durchschnitts befinden. So liefert Ihnen das System eine neutrale Zone.[95]

Es gibt viele Arten von Gleitenden Durchschnitten und Systemen aus Gleitenden Durchschnitten. So gibt es zum Beispiel den einfachen Gleitenden Durchschnitt (wie wir ihn gerade beschrieben haben), den gewichteten Gleitenden Durchschnitt, den exponentiellen Gleitenden Durchschnitt, den versetzten Gleitenden Durchschnitt und den adaptiven Gleitenden Durchschnitt. Jeder Einzelne

---

93 Robert W. Colby und Thomas A. Meyers, Encyclopedia of Technical Market Indicators (Homewood, Ill.: Dow Jones Irwin, 1988).
94 Vgl. LeBeau und Lucas, Technical Traders Guide, für eine gründliche Bearbeitung dieses Werks.
95 Chuck LeBeau sagte mir, sie hätten jede mögliche Kombination sich überschneidender Gleitender Durchschnitte, die man sich vorstellen kann, getestet. Alle funktionierten auf Märkten, die sich in einem Trend befanden, recht gut, während sie auf Seitwärtsmärkten völlig versagten. Keine der getesteten Kombinationen war erfolgreicher als ein zufälliger Einstieg.

ist darauf ausgerichtet, die Probleme der anderen zu beseitigen, doch jeder dieser Durchschnitte bringt auch seine eigenen Probleme mit sich.

### Der gewichtete Gleitende Durchschnitt

Der einfache Gleitende Durchschnitt misst dem Tag, der aus der Rechnung herausgenommen wird, ebenso großes Gewicht bei wie dem zuletzt hinzugefügten Tag. Manche Börsianer behaupten, dies sei nicht der beste Weg zu traden, da der aktuelle Kurs der wichtigste sei. Daher werden den aktuellen Daten im Rahmen gewichteter Durchschnitte mehr Bedeutung beigemessen, während Daten, die weiter zurückliegen, weniger ins Gewicht fallen.

Gewichtete Gleitende Durchschnitte können sehr komplex ausfallen, da man entweder nur den aktuellen Tag besonders gewichten kann oder jedem Tag eine unterschiedliche Gewichtung beimisst. So könnten Sie zum Beispiel mit einem gewichteten Durchschnitt arbeiten, der den ersten Tag (also den am weitesten zurückliegenden Tag) mit eins multipliziert, den zweiten Tag mit zwei, den dritten Tag mit drei und so weiter. Das ist wahrscheinlich Unsinn, aber manche Menschen glauben, dass Traden durch komplexe Berechnungen effizienter wird. Diese Annahme ist falsch, aber die Leute tun es trotzdem.

### Der exponentielle Gleitende Durchschnitt

Der exponentielle Gleitende Durchschnitt misst den aktuellen Daten die größte Bedeutung bei und nimmt nichts aus der Rechnung heraus. Ein Beispiel: Ein exponentieller Gleitender Durchschnitt von 0,1 (vergleichbar etwa mit einem 20-Tage-Durchschnitt) würde den aktuellen Tageskurs mit 0,1 multiplizieren und das Ergebnis zum Durchschnitt des Vortags addieren. Nichts würde abgezogen. Diese Vorgehensweise ist für Berechnungen recht praktisch und misst den aktuellsten Daten größere Bedeutung bei.

### Der versetzte Gleitende Durchschnitt

Da Gleitende Durchschnitte dazu neigen, sich nahe am Kurs zu halten, kann es öfter vorkommen, dass das Signal zu rasch erfolgt. Daher beschlossen manche Trader, ihre Gleitenden Durchschnitte zu »versetzen«, indem sie sie um einige Tage in die Zukunft verschoben. Das bedeutet lediglich, dass die Wahrscheinlichkeit sinkt, aufgrund eines falschen Signals, das der Gleitende Durchschnitt gibt, in den Markt einzusteigen.

### Der adaptive Gleitende Durchschnitt

Mitte der 90er-Jahre wurde der adaptive Gleitende Durchschnitt recht populär. Sowohl bei Kaufman[96] als auch bei Chande und Kroll[97] finden sich verschiedene

---

[96] Perry Kaufman, *Smarter Trading: Improving Performance in Changing Markets* (New York: McGraw-Hill, 1995).
[97] Tushar Chande und Stanley Kroll, *The New Technical Trader: Boost Your Profit by Plugging into the Latest Indicators* (New York: Wiley, 1994).

Versionen adaptiver Gleitender Durchschnitte. Diese besonderen Systeme verändern ihre Geschwindigkeit entsprechend der Kombination von Marktrichtung und -geschwindigkeit.

Denken Sie über die Geräuschkulisse auf dem Markt nach. Die tägliche Kursfluktuation ist ein guter Maßstab der Marktgeräusche. Herrscht viel Lärm auf dem Markt, muss sich der Gleitende Durchschnitt langsam bewegen, um Marktein- und -ausstiege aufgrund falscher Signale zu vermeiden. Ist es auf dem Markt jedoch ruhig, kann man schnelle Durchschnitte verwenden, da die Wahrscheinlichkeit irreführender Signale wesentlich geringer ist. Aus diesem Grund messen adaptive Gleitende Durchschnitte zuerst die Geschwindigkeit der Marktbewegung im Vergleich zur Geräuschkulisse auf dem Markt. Anschließend passen sie die Geschwindigkeit des Durchschnitts entsprechend der Marktgeschwindigkeit und des Faktors Lärm an.

Daher muss der adaptive Gleitende Durchschnitt (1) die derzeitige Markteffizienz (das heißt, wie viel Lärm herrscht gerade auf dem Markt) in einem Mindestmaß einbeziehen und (2) in der Lage sein, dieses Szenario auf verschiedene andere Gleitende Durchschnitte zu übertragen. Ein spezifisches Beispiel für die Verwendung eines adaptiven Gleitenden Durchschnitts finden Sie im Rahmen der von Perry Kaufman entwickelten Einstiegsmethode, die wir später in diesem Kapitel besprechen wollen.

**Oszillatoren und Stochastik**

Oszillatoren wie die Indikatoren Relative Stärke (RSI), Stochastik, Williams' prozentualer R-Wert und viele andere sind so konzipiert, dass sie jenen Tradern helfen, die Top- und Bottom-Formationen suchen. Meiner Meinung nach ergibt das keinen Sinn, und es gibt keinen Beweis dafür, dass Einstiegssignale basierend auf Oszillatoren mehr sind als reine Glückssache. Es existiert in den meisten Fällen keinerlei Beweis dafür, dass der Markt für gewöhnlich den Aussagen der vielen Oszillatoren entspricht. Daher möchte ich keine Zeit auf die Erklärung einer Methode verwenden, der ich nicht vertraue.

Doch es gibt eine Möglichkeit, wie Sie einen überkauften und/oder überverkauften Oszillator – wie etwa Wilders RSI – verwenden können, um sich das Trading mit engen Stops (vgl. Kapitel 11, Sicherheits-Stops) zu erleichtern. Hier nun eine Aufzählung, was Sie für diese Art des Tradings benötigen:

1. Warten Sie, bis der Markt deutlich signalisiert, dass er sich in einem Trend befindet. Dies ist ein kursbasiertes Setup.

2. Warten Sie, bis der Markt seine Richtung leicht korrigiert und Ihr Oszillator anzeigt, dass die Reaktion vermutlich ein Extrem erreicht hat. Auch bei diesem Schritt handelt es sich um ein kursbasiertes Setup; es muss allerdings nach dem ersten Schritt erfolgen.

**3.** Steigen Sie dann entsprechend der Richtung des vorangegangenen Trends in den Markt ein, wenn der Markt signalisiert, dass er sich erneut in diese Richtung bewegen wird. Ein Beispiel dafür wäre die Rückkehr des Kurses zum vorherigen Hoch (oder Tief im Fall eines kurzfristigen Signals) vor dem extremen Oszillatorsignal.

Dieser Trading-Typ ermöglicht ein sehr zuverlässiges Trading-Signal mit sehr kleinem Stop (das heißt dem Extremum der Reaktion). Außerdem bedeutet es, dass das Verhältnis von Gewinn zu Risiko des potenziellen Trades sehr hoch sein könnte, da das Risiko eines solchen Trades recht gering ist. Dies ist eigentlich ein Beispiel für ein Retracement-Setup, wie es im vorangegangenen Kapitel behandelt wurde, und es ist meiner Meinung nach der beste Weg, Oszillatoren zu verwenden. Außerdem basierten einige der besten Systeme, die ich kenne, auf diesen Konzepten.

## Entwerfen Sie Ihr eigenes Einstiegssignal

Das beste Einstiegssignal für Sie ist vermutlich das, das Sie selbst entwickeln. Am besten entwirft man ein solches Signal, indem man gründlich über das Konzept, das die Grundlage dafür liefern soll, nachdenkt. Als Erklärung der nötigen Überlegungen habe ich das nun folgende Beispiel entworfen – nur um Ihnen die Sache zu veranschaulichen. Wir beginnen mit einem Konzept, das unter Tradern und Investoren weit verbreitet ist, und gehen dann zu etwas über, das nur wenige kennen. Die vorgeschlagenen Konzepte wurden nicht getestet, doch bis Sie etwas gefunden haben, das Ihnen nützlich erscheint, können Sie jederzeit mit diesen Konzepten arbeiten.

Lassen Sie uns ein System entwickeln, das mit den grundlegenden Konzepten der Bewegung in der Physik zu tun hat. Denken Sie zum Beispiel an die Vorhersage der Bewegung eines Autos. Sie haben keine Ahnung, welche Richtung das Fahrzeug einschlagen wird (stellen Sie sich vor, Sie sind auf einem riesigen Parkplatz, und es gibt unzählige Möglichkeiten), doch Sie wissen, wo das Auto vorher war. Sie kennen außerdem die Richtung, die Geschwindigkeit, die Geschwindigkeitsveränderungen (Beschleunigung und Verlangsamung) und das Momentum. Wenn Sie all diese Informationen haben, wissen Sie unter bestimmten Bedingungen recht genau, was das Auto in der nahen Zukunft tun wird. Sie wollen jedoch herausfinden, wann sich das Auto über die längstmögliche Zeitspanne in gleich bleibender Richtung schnell bewegt.

Bewegt sich das Auto in eine bestimmte Richtung, so ist ein Beibehalten dieser Richtung sehr viel wahrscheinlicher als eine Kursänderung. Natürlich könnte das Fahrzeug die Richtung ändern, aber es ist doch sehr wahrscheinlich, dass es die Richtung beibehalten wird. Wissen Sie außerdem mehr über Geschwindigkeit, Geschwindigkeitsveränderungen und Momentum des Fahrzeugs, dann existieren bestimmte Umstände, in denen es noch wahrscheinlicher ist, dass das Auto seine Richtung beibehalten wird.

Um die Richtung zu ändern, muss ein Auto für gewöhnlich langsamer werden. Fährt ein Auto also schnell (hohe Geschwindigkeit), so wird es mit hoher Wahrscheinlichkeit seinen Kurs und seine Geschwindigkeit beibehalten.

Dasselbe gilt für den Markt: Bewegt er sich rasch in eine Richtung, dann ist eine Weiterentwicklung in diese Richtung mit hoher Geschwindigkeit sehr viel wahrscheinlicher als ein anderes Szenario. Denken Sie darüber nach. Ein schnell steigender Markt wird sich mit sehr hoher Wahrscheinlichkeit vor einem Richtungswechsel verlangsamen. Markttechniker nennen dies »Momentum«, was eigentlich eine irreführende Bezeichnung ist.[98] Der als Momentum bekannte technische Indikator misst lediglich die Kursveränderung (normalerweise wird hierfür der Schlusskurs verwendet) von einem Zeitrahmen zum nächsten. Doch wir werden das Wort »Geschwindigkeit« verwenden, da es zutreffender und präziser ist.

Die Geschwindigkeit wird definiert als die zurückgelegte Strecke pro Zeiteinheit (wie zum Beispiel 100 Kilometer pro Stunde). Verwendet man eine gleich bleibende Strecke (zum Beispiel zehn Tage) bei der Berechnung der Geschwindigkeit, dann kann man einfach annehmen, dass die Geschwindigkeit der über X Tage zurückgelegten Strecke entspricht, wobei X die Zahl der Tage ist, die Sie selbst auswählen. Recht interessant ist, dass professionelle Trader in ihren Marktstudien öfter mit der Geschwindigkeit arbeiten (die sogenannten Momentumindikatoren) als mit anderen Indikatoren.

Wie würden Sie die Geschwindigkeit als Einstiegssignal verwenden? Beträgt die Geschwindigkeit null, so findet keine Bewegung statt. Der Geschwindigkeitsindikator ist in vielen Fällen eine Zahl, die beim Übergang von der schnellen Aufwärtsbewegung zur schnellen Abwärtsbewegung (und umgekehrt) die Nulllinie immer wieder schneidet. Verändert die Geschwindigkeit ihre Richtung und beschleunigt in die entgegengesetzte Richtung, so wäre dies für Sie ein potenzielles Einstiegssignal.

**Beschleunigung und Verlangsamung**

Beschleunigung und Verlangsamung beziehen sich auf eine Veränderung der Geschwindigkeit. Erhöht sich die Geschwindigkeit eines Autos, so ist die Wahrscheinlichkeit, dass es die Richtung beibehalten wird, sogar noch größer als bei einem Auto, das einfach nur schnell fährt. Drosselt ein Auto jedoch die Geschwindigkeit, ist die Wahrscheinlichkeit eines Richtungswechsels wesentlich größer.

Obwohl die Veränderung der Geschwindigkeit der Marktbewegungen bei der Vorhersage der künftigen Entwicklungen keine so große Rolle spielt wie Be-

---

98 *In der Physik bedeutet Momentum Masse mal Beschleunigung, was auf dem Markt etwa der Beschleunigung bei großem Aktienvolumen entspricht.*

schleunigung und Verlangsamung für die Vorhersage der Bewegungen eines Autos, ist sie doch ein wichtiger Faktor. Doch mir ist keine Berechnung bekannt, die sich direkt mit der Beschleunigung und Verlangsamung auf dem Markt befasst. Würde eine solche Formel existieren, sähe sie so oder so ähnlich aus:

$$\text{Geschwindigkeitsveränderung} = \frac{\text{heutige Geschwindigkeit} - \text{Geschwindigkeit an Tag X}}{\text{Zeit}}$$

Obwohl wir hinsichtlich des Themas Beschleunigung oder Verlangsamung als Einstiegsindikator keine ausführlichen Untersuchungen angestellt haben, haben wir einige Daten darauf programmiert, einen Blick darauf zu werfen. Tabelle 9.2 zeigt die Schlusskurse derselben Getreidedaten, die wir uns bereits an anderer Stelle angesehen haben. Die Tabelle beginnt, nachdem die Grundlinie an Tag 21 endet. Bitte erinnern Sie sich, dass am 6. März – Tag 46 in der Tabelle – sowohl ein 20-Tage- als auch ein 40-Tage-Break-out stattfanden. Tabelle 9.2 zeigt außerdem die durchschnittliche Änderungsrate der Kurse (also die Geschwindigkeit) über einen Zeitraum von 20 Tagen. Verlangsamungen sind fett gedruckt, während Beschleunigungen in Normalschrift dargestellt sind.

Beachten Sie, dass an Tag 40, also sieben Tage vor dem Channel-Break-out an Tag 46, eine positive 20-Tage-Geschwindigkeitsphase ihren Anfang nimmt. Die letzten beiden Spalten in Tabelle 9.2 zeigen Drei-Tage- und Fünf-Tage-Beschleunigungen beziehungsweise -Verlangsamungen (das heißt: Wie stark verändert sich die Geschwindigkeit über einen Zeitraum von drei bis fünf Tagen?). Die langfristigere Beschleunigung (also diejenige über zehn Tage) startet ebenfalls eine positive Beschleunigung, die jedoch für nur einen Tag ins Negative umschlägt.

Abbildung 9.6 zeigt drei Variablen auf einem Zeit-Graph. Bitte beachten Sie, dass der Channel-Break-out, der eigentlich am 6. März beginnt, an Tag 46 seinen Anfang nimmt. Geschwindigkeit und Beschleunigung kommen schon viel früher in Bewegung. Doch kurz vor dem Break-out kommt es sowohl bei der Geschwindigkeit als auch bei der Beschleunigung zu einem kleinen Einbruch; abgesehen von einem leichten Absinken der Zehn-Tage-Beschleunigung ins Negative bleiben die Zahlen jedoch positiv.

Was bedeutet das? Ich schlage Ihnen hier ganz sicher nicht vor, eine positive Beschleunigung oder das Anzeichen einer Beschleunigung (im Gegensatz zur Verlangsamung) als Einstiegssystem zu verwenden. Stattdessen weise ich Sie nur auf die Beziehungen hin. Versteht man sie, so bilden Beziehungen die Grundlage für Konzepte, die Sie beim Trading verwenden können.

Bedenken Sie, dass man Geld nicht unbedingt dadurch verdient, dass man recht hat, was den Einstieg angeht. Ist man aber in der Lage, einen Einstiegspunkt zu bestimmen, der die hohe Wahrscheinlichkeit (sagen wir 25 Prozent) eines Trades mit hohem R-Multiple liefert, so hat man gute Chancen, hohe und

| Datum | Schluss-kurs | Geschwindigkeit – 20 Tage | Beschleunigung – 5 Tage | Beschleunigung – 10 Tage |
|---|---|---|---|---|
| Tag 21 | 166,5 | 0,225 | | |
| Tag 22 | 165,75 | 0,175 | | |
| Tag 23 | 163 | – 0,0625 | | |
| Tag 24 | 163 | – 0,1125 | | |
| Tag 25 | 164,5 | – 0,0875 | – 0,3125 | |
| Tag 26 | 165,25 | – 0,025 | – 0,2 | |
| Tag 27 | 166 | 0 | 0,0625 | |
| Tag 28 | 169,25 | 0,075 | 0,1875 | |
| Tag 29 | 167,25 | 0,0625 | 0,15 | |
| Tag 30 | 167,25 | – 0,025 | 0 | – 0,25 |
| Tag 31 | 167,25 | – 0,0125 | – 0,0125 | – 0,1875 |
| Tag 32 | 168 | 0 | – 0,075 | 0,0625 |
| Tag 33 | 167,5 | – 0,075 | – 0,1375 | 0,0375 |
| Tag 34 | 168,25 | 0 | 0,025 | 0,0875 |
| Tag 35 | 167,75 | 0 | 0,0125 | 0,025 |
| Tag 36 | 166,75 | – 0,0125 | – 0,0125 | – 0,0125 |
| Tag 37 | 166,25 | – 0,0125 | 0,0625 | – 0,0875 |
| Tag 38 | 165,75 | – 0,05 | – 0,05 | – 0,1125 |
| Tag 39 | 166 | – 0,0375 | – 0,0375 | – 0,0125 |
| Tag 40 | 167,25 | 0,0375 | 0,05 | 0,05 |
| Tag 41 | 167,25 | 0,075 | 0,0875 | 0,075 |
| Tag 42 | 167,25 | 0,2125 | 0,2625 | 0,2875 |
| Tag 43 | 167,5 | 0,225 | 0,2625 | 0,225 |
| Tag 44 | 168 | 0,175 | 0,1375 | 0,175 |
| Tag 45 | 167,75 | 0,125 | 0,05 | 0,1375 |
| Tag 46 | 166 | 0 | – 0,2125 | 0,0125 |
| Tag 47 | 169,25 | 0 | – 0,225 | 0,05 |
| Tag 48 | 170,5 | 0,1625 | – 0,0125 | 0,2 |
| Tag 49 | 170 | 0,1375 | 0,0125 | 0,1 |
| Tag 50 | 170,25 | 0,15 | 0,15 | 0,075 |
| Tag 51 | 170,25 | 0,1125 | 0,1125 | – 0,1 |

**Tabelle 9.2:** Studie zu Geschwindigkeit und Beschleunigung

# 9. Einstiegs- oder Markt-Timing

| Datum | Schluss-kurs | Geschwindigkeit – 20 Tage | Beschleunigung – 5 Tage | Beschleunigung – 10 Tage |
|---|---|---|---|---|
| Tag 52 | 173 | 0,275 | 0,1125 | 0,05 |
| Tag 53 | 172,75 | 0,225 | 0,0875 | 0,05 |
| Tag 54 | 174 | 0,3125 | 0,1625 | 0,1875 |
| Tag 55 | 172,5 | 0,2875 | 0,175 | 0,2875 |
| Tag 56 | 172,5 | 0,3125 | 0,0375 | 0,3125 |

**Tabelle 9.2:** Studie zu Geschwindigkeit und Beschleunigung *(Fortsetzung)*

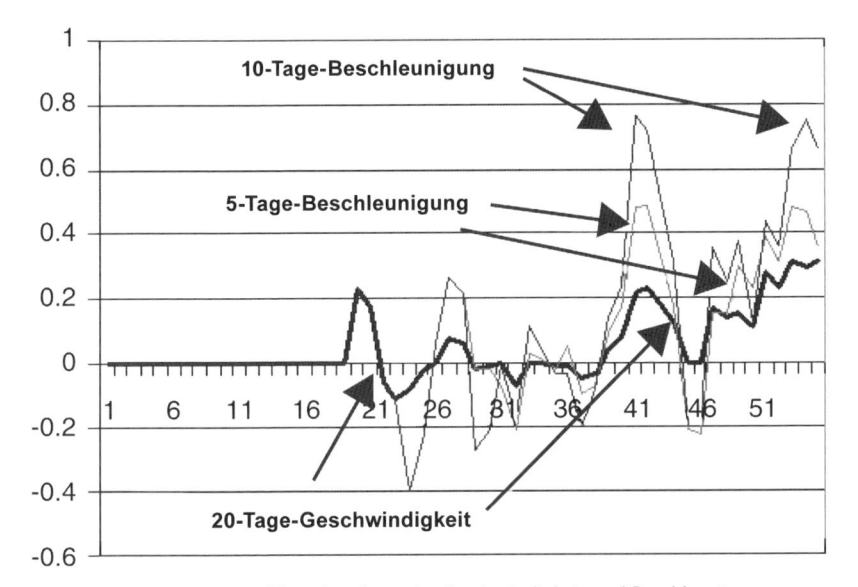

**Abbildung 9.6:** Kursentwicklung bei Getreide, Geschwindigkeit und Beschleunigung

beständige Gewinne zu erzielen. Der Beginn einer Beschleunigung könnte Ihnen einen Punkt mit wenig Risiko liefern, an dem Sie einen sehr engen Stop setzen können. Dies bedeutet, dass R niedrig ist, weswegen die Möglichkeit eines Gewinns mit hohem R-Multiple besteht. Dies würde natürlich ausgiebige Tests erfordern.

Beschleunigung könnte sich auch als perfektes Instrument für ein gutes Retracement-Setup herausstellen. Vielleicht müssten Sie lediglich nach einer Verlangsamung kurz nach dem Ausbruch aus dem Trendkanal suchen. Sobald aus der Verlangsamung Beschleunigung wird, könnte das für Sie das perfekte

Signal sein, dem nur noch ein enger Stop fehlt und das das Potenzial hätte, Ihnen Gewinne mit einem sehr hohen R-Multiple zu ermöglichen. In unserem Beispiel begann die Verlangsamung kurz vor dem Ausbruch aus dem Trendkanal.

## Eine Einstiegsevaluierung, die in einigen gängigen Systemen verwendet wird

Unsere letzte Aufgabe beim Thema Einstieg ist es, einige der typischen Einstiegssignale zu prüfen, die im Rahmen einiger Börsensysteme und mit Systemen, die auf spekulativeren Märkten genutzt werden, verwendet werden.

### Überblick über ausgewählte Börsensysteme

#### Das Börsensystem von William O'Neil

Bei William O'Neils Börsensystem handelt es sich um eine Trading-Methode, die die im vorigen Kapitel beschriebenen CANSLIM-Setups benutzt. Der Einstieg stellt den Timing-Aspekt des Systems dar, das auf verschiedenen Chartmustern basiert, die man bei den in Frage kommenden Aktien finden kann. Schlüsselaspekt des Einstiegs ist ein Kursausbruch aus einer Konsolidierungsphase, die zwischen sieben Wochen und 15 Monaten gedauert hat. Zu den typischen Mustern gehören die Tassenformation, ein Break-out von einer langen Grundlinie, die sogenannte Untertassenformation, ein Doppelboden oder eine Double Base. Doch die ersten beiden Muster sind mit Abstand die gängigsten. William O'Neil stellt in seinem exzellenten Buch viele solcher Muster vor.

Außerdem ist für den Einstieg entscheidend, dass der Break-out mit einem massiven Anstieg des Volumens einhergehen sollte. O'Neil schlägt zum Beispiel vor, dass das Break-out-Volumen mindestens 50 Prozent über dem Tagesdurchschnitt der Aktie liegen sollte. Dieser starke Volumenanstieg ist der wichtigste Aspekt von O'Neils Einstieg, dem jedoch eher wenige Trader folgen. Die meisten suchen lediglich nach den Mustern wie der Tassenformation oder einem einfachen Ausbruch. Sehen Sie das Volumen als die Masse eines Fahrzeugs. Hat ein schwerer Lastwagen erst einmal eine bestimmte Geschwindigkeit erreicht, wird er sehr viel wahrscheinlicher mit dieser Geschwindigkeit weiterfahren als ein kleines Auto, das auf einer Briefmarke halten und wenden könnte.

#### Das Business-Evaluation-Modell von Warren Buffett

Buffetts Business-Evaluation-Modell mit all den Filtern aus dem vorigen Kapitel verfügt vermutlich nicht über eine Einstiegstechnik – obwohl diese Annahme auf Spekulation meinerseits basiert. Ich schätze, dass Buffett, solange ausreichend Mittel zur Verfügung stehen, ein neues Unternehmen kaufen wird, sobald er eines findet, das seinen Kriterien entspricht. Aus diesem Grund stellt es für ihn vermutlich das Einstiegssignal dar, wenn er ein Unternehmen findet, das seinen Anforderungen entspricht – obwohl ich mir nicht sicher bin, ob es überhaupt Unternehmen gibt, die seine Kriterien auf einem überbewerteten Markt erfüllen können. Doch Buffett schert sich recht wenig darum, was der Markt macht, wie das folgende Zitat beweist:

»Der Markt existiert lediglich als Referenzpunkt, um sehen zu können, ob irgendjemand bereit ist, etwas Törichtes zu tun. Wenn wir in Aktien investieren, investieren wir auch in ein Unternehmen. Handeln Sie ganz einfach rational, schwimmen Sie nicht einfach mit dem Strom.«[99]

**Überblick über ausgewählte Systeme für Futures-Märkte**

Adaptive-Trading von Perry Kaufman
Vielleicht erinnern Sie sich an unsere Besprechung der adaptiven Herangehensweise von Kaufman in Kapitel acht: Kaufman entwickelte eine Effizienzkennzahl, die sowohl auf der Geschwindigkeit als auch auf der Richtung der Marktbewegung und darüber hinaus noch auf dem Lärmpegel der Geräuschkulisse basiert. Es wurden auch verschiedene Beispiele möglicher Effizienz-Ratios, die man verwenden könnte, gegeben.

In den nun folgenden Berechnungen nehmen wir an, dass wir über ein Effizienz-Ratio verfügen, das zwischen null und eins liegt, wobei null bedeutet, dass auf dem Markt, abgesehen von den Randgeräuschen, keine Entwicklung stattfindet, und eins bedeutet, dass sich der Markt nicht bewegt und es keine Randgeräusche gibt. Auf einem äußerst effizienten Markt entspricht die gesamte Kursbewegung der Kursbewegung zwischen den beiden Zeitspannen. Das Ratio läge bei 1,0, da es keine Randgeräusche gibt. Stiege der Kurs innerhalb von zehn Tagen um zehn Punkte (ein Punkt pro Tag), wäre das Ergebnis folgendes Ratio: $10/(10 \times 1) = 1,0$.

Auf einem äußerst ineffizienten Markt hielte sich die gesamte Kursbewegung in Grenzen, während die tägliche Kursbewegung recht hoch wäre. Das daraus resultierende Ratio würde eher gen null gehen. Würde sich der Kurs zum Beispiel über einen Zeitraum von zehn Tagen um nur einen Punkt verändern, dabei jedoch an jedem Tag um zehn Punkte steigen oder fallen, so ergäbe dies ein Ratio von $1/(10 \times 10) = 0.01$. Gäbe es überhaupt keine Kursbewegung, läge das Ratio natürlich – unabhängig von der gesamten Kursbewegung – bei null.

Der nächste Schritt bei der Berechnung des adaptiven Gleitenden Durchschnitts besteht darin, das Effizienz-Ratio auf verschieden schnelle Gleitende Durchschnitte anzuwenden. Wir könnten einen Zwei-Tage-Durchschnitt als schnell, einen 30-Tage-Durchschnitt als langsam bezeichnen. Kaufman konvertiert die Geschwindigkeit des Gleitenden Durchschnitts in eine gleitende Konstante (Smoothing Constant, SC), indem er folgende Formel verwendet:

---

99 »The Big Bad Bear on Wall Street«, Fortune, 4. Januar 1988, Seite 8.

$$SC = \frac{2}{N+1}$$

Die gleitende Konstante der hohen Geschwindigkeit beträgt 2/(2+1) = 2/3 = 0,66667. Die gleitende Konstante der niedrigen Geschwindigkeit beträgt 2/(30+1) = 2/31 = 0,06452. Die Differenz zwischen diesen beiden Werten, die Kaufman in seiner Formel verwendet, beläuft sich auf 0,60215.

Schließlich empfiehlt Kaufman, die Formel dazu zu verwenden, Gleitende Konstanten wie folgt auf das Effizienz-Ratio anzuwenden:

Skalierte gleitende Konstante = [Effizienz-Ratio × (SC-Differenz)] + langsame SC

Setzen wir unsere Zahlen ein, erhalten wir folgende Formel:

Skalierte gleitende Konstante = [Effizienz-Ratio × 0,60215] + 0,06452

Betrüge das Effizienz-Ratio also 1,0, läge der Wert unserer skalierten gleitenden Konstante bei 0,66667; Hätte das Effizienz-Ratio einen Wert von null, so betrüge unsere skalierte gleitende Konstante 0,06452. Bitte beachten Sie, wie dies jeweils den Zahlen für zwei und 30 Tage entspricht.

Da auch die 30-Tage-Zahl noch effektiv sein kann, empfiehlt Kaufman, die letzte gleitende Konstante vor der Anwendung zu quadrieren. Im Grunde genommen bedeutet dies, dass kein Trading mehr stattfindet, wenn das Effizienz-Ratio (ER) zu niedrig ist.

Die Formel des adaptiven Gleitenden Durchschnitts (Adaptive Moving Average, AMA) lautet:

AMA = AMA(gestern) + $SC^2$ × [heutiger Kurs − AMA(gestern)]

Nehmen wir an, dass der gestrige AMA einen Wert von 40 hat. Der heutige Kurs beträgt 47 Punkte – die Differenz beträgt also sieben Punkte. Auf einem effizienten Markt würde dies zu einer deutlichen Veränderung des Durchschnitts führen – der AMA würde um beinahe 3,1 Punkte steigen; das ist fast die Hälfte von sieben. Auf einem ineffizienten Markt mit einem ER-Wert von etwa 0,3 würde sich der Unterschied kaum auf den AMA auswirken: Er würde um lediglich 0,4 Punkte steigen. Dadurch wäre es für Sie wesentlich wahrscheinlicher, durch eine Bewegung des AMA zu einem Trade zu kommen, wenn der Markt effizient ist.

Laut Kaufman entspricht der AMA einer exponentiellen Glättung, und solche Durchschnitte sollte man traden, sobald sie eine Richtungsänderung signalisieren. Mit anderen Worten: Man kauft sich in den Markt ein, wenn der AMA steigt, und steigt wieder aus, wenn der AMA sinkt.

Doch tradet man diese Signale, kann es zu vielen Ein- und Ausstiegen, basierend auf falschen Signalen, kommen. Aus diesem Grund erweitert Kaufman die Berchnung um den folgenden Filter:

Filter = Prozentsatz × Standardabweichung (Ein-Tages-Veränderung des AMA über den Zeitraum der letzten 20 Tage)

Kaufman schlägt vor, beim Traden auf den Futures- und Forex-Märkten Filter mit niedriger Prozentzahl (also zehn Prozent) zu verwenden und auf den Aktien- und Zinsmärkten mit hohen Prozentzahlen (also 100 Prozent) zu arbeiten.

Bestimmen Sie den passenden Filter für den Markt, auf dem Sie traden wollen. Addieren Sie den Filter zum niedrigsten Kurs innerhalb eines Abwärtstrends, und Sie erhalten ein Kaufsignal; subtrahieren Sie den Filter vom höchsten Kurs innerhalb eines Aufwärtstrends, und Sie erhalten Ihr Verkaufssignal. Im Grunde genommen ist dies Ihr adaptiver Einstiegspunkt.

Wahrscheinlich könnten Sie ein Markteffizienz-Ratio auf viele der Einstiegstechniken, die wir bereits besprochen haben, anwenden. Sie könnten zum Beispiel mit einem adaptiven Channel-Break-out-System arbeiten, bei dem sich die Länge des Trendkanals anpasst, oder mit einem adaptiven Volatilitäts-Break-out, bei dem das Ausmaß des benötigten Ausbruchs von der Markteffizienz abhängt.

### Die Fundamentaldaten von William Gallacher

In Kapitel acht haben wir besprochen, dass William Gallacher die Fundamentaldaten des Marktes bestimmt, um ein Setup zu erhalten. Sind die Fundamentaldaten stark, so können Sie entsprechend der Richtung, die diese Fundamentaldaten als Marktrichtung angeben, in den Markt einsteigen. Wie Sie sicher noch wissen, können diese Fundamentaldaten für jeden Markt unterschiedlich ausfallen. Erinnern Sie sich bitte an LeBeaus Erörterungen zum Fundamental-Trading in Kapitel fünf: Er empfiehlt, sich bei der Bestimmung der Fundamentaldaten eines Marktes auf Experten zu verlassen. Weiter warnt er, dass man zwar bei der Bestimmung der Fundamentaldaten richtig liegen, dafür aber beim Timing völlig danebenliegen kann. Aus diesem Grund benötigt man ein gutes Timing-System, wenn man auf der Basis von Fundamentaldaten traden will.

Zu Illustrationszwecken zeigt Gallacher ein Zehn-Tage-Channel-Break-out-Reversal-System, um den Wahnwitz der Chartanalyse aufzuzeigen. Während niemand, den ich kenne, mit dieser Art System traden würde, sagt Gallacher, dass das Wahrnehmen von Zehn-Tage-Break-outs entsprechend der von den Fundamentaldaten prognostizierten Marktrichtung ein durchaus solide Strategie sei, wenn man die Fundamentaldaten erst einmal kennt. Ich persönlich glaube, dass ein solches System zu vielen falschen Signalen führen kann. Doch ein Channel-Break-out von 50 Tagen oder mehr in Kombination mit der Unterstützung der Fundamentaldaten könnte auch ein ausgezeichneter Einstieg sein.

### Der Drei-Schritte-Umkehr-Ansatz von Ken Roberts

Ken Roberts empfiehlt, zwei Setups zu verwenden, bevor man in den Markt einsteigt. Dem ersten Setup zufolge muss auf dem Markt der höchste oder niedrigste Stand seit neun Monaten herrschen. Das zweite Setup sieht eine Drei-Schritte-Umkehr des Marktes vor. In Kapitel acht finden Sie die Details und verschiedene Illustrationen eines solchen Neun-Monats-Extrems sowie der anschließenden Drei-Schritte-Umkehr des Marktes. Wenn Sie über solche Setups verfügen, wie sollte dann Ihr Einstieg aussehen?

Sind diese beiden Setups erfüllt, so steigen Sie in den Markt ein, wenn sich dieser erneut auf Punkt 2 zubewegt (vgl. Abbildung 9.7) und einen neuen Höchst- oder Tiefstkurs erreicht. Dieser neue Extremwert ist Ihr Signal für den Markteinstieg. Abbildung 9.7 zeigt einen neuen extremen Kurs nach einem historischen Höchststand und die anschließende Drei-Schritte Umkehr. Die Linie in Abbildung 9.7 ist Ihr Einstiegssignal. Sie könnten auch dann in den Markt einsteigen, wenn der Kurs an Punkt 2 sich in die Richtung weiterentwickelt, von der Sie glauben, dass der Markt sie einschlagen wird.

Die Annahme hinter dieser speziellen Trading-Methode ist, dass es zur Marktumkehr kommen wird, wenn der Markt einen langfristigen Trend durchlaufen und das Vier-Schritte-Muster – Schritt vier steht für das neue Extrem in entgegengesetzter Richtung – abgeschlossen ist. Doch es kommt recht oft vor, dass die Marktumkehr nicht stattfindet. Stattdessen durchläuft der Markt eine

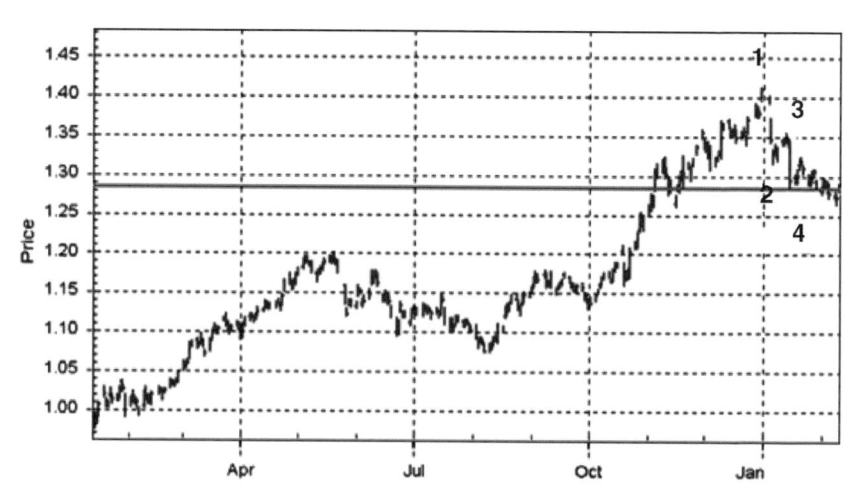

**Abbildung 9.7:** Im Dezember 1988 befindet sich das britische Pfund auf historischem Höchststand (1). Darauf folgen ein deutlicher Rückgang auf Punkt (2), eine Umkehr zu Punkt (3) und dann, am 11. Januar, ein weiterer deutlicher Kursrückgang auf ein neues Tief (4) – das Einstiegssignal. Dies funktionierte ein paar Monate lang. Dann erholte sich der Markt und erklomm neue Höchststände.

lange Konsolidierungsphase, die viele falsche Signale mit sich bringen könnte. Nichtsdestotrotz könnte diese Methode mit den richtigen Stops, Ausstiegen und ordentlicher Größeneinteilung der Positionen erfolgreich getradet werden, was wir in den nächsten Kapiteln besprechen wollen.

## Zusammenfassung

- Die meisten Menschen widmen dem Einstieg mehr Aufmerksamkeit als jedem anderen Aspekt eines Trading-Systems. Diese Aufmerksamkeit ist überproportional groß und führt oftmals dazu, dass die wichtigsten und entscheidendsten Aspekte eines Systems vernachlässigt werden. Nichtsdestotrotz verdient der Einstieg ganz sicher einen Teil Ihrer Aufmerksamkeit, wenn gutes Timing die Verlässlichkeit Ihres Trading verbessern kann, ohne das Gewinn-Risiko-Verhältnis zu verändern.
- Sie können Geld verdienen, wenn Sie mit einem Random-Entry-System arbeiten. Tatsächlich zeigen nur wenige Einstiegstechniken eine Verlässlichkeit, die deutlich besser wäre als die der Methode des zufälligen Einstiegs – vor allem bei Zeiträumen über 20 Tage oder mehr.
- Gute Einstiegsindikatoren wären:
  - Ein Channel-Break-out von mehr als 40 Tagen.
  - Ein Volatilitäts-Break-out an einem einzigen Tag, dessen Wert etwa 0,8 Mal so hoch ist wie jener der Average True Range (ATR). Dies ist besonders günstig für Marktpropheten.
  - Eine starke ADX-Bewegung innerhalb eines Tages (oder über einen Zeitraum von zwei Tagen) in Kombination mit den deutlichen Anzeichen eines Trends.
  - Die Verwendung eines Indikators, der anzeigt, dass die Geschwindigkeit in Richtung des Trends steigt.
  - Ein adaptiver Gleitender Durchschnitt, der seine Richtung ändert und eine vorbestimmte Strecke, basierend auf einem im Vorfeld definierten Filter, zurücklegt.
  - Ein Oszillator, der auf eine massive Entwicklung gegen den großen Trend hindeutet, gefolgt von einer deutlichen Wiederaufnahme des Trends.
- Es wurden gängige Einstiegstechniken für verschiedene Systeme besprochen. In wenigen Fällen wurden Verbesserungen der Techniken besprochen.

# 10 Wann Sie passen sollten: So schützen Sie Ihr Kapital

*Ihr Sicherheits-Stop funktioniert wie eine rote Ampel: Sie können das Signal ignorieren, aber das ist nicht besonders klug! Wenn Sie durch die Stadt fahren und dabei über jede rote Ampel düsen, werden Sie wahrscheinlich nicht besonders schnell und auch nicht besonders sicher an Ihrem Ziel ankommen.*

*– Richard Harding in einem Vortrag auf einem unserer Systementwicklungs-Workshops*

Einer der Teilnehmer eines meiner Workshops war so deprimiert, dass er sich kaum auf den Kurs konzentrieren konnte. Der Grund für seine Depression waren die Verluste, die er jüngst an der Börse erlitten hatte. Während der ersten Hälfte des Vorjahres hatte er es geschafft, sein Rentenkonto von 400.000 auf 1.300.000 Dollar auszubauen. Eigentlich hatte er den Workshop deshalb besuchen wollen, um mir zu sagen, welch großartiger Investor er geworden war. Doch in den zwei Wochen vor dem Workshop hatten einige der Aktien in seinem Portfolio dramatisch an Wert verloren, und sein Konto hatte einen Wertverlust von 70 Prozent erlitten. Eine seiner Aktien war von etwas mehr als 200 Dollar pro Aktie auf etwa 50 Dollar gesunken – zu diesem Zeitpunkt verkaufte der Mann dann mit Verlust. Mittlerweile notierte die Aktie wieder bei 60 Dollar pro Stück, und der Mann war überzeugt, zum Tiefstkurs ausgestiegen zu sein.

Ich hoffe natürlich, dass Sie eine solche Erfahrung noch nicht am eigenen Leib machen mussten, doch ich fürchte, Geschichten wie diese passieren doch recht häufig. Die Menschen steigen aufgrund eines Tipps oder mithilfe einer heißen neuen Einstiegstechnik in den Markt ein. Aber wenn sie erst einmal auf dem Markt Position bezogen haben, dann haben sie keine Ahnung, wann oder wie sie wieder aussteigen sollten. Egal ob man eine Verlustposition abstößt oder Gewinne mitnimmt – Ausstiege sind der Schlüssel zum erfolgreichen, profitablen Börsenhandel. Nicht umsonst lautet die Goldene Regel des Tradings:

Begrenzen Sie die Verluste, und lassen Sie die Gewinne laufen.

Mir erscheint diese Goldene Regel wie eine Erläuterung zum Thema Ausstiege. In seinem wunderbaren Buch *Campaign Trading* schildert John Sweeney folgende Beobachtung:

Als wir Kinder waren, fiel es uns schwer, unter dem Bett oder in dunklen Ecken nach Monstern zu suchen, und ebenso schwer fällt es uns heute, mit einem Verlust konfrontiert zu sein und ihn anzuerkennen. Früher war die einfachste Lösung, sich unter der Bettdecke zu verkriechen, heute verstecken wir uns hinter irgendeinem Abwehrmechanismus. (Am öftesten höre ich:»Oh, diese Trading-Regel hat nicht funktioniert!« – als ob die Einstiegsstrategie für den Verlust verantwortlich wäre!)[100]

Der wichtigste Punkt hierbei ist, dass der Ausstieg aus einem Verlust-Trade für Ihren Erfolg als Trader entscheidend ist. Die meisten Menschen denken hauptsächlich über Einstiege oder Setups nach, doch das allein macht sie nicht zu erfolgreichen Tradern. Es sind die Ausstiege und das Wissen um die richtige Größeneinteilung der Positionen, die den Trader zum Erfolg führen.

Meiner Meinung nach hat man erst dann ein Trading-System, wenn man schon zum Zeitpunkt des Markteinstiegs genau weiß, wann man aus seiner Marktposition wieder aussteigen wird. Ihr Ausstieg für den schlimmsten Fall, der ihr Kapital schützen soll, sollte frühzeitig festgelegt werden. Außerdem sollten Sie eine Vorstellung davon haben, wie Sie Gewinne mitnehmen wollen, und Sie sollten über eine Strategie verfügen, um Ihre Gewinne laufen zu lassen. Dieser Aspekt der Ausstiegs ist für Kapitel elf reserviert.

Lesen Sie nun, was andere Markt-Legenden zum Thema Sicherheits-Stops zu sagen haben:

*William O'Neil:* »Will man an der Börse Gewinne erzielen, ist das ganze Geheimnis, möglichst wenig zu verlieren, wenn man mal danebenliegt.«

*Jesse Livermore:* »Investoren sind große Spieler. Sie gehen eine Wette ein, bleiben am Ball, und wenn etwas schiefläuft, dann verlieren sie alles.«

## Wie Ihr Stop funktioniert

Wenn Sie auf dem Markt eine Stop-Loss-Order setzen, dann tun Sie zwei wichtige Dinge. Erstens bestimmen Sie einen Maximalverlust (Risiko), den Sie willens sind einzugehen. Dieses Anfangsrisiko nennen wir R, da es die Basis für die Bestimmung Ihrer R-Multiples (vgl. Kapitel sieben, in dem es um die Erwartung ging) bildet. Jeder Trader oder Investor sollte meiner Meinung nach das Konzept von R verstehen. Bedenken Sie: R ist die Menge, von der Sie annehmen, dass Sie

---

[100] John Sweeney, *Campaign Trading: Tactics and Strategies to Exploit the Market (New York: Wiley, 1996).*

sie bei einem Trade verlieren, wenn Sie austeigen müssen, um Ihr Kapital zu schützen. Sollten Sie R nicht für jede Ihrer Positionen auf dem Markt im Vorfeld bestimmt haben, dann tun Sie nichts anderes, als Ihr Geld leichtfertig zu verspielen.

Über viele Trades finden Sie vielleicht heraus, dass der durchschnittliche Verlust etwa die Hälfte dessen, oder 0,5R, beträgt, abhängig von Ihrer Strategie zur Erhöhung von Stops. Doch es kann passieren, dass Ihnen der Markt entgleitet, und dann beträgt der Verlust 2R oder vielleicht 3R. Ich hoffe aber, dass Sie nur sehr selten mit Verlusten dieser Größenordnung konfrontiert werden.

Nehmen wir an, Sie kaufen sich in den Getreidemarkt ein und entscheiden sich für einen Stop-Loss, der dreimal so hoch ist wie die tägliche Volatilität. Die tägliche Volatilität beträgt etwa drei Cent, was multipliziert mit 5.000 Scheffeln pro Kontrakt 150 Dollar entspricht. Ihr Stop entspricht also dem Dreifachen dieses Betrags oder 450 Dollar pro Kontrakt. Ist Ihr durchschnittlicher Verlust nur halb so groß – oder 0,5R –, dann verlieren Sie höchstwahrscheinlich etwa 225 Dollar, wenn der Trade für Sie nicht funktioniert.

Sehen wir uns dazu ein Aktienbeispiel an. Angenommen, Sie kaufen 100 Aktien der ABCD Company. Die Aktie wird zu 48 Dollar das Stück gehandelt. Die tägliche Volatilität beträgt etwa 50 Cent, weswegen Sie beschließen, mit einem Stop-Loss von 1,50 Dollar pro Aktie zu arbeiten. Aus diesem Grund werden Sie die Aktie verkaufen, wenn ihr Wert auf 46,50 Dollar sinkt. Das ist keine massive Bewegung und entspricht einem Verlust von nur 150 Dollar pro 100 Aktien.[101]

Der zweite wichtige Aspekt der Stop-Loss-Order ist der, dass Sie einen Bezugspunkt festlegen, an dem spätere Gewinne gemessen werden können. Als Trader sollte es Ihre Hauptaufgabe sein, einen Plan auszuarbeiten, mit dessen Hilfe Sie Gewinne erzielen können, die hohe Vielfache von R sind. Es sind zum Beispiel nicht viele 10R- oder 20R-Gewinne erforderlich, um ein gigantisches Trading-System zu haben. Im Fall des Getreide-Trades wäre es nett, einen Gewinn in Höhe von 2.250 oder 4.500 Dollar einzufahren. Nach ein paar Gewinnen dieser Größenordnung kann man durchaus ein paar Verluste in Höhe von 225 Dollar verschmerzen.

Ich habe schon in dem Kapitel, in dem es um die Erwartung ging, über R-Multiples gesprochen. Doch dieser Aspekt ist für Ihren Erfolg so wichtig, dass es durchaus Sinn macht, ihn hier noch einmal aufzugreifen. Sehen wir uns also mit diesem Gedanken im Hinterkopf noch einmal unser Börsenbeispiel an. Sie kaufen 100 Aktien zu 48 Dollar das Stück und nehmen sich vor, bei 46,50 Dollar auszusteigen. Sagen wir jetzt einmal, dass Sie die Aktie lange genug halten und sie 20 Prozent an Wert gewinnt. Das hieße zusätzliche 9,63 Dollar pro Aktie oder ein Kursanstieg auf 57,63 Dollar. Im Grunde genommen sind Sie ein Risiko von

---

*101 Diese Art von Trading ist aufgrund der, selbst bei preiswerten Brokern, sehr hohen Gebühren recht schwierig. Doch Discount-Trading im Internet hat das geändert.*

150 Dollar pro 100 Aktien eingegangen, um 963 Dollar zu verdienen – das ist ein wenig mehr als ein 6R-Gewinn und durchaus möglich.

Realistisch gesehen könnten Gebühren und ein Nachgeben der Börsenkurse jedoch zusätzliche 30 Dollar zum Gewinn oder zum Verlust hinzufügen, vor allem wenn Sie nicht via Internet traden. Berechnen wir die Kosten mit ein, so haben wir einen möglichen Verlust von 180 Dollar (150 Dollar + 30 Dollar Kosten), um einen Gewinn von 933 Dollar (963 Dollar – 30 Dollar Kosten) zu generieren. Das bedeutet: Ihr Gewinn ist ein 35R-Gewinn. Verstehen Sie, wie das funktioniert? Unter Berücksichtigung des Aspekts R zu denken ist eines der wichtigsten Konzepte, die Sie verstehen müssen. Das wird Ihre Herangehensweise an die Märkte grundlegend verändern. Dieses Buch enthält jetzt sogar ein zusätzliches Kapitel, Kapitel zwölf, das Ihnen dabei helfen soll, über Ihr potenzielles Gewinn-Risiko-Verhältnis nachzudenken, wann immer Sie in Betracht ziehen, in einen Trade einzusteigen.

Die meisten Menschen glauben, sie würden die gesamten 4.800 Dollar aufs Spiel setzen wenn sie 100 Aktien zu 48 Dollar das Stück kaufen.[102] Doch das wird nicht passieren, wenn Sie eine klare Vorstellung davon haben, wann Sie aus dem Markt aussteigen sollten, und auch in der Lage sind, dies zu tun. Ihr Stop-Loss bestimmt das Anfangsrisiko R im Vorfeld. Doch Ihre Hauptaufgabe als Trader sollte sein, einen Plan auszuarbeiten, der es Ihnen ermöglicht, Gewinne zu erzielen, die ein hohes Vielfaches von R sind. Denken Sie über die Bedeutung dessen nach, was ich gerade sagte: Eines Ihrer vorrangigen Ziele als Trader sollte es sein, Trades mit einem möglichst hohen Vielfachen von R zu ergattern.

Bitte bedenken Sie, dass der erste Zweck Ihres Stop-Loss ist, den anfänglichen R-Wert, den Sie zu tolerieren bereit sind, festzulegen. Ist dieser R-Wert niedrig, ermöglicht er es Ihnen, Gewinne mit einem sehr hohen R-Vielfachen zu generieren. Doch kleine Stops erhöhen auch die Wahrscheinlichkeit, bei einem beliebigen Trade zu verlieren, und reduzieren außerdem die Verlässlichkeit der Einstiegstechnik. Erinnern Sie sich, dass die Verlässlichkeit unseres Random-Entry-Systems bei etwa 38 Prozent lag. Sie hätte bei 50 Prozent liegen sollen, doch aufgrund von Transaktionskosten und der Tatsache, dass mit einem Stop gearbeitet wurde (wenn auch einem großen Stop), nahm die Verlustrate um zwölf Prozent zu. Ein engerer Stop würde die Verlässlichkeit noch weiter reduzieren und könnte Sie zwingen, aus einem Trade auszusteigen, noch bevor es zu einer wichtigen, für Sie günstigen Kursbewegung kommt. Sie könnten natürlich umgehend anhand eines anderen Einstiegssignals wieder in den Markt einsteigen, doch viele solcher Trades bringen erhebliche Transaktionskosten mit sich.

---

*102 Die Börse fördert dies durch Margin Calls bei nur 50 Prozent und indem den Menschen beigebracht wird, sie könnten alles verlieren. Das hat seinen Grund, denn die meisten Menschen traden ohne Plan und sind psychisch darauf programmiert, Geld zu verlieren.*

Aus diesem Grund ist es wichtig, sich einige Kriterien anzusehen, die in Zusammenhang mit einem Stop-Loss, den Sie verwenden, vielleicht nützlich sein könnten. Dazu gehört (1) die Annahme, dass die Einstiegstechnik nicht viel mehr als Glück ist und man den Stop über der Geräuschkulisse des Marktes setzt, dass man (2) die maximale entgegengesetzte Abweichung aller seiner Gewinn-Trades findet und ein Ratio dieses Wertes als Stop verwendet, dass man (3) mit einem engen Stop arbeitet, der Gewinn-Trades mit einem hohen R-Multiple zur Folge hat, und/oder (4) die Verwendung eines Stops, der, basierend auf Ihrem Einstiegskonzept, einen Sinn ergibt. Lassen Sie uns einen genauen Blick auf jedes dieser Kriterien werfen.

**Gehen Sie über die Geräuschkulisse hinaus**
Die von Tag zu Tag auf dem Markt stattfindende Aktivität könnte man als Lärm bezeichnen. Findet zum Beispiel eine Kursveränderung um ein oder zwei Punkte statt, weiß man nie, ob es daran lag, dass ein paar Market Maker nach Aufträgen anläuteten oder ob auf dem Markt starker Betrieb herrschte. Selbst wenn der Markt äußerst aktiv ist, hat man doch keine Ahnung, ob dieser Zustand von Dauer ist oder nicht. Daher ist es sinnvoll anzunehmen, dass es sich bei der täglichen Aktivität des Marktes hauptsächlich um Lärm handelt. Für Sie ist es also vermutlich besser, den Stop außerhalb des wahrscheinlichen Bereichs eines solchen Lärms zu setzen.

Doch wie sieht eine realistische Einschätzung des Lärmumfangs aus? Manche Menschen verwenden gerne Trendlinien, um festzulegen, wo sie die Stops setzen sollten. Abbildung 10.1 zeigt eine Trendlinie, die verwendet werden könnte, um ein sinnvolles Stop-Level für eine Short-Position in Aktien zu bestimmen. Sie könnten die Stops auch mithilfe der Widerstands- und Unterstützungslinien setzen. Ein technikorientierter Trader würde zum Beispiel sagen, dass die Unterstützung der Aktie bei 56,50 Dollar sehr stark ist. Irgendetwas auf diesem Kurs-Level führt dazu, dass der Kurs nicht weiter sinkt. Ein kurzfristiger Trader würde vielleicht sogar langfristig investieren, wenn der Kurs über die Trendlinie steigen würde, und dieser Trader würde dabei die Unterstützungslinie bei 56,50 Dollar als Stop-Level verwenden.

Doch was würde geschehen, wenn die Kurse unter 56,50 Dollar fielen? Ein Technik-Trader würde sagen, dass der Aktie ein langer Fall bevorsteht, da es keine weitere Unterstützung gibt. Der Kurs von 56,50 Dollar würde dadurch zum Widerstand, und die Technik-Trader würden dann ihren Stop auf diesem Niveau setzen, um eine Short-Position abzudecken.

Abbildung 10.2 zeigt den brasilianischen ETF, der einen massiven Aufwärtstrend durchlaufen hat. Ein trendorientierter Trader würde hier definitiv Long-Positionen eingehen und den Stop entweder an der Trendlinie oder an der theoretischen Unterstützungslinie des Charts setzen.

Doch ein Problem dieser speziellen Strategie ist, dass jeder weiß, wo sich diese Stops befinden, und zwar an der Trendlinie oder an den Unterstützungs-

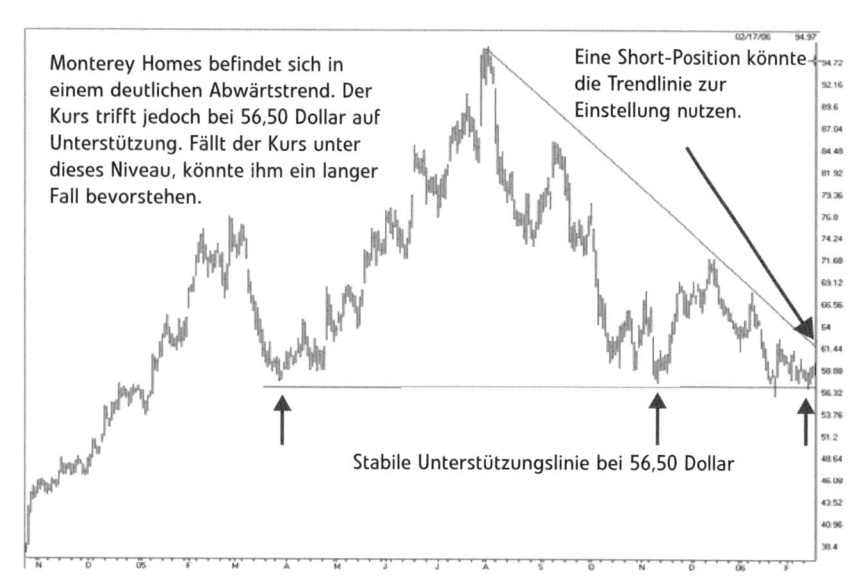

**Abbildung 10.1:** Die Verwendung von Charts, um Stops auf einem Markt im Abwärtstrend zu setzen

beziehungsweise Widerstandslinien. Die Märkte tendieren recht oft dazu, heftige Kursumschwünge zu vollführen und dadurch jedermanns Stops auszulösen, nur um dann seelenruhig die Richtung des Trends erneut aufzunehmen.

Vielleicht sollten Sie Ihren Sicherungs-Stop auf einem Niveau setzen, das dem Markt nicht »logisch« erscheint und der sich dennoch außerhalb der Geräuschkulisse befindet. Nehmen wir einmal an, die Geräuschkulisse wird dargestellt durch die während des Tages auf dem Markt herrschende Aktivität – sprich, die Aktivität des ganzen Tages besteht eigentlich hauptsächlich aus Lärm. Die Tagesaktivität könnte durch die Average True Range repräsentiert werden. Berechnet man einen Durchschnitt dieser Aktivität über den Zeitraum der zurückliegenden zehn Tage (also einen Gleitenden Durchschnitt der letzten zehn Tage), erhält man eine realistische Annäherung an den täglichen Lärmpegel. Nun muss man den Zehn-Tage-Durchschnitt der Average True Range mit einer Konstanten zwischen 2,7 und 3,4 multiplizieren und erhält so einen Stop, der ausreichend weit außerhalb der Geräuschkulisse liegt.[103] Für die meisten trendorientierten Langfrist-Trader auf den Futures-Märkten ist dies wahrscheinlich ein guter Stop. Börsenhändler, die ihre Positionen lange halten wollen, sollten vielleicht mit der dreifachen wöchentlichen Volatilität oder der zehnfachen täglichen Volatilität arbeiten.

---

103 Vorgeschlagen von J. Welles Wilder in *New Concepts and Technical Trading-Systems* (Greensboro, N. C.: Trend Research, 1978).

## 10. Wann Sie passen sollten: So schützen Sie Ihr Kapital

Massiver Aufwärtstrend bei brasilianischen Aktien (EWZ) – Man könnte annehmen, dass sich beim Kurs von 38,4 Dollar eine Unterstützungslinie befindet, und bei 38 Dollar einen Stop setzen, oder man könnte die Trendlinie als Unterstützung verwenden und den Stop bei etwa 35,75 Dollar setzen.

**Abbildung 10.2:** Die Verwendung von Charts, um auf einem Markt im Aufwärtstrend Aktien ausfindig zu machen

Ihre Reaktion auf einen dermaßen weit entfernt liegenden Stop könnte etwa so aussehen: »Ich möchte bei keiner Position ein dermaßen hohes Risiko eingehen.« Doch man kann die Sache auch anders betrachten – Sie werden das besser verstehen, wenn Sie erst das Kapitel über die Positionsgrößenbestimmung gelesen haben. Ihr Stop kontrolliert das Risiko pro Einheit. Doch die Positionsgrößenbestimmung kontrolliert das Gesamtrisiko. Daher könnten Sie einen breiten Stop mit dem zehnfachen Wert der Average True Range (ATR) verwenden, während Sie durch die entsprechende Positionsgrößenbestimmung Ihr Gesamtrisiko auf nur 0,25 Prozent Ihres Aktienbestandes senken. Ein breiter Stop bedeutet also nicht zwingend hohes Risiko, solange der Umfang Ihrer Positionen gering oder minimal ist. Und sollte Ihnen eine minimale Einheit mit dermaßen hohem Risiko als eine Menge Geld erscheinen, dann sollten Sie dieses Instrument am besten nicht traden – die Gelegenheit ist entweder nicht günstig, oder Sie verfügen nicht über ausreichend Kapital.

Bedenken Sie auch, dass Ihr Anfangs-Stop Ihr Risiko im schlimmsten aller Fälle darstellt, Ihre R-Einheit. Die meisten Ihrer Verluste werden wahrscheinlich niedriger als 1R sein, da Ihr Ausstieg im Lauf der Zeit und mit der Bewegung des Marktes steigen wird. Um dies besser zu verstehen, sollten Sie ein paar Seiten zurückblättern und sich die Verteilung der Verluste, die im Rahmen des langfristigen Aktien-Trading-Systems in Abbildung 9.2 gezeigt wurde, noch einmal ansehen.

**Die maximale entgegengesetzte Abweichung**

John Sweeney, der ehemalige Herausgeber von *Technical Analysis of Stocks and Commodities*, stellte das Konzept des sogenannten Campaign-Trading vor.[104] Haben Sie den Begriff R, über den wir bereits sprachen, verstanden, dann werden Sie auch verstehen, was uns Sweeney in seinen Schriften über das Campaign-Trading vermitteln will. Beim Campaign-Trading geht es meiner Meinung nach lediglich um das Verständnis der Tatsache, dass Erfolg beim Traden mehr mit der Kursbewegung, wenn Sie denn in einen Trade eingestiegen sind, zu tun hat als mit Ihrem Einstieg.

Lassen Sie uns nun über den Begriff Abweichung nachdenken – also darüber, was der Kurs ab dem Zeitpunkt des Einstiegs tut. Denkt man über die Kursbewegung ausgehend vom Zeitpunkt des Einstiegs nach, führt einen dies zu verschiedenen interessanten Konzepten. Das erste dieser Konzepte ist die maximale entgegengesetzte Abweichung (Maximum Adverse Excursion, MAE). Dabei handelt es sich um die schlimmste, Ihrer Position entgegengesetzte Kursbewegung innerhalb eines Tages, mit der Sie wahrscheinlich während des gesamten Trades konfrontiert werden. Der schlimmste Fall wird für gewöhnlich definiert als das Hoch oder Tief dieses bestimmten Tages, jeweils abhängig davon, ob Sie long oder short investiert haben.

Abbildung 10.3 zeigt ein Beispiel einer entgegengesetzten Kursabweichung vom Einstiegspunkt auf der Käuferseite. Sie sehen ein Balkendiagramm, in dem die dunkle Linie die MAE der Kursdaten auf einem langen Signal darstellt. In diesem Fall beträgt die MAE 812 Dollar, doch der Anfangsstop (sprich: ein Stop mit dem dreifachen Wert der ATR, der nicht abgebildet ist) liegt 3.582 Dollar entfernt. Die maximale entgegengesetzte Abweichung beträgt also weniger als 25 Prozent des angewandten Stop-Werts.

Abbildung 10.4 stellt die entgegengesetzte Kursabweichung eines Verlust-Trades dar. Am 23. September steigen Sie bei 85,35 long in die Position ein, wobei der Stop 5.343 Dollar entfernt liegt. Die MAE liegt bei 80,9 – das bedeutet einen potenziellen Verlust in Höhe von 2.781,25 Dollar. Doch der Stop liegt noch immer einige tausend Dollar von diesem Kurs entfernt. Letzten Endes steigt der Kurs zusammen mit dem Stop, und Sie schließen die Position und steigen mit

---

[104] Vgl. Sweeney, *Campaign Trading*, für zusätzliche Details zur maximalen entgegengesetzten Abweichung (MAE).

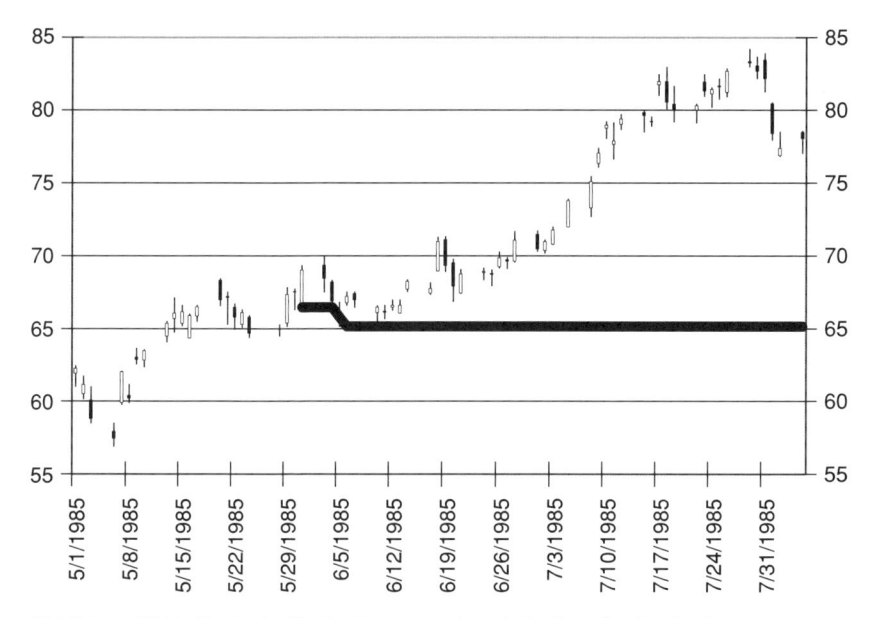

10. Wann Sie passen sollten: So schützen Sie Ihr Kapital

**Abbildung 10.3:** Maximale Abwärtsbewegung innerhalb eines Gewinn-Trades

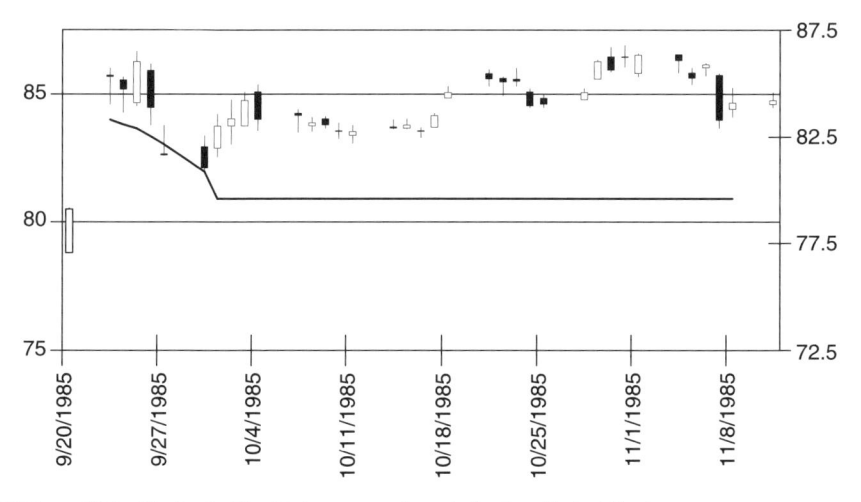

**Abbildung 10.4:** Maximale Abwärtsbewegung innerhalb eines Verlust-Trades

einem Verlust von 1.168,75 Dollar aus – weit entfernt vom Stop oder von der maximalen entgegengesetzten Abweichung von 2.781,25 Dollar. Im Fall des Verlust-Trades war die MAE zwei Mal so hoch wie der letztendliche Verlust, jedoch nur halb so groß wie der Wert des Anfangs-Stops.

Lassen Sie uns eine Tabelle aufstellen, die die MAE der Gewinn- und Verlust-Trades zeigt. In diesem Fall untersuchten wir das britische Pfund über einen Zeitraum von sieben Jahren und verwendeten dabei ein Channel-Break-out-System und einen Stop mit dem dreifachen Wert der ATR. In der Tabelle wurden Gewinn- und Verlust-Trades voneinander getrennt. Tabelle 10.1 zeigt den Gewinn oder Verlust und die maximale entgegengesetzte Abweichung dieser Trades. Bitte beachten Sie, wie interessant es ist, die MAE als Funktion von R darzustellen – John Sweeney hatte dies nicht in Betracht gezogen.

Hierbei handelt es sich nur um eine kleine Auswahl, die lediglich dazu dienen soll, die Verwendung dieser Technik zu veranschaulichen. Beachten Sie die Unterschiede zwischen den Gewinn- und den Verlust-Trades. Keiner der Gewinn-Trades hat einen MAE-Wert über 0,5R, und nur drei der 24 Gewinn-Trades (das entspricht 12,5 Prozent) zeigten eine maximale entgegengesetzte Abweichung von mehr als 0,33R. Im Gegensatz dazu lag die MAE bei 66,7 Prozent der Verlust-Trades über 0,33R, und beinahe die Hälfte dieser Trades lag hinsichtlich der MAE über 0,5R. Erkennen Sie hier ein Muster? Die durchschnittliche MAE der Gewinn-Trades lag bei 0,14R, verglichen mit einem Profit von 1,65R. Die durchschnittliche MAE der Verlust-Trades lag bei 0,5R, verglichen mit einem durchschnittlichen Profit von 0,63R.[105]

Sammelt man solche Daten (und gibt sich selbst einen ausreichend hohen Stop), dann wird man herausfinden, dass die MAE der Gewinn-Trades nur selten unter einen bestimmten Wert sinkt. Mit anderen Worten: Gute Trades wenden sich selten zu lang und zu heftig gegen uns.

Wenn Sie diesen Wert regelmäßig überprüfen (für den Fall einer Veränderung auf dem Markt), werden Sie sehen, dass Sie vielleicht wesentlich engere Stops verwenden könnten, als Sie eingangs für möglich gehalten hätten. Die Daten in Tabelle 10.1 deuten darauf hin, dass ein Stop mit dem zweifachen Wert der ATR für diese Trades sehr viel effizienter gewesen wäre als der Stop mit dem dreifachen ATR-Wert. Der engere Stop hätte Sie nicht zum Ausstieg aus den Gewinn-Trades gezwungen. Bei einigen der Verlust-Trades wären Ihre Verluste kleiner ausgefallen, und all Ihre Vielfachen von R wären gestiegen. Doch diese Schlussfolgerungen können wir nur ziehen, weil wir uns die Daten im Nachhinein noch einmal ansehen, was eine Art der Kurvenanpassung ist. Allgemein zählen jedoch zu den Vorteilen engerer Stops niedrigere Verluste (obwohl man davon dann vielleicht mehrere verkraften muss) und höhere R-Vielfache bei den Gewinn-Trades.

---

*105 Bitte beachten Sie, dass die Verluste aufgrund von Kursrückgang und Transaktionskosten höher als 1R und als die MAE sein können. Außerdem kann die MAE höher sein als Ihr letztendlicher Verlust, wenn diese Abweichung zu einem frühen Zeitpunkt Ihres Trades stattfand, noch bevor der Stop sich zu Ihren Gunsten bewegen konnte.*

| Date | 1R | Profit | MAE | Date | 1R | Loss | MAE |
|---|---|---|---|---|---|---|---|
| 03/25/85 | $6.189 | 0,70R | 0,00R | 09/23/85 | $5.343 | 0,22R | 0,52R |
| 05/31/85 | $3.582 | 1,83R | 0,23R | 11/21/85 | $1.950 | 0,13R | 0,14R |
| 02/24/86 | $3.993 | 0,05R | 0,33R | 01/22/86 | $4.386 | 2,61R | 0,33R |
| 09/22/86 | $2.418 | 0,44R | 0,14R | 04/17/86 | $3.222 | 0,22R | 0,23R |
| 12/19/86 | $975 | 5,49R | 0,13R | 05/20/87 | $1.593 | 1,18R | 1,18R |
| 02/23/87 | $1.764 | 0,36R | 0,00R | 09/01/87 | $2.175 | 0,43R | 0,43R |
| 10/26/87 | $4.593 | 2,16R | 0,00R | 02/05/88 | $2.532 | 1,10R | 1,10R |
| 06/28/88 | $2.814 | 2,68R | 0,40R | 03/02/88 | $2.850 | 0,09R | 0,09R |
| 10/12/88 | $2.244 | 3,36R | 0,04R | 02/18/88 | $3.582 | 0,61R | 0,66R |
| 03/01/89 | $3.204 | 0,11R | 0,10R | 01/19/89 | $3.264 | 0,56R | 0,59R |
| 05/08/89 | $2.367 | 2,54R | 0,23R | 09/15/89 | $6.765 | 0,47R | 0,47R |
| 12/20/89 | $1.839 | 3,70R | 0,03R | 12/24/90 | $3.804 | 0,72R | 0,72R |
| 05/15/90 | $1.935 | 4,09R | 0,50R | 06/12/91 | $2.559 | 0,03R | 0,05R |
| 07/18/90 | $3.420 | 2,03R | 0,31R | 03/04/92 | $2.859 | 0,45R | 0,50R |
| 10/05/90 | $4.254 | 0,71R | 0,02R | | | | |
| 01/24/90 | $3.759 | 0,00R | 0,15R | | | | |
| 03/15/91 | $3.750 | 1,46R | 0,03R | | | | |
| 09/06/91 | $2.934 | 0,46R | 0,13R | | | | |
| 11/07/91 | $4.794 | 0,00R | 0,00R | | | | |
| 05/01/92 | $1.980 | 0,73R | 0,07R | | | | |
| 06/05/92 | $2.460 | 1,94R | 0,06R | | | | |
| 08/21/92 | $2.850 | 0,28R | 0,18R | | | | |
| 09/15/92 | $6.915 | 2,89R | 0,03R | | | | |
| | | 1,65R | 0,14R | | | 0,63R | 0,50R |

**Tabelle 10.1:** Maximale entgegengesetzte Abweichung, bezogen auf R, für britische Pfund (Gewinn und Verlust)

**Enge Stops**

Unter bestimmten Umständen kann man enge Stops verwenden, zum Beispiel dann, wenn man eine deutliche Veränderung auf dem Markt prognostiziert und der Markt tatsächlich erste Anstalten macht, diese Prognose zu bestätigen. Enge Stops kann man auch verwenden, wenn es um Daten mit kürzerem Zeitrahmen geht. Erlaubt Ihre Trading-Methodologie engere Stops – und bedenken Sie bitte, dass dies auch eine Frage Ihrer persönlichen Belastbarkeit ist –, dann ist dies für Sie von großem Vorteil. Erstens werden Sie deutlich weniger Geld per Trading-Einheit verlieren, wenn Sie den Trade abbrechen. Zweitens können Sie aufgrund des geringen Verlustes mehrere Versuche starten, auf eine große Kursbewegung aufzuspringen, und drittens werden Sie Profite mit deutlich höheren R-Multiples generieren, wenn Sie tatsächlich auf eine solche Kursbewegung aufspringen konnten.

Doch enge Stops haben auch einige gravierende Nachteile. Erstens mindern sie die Verlässlichkeit Ihres Systems. Um Gewinn zu erzielen, müssen Sie wesentlich mehr Trades eingehen, und sollten Sie eine Reihe kleinerer Verluste nicht ertragen können, was auf viele Trader und Investoren zutrifft, dann werden enge Stops Ihr Untergang sein.

Zweitens steigern enge Stops Ihre Transaktionskosten ganz erheblich, da Marktprofis ein System entwickelt haben, um sicherzustellen, dass sie profitieren – unabhängig von dem, was Sie mit Ihrem Konto anstellen. Transaktionskosten sind ein wichtiger Bestandteil des Geschäfts. Die Market Maker profitieren von der Spanne zwischen Geld- und Briefkurs. Die Maklerfirma bekommt ihre Kommission, und sollten Sie in eine Art Fonds investieren, erhalten die Makler eine Gebühr, basierend auf dem Umfang Ihres Investments. Ich kenne Systeme, die über die Jahre hinweg Gewinne generieren, die nicht viel höher sind als die Transaktionskosten. Mein aktives Trading-System machte im Jahr 2004 mit Transaktionskosten einen Gewinn von 30 Prozent, doch die Transaktionskosten beliefen sich trotzdem auf 20 Prozent des Anfangswerts meines Kontos. Daher erhielt ich 60 Prozent des Gesamtprofits, während mein Makler 40 Prozent in Form von Transaktionskosten einstrich. Wenn Sie die meiste Zeit damit beschäftigt sind, in den Markt ein- und auszusteigen, dann kann es schnell passieren, dass solche Transaktionskosten den Großteil Ihrer Gewinne auffressen. Dies ist besonders problematisch, wenn Sie mit kleinen Positionen traden, denn die Kosten pro Trade sind sehr hoch.

Für die meisten von Ihnen ist die Aussicht, beim Abbruch eines Trades deutlich weniger Geld zu verlieren, wahrscheinlich sehr verlockend. Doch das Schlimmste, was ein Trader tun kann, ist, eine wichtige Kursbewegung zu verpassen. Daher müssen Sie bereit sein, umgehend wieder in die Position einzusteigen, wenn Sie das entsprechende Signal erhalten. Vielen Tradern fällt es schwer, drei oder fünf aufeinanderfolgende Verluste zu verkraften, was im Rahmen dieser Strategie jedoch regelmäßig vorkommt. Doch nehmen wir an, jeder Ausstieg führt lediglich zu einem Verlust von 100 Dollar. Bei fünf solchen Ausstiegen in Folge machen Sie Verluste, doch dann liefert Ihnen der Markt plötzlich die Kursbewegung, die Sie erwartet haben, und eine Woche später steigen Sie mit einem Gewinn in Höhe von 20R, oder 2.000 Dollar, aus. Sie haben fünf Verlust-Trades und einen Gewinn-Trade durchlebt. In weniger als 17 Porzent der Fälle lagen Sie »richtig« – was für die meisten Menschen ein Problem wäre –, doch Ihr Gesamtgewinn aus sechs Trades beträgt 1.500 Dollar abzüglich der Gebühren oder Kursrückgange.[106]

---

*106 Belaufen sich Kursrückgang und Transaktionskosten auf 100 Dollar pro Trade, so müssen Sie von Ihrem Gewinn über 1.500 Dollar einen Betrag von 600 Dollar abziehen. Dadurch erscheint Ihr 20R-Gewinn im Grunde genommen wie ein 9R-Gewinn. Aus diesem Grund müssen Kurzfrist-Trader stets den Transaktionskostenfaktor mit einbeziehen. Dies ist wahrscheinlich der Faktor, der den größten Einfluss auf kurzfristigen Erfolg hat.*

In einer solchen Situation müssen Sie verstehen, was vorgeht. Nehmen wir an, Sie haben einen breiten Stop, zum Beispiel mit dem dreifachen Wert der ATR, verwendet. Nehmen wir weiter an, dass der Stop mit dem dreifachen ATR-Wert in dieser Situation 600 Dollar betrug. Bei korrekter Prognose der Kursbewegung hätte der Stop Sie womöglich überhaupt nicht zum Ausstieg gezwungen. Dadurch wären Sie nur einen Trade mit einem Gewinn von 3,33R in Höhe von 2.000 Dollar eingegangen. Doch Ihr Gesamtgewinn betrüge 1.900 Dollar inklusive der 100 Dollar für Kursrückgang und Gebühren. Bedenken Sie, dass Sie im vorherigen Beispiel nach Abzug der Verluste, des Kursrückgangs und der Gebühren nur 900 Dollar verdient haben.

Arbeiten Sie mit einem 600-Dollar-Stop, und benötigen Sie zwei Anläufe, um einen Gewinn zu erzielen, so ist die Situation doch noch immer besser, als es mit dem 100-Dollar-Stop der Fall gewesen wäre. Mit dem profitablen Trade verdienen Sie 2.000 Dollar, mit dem Verlust-Trade verlieren Sie 600 Dollar – das ergibt einen Nettogewinn von 1.400 Dollar. Wenn Sie jetzt noch 200 Dollar für Kursrückgang und Gebühren abziehen, ergibt das einen Nettogewinn in Höhe von 1.200 Dollar. Das ist immer noch besser als beim ersten Beispiel, in dem sechs Trades nötig waren, um einen Gewinn zu erzielen. Zu diesem Schluss wären Sie jedoch vielleicht nicht gekommen, wenn Sie nicht um Kursrückgang und Gebühren ausgeglichen hätten.

Mit dem 600-Dollar-Stop sinkt die Profitabilität dramatisch, wenn mehrere Trades versagen. Zwingt Sie der Stop zweimal zum Ausstieg, bevor Sie Ihren Gewinn von 2.000 Dollar einstreichen konnten, so wird Ihr Nettogewinn lediglich 500 Dollar betragen. Zwingt Sie der Stop dreimal zum Ausstieg, bevor es zum 2.000-Dollar-Gewinn kommen kann, ist das Ergebnis ein Nettoverlust in Höhe von 200 Dollar.

Der Grund, warum ich Ihnen diese Beispiele vorstelle, ist der: Ich möchte Ihnen vermitteln, dass man den Stop nicht auf die leichte Schulter nehmen darf. Der Stop muss im Hinblick auf die persönlichen Ziele und Ihr Temperament umsichtig gewählt werden.

## Verwenden Sie einen sinnvollen Stop

Der wichtigste Faktor bei der Wahl des zu verwendenden Stop-Typs ist, zu bestimmen, ob der Stop hinsichtlich Ihrer Ziele, des Trading-Konzepts und Ihrer Persönlichkeit sinnvoll ist. Man darf nur mit Dingen arbeiten, die auch Sinn ergeben. Lassen Sie uns nun einen Blick auf andere Arten von Sicherungs-Stops werfen, die Sie einsetzen könnten, und anschließend die daran geknüpften Fragen erörtern.

### Dollar-Stops

Viele Trader befürworten die Verwendung sogenannter Dollar-Stops. Diese Stops bringen in gewisser Weise einen psychologischen Vorteil mit sich – man findet heraus, wie viel man bei einem Trade zu verlieren bereit ist, und setzt diesen Wert im Vorfeld als Stop. Außerdem haben sie auch einige technische Vorteile. Erstens sind solche Stops nicht einfach berechenbar. Die meisten Menschen werden wahrscheinlich nicht herausfinden, wann Sie in den Markt eingestiegen sind, weswegen es auch unwahrscheinlich ist, dass sie herausfinden, dass Ihr Stop 1.500 oder 1.000 Dollar entfernt liegt. Zweitens erweisen sich solche Stops, wenn sie außerhalb der maximalen entgegengesetzten Abweichung liegen, als sehr gute Stops. Finden Sie einfach heraus, wie Ihre MAE in Dollar hinsichtlich eines bestimmten Kontrakts aussehen könnte, und setzen Sie Ihren Stop ein wenig außerhalb des MAE-Bereichs.

Manche Menschen verwechseln solche Stops jedoch mit der Positionsgrößenbestimmung und ignorieren diesen Aspekt dann völlig. Verfügt man über 100.000 Dollar und will ein Prozent seines Aktienbestandes riskieren, so glauben diese Leute, dass man seinen Stop lediglich nach 1.000 Dollar zu setzen und ihn Money-Management-Stop zu nennen braucht. Das ist naiv.

Wenn Sie Ihren Stop so setzen, dann verwechseln Sie ihn nicht mit der Positionsgrößenbestimmung. Sie ist der wichtigste Aspekt Ihres Systems, wenn es darum geht zu bestimmen, wie viel Sie wahrscheinlich verdienen werden, indem Sie mit dem System traden. Geben Sie diese ausnehmend wichtige Komponente nicht auf, nur um so naiv zu sein und Money-Management-Stops zu setzen.

**Prozentuales Retracement**
Manche Trader setzen ihre Stops, indem sie eine Korrektur des Kurses um einen bestimmten Prozentsatz des Einstiegskurses zulassen. Bei Börsenhändlern ist diese Vorgehensweise sehr verbreitet. Kaufen Sie zum Beispiel eine Aktie zu 30 Dollar und verkaufen Sie sie, wenn der Kurs um zehn Prozent auf 27 Dollar gesunken ist. Unter Verwendung derselben Methodologie einer Kurskorrektur um zehn Prozent würden Sie eine Aktie, die Sie zu zehn Dollar gekauft haben, bei neun Dollar verkaufen, eine 100-Dollar-Aktie bei 90 Dollar.

Diese Vorgehensweise ist wunderbar, wenn Ihre Retracement-Methode auf einer Analyse der MAE basiert. Wenn Sie sich aber nur nach Gutdünken eine Zahl aussuchen – was übrigens gängige Praxis ist –, könnte es sein, dass Sie aufgrund Ihres Stops jede Menge potenzielle Gewinne wegwerfen.

**Volatilitäts-Stops**
Volatilitäts-Stops basieren auf der Annahme, dass die Volatilität in gewissem Maße den Lärmpegel des Marktes repräsentiert. Setzen Sie also einen Stop, der ein beliebiges Vielfaches der ATR ist (in einem anderen Beispiel verwendeten wir bereits den dreifachen Wert der ATR), dann erhalten Sie vermutlich einen guten Stop, der außerhalb der unmittelbaren Geräuschkulisse des Marktes liegt. Ich habe die Erfahrung gemacht, dass Volatilitäts-Stops zu den besten Stops gehören, die man wählen kann.

## Dev-Stops

In ihrem Buch *Trading with the Odds* prägte Cynthia Kase den Terminus »Dev-Stops« und widmete dem Thema ein ganzes Kapitel.[107] Sind die Kurse normalverteilt, so würde eine Standardabweichung von eins der Kursveränderung in beliebiger Richtung etwa 67 Prozent der Kurse umfassen; bei einer Standardabweichung von zwei wären es etwa 97 Prozent der Kurse. Doch Marktkurse sind nicht normalverteilt – normalerweise sind sie nach rechts verzogen –, weswegen eine Korrektur der Standardabweichung erforderlich ist, um diesem Schrägverlauf Rechnung zu tragen. Bei einer Standardabweichung von eins bedeutet dies eine zehnprozentige Korrektur, eine 20-prozentige Korrektur bei einer Standardabweichung von zwei.

Vielleicht sehen Sie die Standardabweichung der Average True Range als recht nützlichen Stop. Nehmen Sie die ATR der letzten 30 Tage und berechnen Sie die Standardabweichung. Die Average True Range zusammen mit der Standardabweichung eins und einem zehnprozentigen Korrekturfaktor ergäbe einen Stop-Level. Die ATR zusammen mit einer Standardabweichung von zwei und einem 20-prozentigen Korrekturfaktor ergäbe einen weiteren Stop-Level.

## Stops aus Channel-Break-outs und Gleitenden Durchschnitten

So wie die Konzepte des Channel-Break-out und des Gleitenden Durchschnitts als Einstieg verwendet werden können, so lassen sie sich auch als Stops nutzen. Ich persönlich finde, dass diese Art von Stops nicht annähernd so gut sind wie diejenigen, die auf der ATR oder der MAE basieren. Nichtsdestotrotz sind sie es wert, der Vollständigkeit halber kurz besprochen zu werden.

Eine gängige Einstiegstechnik, die seit vielen Jahren verwendet wird, ist der Moving-Average-Crossover, also die Überschneidung Gleitender Durchschnitte, die bereits ausführlich in Kapitel neun besprochen wurde. Wenn Sie mit zwei Gleitenden Durchschnitten arbeiten, bedeutet dies, dass Sie einen sogenannten Reversal-Ausstieg erhalten. Wenn Sie sich in einer Position befinden und der kurze Durchschnitt den längeren kreuzt, liefert Ihnen das sowohl einen Ausstieg, um aus der derzeitigen Position auszusteigen, als auch ein Reversal-Entry-Signal, wodurch Sie in entgegengesetzter Richtung wieder einsteigen können (long oder short, abhängig von der Richtung der Überschneidung). Natürlich ist das Problem solcher Systeme, dass man ständig im Markt ist und falsche Signale zu häufigen Ein- und Ausstiegen führen.

R. C. Allen machte das System der drei Gleitenden Durchschnitte, bei dem man ein Einstiegssignal erhält, wenn die beiden kürzeren Durchschnitte den längeren kreuzen, bekannt.[108] Per definitionem hieße dies, dass der kürzeste

---

*107 Der Dev-Stop ist ein Indikator, dessen Urheberrecht bei Cynthia A. Kase liegt. [Vgl. Cynthia Kase, Trading with the Odds: Using the Power of Probability to Profit in the Futures Market (Chicago: Irwin, 1996).]*

*108 Eine ausgezeichnete Besprechung dieses Themas findet sich in Chuck LeBeaus und David W. Lucas' Buch The Technical Traders' Guide to Computer Analysis of the Futures Market (Homewood, Ill.: Irwin, 1992).*

Durchschnitt nun ganz oben (oder ganz unten) liegt. Wenn nun das kürzeste Signal das mittlere kreuzt, ist das Ihr Zeichen für den Stop. Doch erst wenn der kurze und der mittlere Durchschnitt den längeren kreuzen, erhalten Sie ein Umkehrsignal, um eine Short-Position einzugehen.

In Kapitel neun sprachen wir auch über Channel-Break-outs. Sie können zum Beispiel in den Markt einsteigen, wenn die Kurse einen neuen Höchststand seit 40 Tagen beschreiben. Auch Ihr Stop könnte ein Ausbruch aus dem Trendkanal sein – wenn die Kurse den tiefsten Stand der letzten 20 Tage erreichen. Der Vorteil dieser Methode ist, dass sie den Kursen viel Bewegungsfreiraum lässt, deutlich außerhalb der Geräuschkulisse liegt und von zahlreichen bekannten Tradern verwendet wurde. Der große Nachteil ist jedoch, dass man viele der Gewinne zurückgeben muss, da der Stop sowohl der Sicherungs-Stop für den schlimmsten Fall als auch der Ausstieg für die Gewinnmitnahme ist.

**Time-Stops**

Viele Trader und Investoren sind der Meinung, dass eine Position, die sich nicht recht schnell zugunsten des Traders entwickelt, dies vermutlich überhaupt nicht tun wird. Aus diesem Grund ist eine weitere gängige Stop-Loss-Methode die der Time-Stops. Der Time-Stop nimmt Sie einfach nach einer festgelegten Zeitspanne aus der Position heraus, wenn Sie keinen Gewinn gemacht haben (oder wenn der Gewinn nicht über einem bestimmten Betrag liegt).

Ein großer Trader sagte einmal, für ihn sei jeder Tag in einem Trade wie ein völlig neuer Tag. Gäbe es an diesem Tag keinerlei Rechtfertigung für den Einstieg in den Trade, dann würde er einfach aussteigen. Im Grunde genommen handelt es sich bei dieser Vorgehensweise um einen Time-Stop.

Die Entscheidung, einen Time-Stop zu verwenden, ist sehr persönlich. Sind Sie Langfrist-Trader und haben keine Möglichkeit, erneut in den Markt einzusteigen, falls es plötzlich zur großen Kursbewegung kommt, die Sie bereits erwartet haben, dann sollten Sie keinen Time-Stop verwenden. Sie sollten das auch dann nicht tun, wenn es Ihnen Schwierigkeiten bereitet, wieder in eine Position einzusteigen, die Sie im Vorfeld aufgegeben hatten. Sind Sie jedoch ein Fan des kurzfristigen Tradings, dann sind Time-Stops wahrscheinlich eine wertvolle Erweiterung Ihres Arsenals.

Doch bevor Sie mit Time-Stops arbeiten, sollten Sie deren Effizienz innerhalb der Rahmenbedingungen Ihrer Methode testen. Ein Day-Trader könnte einen Zehn-Minuten-Time-Stop verwenden, wohingegen Langfrist-Trader eher einen Ein-Monat-Time-Stop in Betracht ziehen sollten. Nehmen wir an, Sie haben sich für einen Drei-Tage-Time-Stop entschieden. Bevor Sie ihn verwenden, müssen Sie herausfinden, wie effektiv ein solcher Stop ist. Wie oft kommt es vor, dass eine Position drei Tage lang inaktiv ist und dann abhebt? Wenn Sie viele Beispiele finden, die darauf schließen lassen, dass Sie eine wichtige Kursbewegung verpassen könnten, dann lassen Sie besser die Finger von solchen Stops. Wenn Sie jedoch herausfinden, dass diese Stops Ihre Verluste schneller eingrenzen oder sogar dazu beitragen, Verluste zu vermeiden, dann sollten Sie sie in Ihr System aufnehmen.

**Willkürliche und psychologische Stops**
Falls Sie in der Lage sind, den Markt intuitiv zu verstehen, dann könnten Sie auch willkürliche Stops in Erwägung ziehen – wobei ein solcher Stop auch ein Time-Stop sein könnte. Viele der besten Profi-Trader arbeiten mit willkürlichen Stops, doch einem Marktneuling würde ich sie nicht empfehlen.

Der psychologische Stop hingegen ist für die meisten Marktteilnehmer geeignet. Sofern Sie nicht langfristig auf dem Markt bleiben wollen – Ihre Positionen also mindestens ein Jahr lang halten möchten –, sollten Sie psychologische Stops in Betracht ziehen. Auch langfristig eingestellte, trendorientierte Trader könnten mit diesen Stops Probleme haben, da ein guter Trade ein ganzes Jahr andauern kann. Ist man psychisch nicht völlig ausgeglichen, kann es gut sein, dass man beschließt, eine Auszeit zu nehmen oder einen psychologischen Stop zu verwenden, und zwar genau in dem Moment, da ein großer Trade auftaucht.

Es gibt Zeiten, in denen der wichtigste Faktor beim Traden – nämlich Sie, das menschliche Wesen – von 100-prozentiger Leistung weit entfernt ist. Sie sollten dann einfach überlegen, sich aus dem Markt zurückzuziehen. Zeiten, die geradezu nach der Katastrophe schreien, sind, (1) wenn Sie gerade eine Scheidung oder Trennung von einem lieben Menschen durchmachen, (2) wenn ein für Sie wichtiger Mensch stirbt oder im Krankenhaus liegt, wenn (3) ein Kind geboren wird und Ihr Lebensstil sich drastisch verändert, (4) wenn Sie in ein neues Haus oder Büro ziehen, (5) wenn Sie psychisch erschöpft oder ausgebrannt sind, (6) wenn Sie in ein Gerichtsverfahren verwickelt sind – und wenn Sie (7) vom Markt so begeistert sind, dass Sie davon ausgehen, dass sich Ihre Position über Nacht verdoppeln wird – obwohl gar keine Bewegung stattgefunden hat. Dies sind Phasen, in denen Sie all Ihre aktiven Positionen am besten einfach »abschalten« sollten. Diese psychologischen Stops gehören zu den wichtigsten Stops, die man einsetzen kann. Sofern Sie also kein Langfrist-Trader sind, würde ich Ihnen wärmstens empfehlen, diese Stops zu verwenden.

## Stops, die von gängigen Systemen verwendet werden

### Aktienmarktsysteme

Die CANSLIM-Methode von William O'Neil
William O'Neil ist kein Freund der marktbezogenen Stops. Vielmehr vertritt er die Meinung, ein Trader sollte niemals zulassen, dass eine Aktie um mehr als sieben bis acht Prozent gegen ihn läuft. Dies ist eine Version des prozentualen Retracement-Stops, über den wir vorhin sprachen. Im Grunde genommen beziehen sich O'Neils sieben bis acht Prozent auf eine Korrektur des Aktienkurses

von sieben bis acht Prozent – es hat nichts mit Ihrem Aktienbestand zu tun. Kaufen Sie also eine Aktie zu 20 Dollar, sollten Sie nicht zulassen, dass sich der Kurs um mehr als sieben bis acht Prozent von 20 Dollar gegen Ihre Interessen entwickelt, sprich um 1,40 bis 1,60 Dollar. Kaufen Sie eine Aktie zu 100 Dollar, so sollte die negative Kursentwicklung nicht mehr als sieben bis acht Prozent betragen. Nach O'Neil sollten sieben bis acht Prozent der maximale Verlust sein, den Sie tolerieren. Er empfiehlt, dass der Gesamtdurchschnitt aller Verluste bei etwa fünf bis sechs Prozent liegen sollte.

Obwohl O'Neils Richtlinien zu den Besten zählen, die zum Thema Börsenhandel im Umlauf sind, kann man sie meiner Meinung nach doch noch verbessern. Besser ausgerüstet wäre man mit einem marktbasierten Stop. Bestimmen Sie Ihre MAE, indem Sie O'Neils System verwenden. Der Wert sollte am besten hinsichtlich verschiedener Kursbereiche berechnet werden. Sollten Sie herausfinden, dass günstige Aktien, sprich solche, deren Kurs unter 25 Dollar liegt, nur selten um mehr als einen Dollar gegen Sie laufen, wenn es sich um gute Einkäufe handelt, so könnten Sie mit einem Ein-Dollar-Stop arbeiten. Vielleicht finden Sie auch heraus, dass sogar 100-Dollar-Aktien – falls es sich um gute Einkäufe handelt – nur selten Verluste von mehr als zwei Dollar bedeuten. Wäre dem so, hieße das, dass Sie äußerst hohes Potenzial für Gewinne mit großem R-Wert auf teure Aktien haben.

Da O'Neil rät, in den Markt dann einzusteigen, wenn es an der Basis zum Ausbruch kommt, sollten Sie vermutlich aussteigen, wenn der Markt an die Basis zurückkehrt – oder zumindest wenn er sich auf den Boden der Basis zubewegt. Ein anderer möglicher Ausstieg wäre, die Position abzubrechen, wenn sie um das Dreifache der durchschnittlichen täglichen Kursvolatilität gegen Sie läuft.

### Warren Buffetts Herangehensweise ans Investieren

In den meisten Büchern über Warren Buffett heißt es, dass er den Großteil seines Aktienbestandes als lebenslange Anlagen sieht. Er ist überzeugt, dass seine Erträge langfristig gesehen hoch genug sein werden, um den psychologischen Hochs und Tiefs des Marktes trotzen zu können. Außerdem will er Transaktionskosten, die durch häufiges Ein- und Aussteigen verursacht werden, vermeiden – von den steuerlichen Konsequenzen ganz zu schweigen. Aus diesem Grund sieht es Warren Buffet als seine Hauptaufgabe an, Unternehmen zu kaufen, die er willens ist, für immer zu behalten. Daher scheint Buffett völlig auf Schutz-Stops zu verzichten:

»Ich versuche, nie an der Börse Geld zu verlieren. Ich kaufe in der Annahme, dass der Markt morgen geschlossen werden könnte und fünf Jahre lang nicht mehr öffnet.«[109]

---

[109] Warren Buffett, zitiert von Jeremy Gain in »The Bull Market's Biggest Winners«, Fortune, 8. August 1983, S. 36.

Doch auch Buffett soll schon hin und wieder mal ein Investment verkauft haben. Bitte bedenken Sie, dass Sie einen Sicherungs-Stop im Fall der Fälle verwenden, um Ihr Kapital zu schützen. Daher bin ich mir ziemlich sicher, dass Buffett seine Investitionen regelmäßig überprüft, um festzustellen, ob sie seinen Kriterien noch immer entsprechen. Je klüger Sie Ihre Investments wählen, je besser Sie verstehen, wie das Unternehmen arbeitet, und je besser Sie einschätzen können, ob das Management gut arbeitet, desto eher können Sie diese Herangehensweise verwenden. Doch auch den eingefleischtesten langfristigen Investoren würde ich wärmstens empfehlen, für den schlimmsten Fall für alle Investments beim Kauf ein Ausstiegssignal einzurichten. Oftmals ist die Lösung ein einfacher 25-Prozent-Stop. Fällt der Kurs um 25 Prozent Ihres Einstiegskurses, steigen Sie aus, um Ihr Kapital zu schützen.

**Systeme für Futures-Märkte**

### Der adaptive Gleitende Durchschnitt von Perry Kaufman

Bei der Diskussion des Wesens des Stop-Loss machte Kaufman eine interessante Beobachtung. Er sagt, dass man stets einen ähnlichen Wert erhält, wenn man den Umfang der für Sie ungünstigen sprunghaften Kursbewegung mit der Häufigkeit, mit der die Bewegung wahrscheinlich stattfindet, multipliziert. Beispielsweise kommt es 20 Mal zu einer Fünf-Punkte-Kursbewegung, zehn Mal zu einer Zehn-Punkte-Bewegung und fünf Mal zu einer 20-Punkte-Kursbewegung. In all diesen drei Fällen wäre das Ergebnis ein Kursverlust von 100 Punkten plus Kursrückgang und Transaktionskosten. Daher sind für Kaufman große Stops für gewöhnlich besser, da sie die Transaktionskosten minimieren.

Wenn Kaufman in seinem Buch ein System testet, dann verwendet er, was die Stops betrifft, nur einige einfache Konzepte. Erstens steigt man aus einem Kurs zum Schlusskurs aus, wenn der Verlust einen im Vorfeld festgelegten Prozentsatz übersteigt. Dies entspricht in etwa dem O'Neil-Konzept. Zweitens steigt man beim Reversal-Signal aus einem Trade aus, einschließlich dann, wenn der Trade Geld verliert.

Viele der in diesem Kapitel besprochenen Konzepte würden ein System mit adaptivem Gleitenden Durchschnitt meiner Meinung nach deutlich verbessern. Sie könnten zum Beispiel in Erwägung ziehen, einen Volatilitäts-Stop, einen MAE-Stop oder den Dev-Stop zu verwenden.

### Fundamental-Trading von William Gallacher

Vielleicht erinnern Sie sich daran, dass Gallacher Fundamental-Trader ist. Er verwendet Fundamentaldaten, um Rohstoffe zu traden, und steigt bei einem Zehn-Tage-Channel-Break-out in den Markt ein, wenn die Fundamentaldaten darauf schließen lassen, dass der Markt sich in eine bestimmte Richtung entwickeln wird. Sein Stop-Loss ist recht simpel. Dabei handelt es sich um einen Zehn-Tage-Channel-Break-out in die entgegengesetzte Richtung.

Obwohl viele der Konzepte, auf denen Gallachers Trading basiert, sehr solide sind, glaube ich, dass viele Leser dieses Buches wahrscheinlich feststellen würden, dass so manche der hier vorgestellten Stop-Loss-Varianten Gallachers einfache Trading-Methode deutlich verbessern könnten.

### Die Drei-Schritte-Methode von Ken Roberts

Erinnern Sie sich an Ken Roberts' Setup: Auf dem Markt kommt es zum höchsten oder niedrigsten Stand seit neun Monaten, und anschließend beschreibt der Kurs ein Drei-Schritte-Muster. Beschreibt der Markt ein neues Kursextrem in entgegengesetzter Richtung des alten Hochs oder Tiefs, so ist dies das Signal für den Einstieg – man steigt also in den Markt ein, wenn der Kurs erneut Punkt 2 des Drei-Schritte-Musters passiert. Um Verluste zu vermeiden, setzt man den Stop ganz einfach an einem logischen Punkt des Graphen – kurz hinter Punkt 1.

Meiner Meinung nach wären auch diejenigen Trader, die mit dieser Herangehensweise arbeiten, besser gestellt, wenn es einen Stop gäbe, der auf einem statistischen Extrem basiert. Solche Stops wären (1) die dreifache ATR, (2) ein Dev-Stop oder (3) eine Schätzung der MAE in diesem speziellen Fall, wobei der Stop kurz hinter diesem Wert gesetzt wird.

## Zusammenfassung

- Ihr Sicherungs-Stop ist wie eine rote Ampel: Sie können durchfahren, aber Ihre Sicherheit wird gefährdet.
- Ihr Sicherungs-Stop hat zwei Hauptaufgaben: (1) Er gibt den maximalen Verlust vor, zu dem es im Rahmen Ihrer Position wahrscheinlich kommen wird (R), und (2) setzt einen Richtwert, an dem spätere Gewinne gemessen werden können.
- Ihre Hauptaufgabe als Trader oder Investor sollte es sein, einen Plan auszuarbeiten, mit dessen Hilfe Sie Gewinne generieren können, die hohe Vielfache von R, Ihrem Anfangsrisiko, sind.
- Denken Sie beim Setzen Ihrer Stops daran, über die Geräuschkulisse hinauszugehen. Dies erreichen Sie, indem Sie Stops wählen, die ein Vielfaches der ATR betragen, indem Sie Dev-Stops verwenden oder indem Sie die MAE ermitteln und darüber hinaus gehen.
- Enge Stops haben den Vorteil, dass sie Gewinn-Trades mit hohen R-Multiples hervorbringen und die Verluste minimieren. Der Nachteil daran ist jedoch, dass diese Stops die Verlässlichkeit reduzieren und die Transaktionskosten massiv erhöhen. Daher sollten Sie enge Stops am besten nur dann verwenden, wenn Sie Ihren Einstieg genau geplant haben.
- Andere Arten von Stops sind der Dollar-Stop, der prozentuale Retracement-Stop, Volatilitäts-Stops, Channel-Break-out-Stops, Gleitende-Durchschnitts-

Stops, Stops an Unterstützungs- und Widerstandslinien, Time-Stops und willkürliche Stops. Jeder ist auf seine Weise sinnvoll und nützlich, und den für Sie richtigen Stop auszuwählen ist Teil der Entwicklung eines Trading-Systems, das für Sie funktioniert.

- Wie ist Ihre Einstellung zu Stops? Sie werden sich beim Trading nur dann wohlfühlen, wenn Sie mit einem System arbeiten, das mit Ihrer Meinung in Bezug auf Stops kompatibel ist.

# 11 Wie man Gewinne mitnimmt

*Man muss wissen, wann man dabeibleibt, wissen, wann man aussteigt, wissen, wann man einen Gewinn einsteckt, und wissen, wann man sich davonmachen muss.*

– **Kenny Rogers** aus »*The Gambler*« (Der Spieler)

Einer der großen Trader, die in Jack Schwagers *Market Wizards*[110] vorkommen, bemerkte in einem unserer Seminare Folgendes: Wenn man lernen möchte, wie man tradet, dann sollte man an den Strand gehen und die Wellen beobachten. Bald würde man merken, dass die Wellen an Land gespült werden, um dann umzudrehen und wieder im Meer zu verschwinden. Danach schlug er vor, die Hände im Rhythmus der Wellen zu bewegen – zu sich her, wenn die Welle näher kommt, und von sich weg, wenn sie sich wieder entfernt. Nachdem man dies eine Zeitlang getan hat, wird man merken, dass man bald eins mit den Wellen ist. »Wenn man diesen Zustand erreicht, in dem man mit dem Fluss der Wellen harmoniert«, sagte er, »dann weiß man eine Menge darüber, was es bedeutet, ein Trader zu werden.« Merken Sie sich Folgendes: Um mit den Wellen in Einklang stehen zu können, muss man unbedingt wissen, wann die Welle ihre Bewegung abgeschlossen hat.

Ein anderer Teilnehmer kam extra aus Australien angereist, um mich zu besuchen. Er hatte mehrere Millionen im Bereich Computersoftware verdient und wollte nun Trading-Systeme unter die Lupe nehmen. Er war bereits quer durch ganz Amerika gefahren, um von anderen das A und O des Tradings zu lernen. Bei einem gemeinsamen Essen erläuterte er mir nach und nach alle seine Trading-Ideen. Nachdem ich schließlich alle seine Ideen gehört hatte, die alle ausgezeichnet waren, war ich leicht perplex. Seine gesamte Recherche hatte damit zu tun, Einstiegstechniken in den Markt ausfindig zu machen. Er hatte keinerlei Recherchen über etwaige Ausstiege oder darüber, wie er seine Positi-

---

[110] Jack D. Schwager, *Market Wizards: Interviews with Top Traders* (Harper Collins: New York, 2006).

onsgröße kontrollieren sollte, durchgeführt. Als ich ihm vorschlug, er solle nun mindestens genauso viel Zeit in die Entwicklung seiner Ausstiege zur Gewinnmitnahme stecken wie in seine Einstiegsstrategien und ebenso viel Zeit – wenn nicht gar mehr – in die Positionsgrößenbestimmung, schien er verärgert, da er fest daran glaubte, Erfolg im Markt habe ausschließlich damit zu tun, die richtigen Aktien auszuwählen.

Das Thema Ausstiege scheint allgemein gerne ignoriert zu werden – vielleicht, weil man nicht in der Lage ist, den Markt beim Ausstieg zu kontrollieren. Wer jedoch gerne Kontrolle ausübt, für den kontrollieren Ausstiege tatsächlich zwei wichtige Komponenten – ob man einen Gewinn erzielt oder nicht und wie viel Gewinn man erzielt. Sie sind zu einem wesentlichen Teil der Schlüssel zum Erfolg, wenn man ein Trading-System entwickeln will.

## Was hinter Ausstiegsstrategien zur Gewinnmitnahme steckt

Es gibt viele Probleme, die es in Bezug auf Ausstiege zu lösen gilt. Sollte der schlimmste Fall nicht eintreten (das heißt, Sie werden beim nächsten Stop aus dem Markt genommen), dann ist es die Aufgabe Ihres Systems, Ihnen zu ermöglichen, den größten Gewinn zu erzielen und möglichst wenig davon zurückgeben zu müssen. Dies erreichen Sie ausschließlich mithilfe Ihrer Ausstiege!

Wie Sie sehen, verwende ich das Wort »Ausstiege« – die Pluralform des Wortes –, da bei den meisten Systemen mehrere Ausstiege erforderlich sind, damit sie ihren Job ordentlich machen. Denken Sie daher für jede Ihrer Systemzielsetzungen über die Verwendung verschiedener Ausstiegsstrategien nach. Wenn Sie Ihr System entwerfen, sollten Sie daran denken, wie Sie Ihr Risiko-Rendite-Verhältnis unter Kontrolle halten und Ihre Gewinne mithilfe der in diesem Kapitel beschriebenen Ausstiegsarten zur Gewinnmitnahme maximieren wollen.

Es gibt zahlreiche andere Klassifizierungen von Ausstiegen als Ihren anfänglichen Stop-Loss. Dazu zählen Ausstiege, die zwar einen Verlust erzeugen, Ihr anfängliches Risiko jedoch verringern, Ausstiege, die Gewinne maximieren, Ausstiege, die Sie davor bewahren, zu viel Geld zurückzugeben, und psychologische Ausstiege. Oft überschneiden sich die einzelnen Kategorien auch. Mehrere Techniken, die Sie in Ihre Überlegungen einbeziehen sollten, werden mit jeder Art von Ausstieg bereitgestellt. Denken Sie, wenn Sie die einzelnen Ausstiege durchgehen, darüber nach, wie Sie diese Ihrem System anpassen könnten. Die meisten Ausstiegsstrategien kommen den Zielsetzungen Ihres Systems sehr entgegen.

### Ausstiege, die einen Verlust erzeugen, Ihr anfängliches Risiko jedoch verringern

Ihr in Kapitel zehn erörterter anfänglicher Stop-Loss war gedacht als Ihr schlimmstmöglicher Verlust, der Ihr Kapital schützt. Dennoch wird diese Klasse von Ausstiegen auch einen Verlust erzeugen, doch sollen diese Ausstiege dafür sorgen, dass man so wenig wie möglich verliert.

### Der zeitliche Stop

Meist steigt man in den Markt ein, weil man damit rechnet, dass sich der Kurs kurz nach dem Einstieg in die gewünschte Richtung entwickelt. Wenn man also ein aussagekräftiges Einstiegssignal hat, dann ist ein möglicherweise nützlicher Ausstieg einer, durch den man aus dem Markt genommen wird, sobald man längere Zeit keinen Gewinn mehr erzielt hat. Solch ein Ausstieg könnte beispielsweise lauten:»Steige in zwei Tagen beim Schlusskurs aus dem Markt aus, wenn diese Position nicht profitabel ist.« Solch ein Ausstieg könnte zwar durchaus bewirken, dass man Geld verliert, jedoch nicht so viel, als wenn der Stop des ungünstigsten Szenarios ausgelöst würde.

Eine weitere Variante des zeitlichen Stops liegt vor, wenn Sie eine tolle neue Investitionsidee ausfindig machen, jedoch bereits alles Geld investiert haben. Was können Sie tun? Sie haben kein Geld mehr, das Sie investieren könnten. Wenn Sie jedoch der festen Überzeugung sind, dass es sich hier um eine exzellente Gelegenheit handelt, dann empfehle ich Ihnen, die Aktie mit den schlechtesten Ergebnissen in Ihrem Portfolio zu suchen und sich dazu durchzuringen, dass es an der Zeit ist, diese Aktie herauszunehmen. Sie können eine Aktie nehmen, die Geld verliert, oder eine Aktie, die sich nicht in dem von Ihnen erhofften Tempo entwickelt hat.

### Der Trailing-Stop

Beim Trailing-Stop handelt es sich um einen Stop, der regelmäßig anhand eines bestimmten mathematischen Algorithmus angepasst wird. Das in Kapitel neun beschriebene willkürliche Einstiegssystem verwendet einen dreifachen Volatilitäts-Trailing-Stop, der tagtäglich anhand des Schlusskurses angepasst wird, und zwar nur, wenn sich dieser in Richtung des Trades bewegt. Wenn sich der Kurs beispielsweise nach dem ersten Handelstag in Ihre Richtung entwickelt oder wenn die Volatilität abnimmt, dann wird der Trailing-Stop in Ihre Richtung bewegt. Er kann sich zwar immer noch im Minus befinden, bewegt sich aber in Ihre Richtung. Sollte sich der Markt also weit genug in die falsche Richtung bewegen, damit Sie aussteigen müssen, werden Sie zwar immer noch einen Verlust mitnehmen, er wird jedoch weniger groß sein als Ihr anfänglicher Stop. Derartige Trailing-Stops könnten auf einer Vielzahl von Faktoren beruhen – der Volatilität, einem Gleitender Durchschnitt (Moving Average), dem Ausbruch aus einem Kanal (Channel-Break-out), verschiedenen Kurskonsolidierungen oder Ähnlichem –, und jeder könnte unendlich viele unterschiedliche Variablen haben, die ihn kontrollieren. Für konkrete Beispiele verweise ich Sie auf den nächsten Abschnitt.

Der entscheidende Punkt bei Trailing-Stops ist, dass Ihr Ausstiegsalgorithmus permanent Anpassungen vornehmen wird, die den Ausstieg in Ihre Richtung verschieben. Diese Bewegung ist zwar nicht immer profitabel, wird aber Ihren potenziellen Verlust verringern. Überlegen Sie sich – indem Sie Ihre Ergebnisse testen und untersuchen – gründlich, ob Sie dies tun wollen oder nicht. Recht häufig kann es zum Beispiel passieren, dass man seinen Trailing-Stop nach oben verschiebt, um das anfängliche Risiko zu verringern, und damit lediglich die Chance auf einen Gewinn verwirkt. Stattdessen nimmt man nur einen kleineren Verlust mit. Sie sollten in diesem Bereich Ihrer Systementwicklung vorsichtig sein, und falls Ihr System tatsächlich enge Stops verwendet, sollten Sie sich darüber im Klaren sein, dass Sie auch zu einer Strategie mit erneuten Einstiegen greifen können.

### Ausstiege, die Ihre Gewinne steigern

Um Ihre Gewinne zu steigern (sie laufen zu lassen), müssen Sie bereit sein, einen Teil von ihnen zurückzugeben. Was beim Entwurf eines Systems tatsächlich komisch ist, ist die Tatsache, dass man, wenn man seine Gewinne steigern will, bereit sein muss, einen Großteil der Gewinne zurückzugeben, die man bereits angehäuft hat. Wie hat ein weiser und äußerst wohlhabender Trader einmal gesagt? »Man kann unmöglich Geld verdienen, wenn man nicht bereit ist zu verlieren. Es ist, als ob man einatmet, aber nicht bereit ist auszuatmen.« Um dies zu tun (das heißt um voll und ganz zu atmen), stehen Ihnen verschiedene Ausstiegsarten zur Verfügung, darunter Trailing-Stops und Stops, die nach einem Kursrückgang um einen bestimmten Prozentsatz ausgelöst werden (Percent-Retracement-Stops).

### Der Trailing-Stop

Der Trailing-Stop hat auch das Potenzial, Ihnen bei der Erzielung umfangreicher Gewinne behilflich zu sein, er wird jedoch stets einen Teil Ihrer Gewinne zurückgeben. Lassen Sie uns einen Blick auf einige Beispiele von Trailing-Stops werfen, die interessant sein könnten.

Der bereits erwähnte **Volatilitäts-Trailing-Stop** ist eine Multiple der täglichen Volatilität des Marktes. J. Welles Wilder, der dieses Konzept als Erster bekannt machte, schlägt vor, dass es eine Zahl sein sollte, die irgendwo zwischen dem 2,7- und 3,4fachen Wert der Average True Range der zurückliegenden zehn Tage liegt. Wir haben im willkürlichen Einstiegssystem die Zahl 3,0 verwendet. Ziel des Volatilitäts-Stops ist es, seinen Stop aus dem allgemeinen Trubel des Marktes herauszuhalten, was man mit dem dreifachen Wert der täglichen Volatilität zweifellos erreicht. Andere haben sich die wöchentliche Volatilität angeschaut. Wenn Sie die wöchentliche Volatilität verwenden, dann kommen Sie vermutlich mit einem Stop hin, der irgendwo zwischen dem 0,7- und zweifachen Wert der wöchentlichen Volatilität liegt.

Der **Dollar-Trailing-Stop** ist eine weitere Möglichkeit. Hier würden Sie eine bestimmte Zahl, beispielsweise 1.500 Dollar, festlegen und hinter dem gestrigen Schlusskurs einen Trailing-Stop bei diesem Betrag platzieren. Dollar-Stops sind exzellent, wenn sie eine vernünftige Grundlage haben. Sollte man dagegen in einem SP-Kontrakt, einem Getreidekontrakt, einer 150-Dollar-Aktie oder einer Zehn-Dollar-Aktie einen 1.500-Dollar-Stop verwenden, wäre das verrückt. Die Höhe Ihres Dollar-Stops sollte immer dem angepasst sein, was für den jeweiligen Markt angemessen ist. Um herauszufinden, was für den jeweiligen Markt angemessen ist, sollte man am besten die Volatilität jenes Marktes überprüfen. Somit könnte man stattdessen auch einen Stop verwenden, der auf der jeweiligen Volatilität beruht.

Ein **Channel-Break-out-Trailing-Stop** eignet sich ebenfalls recht gut. Dabei könnten Sie sich dazu entschließen, beim Extremwert der letzten X Tage auszusteigen (die genaue Zahl hängt von Ihnen ab). Bei einer Long-Position könnten Sie sich also zum Verkauf entschließen, falls der Kurs den Tiefstwert der letzten 20 Tage erreicht, wohingegen Sie sich bei einer Short-Position zum Verkauf entschließen könnten, falls der Kurs den Höchstwert der letzten 20 Tage erreicht. Solange sich der Kurs in Ihre Richtung bewegt, wird diese Zahl stets in Ihre Richtung angepasst.

*So hätte zum Beispiel ein 200-tägiger Moving Average über weite Strecken des Bullenmarktes von 1982 bis einschließlich 2000 dafür gesorgt, dass man aktiv im Aktienmarkt beteiligt gewesen wäre.*

Ein **Moving-Average-Trailing-Stop** ist ein weiterer häufig verwendeter Trailing-Stop. Sollte sich der Kurs in eine bestimmte Richtung bewegen, dann zieht er hinter sich einen sich nur langsam bewegenden Average her, den man als Stop verwenden könnte. Man muss jedoch ermitteln, aus wie vielen Zeiträumen sich dieser Moving Average zusammensetzt.

Es gibt viele verschiedene Arten von Moving Averages – einfache, exponentielle, verschobene, adaptive usw. –, und alle lassen sich als Trailing-Stops verwenden. Ihre Aufgabe ist es lediglich, den- oder diejenigen zu finden, mit dem/denen Sie Ihre Ziele am ehesten erreichen können. Verschiedene Arten von Moving Averages wurden in Kapitel neun, dem Kapitel zum Thema Einstiege, ausführlich erörtert.

Außerdem gibt es **Trailing-Stops, die auf Konsolidierungen oder Chartmustern beruhen**. Immer wenn sich der Markt zum Beispiel über ein Konsolidierungsmuster hinaus bewegt, könnte jenes alte Konsolidierungsmuster die Grundlage eines neuen Stops werden. Dies läuft auf einen diskretionären Trailing-Stop hinaus, der zudem viele Gewinne zurückgeben wird. Dennoch kann es sich lohnen, ihn in Verbindung mit anderen Ausstiegsarten zu verwenden.

### Der Profit-Retracement-Stop

Diese Art von Stop geht von der Annahme aus, dass man einen Teil seiner Gewinne zurückgeben muss, damit sie auf Dauer anwachsen können. Daher legt er eine bestimmte Zahl fest, um die sich der Kurs maximal zurückziehen kann, und macht diese zu einem Teil Ihres Systems. Damit man einen Profit-Retracement-Stop verwenden kann, muss man allerdings erst ein bestimmtes Rentabilitätsniveau wie etwa einen Gewinn von 2R erreicht haben.

Im Folgenden ein Beispiel für die Funktionsweise dieser Art von Stop. Angenommen, Sie kaufen 100 Micron-Aktien zu 52 Dollar. Zunächst gehen Sie ein 1R-Risiko von sechs Dollar ein, indem Sie annehmen, dass Sie aussteigen, falls die Aktie auf 46 Dollar fällt. Sobald Sie einen 2R-Gewinn von zwölf Dollar erzielen, weil die Aktie im Kurs bis auf 64 Dollar steigt, entschließen Sie sich, einen Profit-Retracement-Stop zu verwenden. Sagen wir, Sie entscheiden sich für einen 30-prozentigen Profit-Retracement-Stop. Da Sie nun zwölf Dollar haben, sind Sie bereit, 30 Prozent oder 3,60 Dollar davon aufzugeben.

Wenn der Gewinn auf 13 Dollar steigt, erhöht sich der 30-prozentige Retracement-Stop auf 3,90 Dollar. Und bei 14 Dollar erhöht er sich auf 4,20 Dollar. Da der eigentliche Dollar-Betrag als fester Prozentsatz mit wachsenden Gewinnen ebenfalls zunimmt, könnte es durchaus sein, dass Sie mit zunehmendem Gewinn den Prozentsatz verändern möchten. So könnten Sie zum Beispiel zu Beginn einen Retracement-Stop von 30 Prozent verwenden und diesen auf 25 Prozent herabsetzen, sobald Ihr Gewinn bei 3R liegt, und auf 20 Prozent, sobald er bei 4R liegt. Sie könnten Ihren Retracement-Stop immer weiter herabsetzen, bis Sie irgendwann bei einem Retracement-Stop von fünf Prozent für Gewinne von 7R landen. Alternativ dazu könnten Sie auch festlegen, dass der Retracement-Stop bei 20 Prozent bleibt, sobald Sie 4R erreichen. Dies hängt allein von Ihren Zielen ab, die Sie bei der Erstellung Ihres Systems verfolgen.

### Der prozentuale Retracement-Stop

Ein weiterer sehr einfacher Stop ist ein Price-Retracement-Stop. Man könnte zum Beispiel einen Retracement-Stop von 25 Prozent verwenden. Dies bedeutet, dass man zu Beginn seinen Ausstieg bei einem 25-prozentigen Kursrückgang festlegt. Doch sobald die Aktie (oder was auch immer man gekauft hat) einen neuen Höchstwert verzeichnet, legt man ein 25-prozentiges Retracement dieses Kurses als seinen neuen Stop fest. Und natürlich verschiebt man seinen Stop immer nach oben, nie nach unten.

Im Jahre 1999 wurde Steve Sjuggerud Vorsitzender des Oxford Club, und ich wurde ins Beratergremium berufen. Steve hatte die erste Auflage dieses Buches gelesen, und auf seine Veranlassung hin wurde auf alle Empfehlungen des Oxford Club eine 25-Prozent-Regelung für Stops eingeführt. Dies funktioniert seitdem recht gut. Ich sah mir ihre Empfehlungen an, als Steve zwischen Februar 1999 und Mai 2000 Vorsitzender war und sie permanent ihre Kursuntergrenze erreichten. Die Erwartung ihrer Trades lag während dieser Zeit bei exzellenten 2,5R, und ich glaube, dass ein Großteil ihres Erfolgs auf die 25-Prozent-Regelung für Stops zurückzuführen war. Andere Newsletter probierten es mit 50-prozentigen Trailing-Stops, die jedoch nicht wirklich funktionierten, da sie (1) zu viele Gewinne zurückgaben und es (2) sehr lange dauerte, bis die Aktie nach einem hohen Kursverlust wieder aus dem Minus herauskam. Denken Sie darüber nach.

Wenn Sie mit 49 Prozent im Minus sind, müssen Sie fast 100 Prozent erzielen, nur um wieder aus dem Minus herauszukommen. Wenn Sie dagegen mit 24 Prozent im Minus sind, müssen Sie nur etwas unter 33 Prozent erzielen, um wieder aus dem Minus zu kommen. Daher glaube ich, dass der 25-prozentige Trailing-Stop für Aktien ein exzellenter Ersatz für die alte Kaufen-und-halten-Philosophie ist. Kapitel 13 zeigt die R-Multiple-Verteilung für viele der Newsletter, die ich zufällig lese. Betrachten Sie Tabelle 13.5, und Sie werden merken, dass ihre Verteilung immer noch hervorragend ist.

**Ausstiege, die Sie davor bewahren, zu viel Gewinn zurückzugeben**
Wenn Sie das Geld anderer verwalten, dann ist es wichtiger, große Verluste im Rahmen zu halten, als riesige Erträge zu erwirtschaften. Daher könnten für Sie Ausstiege in Frage kommen, die Sie davor bewahren, zu viel Gewinn zurückzugeben. Wenn Sie zum Beispiel am 31. März offene Positionen haben, die das Konto Ihres Kunden im März um 15 Prozent anwachsen lassen, dann wird dieser Kunde nicht gerade begeistert sein, wenn Sie einen Großteil dieser Gewinne wieder zurückgeben. Ihr Kunde wird diesen offenen Gewinn als sein Geld ansehen. Daher benötigen Sie eine Art von Ausstieg, die den Großteil dieses Gewinns nach einem Berichtszeitraum an den Kunden, oder sobald Sie ein bestimmtes Ziel erreichen, bindet.

Wie ich bereits erwähnt habe, fallen viele Ausstiegskategorien zusammen. So kann man zum Beispiel prozentuale Retracement-Ausstiege und Gewinnziel-Ausstiege (siehe unten) miteinander kombinieren und auf diese Weise verhindern, dass man zu viel Gewinn zurückgibt. Es gibt jedoch auch andere Möglichkeiten, die ebenfalls wunderbar funktionieren.

### Das Gewinnziel

Oft verwendet man Trading-Systeme, die dazu neigen, Gewinnziele vorherzusagen (zum Beispiel die Elliott-Wellen). Wenn Sie ein solches System verwenden, dann können Sie vermutlich bestimmte Ziele anpeilen.

Es gibt jedoch noch eine zweite Möglichkeit, Ziele anzupeilen. So könnten Sie beispielsweise anhand historischer Tests ermitteln, dass Ihre Methode das erhoffte Risiko-Rendite-Verhältnis erzeugt, wenn Sie bei einem speziellen Multiple Ihres anfänglichen Risikos einen Gewinn mitnehmen. So könnten Sie etwa merken, dass das Vierfache Ihres anfänglichen Risikos (4R) ein hervorragendes Gewinnziel ist. Wenn Sie dies erreichen können, möchten Sie vielleicht Ihren Gewinn mitnehmen oder an diesem Punkt einen wesentlich engeren Stop einrichten. Alle im Folgenden erörterten Methoden können auf gewisse Weise nach unten korrigiert werden, sobald man ein Gewinnziel erreicht.

### Der Profit-Retracement-Ausstieg

Eine hervorragende Idee für einen Ausstieg, die bereits erwähnt wurde, ist, dass man bereit ist, nur einen bestimmten Prozentsatz seiner Gewinne zurückzugeben und diesen Prozentsatz, nachdem ein bestimmter Meilenstein (wie etwa ein Kundenbericht oder ein Gewinnziel) erreicht wird, nach unten zu korrigieren. Wenn Sie zum Beispiel einen Gewinn von 2R erzielt haben, könnten Sie bereit sein, 30 Prozent dieses Gewinns zurückzugeben, damit er weiter wachsen kann. Wenn Sie einen wesentlich größeren Gewinn erzielen, sagen wir 4R, dann sind Sie vielleicht nur bereit, fünf bis zehn Prozent davon zurückzugeben, bevor Sie aussteigen.

Nehmen wir zum Beispiel an, Sie haben Gold zu 400 Dollar gekauft und bei 390 Dollar einen Stop platziert. Somit liegt Ihr anfängliches Risiko bei zehn Punkten oder 1.000 Dollar pro Kontrakt. Gold steigt auf 420 Dollar, was Ihnen einen Gewinn von 20 Punkten (2R) einbringt. Dies könnte dazu führen, dass Sie sich entschließen, einen Gewinneinbruch von höchstens 30 Prozent oder 600 Dollar zuzulassen. Wenn Gold auf 414 Dollar fällt, werden Sie Ihren Gewinn mitnehmen.

Gold steigt aber weiter und erreicht schließlich die 440-Dollar-Marke, sodass Sie nun einen 4R-Gewinn von 4.000 Dollar haben. Bis Sie diesen 4R-Gewinn erreichten, waren Sie bereit, 30 Prozent Ihres Gewinns aufzugeben, was bei 4.000 Dollar einem Betrag von 1.200 Dollar entspricht. Die 4R-Marke dient Ihnen nun jedoch als Signal, nur noch zehn Prozent Ihres Gewinns zu riskieren. Daher verschieben Sie Ihren Stop nun auf 436 Dollar – womit Sie nur noch einen Rückgang um gut 400 Dollar zulassen.

Es ist keinesfalls meine Absicht, Ihnen bestimmte Marken vorzuschlagen (zum Beispiel ein zehnprozentiges Retracement bei 4R), vielmehr möchte ich Ihnen eine Methode an die Hand geben, mit der Sie Ihre Ziele erreichen können. Es liegt ganz an Ihnen, herauszufinden, mit welchen Marken Sie Ihre Ziele am ehesten erreichen können.

### Eine ungünstige Kursbewegung mit hoher Volatilität

Einer der besten Ausstiege überhaupt ist eine ungünstige Kursbewegung mit hoher Volatilität. Diese Art von Kursbewegung eignet sich jedoch auch sehr gut als Einstieg für ein System – was man meist als Volatilitäts-Break-out-System bezeichnet.

Alles, was man tun muss, ist, die Average True Range (ATR) im Auge zu behalten. Sobald sich der Markt ungewöhnlich stark in die Gegenrichtung bewegt (sagen wir, zwei Mal die durchschnittliche tägliche Volatilität), steigt man aus dem Markt aus. Nehmen wir an, Sie haben 200 IBM-Aktien, die sich im Bereich von 145 Dollar bewegen. Die durchschnittliche tägliche Volatilität beträgt 1,50 Dollar, und Sie entschließen sich, auszusteigen, falls sich der Markt an einem Tag um das Doppelte dieser Volatilität in die Gegenrichtung bewegt. Anders ausgedrückt: Da der Schlusskurs bei 145 Dollar lag und das Doppelte der täglichen Volatilität drei Dollar sind, werden Sie aus dem Markt aussteigen, falls er sich morgen auf 142 Dollar bewegt. Dies wäre eine äußerst ungünstige Kursbewegung, sodass Sie sicherlich keine Lust mehr haben, auf dem Markt zu bleiben, sollte es zu einer derartigen Kursbewegung kommen.[111]

Es sollte offensichtlich sein, warum es sich dabei nicht um Ihren einzigen Ausstieg handeln kann. Nehmen wir an, Sie halten an Ihrem Stop fest, der bei doppelter Volatilität ausgelöst wird. Heute befindet sich der Markt bei 145, sodass Ihr Volatilitätsausstieg bei 142 liegt. Der Markt schließt einen Punkt niedriger, bei 144. Somit liegt Ihr neuer Volatilitätsausstieg nun bei 141. Am nächsten Tag schließt der Markt einen weiteren Punkt niedriger, bei 143. Ihr neuer Volatilitätsausstieg liegt nun bei 140. Dies könnte immer so weitergehen, bis der Kurs schließlich auf null fällt. Somit benötigen Sie eine andere Art von Ausstieg – wie zum Beispiel Ihren risikoarmen Stop und eine Art von Trailing-Stop –, damit Sie aussteigen und dabei Ihr Kapital bewahren können.

### Parabolische Stops

Parabolische Ausstiege wurden als Erstes von J. Welles Wilder beschrieben; sie sind sehr nützlich. Die Parabel hat ihren Ursprung in einem vorherigen Tiefstwert, und sie ist in Märkten mit Aufwärtsbewegung ein beschleunigender Faktor. Je länger der Trend andauert, desto mehr nähert sich die Parabel dem Kurs. Somit eignet sie sich hervorragend, um Gewinne zu binden. Leider weicht sie zu Beginn eines Trades relativ deutlich vom tatsächlichen Kurs ab. Zudem kommt es bisweilen vor, dass der parabolische Stop den Kursen ein bisschen zu nahe kommt, sodass man aus dem Markt genommen wird, während dieser weiter seinem Trend folgt.

Es gibt Möglichkeiten, diese Rückschläge zu umgehen. Eine davon ist, den Beschleunigungsfaktor des parabolischen Stops anzupassen, sodass sich dieser schneller oder langsamer bewegt als die tatsächlichen Marktkurse. Dadurch lassen sich parabolische Stops individuell an das jeweilige System und an den Markt, auf dem man aktiv ist, anpassen.

Zur besseren Kontrolle Ihres Risikos zu Beginn eines Trades könnten Sie einen separaten Dollar-Stop festlegen. Sollte der parabolische Stop zum Beispiel beim Kauf der Position ein Risiko von 3.000 Dollar bieten, könnten Sie einen einfachen Stop bei 1.500 Dollar platzieren, bis sich die Parabel dem tatsächlichen Kontraktpreis bis auf 1.500 Dollar annähert; ein Risiko von 3.000 Dollar könnte für Ihre speziellen Ziele zu viel sein.

Wenn Sie darüber hinaus einen parabolischen Ausstieg verwenden, sollten Sie darüber nachdenken, eine Technik zum erneuten Einstieg zu entwerfen. Wenn der parabolische Stop dem tatsächlichen Kurs zu nahe kommt, könnten Sie sich vor dem Ende eines bestimmten Trends, dem Sie folgen, zurückziehen. Da Sie aber den restlichen Trend nicht verpassen wollen, könnten Sie versuchen, wieder in einen Trade zurückzukommen. Parabolische Stops mögen zwar nicht

---

*111 Hierbei handelt es sich um hypothetische Zahlen und nicht unbedingt um einen empfohlenen Ausstieg für IBM. Sie benötigen Ausstiege, die Ihre eigenen Kriterien erfüllen und die sie testen.*

ganz so außergewöhnlich sein wie andere Ausstiegstechniken für die Risikokontrolle, doch eignen sie sich hervorragend dafür, Gewinne zu schützen.

**Psychologische Ausstiege**
Einer der cleversten Ausstiege überhaupt ist der psychologische Ausstieg. Dabei kommt es viel mehr auf Sie an als darauf, was die Märkte tun. Psychologische Ausstiege sind vor allem deshalb wichtig, weil Sie selbst der entscheidende Faktor beim Traden sind.

Es gibt Zeiten, zu denen Ihre Wahrscheinlichkeit, Geld im Markt zu verlieren, deutlich erhöht ist – egal, wie sich die Märkte verhalten. Dann gibt es Zeiten, in denen Sie sich aufgrund gesundheitlicher oder mentaler Probleme einfach nicht gut fühlen, wenn Sie permanent unter Stress stehen, wenn Sie gerade eine Scheidung durchmachen, wenn Sie gerade ein Kind bekommen haben, wenn Sie umziehen usw. In diesen Zeiten sind die Chancen, dass Sie etwas tun, was zu Verlusten auf dem Markt führt, deutlich erhöht. Daher würde ich Ihnen sehr empfehlen, einen psychologischen Ausstieg zu verwenden und sich selbst aus dem Markt zu holen.

Ein psychologischer Ausstieg eignet sich auch sehr für Phasen, in denen Sie wegen beruflicher Gründe oder urlaubsbedingt verhindert sind. Auch dann empfiehlt es sich nicht, auf dem Markt zu bleiben. Für diese Zeiten empfehle ich Ihnen daher ebenfalls den Einsatz psychologischer Ausstiege.

Manche mögen behaupten, dass man mit einem Trade sein ganzes Jahr bestreiten kann und diesen Trade auf keinen Fall verpassen will. Dieser Philosophie stimme ich zu, solange man diszipliniert und beim Traden halbwegs automatisiert vorgeht. Dies ist meist jedoch nicht der Fall. In all den eben erwähnten Phasen würde der Durchnitts-Trader Geld verlieren, auch wenn er sich in einem guten Trade befindet. Daher ist es wichtig, sich selbst zu kennen. Wenn es wahrscheinlich ist, dass man selbst bei einem guten Trade alles verliert, dann sollte man unbedingt psychologische Ausstiege verwenden.

# Einfach nur einen Stop und ein Gewinnziel verwenden

Eines Ihrer Ziele beim Entwurf eines Trading-Systems könnte lauten, die Wahrscheinlichkeit von Trades mit einem hohen R-Multiple zu erhöhen. Sie könnten sich zum Beispiel dazu entschließen, enge Stops zu verwenden – mit dem Ziel, einen Trade mit einem 20R-Multiple mitzunehmen. Dazu könnten Sie etwa die in Kapitel zehn beschriebene Break-out-Retracement-Strategie verwenden, um einen engen Stop zu entwickeln. Nehmen wir an, Ihr Stop beträgt bei einer hoch notierten Aktie lediglich einen Dollar, sodass Sie bei 100 Aktien nur 100 Dollar verlieren. Dies wäre zum Beispiel bei einer 100-Dollar-Aktie, die ein scharfes Break-out durchläuft, ein sehr enger Stop. Es kann passieren, dass Sie fünf Mal hintereinander aus dem Markt genommen werden und dabei jedes Mal 100 Dollar verlieren, was einen Gesamtverlust von 500 Dollar ergibt. Eine Kursbewegung um 20 Dollar in der zugrunde liegenden Aktie würde Ihnen einen Gewinn von 2.000 Dollar oder einen Nettogewinn von 1.500 Dollar einbringen. Sie liegen nur in einem von sechs Fällen »richtig«, erzielen aber einen Gesamtgewinn von 1.500 Dollar[112] abzüglich Gebühren.

Damit diese Strategie funktioniert, müssen Sie Trailing-Stops umgehen, es sei denn, diese Stops sind sehr groß. Ihre einzigen Ausstiege werden Ihr anfänglicher 1R-Stop und Ihre Gewinnziele sein. Dadurch erhalten Sie die maximale Gelegenheit für einen 20R-Gewinn. Zwar müssen Sie bisweilen Gewinneinbußen von 1.000 Dollar oder mehr tolerieren, jedoch niemals mehr[113] als einen 1R-Verlust oder 100 Dollar Ihres Startkapitals. Bedenken Sie: Ihr Ziel ist ein 20R-Gewinn, den Sie regelmäßig erzielen könnten.

## Einfachheit und Multiple-basierte Ausstiege

Einfache Konzepte funktionieren beim Entwurf eines Systems am ehesten. Einfachheit funktioniert deshalb, weil sie meist auf Verständnis beruht anstatt auf Optimierungen. Sie funktioniert deshalb, weil sich einfache Konzepte auf mehrere Märkte und Trading-Instrumente übertragen lassen.

Dennoch kann man immer noch mehrere Ausstiege verwenden und sie einfach gestalten. Verwechseln Sie die beiden Konzepte nicht. Einfachheit ist notwendig, damit Ihr System funktioniert, wohingegen multiple Ausstiege meist notwendig sind, damit man seine Ziele erreicht. Dabei kann jeder einzelne Ausstieg natürlich einfach gestaltet sein.

Betrachten wir ein Beispiel. Angenommen, Sie haben das Ziel, ein Trendfolgesystem zu verwenden, und möchten gerne lange Zeit auf dem Markt aktiv sein. Sie glauben, dass Ihr Einstiegssignal nichts mit Magie zu tun hat, sodass Sie Ihrer Position ausreichend Spielraum einräumen wollen. Sie glauben, dass eine umfangreiche Kursbewegung in die falsche Richtung der Auslöser für mögliches Unheil sein könnte, sodass Sie aussteigen wollen, falls es dazu kommt. Zuletzt entschließen Sie sich, dass Sie möglichst viel mitnehmen müssen, sobald Sie einen 4R-Gewinn erzielen, da Ihr anfängliches Risiko relativ groß sein wird. Lassen Sie uns demnach einige einfache Ausstiege entwerfen, die auf diesen Ansichten beruhen. Und merken Sie sich, wie wichtig es ist, sich seiner Ansichten bewusst zu werden und danach ein System zu entwerfen, das Ihren Ansichten entspricht. Darin besteht zum Teil das Geheimnis, wenn man ein System entwickelt, das zu einem passt.

---

*112 Dies verdeutlicht einmal mehr, wie wichtig tiefe Diskontprovisionen sind.*
*113 Ihr Verlust wird nie höher sein als 1R, es sei denn, der Markt entfernt sich von Ihnen, was von Zeit zu Zeit recht wahrscheinlich ist.*

Zunächst schaut man, dass man einen großen anfänglichen Stop verwendet, um der Position ausreichend Spielraum zu geben, ohne bei größeren Kursschwankungen gleich vom Markt genommen zu werden und infolgedessen mehrere Male gezwungen zu sein, neu einzusteigen und die anfallenden Transaktionskosten zu tragen. Infolgedessen entscheiden Sie sich für den Stop mit dreifacher Volatilität, von dem Sie bereits gelesen haben. Dieser wird Ihnen im schlimmsten Fall als Stop dienen und darüber hinaus als Trailing-Stop fungieren, da Sie ihn jeden Tag nach dem Schlusskurs nachziehen und ihn in Richtung Ihrer jeweiligen Position verschieben.

Zweitens sind Sie der Meinung, dass eine starke Kursbewegung gegen Sie ein gutes Warnzeichen ist. Daher entschließen Sie sich auszusteigen, sobald sich der Markt vom gestrigen Schlusskurs aus an nur einem Tag um das Doppelte der täglichen Volatilität gegen Sie bewegt. Dieser Stop wird zusätzlich zum anderen Stop platziert.

Schließlich wird ein 4R-Gewinn einen wesentlich engeren Stop auslösen, sodass Sie nicht allzu viele Gewinne zurückgeben und davon ausgehen können, das mitzunehmen, was Sie bereits haben. Nachdem also ein 4R-Gewinn ausgelöst wird, bewegt sich Ihr Trailing-Volatilitäts-Stop auf das 1,6fache des Average True Range (das heißt anstatt um das Dreifache) und stellt nun Ihren einzigen Ausstieg dar.

Wie Sie sehen, sind all dieses Stops einfach. Sie sind mir eingefallen, als ich darüber nachdachte, welche Art von Stops meine Ziele erfüllen würden. Ich führte keinerlei Tests durch, sodass sie nicht übermäßig optimiert sind. Es geht hier nicht um irgendwelche Weltraumtechnik – sie sind ganz einfach. Sie verfügen jetzt über drei klare Ausstiege, mit denen Sie die Ziele Ihres Trading-Systems besser erreichen können, doch es wird immer nur einer von ihnen auf dem Markt aktiv sein – derjenige, der am nächsten zum aktuellen Kurs liegt.

## Was man vermeiden sollte

Es gibt eine Art von Ausstieg, die dazu gedacht ist, Verluste loszuwerden, die aber komplett gegen die Goldene Trading-Regel verstößt, laut der man, wie bereits erwähnt, seine Verluste im Rahmen halten und seine Gewinne laufen lassen sollte. Stattdessen erzeugt dieser Ausstieg sehr große Verluste und kleine Gewinne. Dabei steigt man mit einer umfangreichen Positionsgröße in den Markt ein und steigt dann mit verschiedenen Ausstiegen wieder aus. So könnte man beispielsweise zunächst mit 300 Aktien beginnen und 100 davon verkaufen, wenn man bei allen 300 Aktien die Kosten deckt. Danach könnte man bei einem 500-Dollar-Gewinn weitere 100 Aktien verkaufen und sich die letzten 100 Aktien so lange aufbewahren, bis man einen riesigen Gewinn verzeichnet. Diese Art von Strategie wird häufig von Kurzfrist-Tradern verwendet. Rein gefühlsmäßig ist diese Art von Trading sinnvoll, da man seine Gewinne scheinbar »absichert«. Doch wenn Sie sich diese Art von Ausstieg einmal etwas genauer betrachten, werden Sie merken, wie gefährlich das Traden ist dieser Form ist.

Was man bei dieser Art von Ausstieg eigentlich macht, ist, die Goldene Trading-Regel umzudrehen. Man stellt sicher, dass man mehrere Positionen innehat, wenn man seine größten Verluste mitnimmt. Bei unserem Beispiel würde man bei allen 300 Aktien Verluste verzeichnen. Außerdem stellt man sicher, dass man nur eine minimale Position innehat, wenn man seine größten Gewinne erzielt – in unserem Beispiel 100 Aktien. Es ist die perfekte Methode für Leute, die dazu neigen, immer recht haben zu wollen; dagegen optimiert sie keine Gewinne und garantiert sie noch nicht einmal. Macht es jetzt auch noch Sinn?

Wenn es Ihnen immer noch nicht einleuchtet, warum Sie diese Art von Trading vermeiden sollten, dann verwenden Sie konkrete Zahlen. Stellen Sie sich vor, dass Sie jeweils nur einen vollen Verlust oder einen vollen Gewinn mitnehmen. Betrachten Sie sich ihre bisherigen Trades, und stellen Sie fest, wie viel anders sich diese Art von Trading ausgewirkt hätte. Fast immer, wenn ich Kunden darum gebeten habe, waren sie völlig erstaunt darüber, wie viel Geld sie verdient hätten, wenn sie an einer vollen Position festgehalten hätten.

## Von gewöhnlichen Systemen verwendete Ausstiege

### Aktienmarktsysteme

#### Das CANSLIM-System von William O'Neil

William O'Neils grundlegende Regel zur Gewinnmitnahme besagt, dass man einen 20-prozentigen Gewinn sofort mitnimmt, wenn man ihn erzielt. Da sein Stop-Loss bei etwa acht Prozent liegt, bedeutet dies einen 2,5R-Gewinn. Somit ist sein grundlegender Gewinnmitnahmeausstieg ein Ziel.

Danach jedoch bezieht O'Neil auch noch 36 andere Verkaufsregeln in seine grundsätzliche Gewinnmitnahmeregel ein. Einige dieser Regeln stellen Ausnahmen von der grundsätzlichen Verkaufsregel dar, während andere Gründe darstellen, um frühzeitig zu verkaufen. Außerdem fügt er acht weitere Regeln hinzu, bei denen es darum geht, wann man an einer Aktie festhalten sollte. Für die genaueren Einzelheiten verweise ich den Leser auf O'Neils wunderbares Buch, da es meine Absicht ist, zu erklären, wie verschiedene Systeme in den in diesem Kapitel umrissenen Rahmen passen. Es ist nicht meine Absicht, Ihnen das System in allen Einzelheiten zu erläutern.

#### Warren Buffetts geschäftlicher Ansatz

Warren Buffett verkauft im Allgemeinen aus zweierlei Gründen nicht. Erstens muss man, wenn man verkauft, Kapitalertragsteuer bezahlen. Wenn man also feststellt, dass das Unternehmen für den investierten Betrag gute Erträge abwirft, warum dann verkaufen? Damit würde man automatisch einen Teil seiner Gewinne an die US-Regierung weiterleiten.

Zweitens: Warum sollte man ein Unternehmen verkaufen, das grundsolide ist und exzellente Erträge abwirft? Wenn ein Unternehmen sein Kapital derart investiert hat, dass es exzellente Erträge abwirft, dann sollten auch Sie einen exzellenten Ertrag für Ihr Geld bekommen.

Drittens: Wenn Sie tatsächlich verkaufen, dann fallen gleichzeitig auch Transaktionskosten für Sie an. Wenn also der Markt nur psychologische Auf- und Ab-Bewegungen durchläuft, warum sollte man dann eine gute Investition verkaufen?

Meiner Meinung nach ist es jedoch eher ein Mythos als eine Tatsache, dass Buffett nicht verkauft. Dieser Mythos entsteht vermutlich durch die Tatsache, dass Buffett selbst nichts über seine eigene Investitionsstrategie geschrieben hat. Stattdessen haben andere – die vermutlich die typische Neigung haben, ihren Schwerpunkt auf den Einstieg zu legen – versucht zu entziffern, was Buffett tatsächlich macht.

Sollte sich die geschäftliche Situation in einer Aktie, die Buffett gehört, dramatisch verändern, dann wäre er gezwungen zu verkaufen. Ich möchte Ihnen ein Beispiel geben: Anfang 1998 gab Buffett bekannt, dass 20 Prozent der weltweiten Vorräte an Silber ihm gehörten. Bei Silber werden keine Dividenden bezahlt. Wenn man genauso viel besitzt wie Buffett, dann fallen gleichzeitig Kosten dafür an, dass man die Ware lagert und schützt. Hätte Warren Buffett keine geplante Ausstiegsstrategie für dieses Silber, dann hätte er in meinen Augen einen der größten Fehler seiner Karriere als Investor begehen können.[114]

Wenn er andererseits tatsächlich eine geplante Ausstiegsstrategie hat, dann würde ich vermuten, dass er auch für die meisten seiner Aktienkäufe eine geplante Ausstiegsstrategie hat. Wenn andere über ihn geschrieben haben, dann haben sie lediglich ihre eigenen Vorlieben reflektiert und sich auf seine Einstiegs- und Setup-Strategien konzentriert, dabei aber seine Ausstiegsstrategien außer Acht gelassen.

**Terminmarktsysteme**

Kaufmans anpassungsfähige Methoden

Kaufman warnt davor, dass man sein grundsätzliches Trendfolgesystem nicht mit einer vollständigen Strategie verwechseln sollte. Er stellt es lediglich als eine beispielhafte Methode ohne jegliche Feinheiten bei der Auswahl von Einstiegen oder Ausstiegen dar.

---

114 Nur zu Buffetts Verteidigung: In der Tat hat er Silber zum niedrigsten Kurs aller Zeiten gekauft (das heißt etwa vier Dollar pro Unze) und das meiste davon Kunden überlassen, die es benötigten, sodass er sogar noch eine Möglichkeit gefunden hat, Einkommen damit zu erzielen. Aufgrund der Art und Weise, wie er mit dieser Investition umgegangen ist, vermute ich nun, dass er in Zukunft noch wesentlich genialer erscheinen wird, als er es ohnehin schon zu sein scheint.

Der anpassungsfähige Moving Average wurde in Kapitel neun als eine grundsätzliche Einstiegstechnik dargestellt. Man geht einfach eine Long-Position ein, wenn sich der Moving Average stärker als ein vorherbestimmter Filter nach oben bewegt, und man geht eine Short-Position ein, wenn sich der Moving Average stärker als ein vorherbestimmter Filter nach unten bewegt.

Kaufman bemerkt, dass man immer dann Gewinne mitnehmen sollte, wenn die Effizienz einen vorher festgelegten Bereich übertrifft. So legt er beispielsweise dar, dass sich eine hohe Effizienz nicht ewig aufrechterhalten lässt, sodass sie meist schnell wieder fällt, kaum dass ein hoher Wert erreicht wird. Somit hat Kaufman zwei wesentliche Ausstiegssignale: (1) sobald der anpassungsfähige Moving Average seine Richtung ändert (vielleicht, wenn er eine bestimmte Schwelle in der Gegenrichtung überschreitet) und (2) wenn die durchschnittliche Effizienz einen sehr hohen Wert wie etwa 0,8 aufweist.

Ich denke, anpassungsfähige Ausstiege haben mehr Potenzial als alle anderen Arten von Ausstieg. Einige meiner Kunden haben Ausstiegsstrategien entwickelt, die sich mit dem Markt nach oben bewegen und der Position ausreichend Spielraum gewähren, während sie sich bewegt. Sobald es jedoch zu einer Umkehr des Marktes kommt, wird man durch diese Ausstiege sofort vom Markt genommen. Sie sind unglaublich kreativ und dennoch einfach. Und falls der Markt einen Trend fortsetzt, wäre ihr grundsätzliches Trendfolgesystem in der Lage, sie sofort wieder auf den Markt zu bringen. Ich würde Ihnen wärmstens empfehlen, diesem Bereich bei der Entwicklung Ihres Systems ausreichend Zeit zu widmen.

### Gallachers Fundamental-Trading

Wie Sie aus Kapitel neun wissen, steigt man bei Gallachers System in den Markt ein, wenn (1) fundamentale Einstellungen vorliegen und (2) der Markt einen neuen Zehn-Tages-Höchstwert erreicht (das heißt einen zehntägigen Kanaldurchbruch). Bei dem von ihm verwendeten System handelt es sich normalerweise um ein Umkehrsystem – also befindet es sich immer im Markt. Im Prinzip stellt es eine Position dann glatt (und steigt in die Gegenrichtung wieder ein), wenn der zehntägige Tiefstwert durchbrochen wird (das heißt ein zehntägiger Kanaldurchbruch). Gallacher verwendet es jedoch nicht als Umkehrsystem.

Wie Sie sehen, geht Gallacher Positionen ausschließlich in der Richtung der Hintergrunddaten ein. Wenn sich also die Hintergrunddaten nicht dramatisch verändern, steigt er aus einer Long-Position nur bei einem zehntägigen Tief aus (das heißt, er kehrt sie nicht um), und aus einer Short-Position steigt er nur bei einem zehntägigen Hoch aus ( er kehrt sie also nicht um). Dabei handelt es sich um einen sehr einfachen Ausstieg, mit dem man kaum Probleme bekommen sollte. Ich vermute jedoch, dass sich dieses System mit verfeinerten Ausstiegen noch erheblich verbessern ließe.

Ken Roberts' 1-2-3-Methode

Ken Roberts' Methode, Gewinne mitzunehmen, ist in meinen Augen äußerst subjektiv. Letztlich handelt es sich bei dieser Methode um nichts anderes als um einen Konsolidierungs-Trailing-Stop. Falls Roberts' Methode korrekt ist und man sich damit in einer langfristigen Kursbewegung befindet, dann lautet seine Empfehlung schlicht und ergreifend, man solle seinen Stop nach oben verschieben und ihn unter (oder über) einer neuen Konsolidierung platzieren, sobald es dazu kommt.

Es handelt sich hierbei um eine alte Trendfolgemethode, die insbesondere in den 70ern außergewöhnlich gut funktionierte. Ihr größter Nachteil ist, dass man oft einen Großteil seiner Gewinne zurückgibt. Roberts' Methode funktioniert auch heute noch, würde aber vermutlich bei vielen der in diesem Kapitel erörterten Ausstiege besser funktionieren. Ich würde besonders eine Strategie mit mehreren Ausstiegen empfehlen.

## Zusammenfassung

Meist achtet man deshalb nicht auf gute Ausstiege, weil man mit Ausstiegen keine Kontrolle über den Markt ausüben kann. Dennoch kann man auch mit Ausstiegen eine gewisse Kontrolle ausüben. Sie kontrollieren, ob man einen Gewinn oder einen Verlust erzielt, und darüber hinaus, wie groß dieser Gewinn oder Verlust sein wird. Da sie so viel machen, könnte es sich vielleicht lohnen, ihnen größere Aufmerksamkeit zu schenken, als es meist der Fall ist.

Wir haben uns jetzt mit vier generellen Ausstiegskategorien beschäftigt – Ausstiege, durch die man seinen anfänglichen Verlust verringert, Ausstiege, durch die man seine Gewinne ausbaut, Ausstiege, die die Zahl der Gewinne einschränken, die man zurückgibt, sowie psychologische Ausstiege. Für jede Kategorie wurden verschiedene Ausstiegsstrategien dargelegt, die sich oft überschnitten haben.

Das Beste für den Leser wäre, sich Gedanken über einfache multiple Ausstiege zu machen. Einfache Ausstiege lassen sich leicht in Begriffe fassen und benötigen (falls überhaupt) keine übermäßige Optimierung. Multiple Ausstiege werden empfohlen, weil sie helfen, die für ein Trading-System formulierten Ziele möglichst vollständig zu erreichen.

Wir haben uns damit beschäftigt, wie man ein System mit hoher Erwartung entwirft, das gute Erträge abwerfen kann. Kapitel 13 beschäftigt sich damit, inwieweit eine Wechselwirkung zwischen Gelegenheitsfaktor und Erwartung besteht.

# Teil 4

## Allgemeine Übersicht

Ziel dieses Teils ist es, Ihnen eine allgemeine Übersicht zu liefern. Sie werden lernen, wie Sie Ihr System auswerten, sobald Sie es entwickelt haben. Sie werden erfahren, wie große Trader über verschiedene Marktsituationen denken. Aber was am wichtigsten ist: Sie werden lernen, welche Größe Ihre Positionen haben müssen, damit Sie Ihre Ziele erreichen. Außerdem werden Sie lernen, worüber Sie sonst noch nachdenken müssen, um Ihr System zu komplettieren und besser zu traden.

Kapitel zwölf soll Ihnen dabei helfen, einen allgemeinen Überblick zu gewinnen. Sie werden sieben verschiedene Trader kennenlernen, von denen jeder seine eigenen Ansichten über den Markt hat. Sie werden sie dabei beobachten, wie sie fünf reale Marktsituationen analysieren, und sehen, wie sie innerhalb von sechs Wochen in diesen Situationen abschneiden. Sie können selbst entscheiden, mit welchem Trader Sie sich in der jeweiligen Situation am ehesten identifizieren, und sehen, wie Sie selbst abschneiden würden.

In Kapitel 13 geht es ausschließlich um Gelegenheits- und Kostenfaktoren – Themen, die Sie anderswo nur selten finden. Sie werden merken, dass Sie keineswegs perfekt sein müssen, solange Sie genug Trading-Gelegenheiten haben. Die Kosten werden jedoch zu einem entscheidenden Faktor, je mehr Sie traden. Kapitel 13 beschäftigt sich auch damit, wie sich potenzielle Kurseinbrüche (Drawdowns) auswirken, die ein System erzeugt. Und schließlich werfen wir einen Blick auf die Erwartung und auf Gelegenheitsfaktoren, die einige Newsletter im Verlauf der zurückliegenden beiden Jahre generiert haben.

Kapitel 14 zum Thema Position Sizing gehört zu den wichtigsten Kapiteln in diesem Buch. Eigentlich ist Position Sizing ein separates System, das man seinem Trading-System überstülpt. Es ist jener Teil Ihres Systems, der Ihnen sagt, »wie viel«. Und sobald Sie ein gutes System mit einer tollen Erwartung haben, müssen Sie Position Sizing als Anhängsel dieses Systems verwenden, damit Sie Ihre Ziele besser erreichen können. Wenn Sie wirklich wollen, dass Ihr System der Heilige Gral eines Trading-Systems ist (also sich perfekt für Sie eignet), dann müssen Sie alles über das Thema Position Sizing wissen. Es ist der Unterschied zwischen einer banalen Trading-Methode und den besten Methoden überhaupt. Es ist ein Thema, über das sich kaum jemand Gedanken macht, was schade ist, da es der Schlüssel zu Ihren Zielen ist. Kapitel 14 soll Ihnen dabei helfen, sich auf den richtigen Weg zu begeben.

In der Vergangenheit wurde das Thema Position Sizing nur sehr unzureichend behandelt. In den meisten Büchern über Systementwicklung wird das Thema sogar völlig ausgespart. Warum das so ist, erfahren Sie in Kapitel 14. Außerdem lernen Sie einige Ideen zum Thema Position Sizing kennen, die auf dem Aktienmarkt selten oder gar nicht angewandt werden, aber außergewöhnliche Erträge einbringen, wenn man sie verwendet.

In Kapitel 15 ziehe ich schließlich meine Schlussfolgerungen zum Buch. Hier war es meine Absicht, mich kurz einigen der vielen Themen zuzuwenden, die für einen Trader wichtig sind und bisher noch nicht erwähnt wurden.

# 12 Jeder kann Geld verdienen

*Man muss nicht den Markt traden. Man muss vielmehr seine Überzeugungen gegenüber dem Markt traden. Dies kann man erfolgreich tun, wenn man die Grundprinzipien hinter Low-Risk-Ideen, Erwartungshaltung und Positionsgröße genau kennt.*

— *Van Tharp*

Lassen Sie uns einen Blick auf fünf verschiedene Persönlichkeiten werfen – jede hat andere Ansichten darüber, wie man handelt oder investiert. Lassen wir sie einige gleiche Szenarios behandeln. Jede unserer Personen ist ein erfolgreicher Trader oder Investor, der mit dem Handeln und Investieren in den Märkten regelmäßig Geld verdient. All diese Menschen verfügen über zehn Eigenschaften (siehe unten), die ihnen helfen, ihren Erfolg konstant zu halten. Dennoch sind sie verschieden, denn ich habe mich für Persönlichkeiten entschieden, die verschiedene Konzepte aus Kapitel fünf verwenden. In diesem Kapitel werden wir sehen, wie alle fünf verschiedene Tradings-Senarios anwenden. Dadurch wird Ihnen Folgendes klar werden:

- Fünf Leute können auf unterschiedliche Weise ein Szenario bearbeiten und dennoch Erfolg haben.
- Sie treffen ihre Entscheidungen aufgrund ihres persönlichen Empfindens, ob es sich bei einer Idee um eine Low-Risk-Idee nach ihren eigenen Vorstellungen handelt.
- Auf lange Sicht verdient jeder von ihnen Geld, obwohl sie alle unterschiedliche Herangehensweisen gewählt hatten.

Unsere fünf Investoren – wenngleich alle mit unterschiedlichen Überzeugungen und Herangehensweisen – haben folgende zehn Dinge gemeinsam:

1. Sie verfügen über mindestens ein geprüftes, gut recherchiertes und positive Erwartungen rechtfertigendes System, das Geld einbringt.

2. Sie verfügen alle über ein System, das zu ihnen und ihrer Persönlichkeit passt. Und ihnen ist bewusst, dass sie nur Geld mit ihren Systemen verdienen, weil das System ihrem Charakter entspricht.

3. Sie wissen alle über die Funktionsweise ihrer Systeme genau Bescheid. Sie wissen, wie ihre Systeme Low-Risk-Ideen schaffen.

4. Ihnen ist bewusst: Wenn sie in einen Trade oder eine Investition einsteigen, müssen sie eine Ahnung davon haben, wann sie in einem Trade falsch lagen, der Trade also nichts abwerfen wird. Dann steigen sie aus und schützen dadurch ihr Kapital. Anders ausgedrückt: Sie wissen, was ein 1R-Risiko für sie und ihre Positionen im Markt bedeutet.

5. Sie bewerten das Reward-Risk-Ratio eines jeden Trades. Für die eher mechanisch veranlagten Trader ist dieses Ratio fester Bestandteil ihres Systems. Die etwas liberaler angelegten Trader kalkulieren das Reward-Risk-Ratio, bevor sie in eine Position einsteigen.

6. Alle verfügen über einen Trading-Plan, um ihre Herangehensweisen zu koordinieren.

7. Allen ist bewusst, dass Position Sizing der Schlüssel zum Erfolg ist. Da wir erst am Ende dieses Buches über Position Sizing sprechen werden, werden wir uns hier nicht über die Methoden unterhalten. Wir nehmen der Einfachheit halber dennoch an, dass einer der Trader auf jede Position ein Prozent seines Kapitals verwendet hat. Damit würde ein 1R-Verlust einen Verlust von einem Prozent auf seinem Konto bedeuten – ein 3R-Verlust also einen Verlust von drei Prozent.[115] Wenn jemand also zwei Prozent pro Trade riskiert, würde 1R einen Verlust von zwei Prozent bedeuten, und 3R würden einem Verlust von sechs Prozent entsprechen.

8. Alle Trader wissen, dass ihre Performance eine Funktion ihrer Psyche darstellt, und verbringen deshalb viel Zeit damit, an sich selbst zu arbeiten.

---

*115 Die riskierte Menge und die investierte Menge sind nicht dasselbe. Ein Beispiel: Sie haben einen 25-Prozent-Stop und riskieren 1.000 Dollar – ihr Risiko wären 25 Prozent Ihrer gesamten Investition. Hätten Sie in diesem speziellen Fall 1.000 Dollar riskiert, hätte sich Ihre Gesamtinvestition auf 4.000 Dollar belaufen. Wenn der Kurs unter Ihren Stop fällt, könnten Sie 4R verlieren, sollte die Position über Nacht auf null fallen.*

9. Alle Trader übernehmen persönlich die Verantwortung für die von ihnen erzielten Resultate. Das bedeutet, dass sie ein Ziel haben, an dem sie sich orientieren. Wenn sie vom Kurs abkommen, konzentrieren sie sich wieder auf ihr Ziel und suchen nach Verbesserungen und Kurskorrekturen.

10. Allen ist bewusst, dass ein Fehler lediglich bedeutet, dass sie nicht nach ihrem System und ihrem Business-Plan gehandelt haben. Dadurch lernen sie aus ihren Fehlern. Einige von ihnen, die sogenannten Top-Perfomer, verfügen sogar über einen Trainer, der ihnen dabei hilft, sich zu verbessern und ihren Zielen immer näher zu kommen.

Jede dieser fünf Personen verwendet eine andere Taktik für die Märkte. Dennoch erwirtschaften sie alle sechsstellige Gewinnsummen. Warum? Nun, das haben wir gerade eben besprochen: Diese fünf Personen repräsentieren die Essenz aus gutem Trading und Investment. Ich schlage vor, Sie tragen dafür Sorge, dass die gerade genannten zehn Eigenschaften auch auf Sie zutreffen. Alle beschriebenen Prinzipien sollten mittlerweile selbstverständlich für Sie sein. Sind Sie das nicht, sollten Sie die betreffenden Abschnitte dieses Buches noch einmal lesen.

Ich habe auch noch zwei weitere Personen, Nancy und Eric, mit in die Liste aufgenommen. Beide verfügen nicht unbedingt über alle zehn Eigenschaften. Nancy ist eine Geschäftsfrau, die Newsletter-Empfehlungen folgt. Sie verdient dadurch Geld, dass sie diszipliniert handelt und über viele der genannten Eigenschaften verfügt. Dennoch wird sich Nancys jährlicher Gewinn nicht im sechsstelligen Bereich befinden. Eric ist ein impulsiver Trader, der über kein System verfügt und nur nach Gefühl entscheidet. Er hält sich selbst für einen Trader, verliert aber konstant Geld, weil er über keine der zehn Eigenschaften verfügt. Vielleicht sehen Sie bereits, inwieweit sich diese beiden von den anderen Tradern unterscheiden.

## Wie sieben Trader ihre Eigenschaften anwenden

Unsere sieben Personen heißen Mary, Dick, Victor, Ellen, Ken, Nancy und Eric. Mary und Dick sind mechanisch veranlagte Trader, obwohl einer von beiden sich eher langfristig und der andere sich eher kurzfristig orientiert. Beide stecken viel Energie und Arbeit in die Entwicklung ihrer mechanischen Systeme, damit diese funktionieren. Victor, Ellen und Ken sind liberalere Trader, da sie viel Zeit und Aufwand darauf verwenden, die Positionen genau zu untersuchen, bevor sie einsteigen. Diese Trader sind fiktiv – sie repräsentieren aber typische Trader-Typen, die ich kenne. Und zu guter Letzt sind Nancy und Eric liberale Trader, die sich mehr auf ihr Wunschdenken als auf ihre Intuition verlassen.

### Mary – die langfristig orientierte Trendfolgerin

Mary ist eine langfristige Trendfolgerin, wie sie in Kapitel fünf bereits beschrieben wurden. Sie sucht nach Positionen, die steigen, kauft diese und verkauft jene, die sinken. Wenn man sich ein Chart aus einer gewissen Distanz ansieht, kann man leicht herausfinden, welche Richtung Mary wahrscheinlich einschlagen wird – je nachdem, ob der langfristige Trend nach oben oder nach unten zeigt. Es ist wirklich so einfach. Und wenn die Position, ihren Messungen zufolge, die Richtung ändert, steigt Mary aus der Position aus. Sie verwendet Methoden, über die wir bereits gesprochen haben. Ihr Einstieg ist der Channel-Breakout. Ihr Initial-Stop befindet sich am Tiefpunkt der letzten 20 Tage oder bei der dreifachen Wochenvolatilität – je nachdem, welche Zahl größer ist. Sie hat außerdem einen Trailing-Stop beim Wert der dreifachen Wochenvolatilität in der Hinterhand. Und wenn ihr Trailing-Stop näher ist als ihr Initial-Stop, wird der Trailing-Stop zu ihrem primären Ausstiegspunkt.

Marys vorrangiges Ziel ist es, eine Position so lange wie möglich zu behalten – am liebsten jahrelang. Dennoch hat sie auch schon Trades erlebt, bei denen sie bereits wenige Tage nach ihrem Einstieg wieder ausstieg. Das passiert manchmal, weil ihr Initial-Stop enger ist als ihr Trailing-Stop. Marys System ist sehr mechanisch: Alles läuft über den PC. Jeden Abend vollzieht ihr Computer eine gründliche Analyse des Marktes und spuckt danach neue Orders und Veränderungen an Marys Stops aus. Dennoch stellt dieser Prozess ein sehr profitables Trading-System dar.

Mary hat einen technischen Beruf erlernt und verfügt über ein großes Wissen über Computer und Programmierung. Es liegt ihr, Sachen zu testen und alles vollautomatisch vonstatten gehen zu lassen. Und natürlich macht sie ihre Sache gut.

### Dick – der kurzfristig orientierte Swing-Trader

Dick ist ein kurzfristig orientierter Swing Trader. Er verfügt über diverse Systeme, die alle sehr gut funktionieren. Eines von ihnen ist ein sogenanntes Band-Trading-System. Dieses System verkauft eine Position, wenn sie die obere Kanaltrendlinie seiner eigenen Band-Strategie erst berührt und dann unter sie fällt. Die Position wird geschlossen, wenn die andere Seite des Bandes erreicht wird – unter bestimmten Umständen wurden schon früh teilweise Gewinne mitgenommen und der Initial-Stop zum Break-even umgewandelt. Dieses System vollzieht auch das Gegenteil: Es kauft eine Position, wenn diese die untere Kanallinie erst berührt und dann durchbricht. Die Position wird geschlossen, wenn das obere Band erreicht wird – es gibt jedoch bestimmte Bedingungen, wenn man schon früh teilweise Gewinne mitnehmen möchte. Dieses System schafft etwa drei Trades pro Tag – ein durchschnittlicher Trade dauert etwa vier Tage. Auch dieses System ist überwiegend mechanisch – manchmal aber vertraut Dick auf seine Intuition, um seine Bänder neu auszurichten. Dennoch generiert Dicks PC jeden Abend neue Trades und berechnet die Stops neu.

Dick verfügt außerdem über ein System, das kurzfristig dem Trend folgt. Dieses wird ausgelöst, wenn seine Band-Methode zusammenbricht. Auch dies ist ein System, das sein Kapital schützt. Wenn eine Position aus seinen Bands herausrutscht, berechnet Dick die Größe des Moves. Wenn eine Position 2,5 Einheiten über seine Bands steigt (ein Standardwert), sieht er dieses Band als zusammengebrochen an und schaut sich nach neuen Positionen in Richtung des Moves um. In diesem Fall berechnet Dick das potenzielle Risk-Reward-Ratio jeder Position und steigt nicht in die Position ein, bevor sie ihm nicht mindestens 3R potenziellen Profit verspricht. Dieses System absolviert etwa zwei Trades pro Woche, und jeder dieser Trades hat eine Dauer von drei oder vier Wochen.

Dick ist ein ehemaliger Arzt. Als er in diesem Beruf arbeitete, entdeckte er Folgendes:

1. Wenn er anderen sein Geld anvertraute, verlor er mehr, als er gewann.

2. Er würde gerne selbst in den Märkten aktiv sein.

3. Er hatte das Talent, einige gute Systeme zu entwickeln.

Dick musste sich außerdem dauernd mit den privaten Krankenkassen herumschlagen, die ihm vorzuschreiben versuchten, wie er mit seinen Patienten zu verfahren hatte und wie nicht. Schließlich befand er, dass er nicht mehr weiter die Welt retten wollte – besonders dann, wenn manche überhaupt nicht gerettet werden wollen. Stattdessen wollte er etwas tun, das ihm Spaß machte.

**Victor – der Value-Trader**

Victor ist ein rundum liberaler Trader. Man könnte ihn auch als einen Mental-Szenario-Trader bezeichnen. Er hat eine Einstellung zu Faktoren, die seiner Meinung nach das Gesamtbild der Märkte beeinflussen. Ihm ist bewusst, dass man zehn verschiedene Antworten erhalten würde, wenn man zehn Leute nach den ihrer Meinung nach beeinflussenden Werten fragte. Dennoch beobachtet Victor diverse Aspekte des Gesamtbilds, indem er sich die Relative Stärke einiger Weltsektoren zusammen mit ihrer wöchentlichen Performance ansieht. Sein Ziel ist es, in den stärksten Sektoren Positionen zu besitzen. Allerdings hofft er auch darauf, dass er zum Zeitpunkt der starken Position bereits eine Weile in der Position war. Dennoch liquidiert er Positionen, die Teil eines starken Sektors waren, wenn sich diese auf ein geringeres Level abschwächen. Man könnte Victor auch als einen »Fundamentalisten« oder »Value-Trader« bezeichnen. Er kauft gerne Positionen mit hohem spezifischen Wert – also solche Positionen, die außer ihm von allen gehasst werden. Er kauft sie zu einem Zeitpunkt, da das Abwärtspotenzial gering und folglich das Aufwärtspotenzial hoch ist. Ein Beispiel: Warren Buffet kaufte 129 Millionen Unzen Silber, als Silber bei etwas mehr als vier Dollar pro Unze stand. Wo liegt das Risiko beim Kauf von einem Drittel des Weltangebotes zu einem historisch niedrigen Preis? Sie wissen, dass Silber gebraucht wird und dass Sie einen Teil Ihres Besitzes an andere verkaufen müssen. So handelt auch Victor gerne, allerdings nicht auf dem Niveau eines Warren Buffett – zumindest bis jetzt noch nicht.

Victor kauft im Grunde genommen Positionen mit hohem Wert und minimalem Abwärtsrisiko. Zusätzlich möchte er, dass die Märkte entweder (1) so niedrig sind, dass kein Abwärtsrisiko besteht, oder dass die Märkte (2) bereits erste Anzeichen einer Bewegung in die von Victor favorisierte Richtung zeigen. Victor kauft gerne Dinge für Pennies und hofft, dass sie bald Dollars wert sind – sie werden also entweder zu normalen Levels zurückkehren (ein beachtlicher Profit), oder die Nachfrage wird steigen – was wiederum einen ordentlichen Gewinn bedeuten würde. So gelangt Victor zu seinen Low-Risk-Ideen.

Victor hat den MBA an der Wharton School of Business absolviert. Er hat die Werke großer Value-Trader wie Benjamin Graham genau studiert und sich deren Denkweise zu eigen gemacht. Ursprünglich hat er viele klassische wissenschaftliche Investmentmodelle gelernt. Er glaubte an die Theorie des effizienten Marktes, die moderne Portfoliotheorie, sowie an das Capital-Asset-Pricing-Modell. Je mehr Zeit er jedoch mit der Arbeit in den Märkten verbrachte, desto mehr Mängel fand er in diesen Theorien. Ein Beispiel: Er machte sich bald Warren Buffetts Idee zu eigen, dass Diversifikation ein Schutz gegen Ignoranz sei und dass man eine hohe Diversifikation nur dann brauche, wenn man nicht genau weiß, was man tut. Dennoch verstand Victor auch, dass es wichtig ist, das Reward-Risk-Ratio eines jeden Trades mit in Betracht zu ziehen, und er war auch mit den Konzepten der Rs vertraut. Erwartung und Position, wie in unserem Buch beschrieben, waren ihm ebenfalls keine Fremdbegriffe. Victor verfügt heute über seinen eigenen Fonds, arbeitet lange und hart, studiert die Märkte und sich selbst und erhält die Resultate, die belegen, dass sich seine harte Arbeit auszahlt.

**Ellen – eine Order an das Universum**
Ellen ist vertraut mit der Welt der Esoterik. Sie hat das Delta-Phänomen studiert und weiß, dass diese Methode Turning Points am Markt verursacht. Sie weiß über Gann-Konzepte und Elliott-Waves Bescheid, und sie verbringt viel Zeit damit, verschiedene Märkte zu studieren, um herauszufinden, wann sie Turning Points ankündigen. Ellen hat auch schon von den Magischen Zahlen und den Fibonacci-Retracement-Levels gehört.[116] Wenn sie also eine Prognose wagt, setzt sie sich normalerweise ziemlich präzise Ziele. Zu guter Letzt ist Ellen eine Expertin in Sachen saisonal bedingter Tendenzen. Sie weiß, wann die Märkte zum Sprung ansetzen, weil sie die saisonalen Tendenzen kennt. Benutzt Ellen eine dieser Fähigkeiten ohne die andere? Nein, natürlich nicht. Stattdessen unter-

---

*116 Diese Konzepte (außer dem Delta-Phänomen) wurden in Kapitel fünf besprochen. Das Delta-Phänomen stellt eine Beziehung zwischen dem Marktverhalten und anderen Faktoren wie der Sonne oder dem Mond her.*

sucht sie viele, viele Marktsituationen. Und manchmal trifft sie auf eine Situation, in der alles zusammenpasst. Das geschieht nur unregelmäßig, aber wenn es passiert, ist die Perfektion beinahe unheimlich.

Ursprünglich war Ellen eine Perfektionistin, wenn es ums Traden ging. Wenn sie keinen exakten Turning Point erhielt, stieg sie nicht in die Position ein. Dadurch verpasste sie viele gute Trades. Manchmal stieg sie auch einen Tag zu früh ein, es passierte nichts, sie stieg aus und sah dabei zu, wie der Markt, wie von ihr vorhergesagt, am nächsten Tag zum Sprung ansetzte.

Ellen hat mittlerweile, unter anderem durch das vorliegende Buch, ihre Probleme gelöst. Wenn sie nun einen Turning Point prognostiziert, steigt sie so lange nicht in den Markt ein, bis dieser ihre Prognose bestätigt. Ist das geschehen, steigt sie ein. Ihre Initial-Stop-Loss-Punkte sind sehr straff gesetzt, weil sie in ihren Prognosen äußerst präzise ist. Manchmal nimmt sie diverse kleinere Verluste hin, bevor ein Trade funktioniert. Ihre Verluste betragen aber für gewöhnlich 1R – ihre Gewinne allerdings 10R oder mehr. Und obwohl ihre Trefferquote nur bei 38 Prozent liegt (bedingt durch die falschen Break-outs), verdient sie doch gutes Geld. Mittlerweile sollten Sie verstehen, warum.

**Ken – der Spread-Arbitrageur**
Ken ist ein Privat-Trader. Er ist aber auch Mitglied einer der Trading Exchanges, und das erlaubt es ihm, in die Märkte einzusteigen und den Bid-Ask-Spread für die meisten seiner Trades zu erhalten. Er hat außerdem Zugang zu diversen Recherchemöglichkeiten und findet dadurch äußerst interessante Möglichkeiten in den Märkten.

Manchmal steigt Ken bei niedrigem Risiko mit einem sogenannten Option Spread ein. Am nächsten Tag findet er etwas, das man wohl als Schlupfloch bezeichnen könnte. Da dieses »Loophole« offen ist, gibt es keinerlei Risiko. Das Resultat: Ken wird mit wehenden Fahnen einsteigen und eine Menge Geld verdienen. Manchmal verdient er nur 1R oder 2R pro Position, aber wenn er diese Loopholes entdeckt, verdient er mit den meisten seiner Trades Geld. Dennoch passt er immer darauf auf, das Schlupfloch auch wieder zu schließen, und er verfügt über einen Notfallplan, sollte dies schneller als geplant geschehen.

Ken sah sich schon als Kind gerne die Märkte an, und er wollte schon immer ein professioneller Trader werden. Folglich suchte er sich nach seinem Abschluss an der High School einen Job als Laufbursche bei einer der Börsen in Chicago, wurde normaler Angestellter und schließlich Parkett-Trader. Diesen Job übte er etwa fünf Jahre lang aus und stellte dann fest, dass er einer der wenigen war, die diesen Job überhaupt fünf Jahre lang durchgehalten hatten. Die meisten anderen hatten ihre Konten ruiniert, weil sie nicht so viel über Risikokontrolle und Position Sizing gelernt hatten wie er selbst. Und nun – obwohl Ken schon längst nicht mehr auf dem Parkett handelt – verfügt er immer noch über die Einsichten und das Wissen eines erfahrenen Floor-Traders. Ken besitzt ein kleines Trading-Unternehmen mit etwa zehn Mitarbeitern. Rund 35 Prozent der

Firma gehören Ken, der Rest wird von anderen Investoren gehalten, die an Ken und seine Fähigkeiten glauben.

Die beiden Trader, über die wir jetzt noch sprechen, stellen nicht unbedingt klassische Fälle dar – Nancy, die nach Hinweisen und Anweisungen sucht, und Eric, der impulsive Trader. Nancy verdient an den Märkten Geld, allerdings nicht annähernd so viel wie unsere fünf großartigen Trader beziehungsweise Investoren, über die wir am Anfang gesprochen haben. Eric ist der ewige Verlierer.

**Nancy – die Geschäftsfrau, die den Top-Newslettern folgt**
Nancy ist leitende Angestellte in einem großen Unternehmen. Sie verdient einen sechsstelligen Betrag, aber sie möchte ihr Geld keinen fremden Leuten anvertrauen. Das hat sie früher schon einmal versucht, ihr Geld von anderen verwalten zu lassen, und fand dabei heraus, dass die anderen eher Geld verloren als gewannen. Zusätzlich hielt sich ihr Respekt vor Finanzprofis, die die »relative Performance« (also besser zu sein als der S&P 500) anstatt der absoluten Performance verfochten, in Grenzen. Diese Profis stellten ihr hohe Beträge und Gebühren in Rechnung und erzählten ihr, sie sollte ihnen einfach ihr Geld geben, gehen und warten, bis das Geld wächst. Diesen Prozess hatte sie also bereits mitgemacht, und ihr Vermögen war geschrumpft.

Nancy verfügte aber leider nicht über genügend Zeit, um ausreichend Recherche in den Märkten betreiben zu können. Stattdessen entschied sie sich, sich bei fünf Newslettern mit sehr guten Statistiken einzutragen.[117] Drei der Newsletter konzentrierten sich auf den Wert, und zwei konzentrierten sich darauf, die großen Moves zu finden. Alle fünf Newsletter wussten um die Wichtigkeit der Stop-Losses, und zwei Newsletter verrieten ihr sogar, wie das für sie beste Posiion Sizing aussehen könnte – etwas, das sie für eine Seltenheit hielt. Alle fünf Newsletter veröffentlichen jeden Monat ihre Statistiken – darauf bestand Nancy. Anders ausgedrückt: Sie zeigten ihr die Empfehlung, den aktuellen Einstiegspreis, den aktuellen Kurs sowie die Gewinne und Verluste. Keiner der Newsletter ging in den Statistiken auf Erwartungen und Rs ein – diese konnte sich Nancy aber selbst ausrechnen.[118]

---

117 *Die meisten Newsletter werden Ihnen keinen guten Track Record präsentieren können. Sie werden Ihnen sagen, wie viel Geld Sie hätten verdienen können, wenn Sie ihren Empfehlungen gefolgt wären. Das ist aber kein Track Record. Ein Newsletter könnte beispielsweise sagen: Wir haben die ABC-Aktie empfohlen, und sie ist um 400 Prozent gestiegen. Wir haben auch XYZ empfohlen, und sie ist um 250 Prozent gestiegen. Die Leute sehen dann ihre Portfolios simultan dazu steigen – und das passiert nie. Ein Newsletter könnte sogar einige dieser Siegertypen liefern und dem Abonnenten immer noch Verluste bescheren. Wenn Sie diese Herangehensweise bevorzugen, empfehle ich Ihnen, dass Sie sich mindestens den Archivkatalog des Newsletters der letzten ein oder zwei Jahre geben lassen, um so die Erfolge der Empfehlungen selbst nachprüfen zu können. Wenn sie Ihnen 30 Empfehlungen geben und 30R versprechen, sollten Sie diesen Newsletter in Betracht ziehen.*

118 *Sie werden sehen, dass wir einen Teil der Recherche für Sie bereits in Kapitel 13 erledigt haben, damit Sie die verschiedenen Arten der R-Multiples und der unterschiedlichen Systeme verstehen können. Was gibt es für einen besseren Weg, um dies zu zeigen?*

Obwohl Nancy nach den Newslettern arbeitet, war ihr auch bewusst, dass die Trades zu ihr als Person passen mussten. Das Resultat: Sie sah sich die Charts der empfohlenen Trades an, weil sie nie etwas kaufen wollte, deren Kurse gerade sanken. Nancy sah sich außerdem die Argumente an, die zu den Empfehlungen geführt hatten, weil sie von den Werten eines jeden einzelnen Trades selbst überzeugt sein wollte.[119] Nancy stellte stets sicher, dass sie bei jedem Trade über exakte Ausstiegspunkte verfügte, falls die Trades nicht funktionieren sollten. Und schließlich verstand Nancy auch noch etwas von Positionsgrößenbestimmung und riskierte nie mehr als ein Prozent ihres Portfolios.[120]

**Eric – Mister »Packen wir's an«**
Eric wurde schon immer als sehr impulsiv beschrieben. Er meint, alles über die Märkte zu wissen, verfügt aber lediglich über laienhafte Überzeugungen. Ein Beispiel: Er denkt, dass die richtige Trading-Methode darin besteht, einfach über die Fähigkeit zu verfügen, die richtigen Aktien auszuwählen. »Schließlich«, sagt er, »sind alle großen Investoren nur deshalb so erfolgreich, weil sie die richtigen Aktien auswählen.« Er glaubt, dass es bei der Auswahl der Aktien ein Geheimnis gibt, denkt aber auch, dass niemand, der dieses Geheimnis kennt, es einer Person wie ihm verraten würde. Er glaubt außerdem, dass zum erfolgreichen Handeln auch eine Menge Glück gehört. Wenn er also Geld in den Märkten verliert, lag es nur an schlechten Anweisungen oder einfach am Pech. Noch dazu liebt Eric die Action der Märkte und findet es aufregend, sein Konto jeden Tag um fünf Prozent wandern zu sehen – selbst dann, wenn sein Kontostand sinkt.

## Wie unsere Trader fünf grundlegende Marktsituationen bewerten

Ein Grund, warum ich dieses Kapitel der überarbeiteten Version dieses Buches hinzugefügt habe, war, Ihnen verständlich zu machen, wie verschiedene Systeme Low-Risk-Ideen und einmalige R-Multiple-Situationen generieren können. Deshalb habe ich einige interessante Marktsituationen ausgewählt, wie sie bei Handelsschluss am 17. Februar 2006 vorlagen. Die Zeit oder die Situation an sich ist gar nicht so wichtig. Ich hätte jeden beliebigen Zeitpunkt und jede beliebige

---

*119 Es ist kein Zeichen von großer Professionalität, wenn man einen Einfluss von außen braucht, um von einem Trade überzeugt zu sein. Sie sollten über die Erwartungen und die Methode bereits Bescheid wissen, bevor Sie in den Trade einsteigen. Und das sollte als Überzeugung reichen.*
*120 Nancy ist kein idealer Trader/Investor. Ich habe ihrem Profil aber ein paar Dinge untergemischt, da wohl viele meiner Leser einen Newsletter als Grundlage verwenden möchten. Ich halte das für keine gute Idee, weil sie es dann mit den Ideen anderer Leute zu tun bekommen. Außerdem können Sie nicht wissen, ob die Person, die diese Empfehlungen ausspricht, überhaupt weiß, von was er oder sie spricht und die Grundsätze dieses Buches verstanden hat. Ein Beispiel: Die einzige Person, die ich kenne, die Newsletter-Empfehlungen (in R) herausgegeben hat, ist mein Freund Barton, der dem Band-Trading-Abschnitt in Kapitel fünf verfasst hat.*

Situation wählen können, denn das Ziel ist dasselbe: Wir wollen sehen, wie unsere unterschiedlichen Trader mit ihren unterschiedlichen Herangehensweisen Low-Risk-Ideen aus diesen Situationen herausziehen.

Wir werden als Nächstes einen Blick darauf werfen, was aus diesen Ideen sechs Wochen später geworden ist.[121] Sechs Wochen mag nicht unbedingt der richtige Zeitrahmen sein, um die Effizienz einer Idee analysieren zu können (speziell nicht für Langzeitinvestoren) – der Zeitraum wird uns aber einige Perspektiven zu den Grundprinzipien liefern, die alle unsere Trader gemeinsam haben sollten: (1) wie sie eine Low-Risk-Idee generieren, (2) wie sie 1R bei diesem Trade ermitteln und (3) wie ihre Erwartungen aussehen.

**Situation eins: Google (GOOG)**

Was war im US-amerikanischen Aktienmarkt das heißeste Ding? 2005 war es sicher Google. Ist es nicht die blanke Ironie, dass die heißesten Aktien des Booms in der High-Tech-Branche in den 90er-Jahren Internet-Aktien waren? Nun, sechs Jahre später, ist die heißeste Aktie wieder eine aus dem Internetsektor. Neue Booms bestehen niemals aus den Aktien vorangegangener Booms – aber vielleicht sagt diese Situation viel über den heutigen Aktienmarkt aus.

Lassen Sie uns also einen Blick auf Google (GOOG) werfen. Abbildung 12.1. zeigt die wöchentlichen Candlesticks für GOOG seit seiner Einführung. Sie werden feststellen, dass ein starker Aufwärtstrend existierte – fast 500 US-Dollar pro Aktie. Und dann fiel der Kurs in wenigen Monaten stark ab. Wie könnten unsere sieben Investoren mit dieser Situation umgehen?

Bevor wir uns aber der Analyse unserer sieben Trader widmen, fragen wir uns doch einmal selbst: Wie hätten Sie auf GOOG reagiert? Am 17. Februar 2006 schloss Google bei 368,75 Dollar – weit unter dem Allzeithoch von 475,11 Dollar, das nur etwa fünf Wochen vorher, am 11. Januar 2006, erreicht worden war. Sehen Sie in GOOG Chancen? Wartet die Aktie nur auf einen Crash? Oder konsolidiert das Papier lediglich? Und selbst wenn Sie wissen, was mit GOOG seit dem 17. Februar 2006 passiert ist – tun Sie so, als wüssten Sie es nicht. Hellsehen zu können wäre in einem solchen Fall genial, aber ich habe dieses Kapitel geschrieben, bevor unsere Frist von sechs Wochen verstrichen war und ich die tatsächlichen Resultate kannte. Fragen Sie sich also selbst: »Wie hätte ich bei Google reagiert?«

Wären Sie in dieser Situation eingestiegen?

Wenn Sie eingestiegen wären, wären Sie langfristig (Ich erwarte, dass der Markt steigt) oder kurzfristig (Ich erwarte, dass der Markt sinkt) eingestiegen?

---

121 Sechs Wochen ist keine lange Zeit. Ich habe die Situation ausgewählt, weil sie mir zu diesem Zeitpunkt interessant erschien. Ich hatte keine Ahnung, wie diese Situation sechs Wochen später aussehen würden. Es war sehr interessant für mich, die einzelnen Profile unserer Trader auf die dann neue Situation anzuwenden.

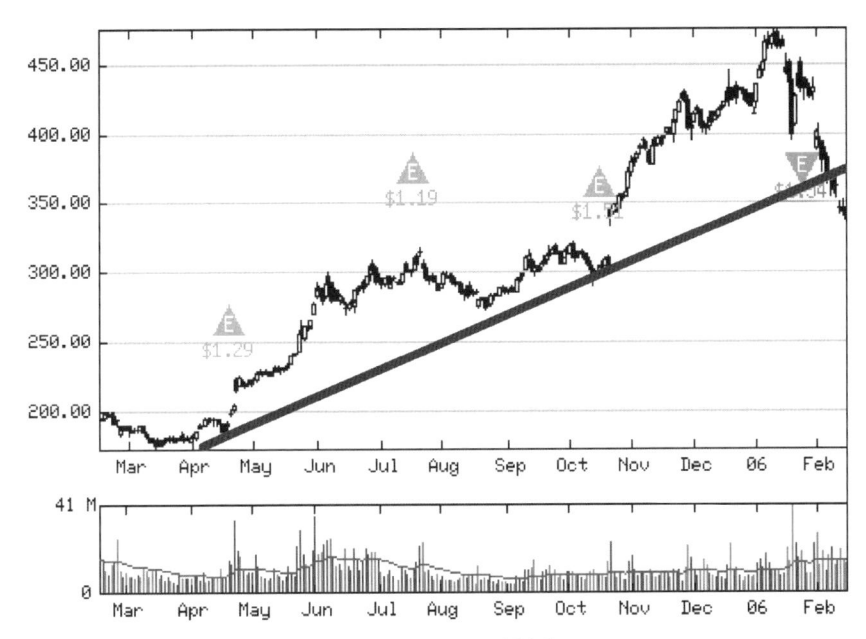

**Abbildung 12.1:** Die große Darstellung von Google (GOOG).

Wo hätten Sie ihre Stop-Loss-Order (kurz auch nur Stop genannt) gesetzt?

Abhängig von diesem Stop: Was wäre 1R für Sie?

Wie viel Geld könnten Sie Ihrer Meinung nach in sechs Wochen mit diesem Trade verdienen?

Wie sieht Ihr potenzielles Reward-to-Risk-Ratio aus?

Macht der Einstieg in diesen Trade Sinn, wenn eine 50-prozentige Chance besteht, dass Sie sich mit der Richtung der Bewegung in diesem Trade vertan haben?

Welchen Anteil Ihres gesamten Portfolios wären Sie bereit, auf diesen Trade zu setzen? Ein halbes Prozent, ein Prozent, zwei oder mehr?

Sehen Sie sich den Chart an und schreiben Sie Ihre Antworten auf, bevor sie weiterlesen. Und nun lassen Sie uns einen Blick darauf werfen, wie unsere Investoren darauf reagiert haben.

## Mary – die langfristig orientierte Trendfolgerin

Mary besitzt diese Position bereits seit über einem Jahr, da die Aktie zu den besten Performern gehört. Sie hat bisher einen Gewinn von 153 US-Dollar verzeichnen können – etwa ein Gewinn von 8,4R. Ihr Stop ist ein Trailing-Stop in Höhe der dreifachen wöchentlichen Volatilität des Allzeithochs. Dies definiert ihren Stop auf 329,31 Dollar – und dieser Punkt wurde noch nicht erreicht. Mary wird langsam nervös, bleibt ihrem Stop aber treu. Ihr ursprünglicher Stop war mit etwa 18 Risikopunkten etwas enger – wenn sie also ausgestoppt wird, verzeichnet sie noch einen Gewinn von 112 Dollar – ein Profit von 6R.

## Dick – der kurzfristig orientierte Swing-Trader

Dick war langfristig in dieser Position – in einer für ihn etwas ungewöhnlichen Situation. Er konnte einen Band-Trade für GOOG auf die Beine stellen, sah aber Potenzial für wesentlich höhere Profite als bei seinen normalen Trades. Am Montag der vorangegangenen Woche war in *Barron's* eine Kritik der Aktie erschienen, die einen Kursabfall um 50 Prozent voraussagte. Dieser Rückgang produzierte ein Gap Down zur Eröffnung am Montag – es folgte eine Konsolidierung. Dick glaubte, es gebe gute Chancen, dass das Gap geschlossen werden könnte, bevor Google seinen Abwärtstrend weiter fortsetzte – er fühlte sich auch durch ein kurzfristiges Konsolidierungs-Pattern bestätigt (siehe Abbildung 12.2).

**Abbildung 12.2:** Dicks eingerichtetes Band, dass ihm half, die Lücke zu schließen.

## 12. Jeder kann Geld verdienen

Dick erstellte also seine Bänder, um die Konsolidierung fassen zu können. Und als der Kurs das niedrigere Band erreichte und daran regelrecht »abprallte«, ging Dick am 15. Februar bei 340,80 Dollar long und setzte einen sehr engen Stop bei 338,80 Dollar. Sein minimales Ziel war das obere Ende des Bandes bei 351 Dollar – etwa ein Move von 5R. An diesem Punkt gab er die Hälfte seiner Position auf und erhöhte seinen Stop auf den Break-even-Punkt. Er war der Meinung, dass es bei etwa 357 Dollar deutliche Widerstände gebe, und würde nun vielleicht bei diesem Punkt die andere Hälfte seiner Position aufgeben und seinen Stop ans obere Ende des Bandes verlegen. An dieser Stelle hätte er eine Hälfte seiner Position für 5R und ein Viertel seiner Position für 8R verkauft. Sein Ziel wäre es dann, den Rest seiner Position für 362 Dollar zu verkaufen – ein Gewinn von 10R.

Sein ursprüngliches Risiko betrug 0,5 Prozent seines Portfolios. Sein Downside Risk bei einem Verlust von 1R betrug 0,5 Prozent.[122] Wenn er alle seine Ziele erreichte, konnte er problemlos einen Gewinn von 7,5R in seinem Portfolio erreichen – und das in nur einer Woche, und nur durch diese eine Position.

Am 16. Februar hatte Dick alle seine Ziele erreicht, als Google auf 367 Dollar stieg. Abbildung 12.3 zeigt, wie der Trade für Dick ausging.

**Abbildung 12.3:** Ausstiege von Dicks trades.

---

122 *Google ist eine sehr volatile Aktie, die man stets im Auge behalten muss. Dieser Kurs könnte problemlos durch den Zwei-Punkte-Stop gehen und Verluste von 2R, 3R oder mehr verursachen. Da Dick versucht, bei jedem Trade sein Risiko bei einem Prozent zu halten, und seinen Stop sehr eng hält, wollte er dieses Mal nur 0,54 Prozent riskieren.*

Am 16. Februar zur Mittagszeit hatte GOOG das obere Band überschritten – Dick verkaufte also die Hälfte seiner Position zu 352,10 Dollar und verlegte seinen Stop für den Rest der Position auf den Break-even-Punkt (siehe Punkt 1 in Abbildung 12.3). Die Aktie stieg rapide bis auf einen Level, der etwas über dem Punkt lag, an dem Dick den Widerstand ausgemacht hatte. Sobald er eine deutliche Abwärtsbewegung erkennen konnte, stieg er aus einer weiteren Hälfte seiner verbliebenen Position bei 357,20 Dollar aus (siehe Punkt 2 in Abbildung 12.3). Er verlegte seinen Stop auf 344,60 Dollar – knapp unter 346 Dollar. Und schließlich hatte Dick auch noch Glück, als GOOG für den Rest des Tages weiter anstieg. In der Folge verkaufte er den Rest seiner Position nahe dem Schlusskurs, oberhalb seines letzten Zieles, bei 366,42 (siehe Punkt 3 in Abbildung 12.3). Das Nettoergebnis betrug 5.1R Gewinn auf die Hälfte seiner Position, 7,15R auf ein weiteres Viertel und 12.2R auf das verbleibende Viertel. Dies ergibt einen durchschnittlichen Gewinn von 7,4R in nur drei Trading-Tagen.

**Victor – der Value-Trader**
Victor mag es normalerweise nicht so gern, den Markt zu shorten, aber diese Aktie schien einfach der perfekte Kandidat zu sein. Als die Aktie ein Price-to-Earnings-Ratio von 100 und ein Price-to-Sales-Ratio von über 20 erreichte, sagte sich Victor: »Das ist lächerlich. Es ist, als wäre immer wieder 1999 – und es ist auch noch eine Internet-Aktie. Die Leute lernen nichts dazu.«

Victor entschloss sich zu shorten, wenn die Aktie über 500 Dollar steigen würde oder wenn er einen klaren Kurseinbruch verzeichnen könnte. Die Aktie erreichte nie 500 Dollar. Victor entschied sich aber zu shorten, als die Aktie, wie in Abbildung 12.4 zu sehen, zu einer starken Abwärtsbewegung ansetzte. Er shortete die Position bei etwa 435 Dollar. Er stieg aus der Position aus, und für den Fall, dass die Aktie neue Höhen erreichen sollte, lag sein Stop bei 477 Dollar. Dennoch hätte er sich nach einem anderen Short-Punkt umgesehen, wenn die Aktie über 500 Dollar gestiegen wäre.

Victor hat bei dieser Aktie kein bestimmtes Ziel, er würde die Aktie aber womöglich zurückkaufen (zumindest die Hälfte), wenn die Aktie unter 300 Dollar fallen würde.

Nach Victor besteht die Möglichkeit, dass Aktien wie GOOG bei einem erneuten Abwärtstrend des Marktes auf ein Price-Earnings-Ratio von unter 20 Prozent fallen könnten. Ein solches Ratio würde GOOG bei etwa 100 Dollar einpendeln – das wäre seiner Meinung nach ein fairer Wert (Fair Value).

Am Schlusskurs des 17. Februar (368,75 Dollar) verzeichnet Victor einen Gewinn von 66,25 Dollar pro Aktie bei einem Initial Risk von 42 Dollar pro Aktie. Sein Gewinn beträgt demnach derzeit 1,6R.

Beachten Sie, dass wir uns nun drei verschiedene Einstellungen zu GOOG von drei unterschiedlichen Tradern angesehen haben. Mary war long und verzeichnete einen Gewinn von 8,4R. Victor war short und erzielte einen Profit von 1,6R. Dick hatte seine Position bei 7,4R mit großen Gewinnen geschlossen, bei

## 12. Jeder kann Geld verdienen

**Abbildung 12.4:** Victor geht bei Google short, als die Aktie deutlich einbricht.

einem Gewinn von 3,7 Prozent in seinem Portfolio – in nur wenigen Tagen. Drei Menschen mit unterschiedlichen Überzeugungen haben alle verschiedene Wege gefunden, um mit GOOG umzugehen. Jeder hatte aber seine eigenen Low-Risk-Ideen, und jeder verdiente Geld.

### Ellen – eine Order an das Universum

Ellens Herangehensweise an GOOG war ganz anders. Sie verwendete einige ihrer magischen Zahlen und sagte tatsächlich voraus, dass am 16. Februar ein massiver Umschwung bei GOOG passieren würde – sie wusste nur nicht genau, in welche Richtung. Es könnte sich um ein starkes Reversal in positiver Richtung oder um einen starken Rückgang auf neue Tiefpunkte handeln. Wie sollte sie also reagieren? Abbildung 12.5 zeigt den potenziellen Kurseinbruch und was danach passierte.

Ellen erstellte einige weitreichende Bänder rund um die Kurskonsolidierung zwischen dem Eröffnungskurs des 13. Februar und dem Schlusskurs des 15. Februar. Ein starker Kurseinbruch würde also entweder die Aktie dann nach oben schnellen lassen und das Gap füllen, oder die Aktie würde weiter deutlich fallen. Ihr Bauchgefühl sagte ihr, dass die Aktie weiter fallen würde, aber sie wollte es vom Markt persönlich erfahren. Am 15. Februar schloss GOOG in der Mitte des Kanals bei 342,38 Dollar. Die Aktie würde also entweder über 352 Dollar oder unter 338 Dollar »brechen«. Ellen wäre über 352 Dollar long und unter 338 Dollar short eingestiegen, und ihr Risiko hätte sich am anderen Ende

**Abbildung 12.5:** Ellen glaubt, dass am 16. Februar ein massiver Anstieg stattfinden wird.

des Bandes befunden. Am 16. Februar stieg der Markt deutlich nach oben, und Ellen stieg in eine Position knapp über 352 Dollar ein und setzte ihren Stop bei 339 Dollar – deutlich unter dem Unterstützungsniveau.

Nach dem Einstieg führte sie die Fibonacci-Analyse durch (siehe Abbildung 12.6).

Ellen schätzte, dass ihr oberes Ziel bei 391 Dollar lag. Ihr zweites Ziel lag bei 407 Dollar, ihr finales Ziel bei 424 Dollar – ein Punkt, an dem es enormen Widerstand gegen einen weiteren Anstieg gab.

Ihr Plan war es, ihre Position bei jedem erreichten Ziel in Dritteln zu verkaufen. Und am 17. Februar, als der Markt ihre Analyse bestätigte, indem er über das ursprüngliche Einstiegsniveau hinaus stieg, verlegte sie ihren Stop auf 367,45 Dollar. Ihr erstes Ziel bei 391 Dollar bescherte ihr einen Gewinn von 2R.

### Ken – der Spread-Arbitrageur

Als Ken das Band erkannte, dass GOOG gerade formte (wie in den Abbildungen 12.2. und 12.5), glaubte er, dass GOOG auch das Gap vom Montag schließen würde. Er kaufte einen GOOG-März-340-Call für 18.70 Dollar. Dieser Call verschaffte ihm das Recht, GOOG bis zum Auslaufdatum Mitte März für 340 Dollar zu kaufen. Er war bereit, vier Dollar für die ausgegebenen 18,70 Dollar zu riskieren – wenn der Call auf 14,70 Dollar fallen sollte, wollte er schnell aussteigen. Als GOOG bei 348 Dollar schloss, verkaufte er einen März-350-Call für 19,30 Dollar. Das heißt: Ken hatte nun das Recht, GOOG zu einem bestimmten Preis

**Abbildung 12.6:** Ellen setzt ihr Ziel mithilfe der Fibonacci-Analyse.

zu kaufen, für zehn Dollar mehr an jemand anderen verkauft – das Auslaufdatum blieb aber gleich. Er verzeichnete dadurch einen Gewinn von 0,60 Dollar pro Optionskontrakt (also die Differenz der beiden Kurse der Calls) und hatte gute Chancen, weitere zehn Dollar pro Kontrakt zu erwirtschaften, wenn GOOG über 350 Dollar schlösse. Dadurch hatte er einen garantierten Gewinn von 0,15R und ein Potenzial von 2R. Ein Beispiel: Bei einem Kurs von 350 Dollar am Auslaufdatum wäre der 350-Dollar-Call (in dem er short war) nichts wert, während der 340-Dollar-Call, den er auch noch besaß, zehn Dollar wert gewesen wäre. Das war einfach verdientes Geld, und als GOOG unter 350 Dollar fiel, stieß er den Spread ab und machte diese zehn Dollar zu seiner verbleibenden Prämie.

**Nancy – die Geschäftsfrau, die den Newslettern folgt**
Nancy befand sich am Montag in einer dummen Lage, was Google betraf. Sie hatte keine Aktien, aber zwei ihrer Newsletter, die sie am Montag erhielt, hatten verschiedene Meinung über Google geäußert. Der eine nannte Google ein »gutes Beispiel für eine überbewertete Aktie, die bald fallen wird«, und sagte außerdem, dass man, wenn man Shorts empfehlen würde, wohl Google als heißen Kandidaten nennen könnte. Der andere Newsletter jedoch empfahl GOOG als langfristige Investition und riet ihr, am Montag einzusteigen. Was sollte sie also tun?

Dies stellt eine typische Situation für Leute dar, die diverse Newsletter abonniert haben und nicht über ein eigenes System verfügen. Dennoch entschloss sich Nancy, die Situation selbst zu analysieren. Sie sah sich den in Abbildung 12.1 abgebildeten Chart an und entschied, das sie sicherlich keine Aktie besitzen wollte, die bereits 100 Punkte von ihrem Höchststand abgefallen war. Sie wollte auch nicht short in eine Aktie einsteigen, die lediglich von einem ihrer Newsletter empfohlen wurde. Das Ergebnis: Nancy hielt sich aus der Angelegenheit GOOG komplett heraus.

**Eric – Mr. »Packen wir's an«**

Eric war begeistert von den Auslaufdaten der Optionen auf GOOG. Er hatte die Vorhersage in *Barron's* gelesen, die besagte, dass Google-Aktien um 50 Prozent einbrechen könnten. Und am 16. Februar schien es auch so, als ob Google langsam fallen würde, und Eric fiel auf, dass er nun die Februar-360-Puts praktisch ohne Prämie erwerben konnte. Die März-Puts hatten hohe Prämien – die Februar-Puts allerdings hatten praktisch keine, da schon Geld geflossen war[123] und nur noch zwei Tage bis zum Auslaufdatum verblieben. Nachdem sich Eric die Charts angesehen hatte, war er der Meinung, dass die Möglichkeit bestand, dass Google innerhalb der nächsten zwei Tage um 20 bis 30 Punkte fallen könnte. Und wenn er drei dieser Puts kaufen würde, könnte er eventuell 9.000 Dollar Gewinn bei seinen 40.000 Dollar erzielen – und das in nur zwei Tagen. Das wäre toll, dachte er sich, und ein Markt-Genie wäre ich auch noch. Am 16. Februar kaufte Eric also drei Februar-360-Puts zu je 15,20 Dollar – Gesamtausgaben: 4.569 Dollar.

Gegen Ende des 16. Februar hatte Eric bereits 600 Dollar verloren, aber er dachte sich: »Ich habe noch einen weiteren Tag Zeit, um mein Genie zu zeigen.« Am nächsten Tag würdigte Eric die Märkte bis 10:30 Uhr keines Blickes. Er war dann allerdings geschockt, als er sah, dass GOOG bis auf 356 Dollar gesprungen war und dass seine Optionen nur noch vier Dollar pro Stück wert waren. Eric ärgerte sich zutiefst und sagte zu sich selbst: »Hätte ich doch nur einen Blick auf den Eröffnungskurs geworfen – dann hätte ich den Verlust vielleicht auf fünf Dollar pro Option beschränken können.« Als Nächstes entschloss er sich, nun bis zum Ende des Tages zu warten, da er ja sowieso bereits den Großteils seines Geldes verloren hatte – es könnte ja im Laufe des Tages zurückkommen. Am Ende des Tages konnte Eric seine Optionen zu 30 Cent pro Stück verkaufen. Erics totaler Verlust belief sich auf 4.500 Dollar – etwa elf Prozent seines Kontostandes.

---

123 *Ein Put ist das Recht, eine Aktie zu einem bestimmten Preis zu verkaufen. Als Google bei 344 Dollar stand, wäre ein Put von 360 Dollar also 16 Dollar pro Aktie wert gewesen. Wenn man die Option also für 16 Dollar verkaufen würde, hätte man keine Prämie. Ein Grund hierfür ist, dass das Verkaufsrecht am nächsten Tag auslaufen würde. Es blieben also nur ein Tag und ein Teil des nächsten, um Extragewinne zu machen. Man könnte allerdings auch in diesem Zeitraum den gesamten Wert verlieren – das Risiko bliebe dann bei 16 Dollar.*

Statt als Genie in die Geschichte einzugehen, sah Eric nun eher wie ein Idiot aus. Eric hielt sich allerdings auch an keine der Grundprinzipien, die wir in diesem Kapitel bereits besprochen haben:

- Zuerst war er auf den Worst Case nicht vorbereitet. Außerdem müssen wir bedenken, dass Erics Worst Case 1.520 Dollar betrug – das Geld, das er in jeden Optionskontrakt investiert hatte. Da er 1.490 Dollar pro Stück verlor, belief sich sein Verlust auf 0,98R.
- Eric kümmerte sich nicht um sein Risk-Reward-Ratio. Sein Traum war es, einen Gewinn von 9.000 Dollar zu erzielen. Da er keinerlei Gedanken an eventuelle Verluste verschwendete, belief sich sein potenzieller Gewinn nur auf 2R. Praktisch jeder Trade hat eine Gewinnquote von maximal 50 Prozent. Ein Trade mit einem Potenzial von 2R (maximal!) ist also von vornherein schon keine sehr weise Entscheidung. Der minimale potenzielle Gewinn sollte sich bei 3R befinden.
- Und zu guter Letzt hat Eric nicht ein Prozent seines Kontos bei diesem Trade riskiert: Er riskierte mehr als elf Prozent. Ja, es bestand die Möglichkeit, das Konto um 20 Prozent zu erhöhen – in nur zwei Tagen. Da er aber keines der genannten Prinzipien befolgte, verlor er elf Prozent.

Lassen Sie uns sehen, wie unsere Situation eins am 17. Februar für unsere sieben verschiedenen Trader-Typen aussah. Schauen wir Tabelle 12.1 an.

| Investor-Trader | Vorgenommene Handlung | Ergebnisse zum Ende des 17. Feb. |
|---|---|---|
| Mary (langfristig orientierte Trendfolgerin) | Hat bei $217,30 gekauft. 1R = 18 Punkte. | Wenn der Kurs auf ihren Stopp fällt, erzielt sie einen Gewinn von 6R. |
| Dick (Swing-Trader) | Hat bei $340,80 gekauft. | Hat die Position mit einem Gewinn von 7,4R glattgestellt. |
| Victor (Value-Trader) | Hat bei $435 leerverkauft. | Er verzeichnet derzeit einen Gewinn von 1,6R. |
| Ellen (Prognostikerin) | Hat bei $352 gekauft. | Sie verzeichnet einen Gewinn von 1,2R. |
| Ken (Arbitrageur) | Hat den Spread gekauft. | Er verzeichnet einen Gewinn von $0,60 je Kontrakt und einen potenziellen Spread-Gewinn von $10. |
| Nancy (Newsletters) | Ist passiv geblieben. | Kein Ergebnis. |
| Eric (keine Methode) | Hat drei Puts mit Fälligkeit im März und einem Basispreis von 360 für $4.569 gekauft. | Hat einen Verlust von 1R erlitten, aber 1R entspricht elf Prozent seines Depotvolumens. |

**Tabelle 12.1:** Situation eins: GOOG aus der Sicht unserer sieben Trader.

Beachten Sie, dass jeder Trader, der über ein eigenes System verfügte, zu einem bestimmten Zeitpunkt in Aktion trat. Einer von ihnen war bereits mit hohen Gewinnen aus seinen Positionen ausgestiegen. Alle anderen erzielten Profite, die durch Stops abgesichert waren. Die Moral von der Geschicht': Fünf Leute konnten aus der Situation mit verschiedenen Herangehensweisen Low-Risk-Ideen konstruieren.

Die beiden Trader, die nicht über eigene Systeme verfügten, hatten nicht so viel Glück. Nancy konnte nichts unternehmen, weil sie unvereinbare Informationen erhalten hatte und sie dadurch keine Möglichkeiten zum Handeln sah. Und Eric hatte keine Ahnung von Low-Risk-Ideen und verlor elf Prozent seines Kapitals aufgrund der viel zu kleinen Möglichkeit, 20 Prozent zu gewinnen.

### Situation zwei: südkoreanischer ETF (EWY)

Was war auf internationaler Ebene angesagt? Der südkoreanische Aktienmarkt hat sich ziemlich gut entwickelt. Dies beweist die Performance von EWY, dem südkoreanischen ETF, wie Sie in Abbildung 12.7 erkennen können. Beachten Sie, dass sich EWY seit August 2004 in einem schönen Aufwärtstrend befindet.

**Abb. 12.7:** Wöchentlicher Candlestick-Chart des EWY, des südkoreanischen ETF. Beide langfristigen Trendlinien sind intakt.

Existiert am 17. Februar eine gute Low-Risk-Möglichkeit? Oder handelt es sich um etwas Gefährliches, das man besser meiden sollte? Wie sieht Ihre Reaktion auf den Chart aus? Würden Sie kaufen? Oder ist Ihnen das zu gefährlich, und wenn ja, würden Sie short einsteigen oder gar nichts unternehmen? Würden Sie in eine EWY-Position einsteigen?

Wenn Sie einsteigen würden, würde es sich um einen langen (ich glaube, dass der Markt steigt) oder um einen kurzen (ich erwarte, dass der Markt sinkt) Trade handeln?

Wo würden Sie Ihre Stop-Loss-Order setzen?

Abhängig von diesem Stop: Was wäre 1R für Sie?

Wie viel Geld könnten Sie Ihrer Meinung nach innerhalb der nächsten sechs Wochen in diesem Trade verdienen (in R)?

Wie sieht Ihr potenzielles Reward-to-Risk-Ratio bei diesem Trade aus?

Macht es Sinn, in diesen Trade einzusteigen, wenn man annimmt, dass eine 50:50-Chance besteht, dass der Trade schiefgeht (das heißt, dass Sie mit der vorhergesagten Richtung des Moves falsch liegen)?

Welchen Anteil ihres gesamten Portfolios wären Sie bereit zu riskieren: 0,5, ein, zwei Prozent oder mehr?

Sehen Sie sich den Chart genau an und schreiben Sie ihre Antworten auf die Fragen auf, bevor Sie weiterlesen. Und jetzt lassen Sie uns einen Blick darauf werfen, wie unsere sieben Investoren reagiert haben.

### Mary – die langfristig orientierte Trendfolgerin

Mary hat den ETF im August 2005 gekauft und die Aktie seither stets gehalten. Sie kaufte zu einem Preis von 36,50 Dollar und blieb seither bei einem Stop in Höhe der dreifachen wöchentlichen Volatilität. Momentan befindet sich dieser Stop bei 41,10 Dollar – sie hat sich also einen Profit von 4,60 Dollar gesichert. Ihr ursprüngliches Risiko belief sich auf 4,50 Dollar pro Aktie, also verfügt sie momentan über einen Profit von 2R und hat durch ihren aktuellen Stop einen Gewinn von etwas über 1R gesichert. Obwohl sich der ETF seit fünf Wochen in einer Phase der Konsolidierung befindet, hofft sie, dass sich der Aufwärtstrend bald fortsetzt.

### Dick – der kurzfristig orientierte Swing-Trader

Dick hat seine Bands erstellt und herausgefunden, dass bei 44 Dollar eine starke Unterstützung existiert. Als der EWY dieses Level am 13. Februar verließ, stieg

Dick bei 44,20 Dollar in eine Long-Position ein und setzte seinen Stop bei 43,20 Dollar. Am 17. Februar schloss EWY bei 45,73 Dollar – Dick verzeichnete also einen Gewinn von 1,53 Dollar pro Aktie (oder etwa 1,5R). Dieser Gewinn war aber noch nicht gesichert, weil Dick seinen Stop noch nicht korrigiert hatte. Dick wird die Hälfte seiner Position bei 46,80 Dollar verkaufen und seinen Stop auf Break-even erhöhen, oder er wird die gesamte Position am Schlusskurs des 24. Februar (Freitag) abstoßen, wenn die Aktie nicht über 46,80 Dollar gestiegen ist.

### Victor – der Value-Trader
Victor besaß keinerlei Positionen im EWY. Er zog es vor, Aktien von unabhängigen Unternehmen zu kaufen, bei denen er den zu erwartenden Wert durch seine Recherchen ermitteln kann. Da es sich bei EWY um eine Zusammenstellung des koreanischen Aktienmarktes handelt, zog er eine Low-Risk-Idee nicht in Betracht.

### Ellen – eine Order an das Universum
Ellen war von der Idee fasziniert, ihre Herangehensweise bei Länder-ETFs anzuwenden. Sie glaubt, dass jede Aktie eine ganz eigene Energie besitzt – es sei also »einfach«, Wendepunkte zu bestimmen. Dennoch ist ein Länder-ETF, wie der EWY einer ist, anders zu behandeln, da es sich um eine Zusammenstellung mehrerer Aktien handelt. Trotzdem besitzt auch das Land eine bestimmte Energie, und Ellen hat eben beschlossen, diese für sich nutzen zu wollen. Länder-ETF tendieren außerdem dazu, mit Gaps zu eröffnen, weil sie gehandelt werden, während der US-Markt geschlossen ist.

Als Ellen sich mit dem Thema befasste, ergaben ihre Recherchen, dass am Montag, den 20. Februar 2006, ein Wendepunkt passieren würde. Es gab allerdings noch ein Problem. Südkoreas Aktienmarkt wurde an diesem Tag gehandelt, aber die US-Börsen blieben wegen des President's Day geschlossen – es war ihr also nicht möglich, den EWY zu handeln. Außerdem konnte sie nicht sicher sagen, in welche Richtung der Move gehen würde.

Basierend auf Abbildung 12.8 beschloss Ellen, dass ihr Einstiegspunkt oberhalb des Widerstandspunktes bei 46,2 oder unter der Unterstützung bei 44,4 liegen würde. Ihr Notverkaufspunkt (Bail-out-Level) würde sich auf der anderen Seite des Trades befinden – der Unterstützungs- oder Widerstandspunkt. Sie hatte regelrecht Angst vor dem, was am 20. Februar passieren würde, entschloss sich aber dazu, dass sie innerhalb eines Ein-Punkte-Bereichs ihrer Ausstiegspunkte kaufen würde. Was erwartete sie? Ein Break-out zu neuen Höhen oberhalb von 48,50 Dollar oder einen Einbruch des Trends, bei dem der EWY unter 43,50 Dollar fallen würde? Sollte der EWY einen der beiden Punkte erreichen, würde sie ihren Stop auf Break-even verlegen.

In diesem speziellen Fall könnte Ellen bei ihrem Turning Point »richtig« liegen und trotzdem ein hohes Risiko eingehen. Ein Beispiel: EWY könnte in nur

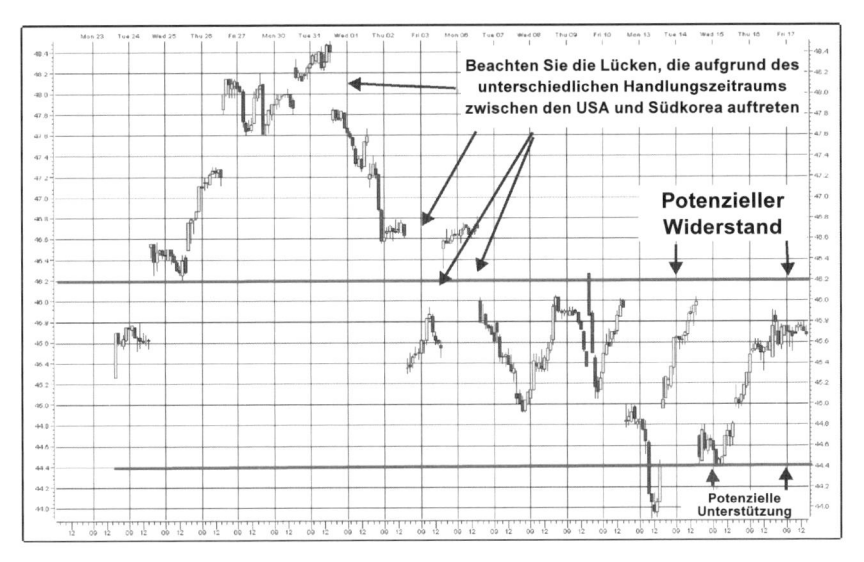

**Abbildung 12.8:** Langfristiger (30 min) Candlestick-Chart von EWY mit potenzieller Unterstützungs- und Widerstandslinie.

wenigen Tagen auf 48,50 Dollar steigen und dann zurückfallen. So würde sie nur ein kleinen Teil des Moves mitmachen können – bestenfalls vielleicht einen Move um 1R. EWY könnte auch unter 43,50 Dollar fallen und sich dann wieder erholen – wiederum spränge nur ein geringer Gewinn für Ellen heraus. Aufgrund des hohen Potenzials eines Break-outs oder Break-downs des EWY, von dem sie sich einen Profit von mindestens 5R versprach, entschied sie sich, das Risiko einzugehen.

EWY eröffnete am 21. Februar bei 46,35 Dollar – knapp über Ellens Widerstandspunkt. Also kaufte sie und setzte ihren Stop auf 44,20 Dollar. Sie entschloss sich, die Hälfte ihrer Position zu verkaufen, sollte EWY 48,50 Dollar erreichen, und ihren Stop auf Break-even zu heben. Das wäre zwar nur ein Gewinn von 1R, aber Ellen fühlte sich nicht allzu wohl dabei, ihre Methode auf Länder-ETFs anzuwenden.

### Ken – der Spread-Arbitrageur

Ken hatte keinerlei Low-Risk-Ideen für diesen Trade. Er spielte mit dem Gedanken, südkoreanische Aktien gegen die ETFs zu handeln, konnte aber keine gute Low-Risk-Idee entwickeln, die ihm diesen Schritt erlaubt hätte.

### Nancy – die Geschäftsfrau, die den Top-Newslettern folgt

Einer von Nancys Newslettern beinhaltete ETFs, und sie hatte im November 2005 in eine langfristige Position des EWY zu 41,30 Dollar investiert. Sie setzte einen

Trailing-Stop in Höhe von 25 Prozent auf diesen Trade. Sie befand sich bei einem aktuellen Kurs von 0,6R, hatte aber immer noch ein Verlustrisiko von 0,5R.

### Eric – Mister »Packen wir's an«

Eric hatte noch nie von Länder-ETFs gehört – als er aber den Chart von EWY sah, war er sofort begeistert. EWY befand sich in einem schönen Aufwärtstrend und könnte durch die Decke gehen. Das Resultat: Eric kaufte 100 Aktien zu 44,54 Dollar. Er hatte weder Ziele noch Stops; sein 1R-Risiko belief sich also auf 4.468 Dollar – Trading-Kosten inklusive. Um einen Gewinn von 1R zu erzielen, hätte EWY um 100 Prozent steigen müssen. Zusätzlich riskierte Eric 12,6 Prozent von den in seinen Konto befindlichen 35.415 US-Dollar.

Lassen Sie uns nun einen Blick darauf werfen, wie Situation zwei am 17. Februar auf unsere sieben Menschen mit ihren unterschiedlichen Perspektiven gewirkt haben muss. Dies ist in Tabelle 12.2 zu sehen.

Beachten Sie bitte wiederum, wie verschiedene Herangehensweisen, die auf komplett unterschiedlichen Grundüberzeugungen gründen, ganz unterschiedliche Positionen schaffen konnten – und das in derselben Aktie und nur aufgrund unterschiedlicher Denkweisen. Und da alle in R denken (also Risk-to-Reward-

| Investor-Trader | Vorgenommene Handlung | Ergebnisse zum Ende des 17. Feb. |
|---|---|---|
| Mary (langfristig orientierte Trendfolgerin) | Hat zu $36,50 gekauft. | Verzeichnet einen Gewinn von 2R. Davon ist 1R schon abgesichert. |
| Dick (Swing-Trader) | Hat zu $44,20 gekauft. | Hat erst heute gekauft, daher ist das Resultat noch nicht bekannt. |
| Victor (Value-Trader) | Keine Position | Kein Ergebnis. |
| Ellen (Prognostikerin) | Keine Position, hat aber später am 21. Februar zu $46,35 gekauft. | Kein Ergebnis. |
| Ken (Arbitrageur) | Keine Position. Er denkt darüber nach, südkoreanische Aktien gegen EWY zu traden. | Kein Ergebnis. |
| Nancy (Newsletters) | Hat zu $41,30 gekauft. | Verzeichnet einen Gewinn von 1R, aus dem aber noch ein Verlust werden könnte. |
| Eric (keine Methode) | Hat am 17. Februar zu $44,54 gekauft. | Ist eben erst in die Long-Position eingestiegen. Aber für ihn ist ein Risiko von 1R gleichbedeutend mit seinem gesamten Investment. |

**Tabelle 12.2:** Situation zwei: EWY aus der Sicht unserer sieben Trader.

12. Jeder kann Geld verdienen

Ratios), können alle Taktiken in den Märkten erfolgreich sein – mit Ausnahme von Eric, bei dessen »Taktik« die Aktie um 100 Prozent zulegen müsste, um ihm einen Gewinn von 1R zu bescheren.

**Situation drei: Westwood One (WON)**
Wir wenden uns nun einer Aktie zu, die sich in einem klaren Abwärtstrend befindet. Wir wollen sehen, wie unsere einzelnen Trader die Situation bewerten würden. Unsere Aktie heißt Westwood One, oder WON. Wie in Abbildung 12.9 zu sehen ist, befindet sich WON in einem langfristigen Abwärtstrend. Schauen Sie sich den Chart an und entscheiden Sie, welche Maßnahmen Sie ergreifen würden.

Würden Sie in einer solchen Situation in eine Position einsteigen?

Wenn Sie in eine Position investieren würden, würde es sich um einen Long-Trade (ich erwarte, dass der Markt steigt) oder einen Short-Trade (ich erwarte, dass der Markt sinkt) handeln?

Wo würden Sie ihre Stop-Loss-Order platzieren?

**Abbildung 12.9:** Der Candlestick-Chart von Westwood One (WON) zeigt am 17. Februar 2006 einen klaren Abwärtstrend.

Abhängig von diesem Stop: Was wäre 1R für Sie?

Wie viel R könnten Sie Ihrer Meinung nach in den nächsten sechs Wochen in diesem Trade verdienen?

Wie sieht ihr potenzielles Reward-to-Risk-Ratio aus?
Macht es Sinn, in diesen Trade einzusteigen, wenn man annimmt, dass eine 50-prozentige Chance besteht, dass Sie mit Ihrer berechneten Richtung des Moves falsch liegen?

Wie viel Prozent ihres Portfolios wären Sie bereit, für diesen Trade zu riskieren: 0,5, ein, zwei oder gar mehr Prozent?

Sehen Sie sich den Chart an und schreiben Sie Ihre Antworten auf, bevor Sie weiterlesen. Und nun lassen Sie uns sehen, wie sich unsere sieben Investoren entschieden haben.

### Mary – die langfristig orientierte Trendfolgerin

Mary war 2004 short in WON eingestiegen – sie stieg im April zu 27,40 Dollar ein. Im Dezember wurde sie mit einem kleinen Profit ausgestoppt. Dennoch war sie weiterhin an der Aktie als kurzfristige Anlage interessiert, und als die Aktie die Linie ihres langfristigen Trends im Januar 2005 verließ, stieg Mary bei 24,80 Dollar wieder short ein. Während einer Phase der Konsolidierung zwischen Mai und September wurde sie beinahe ausgestoppt – Ihr Stop war aber breit genug, um sie davor zu bewahren. Also war sie am 17. Februar bei 14,30 Dollar immer noch short – mit ihrem Stop nur 2,10 Dollar entfernt, nämlich bei 16,40 Dollar. Aufgrund ihres ursprünglichen Risikos erzielte sie einen Profit von 2,5R, von denen 2R durch ihren Stop gesichert wurden.

### Dick – der kurzfristig orientierte Swing-Trader

Abbildung 12.10 zeigt Dicks Denkweise im Zusammenhang mit dem WON. Dick hatte einige stündliche Bands erstellt in der Hoffnung, ein paar Short-Trades zu finden. In diesem Fall empfand Dick den langfristigen Abwärtstrend als zu stark, um langfristig in eine Position einzusteigen. Dennoch schlugen seine Bänder vor, dass ein Fall unter 13,7 eine exzellente Einstiegsmöglichkeit bieten würde – mit einem Stop beim oberen Band bei 14,6. Dick hat bislang noch keine Maßnahmen ergriffen, wird aber aktiv werden, sobald er ein Einstiegssignal erkennt.

### Victor – der Value-Trader

Victor hat sich mit dem ökonomischen Hintergrund von WON beschäftigt und für sich entschieden, dass das Management inkompetent und die Aktie in höchstem Maße überbewertet war. Erstens handelte es sich um einen Mediendienstleister, und Victor sah auf lange Sicht keinerlei viel versprechende Veränderun-

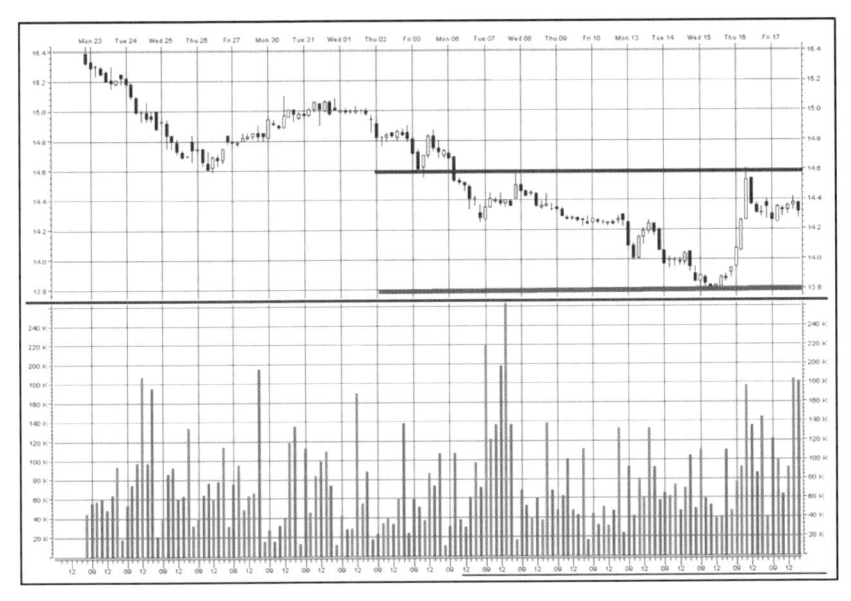

**Abbildung 12.10:** Westwood Ones (WON) stündliche Candlesticks zeigen Dicks Bänder. Der Chart präsentiert eintägig die Abwärtsbewegung von WON bis zum Widerstand von 14,60 Dollar.

gen in diesem Sektor. Zweitens befand sich das aktuelle Aktienkapital bei einem negativen Wert von 203 Millionen US-Dollar. Und drittens hatten Insider bereits die Hälfte ihrer Aktien in den letzten sechs Monaten verkauft. Nicht mal die Leute, die in dem Unternehmen arbeiteten, fühlten sich in ihrer Situation wohl! Das Ergebnis: Victor ging im November 2005 bei 18,40 Dollar short und setzte seinen Stop bei 21,10 Dollar. Victor war nicht wirklich überrascht, als der CEO von WON im Dezember 2005 seinen Hut nahm – es bestätigte sein Bild von dem Unternehmen. Victor nahm an, dass die Aktie bis Mitte des Jahres 2006 auf einen einstelligen Wert gefallen sein würde. Und am 17. Februar 2006 verzeichnete er einen Profit von 4,10 Dollar pro Aktie oder etwas über 1,5R. Er erwartete bei dieser Short-Position allerdings einen Profit von mindestens 5R.

### Ellen – eine Order an das Universum

Ellen erwartete bei dieser Aktie einen starken Move am 24. Februar. Sie setzte ihre eigenen Methoden ein, um zu erfahren, wann dieser starke Move passieren würde, war aber dennoch positiv überrascht, dass dieser Termin genau an dem Tag stattfand, als das Unternehmen seine Quartalzahlen veröffentlichte. Und wieder konnte Ellen nicht sicher sagen, in welche Richtung der Move gehen würde. Sie verfügte nicht über ausreichend Informationen, um ihre Einstiegssignale ermitteln zu können. Da WON aber noch nicht auf 13,80 Dollar gefallen war, nahm sie an, dass jeder Rutsch unter 13,80 Dollar einen Move darstellen würde, bei dem man short gehen müsste.

### Ken – der Spread-Arbitrageur
Ken verhielt sich bei WON ebenfalls bearish. In Konsequenz verkaufte er die 12,50-Dollar-März-Calls für 2,45 Dollar. Um sich selbst zu schützen, kaufte er die 15-Dollar-März-Calls für 0,35 Dollar und erhielt einen Kredit von 2,10 Dollar pro Spread. Wenn WON also über 15,00 Dollar schließen sollte, hätte er 2,50 Dollar pro Spread verloren – abzüglich seines Kredites von 2,10 Dollar. Sein Worst-Case-Verlust belief sich also auf 40 Cent. Falls WON unter 12,50 Dollar sinken würde, hätte er seinen gesamten Kredit von 2,10 Dollar behalten können. Ken hätte einen potenziellen Gewinn von 4,25R erwirtschaften können. Diese Idee gefiel ihm.

### Nancy – die Geschäftsfrau, die den Top-Newslettern folgt
Einer von Nancys Newslettern schlug vor, WON bei 16 Dollar mit einem 20-prozentigen Trailing-Stop bei 19,20 Dollar zu shorten – und sie folgte dieser Anweisung. Am 17. Februar schloss WON bei 14,30 Dollar, und sie verzeichnete einen

| Investor-Trader | Vorgenommene Handlung | Ergebnisse zum Ende des 17. Feb. |
|---|---|---|
| Mary (langfristig orientierte Trendfolgerin) | Leerverkauf zu $24,80 | Verzeichnet einen Gewinn von 2,5R und hat einen Gewinn von 2R schon abgesichert. |
| Dick (Swing-Trader) | Hat vor, bei $13,70 leerzuverkaufen, wenn sich die Möglichkeit ergibt. | Kein Ergebnis. |
| Victor (Value-Trader) | Leerverkauf bei $18,40. | Er hat einen Gewinn von 1,5R erzielt. |
| Ellen (Prognostikerin) | Keine Position, aber sie wartet auf einen möglichen Kursrückgang am 24. Februar. | Kein Ergebnis. |
| Ken (Arbitrageur) | Hat einen Credit Spread auf März-Calls mit einem Nettokredit von $2,10 gekauft. | Das Maximalrisiko ist ein Verlust von 40 Cent, der potenzielle Gewinn beträgt 4,25 R. |
| Nancy (Newsletters) | Leerverkauf bei $16,00 | Verzeichnet einen Gewinn von 0,5R, könnte aber noch einen kleinen Verlust erleiden. |
| Eric (keine Methode) | Hat zu $14,43 gekauft. | Hat zum Schlusskurs 13 Cent je Aktie. |

**Tabelle 12.3:** Situation drei: WON aus der Sicht unserer sieben Investoren.

Gewinn von 1,70 Dollar pro Aktie. Ihr Stop befand sich bei 15,66 Dollar – es bestand also immer noch ein Verlustpotenzial von 34 Cent (in etwa –1R).

**Eric – Mister »Packen wir's an«**
Eric schaute sich den Chart an und sagte zu sich: »Diese Aktie ist tief gefallen. Wahrscheinlich geht es gar nicht mehr viel tiefer. Ich glaube, ich kaufe 400 Aktien.« Und als Eric sah, wie die Aktie am 17. Februar stetig stieg, kaufte er 400 weitere Anteile zu 14,43 Dollar. Wieder besaß Eric kein vordefiniertes Risiko – ein Risiko von 1R belief sich für Eric also auf 14,43 Dollar, die er in WON investiert hatte. Sein Gesamtrisiko belief sich auf 5.800 Dollar oder 16,8 Prozent seines verbleibenden Portfolios, da Eric nicht erkannte, dass ein signifikanter Unterschied zwischen der investierten Geldmenge und der riskierten Geldmenge eines Trades besteht.

Lassen Sie uns nachsehen, wie Situation drei am 17. Februar für unsere sieben Trader und ihre unterschiedlichen Perspektiven ausgesehen hat. Schauen Sie sich dazu bitte Tabelle 12.3 an.

Beachten Sie, dass diese verschiedenen Herangehensweisen bei dieser Aktie alle auf Short-Positionen hindeuten – außer bei Eric, dessen Taktik eher mit »Los jetzt!« zu beschreiben wäre. Und alle Herangehensweisen außer der von Eric erwiesen sich als profitabel, weil sie in R denken und das Potenzial haben, in dieser Position erfolgreich zu funktionieren.

**Situation vier: Toll Brothers (TOL)**
Lassen Sie uns noch einen Blick auf eine andere Aktie im Abwärtstrend werfen: Toll Brothers, ein Bauunternehmen. Baufirmen ging es eine Weile ziemlich gut, bis die kurzfristigen Leitzinsen hoch genug waren (etwa im Juli 2005), und sie fielen dann rapide ab. Toll Brothers ist in diesem Zusammenhang ein perfektes Beispiel. Abbildung 12.11 zeigt einen wöchentlichen Candlestick-Chart der Aktie. Der Chart zeigt außerdem die massive Unterstützung bei 36 Dollar.

Würden Sie in diese Position investieren?

Wenn ja, würde es sich um einen Long-Trade oder um einen Short-Trade handeln?

Wo würden Sie Ihre Stop-Loss-Order setzen?

Abhängig von diesem Stop: Was wäre 1R für sie?

Wie viel R könnten Sie Ihrer Meinung nach in den nächsten sechs Wochen in diesem Trade verdienen?

Wie sieht Ihr potenzielles Reward-to-Risk-Ratio aus?

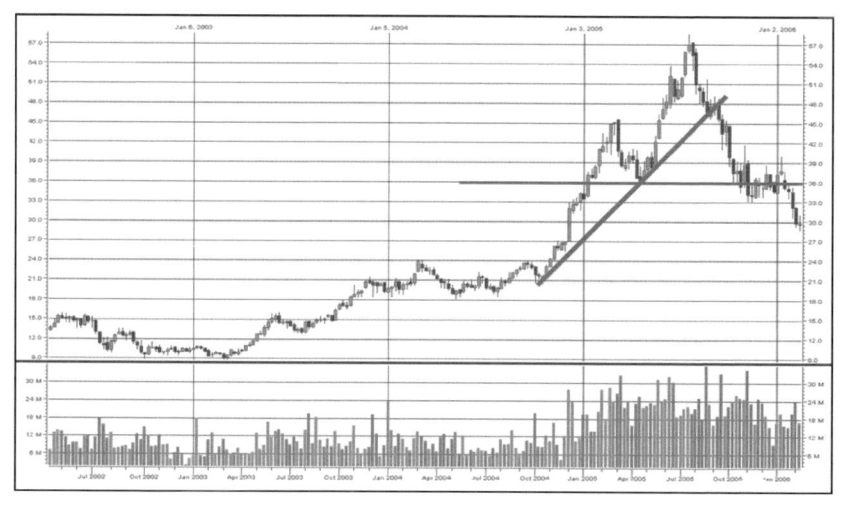

**Abbildung 12.11:** Toll Brothers (TOL) im wöchentlichen Candlestick-Chart.

Macht es Sinn, in diesen Trade einzusteigen, wenn man annimmt, dass eine 50-prozentige Chance besteht, dass Sie mit Ihrer berechneten Richtung des Moves falsch liegen?

Wie viel Prozent ihres Portfolios wären Sie bereit, für diesen Trade zu riskieren: 0,5, ein, zwei oder gar mehr Prozent?
Schauen Sie sich den Chart an und schreiben Sie Ihre Antworten auf. Dann lesen Sie weiter, wie unsere sieben Trader gehandelt haben.

### Mary – die langfristig orientierte Trendfolgerin

Mary hat es kommen sehen. Zum Zeitpunkt, als der Chart die Trendlinie bei etwa 47 Dollar durchbrach, war Mary bereits aus ihrer Long-Position ausgestoppt worden – mit einem satten Gewinn. Zusätzlich war sie interessiert daran, die Aktie zu shorten, als diese das Unterstützungsniveau bei 36 Dollar erreichte. Also erhielt sie ihr Short-Einstiegssignal bei 35,30 Dollar und setzte ihren Stop auf 44,88 Dollar. Am 17. Februar schloss die Aktie bei 29,75 Dollar – das bedeutete für sie also einen Gewinn von 0,6R. Ihr aktueller Stop lag bei 38,20 Dollar – sie hatte also immer noch ein Verlustrisiko von drei Punkten.

### Dick – der kurzfristig orientierte Swing-Trader

Abbildung 12.12 zeigt Dicks Sichtweise von TOL. Er war am oberen Ende des Bandes short und schloss seine Position, als die Aktie das untere Band erreichte. Diese starke Fixierung auf das untere Band brauchte Dick aber in seine Methode, den Trends zu folgen – also ging er bei 31,60 Dollar short.

**Abbildung 12.12:** Toll Brothers (TOL) mit täglichen Candlesticks, die einen Ausbruch aus dem Trendkanal signalisieren.

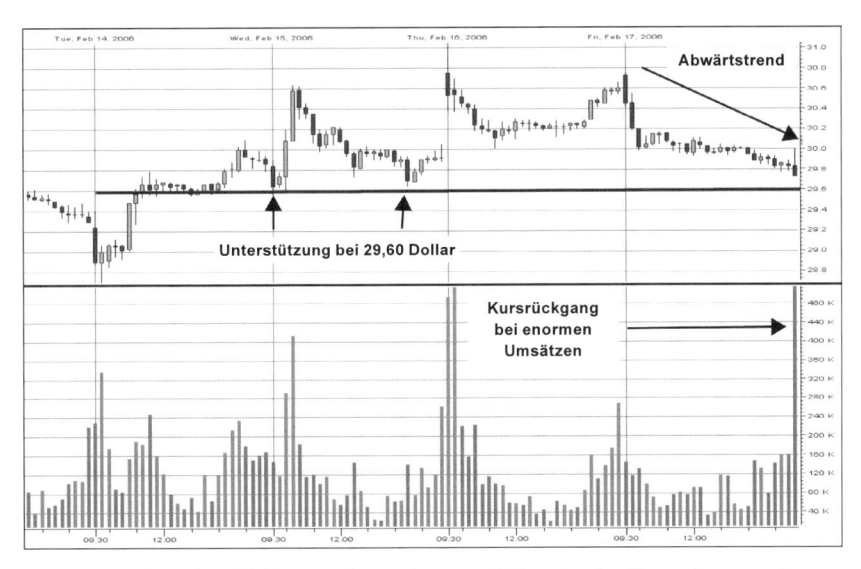

**Abbildung 12.13:** Der 15-Minuten-Kerzenchart von TOL weist eine Unterstützung auf.

Dick verfügt stets über Stops und Ziele. Diesmal befand sich sein Stop knapp über dem unteren Band bei 33,40 Dollar. Um herauszufinden, was nun passieren könnte, hatte Dick einige 15-Minuten-Candlestick-Charts angelegt. Diese sind in Abbildung 12.13 zu sehen. Der Chart zeigte eine starke Unterstützung bei 29,60 Dollar. Da sich die Aktie am 17. Februar sehr nahe an diesem Level befand, verkaufte Dick die Hälfte seiner Position für 29,90 Dollar – ein Gewinn von etwas weniger als 1R. Er hoffte, den Rest seiner Position am nächsten Tag bei einem Break-down auf 28,80 Dollar oder niedriger verkaufen zu können. Sein aktueller Stop für den Rest seiner Position belief sich auf 30,80 Dollar – er hatte also einen sicheren Gewinn von 80 Cent.

### Victor – der Value-Trader

Victor befasste sich mit dem ökonomischen Hintergrund von TOL und war beeindruckt. TOL hatte im letzten Finanzjahr 4,78 Dollar pro Aktie eingebracht – ein Kurs-Gewinn-Verhältnis von 6,97. Das allein reichte bereits aus, um Victors Interesse zu wecken. Er wollte allerdings nur kaufen, wenn die Aktie nach oben stieg.

Victor warf auch einen Blick auf die Unternehmensbilanzen. Die Unternehmensgewinne[124] beliefen sich auf etwa sechs Milliarden US-Dollar, während der Konzern Verbindlichkeiten von 3,5 Milliarden US-Dollar auswies. Das bedeutete, dass das Unternehmen über eine Liquidität in Höhe von 2,5 Milliarden verfügte. Und bei 155 Millionen ausstehenden Wertpapieren wäre das ein Wert von 15,48 Dollar pro Aktie. Obwohl Victor von diesen Zahlen höchst angetan war, ließ er sich nicht verführen, weil die Aktie zu diesem Zeitpunkt zum doppelten Kurs gehandelt wurde. TOL war also kein Spitzenangebot – zumindest noch nicht. Victor setzte die Aktie dennoch auf seine Beobachtungsliste. Sollte der Konzern um 20 Dollar steigen oder um diesen Wert fallen, wäre Victor wohl einer der Käufer.

Ironischerweise erschien in der am Wochenende veröffentlichten Ausgabe von *Barron's Weekly* am 18. Februar ein Artikel, der besagte, dass TOL stark unterbewertet war und man ein Outperforming in diesem Markt erwarten solle. Victor gefiel es ganz und gar nicht, eine der von ihm ins Auge gefassten Aktien in der Presse zu finden. Das bestätigte ihn allerdings in seiner Annahme, dass die Zeit für eine Aktion in dieser Aktie noch nicht gekommen war – zumindest noch nicht.

### Ellen – eine Order an das Universum

Obwohl Ellen keinen Zeitrahmen errechnet hatte, in dem bei TOL ein Move passieren könnte, dachte sie, die Aktie könnte ihren Abwärtstrend beim aktuellen Kurs stoppen und zu einem Sprung ansetzen. Der Grund für Ellens Denkweise ist in Abbildung 12.14 zu sehen. Die Abbildung zeigt den Abwärtstrend, darge-

---

124 *Das kurzfristige Umlaufvermögen ist das, was das Unternehmen wert wäre, wenn man alle Anteile innerhalb des nächsten Jahres verkaufen würde. Eine Methode besteht darin, die Verbindlichkeiten einer Firma vom Umlaufvermögen abzuziehen. Das ermöglicht einem einen Einblick in den Wert des Unternehmens, und bei den meisten Konzernen ist dies keine positive Zahl.*

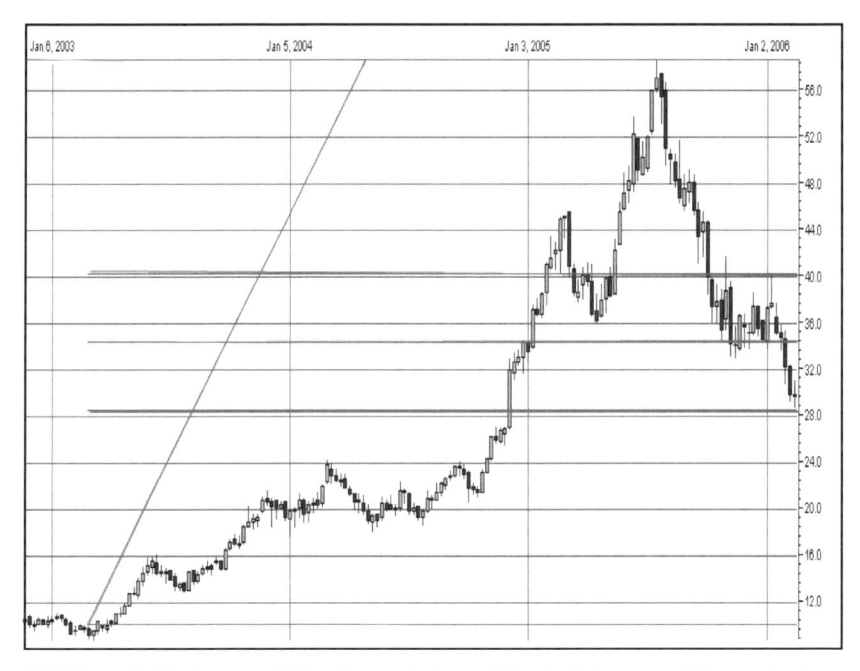

**Abbildung 12.14:** Der langfristige Kerzenchart von TOL zeigt Retracement-Niveaus in einem ausgeprägten Abwärtstrend.

stellt mithilfe der Fibonacci Retracement Levels. Und Aktien können von solchen Retracements manchmal stark nach oben schießen – besonders dann, wenn sie in einem Artikel in *Barron's Weekly* erwähnt werden.

Als Ellen den Artikel am Sonntag entdeckte, entschloss sie sich, TOL bei der Eröffnung zu kaufen, sofern sie die Aktie zu einem Kurs von unter 30 Dollar bekommen würde. Sie erwartete einen Move bis auf 34 oder 35 Dollar. Und da ihr Stop bei etwa 28,50 Dollar liegen würde, bedeutete ein Move um 4,50 Dollar auf 34 Dollar einen Gewinn von 2,6R.

### Ken – der Spread-Arbitrageur

Auch Ken hatte die Fibonacci Retracement Levels erkannt und kaufte die März-30-Calls für 1,10 Dollar, als TOL am 14. Februar bei 29 Dollar stand. Am 16. Februar, als TOL bereits fast bei 31 Dollar notierte, verkaufte er die März-35-Calls für 0,70 Dollar. Der Spread kostete ihn 40 Cent – er hatte aber das Potenzial, fünf US-Dollar wert zu sein, wenn TOL beim Auslaufdatum bei 35 Dollar oder höher stand. Sein Risiko von 40 Cent (also 1R) könnte sich also in einen Profit von 4,60 Dollar oder 11,5R verwandeln – und das gefiel Ken an diesem Trade.

**Nancy – die Geschäftsfrau, die den Top-Newslettern folgt**
Keiner von Nancys Newslettern hatte TOL in irgendeiner Weise erwähnt – die Aktie entging also ihrer Aufmerksamkeit.

**Eric – Mister »Packen wir's an«**
Eric hatte von dem drohenden Platzen der Blase auf dem Immobilienmarkt gehört, und als er sich TOL ansah, stellte er fest, dass die Aktie klar fiel. Eric hatte auch schon mal davon gehört, Aktien zu shorten, und er dachte sich, die beste Möglichkeit, noch mehr darüber zu erfahren, sei es, es einfach mal auszuprobieren. Er verfügte über ein Einschusskonto, das ihm erlaubte, Short-Positionen in den Märkten einzugehen; also shortete er 100 TOL-Aktien zu 30,15 Dollar. Da TOL am 17. Februar bei 29,75 Dollar schloss, hatte er (nach Gebühren) einen Gewinn von 25 Dollar erwirtschaftet. Da sich Erics 1R auf 3.030 Dollar belief (da er alles riskierte, was er hatte), hatte Eric einen Gewinn von 0,008R zu verzeichnen.

Lassen Sie uns nun sehen, wie Situation vier am 17. Februar für unsere sieben Trader ausgesehen hat. Schauen wir uns dazu Tabelle 12.4 an.

| Investor-Trader | Vorgenommene Handlung | Ergebnisse zum Ende des 17. Feb. |
|---|---|---|
| Mary (langfristig orientierte Trendfolgerin) | Leerverkauf zu $35,30; der 1R-Verlust entspricht $9,58. | Hat einen Buchgewinn von 0,6R, kann aber noch einen Verlust von 0,3R erleiden. |
| Dick (Swing-Trader) | Hat zu $31,60 leerverkauft; der 1R-Verlust entspricht $1,60. | Sie hat die Hälfte ihrer Position mit einem Gewinn von etwa 1R verkauft. Neue Stops sichern einen Gewinn von 0,8 R ab. |
| Victor (Value-Trader) | Hält die Aktie für einen potenziellen Value-Trade, aber noch nicht beim aktuellen Kurs. | Kein Ergebnis. |
| Ellen (Prognostikerin) | Kauft bei der Eröffnung mit einem Limit von $30; der 1R-Verlust entspricht $1,50 oder weniger. | Kein Ergebnis. Aber das Kursziel entspricht einem Gewinn von 3R. |
| Ken (Arbitrageur) | Hat einen Spread auf März-Calls für 0,40 Cent gekauft. 1R entspricht 40 Cent. | Der potenzielle Gewinn beträgt 11,5R, wenn die Aktie beim Auslaufen des Kontrakts über $35 steht. |
| Nancy (Newsletters) | Hat keine Meinung zu TOL. | Kein Ergebnis. |
| Eric (keine Methode) | Hat TOL zu $30,15 leerverkauft. | Hat einen Gewinn von 0,008 R mit einer Position, durch die er alles riskiert. |

**Tabelle 12.4:** Situation vier: TOL aus der Sicht unserer sieben Trader.

In diesem Beispiel haben verschiedene Ideen zu verschiedenen Positionen geführt. Drei Trader sind short gegangen und haben bereits geringe Profite erzielt. Ein Trader hat einen Debit Spread und wird den enormen Gewinn von 11,5R bei TOL einfahren, wenn die Aktie beim Auslaufdatum über 35 Dollar liegt. Ein anderer Investor hofft darauf, unterhalb eines bestimmten Kurses bei der Markteröffnung kaufen zu können. Zwei weitere Trader haben keinerlei Positionen, obwohl einer von ihnen mit der Position und einem potenziellen Value-Trade liebäugelt. Beachten Sie, wie die Denkweise in R allen Tradern die Möglichkeit bot, hohe Gewinne zu erzielen oder nur geringe Verluste hinnehmen zu müssen – außer natürlich Eric, der sein gesamtes Budget riskiert hat.

**Situation fünf: Phelps Dodge (PD)**

Lassen Sie uns nun über eine reine Rohstoff-Aktie sprechen, da es allgemeiner Konsens ist, dass in den nächsten zehn Jahren ein Boom in der Rohstoffbranche stattfinden wird. Eine dieser Aktien ist Phelps Dodge (PD), siehe Abbildung 12.15. Die Aktie befindet sich seit 2003 in einem starken Aufwärtstrend. Was halten Sie vom PD-Chart?

Würden Sie in diese Position investieren?

**Abbildung 12.15:** Monatlicher Candlestick-Chart für Phelps Dodge (PD), ein Rohstoffunternehmen, am 17. Februar 2006. Der Chart zeigt seit Anfang 2003 einen starken Aufwärtstrend.

Wenn ja, würde es sich um einen Long-Trade oder um einen Short-Trade handeln?

Wo würden Sie Ihre Stop-Loss-Order setzen?

Abhängig von diesem Stop: Was wäre 1R für sie?

Wie viel R könnten Sie Ihrer Meinung nach in den nächsten sechs Wochen in diesem Trade verdienen?

Wie sieht ihr potenzielles Reward-to-Risk-Ratio aus?

Macht es Sinn, in diesen Trade einzusteigen, wenn man annimmt, dass eine 50-prozentige Chance besteht, dass Sie mit Ihrer berechneten Richtung des Moves falsch liegen?

Wie viel Prozent ihres Portfolios wären Sie bereit, für diesen Trade zu riskieren: 0,5, ein, zwei oder gar mehr Prozent?

Schauen Sie sich den Chart an und schreiben Sie ihre Antworten wieder auf, bevor Sie weiterlesen. Und nun schauen wir uns an, wie unsere sieben Investoren reagierten.

### Mary – die langfristig orientierte Trendfolgerin

Mary hatte bereits in PD investiert und schon zwei schöne Trends mitgemacht. Ihre drei Trades kann man in Abbildung 12.16 sehen. Sie kaufte den ersten Trade im August 2003 und wurde im März 2004 mit einem Gewinn von 7R ausgestoppt. Im September 2004 kaufte sie das Papier erneut und wurde innerhalb der nächsten drei Monate fast ausgestoppt, schaffte es aber, sich bis ins Frühjahr 2005 zu halten, als sie mit einem kleinen Verlust von 0,5R ausgestoppt wurde. Am 29. Juli 2005 startete sie einen dritten Trade – für 108,20 Dollar, mit einem Initial-Stop zwölf Punkte entfernt. Am 17. Februar schloss PD bei 145,02 Dollar – Mary verzeichnete einen Gewinn von 37 Punkten oder 3R. Marys Stop liegt bei 118,77 Dollar, also sehr weit weg, weil die Volatilität dramatisch gestiegen war – aber dieser Stop hat sie im Trade gehalten. Ihr Stop hat also bisher einen Profit von 1R gesichert. Dennoch glaubt Mary, dass es sich bei diesem Trade um einen 20R-Trade handelt, der einige Jahre dauern kann.

### Dick – der kurzfristig orientierte Swing-Trader

Abbildung 12.17 zeigt, wie Dick über PD dachte. Seine stündlichen Bänder standen gut, also kaufte Dick PD am 15. Februar am unteren Band (Punkt 1 in Abbildung 12.17). Er verkaufte die Position für einen Profit von 5R bei Punkt 2. Und am 17. Februar ging Dick bei Punkt 3 short, als der Kurs unter das obere Band

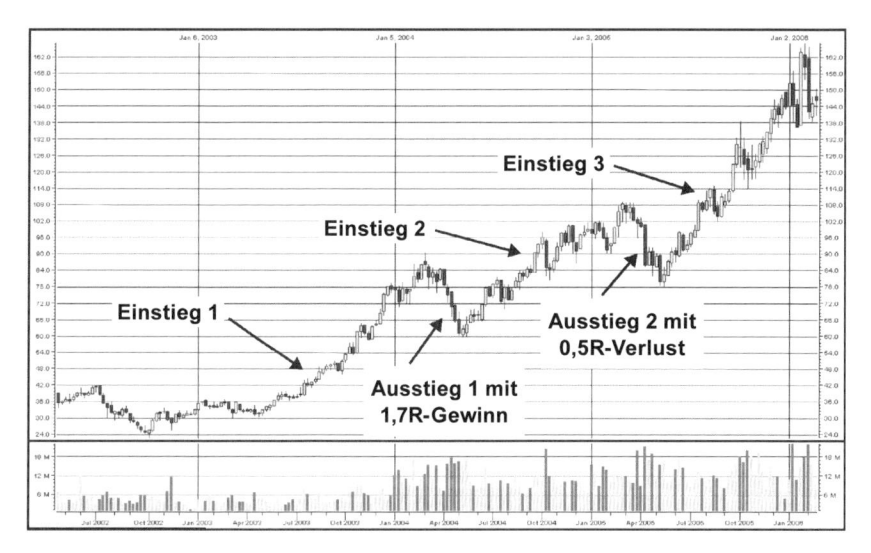

**Abbildung 12.16:** Marys Trades bei Phelps Dodge.

**Abbildung 12.17:** Stündliche Candlesticks für Phelps Dodge mit Dicks Band im unteren Bereich.

fiel. Sein Einstiegskurs war 145,90 Dollar, und sein Stop lag bei 147,60 Dollar. Er erwartete, dass PD unter das untere Band fallen würde, und plante, bei etwa 140 Dollar zu verkaufen. Ein Verlust von 1R bedeutete für Dick 1,70 Dollar, und er verfügte über einen potenziellen Sechs-Punkte-Gewinn oder 3,5R. Dick hätte es natürlich begrüßt, einen Gewinn von 8R zu erwirtschaften (von dem vorhergegangenen und dem aktuellen Trade). Normalerweise funktioniert dies für einen von zwei Trades.

### Victor – der Value-Trader

Victor hörte sich die allgemeine Meinung an und erwartete einen Boom der Rohstoffe, der ein Jahrzehnt oder länger andauern könnte. Und als die US-amerikanische Notenbank Federal Reserve (Fed) den Diskontsatz auf unter zwei Prozent senkte, entschied sich Victor, diverse Aktien im Rohstoffbereich zu kaufen. Phelps Dodge war ebenfalls unter ihnen. Er erwarb sie 2003 für 44,50 Dollar. Er hatte keinen wirklichen Stop, da er die Aktie auch dann nicht verkaufen wollte, wenn sie fallen sollte. Sie war einfach zu wertvoll für ihn.

Schließlich gab er allerdings doch zu, dass er mit einem Verlustrisiko von 50 Prozent zu rechnen hatte. Aus diesem Grund setzen wir den potenziellen Verlust auf 23 Dollar pro Aktie fest.

Sogar mit diesem großen Stop und bei einem Stand von 145,20 Dollar hatte Victor zu diesem Zeitpunkt einen Gewinn von über 100 Punkten zu verzeichnen (etwa 4R). Victor erwartete, dass er PD für mindestens fünf weitere Jahre halten würde. Dennoch wollte er nicht seine ganzen bereits erzielten Gewinne riskieren und setzte deshalb einen Stop bei 104 Dollar – deutlich unter den beiden starken Unterstützungsmarken bei 126 und 108 Dollar.

### Ellen – eine Order an das Universum

Ellen sah sich die Fibonacci Retracement Levels für PD am Höchststand von 167,12 Dollar an. Diese sieht man in Abbildung 12.18 deutlich. Als sie den Chart sah, glaubte sie, dass die Fibonacci Levels das Retracement sicher halten würden. Zusätzlich sah es für Ellen so aus, als ob die Aktie kurz davor war, bei etwa 142 über den 50-Prozent-Level zu springen. Ellen ging also am 16. Februar früh bei 142,10 Dollar long und setzte einen Sicherungs-Stop bei 140,10 Dollar. Ihr Verlust von 1R belief sich also auf zwei US-Dollar.

### Ken – der Spread-Arbitrageur

Ken verhielt sich in Bezug auf PD bullish und hatte die März-140-Calls zu 7,20 Dollar gekauft. Einige Tage später konnte er März-145-Calls zu 6,20 Dollar verkaufen. Sein Debit Spread kostete ihn einen Dollar. Würde PD bei Auslauf allerdings über 145 Dollar schließen – Ken hielt das für äußerst wahrscheinlich –, so könnte er fünf US-Dollar für den Spread einstreichen und einen Profit von 4,00 Dollar erzielen. Deshalb riskierte er einen Dollar für einen potenziellen Gewinn von 4R. Ken mochte diesen Trade.

## 12. Jeder kann Geld verdienen

**Abbildung 12.18:** Ellens Fibonacci Retracement Levels für PD.

### Nancy – die Geschäftsfrau, die den Top-Newslettern folgt

Einer von Nancys Newslettern schlug vor, PD bei 73 Dollar mit einem 25-prozentigen Trailing-Stop zu kaufen. Auch sie mochte den Trade, also kaufte sie am nächsten Morgen zu 72,80 Dollar. Ihr Initial-Stop war 25 Prozent entfernt – wie empfohlen –, und ihr Risiko belief sich somit auf 18,20 Dollar pro Aktie. Am 17. Februar – PD lag bei 145,02 Dollar – verzeichnete sie einen Gewinn von 72,22 Dollar oder fast 4R. Ihr Stop war dann 25 Prozent entfernt vom jüngsten Rekordstand von 167,12 Dollar – also bei 125,34 Dollar. Würde sie an diesem Punkt also ausgestoppt, hätte sie immer noch einen Gewinn von etwa 3R erzielt.

### Eric – Mister »Packen wir's an«

Phelps Dodge war für Eric viel zu teuer. Er konnte und wollte nicht 100 Dollar für eine Aktie bezahlen. Aber PD hatte Optionen. Und PD war eine weitere Aktie, die zu einem Abwärtstrend ansetzte.

Dieses Mal entschloss sich Eric, die März-145-Puts zu kaufen, die bei 6,20 Dollar lagen. Eric kaufte zwei von ihnen zu einem Preis von 1.240 Dollar. Eric würde diese Optionen wahrscheinlich ohne Aktionen auslaufen lassen, wenn sie ihm kein Geld brächten. Ein Risiko von 1R würde für Eric also 1.255 Dollar bedeuten. Dieses Mal war sein Risiko vernünftig – relativ gesehen –, da er nur etwa 3,5 Prozent seines Portfolios einsetzte. Ein hohes Risiko für die meisten Menschen – ein geringes Risiko für Eric.

Lassen Sie uns sehen, wie Situation fünf am 17. Februar für unsere sieben Investoren und ihre unterschiedlichen Perspektiven aussah. Dies sehen wir in Tabelle 12.5.

Jeder von ihnen – außer Eric – erzielte bei dieser Aktie Gewinne – und dennoch hatte jeder von ihnen eine andere Herangehensweise. Die meisten unserer Trader gingen long, außer Eric und Dick. Und wieder: Weil alle außer Eric in R denken, haben sie Chancen auf Erfolg.

Bevor Sie den nächsten Teil lesen, möchte ich Sie nochmals darauf hinweisen, wie viel Zeit unsere guten Trader auf die Analyse jeder Situation verwenden. Erfolgreiches Trading verlangt nach Zeitaufwand und Verständnis der verschiedensten Ideen, wie etwa Reward-to-Risk-Ratios, Erwartungen und Position Sizing. Sie müssen diese Konzepte lernen wollen und viel Zeit darauf verwenden, gute Systeme zu entwickeln, um erfolgreich zu sein. Sie können sich vermutlich vorstellen, wie viel Zeit unsere Trader allein dafür benötigten, jede Situation nach dem Trade zu analysieren. Was wäre, wenn Sie 100 verschiedene Situationen prüfen müssten, um eine gute zu finden? Würden Sie das wollen?

| Investor-Trader | Vorgenommene Handlung | Ergebnisse zum Ende des 17. Feb. |
|---|---|---|
| Mary (langfristig orientierte Trendfolgerin) | Hat zu $108,20 gekauft. Der 1R-Verlust entspricht 12 Punkten. | Hat mit dem vorherigen Trade 5R und mit diesem etwa 0,5R gewonnen. |
| Dick (Swing-Trader) | Hat zu $145 leer verkauft. Der 1R-Verlust entspricht $1,70. | Hat einen Gewinn von 4R erzielt, wovon 3R durch einen Stop abgesichert sind. |
| Victor (Value-Trader) | Hat bei $44,50 gekauft. Der 1R-Verlust entspricht $23. | Er ist etwa 1,5R in der Gewinnzone. |
| Ellen (Prognostikerin) | Ausstieg nach einem Fibonacci-Retracement. Sie kauft zu $142,10. Der 1R-Verlust entspricht 2 Punkten. | Sie hat im März einen Spread bei 140 und PD-Calls mit Basispreis 145 zu $1 gekauft. |
| Ken (Arbitrageur) | Hat zu $72,80 gekauft. Der 1R-Verlust entspricht $18,20. | Der potenzielle Gewinn beträgt $4, der Verlust $1. |
| Nancy (Newsletters) | Hat zwei März-Puts mit Basispreis 145 für $6,20 gekauft. | Steht mit 4R in der Gewinnzone; 3R sind durch einen Stop abgesichert. |
| Eric (keine Methode) | Hat Gewinne von 6,5R mit zwei anderen Trades und mit diesem Trade bisher einen Gewinn von 3R erzielt. 1R ist durch einen Stop abgesichert. | Hat den Trade mit einem Tagesverlust von $35 abgeschlossen. |

**Tabelle 12.5:** Situation fünf: PD für unsere sieben Investoren und Trader.

## Sechs Wochen später: die Resultate

### Situation eins: Google (GOOG)
Von unserem Einstiegsdatum Mitte Februar an stieg GOOG bis zum 28. Februar weiter an und erreichte einen Rekordstand von 397,54 Dollar. Dann setzte die Aktie wieder ihren Abwärtstrend fort und fiel am 10. März auf 331,55 Dollar. Am 24. März gab der S&P 500 der Welt bekannt, dass GOOG am 31. März Teil des S&P 500 werden würde. An diesem Tag fand ein Gap statt, und die Aktie stieg wieder nach oben – und erreichte ein Hoch von 399 Dollar am 29. März. Am 31. März schloss die Aktie bei genau 390 Dollar. Abbildung 12.19 zeigt einen Tageschart für GOOG am 31. März.

Lassen Sie uns nun sehen, wie unsere Investoren GOOG behandelt haben. Der Einfachheit wegen kalkulieren wir alle R für offene Positionen basierend auf dem Schlusskurs des 31. März von 390 Dollar.

### Mary – die langfristig orientierte Trendfolgerin
Mary besaß eine Long-Position für GOOG mit einem Trailing-Stop bei 329 Dollar. Sie wurde am 10. März fast ausgestoppt, als GOOG das Tief von 331,55 Dollar erreichte, war aber immer noch im Trade, als GOOG am 31. März bei 390 Dollar schloss. Mary kaufte GOOG bei 217,30 Dollar mit einem 18-Punkte-Stop. Da

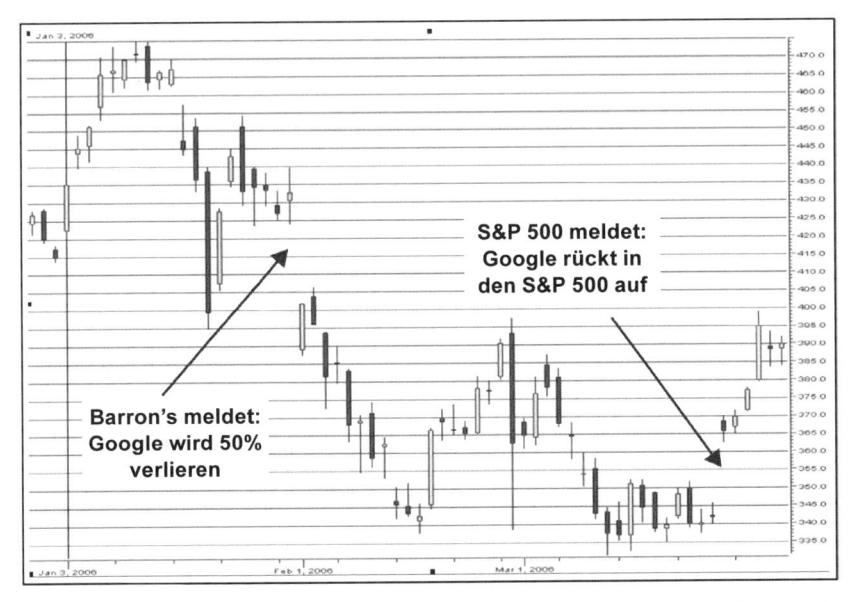

**Abbildung 12.19:** Ein Blick auf R und die Erwartungen der Trader: tägliche Candlesticks für Google (GOOG) am 31. März 2006.

GOOG nun auf 390 Dollar stand, verzeichnete sie einen Gewinn von 172,70 Dollar pro Aktie – oder 9,6R.

### Dick – der kurzfristig orientierte Swing-Trader
Dick war bereits am 17. Februar mit einem Profit von 7,4R aus seiner Position ausgestiegen.

### Victor – der Value-Trader
Victor mochte GOOG nicht besonders, war aber auch von seiner Analyse enttäuscht, als er erfuhr, dass GOOG in den S&P 500 aufsteigen sollte. Das bedeutete nämlich, dass viele Institutionelle nun GOOG kaufen würden, und es würde einiges an Unterstützung für sie geben, solange noch Geld in die Investmentfonds floss. In der Konsequenz entschied er sich dafür, seine GOOG-Positionen zu verkaufen, nachdem die Aktie ein Gap Up am 24. März gezeigt hatte. Seine Short-Position schloss er bei 367,40 Dollar. Er verzeichnete einen Gewinn von 67,60 Dollar, was bei seinem ursprünglichen Risiko von 42 Dollar einen Gewinn von 1,6R bedeutete. Victor war ganz glücklich über diesen Umstand, da dieser Gewinn von 1,6R einen Anstieg von fünf Prozent auf seinem Konto bedeutete – und das in knapp zwei Monaten.

### Ellen – eine Order an das Universum
Ellen verkaufte ein Drittel ihrer Position, als ihr erstes Ziel (Target) von 390 Dollar erreicht wurde, und fuhr einen Profit von 3R ein. Der Rest ihrer Position wurde bei 367,50 Dollar ausgestoppt – bei einem Gewinn von 1,2R.

### Ken – der Spread-Arbitrageur
Ken hatte das Potenzial für einen 2,65R-Gewinn, wenn sein Spread oberhalb von 350 Dollar auslief. Als GOOG 380 Dollar erreichte – etwa zwei Wochen vor Auslaufen der Option –, konnte Ken seine Position für einen Gewinn von 2,5R verkaufen, da sein Profit zu gering gewesen wäre, um weiter auf das Auslaufen zu warten und dabei seine Felle davonschwimmen zu sehen.

### Nancy – die Geschäftsfrau, die den Top-Newslettern folgt
Nancy unternahm nichts in Sachen GOOG, weil ihre Newsletter unterschiedliche Empfehlungen aussprachen.

### Eric – Mister »Packen wir's an«
Eric hatte bereits einen Verlust von 1R zu verzeichnen – das waren elf Prozent seines Kontos.

## Situation zwei: der südkoreanische ETF (EWY)
EWY, der südkoreanische ETF, stoppte seinen Aufwärtstrend und fiel im ersten Quartal des Jahres 2006 in eine Konsolidierungsphase. Das bedeutete, dass ein geschickter Short-term-Trader Profite einfahren konnte. Ein Langfrist-Trader

# 12. Jeder kann Geld verdienen

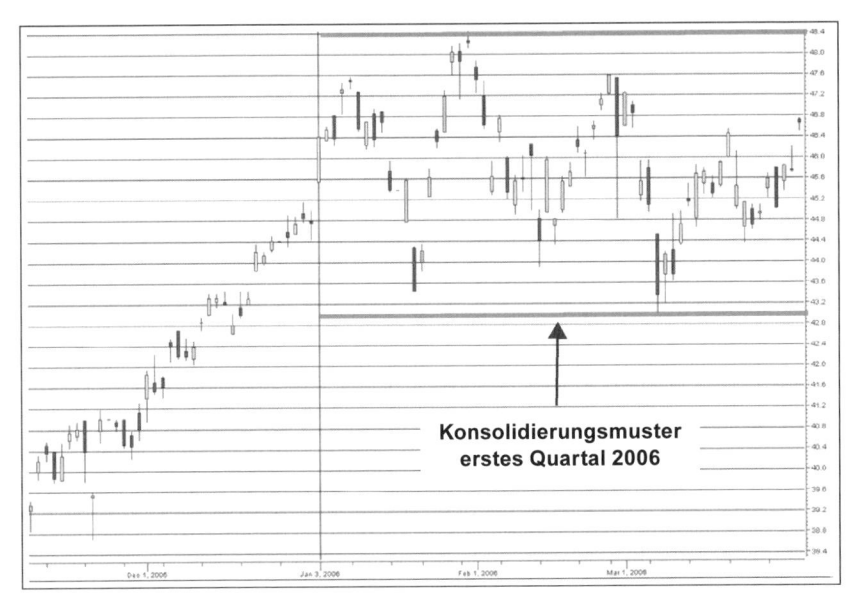

**Abbildung 12.20:** Tages-Candlesticks für EWY, den südkoreanischen ETF, am 31. März 2006.

hingegen musste entweder aus der Position aussteigen oder darauf hoffen, dass sich der Trend nach der Konsolidierung fortsetzte. Am 31. März schloss EWY bei 46,65 Dollar, während die Aktie zwischen einem Tief von 43,01 Dollar am 7. März und einem Hoch von 47,60 Dollar am 27. Februar schwankte.

Abbildung 12.20 zeigt einen täglichen Candlestick-Chart für EWY für den letzten Teil des Jahres 2005 und das erste Quartal des Jahres 2006. Beachten Sie das schöne Konsolidierungsmuster.

Schauen wir nach, was unsere Investoren gemacht haben.

### Mary – die langfristig orientierte Trendfolgerin
Mary hatte eine langfristige Position bei 41.1. Während der Konsolidierung veränderte sich herzlich wenig, also war sie am 31. März immer noch long in der Position, und der EWY schloss bei 46,65 Dollar. Sie verzeichnete an diesem Tag einen Gewinn von 2,25R.

### Dick – der kurzfristig orientierte Swing-Trader
Dick kaufte bei 44,20 Dollar mit einem ziemlich engen Stop. Am 24. Februar, seiner Deadline für den Verkauf der Position, konnte er die Hälfte für 46,80 Dollar verkaufen – ein Gewinn von 2,6R. Er verlegte seinen Stop auf Break-even. Am 25. Februar platzierte er seinen Stop auf 46,80 Dollar und wurde am nächsten Tag ausgestoppt. Das Ergebnis: ein Gesamtprofit von 2,6R auf die gesamte Position.

### Victor – der Value-Trader
Victor hatte keine Position im EWY.

### Ellen – eine Order an das Universum
Ellen kaufte ihre Position am 20. Februar zu 46,35 Dollar, mit einem Stop bei 44,20 Dollar. EWY stieg danach nicht viel höher, und Ellen wurde am nächsten Tag ausgestoppt. Sie schwor sich, nie wieder Länder-ETFs zu traden, und fühlte sich vor allem dadurch bestätigt, dass ihre Vorhersage auf einer komplett anderen Zeitzone basierte als jener, in der sie traden konnte.

### Ken – der Spread-Arbitrageur
Ken hatte keinerlei Positionen im EWY.

### Nancy – die Geschäftsfrau, die den Top-Newslettern folgt
Nancy hatte EWY bei 41,30 Dollar gekauft, mit einem Trailing-Stop von 25 Prozent. Am 31. März, als EWY bei 46,65 Dollar stand, war sie immer noch in der Position und verzeichnete einen Gewinn von 5,35 Dollar. Wenn wir annehmen, dass sie an diesem Tag ausgestiegen ist, belief sich ihr Gewinn auf 0,5R.

### Eric – Mister »Packen wir's an«
Eric erzielte am 31. März im EWY einen Profit von 211 Dollar. Da sein gesamtes Investment ein einziges Risiko war, beläuft sich sein Profit auf lediglich 0,05R.

## Situation drei: Westwood One (WON)
WON fiel bis zum 31.März weiter. Am 24. Februar – genau wie von Ellen vorhergesagt – brach die Aktie drastisch ein.[125] Zwischen dem 18. Februar und dem 31. März lag das absolute Hoch bei 14,66 Dollar (am 22. Februar), das absolute Tief bei 10,90 Dollar (am 30. März). Der schöne Abwärtstrend wird von den täglichen Candlesticks deutlich angezeigt, die sie in Abbildung 12.21 sehen können.

Lassen Sie uns schauen, was unsere Investoren gemacht haben.

### Mary – die langfristig orientierte Trendfolgerin
Mary hielt bei WON eine Short-Position bei 24,80 Dollar. Da WON am 31. März bei 11,04 Dollar schloss, verzeichnete sie einen schönen Gewinn von 13,76 Dollar pro Aktie. Und da ihr ursprünglicher Stop vier Dollar betrug, belief sich ihr Gesamtprofit auf 3,44R.

---

125 Es handelt sich hierbei um komplett frei erfundene Trader, und Ellens magische Daten sind ebenfalls aus der Luft gegriffen. Ich wollte ein wenig über Ellens Prognosen spotten und war schockiert, als ich das Gap Down am 24. Februar sah. Ironischerweise konnte Ellen trotz der Vorhersage nicht traden, weil ihr Einstiegspunkt im Gap lag. Ich nehme an, dass das vielen Leuten passiert, die mit magischen Zahlen versuchen, die Märkte vorherzusagen.

**Abbildung 12.21:** Tägliche Candlesticks für Westwood One (WON) bis zum 31. März 2006.

### Dick – der kurzfristig orientierte Swing-Trader
Dick suchte nach einer Möglichkeit für eine Short-Position bei 13,70 Dollar. Da WON in diesem Wertebereich ein Gap zeigte und bis auf zwölf Dollar fiel, hatte er keine Möglichkeit einzusteigen. Das Resultat: Dick verpasste die Chance.

### Victor – der Value-Trader
Victor hatte WON bei 18,40 mit einem Stop geshortet, der 2,70 Dollar entfernt war – nämlich bei 21,10 Dollar. Am 31. März schloss die Aktie bei 11,04 Dollar, und Victor verzeichnete einen Gewinn von 2,73R.

### Ellen – eine Order an das Universum
Ellen sagte eine dramatische Kursveränderung für den 24. Februar voraus, konnte aber die Richtung nicht bestimmen. Ihr Bauchgefühl sagte ihr, dass es abwärts gehen würde, und so plante sie einen Kauf unterhalb von 13,80 Dollar. Fast genauso wie Dick verpasste sie ihre Chance, weil der Kurs ein Gap zeigte und auf zwölf Dollar fiel. Ellen war richtig sauer, weil sie bei dieser Position richtig gelegen hatte, sie aber nicht traden konnte – ein gutes Beispiel für ein Problem, das viele Trader haben, die sich auf Vorhersagen verlassen.

### Ken – der Spread-Arbitrageur
Ken konnte seinen gesamten Kredit-Spread von 2,10 Dollar behalten und verzeichnete einen Gewinn von 4,25 R.

### Nancy – die Geschäftsfrau, die den Top-Newlsttern folgt

Nancy hatte WON bei 16 Dollar mit einem Risiko von 3,20 geshortet. Beim Schlusskurs des 31. März hatte sie einen Profit von 4,96 Dollar – oder 1,55R.

### Eric – Mister »Packen wir's an«

Eric hatte – natürlich – WON gekauft. Am 31. März verzeichnete er einen Gesamtverlust von 3,39 Dollar pro Aktie. Da sich sein Risiko aber auf die Gesamtmenge von 14,43 Dollar belief, war sein Verlust 0,23R. Er hatte vier Prozent seines Kontos riskiert – sein Kontostand war also bereits um ein Prozent gesunken.

**Situation vier: Toll Brothers (TOL)**

Toll Brothers befand sich in einer Abwärtsbewegung, die am 7. Februar endete. Es folgte eine kurze Phase der Konsolidierung. Dann begann der Aufwärtstrend, es war aber nicht klar, ob die Konsolidierung nur ein wenig üppiger ausgefallen war als sonst oder ob es sich tatsächlich um einen neuen Aufwärtstrend handelte. Das Resultat: TOL war von unseren fünf Aktien wohl die, die am schwersten zu traden war. Drei unserer Trader setzten auf Abwärts-Moves, zwei gingen long. TOL wurde in einem Trendkanal getradet, der nach oben zeigte. Dieser Channel zeigte Höchststände am 23.02., 17.03. und 27.03. Tiefpunkte sah man am 14.02. und am 10.03. Am 31. März schloss TOL bei 34,63 Dollar. Abbildung 12.22 zeigt den leichten Aufwärtstrend während dieser Periode.

Lassen Sie uns sehen, was unsere Investoren gemacht haben.

### Mary – die langfristig orientierte Trendfolgerin

Mary hatte bei TOL eine Short-Position bei 35,30 Dollar mit einem Stop von 44,88 Dollar gekauft. Als TOL fiel, verlegte sie ihren Stop auf 38,20 Dollar. Als TOL dann aber stieg, beließ sie ihren Stop bei 38,20 Dollar. Am 31. März, als TOL bei 34,63 Dollar schloss, hatte Mary immer noch einen kleinen Gewinn von 0,67 pro Aktie. Wenn wir annehmen, dass sie an diesem Tag ausstieg, hätte sich ihr Gesamtprofit auf 0,07R belaufen.

### Dick – der kurzfristig orientierte Swing-Trader

Dick hatte bereits die Hälfte seiner Short-Position zu einem Gewinn von 1R verkauft. Und er hatte einen Gewinn von 0,8R gesichert, indem er seinen Stop auf 30,80 Dollar verlegte. Am 22. Februar wurde er aus seiner verbliebenen Position ausgestoppt. Dicks durchschnittlicher Gewinn belief sich auf 0,9R.

Beachten Sie, dass die beiden Profi-Trader sogar dann Gewinne erzielten, als die Aktie ab dem 10. März stieg.

### Victor – der Value-Trader

Victor hielt keine Position in TOL, hatte die Aktie aber für ein künftiges Value Play gekauft.

## 12. Jeder kann Geld verdienen

**Abbildung 12.22:** Tages-Candles für Toll Brothers (TOL) am 31. März 2006.

Ellen – eine Order an das Universum
Ellen konnte die Aktie am 17. Februar zu 29,87 Dollar erwerben. Sie konnte die Aktie am 23. März außerdem zu ihrem Zielkurs von etwa 34 Dollar wieder verkaufen – und bekam dafür eigentlich 34,20 Dollar. Da sich Ellens Risiko schließlich auf 1,87 Dollar pro Aktie belief, betrug ihr Gewinn 2,3R.

Ken – der Spread-Arbitrageur
Ken konnte nahezu seinen gesamten angestrebten Profit von fünf US-Dollar behalten, als die Optionen ausliefen. Sein Nettogewinn betrug 4,90 Dollar. und da sein ursprüngliches Risiko 0,40 Dollar seines Debit Spread betrug, lag sein Gewinn bei 12,25R.

Nancy – die Geschäftsfrau, die den Top-Newlsttern folgt
Nancys Newsletter verloren kein Wort über TOL, also kaufte sie nicht.

Eric – Mister »Packen wir's an«
Eric – wie könnte es anders sein? – versuchte seinen ersten Short an TOL. Er shortete bei 30,15 Dollar. Als TOL am 31. März bei 34,63 Dollar schloss, musste Eric einen Verlust von 4,48 Dollar hinnehmen. Wenn man das mit dem Gesamtrisiko von 30,15 Dollar vergleicht, belief sich sein Verlust auf 0,15R. Eric hatte etwa zwölf Prozent seines Kapitals riskiert – dieser Trade schadete seinem Konto also mit 1,8 Prozent.

### Situation fünf: Phelps Dodge (PD)

Phelps Dodge hatte den Aufwärtstrend fortgesetzt, tat dies aber nicht, ohne am 8. März mit 130,28 Dollar für ein neues Rekordtief zu sorgen. Die Aktie setzte dann ihren Trend nach oben bis zum Zwei-zu-eins-Split am 13. März fort. Ab 13. März besaßen unsere Trader also alle doppelt so viele Anteile zum halben Preis. Dieses Kurs-Splitting kann man in Abbildung 12.23 sehen. Um Verwirrung zu vermeiden, werde ich aber weiterhin den Wert vor dem Splitting verwenden, um die Profite und R zu berechnen.

Lassen Sie uns wiederum schauen, wie unsere Investoren reagiert haben.

#### Mary – die langfristig orientierte Trendfolgerin

Marys Long-Position von PD kam nicht einmal in die Nähe ihres Stops bei 118,70 Dollar. Das Ergebnis: Als PD am 31. März bei einem nicht justierten Splitkurs von 161,06 Dollar schloss, hatte sie einen Gewinn von 4,2R eingefahren. Wenn man dies mit ihren beiden anderen Gewinnen kombiniert, hatte sie mit dieser Aktie einen Profit von 10,7R erzielt.

#### Dick – der kurzfristig orientierte Swing-Trader

Dick hatte das Pech, dass PD am nächsten Morgen bei seinem Stop eröffnete. Deshalb wurde er sofort mit einem Verlust von 1R aus seiner Short-Position geworfen.

#### Victor – der Value-Trader

Victor hatte bei dieser Position am Schlusskurs des 31. März einen hohen Profit. Da er bei 44,50 Dollar eingestiegen war und die Aktie am 31. März bei 161,06 Dollar schloss, belief sich sein Gewinn auf 116,56 Dollar – oder 5,1R.

#### Ellen – eine Order an das Universum

Ellen war in PD bei 142,10 Dollar long eingestiegen – mit einem ursprünglichen Risiko von zwei Dollar. Sie konnte am 21. Februar zu 150,20 Dollar verkaufen – mit einem Gewinn von 8,10 Dollar. Und da sich ihr ursprüngliches Risiko auf zwei Dollar belief, hatte sie einen Gewinn von etwas über 4R. Darüber war sie natürlich sehr glücklich.

#### Ken – der Spread-Arbitrageur

Ken hielt diesen Trade für sehr schwierig. Am 28. Februar sah alles nach einem Verlust für ihn aus. Dennoch blieb er bis kurz vor Ablauf bei seinem Option Spread und konnte so 4R Gewinn erzielen. Da sich sein Risiko auf einen Dollar belief, betrug sein Profit 4R.

#### Nancy – die Geschäftsfrau, die den Top-Newslettern folgt

Nancy konnte gut mit PD umgehen. Sie war bei 72,80 Dollar eingestiegen. Ihr großer Trailing-Stop wurde nicht erreicht. Zum Zeitpunkt, als die Aktie bei 161,06 Dollar schloss (am 31. März), verzeichnete sie einen Gesamtprofit von

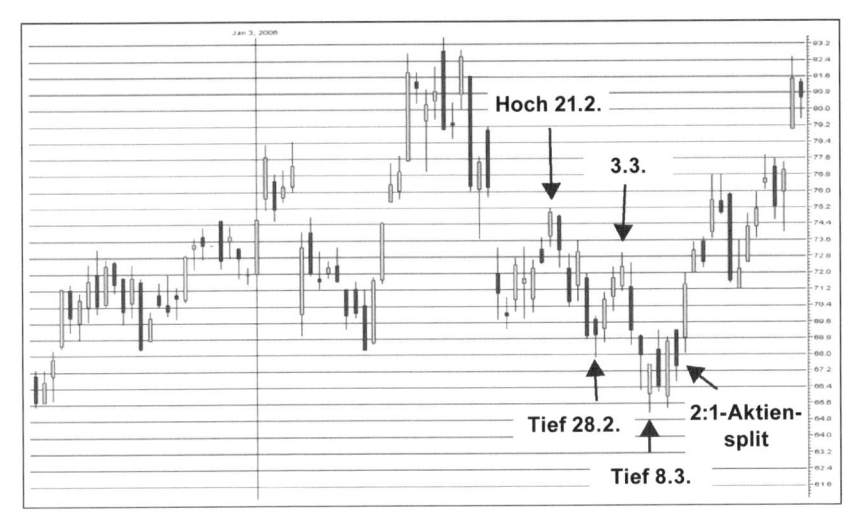

**Abbildung 12.23:** Tägliche Candlesticks für Phelps Dodge (PD) am 31. März 2006.

88,26 Dollar pro Aktie. Da sich ihr ursprüngliches Risiko auf 18,20 Dollar belief, betrug ihr Profit 4,85R.

Eric – Mister »Packen wir's an«
Eric – was sonst? – hatte die ersten Puts für PD gekauft. Dabei handelte es sich um März-145-Puts, aber als PD über 150 Dollar stieg, bekam Eric Panik und verkaufte mit einem Verlust von 480 Dollar. Da sein gesamtes Investment von 1.240 Dollar auf dem Spiel stand, sagen wir einfach, sein Verlust war 0,4R.

## Ergebnisse der R-Multiples

Lassen Sie uns nun einen Blick auf die Ergebnisse unserer Trader in R werfen und herausfinden, was das über ihre Trading-Gewohnheiten aussagt. Diese Daten sind in Tabelle 12.6 zusammengefasst. Beachten Sie, dass alle Trader außer Eric profitabel gearbeitet haben. Eric hatte keine Methode, keinen Plan und keine Stops. Eric verhielt sich wie ein Arzt, der praktiziert, ohne Medizin studiert zu haben. Das kann man einfach nicht machen und dann auch noch erwarten, Erfolg zu haben. Erics Resultate belegen dies.

Die anderen Trader arbeiteten Gewinn bringend, obwohl sie in vielen Fällen unterschiedlicher Meinung waren. Einige gingen in bestimmten Positionen long, wo andere short gingen – die meisten von ihnen verdienten jedenfalls Geld.

| Investor | GOOG | EWY | WON | TOL | PD | Total |
|---|---|---|---|---|---|---|
| Mary | 9,6R | 2,25R | 3,44R | 0,07R | 10,7R | 26,06R |
| Dick | 7,4R | 2,6R | kein Trade | 0,9R | –1R | 9,9R |
| Victor | 1,6R | kein Trade | 2,73R | kein Trade | 5,1R | 9,43R |
| Ellen | 1,8R | –1R | kein Trade | 2,3R | 4R | 7,1R |
| Ken | 2,5R | kein Trade | 4,25R | 12,25R | 4R | 23,0R |
| Nancy | kein Trade | 0,5R | 1,55R | kein Trade | 4,85R | 6,9R |
| Eric | –1R | 0,05R | –0,23R | –0,15R | 0,4R | –1,73R |
|  | (11%) |  | (1%) | (1,8%) | (2%) |  |

**Tabelle 12.6:** Auswertung aller Resultate unserer sieben Trader.

Mary verzeichnete einen Gesamtprofit von 26,06R, inklusive zuvor geschlossener Trades bei diesen Aktien. Das ergibt ein volles Jahresgehalt für Trader – sie war aber auch noch in weiteren Positionen vertreten. Und wenn man annimmt, dass sich ihr Risiko stets bei etwa einem Prozent pro Trade befand, kann man auch davon ausgehen, dass sich ihr Konto für diese Aktien um 20 Prozent erhöht hat.

Dick war ein kurzfristig orientierter Trader. Er stieg in sehr viele Trades ein – unsere Beispiele sind nur ein kleiner Ausschnitt. Die meisten seiner Trades dauerten weniger als eine Woche, und dennoch beläuft sich sein Profit auf 9,9R. Sogar wenn wir davon ausgehen, dass er nur 0,5 Prozent riskierte und nur wenige Trades absolvierte, hätte er sein Konto in nur sechs Wochen um sieben Prozent erhöhen können – auf ein ganzes Jahr gerechnet eine sensationelle Quote.

Victors Trades können Jahre dauern – er stieg auch nur in drei Trades ein. Dennoch beläuft sich sein Profit auf 9,43R. Und Victor lag selten falsch bei seinen Trades – wir definieren sein Risiko deshalb auf über zwei Prozent. Diese Trades allein bescherten ihm allerdings 19 Prozent – gemessen an seinem Portfolio sehr viel Geld. Außerdem brachte sein GOOG-Trade in nur sechs Wochen weitere fünf Prozent ein – nicht schlecht für einen Trade, in dem er eigentlich gar nicht bleiben wollte.

Ellen verzeichnet einen Verlust und konnte keinen der von ihr vorhergesagten Trade perfekt durchführen. Dennoch verfügte sie über eine Methode, an die sie glaubte. Und sie machte in sechs Wochen 7,1R. Bei einem Prozent Risiko pro Trade ist das auch keine schlechte Jahresrate.

Ken war unser Star-Trader. Er erzielte in sechs Wochen 23R allein aus den hier erwähnten Trades – nur ein kleiner Ausschnitt aus seinen Aktivitäten.

Nancy hatte nicht erwartet, eine sechsstellige Summe zu verdienen, und sie verbrachte auch nicht viel Zeit damit, die Märkte zu studieren. Sie riskierte etwa ein Prozent pro Position, und damit beläuft sich ihre Jahresrate auf sieben Prozent. Und da es sich auch bei ihr nur um einen kleinen Teil ihrer jährlichen Trades handelt, war sie mit dem Ergebnis sehr zufrieden.

Vergleichen Sie all dies mit Eric, dem Planlosen, der weder Stops noch Position Sizing kennt. Beim ersten Trade verlor er elf Prozent seines Kapitals. Insgesamt setzte er durch alle hier erwähnten Trades 16 Prozent in sechs Wochen in den Sand. Trading ist und bleibt aber ein Geschäft, ein Business, und wenn man es nicht als solches behandelt, wird das zu bezahlende Lehrgeld hoch sein.

## Zusammenfassung

Welche Methode hat Ihnen am meisten zugesagt? Der Durchschnitt würde wohl »Ellen« sagen, wegen ihrer lotto-haften Herangehensweise. Ellen macht gute Prognosen. Aber das, was Ellen macht, verlangt harte Arbeit. Ihre Methode ist nicht besser oder schlechter als die der anderen. Und ihre Prognosen haben nichts mit Geldverdienen zu tun. Alles, was sie macht, ist, die Richtung des Marktes vorherzusagen. Hat nicht auch Mary einen guten Job gemacht, indem sie sich nur auf den langfristigen Trend konzentrierte? Und beachten Sie, dass Ellens Performance die schlechteste der fünf professionellen Trader ist – ein Profit von lediglich 7,1R.

Jeder erfolgreiche Trader beziehungsweise Investor neigt dazu, zehn Merkmale aufzuweisen. Erstens: Alle verfügen über gut recherchierte, positive Systeme. Zweitens: Ihre Systeme passen zu ihrer Persönlichkeit, ihren Überzeugungen und Einstellungen, und sie fühlen sich wohl mit diesen Systemen. Drittens: Sie haben das Konzept, mit dem sie traden, komplett verstanden. Viertens: Sie wissen, dass sie ihren Worst Case vor dem Trade definieren müssen. Fünftens: Sie denken über jeden Trade nach und stellen das Reward-to-Risk-Ratio auf. Sechstens: Sie verfügen über einen Business-Plan. Siebtens: Ihnen ist bewusst, dass Position Sizing der Schlüssel zu ihren Zielen ist. Achtens: Sie verbringen viel Zeit damit, an sich zu arbeiten, und verwenden ihre aktuelle Performance als Richtlinie für ihre Arbeit. Neuntens: Sie übernehmen für ihre Trading-Ergebnisse die volle Verantwortung. Und zehntens: Sie lernen aus ihren Fehlern.

Ich habe Ihnen sieben Trader präsentiert: Mary, die Trendfolgerin. Dick, den Band-Trader. Victor, den Value-Investor. Ellen, die Wetterprophetin. Ken, den Spread-Arbitrageur. Nancy, die Newsletter-Süchtige. Und Eric, den durchschnittlichen Trader/Investor.

Sie haben sodann erfahren, wie diese Trader auf fünf verschiedene Marktsituationen reagiert haben. Und dann haben wir uns angesehen, wie diese Situationen sechs Wochen später für unsere Trader ausgesehen haben.

Nun sollten Sie auch verstehen, dass jedes Trading-System in R angegeben werden kann.

# 13 Das eigene System auswerten

*Die meisten Menschen versäumen die günstige Gelegenheit, weil sie im Overall kommt und nach Arbeit aussieht.*
— Thomas A. Edison

Die Quintessenz der Gestaltung von Systemen für das Traden wurde bereits eingehend in diesem Buch behandelt. Die meisten Menschen wären schon mit diesem Material zufrieden, da es die Bereiche abdeckt, auf die sich die meisten Menschen ausschließlich konzentrieren. Die zwei wichtigsten Gebiete, in denen es darum geht, Geld auf den Märkten zu verdienen, kommen jedoch noch – der Opportunity-Faktor (zusammen mit den Kosten pro Gelegenheit) und der Position-Sizing-Faktor.

In dem bisher behandelten Material ging es im Grunde genommen um R-Multiples und um Erwartungswerte. Wie sieht das eigene System aus, wenn man R-Multiples als Maßstab nimmt? Was ist der Mittelwert für R-Multiples? Erwartungswerte. Man muss sich die folgende Frage stellen: »Wie erreiche ich höchstmögliche Erwartungswerte?« Es geht darum herauszufinden, wie man das meiste Geld pro Trade pro riskiertem Dollar erwirtschaftet. Mithilfe unserer Metapher der Schneeballschlacht aus Kapitel sieben haben wir dargelegt, wie man sicherstellt, dass das Gesamtvolumen des weißen beziehungsweise des »gewinnenden« Schnees, das (im Durchschnitt) zu jedem beliebigen Zeitpunkt ankommt, größer ist als das Gesamtvolumen des schwarzen beziehungsweise »verlierenden« Schnees.

In Abbildung 13.1 sieht man eine Möglichkeit, wie man Erwartungswerte darstellen kann. Wir haben ein zweidimensionales Diagramm erstellt. Die x-Achse steht für die Verlässlichkeit des Tradens – der Prozentsatz der Trades, bei denen man Gewinn macht. Die y-Achse steht für die Höhe des durchschnittlichen Gewinns, verglichen mit dem durchschnittlichen Risiko – das Volumen der eigenen durchschnittlichen Anzahl an Trades, bei denen man Gewinne erwirt-

```
┌─────────────────────────────────────────┐
│                                         │
│   ┌─────────────────────┐   ┌─────────────────────────────────┐
│   │  Erwartungswerte    │   │ relatives Ausmaß von Gewinn und Verlust │
│   └─────────────────────┘   └─────────────────────────────────┘
│                                         │
│   ┌─────────────────────────────────┐   │
│   │ Verlässlichkeit des Trading-Systems │   │
│   └─────────────────────────────────┘   │
└─────────────────────────────────────────┘
```

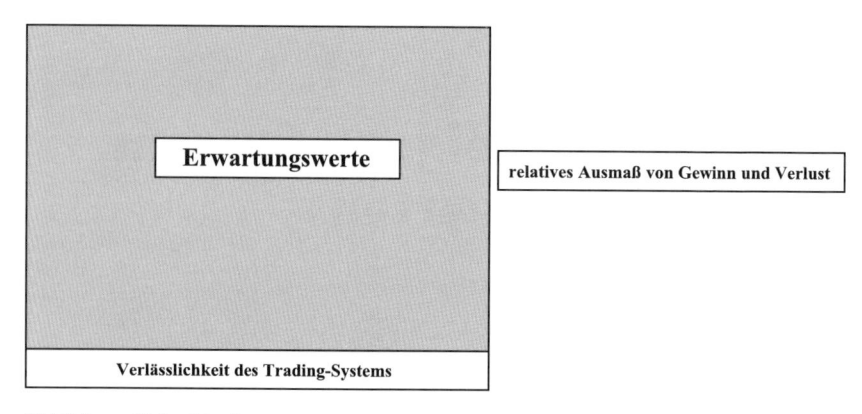

**Abbildung 13.1:** Die Erwartungswerte werden als zweidimensionales Diagramm dargestellt, das die Verlässlichkeit des eigenen Systems mit dem relativen Gewinn- und Verlustvolumen verknüpft. Vorzugsweise handelt es sich bei diesem Bereich um eine hohe positive Zahl.

schaftet, verglichen mit der durchschnittlichen Anzahl an Trades, bei denen es zu Verlusten kommt.

## Unterschiedliche Vorgehensweisen

Wenn Sie das Material der vorherigen Kapitel richtig verstanden haben, dann sollten Sie in der Lage sein, ein System mit positiven Erwartungswerten zu schaffen. Es gibt mehrere Wege, um an ein solches System zu gelangen. Hier einige Beispiele:

### Trader eins: Long-Term Trend Following mit einem Large-R-Multiple-Anlageziel

Nehmen wir an, dass Sie sich entschließen, einem langfristigen Trend zu folgen, und auf Trades mit hohen R-Multiples aus sind. Sie entscheiden sich, mit einem Channel-Break-out von 80 Tagen anzufangen. Sie steigen dann nach einem Retracement ein und legen knapp unter dem Retracement einen Stop ein. Das anfängliche Anlageziel für den Gewinn beträgt mindestens 10R. Sobald man diesen Gewinn von 10R erreicht hat, liegt ein 20-Prozent-Retracement-Stop vor – das heißt, dass Sie jetzt dazu bereit sind, 20 Prozent Ihres Gewinnes zurückzugeben, bevor Sie aussteigen.

Diese Art des Tradens bedeutet, dass ein Risiko von 1R für Sie sehr wenig ist. Dies bedeutet, dass Sie häufig hohe Verluste haben werden, aber dass Ihre Gewinne für gewöhnlich R-Multiples von zehn oder mehr betragen werden.

Wenn Sie Ihr System testen, werden Sie feststellen, dass Sie bei 28 Prozent ihrer Trades Geld verdienen, aber dass Ihr durchschnittlicher Gewinn in etwa zwölf Mal so hoch sein wird wie Ihr durchschnittlicher Verlust. Diese Resultate ergeben geschätzte Erwartungswerte von 2,58R – exzellente Erwartungswerte. Einige bedeutende Fragen sind jedoch noch offen: Wie oft erzielen Sie einen 12R-Gewinn? Einmal im Jahr oder einmal die Woche? Wie oft werden Sie in der Lage sein, Trades mithilfe dieses Systems durchzuführen? Und wie hoch werden die Drawdowns in Bezug auf R sein, wenn Sie über lange Zeit Verluste in Kauf nehmen müssen?

**Trader zwei: Der Standard Long-Term Trend Follower mit einer Verlässlichkeit von 40 Prozent und einem Rendite-Risiko-Verhältnis von 2,5 zu eins**

Sie sind vielleicht der Meinung, dass Sie die Anzahl an Verlusten, die Sie beim ersten Modell in Kauf nehmen müssten, nicht tolerieren können. Sie bevorzugen stattdessen eine herkömmlichere Herangehensweise an den Markt. Sie entschließen sich dazu, einen adaptiven Gleitenden Durchschnitt als Einstieg zu verwenden und einen Trailing-Stop mit dreifacher Volatilität – um das Kapital zu schützen und um Ihnen als Ausstieg zu dienen, bei dem Sie noch Gewinne entnehmen können.

In diesem Fall ist das anfängliche Risiko weitaus größer, da es drei Mal so hoch ist wie die durchschnittliche tägliche Kursspanne. Nach vielen Tests werden Sie jedoch feststellen, dass der durchschnittliche Verlust nur 0,5R beträgt. Ebenso wird Ihnen auffallen, dass sich der Gewinn bei 3,4R befindet und dass Sie bei ungefähr 44 Prozent der Trades dazuverdienen. Wenn Sie die eigenen Erwartungswerte ausrechnen, wird deutlich, dass man bei einem Trade im Durchschnitt auf 1,22R kommt. Wie oft kann man Trades mit diesem System durchführen? Wie hoch werden die Drawdowns in Bezug auf R sein? Und werden Sie mit den Resultaten zufrieden sein?

**Trader drei: High-Probability, Low-R-Multiple Trading**

Sie sind der Meinung, dass Sie die Möglichkeit langer Verlustphasen nicht tolerieren können. Daher müssen Sie in mindestens 60 Prozent der Fälle »recht« haben. Darüber hinaus sind Sie bereit, Ihr Gewinnvolumen aufs Spiel zu setzen, um öfter richtig zu liegen.

Folglich verwenden Sie einen Volatility-Break-out als Einstieg. Sie wissen, dass der nächste bedeutende Move wahrscheinlich eine Weile anhalten wird. Sie steigen dann ein, wenn der Markt sich entweder um die 0,7fache Average True Range der letzten fünf Tage nach oben oder nach unten bewegt.

Ebenso probieren Sie viele solcher Einstiege aus und stellen fest, dass die Maximum Adverse Excursion, die Ihnen gegenübersteht, selten größer als das 0,4fache ihrer Average True Range ist. Folglich entschließen Sie sich dazu, dies zu ihrem Initial-Stop zu machen. Sie sind ebenso absolut damit zufrieden, dass

Ihr Gewinnziel das 0,6fache der Average True Range beträgt, da Sie feststellen werden, dass das Ziel in zumindest 60 Prozent der Fälle erreicht werden wird. Mit anderen Worten: Sie verkaufen entweder bei Ihrem Stop mit Verlust, oder Sie vergessen Ihr Gewinnziel.

Wenn Sie Ihre Erwartungswerte hier ausrechnen, stellen Sie fest, dass Sie durchschnittlich auf 0,5R pro Trade kommen. Es handelt sich hierbei jedoch um ein sehr aktives System, und wenn Sie die Transaktionsgebühren abziehen, werden Sie sehen, dass Ihre Erwartungswerte nur bei 0,4R liegen. Es stellt sich Ihnen hier die Frage: »Kann ich mit Erwartungswerten von lediglich 0,4R leben?« Tätigen Sie im Vergleich zu den Long-Term Trend Followers genügend Trades, um mit ihnen beim Gewinn aus den Investitionen mithalten zu können? Und mit welchen Drawdowns kann man in Bezug auf R rechnen?

**Trader vier: Der Market Maker, der das beste verbindliche Angebot (Geld-Brief-Spanne) bei jedem Trade erhält, aber gelegentlich vom Markt davongetragen wird**

Bei unserem letzten Trader handelt es sich um einen Extremfall, den Market Maker. Dieser Trader versucht bei jedem Trade, an das beste verbindliche Angebot zu gelangen. Nehmen wir an, dass die Geld-Brief-Spanne einen Gewinn von rund acht Prozent pro Trade repräsentiert und dass unser Trader in 80 Prozent der Fälle das beste Angebot erhält. Weitere 15 Prozent seiner Trades sind kleine Verlustgeschäfte von ungefähr acht Prozent pro Trade. Die letzten fünf Prozent seiner Trades stellen (für ihn) jedoch die großen Verlustgeschäfte dar, die er hin und wieder tätigen muss, wenn er vom Markt mitgerissen wird. Diese Verluste belaufen sich womöglich auf 80 Prozent pro Trade.

Wenn unser letztgenannter Trader seine Erwartungswerte berechnet, stellt er fest, dass sie sich auf ungefähr 0,15R belaufen (wobei R normalerweise acht Cent beträgt). Nach Abzug der Transaktionsgebühren kommt er auf etwa 0,11R. Wie verdient dieser Trader seinen Lebensunterhalt? Er hat wahrscheinlich kaum Chancen im Vergleich zu dem Trader, der weiß, wie man aus jedem riskierten Dollar mehr als einen Dollar erwirtschaftet. Oder doch? Und zuletzt, wie sieht es bei unserem Market Maker mit dem Drawdown in Bezug auf R aus?

# Expectunity (Erwartung und Chance): Opportunity als Faktor

In Tabelle 13.1 sieht man unsere vier Trader mit ihren verschiedenen Erwartungswerten. Anfangs scheint es so, dass der Trader mit dem höchsten Erwartungswert ganz klar der Trader ist, der offensichtlich am erfolgreichsten sein müsste.

In der Tat ist der Erwartungswert bei diesem Trader weitaus besser als der bei den meisten Long-Term Trend Followers. Wir würden daher davon ausgehen,

|  | Trader 1 | Trader 2 | Trader 3 | Trader 4 |
|---|---|---|---|---|
| **Erwartungswerte** | 2,58R | 1,216R | 0,5R | 0,15R |
| **Nach Abzug der Kosten** | 2,38 | 1,02 | 0,4R | 0,11R |
| **Opportunity** | 0,05 | 0,5 | 5 | 500 |
| **Expectunity** | 0,119R | 0,51R | 2,0R | 55R |

**Tabelle 13.1:** Erwartungswerte, Kosten und Opportunity-Faktoren für unsere vier Trader

dass er eine ausgezeichnete Bilanz haben muss. Wie wir jedoch bereits festgestellt haben, verändert der Opportunity-Faktor ganz klar das Element des Erwartungswertes. Dies sieht man auch in Tabelle 13.1 in Form der Anzahl an Trades, die täglich durch das System generiert werden.

Nehmen wir an, dass Trader eins im Durchschnitt alle 20 Tage einen Trade generiert. Trader zwei erhält die Chance für einen Trade an jedem anderen Tag, während Trader drei und vier fünf beziehungsweise 500 Trades pro Tag tätigen. Mithilfe dieser Daten ist es uns möglich, den durchschnittlichen Zuwachs von R pro Tag für jeden Trader zu ermitteln, wie in Tabelle 13.1 aufgezeigt. Dies ist wahrlich die Kombination aus Erwartungswert (Expectancy) und Opportunity, kurz Expectunity.

Wenn wir dies in unseren Überlegungen berücksichtigen, dann stellen wir fest, dass der Market Maker ganz klar im Vorteil ist. Wenn er klug ist, sollte er selten Verluste machen. Wenn sich das durchschnittliche Risiko pro Trade auf 0,25 Prozent des Eigenkapitals des Traders beliefe, dann könnte Trader vier ganze 13 Prozent am Tag erwirtschaften, während Trader eins auf nur 0,03 Prozent pro Tag käme.

Ich hatte Floor-Trader in meinem Super-Trader-Programm. Einer von ihnen hatte nie ein Verlustjahr und nur selten einen Verlustmonat. Ein weiterer erzielte durch seine Trades mit 100.000 Dollar ganze 1,7 Millionen Dollar in nur knapp über drei Monaten. Ein weiterer Trader verdiente unter meiner Aufsicht im ersten Monat, in dem er Trades abwickelte, Summen, die so hoch waren wie die Gesamtkosten des Super-Trader-Programms. Ist dies grenzwertig?[126]

Verstehen Sie nun allmählich, wie Gewinn eine Funktion von Expectunity beziehungsweise eine Kombination aus Erwartungswert und Opportunity ist? Das Resultat ist der durchschnittliche Gesamtgewinn von R, der für den zur Diskussion stehenden Zeitraum generiert wurde.

---

[126] Die meisten Floor-Trader schaffen es nie. Sie gehen innerhalb von ein oder zwei Jahren bankrott (oder verlieren zumindest Kapital), weil sie ihr Potenzial nicht begreifen oder nicht wissen, wie sie daraus Kapital schlagen könnten. Zusätzlich riskieren sie selten 0,5 Prozent ihres gesamten Eigenkapitals pro Trade.

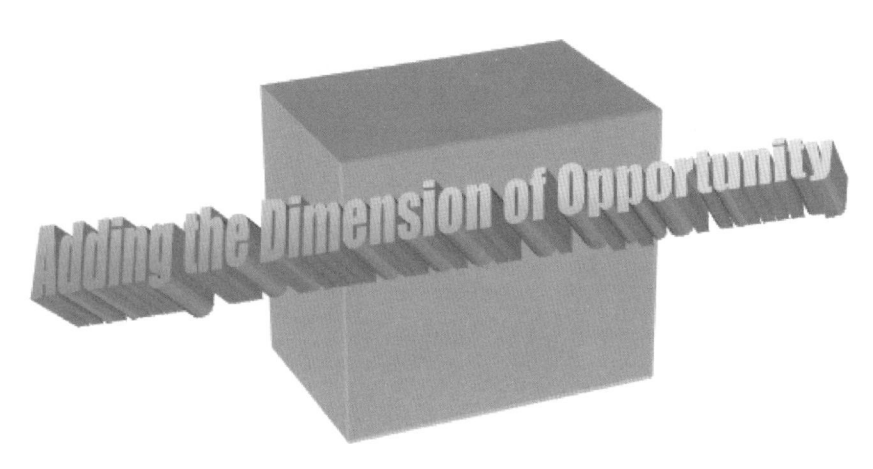

**Abbildung 13.2:** Der Opportunity-Faktor

Wenn Sie den durchschnittlichen Gesamtgewinn von R mit Ihrem Algorithmus der Positionsgrößenbestimmung kombinieren, dann sehen Sie, wie viel Geld Sie wahrscheinlich in einer bestimmten Periode verdienen.

Abbildung 13.2 ist das Bild des Erwartungswertes, kombiniert mit Opportunity, in Dunkelgrau, als dritter Dimension. Sie haben nun eine dreidimensionale Grafik, die für den Gesamtwert von R steht, der täglich durch Ihr Trading-System generiert wird. Die daraus entstehenden Gewinne sind nicht mehr auf eine zweidimensionale Oberfläche angewiesen, sondern basieren auf einer dreidimensionalen Grafik.

## Die Cost-of-Trading Opportunity

Traden hat definitiv seinen Preis. Der Market Maker muss auf seine Kosten kommen. Ihr Broker auch. Und wenn nach Abzug all dieser Kosten überhaupt etwas übrig bleibt, dann ist dies Ihr Gewinn.

Die Kosten pro Trade sind wirklich Teil der Gleichung des Erwartungswertes, aber sie spielen eine so große Rolle, dass ich noch einige Dinge über Kostenreduzierung hinzufügen möchte. Je weniger Trades Sie abwickeln, desto weniger spielen die Kosten pro Trade eine Rolle. Viele Long-Term Trend Followers verbringen kaum Zeit damit, über die Kosten ihrer Trades nachzudenken, da sie so unbedeutend erscheinen, wenn man sich den potenziellen Gewinn vor Augen hält. Wenn Sie beispielsweise darüber nachdenken, ungefähr 5.000 Dollar pro

Trade zu erwirtschaften, dann achten Sie wahrscheinlich nicht auf Trading-Kosten von fünf bis 100 Dollar pro Trade.

Wenn Sie jedoch auf kurzfristige Entwicklungen ausgerichtet sind und viele Trades tätigen, dann sind Trading-Kosten von größerer Bedeutung für Sie – zumindest sollte dies der Fall sein. Wenn Ihr durchschnittlicher Gewinn pro Trade beispielsweise 50 Dollar betrüge, dann würden Sie Trading-Kosten von 100 Dollar pro Trade wesentlich mehr Beachtung schenken.

**Vermittlungsprovisionen**

Wenn Sie nicht gerade auf eine bestimmte Dienstleistung Ihres Brokers angewiesen sind, sollten Sie darauf achten, die bestmögliche Ausführung Ihres Trades zum niedrigstmöglichen Preis zu erhalten. Börsenhändler können nun beispielsweise unbegrenzt Trading via Internet betreiben bei Kosten, die sich auf einen Penny pro Aktie belaufen. Dies ist bedeutend weniger als bei den Discountmaklern, die ehemals 50 Dollar allein dafür verlangten, 100 Anteilspapiere an einer Aktie zu kaufen, und noch einmal 50 Dollar, um exakt diese 100 Anteilscheine wieder zu verkaufen. Sie müssen sich jedoch sicher sein, dass Sie (1) eine gute Abwicklung zu einem vernünftigen Preis erhalten und (2) Ihr Internetbroker für Sie auch in höchstvolatilen Phasen da ist, wenn Sie sofort einen Trade ausführen müssen.

Futures-Trader bekommen schon seit Langem ansehnliche Vermittlungsprovisionen. Normalerweise verlangt ein Futures-Broker von Ihnen nur einmal pro kompletter Transaktion Geld, das heißt für das Kaufen und Verkaufen einer Position. Normalerweise sollte es Ihnen möglich sein, sich auf Summen von 20 Dollar oder weniger zu einigen – manchmal sind die Konditionen sogar noch weitaus besser, je nach Trading-Volumen.

**Abwicklungskosten**

Bei den Abwicklungskosten handelt es sich um die Kosten, die außerhalb der Provisionen des Brokers aufgewendet werden, um in einen Trade einzusteigen beziehungsweise um wieder auszusteigen. Dabei handelt es sich normalerweise um die Differenz zwischen dem Geld- und dem Briefkurs (die Geld-Brief-Spanne des Market Makers) und um die Kosten hoher Volatilität. Wenn der Market Maker sich nicht sicher ist, ob er Ihre Position abwickeln und dabei einen Gewinn erzielen kann (weil auf dem Markt Schwankungen herrschen), sind die Abwicklungskosten für gewöhnlich höher, um sein Risiko zu decken.

Einige Trader machen sich viel Mühe, um die Abwicklungskosten zu kontrollieren. Beispielsweise benötigte einer der Trader, die in Jack Schwagers *The New Market Wizards* interviewt wurden, kaum Slippage in seiner Trading-Methodik.[127] Ursprünglich führte er seine Abwicklungen durch viele Broker durch und führte Buch über die Slippage, die er bei jedem Trade durch den jeweiligen Broker er-

---

127 *Jack Schwager, The New Market Wizards (New York: HarperCollins, 1992).*

hielt. Wenn die Slippage zu hoch wurde, wurde ein Broker normalerweise ersetzt. Irgendwann beschloss er, dass er sein eigenes Brokerunternehmen kaufen muss, nur um sicher zu sein, dass seine Aufträge korrekt ausgeführt werden.

Wenn Sie ein kurzfristig orientierter Trader sind, müssen Sie den Abwicklungskosten wahrscheinlich genauso viel Beachtung schenken. Was kostet es Sie, einen Trade auszuführen? Wie können Sie die Kosten senken? Sprechen Sie sich genau mit Ihrem Broker ab. Stellen Sie sicher, dass jeder, der sich um Ihre Aufträge kümmert, genauestens versteht, was Sie erreichen wollen. Die richtige Ausführung könnte für Kurzfrist-Trader den Unterschied zwischen einem soliden Gewinn und keinem Gewinn bedeuten.

**Steuern**

Es gibt noch eine dritte Art Kosten, die vom Gewinn abgezogen werden – Kosten, die einem von der Regierung auferlegt werden. Die Regierung reguliert das Trading, und diese Beteiligung kostet ihren Preis. Zu jeder Transaktion und zu den Kosten der Datenbeschaffung kommen daher Nutzungsgebühren. Zusätzlich gibt es die sehr realen Kosten, die durch die Besteuerung der eigenen Gewinne durch die Regierung entstehen.

Immobilieninvestoren sind schon lange in der Lage, einigen dieser Gewinnsteuern zu entgehen, indem sie das Formular 1031 ausfüllen und danach ein weiteres, teureres Grundstück kaufen. Darüber hinaus vermeiden langfristig orientierte Aktieninvestoren so wie Warren Buffett diese Steuern ebenfalls; man zahlt keine Steuern bei den eigenen Aktien für nicht realisierten Gewinn. Folglich kann man einen großen Anteil der Kosten vermeiden, die anfallen, wenn man Geschäfte auf dem Markt tätigt, indem man sich dem Immobilienmarkt zuwendet oder ein langfristiger Aktieninvestor wird.

Kurzfristig orientierte Trader müssen jedoch auf ihren Gewinn die vollen Steuern zahlen, was relativ teuer werden kann. Bei Futures-Trader werden deren Positionen beispielsweise am Ende des Jahres bewertet; bei ihnen ist es erforderlich, dass sie bei nicht verwirklichtem Gewinn Steuern zahlen. Daher könnten Sie nicht realisierte Gewinne in Höhe von 20.000 Dollar am 31. Dezember haben, die durch die Regierung besteuert werden. Später geben Sie eventuell 15.000 Dollar dieses offenen Gewinns zurück, bekommen aber nicht Ihre Steuern vor dem nächsten Jahr zurück, wenn Ihr eigentlicher Gewinn bei diesem Trade geringer ist.

Steuerüberlegungen spielen offensichtlich eine bedeutende Rolle bei den Trading-Kosten. Das gesamte Detailwissen hierzu würde den Rahmen dieses Buches sprengen. Angemerkt sei hier nur: Es handelt sich hierbei um echte Kosten, die mit eingeplant werden sollten.

**Psychologische Kosten**

Bisher haben wir uns auf monetäre Kosten konzentriert, sei es, was Ihren Broker oder was die Regierung betrifft. Der psychologische Kostenfaktor kann jedoch der bedeutendste von allen sein.

Je mehr Sie traden, eine desto größere Rolle spielt er.

Short-Term-Trading bietet viele günstige Gelegenheiten und kann hohe psychologische Kosten mit sich bringen. Man muss immer in Top-Form sein – ansonsten entgeht einem die Chance auf einen möglicherweise sehr bedeutenden Trade, oder man macht einen Fehler, der einen die Gewinne mehrerer Jahre kosten könnte.

Es kam schon einige Male vor, dass ein Short-Term-Trader auf mich zukam und mir sagte »Ich bin ein Day-Trader. Ich kaufe und verkaufe mehrmals täglich. Und ich verdiene fast jeden Tag Geld. Es ist klasse! Gestern verlor ich jedoch fast den gesamten Gewinn eines Jahres, eine sehr ärgerliche Sache.« Hierbei handelt es sich definitiv um ein psychologisches Problem. Solche Fehler passieren entweder aufgrund von psychologischen Fehltritten beim Traden oder wegen Fehltritten beim Spiel mit negativen Erwartungen, bei dem man meistens gewinnt, aber es manchmal zu enormen R-Multiples kommt, die gegen einen stehen.

Day-Trading kann sehr lukrativ sein, oft kommt es zu zweistelligen Einnahmen im Monat. Die psychologischen Kosten sind jedoch ebenfalls sehr hoch. Wenn man sich keine besondere Mühe gemacht hat, an sich selbst zu arbeiten, dann kann es als Day-Trader zu vernichtend hohen Kosten als Folge psychologischer Fehler kommen.

Selbst für Long-Term-Trader sind psychologische Kosten ein Faktor. Long-Term-Trader sind für gewöhnlich wegen der wenigen Trades mit hohen R-Multiples erfolgreich, die sie jedes Jahr tätigen. Diese Trader-Spezies kann es sich nicht leisten, solche guten Trades außer Acht zu lassen. Wenn Sie Ihren größten Trade des Jahres verpassen, kann es vorkommen, dass das ganze Jahr als unrentables Geschäftsjahr gilt. Wieder ein psychologischer Faktor!

Ein guter Freund, ein professioneller Trader, erzählte mir einst, dass beim Traden bei ihm und seinem Partner kein psychologischer Faktor mitspiele. Sie hatten einen Geschäftsplan ausgearbeitet, und die Abläufe waren sehr mechanisch. Ich erwiderte, dass die Faktoren sehr wohl gegeben seien, da man die Trades ausführen muss. Er stimmte zu, war aber dennoch nach wie vor der Ansicht, dass Psychologie keine bedeutende Rolle bei ihrem Traden spielt. Einige Jahre später wurde sein Partner jedoch entmutigt, da sie beim Traden des britischen Pfunds nie Geld verdienten. Als ein Trade auftauchte, nahmen sie ihn nicht wahr. Dieser Trade wäre ihr großer, entscheidender Trade in diesem Jahr gewesen. Ihre Trading-Firma wurde kurz darauf geschlossen. Die Moral von der Geschicht': Psychologische Faktoren spielen bei jeder Art des Tradens eine Rolle.

Angenommen, Sie verfügen über ein System, das jährlich im Durchschnitt einen Gewinn in Höhe von 80R erzeugt. Aber nehmen wir weiter an, dass jeder Fehler, den Sie begehen, Sie 2R kostet (diese Zahl entstand nicht durch Analysen – ich habe sie frei erfunden) und dass Ihnen jede Woche ein Fehler unterläuft.

Am Jahresende kosten Sie Ihre Fehler 104R, mehr als der Gewinn, der durch Ihr System erwirtschaftet werden konnte. Dies ist meiner Meinung nach der Grund, warum so viele Trader und Investoren Geld verlieren.

## Maximale Drawdowns

Als Nächstes muss Ihnen über Ihr System der maximale Drawdown klar werden, den es über ein Trading-Jahr generiert. Wenn Sie ein Aktienhoch erreichen, mit welchem Drawdown können Sie dann maximal rechnen? Oder was ist der maximale zu erwartende Drawdown, wenn Sie mit dem Traden anfangen, bevor man damit anfängt, Gewinne zu erzielen? Es bleibt zu hoffen, dass Letzteres nicht eintreten wird. Am besten macht man sich über den Drawdown in Bezug auf R Gedanken.

Was heißt das nun: einen Drawdown in Bezug auf R ausdrücken? Tabelle 13.2 zeigt 40 Trades eines unserer Murmelspiele. Dies ist das Spiel mit sieben 1R-Verlieren, einem 5R-Verlierer, und zwei 10R-Gewinnern. Murmeln werden einzeln herausgezogen und ersetzt. Tabelle 13.2 zeigt die Murmeln in der Reihenfolge, in der sie herausgezogen werden, und die Drawdowns, so wie sie auftauchen.

Da der Erwartungswert dieses Systems 0,8R beträgt, könnten wir davon ausgehen, dass das Ergebnis von 40 Trades Gewinne in Höhe von 32R generiert. 40 Trades mal 0,8R entsprechen 32R. Erinnern Sie sich jedoch daran, dass es sich beim Erwartungswert nur um den Mittelwert für R handelt. Das heißt, dass die eine Hälfte unserer Beispiele besser und die andere Hälfe schlechter sein wird. Schauen wir uns an, wie es uns bei diesem Beispiel erging. Wir haben sieben 10R-Gewinner – einer weniger, als wir im Durchschnitt erwarten würden. Wir haben fünf 5R-Verlierer – einer mehr, als wir im Durchschnitt erwarten würden. Und wir haben 28 1R-Verlierer – exakt der Wert, den wir durchschnittlich erwarten würden. Das Ergebnis, dass wir einen 10R-Gewinner weniger und einen 5R-Verlierer mehr haben, ist jedoch entscheidend. Das Nettoergebnis sieht so aus, dass unser gesamtes Beispiel auf ein Resultat von 7R kommt anstelle von 32R. Halten Sie sich aber vor Augen, dass es sich hierbei nur um ein einziges Beispiel handelt. In der Tat war es so: Als ich 10.000 Mal das Tätigen von 40 Trading-Beispielen mit dieser Verteilung von R-Multiples simulierte, fiel das Ergebnis so aus, dass ich in ungefähr 15 Prozent der Fälle auf einen negativen Erwartungswert kam. Wenn Sie daher monatlich 40 solche Trades abwickeln, können Sie damit rechnen, dass es bei 85 Prozent Ihrer Monate zu einem Gewinn und bei 15 Ihrer Monate zu einem Verlust kommt.

Aber schauen wir uns nun unsere Drawdowns an. Die Trades eins bis vier sind Verlierer, und das Ergebnis ist ein 9R-Drawdown netto. Die Trades sechs bis zehn sind ebenfalls Verlierer, das Ergebnis ist ein weitaus schwerwiegenderer Drawdown von 13R. Die Trades zwölf bis 15 führen zu einem Drawdown von 4R netto und die Trades 17 bis 21 zu einem 5R-Drawdown. Beachten Sie jedoch, dass die Gewinner, Trades elf bis 16, nicht ausreichen, um uns aus dem Drawdown herauszubringen. Daher befinden sich die Trades sechs bis 21 alle in einem Drawdown, und wir müssen in der Lage sein, dies zu überstehen. Diese 16 aufeinanderfolgenden Trades sind jedoch nicht die schlechtesten. Der schlechteste Drawdown tritt von Trade 24 bis 36 auf, als es zu einem gesamten Draw-

| Trade-Nummer | R-Ergebnis | Drawdown | Trade-Nummer | R-Ergebnis | Drawdown |
|---|---|---|---|---|---|
| 1 | 1R-Verlierer | –1R | 21 | 1R-Verlierer | –7R |
| 2 | 1R-Verlierer | –2R | 22 | 10R-Gewinner | |
| 3 | 1R-Verlierer | –3R | 23 | 10R-Gewinner | |
| 4 | 1R-Verlierer | –4R | 24 | 1R-Verlierer | –1R |
| 5 | 10R-Gewinner | | 25 | 5R-Verlierer | –6R |
| 6 | 1R-Verlierer | –1R | 26 | 1R-Verlierer | –7R |
| 7 | 1R-Verlierer | –2R | 27 | 1R-Verlierer | –8R |
| 8 | 1R-Verlierer | –3R | 28 | 1R-Verlierer | –9R |
| 9 | 5R-Verlierer | –8R | 29 | 1R-Verlierer | –10R |
| 10 | 5R-Verlierer | –13R | 30 | 1R-Verlierer | –11R |
| 11 | 10R-Gewinner | –3R | 31 | 1R-Verlierer | –12R |
| 12 | 2R-Verlierer | –5R | 32 | 1R-Verlierer | –13R |
| 13 | 1R-Verlierer | –6R | 33 | 1R-Verlierer | –14R |
| 14 | 1R-Verlierer | –7R | 34 | 5R-Verlierer | –19R |
| 15 | 5R-Verlierer | –12R | 35 | 1R-Verlierer | –20R |
| 16 | 10R-Gewinner | –2R | 36 | 1R-Verlierer | –21R |
| 17 | 1R-Verlierer | –3R | 37 | 10R-Gewinner | –11R |
| 18 | 1R-Verlierer | –4R | 38 | 1R-Verlierer | –12R |
| 19 | 1R-Verlierer | –5R | 39 | 10R-Gewinner | –2R |
| 20 | 1R-Verlierer | –6R | 40 | 1R-Verlierer | –3R |

**Tabelle 13.2:** Peak-to-Trough (»Vom Gipfel ins Tal«)-Drawdown bei 40 Trades

down von 21R kommt. Das Nettoergebnis lautet, dass wir in der Lage sein müssen, einen 21R-Drawdown zu überstehen, damit wir den positiven Erwartungswert realisieren können, den wir irgendwann bei diesem Beispiel erhalten werden.

Ein weiterer Grund, 40 Trades dieses Systems 10.000 Mal zu simulieren, war für mich, die schlechtesten Drawdowns herauszufinden. In Tabelle 13.3 sieht man die Ergebnisse dieser Simulation. Der Mittelwert des Drawdowns belief sich auf 17R, unser Drawdown von 21R war daher ein wenig schlechter als der Durchschnitt. Bedenken Sie jedoch, dass uns bei diesem System für einen 4R-Drawdown eine Chance von 100 Prozent offensteht. Und wir haben eine Chance von zehn Prozent, dass es zu einem Drawdown von sage und schreibe 29R kommt, während der maximale Drawdown in unseren 10.000 Simulationen 72R betrug.

| Drawdown | Wahrscheinlichkeit, % |
|---|---|
| 4R | 100 |
| 12R | 78 |
| 17R | 50 |
| 23R | 24 |
| 29R | 10 |
| 35R | 5 |
| 72R | Maximum |

**Tabelle 13.3:** Erwartete Drawdowns in Bezug auf R bei unserem System

Was können wir daraus schließen? Mit dem Erwartungswert und dem Mittelwert des Drawdowns als Grundlage können wir schätzen, dass wir um 32 Prozent besser wegkämen, wenn wir pro Trade ein Prozent riskieren würden, aber wir müssten möglicherweise einen Drawdown von 17 Prozent tolerieren, um dies zu erreichen. Glauben Sie nicht, dass es sich um eine wertvolle Information handelt, wenn Sie wissen, was Sie von Ihrem System in Bezug auf Drawdowns erwarten können?

Werfen wir einen Blick auf unsere vier Trader in Tabelle 13.1 und darauf, welche Drawdowns sie bei 100 Trades möglicherweise produzieren. Diese Information findet man in Tabelle 13.4.

Beachten Sie hier, dass unser Day-Trader nach 100 Trades das höchste Drawdown-Potenzial hat. Je höher das Drawdown-Potenzial, desto mehr muss man sich vor möglichen vernichtend hohen Verlusten in Acht nehmen.

|  | Trader 1 | Trader 2 | Trader 3 | Trader 4 |
|---|---|---|---|---|
| **Erwartungswert** | 2,58R | 1,216R | 0,5R | 0,15R |
| **Drawdown** | 11R | 3,5R | 16R | 21R |

**Tabelle 13.4:** Erwartungswert und Drawdowns unserer vier Trader nach 100 Trades

## Newsletter-Empfehlungen als Beispielsysteme verwenden

Um dieses Kapitel abzuschließen, dachte ich mir, dass Sie es interessant finden könnten, sich die Empfehlungen anzusehen, die von diversen Newslettern als Beispiel-Trading-Systeme erstellt wurden. Auf diese Weise wollte ich (1) feststel-

## 13. Das eigene System auswerten

len, ob Newsletter als Ganze gute Systeme repräsentieren, (2) herausfinden, ob bestimmte Trading-Ideen besser sind als andere, und (3) Ihnen einige Informationen darüber geben, was Sie erwarten können, wenn Sie den Empfehlungen diverser Newsletter Folge leisten. Um dies zu tun, ging ich auf drei Newsletter-Gruppen näher ein. Ich sagte Ihnen, dass ich die Namen der Newsletter lediglich dann nennen würde, wenn sie gute Resultate erbringen. Zwei Gruppen kamen uns sehr entgegen und schickten uns die Daten zu, die wir für die Berechnung und Analyse ihrer R-Multiples über viele Jahre hinweg benötigten. Der Vorstand einer Gruppe, Porter Stansberry, sagte zu mir sogar: »Sie können die Namen all unserer Newsletter erwähnen. Wenn wir einen haben, der nicht gut ist, dann schaffen wir ihn ab.« Im Gegensatz dazu meinte der Vorstand einer anderen Gruppe zu mir: »Wir haben keine Ahnung, was unsere Performance betrifft, und wir wollen auf keinen Fall, dass Sie die Namen unserer Newsletter erwähnen, wenn es nicht gut für uns aussieht.« Diese Newsletter waren allesamt in Optionsstrategien verwickelt, und wir entschieden uns dafür, sie nicht einmal anzuschauen.

### Datenanalyse

Wir nahmen bei jedem Newsletter das Einstiegsdatum, den Kurs und den Stop, der von den Newslettern empfohlen wurde. Die meisten Newsletter, die wir unter die Lupe nahmen, sahen Trailing-Stops in Höhe von 25 Prozent vor. Wenn der Newsletter keinen Stop hatte, nahmen wir an, dass das Anfangsrisiko 25 Prozent des Einstiegskurses betrug. Wenn die Aktie daher auf den Nullpunkt sank, würde dies ein Verlust von 4R sein, und wenn sich der Wert der Aktie verdoppelte, wäre dies ein Zuwachs von 4R. Einige der Newsletter bringen nur eine Empfehlung jeden Monat (oder weniger) heraus, und sie halten tendenziell an ihren Empfehlungen fest. Folglich nahmen wir an, dass alle aktiven Positionen am 30. Juni 2006 geschlossen wurden, und wir behandelten den Schlusskurs dieses Datums als Ausstiegskurs.

Bei einigen der Newsletter standen uns nur Daten bis zum 31. März 2006 zur Verfügung, daher nahmen wir dieses Datum als Termin für den Schlusskurs.

Bei jedem Newsletter rechneten wir mehrere Schlüsselvariablen aus. Wo liegt der Erwartungswert der Empfehlungen für das gesamte Datenpaket, das uns zur Verfügung stand? Wie viele Positionen wurden jeden Monat im Schnitt eröffnet? Wir verwendeten diese Daten, um festzustellen, wie viele Trades wir in einem Zeitraum von zwei Jahren zu erwarten hatten, sodass wir die Expectunity jedes Newsletters berechnen konnten. Und zuletzt verwendeten wir ein firmeneigenes Instrument, um festzustellen, wie nützlich Position Sizing bei den Empfehlungen zum Erreichen der eigenen Ziele sein kann.

### Die Newsletter

Im Allgemeinen habe ich mich mit Newslettern befasst, die von Stansberry Research und vom Oxford Club veröffentlicht wurden. Hinzu kamen zwei, die einer meiner Kunden freundlicherweise ausgewertet hat. Hier einige Detailinformationen zu jedem einzelnen in alphabetischer Reihenfolge.

*Blue Chip Growth.* Dieser Newsletter wird monatlich von einem Portfoliomanager veröffentlicht. Er ist so konzipiert, dass man durch ihn an die beste Auswahl des Managers gelangt, und jede einzelne Investition sollte man für mindestens ein Jahr behalten. Der Newsletter wurde von Ende Dezember 2003 bis März 2006 verfolgt. In dieser Zeit wurden 32 Empfehlungen verzeichnet. In diesem Fall haben wir uns nicht mit offenen Positionen beschäftigt. Dieser Newsletter gab keine Stops vor, daher gingen wir davon aus, dass ein Rückgang um 25 Prozent 1R entsprach. Dieser Newsletter verfolgt ebenfalls nicht seine eigene Performance, indem er den anfangs empfohlenen Kurs zusammen mit dem aktuellen Kurs aufzeigt.

*Diligence.* Diligence erinnert mich an die beste Auswahl eines Aktienanalysten. Der Redakteur hält Ausschau nach Micro Caps, wo es neue Produkte gibt (die sich normalerweise in der Forschungsphase befinden), von denen er glaubt, dass sie eine besondere Wirkung auf den Konsumenten haben könnten. Er hält jeden Monat eine Telefonkonferenz mit dem CEO und mit anderen Repräsentanten des Unternehmens ab, sobald die Aktie empfohlen wird. Diligence empfiehlt kein Kurslimit (wir nahmen daher 25 Prozent des Einstiegskurses, um 1R zu bestimmen), und hält lange an Verlustaktien fest, wenn der Redakteur der Meinung ist, dass nach wie vor Potenzial vorhanden ist (selbst nach einem beträchtlichen Kursrückgang). Wir verfolgten diesen Newsletter von Januar 2001 bis März 2006. In dieser Zeit gab es 36 Empfehlungen, von denen 44,4 Prozent Gewinn bringend waren.

*Extreme Value.* Extreme Value konzentriert sich bei der Aktienwahl auf verschiedene Wertemodelle. Die grundlegende Investmentidee ist es, Aktien zu finden, die extrem unterbewertet sind. Der Redakteur findet hierbei zum Beispiel eine Aktie, durch die Grundvermögen im Wert von Tausenden von Dollars verkauft wird und in ihren Abrechnungsbüchern für 120 Dollar pro Acre aufgeführt ist. Bei diesen Aktien liegen keine Stops vor; wir gingen deshalb davon aus, dass 1R einem Kursrückgang von 25 Prozent entsprach. Wir verfolgten diesen Newsletter von September 2002 bis Juni 2006. In diesem Zeitraum gab der Redakteur 37 Empfehlungen, und er hatte noch in 21 von ihnen investiert. Daher nahmen wir den Kurs vom 30. Juni 2006, um die R-Multiples dieser Trades einzuschätzen.

*Inside Strategist.* Dieser Newsletter geht davon aus, dass eine Aktie wahrscheinlich eine ausgezeichnete Empfehlung ist, wenn Insider größerer Unternehmen ihre eigene Aktie massenhaft kaufen. Wir verfolgten den Newsletter von März 2004 bis Juni 2006. In dieser Zeit gab es jeden Monat eine Empfehlung für einen Trade, insgesamt 27 Positionen. Wir nahmen auch die Empfehlungen für »besondere Aktien« des Redakteurs mit dazu, zusätzlich sechs Positionen. Dieser Newsletter hielt noch über zwei Jahre an 58 Prozent der Empfehlungen fest. Und wieder verwendeten wir einen Kursrückgang um 25 Prozent als Anfangsrisiko.

## 13. Das eigene System auswerten

*MicroCap Moonshots.* Dieser Newsletter wurde von einem jungen Mann gegründet, der sich entschlossen hatte, effiziente Aktien zu finden, bei denen es sich um Micro Caps handelte. Bei den Aktien sehr kleiner Unternehmen treten viel häufiger Kursschwankungen auf als bei Large-Cap-Aktien; daher gibt es bei dieser Idee das Potenzial für einige echte Erfolgstitel. Wir verfolgten diesen Newsletter von Oktober 2003 bis Juni 2006. Der ursprüngliche Redakteur stieg am 18. März 2005 aus, und zwar mit den Worten: »Die ständigen Schwankungen auf dem Markt in den vergangenen Monaten machen durstig. Wer hat noch Lust auf einen Drink?« Die Woche darauf wurde er durch einen anderen Redakteur ersetzt, der sich seither um den Newsletter kümmert. Bei diesem Newsletter gibt es klare Stops, die wir bei der Einschätzung der R-Multiples eingehalten haben.

*Oxford Club Communiqué.* Dieser Newsletter repräsentiert die Empfehlungen mehrerer Einzel-Trader; er ist daher recht vielseitig.

Dies war der erste Newsletter, den ich kenne, der klare Richtlinien für ein Kurslimit hat, mit Trailing-Stops in Höhe von 25 Prozent (auf einer Close-only-Basis), um Verluste zu kontrollieren und um anzugeben, wann Gewinne zu entnehmen sind. Der Newsletter hat mehrere verschiedene Portfolios. Wir verfolgten jedoch nur eines davon, das Oxford-Club-Trading-Portfolio. Zusätzlich empfiehlt eine der Personen, die auf regulärer Basis Empfehlungen an diesen Newsletter richten, immer, eine Aktie zu kaufen und dann eine Kaufoption gegen sie zu verkaufen. Ich heiße diese Strategie nicht gut, da der Gewinn auf die Geldmenge begrenzt ist, die man durch die Kaufoption erhält, während die Kehrseite der Gesamtkurs der Aktie abzüglich der Kosten für die Kaufoption ist. Wir bezogen diese Trades folglich nicht in unsere Analyse ein. Wir verfolgten 166 Empfehlungen, die zwischen September 1999 und dem 30. Juni 2006 gemacht wurden. Von diesen Positionen waren 27 immer noch offen, wir verwendeten daher den Kurs vom 30. Juni 2006, um die R-Multiples dieser Positionen zu bestimmen.

*Porter Stansberry's Investment Advisory (PSIA).* Bei Porters Empfehlungen handelt es sich hauptsächlich um Momentumaktien, die nach seinem Geschmack sind. Wir verfolgten seine Empfehlungen von Juli 1998 bis Juni 2006. Während dieses Zeitraums von 93 Monaten verfolgten wir 175 Empfehlungen; dazu gehörten zwölf, die zu ihrem Kurs am 30. Juni 2006 immer noch offen waren. Hier nahmen wir Porters Stops.

*True Wealth.* True Wealth ist mit über 70.000 Abonnenten einer der beliebteren Newsletter in den Vereinigten Staaten. Der Redakteur ist Steve Sjuggerud, der Co-Autor bei meinem Buch *Safe Strategies for Financial Freedom* war. Ich verstehe Steves Investmentstrategie ziemlich gut, da ich ihn für meinen eigenen Newsletter vor einigen Jahren interviewt hatte. Steve hält im Grunde genommen Ausschau nach Investitionen, die jeder sonst hasst und die ein begrenztes Abwärtspotenzial sowie ein fantastisches Aufwärtspotenzial aufweisen. Er hat auch eine meiner Überzeugungen für sich entdeckt: Seine Empfehlungen müssen sich erst aufwärts bewegen, erst dann macht er sie publik.

*Ein teurer ungenannter Newsletter.* Ich werde den Namen des letzten Newsletters nicht nennen, da er durch und durch schlecht ist. Ich kann jedoch sagen, dass dies der teuerste Newsletter ist, den wir unter die Lupe nahmen; seine Kosten sind höher als die aller anderen Newsletter zusammen. Er schlägt wöchentlich Trades per E-Mail vor, das Ziel lautet: mindestens 100 Prozent Wachstum. Der Redakteur, der diesen Newsletter schreibt, ist ein Marketingexperte. Wenn Sie auf seiner Liste stehen, erfahren Sie erstens, dass er ein geheimes System für seine Aktienwahl hat. Zweitens ist er, während einige seiner anderen Newsletter 100 Prozent oder mehr erwirtschaften, dafür konzipiert, unter diesen der Beste der Besten zu sein. Drittens ist er laut einer unabhängigen Quelle einer der beliebtesten Newsletter-Autoren. Ein typische Marketingpräsentation könnte so lauten: »Wir haben bei XYZ ein Wachstum von 50 Prozent, 67 Prozent bei ABC und 42 Prozent bei QRF!«. Dann wird behauptet, dass seine Abonnenten sehr aufgeregt sind, was seine Performance betrifft. Ich hatte tatsächlich einmal eine Telefonkonferenz mit ihm und stellte ihm zwei Fragen: (1) Wenn Ihre Performance so gut ist, wieso wird sie nicht in Ihrem Newsletter verfolgt? (2) Warum setzen Sie Ihre Stops manchmal von einer Woche auf die andere herab? Er ignorierte beide Fragen völlig.

**Die Performance der Newsletter**

In Tabelle 13.5 erkennt man die gesamte Performance der Newsletter. Man sieht die gesamte Anzahl von Trades, den Erwartungswert, die Expectunity der Methode über zwei Jahre hinweg und meine firmeneigene Bewertung davon, wie wahrscheinlich es ist, dass Sie Ihre Ziele durch Position Sizing erreichen werden.[128] Mit diesem Indikator würde ein System, das bei einem Niveau von 0,05 Prozent bedeutende Gewinne einbringt, ein Rating von ungefähr eins haben.

Ein Rating von über zwei ist sehr gut, und ein Rating von über drei ist superb. In einem unserer Workshops lehren wir jedoch auch einige Systeme mit Ratings über fünf.

Bei den zwei wertorientierten Newslettern kamen die höchsten Gewinnraten und unsere firmeneigenen Maßnahmen heraus, das heißt, dass Sie durch richtiges Position Sizing Ihre Ziele eher erreichen. Beide Newsletter hatten immer noch einen hohen Anteil an aktiven Trades – bei *Extreme Value* waren es 57 Prozent und 29 Prozent bei *True Wealth*, die wir weitaus länger verfolgt haben.

Der *Oxford Club Communiqué* kam auf die höchste Expectunity über zwei Jahre hinweg. Er weist einen Gesamtzuwachs von R um 38,84R über zwei Jahre hinweg auf. Daher hätten Sie bei einem Prozent Risiko pro Position jährlich wahrscheinlich 20 Prozent oder mehr durch diesen Newsletter erzielen können.

---

*128 Während ich meinen firmeneigenen Indikator nicht in diesem Buch preisgeben möchte, korreliert er in hohem Maße mit dem Sharpe Ratio. Darüber hinaus zeigen unsere Analysen Folgendes: Je höher in der Rangliste dieses Indikators etwas ist, desto leichter ist es auch in diesem Fall, Position Sizing zu betreiben, um die eigenen Ziele zu erreichen.*

| Newsletter | Trades | Gewinn-rate, % | Erwar-tungswert | Expectunity (in 2 Jahren) | Firmeneigene Maßnahmen |
|---|---|---|---|---|---|
| Blue Chip Growth | 32 | 36,5 | 0,05 | 1,37R | 0,21 |
| Diligence | 36 | 44,4 | 1,67 | 22,37R | 1,17 |
| Extreme Value | 37 | 89,1 | 1,40 | 27,06R | 2,99 |
| Inside Strategist | 27 | 48,1 | 0,35 | 8,4R | 1,47 |
| MicroCap Moonshots | 79 | 49,4 | 0,28 | 16,09R | 1,59 |
| Oxford Club | 168 | 54,2 | 0,79 | 38,84R | 2,17 |
| PSIA | 174 | 48,0 | 0,61 | 26,68R | 1,65 |
| True Wealth | 77 | 67,5 | 0,68 | 21,68R | 2,54 |
| Teurer ungenannter Newsletter | 241 | 36,5 | −0,01 | −2,2R | −0,05 |

**Tabelle 13.5:** Newsletter-Analyse

*Diligence* weist mit 1,67 den höchsten Erwartungswert auf. Dies deshalb, weil er auf ein paar wirkliche Erfolge kam, so wie es beabsichtigt war. Es gab hierbei jedoch auch einige Aktien, die 50 Prozent oder mehr verloren und dennoch im Portfolio sind. Aufgrund der hohen Schwankungen bei der Performance schnitt *Diligence* bei allen anderen Kategorien nicht sonderlich gut ab. Dieser Newsletter könnte weitaus besser sein, wenn einige Techniken aus dem vorliegenden Buch angewandt würden. Wenn solche Stops vorhanden gewesen wären, hätte es mit einigen Erfolgsaktien schon aus gewesen sein können, bevor sie zu solchen wurden. *Diligence* ist mittlerweile kein aktiver Newsletter mehr, da er, kurz nachdem wir unsere Analyse angefertigt hatten, geschlossen wurde.

Diese Newsletter repräsentieren verschiedene Ideentypen, und durch die meisten wurden recht gute Einnahmen erwirtschaftet. Die wertbezogenen Newsletter schienen am besten zu performen; das soll aber nicht heißen, dass Value-Investing ein besseres Konzept ist als Trend-Following. Werfen Sie einen Blick auf das System zum Aktienkauf, das neue absolute Hochpunkte erreichte, wie in Abbildung 9.2 beschrieben. Dieses System produziert eine Expectunity von 429R in zwei Jahren. Das Hauptproblem, das sich Ihnen stellen würde, ist die hohe Anzahl an gleichzeitig stattfindenden Trades. Sie sind vielleicht in der Lage, lediglich 0,1 Prozent oder weniger bei jedem Trade zu riskieren. Ich habe auch schon einige Trendfolgesysteme mit Zahlen gesehen, die außerhalb des Diagramms liegen (über 5,0). Daher glaube ich nicht, dass die Daten der Newsletter beweisen, dass wertorientierte Konzepte besser sind als andere Konzepte.

Überraschend war der negative Erwartungswert beim *teuersten der ausgewerteten Newsletter*. Was lernt man daraus? Tja, dieser Newsletter hat seine eigene Performance nicht verfolgt.

Wenn Sie sich entschließen, einen Newsletter zu abonnieren, nehmen Sie sich vor solchen in Acht, die Ihnen keine regelmäßigen Updates zu ihrer Performance geben. Rein zufällig gab es bei dem teuren Newsletter erst eine Werbeaktion, in der »garantiert« wurde, dass Sie Ihr Geld nach einem Jahr zurückbekämen, wenn Sie nicht eine Million Dollar durch das Traden mit dessen Empfehlungen über das nächste Jahr (2007) erzielen würden. Wenn man sich die Bilanz der Newsletter-Macher über 241 Trades hinweg ansieht, wie wahrscheinlich ist es in Ihren Augen, dass man eine Million Dollar einfährt? Ich habe 2005 übrigens drei Mal versucht, mein Geld von ihnen zurückzubekommen, und biss jedes Mal auf Granit.

**Schlussfolgerungen**

Wenn Sie ein System wollen, das sich an Newslettern orientiert, müssen Sie erst einen Newsletter mit Trading-Konzepten und einer Gesamtstrategie finden, der zu Ihren Überzeugungen passt. Ich würde ebenso empfehlen, dass Sie dieselbe Art von Analysen anstellen wie ich hier, bei jedem Newsletter, für den Sie sich entscheiden. Das bedeutet, dass (1) die Herausgeber Ihnen vergangene Newsletter zur Verfügung stellen müssen und (2) sie ihre eigene Performance verfolgen müssen. Wenn Sie mit dem Redakteur eines Newsletters sprechen und er oder sie die Bilanz seines oder ihres Newsletters nicht kennt (wahrscheinlich würde man Ihnen das so gar nicht sagen), suchen Sie das Weite. Besser noch, schauen Sie nach, ob der Newsletter eine Liste Ihrer vergangenen Empfehlungen zusammen mit ihrem Einstiegskurs, dem Anfangsrisiko und dem Ausstiegskurs herausbringt. Sie können anhand dieser Daten dann die R-Multiples sowie den Erwartungswert selbst bestimmen.

Wenn Sie sich entschließen, den Empfehlungen eines beliebigen Newsletters Folge zu leisten, erinnern Sie sich daran, dass Ihnen die meisten nichts über Position Sizing erzählen werden (siehe Kapitel 14), und keiner von ihnen kann Ihnen etwas über die Auswirkungen Ihrer Psychologie auf das Traden erzählen. Wenn der Newsletter Gewinne im Wert von 20R jedes Jahr generieren kann, Sie aber zehn Fehler machen, die Sie jeweils 2R kosten, dann verdienen Sie überhaupt kein Geld durch das Befolgen der Newsletter-Ratschläge.

# Zusammenfassung

Im Großteil dieses Buches ging es um das Entwickeln eines Trading-Systems mit einem hohen Erwartungswert. Beim Erwartungswert handelt es sich um eine

## 13. Das eigene System auswerten

zweidimensionale Oberfläche, die mit der Verlässlichkeit Ihres Trading-Systems und der relativen Größe von Gewinn und Verlust in Verbindung steht.

Opportunity, die günstige Gelegenheit im Zusammenhang mit einem Trade, bildet eine dritte Dimension, die Ihrem Geld in Gewinn und Verlust Volumen verleiht. Sie müssen den Opportunity-Faktor mit dem Erwartungsfaktor multiplizieren, um das potenzielle Geldvolumen zu errechnen, das man jeden Tag verdienen könnte. Ein hoher Erwartungswert bedeutet daher nicht notwendigerweise, dass das Geldvolumen jeden Tag groß ist, wenn man kaum Trades abwickelt.

Zuletzt gibt es eine zu zahlende Gebühr beim Traden, die man jeden Tag vom Geldvolumen abziehen muss. Diese Zusatzkosten werden normalerweise in den Erwartungswert mit eingerechnet. Es gibt jedoch diverse Kosten beim Traden, und allen diesen Kosten sollte man Beachtung schenken. Einen jeden beliebigen dieser Kostenpunkte zu reduzieren könnte unter dem Strich bedeutsame Konsequenzen haben. Die vier hauptsächlichen Kostentypen sind Maklerprovisionen, Abwicklungskosten, Steuern, und psychologische Kosten. Auf jeden dieser Punkte wurde kurz eingegangen.

Wir bekräftigten in diesem Kapitel auch die Idee, dass ein Trading-System eine Verteilung von R-Multiples ist, das von seinem Erwartungswert beschrieben wird. Um dies zu tun, werteten wir die Empfehlungen von neun verschiedenen Newslettern aus, von denen jeder ein anderes Trading-Konzept repräsentierte. Wir zeigten Ihnen die Performance jedes einzelnen in Bezug auf Erwartungswert, Expectunity über zwei Jahre hinweg, und wie gut sich das System dazu eignete, Ihre jeweiligen Anlageziele durch Positionsgrößenbestimmung zu erreichen. Wie ich es Ihnen schon mehrfach in diesem Buch nahelegte, zeigt die Analyse der Newsletter, dass es viele gute Möglichkeiten gibt, Geld auf den Märkten zu verdienen.

# 14 Positionsgrößenbestimmung – der Schlüssel zum Erreichen Ihrer Ziele

*Wenn ich einen Gewinn in Höhe von 30 Prozent erziele, nehme ich ein Drittel. Wenn ich einen Gewinn in Höhe von 50 Prozent mache, nehme ich noch ein Drittel. Wenn sich ein Muster umkehrt, nehme ich den Rest des Gewinns.*

*– Zitat aus einer Vorlesung über Money Management auf einem Seminar zum Aktienhandel*

Der wichtigste Aspekt bei der Entwicklung eines Systems ist, neben dem Faktor der Psychologie, das Thema, wie viel man in eine beliebige Position investieren soll. In den meisten Büchern, die von Trading oder von der Entwicklung von Systemen handeln, wird dieses Thema jedoch völlig außer Acht gelassen. Und wenn darüber geschrieben wird, dann meistens unter dem Namen Money Management oder Anlageallokation. Aber wenn diese zwei Begriffe gebraucht werden, bedeuten sie meistens etwas anderes als »Wie viel«. Das sagt mir, dass die Mehrheit der »Experten« auf dem Markt in Wirklichkeit einen der wichtigsten Aspekte für Erfolg auf dem Markt nicht verstehen.

Sehen Sie sich das Zitat am Anfang dieses Kapitels an. Der Dozent machte dieses Statement vor auszubildenden Brokern auf einem Seminar zum Aktienhandel namens »Money Management«, was mir sagt, dass das Zitat seine Erfolgsformel für Money Management darstellt. Meiner Meinung nach hat jedoch das, was er sagte, nichts mit Money Management zu tun. Es hat stattdessen mit Ausstiegen[129] zu tun. Später, nach dem Seminar, ging ich auf ihn zu, um ihn zu fragen, was er mit Money Management meinte.

Seine Antwort lautete: »Das ist eine sehr gute Frage. Ich glaube, dass man damit Entscheidungen zu Trades fällt.«

---

[129] Es handelt sich nicht einmal um eine gute Methode für den Ausstieg, wie im Kapitel über Exits erklärt wird, da Sie Verluste auf einer vollwertigen Position machen und Ihren maximalen Gewinn nur mit einer unvollständigen Position erwirtschaften.

Portfoliomanager sprechen eher von »Anlageallokation«, wenn es um die wichtigen Faktoren für Erfolg geht. Denken Sie nun einmal über das Wort Anlageallokation nach. Was heißt das für Sie? Möglicherweise glauben Sie, dass dies bedeutet, welche Anlageklasse Sie für Ihre Anlagen wählen. Dies ist auch bei den meisten Portfoliomanagern so, denn laut ihrem Vertrag müssen sie voll (mindestens zu 95 Prozent) investiert sein. Anlageallokation bedeutet für sie daher, welche Anlageklasse sie auswählen sollen. Ist dies auch Ihre Definition?

Brinson et al. definierten Anlageallokation als die Größe des Anteils des eigenen Kapitals, den man Aktien, Bonds oder Cash zuspricht.[130] Als sie diese Definition formulierten, entdeckten sie, dass Anlageallokation und nicht die Frage, was man kaufen soll, 91,5 Prozent der Schwankungen bei der Performance von 82 Pensionsplänen über einen Zeitraum von zehn Jahren ausmachten. Folglich haben Portfoliomanager und Wissenschaftler damit begonnen, die Wichtigkeit der Anlageallokation zu betonen. Obwohl Brinson et al. herausfanden, dass Aktienselektion und andere Entscheidungstypen nicht ausschlaggebend für die Performance waren, veranlasst die beschriebene Lottoneigung viele Menschen dazu, weiterhin zu denken, dass Anlageallokation bedeute, die richtige Anlageklasse zu wählen. Wichtig ist aber die Frage, wie viel man investiert, nicht, welche Anlageklassen man dafür wählt.

Ich möchte noch einmal betonen, dass es bei Money Management und Anlageallokation nicht auf die folgenden Faktoren ankommt:

- Es kommt nicht auf den Teil Ihres Systems an, der vorgibt, wie viel Sie bei jeglichen Trades verlieren werden.
- Es kommt nicht darauf an, wie man aus einem Gewinn bringenden Trade aussteigt.
- Es kommt nicht auf Diversifikation an.
- Es kommt nicht auf Risikokontrolle an.
- Es kommt nicht auf Risikovermeidung an.
- Es kommt nicht auf den Teil Ihres Systems an, der vorgibt, in welche Anlageklassen sie investieren.

Stattdessen ist es wichtig zu verstehen, dass Money Management oder Anlageallokation im gesamten Verlauf eines Trades für die Antwort auf die Frage »Wie viel?« zuständig sind. »Wie viel?« bedeutet im Grunde, wie groß eine Position zu einem beliebigen Zeitpunkt im Laufe eines Trades sein soll. Darüber hinaus ist sie die Schlüsselvariable, um festzustellen, ob Sie Ihre Ziele als Trader erreichen oder nicht.

---

*130 Gary Brinson, Brian Singer, und Gilbert Beebower: »Determinants of Portfolio Performance II: An Update«, Financial Analysts Journal 47 (Mai–Juni 1991): 40–49.*

Es ist wichtig zu verstehen, dass Money Management oder Anlageallokation im gesamten Verlauf eines Trades für die Antwort auf die Frage »Wie viel?« zuständig ist.

Um jegliche Verwirrung zu vermeiden, nenne ich dies in meinem gesamten Buch Position Sizing, also Positionsgrößenbestimmung.

Wenn Sie dabei sind, die Frage »Wie viel?« zu beantworten, müssen Sie vielleicht einige der eben genannten Faktoren abwägen. Es handelt sich bei diesen Faktoren aber nicht um Ihre Rechenregel für das Position Sizing. Einige von Ihnen denken möglicherweise, dass Elemente wie Risikokontrolle wichtiger erscheinen als die Frage »Wie viel?«.[131] Die Frage »Wie viel?« macht jedoch den Großteil der Schwankungen bei der Performance diverser professioneller Trader aus.

1997 war ich für Dow Jones unterwegs und hielt in großen Städten in Asien Vorlesungen über Position Sizing und Psychologie vor Hunderten von professionellen Tradern. Wir spielten ein Spiel, in dem ich die Wichtigkeit der Positionsgrößenbestimmung darstellte. Es handelte sich um ein Murmelspiel, in dem Murmeln, die für R-Multiples in einem Trading-System standen, zufällig aus einem Beutel genommen und ersetzt wurden. Sieben Murmeln waren 1R-Verlierer, eine war ein 5R-Verlierer, und zwei waren 10R-Gewinner. Das Spiel hat einen Erwartungswert von 0,8R, auch wenn es zu 80 Prozent der Zeit verliert. Das Publikum erhält 100.000 Dollar in Spiel-Aktienkapital, und den Beteiligten wird gesagt, dass sie bei jedem Ziehen einer Murmel über 40 Trades hinweg das riskieren sollen, was sie für angemessen halten. Mit anderen Worten: Sie erhalten alle dieselben Trades, dieselben Murmeln werden zufällig aus dem Sack gezogen. Am Ende des Spiels hat jeder aus dem Publikum jedoch unterschiedlich viel Kapital übrig. Und dies kann alles zwischen nichts und über eine Million Dollar sein (also ein Plus von 1.000 Prozent in 40 Trades). Dies bestätigt die Beobachtungen von Brinson et al., dass der Faktor »Wie viel?« mehr als 90 Prozent der Schwankungen bei der Performance ausmacht, da die einzigen Faktoren in diesem Spiel das »Wie viel?« und die persönliche Psychologie der Teilnehmer waren. Und ich kam Hunderte Male auf diese Ergebnisse.

Meine Demonstration überzeugt normalerweise die Menschen im Publikum davon, dass Position Sizing wichtig ist. Aber als ich den Tradern in Asien vorschlug, dass eine vernünftige Lösung dafür, wie man effektiv von Position Sizing Gebrauch macht, dazu da ist, die Größe der Positionen auf ihr Aktienkapital zu basieren, fand ich heraus, dass keiner dieser professionellen Trader wusste, wie viel Geld in ihren Trades steckte.

Sie haben einfach mit dem Geld des »Unternehmens« gehandelt und hatte keine Ahnung, wie viel das war. Folglich fragte ich: »Wie viel Geld müssten Sie

---

*131 Eine der besten Methoden des Position Sizings besteht darin, eine Formel des Prozent-Risiko-Modells zu verwenden, beispielsweise ein Prozent Ihres gesamten Aktienkapitals bei einer bestimmten Position zu riskieren, sodass das Position Sizing Ihr gesamtes Risiko kontrolliert. Sie können jedoch auch von solchen Rechenmethoden Gebrauch machen, bei denen das Risiko kaum eine Rolle spielt.*

also verlieren, um Ihren Job zu verlieren?« Position Sizing auf die Menge Geld zu basieren, dass sie verlieren müssten, um ihren Job zu verlieren, war eine andere, vernünftige Möglichkeit, um es auszudrücken, aber ich stellte fest, dass nur etwa zehn Prozent meines Publikums von professionellen Tradern überhaupt wussten, einen wie großen Verlust sie machen müssten, um ihren Job loszuwerden. Das heißt, dass Tausende von professionellen Tradern nichts hatten, worauf sie ihr Position Sizing basieren könnten. Jeder von ihnen hat aber wahrscheinlich mit mehreren Millionen Dollar getradet. Und das Gleiche offenbarte sich mir in vielen weiteren Städten und Vorlesungen.

Vor ungefähr drei Jahren hielt ich ähnliche Vorlesungen vor Hedge-Fonds-Managern und Portfoliomanagern überall auf der Welt. Ich fand heraus, dass die meisten von ihnen, zumindest diejenigen, die Portfoliomanager waren oder als solche in die Welt der Hedge Fonds eingetreten waren, vorher noch nichts über Position Sizing in Erfahrung gebracht hatten. Tatsächlich dachten viele von ihnen, Positionsgrößenbestimmung sei ein unbedeutender Faktor, weil sie glaubten, dass sie immer zu mindestens 90 Prozent im Markt investiert sein müssen.

Obwohl Position Sizing und Ihre persönliche Psychologie die zwei zu meisternden Schlüsselfaktoren sind, wenn Sie Erfolg auf dem Markt haben wollen, möchte ich betonen, wie wenig Beachtung ihnen von der Wall Street, der Main Street oder von der Wissenschaft geschenkt werden.

- Wenn Sie als Broker für ein beliebig großes Maklerunternehmen ausgebildet sind, haben Sie keine Ausbildung, was Position Sizing oder die Psychologie des Tradens auf den Märkten betrifft. Der Großteil Ihrer Ausbildung liegt in Regelwerken zu Aktienbörsen sowie darauf, welche Produkte das Unternehmen anbietet und wie man diese Produkte an den Kunden beziehungsweise an den potenziellen Kunden bringt. Sie müssen beispielsweise ein »Series 7 Exam« ablegen, um ein lizenzierter Broker zu werden, aber nichts in diesem Examen hat mit Position Sizing oder mit der Psychologie des Tradens zu tun.
- Wenn Sie ein geprüfter Finanzplaner (Certified Financial Planner, CFP) werden, haben Sie auch dort keine Ausbildung in den Bereichen persönliche Psychologie oder Positionsgrößenbestimmung.

Beachten Sie, dass es sich bei den letztgenannten beiden Kategorien um Menschen handelt, die von der Öffentlichkeit für Experten gehalten werden. Zu diesen Menschen gehen sie, um Rat einzuholen. An wen könnte man sich noch wenden?

- Wenn Sie den akademischen Grad eines MBA auf einer Spitzenuniversität mit Spezialisierung darauf, wie Märkte funktionieren, erlangen, haben Sie keine Ausbildung, was das Position Sizing betrifft, und sehr wenig Ausbildung in puncto Psychologie des Tradens.

- Wenn Sie auf einer Elite-Universität zum Ph.D. im Finanzwesen werden, haben Sie auch wieder keine Ausbildung im Position Sizing. Vielleicht haben Sie ein wenig Verhaltensökonomik belegt, aber selbst das hat kaum etwas mit dem Effekt Ihrer persönlichen Psychologie auf Ihre Trading-Ergebnisse zu tun.
- Wenn Sie geprüfter Finanzanalyst (Certified Financial Analyst, CFA) werden, erhalten Sie keine Ausbildung in den Bereichen Position Sizing oder darin, was den Effekt Ihrer persönlichen Psychologie auf Ihre Trading-Performance betrifft. Die meisten Analysten wissen nicht einmal, wie man auf dem Markt tradet, da ihre Ausbildung darauf ausgerichtet ist, feststellen zu können, ob sich ein Unternehmen in Zukunft gut halten wird oder nicht.
- Und wenn Sie als professioneller Trader für eine Bank oder für ein Großunternehmen ausgebildet sind, trifft das Gleiche zu. Ja, Sie haben es erraten: Sie werden nicht im Position Sizing ausgebildet und kaum darin, was den Effekt Ihrer persönlichen Psychologie auf Ihren Erfolg auf dem Markt betrifft. Wie ich bereits erwähnte, wissen die meisten Profi-Trader nicht einmal, wie viel Geld sie verlieren müssten, um Ihren Job zu verlieren.

Daher ist es nicht verwunderlich, dass die meisten Bücher über das Investieren und fast alles, was man in den Medien zum erfolgreichen Investieren findet, komplett auf die äußerst wichtigen Themen des Position Sizings und der persönlichen Psychologie verzichten.

Sie haben ja bereits gehört, dass Position Sizing für den Großteil der Schwankungen bei der Performance von professionellen Tradern verantwortlich ist. Aber nur für den Fall, dass Sie immer noch nicht überzeugt sind, gehen wir mal mit Logik an die Positionsgroßenbestimmung heran. Erinnern Sie sich an das Schneeballmodell in Kapitel sieben? Nun, im Position Sizing sind zwei Faktoren von dieser Metapher enthalten. Diese Faktoren sind das Ausmaß des anfänglichen Schutzes (die Höhe der Schneemauer oder Ihr Startkapital) und die Anzahl von Schneebällen, die zu einem Zeitpunkt auf die Wand prallen (wie viele Positionen man zu einem Zeitpunkt hat).

Abbildung 14.1 zeigt Ihnen eine Darstellung dessen, wie Position Sizing einen weiteren Schritt bei der Bestimmung des gesamten Dollar-Volumens hinzufügt, über den Sie sich Gedanken machen müssen. Erinnern Sie sich daran, dass Abbildung 13.2 eine dreidimensionale Box schuf, die zum Erwartungswert den Opportunity-Faktor hinzuzählte? Diagramm 14.1 zeigt, dass durch das Position Sizing eine vierte Dimension hinzugefügt werden muss: die Dimension multipler, zeitgleich laufender Positionen auf dem Markt.

Da das Zeichnen von vier Dimensionen recht schwierig ist, stellt Abbildung 14.1 den Effekt des Position Sizings dar, indem gezeigt wird, dass viele dreidimensionale Boxen zu einem Zeitpunkt Auswirkungen auf Ihre Position haben können. Der Erwartungswert liefert Ihnen ein zweidimensionales Viereck. Die Opportunity gibt Ihnen einen dreidimensionalen Würfel oder eine Box. Die Po-

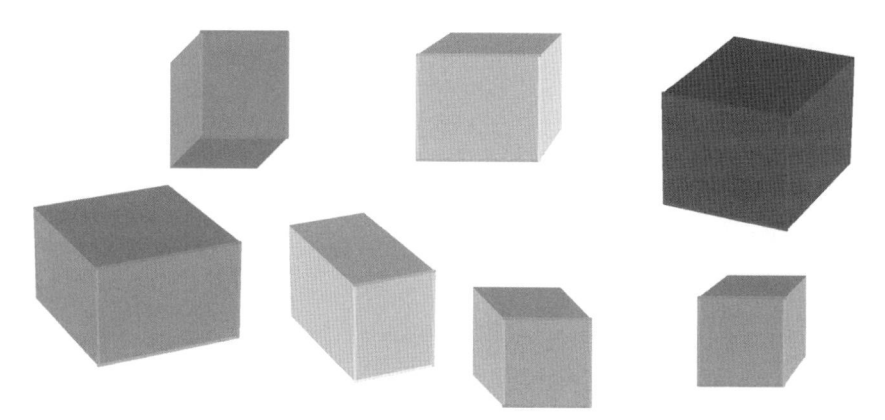

**Abbildung 14.1:** Position Sizing bewirkt, dass viele zeitgleich laufende dreidimensionale Boxen zu einer Situation zu einem Zeitpunkt hinzukommen.

sitionsgrößenbestimmung liefert Ihnen jedoch mehrere Boxen, die gleichzeitig auf Sie zukommen. So wichtig ist dieses Thema.

Nur gesetzt den Fall, dass Sie nach wie vor skeptisch sind: Werfen Sie einen Blick auf eine weitere Darstellung dessen, wie entscheidend Position Sizing für die Performance der eigenen Trades ist. Erinnern Sie sich an Ralph Vinces Studie aus Kapitel zwei? In dieser Untersuchung spielten 40 Ph.Ds ein Position-Sizing-Spiel mit einem positiven Erwartungswert. 95 Prozent von ihnen verloren jedoch Geld. Wieso? Die Gründe haben mit ihrer Psychologie und mit Position Sizing zu tun.

Nehmen wir an, dass Sie insgesamt 1.000 Dollar haben und am Anfang des Spiels 100 Dollar riskieren. Sie tun dies genau genommen drei Mal hintereinander und verlieren jedes Mal Geld – eine realistische Möglichkeit in diesem Spiel. Nun haben Sie nur noch 700 Dollar und denken sich: »Drei Mal hintereinander verloren, jetzt muss ich wirklich gewinnen.« Dies ist der Irrglaube des Spielers. Ihre Chancen zu gewinnen betragen nach wie vor nur 60 Prozent. Nun denn, Sie entscheiden sich dazu, 300 Dollar aufs Spiel zu setzen, da Sie sich Ihres Sieges sicher sind. Sie verlieren jedoch erneut, und nun haben Sie nur 400 Dollar. Ihre Chancen, bei diesem Spiel doch noch zu gewinnen, sind gering, da Sie 150 Prozent erzielen müssten, um mit plus/minus null abzuschließen.

Obwohl die Chancen vier aufeinanderfolgender Verlustgeschäfte in einem 60-Prozent-Spiel gering sind – 0,0256 –, ist es fast sicher, dass dies zumindest einmal in einem 100-Runden-Spiel passieren wird.

Hier noch eine Möglichkeit, wie die Doktoranden hätten pleitegehen können. Sagen wir, sie setzten anfangs 250 Dollar aufs Spiel. Sie verlieren drei Mal in Folge, insgesamt 750 Dollar. Jetzt haben sie nur noch 250 Dollar. Sie müssen jetzt allein 300 Prozent erzielen, nur um wieder bei null anzugelangen, was sie wahrscheinlich nicht schaffen werden, bevor sie pleite sind.

In beiden Fällen wurde kein Gewinn in diesem einfachen Spiel erzielt, weil die Person zu viel Geld aufs Spiel setzte. Das exzessive Risiko war aus psychologischen Gründen gegeben – Gier, das Versäumnis, die Chancen zu verstehen, und in einigen Fällen sogar der Wunsch zu scheitern. Mathematisch gesehen machten sie jedoch Verluste, weil sie zu viel Geld aufs Spiel setzten. Wenn beispielsweise zehn schwarze Schneebälle zur gleichen Zeit gegen die Mauer geworfen werden, die zusammen größer sind als die Mauer selbst, dann wird die Mauer zerstört. Es spielt keine Rolle, wie günstig das Verhältnis von weißem zu schwarzem Schnee ist – zehn schwarze Schneebälle, die zusammen größer sind als die Mauer selbst, zerstören die Mauer.

Die Höhe Ihres Aktienkapitals ist äquivalent zur Höhe der Mauer in der Schneeballschlacht-Metapher. Normalerweise gerät die Durchschnittsperson in die spekulativsten Märkte mit zu wenig Geld. Ein Konto mit weniger als 50.000 Dollar gilt als klein, auf dem Durchschnittskonto befinden sich jedoch nur 1.000 bis 10.000 Dollar. Folglich betreiben die meisten Menschen schlechtes Position Sizing, nur weil ihr Konto zu klein ist. Die mathematische Wahrscheinlichkeit ihres Scheiterns ist sehr hoch, nur weil ihr Konto zu klein ist.

Werfen Sie einen Blick auf Tabelle 14.1. Beachten Sie, wie sehr sich Ihr Konto von Drawdowns unterschiedlichen Ausmaßes erholen muss, um wieder ausgeglichen zu sein. Verluste in Höhe von bis zu 20 Prozent erfordern beispielsweise nur einen moderat höheren Gewinn (nicht mehr als 25 Prozent höher), um wieder an den Ausgangsstand zu gelangen. Ein Drawdown von 40 Prozent erfordert jedoch einen Gewinn von 66,7 Prozent, um wieder ausgeglichen zu sein, und bei

| Drawdowns, % | Gewinn zur Erholung, % |
|---|---|
| 5 | 5,3 |
| 10 | 11,1 |
| 15 | 17,6 |
| 20 | 25,0 |
| 25 | 33,0 |
| 30 | 42,9 |
| 40 | 66,7 |
| 50 | 100,0 |
| 60 | 150,0 |
| 75 | 300,0 |

**Tabelle 14.1:** Erholung nach Drawdowns

einem Drawdown von 50 Prozent muss dieser Gewinn 100 Prozent betragen. Verluste von mehr als 50 Prozent erfordern enorme, unwahrscheinlich hohe Gewinne, um mit plus/minus null abzuschließen. Wenn Sie daher zu viel riskieren und dann verlieren, sind die Chancen einer vollständigen Erholung sehr gering.

## Grundlegende Position-Sizing-Strategien

Professionelle Zocker behaupten schon lange, dass es zwei grundlegende Strategien des Position-Sizings gibt: Martingale-Strategien und Anti-Martingale-Strategien.

Martingale-Strategien steigern die Höhe des Einsatzes, wenn das Aktienkapital weniger wird (während einer Verlustphase). Anti-Martingale-Strategien setzen auf der anderen Seite die Höhe des Einsatzes herauf – während Gewinnphasen oder wenn das Aktienkapital mehr wird.

Wenn Sie schon einmal Roulette oder Würfelspiele gespielt haben, wurden sie womöglich schon mit einer Martingale-Strategie in ihrer Reinform konfrontiert. Es läuft einfach auf das Verdoppeln des Einsatzes hinaus, wenn man verliert. Wenn Sie beispielsweise einen Dollar verlieren, dann setzen Sie zwei Dollar. Wenn Sie zwei Dollar verlieren, dann setzen Sie vier Dollar. Wenn Sie vier Dollar verlieren, dann setzen Sie acht Dollar. Wenn Sie schließlich gewinnen, was irgendwann eintreten wird, dann werden Sie einen Vorsprung in Höhe Ihres ursprünglichen Einsatzes haben.

In Casinos sind Leute sehr beliebt, die solche Martingale-Strategien beim Spielen anwenden. Erstens gibt es bei jedem Glücksspiel Verlustphasen. Und wenn die Gewinnwahrscheinlichkeit unter 50 Prozent liegt, dann könnte es zu sehr ausgeprägten Verlustphasen kommen. Nehmen wir einmal an, dass Sie zehn Mal hintereinander verlieren. Wenn Sie mit einem Dollar eingestiegen wären, dann hätten Sie 2.047 Dollar in der gesamten Verlustphase verloren. Ihr Einsatz beträgt nun 2.048 Dollar, um Ihr anfangs eingesetztes Geld zurückzugewinnen. Ihr Gewinn-Verlust-Verhältnis beträgt zu diesem Zeitpunkt – für weniger als eine 50-zu-50-Wette – eins zu 4.095. Sie riskieren 4.000 Dollar, um einen Gewinn von einem Dollar zu erzielen. Und um die Umstände noch weiter zu verschlechtern: Da einige Menschen unbegrenzte Finanzen zur Verfügung haben, gibt es in Casinos Einsatzlimits. An einem Tisch, an dem ein Mindesteinsatz von einem Dollar möglich ist, könnten Sie wahrscheinlich nicht mehr als 100 Dollar riskieren. Folglich funktionieren Martingale-Einsatzstrategien im Allgemeinen nicht – in den Casinos nicht und auf dem Markt nicht.

Wenn Ihr Risiko weiterhin während einer Verlustphase ansteigt, wird irgendwann eine solche Phase kommen, die imstande ist, Sie bankrott zu machen. Und selbst wenn Sie unbegrenzte Finanzen zur Verfügung haben, dann wären sie Strategien ausgesetzt, deren Ertrag-Risiko-Verhältnis kein Mensch auf psychologischer Ebene standhalten könnte.

Anti-Martingale-Strategien, die ein höheres Risiko während einer Gewinnphase fordern, funktionieren – beim Glücksspiel und in der Investmentwelt. Schlaue Zocker wissen, dass sie ihren Einsatz erhöhen müssen, wenn sie gewinnen, zumindest in einem gewissen Maße.[132] Und selbiges gilt für das Traden und Investieren. Funktionierende Position-Sizing-Systeme fordern Sie dazu auf, den Umfang Ihrer Position zu vergrößern, wenn Sie Geld verdienen. Das gilt für Glücksspiele, fürs Traden und fürs Investieren.

Position Sizing sagt Ihnen, in wie viele Einheiten (Aktien oder Kontrakte) Sie in Anbetracht der Größe Ihres Kontos investieren werden. Eine Entscheidung im Zuge des Position Sizings könnte so ausfallen, dass Sie nicht genug Geld haben, um neue Position aufzunehmen, da Ihre Allokation zu groß für Ihr Konto ist. Es erlaubt Ihnen, Ihre Charakteristika für Ertrag und Risiko zu bestimmen, indem festgestellt wird, wie viele Einheiten einem bestimmten Bereich innerhalb Ihres Portfolios zugewiesen werden. Es ist Ihnen ebenfalls dabei behilflich, das Risiko Ihrer Trades den Elementen in Ihrem Portfolio anzugleichen. Und zuletzt gleichen bestimmte Modelle der Positionsgrößenbestimmung einem Risiko von 1R über alle Märkte hinweg.

Einige Menschen glauben, dass sie adäquates Position Sizing betreiben, indem sie einen Money-Management-Stop haben. Das wäre ein Stop, bei dem Sie Ihre Position verkaufen würden, wenn Sie eine vorher festgelegte Menge Geld verlieren – sagen wir 1.000 Dollar. Aber: Diese Art von Stop sagt Ihnen weder, »Wie viel« oder »Wie viele«; er hat daher nichts mit Position Sizing zu tun. Das Risiko zu kontrollieren, indem Sie feststellen, wie hoch der Verlust ist, wenn Sie an einem Stop angelangt sind, ist nicht dasselbe, wie das Risiko anhand eines Position-Sizing-Modells zu kontrollieren, das den Faktor »Wie viel« feststellt, beziehungsweise ob Sie überhaupt in der Lage sind, sich eine Position zu leisten.

Es gibt mehrere Strategien des Position Sizings, von denen Sie Gebrauch machen können. Im restlichen Teil dieses Kapitels werde ich Ihnen verschiedene Position-Sizing-Strategien nahelegen, die gut funktionieren. Einige passen wahrscheinlich besser zu Ihrem Trading- oder Investitionsstil als andere. Einige funktionieren am besten bei Kapitalkonten, während andere für ein Futures-Konto konzipiert sind. Alle von ihnen sind insofern Anti-Martingale-Strategien, als sie alle auf Ihrem Aktienkapital basieren. Die Formel, die Sie verwenden, um festzustellen, wie sehr sich der Umfang Ihrer Positionen bei einem zunehmend größeren Konto ausweitet, macht diese Strategien zu Anti-Martingale-Strategien.

Erinnern Sie sich jedoch daran, dass viele professionelle Trader, die für Banken und diverse Unternehmen arbeiten, nicht einmal wissen, wie viel Geld sie verlieren können, bevor ihr Job gefährdet ist, noch weniger mit wie viel Geld sie traden.

Das Material zum Position Sizing ist relativ komplex. Ich habe jedoch die Verwendung mathematischer Begriffe vermieden und eindeutige Beispiele jeder

---

*132 Siehe William Ziemba: »A Betting Simulation, the Mathematics of Gambling and Investment«, Gambling Times 80 (1987): 46–47.*

Strategie genannt. Folglich müssen Sie das Material lediglich sorgfältig lesen und so oft wiederholen, bis sie es umfassend verstehen.

**Das verwendete System**

Beim Präsentieren der Resultate all dieser Strategien habe ich mich dazu entschlossen, ein einziges Trading-System zu benutzen: dieselben Rohstoffe über denselben Zeitraum zu traden. Bei dem System handelt es sich um ein 55-Tage-Channel-Break-out-System. Anders gesagt: Es steigt in den Markt bei einer Stop-Order ein, wenn der Markt ein neues 55-Tage-Hoch (long) oder ein neues 55-Tage-Tief (short) erreicht. Der Stop für das Anfangsrisiko und für das Entnehmen von Gewinnen ist ein 21-Tage-Trailing-Stop auf der anderen Seite des Marktes.

Um dies zu verdeutlichen: Nehmen wir an, dass Rohöl ein 55-Tage-Hoch erreicht und Sie auf eine Hausse spekulieren. Nun halten Sie die Position, bis der Markt ein 21-Tage-Tief erreicht. Wenn dies schnell passiert, würden Sie wahrscheinlich verkaufen und einen Verlust von 1R in Kauf nehmen. Wenn der Kurs jedoch 100 Tage lang steigt und dann zurückweicht und ein 21-Tage-Tief erreicht, hätten sie wahrscheinlich einen beachtlichen Gewinn gemacht. Wenn der Markt andererseits ein 55-Tage-Tief erreicht, würden Sie auf eine Baisse spekulieren. Wenn dies der Fall ist und der Markt ein neues 21-Tage-Hoch erreicht, würden Sie verkaufen.

Dieser Channel-Break-out-Stop von 21 Tagen wird jeden Tag neu berechnet, und er wird immer zu Ihren Gunsten bewegt, sodass entweder das Risiko reduziert oder der Gewinn erhöht wird. Solche Break-out-Systeme produzieren überdurchschnittlich hohe Gewinne, wenn man mit genügend Geld tradet.

Dieses System wurde mit einem Anfangskapital von einer Million Dollar getestet, bei einem Warenkorb von zehn Rohstoffen über einen Zeitraum von zehn Jahren hinweg. Wann auch immer Futures-Daten in diesem Kapitel vorgelegt werden, dann basieren sie auf demselben Break-out-System, das auf dieselben Rohstoffe über denselben Zeitraum getestet wird. Der einzige Unterschied zwischen den Tabellen ist das verwendete Position-Sizing-System. Jedes ausgewählte System und Datenpaket würde jedoch wahrscheinlich zu unterschiedlichen Ergebnissen bei den jeweiligen Modellen führen.

Dieses System wurde zum Zwecke dieser Diskussion ausgewählt, da es einfach zu programmieren war und sich dafür eignet, die Unterschiede zwischen den Modellen zu veranschaulichen.

## Modell eins: eine Einheit je feste Geldmenge

Diese Methode teilt Ihnen im Grunde genommen das »Wie viel« mit, indem bestimmt wird, dass Sie eine Einheit für alle X Dollar traden, die Sie auf ihrem Konto haben. Sie könnten beispielsweise eine Einheit (etwa 100 Aktien oder ein Kontrakt) je 50.000 Dollar Ihres gesamten Kapitals handeln.

Als Sie mit dem Traden oder Investieren begannen, haben sie aus den bereits genannten Gründen wahrscheinlich noch nie etwas von Position Sizing gehört. Daher war Ihr erster Gedanke wohl so etwas wie »Ich kann mir nur eine Einheit leisten«. Und wenn Sie doch etwas über die Positionsgrößenbestimmung gehört haben, dann stammt Ihr Wissen wahrscheinlich von irgendeinem Buch eines Autors, der das Thema nicht wirklich versteht. Die meisten Bücher über Money Management oder Allokation handeln nicht von Position Sizing, sondern erzählen Ihnen etwas über Diversifikation oder über das Optimieren von Gewinnen, die man durch Traden erzielen kann. Bücher über die Entwicklung von Systemen oder über die Technische Analyse behandeln das Position Sizing nicht einmal im Ansatz angemessen. Folglich gibt es für die meisten Trader und Investoren keine Stelle und keine Einrichtung, an die sie sich wenden können, um den wohl wichtigsten Aspekt ihres Handwerks zu erlernen.

Unbedarft eröffnen Sie also ein Konto in Höhe von 20.000 Dollar und entschließen sich, einen Kontrakt von all dem zu traden, von dem Sie ein Signal erhalten (ein Aktieninvestor tradet vielleicht nur 100 Aktien). Wenn Sie Glück haben und der Wert Ihres Kontos später auf 40.000 Dollar steigt, beschließen Sie, von allem zwei weitere Kontrakte (oder 200 Aktien) aufzunehmen. Beachten Sie, dass der Wert Ihres Kontos sich verdoppeln müsste, um Ihr Position Sizing zu erhöhen. Daher verwenden die meisten Trader, die eine Art des Position Sizings betreiben, dieses Modell. Es ist einfach. Es sagt Ihnen auf direkte Art und Weise, »wie viel«.

Die Methode »Eine Einheit je fester Geldmenge« hat insofern einen »Vorteil«, als sie niemals einen Trade ablehnt, nur weil er zu riskant ist. Dazu passt die Erfahrung, die zwei mir bekannte Trader gemacht haben. Einer von Ihnen tradet einen Kontrakt je 50.000 Dollar Aktienkapital. Der andere verwendete Modell drei, das Prozent-Risiko-Modell, und riskierte sehr aggressiv drei Prozent seines Aktienkapitals, aber er ging keine Position ein, in der sein Risiko mehr als drei Prozent seines Kontos beträgt.

Jeder Trader sah durch sein jeweiliges Trendfolgesystem eine günstige Gelegenheit, den japanischen Yen zu traden. Derjenige Trader, der grundsätzlich einen Kontrakt handelt, egal worum es sich genau dreht, griff bei dem Trade zu. Die nachfolgende Kursbewegung des Yens fiel enorm aus, was besagten Trader in die Lage versetzte, den größten monatlichen Gewinn zu erwirtschaften, den er je erlebt hatte – einen monatlichen Zuwachs von 20 Prozent.

Im Gegensatz dazu konnte der zweite Trader den Trade nicht eingehen. Auf seinem Konto befanden sich 100.000 Dollar, aber das Risiko überstieg seine Drei-Prozent-Grenze für den Fall, dass der Trade ihm schadet. Der zweite Trader hatte demnach keinen Gewinnmonat.

Natürlich funktioniert dieses Prinzip, immer einen Trade anzunehmen, auch umgekehrt. Beispielsweise könnte der erste Trader einen gewaltigen Verlust gemacht haben (20 Prozent oder mehr), wenn der Yen sich nicht zu seinen Gunsten entwickelt hätte, was der zweite Trader wiederum vermieden hätte.

| 1 Kontrakt je X $ Aktienkapital | Gewinn | Abgelehnte Trades | Jahresgewinn, % | Margin Calls | Maximaler Drawdown, % |
|---|---|---|---|---|---|
| $100.000 | $5.034.533 | 0 | 18,20 | 0 | 36,86 |
| $90.000 | $6.207.208 | 0 | 20,20 | 0 | 40,23 |
| $80.000 | $7.725.361 | 0 | 22,30 | 0 | 43,93 |
| $70.000 | $10.078.968 | 0 | 25,00 | 0 | 48,60 |
| $60.000 | $13.539.570 | 0 | 28,20 | 0 | 54,19 |
| $50.000 | $19.309.155 | 0 | 32,30 | 0 | 61,04 |
| $40.000 | $27.475.302 | 0 | 36,50 | 0 | 69,65 |
| $30.000 | $30.919.632 | 0 | 38,00 | 0 | 80,52 |
| $20.000 | ($1.685.271) | 402 | 0 | 1 | 112,00 |

**Tabelle 14.2:** 55-/21-Tage-Break-out-System mit einem Kontrakt je X Dollar Aktienkapital (Startkapital: eine Million Dollar)

Tabelle 14.2 zeigt die Ergebnisse zu diesem System, bei dem das erste Modell des Position Sizings verwendet wurde. Beachten Sie, dass das System bei einem Kontrakt je 20.000 Dollar Aktienkapital zusammenbricht. Bei 30.000 Dollar müssten Sie einen Drawdown von 80 Prozent verkraften, und Sie müssten mindestens 70.000 Dollar haben, wenn Sie einen Drawdown von 50 Prozent vermeiden wollten. Und was, wenn es Ihr Ziel wäre, hohe Drawdowns zu vermeiden, und Sie sich dazu entschließen, mit dem Traden aufzuhören, wenn Sie einen Drawdown von mehr als 20 Prozent hätten?

Sie würden bei all den in der Tabelle aufgezeigten Werten mit dem Traden aufhören und mit einem Verlust dastehen. Daher scheint es kein so tolles Modell zu sein. Um aber diese Methode des Position Sizings wirklich auszuwerten, müssen Sie es mit den Tabellen vergleichen, die andere Modelle abbilden (siehe Tabellen 14.4 und 14.6).[133]

Trotz des Vorteils, der es Ihnen erlaubt, jederzeit eine Position aufzunehmen, bin ich der Auffassung, dass das Position Sizing bei der Vorgehensweise »Eine

---

*133 Die mit dem 55-/21-Tage-System gelieferten Daten gehen über einen Zeitraum von zehn Jahren und sind daher wohl recht verlässlich. Dieses System gibt Ihnen jedoch nur eine einzige Zusammenstellung von R-Multiples. Und selbst wenn Sie davon ausgehen, dass die dadurch generierte Auswahl an Trades das repräsentiert, was dieses System tun wird, wird doch nur eine Möglichkeit unter vielen dargestellt. Es gibt viele Sequenzen, bei denen womöglich dieselben R-Multiples herauskommen, die alle unterschiedliche Ergebnisse liefern würden. Und, wer weiß, es könnte eine hohe Anzahl von Large-R-Multiple-Verlusten geben, die Sie unter diesem System noch nicht gesehen haben. Wir können daher nur ansatzweise Schlüsse aus den Daten dieser Tabellen in diesem Kapitel ziehen.*

Einheit je fester Geldmenge« begrenzt ist, weil (1) nicht alle Investitionen gleich sind, (2) das Modell Ihnen nicht erlaubt, Ihr Risiko rasch mit kleinen Geldmengen zu erhöhen, und (3) Sie immer eine Position eingehen werden, selbst wenn das Risiko zu hoch ist. Diese Art des Position Sizings ist gefährlich! Und letztlich handelt es sich bei dieser Form mit einem kleinen Konto allenfalls um ein Mini-Position-Sizing. Nun zu den Gründen dafür.

Nicht alle Investitionen sind gleich, aber Modell eins tut so, als seien sie es. Nehmen wir an, Sie sind ein Futures-Trader, der sich entschließt, mit seinen 50.000 Dollar mehr als 20 verschiedene Rohstoffe zu traden. Ihre grundlegende Position-Sizing-Strategie ist es, einen Kontrakt von irgendetwas in diesem Portfolio zu traden, das Ihnen ein Signal gibt. Sagen wir, Sie erhalten ein Signal für Bonds und für Getreide. Ihr Position Sizing sagt Ihnen daher, dass Sie einen Kontrakt für Getreide und einen für Bonds erwerben können. Gehen wir davon aus, dass die T-Bonds bei 112 Dollar stehen und Getreide drei Dollar kostet.

Da die T-Bond-Futures bei 112 Dollar stehen, kontrollieren Sie Ware im Wert von 112.000 Dollar. Zusätzlich befindet sich die tägliche Kursspanne zu diesem Zeitpunkt (und folglich die Volatilität) bei ungefähr 0,775. Wenn der Markt sich daher drei Mal um diesen Betrag in eine Richtung bewegen würde, dann würden Sie 2.325 Dollar gewinnen beziehungsweise verlieren. Im Gegensatz dazu kontrollieren Sie beim Getreide Waren im Wert von rund 15.000 Dollar. Wenn der Kurs an diesem Tag sich daher drei Mal zu Ihren Gunsten beziehungsweise zu Ihrem Nachteil bewegt, würde der Gewinn beziehungsweise der Verlust in etwa 550 Dollar betragen. Was mit Ihrem Portfolio passiert, hängt daher zu 80 Prozent davon ab, was mit den Bonds geschieht, und zu 20 Prozent davon, wie sich das Getreide entwickelt. Dieses Modell des Position Sizings hat offensichtlich nichts mit dem Gesamtrisiko zu tun.

Man könnte nun argumentieren, dass Getreide in der Vergangenheit viel volatiler und teurer gewesen ist. Dies könnte erneut eintreten. Sie müssen die Beurteilung Ihrer Trading-Gelegenheiten jedoch an die aktuellen Begebenheiten auf dem Markt anpassen. Momentan, basierend auf den vorgelegten Daten, hätte ein Kontrakt über Getreide ungefähr 20 Prozent des Effektes auf Ihr Konto, den ein Bond-Kontrakt hätte.

Bei Modell eins können Sie Ihren Einsatz nicht schnell erhöhen. Der Sinn einer Anti-Martingale-Strategie besteht darin, Ihren Einsatz dann zu erhöhen, wenn Sie am Gewinnen sind. Wenn Sie einen Kontrakt je 50.000 Dollar traden und nur 50.000 Dollar haben, müssen Sie Ihr Aktienkapital verdoppeln, bevor Sie in der Lage sind, den Umfang Ihres Kontraktes zu vergrößern.

Folglich ist dies keine allzu effiziente Methode, um Ihren Einsatz während einer Gewinnphase auszuweiten. Bei einem Konto von 50.000 Dollar läuft dies im Prinzip auf das völlige Fehlen jeglicher Positionsgrößenbestimmung hinaus.

Eine Lösung wäre es, wenn Sie ein Konto von mindestens einer Million Dollar hätten. Wenn dies der Fall wäre, dann müsste Ihr Konto wertmäßig um nur fünf Prozent ansteigen, bevor Sie von 20 Kontrakten (zu je 50.000 Dollar) auf 21 Kontrakte kämen.

Bei Modell eins werden Sie immer eine Position eingehen, selbst wenn das Risiko zu hoch ist. Das Eine-Einheit-je-X-Dollar-Modell ermöglicht es Ihnen, eine Einheit von allem zu nehmen. Sie könnten beispielsweise einen S&P-Kontrakt kaufen und Aktien im Wert von 125.000 Dollar mit einem Konto von 15.000 Dollar kontrollieren.[134] Nehmen wir an, die tägliche Volatilität beim S&P beträgt zehn Punkte, und Sie haben einen dreifachen Volatilitäts-Stop, also 30 Punkte. Ihr potenzieller Verlust beträgt 7.500 Dollar, die Hälfte Ihres Aktienkapitals. Dies bedeutet ein beachtliches Risiko für nur eine einzige Position, aber mit dem Eine-Einheit-je-X-Dollar-System des Position Sizings könnten Sie dieses Risiko eingehen.

Ein Grund für den Einsatz einer Position-Sizing-Strategie liegt darin, dass damit ein ausgeglichenes Chance-Risiko-Maß bei allen Elementen des eigenen Portfolios besteht. Sie wollen überall gleich viel Chance, um mit jedem Element Ihres Portfolios Gewinn zu machen. Warum sollte man andernfalls auch mit den Elementen traden, die wahrscheinlich nicht viel Gewinn bringen? Zusätzlich sollte es auch Ihr Ziel sein, Ihr Risiko gleichmäßig über Ihr gesamtes Portfolio zu verteilen.

Wenn einer Chance ein gleich großes Risiko gegenübersteht, wird vorausgesetzt, dass jeder Trade die gleiche Gewinnwahrscheinlichkeit aufweist. Sie haben vielleicht die Möglichkeit festzustellen, dass bestimmte Trades mehr Gewinn bringen als andere. Wenn dies der Fall ist, wäre ein Position-Sizing-Plan, der Ihnen mehr Einheiten bei den Trades zur Verfügung stellt, die mit einer höheren Wahrscheinlichkeit Gewinne erzeugen, für Sie das Richtige – vielleicht eine Art Position-Sizing-Plan nach eigenem Ermessen. Für den Rest dieses Kapitels werden wir jedoch davon ausgehen, dass alle Trades in einem Portfolio von Beginn an dieselbe Gewinnchance haben. Darum haben wir sie ausgewählt.

Das Modell »Einheiten-je-feste-Geldmenge« liefert Ihnen in meinen Augen weder gleiche Chancen noch gleiches Risiko. Die meisten praktikablen Methoden des Position Sizings erlauben es Ihnen jedoch, die Elemente Ihres Portfolios gleichzusetzen. Dazu gehören Modell zwei – den Wert jedes Elements in Ihrem Portfolio gleichsetzen –, Modell drei – das Ausmaß des Risikos (also wie viel Sie verlieren würden, wenn Sie eine Position abstoßen, um Ihr Kapital zu schützen) in jedem Element des Portfolios gleichsetzen – und Modell vier – das Ausmaß der Volatilität jedes Elements im Portfolio gleichsetzen. Modell drei setzt zudem den Wert dessen gleich, was 1R für jeden Markt bedeutet, obwohl Sie unterschiedliche Risikoniveaus für unterschiedliche Positionen vorgeben könnten.

---

*134 Ein vollwertiger S&P-Kontrakt ist 250 Dollar je Punkt wert. Wenn der S&P 500 daher einen Wert von 1.000 hat, dann ist der Kontrakt 250.000 Dollar wert. Dieses Beispiel geht auch davon aus, dass Ihr Broker Ihnen gestattet, diesen Kontrakt bei einem so kleinen Konto zu traden.*

## Modell zwei:
## gleichwertige Einheiten für Aktienhändler

Das Modell gleichwertiger Einheiten wird bei Aktien oder anderen Instrumenten eingesetzt, die nicht oder nur in sehr geringem Maße fremdfinanziert sind. Das Modell besagt, dass Sie das »Wie viel?« bestimmen, indem Sie Ihr Kapital in fünf bis zehn gleich große Einheiten aufteilen. Jede Einheit würde dann vorgeben, wie viel Sie von dem Produkt erwerben können. Bei unserem Kapital von 50.000 Dollar könnten Sie beispielsweise fünf Einheiten à 10.000 Dollar haben. Daher würden Sie Investment A im Wert von 10.000 Dollar kaufen, Investment B im Wert von 10.000 Dollar, Investment C im Wert von 10.000 Dollar und so weiter. Sie könnten letztendlich beispielsweise 100 Anteilscheine an einer 100-Dollar-Aktie erwerben, 200 Anteilscheine an einer 50-Dollar-Aktie, 500 Anteilscheine an einer 20-Dollar-Aktie, 1.000 Anteilscheine an einer Zehn-Dollar-Aktie und 1.428 Anteilscheine an einer Sieben-Dollar-Aktie erwerben. Das bei dieser Strategie angewandte Position-Sizing-Modell würde dazu dienen festzustellen, welchen Anteil Ihres Portfolios Sie zu jedem beliebigen Zeitpunkt in Cash umwandeln könnten. Tabelle 14.3 zeigt, wie viele Anteilscheine mit jeweils 10.000 Dollar von jeder der fünf Aktien erworben würden.

Beachten Sie, dass es bei dieser Prozedur zu einigen Unannehmlichkeiten kommt. Beispielsweise könnte der Kurs der Aktie nicht um jeden Preis gleichmäßig in 10.000-Dollar-Tranchen geteilt werden – noch weniger in Einheiten von 100 Aktien. Dies wird bei Aktie E ersichtlich, von der Sie letztendlich 1.428 Aktien kaufen. Damit kommt man immer noch nicht auf 10.000 Dollar. Bei diesem Beispiel könnte es möglicherweise tatsächlich Ihr Wunsch sein, auf die nächste 100-Aktien-Einheit umzuschwenken und 1.400 Anteilscheine zu kaufen.

Im Falle von Futures könnte das Modell der gleichwertigen Einheiten dafür verwendet werden, zu bestimmen, was Sie bei jedem Kontrakt wertmäßig kontrollieren wollen. Bei einem Konto von 50.000 Dollar könnten Sie sich eventuell dazu entschließen, bis zu 250.000 Dollar je Futures-Kontrakt zu kontrollieren, und diesen Betrag könnten Sie in fünf Einheiten à 50.000 Dollar aufteilen.

Das bedeutet aber: Wenn ein Bond-Kontrakt ungefähr 112.000 Dollar wert ist, dann könnten Sie bei dieser Variante des Position Sizings keine Bonds kaufen, da Sie mehr von einem Produkt kontrollieren würden, als Sie mit einer Einheit bewältigen könnten.

Andererseits könnten Sie es sich leisten, Getreide zu kaufen. Getreide wird in Einheiten von 5.000 Scheffeln gehandelt. Ein Getreidekontrakt, bei dem das Getreide drei Dollar je Scheffel kostet, hat einen Wert von rund 15.000 Dollar. Daher würde es Ihnen ein Betrag von 50.000 Dollar ermöglichen, drei Einheiten Getreide im Wert von 45.000 Dollar zu kaufen. Gold wird in 100-Unzen-Kontrakten in New York gehandelt; bei einem Preis von 490 Dollar pro Unze würde das

| Aktie | Preis pro Aktie | Aktien insgesamt | Dollar insgesamt |
|---|---|---|---|
| A | $100 | 100 | $10.000 |
| B | $50 | 200 | $10.000 |
| C | $20 | 500 | $10.000 |
| D | $10 | 1.000 | $10.000 |
| E | $7 | 1.428 | $9.996 |

**Tabelle 14.3:** Verteilung von Fonds im Modell der gleichwertigen Einheiten (jede Einheit steht für 10.000 Dollar)

einem einzigen Kontrakt im Wert von 49.000 Dollar entsprechen. Daher könnten Sie in diesem Modell auch einen Gold-Kontrakt traden.

Die sehen: Im Modell der gleichwertigen Einheiten können Sie jedem Investment eine ungefähr gleich hohe Gewichtung in Ihrem Portfolio verleihen. Es hat ferner den Vorteil, dass Sie genau sehen können, wie hoch Ihre Fremdfinanzierung ist. Wenn Sie beispielsweise fünf Positionen auf Ihrem Konto mit 50.000 Dollar hätten, von denen jede rund 50.000 Dollar wert ist, wüssten Sie, dass Ihr Produkt einen Wert von rund 250.000 Dollar hat. Zusätzlich würden Sie wissen, dass Sie eine Fremdfinanzierungsquote von ungefähr fünf-zu-eins hätten, da Ihre 50.000 Dollar 250.000 Dollar kontrollieren.

Wenn Sie sich nach dieser Variante richten, müssen Sie eine Entscheidung darüber fällen, wie hoch Ihre Fremdfinanzierung sein soll, bevor es zu einer Aufteilung in Einheiten kommt. Dies sind wertvolle Informationen; deshalb empfehle ich Ihnen, auf den gesamten Wert des Produktes, das sie kontrollieren, sowie auf ihre Fremdfinanzierung zu achten. Diese Informationen können Ihnen die Augen öffnen. Fremdfinanzierung ist jedoch nicht notwendigerweise mit der Volatilität der Kursbewegungen oder mit dem Risiko gleichzusetzen, deshalb seien Sie dabei vorsichtig.

Dieses Modell hat zudem den Nachteil, dass es Ihnen nur sehr langsam erlaubt, das »Wie viel?« zu erhöhen, wenn Sie Gewinne erzielen. Bei einem kleinen Konto müsste sich das Kapital in den meisten Fällen wieder verdoppeln, um Ihren Einsatz um eine Einheit zu erhöhen. Wieder einmal bleibt das Position Sizing bei einem kleinen Konto nahezu auf der Strecke.

Einige professionelle Aktienhändler verwenden das Modell gleichwertiger Einheiten nicht nur, um den ursprünglichen Umfang ihrer Position zu kontrollieren, Sie machen im gesamten Verlauf des Trades davon Gebrauch. Sie sprechen sich dafür aus, dass eine Position regelmäßig das Portfolio ausbalanciert, sodass alle Positionen ausgeglichen bleiben. Das bedeutet, dass Sie Ihre Gewinnpositionen verkaufen (zumindest bis ihre Aktien wieder ausgeglichen sind) und die Verlustpositionen aufstocken. Meiner Meinung nach setzt man hier das Position Sizing deshalb ein, um sicherzugehen, dass man nicht der Goldenen Regel des Tradens Folge leistet. Sie kürzen bei dieser Strategie im Grunde bei ihren Gewinnern und legen bei den Verlieren zu. Einige Newsletter, die in diesem Buch erwähnt wurden, machten von dieser Art des Position Sizings Gebrauch. Zudem setzen auch viele Portfoliomanager von Mutual Funds, die nicht im Position Sizing ausgebildet sind, diese Strategie ein.

## Modell drei: das Prozent-Risiko-Modell

Wenn Sie in eine Position einsteigen, ist es wichtig zu wissen, wann Sie wieder aussteigen, um so Ihr Kapital zu schützen. Dies ist Ihr Risiko. Im schlimmsten Fall ist es Ihr Verlust – bis auf das Nachgeben der Kurse und einen Markt, der gegen Sie läuft. Dies ist es, was ich mit 1R meine.

Eines der gebräuchlichsten Systeme des Position Sizings kontrolliert den Umfang Ihrer Positionen als Funktion dieses Risikos. Das folgende Beispiel soll zeigen, wie dieses Position-Sizing-Modell funktioniert. Nehmen wir an, dass Sie Gold für 380 Dollar je Unze kaufen wollen. Ihr System empfiehlt den Ausstieg, wenn Gold bis auf 370 Dollar fällt. Daher beträgt das Risiko je Goldkontrakt im schlimmsten Fall zehn Punkte mal 100 Dollar je Punkt, also 1.000 Dollar.

Sie haben ein Konto mit 50.000 Dollar und wollen Ihr gesamtes Risiko Ihrer Goldposition auf 2,5 Prozent dieses Aktienkapitals (1.250 Dollar) begrenzen. Wenn Sie Ihr 1.000-Dollar-Risiko je Kontrakt auf Ihr insgesamt mögliches Risiko von 1.250 Dollar aufteilen, dann erhalten Sie 1,25 Kontrakte. Diese Art des Position Sizings erlaubt es Ihnen lediglich, einen Kontrakt zu erwerben.

Nehmen wir an, dass Sie für Getreide am selben Tag ein Signal zum Shortselling erhalten. Gold notiert nach wie vor bei 380 Dollar je Unze, Ihr Konto mit der offenen Position ist daher immer noch 50.000 Dollar wert. Sie haben für Ihr Getreide immer noch 1.250 Dollar in Form von zulässigem Risiko, basierend auf Ihrem gesamten Aktienkapital.

Angenommen, Getreide steht bei 4,03 Dollar, und Sie entschließen sich, maximal das Risiko einzugehen, dass Getreide eine Kursbewegung um fünf Cent auf 4,08 Dollar vollzieht. Ihre fünf Cent zulässiges Risiko (mal 5.000 Scheffel je Kontrakt) ergeben ein Risiko von 250 Dollar je Kontrakt.

Wenn Sie 250 Dollar auf 1.250 Dollar aufteilen, erhalten Sie fünf Kontrakte. Sie können in diesem Modell also mit fünf Getreidekontrakten short gehen.

### CPR-Modell für Risiko

Einige Leser kommen hier sicherlich durcheinander. Wenn R das Risiko je Aktie ist, was ist dann das gesamte Risiko? Nennen Sie das Gesamtrisiko nicht manchmal R? Die Antwortet lautet: Wenn Sie das Prozent-Risiko-Modell für die Positionsgrößenbestimmung verwenden, dann haben Ihr Risiko je Aktie und Ihr Gesamtrisiko dasselbe Verhältnis. Daher können Sie Ihr gesamtes Anfangsrisiko und Ihren gesamten Gewinn beziehungsweise Verlust verwenden, um festzustellen, was R in Ihrem Fall ist. Um es noch deutlicher zu machen, nennen wir das Risiko je Einheit R, das Gesamtrisiko C, weil es für Cash steht, und das Position Sizing nenen wir P. Diese Variablen haben ein einfaches Verhältnis zueinander- ich nenne es CPR für Trader und Investoren.[135] Die Formel lautet:

$$P \text{ (Umfang der Position)} = \frac{C \text{ (Cash)}}{R \text{ (Risiko je Aktie)}}$$

Wenden wir die Formel auf unser Beispiel an. Wir kennen den Umfang der Position nicht, aber wir wissen, dass R = 2 \$ und C = 500 \$. Folglich:

$$P = \frac{500 \text{ \$}}{2 \text{ \$}}$$

$$= 250 \text{ Aktien}$$

Unsere Formel für das Position Sizing für Modell eins gibt vor, dass wir 250 Anteilscheine unserer 50-Dollar-Aktie kaufen sollen. Beachten Sie, dass sich das gesamte Investment auf 12.500 Dollar belaufen wird, also auf 25 Prozent des Kontos. Unser Risiko je Anteilschein beträgt jedoch nur zwei Dollar, und unser Gesamtrisiko beläuft sich lediglich auf ein Prozent unseres Kontos.

Nun steigt unsere Aktie auf 60 Dollar pro Anteilschein, und wir erzielen einen Gewinn von zehn Dollar pro Anteilschein. Da unser Anfangsrisiko lediglich zwei Dollar pro Anteilschein betrug, beläuft sich unser Gewinn auf das Fünffache davon – auf 5R. Wir könnten jedoch genauso einfach den Gesamtgewinn, 2.500 Dollar (zehn Dollar mal 250 Aktien), mit dem gesamten Anfangsrisiko von 500 Dollar vergleichen.

Wir sehen hier immer noch, dass unser Gewinn 5R beträgt. Daher könnten mithilfe des Gesamtrisikos und des Risikos je Anteilschein die R-Multiples festgestellt werden.

Beachten Sie, dass der Gewinn von 5R einem Zuwachs von fünf Prozent entsprach. Wenn Sie daher ein System hätten, das einen durchschnittlichen Gewinn von 80R nach 100 Trades ergibt, könnten Sie damit rechnen, 80 Prozent oder mehr durch ein Ein-Prozent-Risiko-Modell zu erzielen.

**Modellvergleich**

Tabelle 14.4 zeigt das gleiche 55-/21-Tage-Break-out-System mit einer Position-Sizing-Methode, die auf dem Risiko als prozentualem Anteil des Aktienkapitals basiert. Das Anfangskapital beträgt wiederum eine Million Dollar.

---

*135 Ich möchte mich bei meinem Freund Ron Ishibashi dafür bedanken, dass er erstmals auf die Idee von CPR für Trader und Investoren kam.*

| Risiko, % | Gewinn netto | abge-lehnte Trades | Jahresge-winn, % | Margin Calls | Maximaler Drawdown, % | Ver-hältnis |
|---|---|---|---|---|---|---|
| 0,10 | $327 | 410 | 0,00 | 0 | 0,36 | 0,00 |
| 0,25 | $80.685 | 219 | 0,70 | 0 | 2,47 | 0,28 |
| 0,50 | $400.262 | 42 | 3,20 | 0 | 6,50 | 0,49 |
| 0,75 | $672.717 | 10 | 4,90 | 0 | 10,20 | 0,48 |
| 1,00 | $1.107.906 | 4 | 7,20 | 0 | 13,20 | 0,54 |
| 1,75 | $2.776.044 | 1 | 13,10 | 0 | 22,00 | 0,60 |
| 2,50 | $5.621.132 | 0 | 19,20 | 0 | 29,10 | 0,66 |
| 5,00 | $31.620.857 | 0 | 38,30 | 0 | 46,70 | 0,82 |
| 7,50 | $116.500.000 | 0 | 55,70 | 0 | 62,20 | 0,91 |
| 10,00 | $304.300.000 | 0 | 70,20 | 1 | 72,70 | 0,97 |
| 15,00 | $894.100.000 | 0 | 88,10 | 2 | 87,30 | 1,01 |
| 20,00 | $1.119.000.000 | 0 | 92,10 | 21 | 84,40 | 1,09 |
| 25,00 | $1.212.000.000 | 0 | 93,50 | 47 | 83,38 | 1,12 |
| 30,00 | $1.188.000.000 | 0 | 93,10 | 58 | 95,00 | 0,98 |
| 35,00 | ($2.816.898) | 206 | 0,00 | 70 | 104,40 | 0,00 |

**Tabelle 14.4:** 55-/21-System mit Prozent-Risiko-Modell

Beachten Sie, dass das beste Ertrag-Risiko-Verhältnis bei ungefähr 25 Prozent Risiko pro Position auftritt, aber Sie müssten einen Drawdown von 84 Prozent hinnehmen, um dies zu erreichen. Hinzu kommen Margin Calls (die auf die aktuellen Sätze laufen und nicht historisch genau sind) bei einem Risiko von zehn Prozent.

Wenn Sie eine Million Dollar mit diesem System traden und ein Risikokriterium von einem Prozent verwenden würden, dann wäre die Höhe Ihrer Einsätze äquivalent dazu, das Konto mit 100.000 Dollar mit zehn Prozent Risiko zu traden. Daher empfiehlt Tabelle 14.4, mit diesem System nicht zu traden, außer wenn Sie mindestens 100.000 Dollar Kapital haben, und dann sollten Sie pro Trade nicht mehr als rund 0,5 Prozent riskieren – und bei 0,5 Prozent werden die Erträge sehr niedrig sein. Ich hoffe, Sie verstehen nun, wieso Sie mindestens eine Million Dollar benötigen, um dieses System mit zehn Positionen zu traden.

Wie viel Risiko sollten Sie beim Risiko-Position-Sizing je Position akzeptieren? Ihr gesamtes Risiko hängt davon ab, welche Qualität Ihr System und Ihre Anlageziele haben. Einige allgemeine Richtlinien würden das Risiko auf ein Pro-

| Aktie | Kurs | Stop (1R-Risiko) | Anzahl Anteilscheine mit 10.000 Dollar Risiko | Wert Aktienkapital |
|---|---|---|---|---|
| GOOG | $380,00 | $10,00 | 1.000 | $380.000 |
| INTC | $21,00 | $2,00 | 5.000 | $105.000 |
| TXN | $32,00 | $0,20 | 50.000 | $1.600.000 |
| SUNW | $4,50 | $0,50 | 20.000 | $90.000 |
| VLO | $63,00 | $3,20 | 3.125 | $196.875 |
| Total | | | | $2.271.875 |

**Tabelle 14.5:** Ein Prozent Risiko in einem Portfolio verwenden

zent oder weniger setzen, wenn Sie mit Kundengeldern traden, auf 0,5 bis 2,5 Prozent, wenn Ihr eigenes Geld im Spiel ist – je nach Ihren Anlagezielen und der Qualität Ihres Systems –, und auf über 2,5 Prozent, wenn Sie auf hohe Einnahmen aus sind und Ihren eigenen finanziellen Ruin riskieren wollen.

Die meisten Aktienhändler ziehen ein Prozent-Risiko-Modell überhaupt nicht in Betracht. Stattdessen denken sie eher in Begriffen eines Modells gleichwertiger Einheiten. Aber schauen wir uns noch ein Beispiel an.

Sie wollen in IBM investieren und haben ein Konto mit 50.000 Dollar. Die IBM-Aktie steht bei 141 Dollar. Sie entscheiden sich auszusteigen, wenn der Preis auf 137 Dollar fällt, was einem Rückgang von vier Dollar entspricht.

Ihre Position-Sizing-Strategie gibt Ihnen vor, dass Sie Ihr Risiko auf 2,5 Prozent (1.250 Dollar) beschränken sollten. Wenn wir von unserer Formel P = C/R Gebrauch machen, teilen wir das Risiko von vier Dollar pro Aktie auf das gesamte Risiko von 1.250 Dollar auf und erhalten 312,5 Anteilscheine.

Wenn Sie 312 Anteilscheine zu 1.41Dollar gekauft haben, dann würde Sie dies 43.392 Dollar kosten – mehr als 80 Prozent Ihres Kontos. Beachten Sie auch hier wieder, dass Ihre gesamte Investition nichts mit dem Anfangsrisiko zu tun hat. Sie könnten das nur zwei Mal tun, ohne den Beleihungswert Ihres Kontos zu überschreiten. Dieses Beispiel vermittelt Ihnen einen anschaulichen Eindruck davon, was 2,5 Prozent Risiko wirklich bedeuten. Wenn Ihr Stop nur ein Rückgang um einem Dollar auf 140 Dollar wäre, könnten Sie bei diesem Modell 1.250 Anteilscheine erwerben. Aber diese Anteilscheine würden Sie 176.250 Dollar kosten – was Sie nicht ausführen könnten, selbst wenn Sie Ihr Konto voll beleihen würden. Nichtsdestotrotz begrenzen Sie Ihr Risiko auf 2,5 Prozent. Die Berechnungen basieren natürlich sämtlich auf dem Anfangsrisiko, der Differenz zwischen Ihrem Einkaufspreis und Ihrem Initial-Stop-Loss.

Das Prozent-Risiko-Modell ist das erste Modell, bei dem man sicher sein kann, dass ein Risiko von 1R dasselbe für jede Einheit bedeutet, die Sie traden.

Angenommen, Sie traden ein Portfolio von einer Million Dollar auf dem Aktienmarkt und sind bereit, Full Margin einzusetzen. Sie machen von einem Ein-Prozent-Risiko-Modell Gebrauch und riskieren daher 10.000 Dollar für jede Position. Tabelle 14.5 zeigt, wie das geht.

Der aufgezeigte Stop ist willkürlich und repräsentiert ein Risiko von 1R. Sie denken vielleicht, dass die Stops für so teure Aktien sehr eng gefasst sind, besonders der von 0,20 Dollar für TXN. Das sind sie womöglich aber nicht, wenn Sie auf Trades mit großen R-Multiples abzielen. Tabelle 14.5 zeigt, dass wir nicht einmal fünf Aktien kaufen können, da der Dollar-Wert der Aktien unser Margin-Limit von einer Million Dollar übersteigt. Nichtsdestotrotz beträgt unser Risiko nur 10.000 Dollar pro Position, wenn wir in der Lage sind, genau bei unseren vorher festgelegten Stops zu bleiben. Das Portfoliorisiko bei einem Portfolio von einer Million Dollar beträgt daher nur 50.000 Dollar, zuzüglich Kursrückgang und Gebühren. Wenn Sie mit Aktienkapital traden, schauen Sie sich Tabelle 14.5 genauer an. Sie könnte Ihre Meinung über das Traden eines Aktienportfolios ändern.

Aber was ist, wenn Sie ständig neue Kaufsignale für Aktien erhalten, obwohl Sie nach dem Kauf von nur einigen wenigen Aktien Ihr Marginkonto voll ausgeschöpft haben? Da gibt es nur wenige Lösungen. Erstens: Sie könnten Neukäufe einschränken. Zweitens: Sie könnten Ihre Positionen mit der schlechtesten Performance eliminieren, bevor Sie eine neue aufnehmen. Drittens: Sie könnten Ihr Position Sizing reduzieren, um weiterhin mehr Anteilscheine zu kaufen. Und die letzte Möglichkeit: Sie könnten eine Kombination aus den ersten drei Ideen versuchen.

## Modell vier: das Prozent-Volatilitäts-Modell

Volatilität bezieht sich auf das Ausmaß der täglichen Kursbewegungen des zugrunde liegenden Instrumentes über einen willkürlich gewählten Zeitraum hinweg. Es handelt sich dabei um eine direkte Messung der Kursveränderung, der man in jeder beliebigen Position ausgesetzt ist und die positiv oder negativ sein kann. Wenn Sie die Volatilität einer jeden aufgenommenen Position gleichsetzen, indem Sie sie zu einem festen Anteil Ihres Aktienkapitals machen, setzen Sie im Grund genommen die möglichen Marktschwankungen eines jeden Elementes Ihres Portfolios gleich, dem Sie sich in der nahen Zukunft aussetzen.

In den meisten Fällen stellt die Volatilität die Differenz zwischen dem Tageshoch und dem Tagestief dar. Wenn IBM zwischen 141 und 143,5 schwankt, dann beträgt die Volatilität 2,5 Punkte. Wenn jedoch eine durchschnittliche True Range verwendet wird, werden die Gap Openings mit berücksichtigt. Wenn der Schlusskurs der IBM-Aktie daher gestern 139 betragen hätte, aber heute zwischen 141 und 143,5 schwankte, dann müsste man die zwei Punkte im Eröffnungs-Gap mit einrechnen, um die True Range zu ermitteln. Die heutige True

Range beläuft sich daher auf einen Wert zwischen 139 und 143,5 – auf 4,5 Punkte. Hierbei handelt es sich im Grunde um Welles Wilders Berechnung der Average True Range.

Nun dazu, wie ein Prozent-Volatilitäts-Modell beim Position Sizing funktioniert. Nehmen wir an, auf Ihrem Konto befinden sich 50.000 Dollar, und Sie wollen Gold kaufen. Der Goldpreis notiert bei 600 Dollar je Unze, und die Kursspanne des Tages beträgt drei Dollar. Wir verwenden einen einfachen Gleitenden Kursdurchschnitt von der durchschnittlichen True Range von 20 Tagen als Maßstab für die Volatilität. Wie viele Goldkontrakte können wir kaufen?

Da die Daily Range bei drei Dollar liegt und ein Punkt 100 Dollar wert ist (der Kontrakt lautet auf 100 Unzen), beträgt die Volatilität des Tages 300 Dollar je Goldkontrakt. Unterstellen wir, dass die Volatilität maximal zwei Prozent des Aktienkapitals betragen darf. Zwei Prozent von 50.000 Dollar sind 1.000 Dollar. Wenn wir diese Schwankungen von 300 Dollar je Kontrakt auf das zulässige Limit von 10.000 Dollar aufteilen, erhalten wir 3,3 Kontrakte. Daher könnten wir laut unserem auf der Volatilität basierenden Position-Sizing-Modell drei Kontrakte erwerben.

Tabelle 14.6 verdeutlicht, was mit unserem 55-/21-System in einem Portfolio mit zehn Rohstoffen über elf Jahre hinweg passiert, wenn Sie Position Sizing basierend auf der Volatilität auf den Märkten als Anteil an Ihrem Aktienkapital betreiben. Hier wurde Volatilität als Gleitender Durchschnitt von der durchschnittlichen True Range von 20 Tagen definiert. Hierbei handelt es sich um dasselbe System und dieselben Daten, die bei den anderen Modellen beschrie-

| Volatilität, % | Gewinn netto | abgelehnte Trades | Jahresgewinn, % | Margin Calls | Maximaler Drawdown |
|---|---|---|---|---|---|
| 0,10 | $411.785 | 34 | 3,30 | 0 | 6,10 |
| 0,25 | $1.659.613 | 0 | 9,50 | 0 | 17,10 |
| 0,50 | $6.333.704 | 0 | 20,30 | 0 | 30,60 |
| 0,75 | $16.240.855 | 0 | 30,30 | 0 | 40,90 |
| 1,00 | $36.266.106 | 0 | 40,00 | 0 | 49,50 |
| 1,75 | $236.100.000 | 0 | 67,90 | 0 | 60,70 |
| 2,50 | $796.900.000 | 0 | 86,10 | 1 | 85,50 |
| 5,00 | $1.034.000.000 | 0 | 90,70 | 75 | 92,50 |
| 7,50 | ($2.622.159) | 402 | 0,00 | 1 | 119,80 |

**Tabelle 14.6:** 55-/21-Break-out-System mit auf Volatilität basierendem Position Sizing

ben werden. Die Unterschiede zwischen den Ergebnissen auf den Tabellen 14.2, 14.4, und 14.6 entstanden aufgrund der Formeln des Position Sizings.

Beachten Sie in Tabelle 14.6, dass eine Allokation des Position Sizings mit einer Volatilität von zwei Prozent jährlich zu Gewinnen zwischen 67,9 und 86,1 Prozent und zu Drawdowns von 69,7 und 85,5 Prozent führen würde. Wenn Sie die Formel des Position Sizings unter Einbeziehung der Volatilität verwenden, dann sollten Sie laut Tabelle am besten eine Zahl zwischen 0,5 und 1,0 Prozent pro Position verwenden, je nachdem, wie Ihre Anlageziele aussehen. Das beste Ertrag-Risiko-Verhältnis tritt in diesem System bei einer Allokation von 2,5 Prozent auf, aber es können wohl nur wenige einen Drawdown von 86 verkraften.

Wenn Sie Tabelle 14.4 mit Tabelle 14.6 vergleichen, wird Ihnen auffallen, dass es zu beachtlichen Differenzen bei den Prozentsätzen kommt, bei denen das System zusammenbricht. Diese Differenzen sind das Ergebnis der Höhe der Zahl, die man abwägen muss, bevor man diese Teile des Aktienkapitals für Position Sizing einsetzt (das aktuelle 21-Tage-Extrem gegenüber der 20-Tage-Volatilität). Daher scheint ein Risiko von fünf Prozent, basierend auf einem Stop des 21-Tage-Extrems, zu einem Prozent des Aktienkapitals mit der durchschnittlichen True Range von 20 Tagen äquivalent zu sein. Die Zahlen, auf denen die Anteile basieren, sind sehr wichtig. Über sie muss man sich Gedanken machen, bevor man die Prozentsätze bestimmt, mit denen man Position Sizing betreiben möchte.

Volatilitäts-Position-Sizing verfügt über einige ausgezeichnete Mittel, um das Risiko zu kontrollieren. Obwohl nur wenige Trader davon Gebrauch machen, handelt es sich um eines der ausgereiftesten Trading-Systeme überhaupt.

## Zusammenfassung der Modelle

Tabelle 14.7 zeigt eine Zusammenfassung der vier Modelle mit ihren jeweiligen Vor- und Nachteilen. Beachten Sie, dass das Modell mit den meisten Nachteilen von den meisten genutzt wird – das Modell »Einheit je festgelegte Geldmenge«. Ich möchte nochmals auf die Nachteile dieser Vorgehensweise hinweisen:

Nehmen wir erstens an, dass Sie ein Konto mit 30.000 Dollar eröffnen. Das reicht wahrscheinlich noch nicht aus, um damit Futures zu traden, außer Sie traden auf bestimmten Agrarmärkten. Viele tun es dennoch. Mit diesem Konto könnten Sie wahrscheinlich einen Getreidekontrakt, einen S&P-Kontrakt und einen Bond-Kontrakt traden – obwohl der Mindesteinzahlungsbetrag Sie eventuell darin hindert, sie zur gleichen Zeit zu traden. Dieses Modell weist jedoch insofern Lücken auf, als es Ihnen grundsätzlich möglich ist, alle Kontrakte zu traden. Demgegenüber lehnen ein Prozent-Risiko-Modell oder ein Prozent-Volatilitäts-Modell womöglich den S&P-Kontrakt und den Bond-Kontrakt ab, da sie zu riskant waren.

Zweitens würde Ihnen das Modell erlauben, einen der jeweiligen Kontrakte zu kaufen. Das ist lächerlich, denn Sie würden so all Ihre Aufmerksamkeit auf

| Modell | Vorteile | Nachteile |
| --- | --- | --- |
| Einheiten-je-feste-Geld-menge-Modell | Sie lehnen einen Trade nicht deswegen ab, weil er zu riskant ist.<br><br>Sie können ein Konto mit begrenzten Finanzen eröffnen und dieses Modell verwenden.<br><br>Sie erhalten ein minimales Risiko je Trade. | Es behandelt ungleiche Investitionen gleich.<br><br>Es kann das Risiko für kleine Einheiten nicht sehr schnell erhöhen.<br><br>Bei kleinen Konten kann es zu überhöhtem Risiko kommen. |
| Gleichwerti-ge-Einheiten-Modell | Jede Investition in Ihrem Portfolio wird gleich gewichtet. | Ein Kleinanleger könnte den Umfang nur langsam erhöhen.<br><br>Das Risiko ist nicht notwendigerweise bei jeder Einheit gleich.<br><br>Investitionen sind oft nicht gut in gleiche Einheiten teilbar. |
| Prozent-Risiko-Modell | Es ermöglicht großen und kleinen Konten, stetig im Wert zu wachsen.<br><br>Es gleicht die Performance im Portfolio durch das tatsächliche Risiko aus. | Sie werden einige Trades ablehnen müssen, weil sie zu riskant sind.<br><br>Die riskierte Geldmenge entspricht aufgrund des Nachgebens der Kurse nicht dem tatsächlichen Risiko, und Gallacher würde sagen, dass es zu einem ungleichen Risiko kommt. |
| Prozent-Volatilitäts-Modell | Es ermöglicht großen und kleinen Konten, stetig wertmäßig zu wachsen.<br><br>Es gleicht die Performance im Portfolio durch Volatilität aus.<br><br>Sie können es verwenden, um Trades auszugleichen, indem Sie von eng gefassten Stops Gebrauch machen, ohne große Positionen einzugehen. | Sie müssen einige Trades ablehnen, weil sie zu riskant sind.<br><br>Die tägliche Volatilität entspricht nicht dem tatsächlichen Risiko. |

**Tabelle 14.7:** Die vier Modelle des Position Sizings im Vergleich

den S&P-Kontrakt aufgrund seiner Volatilität und seines Risikos konzentrieren. Alle Investmenteinheiten sind unterschiedlich, und man sollte eigentlich jegliche Form der Positionsgrößenbestimmung ablehnen, die sie auf diese Weise behandelt. Dieses Modell tut dies, da Sie ja von jedem eine Einheit besitzen.

Drittens hätten Sie, wenn Ihr Position-Sizing-Modell einen Kontrakt zu 30.000 Dollar einginge, zwei Probleme: Würde Ihr Konto wertmäßig um einen Dollar sinken, könnten Sie keine Positionen eingehen. Die meisten Trader würden dem keine Folge leisten, da sie annähmen, dass sie einen betragsmäßig beliebigen Kontrakt eingehen könnten. Wenn Sie darüber hinaus so viel Glück haben, dass Ihr Konto im Wert steigt, würde es sich erst einmal verdoppeln müssen, bevor Sie an einen weiteren Kontrakt denken könnten. Das ist eigentlich kein Position Sizing!

Beachten Sie, dass die drei letztgenannten Modelle viel besser dafür geeignet sind, Ihr Portfolio ausgeglichen zu halten. Warum also keines davon wählen?

Man könnte so viele Formeln für das Position Sizing entwickeln, wie es Formeln für den Einstieg in eine Position gibt. Es gibt Millionen von Möglichkeiten, und wir haben uns in diesem Kapitel nur oberflächlich mit diesem Thema befasst.[136]

Nichtsdestotrotz habe ich mein Ziel erreicht, wenn Sie nun die Bedeutung von Position Sizing verstehen.

## Von anderen Systemen verwendetes Position Sizing

Die Performance der besten Trader der Welt ist meiner Meinung nach maßgeblich vom Position Sizing beeinflusst worden. Werfen wir nun einen Blick auf die Systeme, die in diesem Buch behandelt worden sind, und auf das Position Sizing, von dem sie Gebrauch machen.

### Aktienmarktmodelle

#### Die CANSLIM-Methode von William O'Neil

William O'Neil geht nicht darauf ein, wie viel man von einer beliebigen Position besitzen sollte. Er sagt nur, wie viele Aktien man haben sollte. O'Neil zufolge sollte es selbst in einem Portfolio im Wert mehrerer Millionen Dollar lediglich sechs oder sieben Aktien geben. Trader mit einem Portfolio im Wert von 20.000 bis 100.000 Dollar sollten sich auf vier oder fünf Aktien beschränken, und Leute mit 5.000 bis 20.000 Dollar sollten lediglich drei Aktien besitzen. Trader mit

---

[136] Für eine weitaus ausführlichere Auseinandersetzung mit dem Position Sizing zur Erreichung Ihrer Ziele siehe Van Tharps The Definitive Guide to Position Sizing and Expectancy (Cary, N.C.: International Institute of Trading Mastery), erhältlich auf der Website www.iitm.com. Dies ist ein ganzes Buch zu diesen Themen, mit weitaus mehr Detail als in dem vorliegenden Werk.

noch weniger Kapital sollten ihm zufolge wahrscheinlich in nur zwei Aktien investieren.

Diese Diskussion klingt wie das Gleichwertige-Einheiten-Modell, allerdings mit einem feinen Unterschied: Es wird empfohlen, dass Sie Ihr Kapital zwar in gleichwertige Einheiten aufteilen, aber dass die Anzahl der Einheiten von der Ihnen zur Verfügung stehenden Geldmenge abhängen sollte. Ein sehr kleines Konto sollte wahrscheinlich nur zwei Einheiten aufweisen, mit vielleicht je 1.500 Dollar oder noch weniger. Wenn Sie 5.000 Dollar Ihr Eigen nennen, gehen Sie auf drei Einheiten über. Nun ist es Ihr Ziel, dass der Wert einer jeden Einheit auf mindestens 4.000 Dollar steigt. (Sie könnten es sich also leisten, 100 Aktien zu je 40 Dollar zu kaufen.) Wenn Sie dies mit fünf Einheiten tun könnten, machen Sie es. Wenn Sie an diesem Punkt angelangt sind, behalten Sie dieselbe Anzahl, bis Sie die Größe einer Einheit auf 25.000 bis 50.000 Dollar anwachsen lassen können. Bei 50.000 Dollar angelangt, wäre es unter Umständen überlegenswert, auf bis zu sechs oder sieben Einheiten aufzustocken.

**Warren Buffetts Herangehensweise an das Investieren**
Buffett ist daran interessiert, nur einige wenige der besten Unternehmen zu besitzen – jener, die seinen scharfen Auswahlkriterien gerecht werden. Er möchte so viele dieser Unternehmen besitzen wie nur möglich, da er damit hohe Gewinne erzielen möchte und er nie vorhat zu verkaufen. Nun, da er Milliarden von Dollars zur Verfügung hat, kann er sich mehrere Unternehmen leisten. Folglich fügt er seinem Portfolio mehr jener Unternehmen hinzu, die seinen Anforderungen entsprechen.

Hierbei haben wir es mit einer ziemlich einzigartigen Spielart des Position Sizings zu tun. Doch Buffett ist der reichste professionelle Investor in den Vereinigten Staaten (und nach Bill Gates der zweitreichste Mann der Welt). Wer kann bei einem solchen Erfolg etwas dagegen sagen? Vielleicht sollten Sie sich über diese Art des Position Sizings Gedanken machen!

**Modelle der Futures-Märkte**

**Kaufmans Adaptive Moving Average**
Kaufman geht in seinem Buch *Smarter Trading* nicht wirklich auf die Positionsgrößenbestimmung ein. Er behandelt einige Resultate des Position Sizings, etwa Risiko und Ertrag, und verwendet die wissenschaftlichen Definitionen dieser Begriffe. Mit Risiko meint er die annualisierte Standardabweichung der Änderungen beim Aktienkapital, und mit Ertrag meint er die annualisierte zusammengesetzte Ertragsrate. Kaufman zufolge verwendet ein rationaler Investor das System mit dem niedrigeren Risiko, wenn er bei zwei Systemen dieselben Erträgen erzielen könnte.

Kaufman bringt einen weiteren interessanten Aspekt des Investierens zur Sprache – die 50-Jahre-Regel. Er behauptet beispielsweise, dass Dämme den

Mississippi entlang errichtet wurden, um sie vor der größten Flut der vergangenen 50 Jahre zu schützen. Dies bedeutet, dass Wasser über die Dämme steigt, aber nicht sehr oft – vielleicht einmal in 100 Jahren. Ähnlich könnten sich professionelle Trader, die ihre Systeme einwandfrei entwerfen, extremen Kursschwankungen gegenübersehen, die das Potenzial haben, sie zu ruinieren.

Wie anhand der verschiedenen Modelle des Position Sizings aufgezeigt wurde, steht Sicherheit direkt mit der Menge des Aktienkapitals, das man besitzt, in Verbindung, ebenso mit dem Ausmaß der Fremdfinanzierung, das man bereit ist zu riskieren. Wenn Ihr Kapital mehr wird und Sie weiterhin diversifizieren und die Fremdkapitalaufnahme zurückschrauben, dann ist Ihr Kapital besser aufbewahrt. Wenn Sie die Fremdfinanzierung nicht reduzieren, riskieren Sie einen Totalausfall.

Kaufman meint, Sie könnten Ihr Risiko im ungünstigen Fall dadurch kontrollieren, dass Sie die Standardabweichung Ihres Risikos berücksichtigen, wenn Sie Tests auf dem gewählten Niveau der Fremdfinanzierung durchführen. Wenn Sie beispielsweise einen Ertrag von 40 Prozent haben und die Schwankungen Ihrer Drawdowns vermuten lassen, dass die Standardabweichung zehn Prozent entspricht, dann wissen Sie, dass in jedem beliebigen Jahr Folgendes der Fall ist:

- Sie haben eine Chance von 16 Prozent (1 Standardabweichung) auf einen Drawdown von
zehn Prozent.[137]
- Sie haben eine Chance von 2,5 Prozent (2 Standardabweichungen) auf einen Drawdown von
20 Prozent.
- Sie haben eine Chance von 0,5 Prozent (3 Standardabweichungen) auf einen Drawdown von
30 Prozent.

Dies sind exzellente Ergebnisse, aber wenn Sie glauben, dass Sie sich in ernsthaften Schwierigkeiten befinden, wenn Sie 20 Prozent oder mehr verlieren, dann empfiehlt Kaufman, nur mit einem Teil Ihres Kapitals zu traden.

Kaufman spricht auch über Anlageallokation, »dem Vorgang, Investmentfonds in einem Markt oder in mehreren Märkten oder Invetsmentvehikeln zu verteilen, um ein Investmentprofil mit einem höchst wünschenswerten Ertrag-

---

*137 Sie können wie folgt rechnen: 68 Prozent dieser Schwankungen entfallen auf einen Wert zwischen Standardabweichungen von +1 und − 1, daher bleiben 32 Prozent übrig. Dies bedeutet auch, dass 16 Prozent (die Hälfte von 32 Prozent) sich jenseits von Standardabweichung 1 von zehn Prozent befinden. Auf dieselbe Weise fallen 95 Prozent der Erträge zwischen +2 und −2 Standardabweichungen. Daher bleiben bei der Hälfte von fünf Prozent 2,5 Prozent außerhalb von −2 Standardabweichungen. Zuletzt fallen 99 Prozent zwischen +3 und −3 Standardabweichungen. Daher sind, der gleichen Logik folgend, nur 0,5 Prozent der Ergebnisse schlechter als −3 Standardabweichungen. Kaufman geht jedoch davon aus, dass die Erträge normalverteilt werden. Da das bei Kursen nicht der Fall ist, könnte dies auch bei den Erträgen zutreffen.*

Risiko-Verhältnis zu schaffen«. Anlageallokation bedeutet vielleicht nichts anderes, als mit der Hälfte des eigenen Kapitals ein aktives Investment (ein Aktienportfolio) zu traden, während sich die andere Hälfte in kurzfristigen Instrumenten, die eine Rendite abwerfen, befindet – zum Beispiel in Staatsanleihen. Allerdings könnte Anlageallokation auch bedeuten, viele Investmentvehikel in einer dynamischen Vorangehensweise zu kombinieren – so wie das aktive Traden von Aktien, Rohstoffen und Devisen. Dies ist ein weiteres Beispiel dafür, dass »Anlageallokation« mit der Frage »Wie viel?« verwechselt wird.

In Kaufmans Erörterungen wird deutlich, dass er es gewöhnt ist, das erste Position-Sizing-Modell zu verwenden, selbst wenn er es nicht direkt sagt – das System »eine Einheit je feste Geldmenge«. Seine Art, Risiko zu reduzieren, bedeutet nichts anderes, als das Kapital zu erhöhen, das benötigt wird, um eine Einheit zu traden.

### Gallachers Fundamental-Trading

In Gallachers Buch *Winner Take All* gibt es sogar ein ausführliches Kapital über das Position Sizing. Gallacher behauptet darin, dass das Risiko in direktem Zusammenhang mit dem Risiko auf dem Markt steht, und es scheint so, als ob er das hier präsentierte Prozent-Risiko-Modell schlecht findet, da es die Exposure nicht kontrolliert. Beispielsweise könnten drei Prozent Risiko bei einem Konto beliebiger Größe eine Einheit oder auch 30 Einheiten sein, je nachdem, wo Ihr Stop liegt. Laut Gallacher ist es nicht möglich, dass das Risiko bei einer Einheit nicht geringer ist als das Risiko bei 30 Einheiten. Er sagt zum Beispiel, dass ein Konto, über das ein Kontrakt über einen Rohstoff mit einem Risiko von 500 Dollar getradet wird, weitaus risikoärmer ist als ein Konto, über das zwei Kontrakte desselben Rohstoffes mit einem Risiko von 250 Dollar getradet werden. Gallachers Aussage ist richtig, und jeder, der das Prozent-Risiko-Modell akzeptiert, sollte sie verstehen. Der Stop ist der einzige Kurs, bei dem Ihr Broker aufgefordert ist, Ihre Order in einen Börsenauftrag umzuwandeln.

Der Kurs ist somit in keinster Weise garantiert. Dies ist einer der Gründe, warum wir das Prozent-Volatilitäts-Modell jedem empfehlen, der mit engen Stops traden möchte.

Gallacher macht auch deutlich, dass Ihr Risiko nicht nur zusammen mit dem Risiko steigt, sondern im Laufe der Zeit auch von selbst. Je länger Sie am Markt traden, desto größer ist die Gefahr, dass Sie einem gewaltigen Kursschock ausgesetzt werden. Ein Trader, der eine Einheit besitzt, in der alles Geld der Welt konzentriert ist, könnte irgendwann alles verlieren, so Gallacher. Das gilt wahrscheinlich für die meisten Trader, aber nicht für alle.

Traden mit unterschiedlichen Instrumenten beschleunigt laut Gallacher nur die Effekte, die im Laufe der Zeit entstünden. Er behauptet, dass in Bezug auf den möglichen Drawdown des Kapitals das Traden von n Positionen über ein Jahr äquivalent ist mit dem Traden einer Position über n Jahre.

Gallacher empfiehlt, den Largest Expected Equity Drop (LEED) zu finden, den man tolerieren kann – vielleicht 25 Prozent, vielleicht 50 Prozent. Ihm zufolge sollen Sie davon ausgehen, dass sein LEED morgen eintritt. Wahrscheinlich wird dies nicht der Fall sein, aber darauf müssen Sie sich einstellen.

Weiterhin berechnet Gallacher eine Verteilung potenzieller Drawdowns durch die Verwendung der Lebenserwartung des Systems und die mögliche Verteilung von Daily Ranges (Preisschwankungen pro Tag) für verschiedene Rohstoffe. Er empfiehlt dann ein Mindestkontingent bei diversen Rohstoffen, das man traden sollte, um keinen Drawdown von 50 Prozent zu erleben. Mit anderen Worten: Gallacher schlägt eine Version des typischen Eine-Einheit-je-festgelegter-Geldmenge-Modells vor, aber die Menge variiert je nach der täglichen Volatilität der Investition.

Die je Einheit benötigte Geldmenge hängt auch davon ab, ob Sie eine, zwei oder vier Einheiten gleichzeitig traden. Er würde beispielsweise eine Einheit zu 40.000 Dollar für jede 1.000-Dollar-getradete Daily Range (Preisschwankungen pro Tag) empfehlen, wenn sich das Instrument selbstständig tradet. Er empfiehlt eine Einheit zu 28.000 Dollar für jede 1.000-Dollar-getradete Daily Range (Preisschwankungen pro Tag), wenn das Instrument zusammen mit einem weiteren getradet wird. Und zuletzt empfiehlt er eine Einheit zu 20.000 Dollar für jede 1.000-Dollar-getradete Daily Range (Preisschwankungen pro Tag), wenn das Instrument zusammen mit drei weiteren Instrumenten getradet wird.

Werfen wir einen Blick auf das Getreide, und nehmen wir an, dass die aktuellen Getreidepreise täglich um vier Cent schwanken. Dies entspricht einer täglichen Preisvariation von 200 Dollar (eine Einheit = 5.000 Scheffel). Basierend auf Gallachers Modell könnten Sie eine Einheit mit 20 Prozent von 40.000 Dollar, also eine Einheit zu 8.000 Dollar, traden, da 200 Dollar 20 Prozent von 1.000 Dollar sind. Würden Sie Getreide mit einem anderen Instrument traden, könnten Sie eine Einheit je 5.600 Dollar handeln.

Und wenn Sie mit drei weiteren gleichzeitig laufenden Instrumenten traden würden, dann könnten Sie eine Einheit je 4.000 Dollar handeln.

Gallachers Methode ist eine exzellente Variante des Eine-Einheit-je-festgelegte-Geldmenge-Modells, da sie die verschiedenen Instrumente gemäß ihrer Volatilität gleichstellt. Daher überwindet seine Methode eine der grundlegenden Beschränkungen dieses Modells. Sie wird dadurch zwar komplexer, doch alles in allem stellt sie eine interessante Trading-Möglichkeit dar.

### Ken Roberts' 1-2-3-Methodik

Roberts erstes Prinzip des Position Sizings besagt, dass Sie nicht viel Geld benötigen, um Rohstoffe zu traden.[138] Seine Antwort auf die Frage »Wie viel?«

---

[138] *Meiner Meinung nach ermöglicht diese Annahme vielen Menschen zu traden und lässt es so aussehen, als ob es kaum Risiko dabei gäbe. Die Leser des vorliegenden Buches sollten zum jetzigen Zeitpunkt in der Lage sein, das Risiko dieser Annahme selbst zu beurteilen.*

lautet: Nur einen Kontrakt traden. Leider wendet sich Roberts nur an Trader, die lediglich 1.000 bis 10.000 Dollar auf ihrem Konto haben. Daher besagt die primäre Regel des Position Sizings, nur einen Kontrakt zu handeln.

Nach Roberts Dafürhalten sollte man nicht mehr als 1.000 Dollar riskieren. Das bedeutet: Er meidet bestimmte Rohstoffe, wie die des S&P, diverse Währungen und vielleicht sogar Kaffee, da das mit ihnen einhergehende Risiko für gewöhnlich 1.000 Dollar übersteigen würde. Dieses Statement lässt Roberts' System konservativ erscheinen. In ihm gibt es keine Formel für das Position Sizing. Dies kann meiner Meinung nach gefährlich sein, da Sie möglicherweise doch eine Position im Markt aufnehmen, obwohl die meisten Formeln zum Position Sizing empfehlen, dies nicht zu tun.

## Zusammenfassung

In meinen Augen ist der wichtigste Teil eines jeden Trading-Systems derjenige, der sich mit der Frage beschäftigt, wie viel man in die jeweiligen Positionen investieren soll. Money Management und Anlageallokation sind bemüht worden, um das »Wie viel?« zu definieren, doch beide Begriffe wurde im Lauf der Zeit in einem falschen Kontext verwendet. Daher sind sie bestenfalls irreführend. Folglich entschloss ich mich, stattdessen den Ausdruck Position Sizing in diesem Buch zu verwenden, um jegliche Verwirrung zu beseitigen.

Position Sizing erweitert die Dimensionen Verlässlichkeit, Ertrag-Risiko-Verhältnis und Chance im Grunde um eine vierte Dimension. Es stellt eine enorme Erweiterung der potenziellen Gewinne und Verluste dar, die im Laufe des Tradens entstehen können. Meiner Meinung nach ist die Positionsgrößenbestimmung für den Großteil der Schwankungen der Performance verschiedener Money Manager verantwortlich.

Im Wesentlichen bilden Erwartung und Chance eine Konstante, die das Volumen Ihres Gewinns bestimmt. Position Sizing bestimmt, wie viele Konstanten zu einer bestimmten Zeit zu Ihrem Gewinn beitragen.

Das Position Sizing verdeutlicht darüber hinaus die Wichtigkeit Ihres zugrunde liegenden Aktienkapitals. Sie können bei viel Aktienkapital eine Menge durch Position Sizing erreichen, während es bei kleineren Mengen ein Leichtes ist, alles zu verlieren.

Anti-Martingale-Systeme, die den Einsatz erhöhen wenn das Aktienkapital steigt, sind die in erster Linie funktionierenden Modelle. Einige Anti-Martingale-Modelle des Position Sizings wurden in diesem Buch behandelt. Zu ihnen gehören die folgenden:

*Eine-Einheit-je-festgelegte-Geldmenge.* Dieses Modell ermöglicht es Ihnen, eine Position für eine bestimmte Geldmenge einzugehen. Hierbei werden alle Investments im Grunde gleich behandelt, und Sie können immer eine einzige Position aufnehmen.

*Gleichwertige-Einheiten-Modell.* Dieses Modell behandelt alle Investments in Ihrem Portfolio gleich, der Maßstab ist Ihr zugrunde liegender Wert. Von dieser Methode machen für gewöhnlich Investoren und Equity-Trader Gebrauch.

*Das Prozent-Risiko-Modell.* Dieses Modell wird langfristig orientierten Trendfolgern als die beste Art zu Traden empfohlen. Es verleiht allen Trades ein gleichwertiges Risiko und ermöglicht dem Portfolio ein stetiges Wachstum.

*Das Prozent-Volatilitäts-Modell.* Dieses Modell ist am besten für solche geeignet, die enge Stops verwenden. Es ermöglicht ein ausgeglichenes Chance-Risiko-Verhältnis.

# 15 Fazit

*Auf sehr lange Sicht werden sich Ihre Ergebnisse am Pokertisch der Summe aller Fehler Ihrer Kontrahenten minus der Summe Ihrer eigenen Fehler annähern.*

**– Dan Harrington**
**Gewinner der World Series of Poker (WSOP) im Jahre 1995**

Wenn Sie die psychologische Grundlage für den Entwurf von Systemen verstehen, dann habe ich eines meiner vorrangigen Ziele erreicht, die ich mit dem Schreiben dieses Buches verfolgt habe. Der Ursprung des Heiligen Grals befindet sich in Ihrem Inneren. Sie müssen für das, was Sie tun, und für das, was Ihnen zustößt, die volle Verantwortung übernehmen. Sie müssen anhand Ihrer Überzeugungen feststellen, was Sie von einem System wollen, und dann einen genauen Plan mit den passenden Zielen aufstellen.

Mein zweites Ziel war, Ihnen begreiflich zu machen, dass sich jedes System als eine Verteilung von R-Multiples charakterisieren lässt. Diese Verteilung lässt sich wiederum durch ihre Erwartung (also das durchschnittliche R), die Art ihrer Verteilung und den Gelegenheitsfaktor beschreiben, den Sie erhalten. Lassen Sie mich das wiederholen: Systeme sind Verteilungen von R-Multiples mit bestimmten Eigenschaften. Wenn Ihnen also jemand ein Trading-System beschreibt, dann sollten Sie im Prinzip versuchen, sich zu vergegenwärtigen, wie die Verteilung seiner R-Multiples aussieht. Auf diese Weise werden Sie anfangen, Trading-Systeme wirklich zu verstehen.

Um darüber hinaus eine positive Erwartung zu erhalten, müssen Sie über eine Methode verfügen, um Ihre Verluste im Rahmen zu halten und Ihre Gewinne laufen zu lassen, was sich durch Ausstiegspunkte erreichen lässt. Ausstiegspunkte sind ein wesentlicher Teil bei der Entwicklung eines Systems mit hoher positiver Erwartung. Und was am wichtigsten ist: Um Ihre Ziele erreichen zu können, müssen Sie das Position Sizing gut genug verstehen.

Mein drittes Ziel war es, Ihnen verständlich zu machen, dass Sie Ihre Ziele durch Position Sizing erreichen. Somit bedeutet Geldverdienen in den Märkten in erster Linie sicherzustellen, dass sich die Positionsgröße auf möglichst niedrigem Niveau bewegt, damit Sie dadurch die langfristige Erwartung des Systems erreichen können. Wenn Ihr System zum Beispiel eine Erwartung von 0,8 aufweist und Ihnen im Verlauf eines Jahres 100 Gelegenheiten gibt, dann sollten Sie in der Lage sein, rund 80R in einem Jahr zu erzielen. Sie entdecken aber auch, dass Sie irgendwann im Verlauf des Jahres einen durchschnittlichen Drawdown von 30R erleben werden. Wenn Sie pro Trade 0,5 Prozent riskieren, dann sollten Sie eigentlich in der Lage sein, zumindest 40 Prozent pro Jahr zu erzielen, und keinen Drawdown erleben, der größer ist als 15 Prozent. Die meisten wären damit sehr zufrieden. Würden Sie mit diesem System ein Prozent pro Trade riskieren, dann könnten Sie es eventuell schaffen, 100 Prozent pro Jahr zu erzielen, dabei jedoch einige erhebliche Drawdowns verzeichnen. Und wenn Sie gleich zu Beginn einen 30-prozentigen Drawdown verzeichnen – was durchaus möglich ist, wenn man ein Prozent riskiert –, dann schreiben Sie dieses System vielleicht schon ab. Und wenn Sie zu guter Letzt ganze drei Prozent mit diesem System riskieren, dann könnten Sie zwar einen riesigen Gewinn verzeichnen (zum Beispiel 300 bis 500 Prozent), gleichzeitig jedoch zu Beginn des Jahres einen Einbruch erleben, dessen Größe ausreicht, Sie dazu zu zwingen, mit dem Trading aufzuhören. Wenn Sie verstehen, wie wichtig Position Sizing ist, dann habe ich mein drittes vorrangiges Ziel erreicht, das ich mit dem Schreiben dieses Buches verfolgt habe.

Ich erinnere mich noch, wie ich mich mit einem Trader beriet und wir anfingen, an der Größe seiner Positionen zu arbeiten. Als ich merkte, was er da auf Betreiben seiner Firma hin tat, verlangte ich nach einem Gespräch mit seinem Chef. Ich sagte seinem Chef Folgendes: Wenn seine Firma auch weiterhin so mit dem Thema Position Sizing umspränge wie bisher, dann würde es nicht mehr lange dauern, bis sie aus dem Geschäft wären. Der Chef lachte nur und meinte: »Wir wissen schon, was wir tun.« Und sechs Monate später war die Firma weg vom Fenster. Wenn sie mir vielleicht nur einen Bruchteil dessen, was sie verloren, gezahlt hätten, dann hätten sie auf meinen Rat gehört und wären weiter im Rennen geblieben.

Das vierte Ziel, das ich mit diesem Buch verfolgt habe, war, Ihnen begreiflich zu machen, wie sich Ihre eigene persönliche Psychologie auf die Entwicklung von Systemen auswirkt. Psychologie ist aus dreierlei Gründen wichtig: (1) Man erzeugt die Ergebnisse, die man erhält; (2) man kann nur ein System traden, das psychologisch zu einem passt; und (3) wenn man seine wichtigsten psychologischen Probleme nicht löst, bevor man versucht, ein System zu entwickeln, dann bringt man diese Probleme in sein System mit ein. Wenn es Ihnen zum Beispiel schwerfällt, einen Trade einzugehen, weil die Bedingungen nie passen, dann haben Sie vermutlich ein Problem mit Perfektionismus. Wenn Sie versuchen, ein System zu entwickeln, ohne dieses Problem zunächst zu lösen, dann werden Sie sich den Aufbau eines Systems nur deshalb zur Aufgabe machen, weil Sie dieses Perfektionismus-Problem haben, und Ihr System wird niemals gut genug sein.

Wenn Sie die sechs Schlüsselelemente, um Geld im Markt zu machen, sowie deren jeweilige Bedeutung verstehen, dann habe ich mit diesem Buch ein fünftes Ziel erreicht. Diese sechs Schlüsselelemente beinhalten (1) die Zuverlässigkeit des Systems, (2) das Rendite-Risiko-Verhältnis, (3) die Trading-Kosten, (4) das Ausmaß Ihrer Trading-Gelegenheiten, (5) die Größe Ihres Eigenkapitals und (6) Ihre Position-Sizing-Algorithmen. Sie sollten die relative Bedeutung jedes einzelnen Faktors verstehen und sich darüber im Klaren sein, warum es beim erfolgreichen Trading nicht darum geht, ob man »recht hat« oder »die Kontrolle über den Markt ausübt«.

Und noch etwas: Wenn Ihnen ein guter Plan vorschwebt, wie Sie ein Trading-System entwickeln können, mit dem Sie Ihre Ziele erreichen, dann habe ich mit diesem Buch auch mein letztes Hauptziel erreicht: Sie sollten die Komponenten eines Trading-Systems verstehen und auch die Rolle, die jede spielt. Falls nicht, dann lesen Sie sich noch einmal Kapitel vier durch. Sie sollten wissen, wie ein Zusammenspiel aus Setups, Timing, risikoarmen Stops und profitablen Ausstiegspunkten ein System mit hoher Erwartung erzeugt. Sie sollten sich darüber im Klaren sein, welche Schlüsselrolle die Gelegenheit einnimmt und wie sie sich zu den Trading-Kosten verhält. Und was am allerwichtigsten ist: Sie sollten verstehen, wie wichtig die Größe Ihres Trading-Kapitals ist und wie sich dieses zu verschiedenen Anti-Martingale-Position-Sizing-Algorithmen (Anti-Martingale bedeutet, wie gesagt, das Verdoppeln des Wetteinsatzes nach Verlust) verhält.

## Fehler vermeiden

Wenn Sie diese Schlüsselkonzepte verstehen, dann haben Sie alle nötigen Voraussetzungen. Ich möchte jedoch das Zitat von Dan Harrington zu Beginn dieses Kapitels hervorheben, da es für Trader und Investoren recht zutreffend ist. Ich werde es für Sie jedoch umformulieren:

Ich möchte Ihnen diese Definition erläutern, damit sie klar wird. Zuerst müssen Sie verstehen, dass Fehler immer dann passieren, wenn Sie Ihre Regeln nicht befolgen. Wenn Sie es versäumt haben, bestimmte Prozesse zu durchlaufen, die dieses Buch für die Entwicklung eines Plans, eines Systems und eines Regelwerks vorschlägt, das Ihr Verhalten beeinflusst, dann ist alles, was Sie tun, ein Fehler. Traden ohne anleitenden Plan und System bedeutet, dass man einen Riesenfehler begeht.

*Ihre Nettoergebnisse als Trader und Investor werden auf sehr lange Sicht von der Erwartung Ihres Systems minus jegliche Fehler, die Sie begehen, abhängen.*

Einer der Aspekte beim Poker, die Dan Harrington hervorhebt, ist folgender: Ihr Job ist es, Ihre Gegner zu Fehlern zu verleiten, und der Job Ihrer Gegner ist es, Sie zu Fehlern zu verleiten. Als Trader brauchen wir jedoch niemand anderen, der uns zu Fehlern verleitet, da wir schon von Natur aus dazu neigen, viele Fehler zu begehen. Zudem hat das große Geld ein System entwickelt, bei dem die Gegner (1) unabhängig von ihrer Leistung allein dadurch gewinnen, dass man Geld bei ihnen lässt, indem man Gebühren zahlt, und bei dem sie (2) immer dann gewinnen, wenn man auf dem Markt aktiv wird, da man dafür Kommissionen und Ausführungskosten zahlen muss.

Zweitens müssen Sie verstehen, worin normalerweise die Hauptursache für Fehler von Tradern und Investoren liegt. Dazu zählen unter anderem:

- Man konzentriert sich anstatt auf das potenzielle Rendite-Risiko-Verhältnis des Trades eher auf die Auswahl von Investitionen oder Trades. So kaufte Eric zum Beispiel eine Google-Option, da er das Potenzial für einen großen Gewinn sah, berücksichtigte dabei aber nicht, dass er ebenso viel verlieren wie gewinnen konnte, wenn nicht gar mehr.
- Man springt übereilt auf einen Trade auf, weil man ihn für aufregend hält, anstatt einen gut durchdachten Plan zu verwenden.
- Man geht einen Trade ein, weil man eine Empfehlung hört, ohne das mögliche Rendite-Risiko-Verhältnis des Trades zu verstehen. Das ist besonders gefährlich, wenn man glaubt, die persönliche Trading-Methode bestünde darin, den Empfehlungen eines oder mehrerer Newsletter zu folgen.
- Man hat das Bedürfnis, richtig zu liegen, und nimmt deswegen rasch einen Gewinn mit.
- Man hat das Bedürfnis, richtig zu liegen, und nimmt deswegen einen Verlust nicht mit.
- Man verfügt über keinen Ausstiegspunkt, bei dem man einen Trade mitnimmt – oder anders ausgedrückt: Man kennt seinen 1R-Verlust nicht, wenn man in eine Marktposition einsteigt.
- Man riskiert bei einer Position zu viel.
- Man lässt zu, dass die Emotionen in einem Trade die Oberhand über die Regeln gewinnen.
- Man hat in einem Portfolio zu viele Positionen und schenkt dadurch etwas wirklich Wichtigem zwangsläufig nicht genug Aufmerksamkeit.
- Man wiederholt permanent dieselben Fehler, da man keine Verantwortung für die erzielten Ergebnisse übernimmt.

Es gibt viele weitere Fehler, aber ich denke, Sie wissen, worauf ich hinaus will. Stellen Sie sich vor, jeder Fehler, den Sie begehen, kostet Sie rund 3R.[139] Sie

---

[139] *Unsere vorläufigen Untersuchungen haben ergeben, dass der durchschnittliche Fehler, den man begeht, zwischen 2R und 5R kostet. Hierbei handelt es sich jedoch lediglich um eine vorläufige Untersuchung zum Thema R-Wert von Fehlern.*

haben ein System mit einer Erwartung von 0,8R, das jedes Jahr 100 Trades erzeugt. Im Durchschnitt sollten Sie jedes Jahr rund 80R erzielen. Doch nehmen wir an, Sie begehen jeden Monat zwei Fehler. Plötzlich haben Sie 72R an Fehlern. Dies führt letztlich dazu, dass Sie aus einem recht ordentlichen System ein sehr grenzwertiges System gemacht haben. Und falls Ihr System in einen typischen Drawdown verfällt, werden Sie vermutlich merken, dass Sie – wenn Sie den Fehlerfaktor mit einbeziehen – letztlich ein absolut gutes System aufgeben. Fehler wiegen tatsächlich so schwer. Wenn Sie sich beim Traden aber auf den »Ich-Faktor« konzentrieren, dann haben Sie eine reelle Chance, jene 80R zu erzielen, die Ihnen Ihr System jedes Jahr anbieten wird. Macht dies allmählich Sinn? Genau aus diesem Grund ist es so wichtig, dass man an sich selbst arbeitet, um Fehler auszumerzen. Vermeiden Sie es, so zu sein wie der vorhin erwähnte Trader, der sagte: »Psychologie wirkt sich nicht auf unser Trading aus! Wir sind völlig mechanisch.« Letztlich war er weg vom Fenster, da er diesen hochwichtigen Faktor ignorierte.

## Was jetzt noch fehlt: ein Interview mit Dr. Tharp

Es gilt auf Ihrem Weg zu einem perfekten Trader noch viel zu lernen, was den Rahmen dieses Buches sprengen würde. Daher möchte ich in diesem abschließenden Kapitel einen kurzen Überblick über einige dieser Bereiche liefern. Da es so viel Material gibt, das man abdecken muss, habe ich mich entschlossen, dies in Form eines Frage-und-Antwort-Spiels zu tun. Dadurch habe ich die Möglichkeit, klare Schwerpunkte zu setzen und auf den Punkt zu kommen.

> **Wenn also jemand alles versteht, worum es in diesem Buch geht, was fehlt dann noch? Das Behandelte scheint ziemlich umfangreich.**
> Es bleiben noch einige Bereiche. Wir haben besprochen, was zu einem Trading-System gehört und wie wichtig jedes einzelne Element in Bezug auf das System ist. Wir haben uns jedoch nicht näher mit Daten, Software, Testverfahren, Auftragsausführung, Portfoliogestaltung und dem Umgang mit dem Geld anderer Leute beschäftigt. Wir haben diese Themen nur gestreift, ohne dabei ins Detail zu gehen. Auch das Thema Position Sizing haben wir gestreift. Eine gründliche Auseinandersetzung mit der Thematik, wie man seine Ziele mithilfe von Position Sizing erreicht, würde den Rahmen dieses Buches aber sprengen. Und was am wichtigsten ist: Mit dem Trading-Prozess selbst haben wir uns überhaupt nicht beschäftigt. Ebenso wenig haben wir uns all der psychologischen Elemente angenommen, die mit Disziplin und den alltäglichen Details beim Traden oder Investieren zu tun haben.

Okay, lassen Sie uns nun die Themen nacheinander durchgehen. Woher können die Leser weitere Informationen bekommen, und welche Informationen müssen sie unbedingt kennen? Beginnen wir mit den Daten.
Das Thema Daten ist breit gefächert und könnte ein eigenes Buch füllen. Zunächst einmal müssen Sie verstehen, dass Daten nur den Markt widerspiegeln; die Daten sind nicht der eigentliche Markt. Zweitens müssen Daten nicht unbedingt das sein, wofür man sie hält. Bis die Durchschnittsperson an Marktdaten kommt, gibt es meist eine Reihe von Quellen für potenzielle Fehler. Wenn Sie also Daten von zwei unterschiedlichen Verkäufern bekommen und genau das gleiche System auf genau die gleichen Märkte und Jahre übertragen, dann können Sie mit unterschiedlichen Ergebnissen aufwarten. Der Grund dafür sind Unterschiede in den Daten. Dies wirkt sich augenscheinlich nicht nur auf Ihre historischen Tests, sondern auch auf Ihr tagtägliches Trading aus.
Grundsätzlich werden Sie zum Thema Daten letztlich zwei Schlüsse ziehen. Erstens ist nichts in dieser Branche so genau. Zweitens muss man zuverlässige Verkäufer finden und sich sicher sein, dass sie zuverlässig bleiben.

**Okay, wie sieht es mit der Software aus? Worauf sollte man bei der Software achten?**
Leider soll Software meistens nur die psychologischen Schwächen der Leute ansprechen. Die meisten Softwareprogramme optimieren Ergebnisse, damit man glaubt, man habe ein tolles System, während man in Wahrheit oft nicht einmal ein profitables System hat. Die Software testet meist jeweils einen Markt über viele Jahre hinweg. Ein Profi-Trader würde aber niemals so vorgehen. Auf diese Weise erhält man jedoch äußerst optimistische Ergebnisse, da sich diese Ergebnisse im Nachhinein dem Markt anpassen lassen (sogenanntes Curve-Fitting).
Ich würde stark empfehlen, dass Sie sich zumindest darüber im Klaren sind, dass dies genau das ist, was die meisten Softwareprogramme tun. Es ist nicht die Schuld der Softwareverkäufer. Diese verkaufen den Leuten nur das, was sie wollen.
Und noch etwas: Man benötigt Softwareprogramme, dank derer man sich als Trader oder Investor auf die wichtigeren Elemente konzentrieren kann – also beispielsweise Position Sizing. Es gibt zwar durchaus Softwareprogramme auf dem Markt, die hilfreich sind, zum Beispiel Trading Blox, Trading Recipes und Wealth Lab, doch keines davon ist darauf ausgelegt, Ihnen mit der Zeit bei der Entscheidungsfindung zu helfen, wie es in einem Portfolio der Fall wäre. Solche Software gibt es nicht, es sei denn, Sie sind bereit, sie auf eigene Faust zu entwickeln.

**Wie sieht es mit Tests aus? Was muss man über Tests wissen?**
Tests sind nicht exakt. Wir haben ein bekanntes Softwareprogramm verwendet und ein einfaches Programm ausgeführt, das bei einem zweitägigen Break-out (Anstieg der Kurse, wobei der bisherige Kursbereich verlassen wird) in den Markt eingestiegen und nach einem Tag wieder ausgestiegen ist. Das Programm war wirklich einfach, da wir nur auf die Genauigkeit bei der Erhebung von Online-Daten achteten. Für die Erhebung der Daten und die Ausführung des einfachen Systems verwendeten wir jedoch einige bekannte, äußerst populäre Softwareprogramme. Doch als wir diese Softwareprogramme in Echtzeit ablaufen ließen, erhielten wir eine Reihe von Ergebnissen. Als wir diese Softwareprogramme erneut in einem historischen Modus anhand derselben Daten ablaufen ließen, die es erhoben hatte, erzeugten sie eine ganz andere Reihe von Ergebnissen. Das sollte nicht passieren, ist aber passiert. Und meiner Meinung nach ist das recht beängstigend.

Wenn man sich der Trading- und Investitionswelt als Perfektionist nähert, dann wird man immer wieder frustriert sein. Nichts ist exakt. Man kann nie wissen, wie es am Ende wirklich ausgeht. Stattdessen kommt es beim Traden sehr auf Disziplin an, darauf, dass man mit dem Fluss der Märkte in Tuchfühlung steht und in der Lage ist, aus diesem Fluss Kapital zu schlagen. Wer das schafft, kann in den Märkten richtig viel Geld machen.

Die Frage der Tests stellt sich meist deshalb, weil viele erst ausgiebig testen müssen, damit sie sich so wohl fühlen, dass sie ein System traden können. Doch Tests sind nicht exakt. Die meisten Softwareprogramme enthalten Fehler, sodass ich mindestens mit einem zehnprozentigen Fehlerfaktor infolge der Software rechnen würde. Sie werden diese Software zudem mit Daten füttern, die erhebliche Fehler enthalten können. Versuchen Sie, Ihr System mit zwei unterschiedlichen Datensätzen zu testen (also von unterschiedlichen Verkäufern), und Sie könnten überrascht sein, wie unterschiedlich die Ergebnisse sein könnten. Außerdem können Sie nur einen historischen Datensatz testen; dies gibt Ihnen aber keinerlei Auskunft darüber, wie sich der Markt in Zukunft verhalten wird. Wenn Sie jedoch irgendwelche Tests durchführen wollen, um sich wohler dabei zu fühlen, wenn Sie ein Trading-System benutzen, und Sie all diese Fehlerquellen kennen, dann sollten Sie dies unbedingt tun.

**Das klingt sehr pessimistisch. Warum dann überhaupt testen?**
Damit man ein Verständnis dafür entwickelt, was funktioniert und was nicht funktioniert. Sie sollen nicht alles glauben, was ich Ihnen erzählt habe. Stattdessen müssen Sie sich selbst beweisen, dass etwas stimmt. Wenn etwas halbwegs wahr zu sein scheint, dann können Sie ein gewisses Vertrauen dafür entwickeln. Entweder Sie haben dieses Vertrauen,

oder Sie sind verloren, wenn Sie es mit den Märkten zu tun haben. Das Durchführen von Tests und das Entwickeln von Vertrauen in ein System, sogar wenn es nicht exakt ist, gehören zu dem, was viele brauchen, um sich wohl dabei zu fühlen, wenn sie ein System traden.

**Wozu würden Sie raten?**
Zuerst sollten Sie feststellen, welche Kriterien Sie haben, damit Sie sich im Umgang mit einem System wohlfühlen. Passt es zu dem, der Sie sind? Passt es zu Ihren Überzeugungen? Verstehen Sie es? Passt es zu Ihren Zielen? Die meisten führen bereits Tests durch, noch bevor sie diese Dinge beurteilen. Doch wenn es all dies tut, dann müssen Sie sich Folgendes fragen:»Benötige ich noch weitere empirische Daten, um mir zu beweisen, dass es das tut, was ich glaube?« Welche Kriterien haben Sie, damit Sie sich wohlfühlen?
Ich persönlich würde mir ein System wünschen, das zu meinen Überzeugungen, meinen Zielen und dazu, wer ich bin, passt. Ich möchte wirklich verstehen, wie dieses System funktioniert. Dies reicht mir normalerweise, um es mit sehr kleinem Position Sizing zu traden. Und durch echtes Trading kann ich R-Multiples erfassen und bestimmen, wie die R-Multiples, die ich erhalte, verteilt sind. Wenn ich das verstehe, dann werde ich einen tollen Position-Sizing-Algorithmus entwickeln, um sicherzustellen, dass das System meine Ziele erreicht.
Vermutlich können Sie nie exakt sein. Aber keine Wissenschaft ist exakt. Früher dachte man, die Physik sei exakt, aber heute wissen wir, dass allein schon der Vorgang, etwas zu messen, das Wesen der Beobachtung verändert. Was auch immer es ist, Sie sind ein Teil davon. Sie können nichts dagegen tun, da es vermutlich das Wesen der Realität ist. Und es verdeutlicht einmal mehr meine Behauptung, dass die Suche nach dem System des Heiligen Grals eine Suche im Innern ist.

**Okay, sprechen wir nun über das Thema Auftragsausführung.**
Die Auftragsausführung (Order Execution) ist aus kommunikativer Sicht wichtig. Wenn die Ausführung ein wichtiger Teil dessen ist, wie Sie traden, dann müssen Sie einen Broker haben, der versteht, was Sie wollen und was Sie vorhaben. Wenn Sie dies vermitteln können, dann werden Sie bei dem Versuch, Ihre Pläne umzusetzen, Hilfe erhalten.

**Was also bedeutet dies?**
Nun ja, zunächst müssen Sie Ihr System in- und auswendig kennen. Sie müssen Ihr Konzept verstehen: wie es funktioniert und was Sie in unterschiedlichen Märkten davon erwarten können. Dann müssen Sie Ihrem Börsenmakler vermitteln, was Sie tun und was Sie von ihm erwarten. Wenn Sie beispielsweise ein Trendfolgesystem verwenden und Break-

outs traden, dann werden Sie auch echte Break-outs traden wollen. Teilen Sie dies Ihrem Makler mit. Sie können jemanden finden, der Ihren Auftrag mit einem gewissen Ermessensspielraum ausführt. Wenn sich der Markt tatsächlich bewegt, wird Ihr Auftrag ausgeführt. Aber wenn einige Trader nur neue Höchstkurse testen, dann möchten Sie nicht, dass Ihr Auftrag ausgeführt wird, da der Markt keinerlei Anschlussaufträge (Follow-Through) aufweisen wird. Wenn Sie es schaffen, dies Ihrem Broker zu vermitteln, dann können Sie diese Art von Service erhalten, der Ihnen nur Märkte vermittelt, die Sie wollen. Wenn Sie nicht kundtun, was Sie wollen, dann werden Sie diese Art von Service nicht erhalten. Ihr Makler muss außerdem wissen, was Sie für eine Auftragsausführung zu zahlen bereit sind. Worüber ich gerade gesprochen habe, ist toll für jemanden, der auf lange Sicht ein Trendfolgesystem verwendet, aber schrecklich für einen Day-Trader. Ein Day-Trader benötigt einfach eine gute Ausführung mit minimalen Kosten und minimaler Slippage. Minimale Kosten erhalten Sie aber nur dann, wenn Sie dies Ihrem Makler mitteilen, während Sie ihm immer noch eine angemessene Vergütung zukommen lassen.

**Wie sieht es mit Portfoliotests und Multiple-Systemen aus?**
Auch hier haben wir wieder ein Thema, das ein ganzes Buch füllen würde. Doch denken Sie an den Gelegenheitsfaktor, den wir in diesem Buch behandelt haben. Sie haben – wenn Sie ein Portfolio von Märkten traden – die Chance, sich viele weitere Trading-Gelegenheiten zu eröffnen. Dies bedeutet, dass Sie im Verlauf des Jahres Ihren großen Trade – oder vielleicht sogar ein paar mehr – bekommen werden. Es bedeutet, dass Sie eigentlich genügend Gelegenheiten haben müssten, um nie mehr ein Quartal oder vielleicht einen Monat mit Verlusten zu verzeichnen. Multiple-Systeme verschaffen Ihnen denselben Vorteil – mehr Gelegenheiten. Multiple-Systeme eignen sich besonders gut, wenn sie nicht zusammenhängen. Dies bedeutet, dass man immer einige Gewinner haben wird. Ihre Drawdowns werden kleiner oder verschwinden ganz. Und wenn es dazu kommt, dann können Sie von einer wesentlich größeren Kapitalbasis aus operieren (was das Position Sizing angeht), wenn Ihnen ein Riesengewinn über den Weg läuft.
Ich denke, dass man, wenn man diese Prinzipien versteht, leicht 50 Prozent oder mehr pro Jahr verdienen kann. Ich habe schon mit vielen Tradern zusammengearbeitet, die sogar wesentlich besser abschneiden. Wenn man außerdem versteht, wie sich ein System als eine Verteilung von R-Multiples darstellen lässt und wie man seine Positionen größenmäßig ordnet, damit man seine Ziele erreicht, dann sollte man verstehen, wie dies möglich ist. Einer der Schlüssel, damit all dies auch geschieht, ist, dass man ausreichend Mittel zur Verfügung hat. Wenn Ihre Schnee-

wand zu klein ist, dann reicht schon der erste große schwarze Schneeball aus, und Sie sind weg vom Fenster. Und das wird passieren, ganz egal, wie gut Ihr System ist oder wie gut vorbereitet Sie sind.

**Doch viele Profis würden argumentieren, dass es fast unmöglich ist, die Marktindizes einfach regelmäßig zu übertreffen.**
Zuerst müssen Sie bedenken, woher die meisten von ihnen kommen: (1) Sie verstehen das Risiko nicht so, wie ich es beschrieben habe – ihr ursprünglicher Stop in jeder Position im Markt. (2) Sie verstehen weder Erwartung noch dass sie dadurch entsteht, dass man seine Verluste beschränkt und seine Gewinne laufen lässt. (3) Sie verstehen nicht, wie wichtig Position Sizing ist, damit man seine Ziele erreichen kann. (4) Sie verstehen nicht, dass man all dies letztlich nur dadurch erreichen kann, dass man über die nötige innere Stärke und Disziplin verfügt sowie über das Verständnis, dass man tatsächlich für seine eigenen Ergebnisse verantwortlich ist. Dies sind die Hauptpunkte dieses Buches, dennoch werden sie nirgendwo anders gelehrt.

**Die meisten Offenen Investmentfonds schaffen es aber nicht, die Marktindizes zu übertreffen.**
Bei dem, was Sie gerade gesagt haben, handelt es sich um zwei wichtige Dinge. Offene Investmentfonds sollen jederzeit Kaufpositionen im Markt eingehen. Ihr Ziel ist es, einen Richtwert wie den S&P 500 zu übertreffen, und um sicherzustellen, dass sie nicht zu weit danebenliegen, haben sie nur eine Möglichkeit: Sie müssen im Grunde alle Aktien in diesem Index besitzen. Daher könnte der Fonds zu 85 Prozent aus dem S&P 500 bestehen. Wenn sie nun den Index besitzen und eine Managementumlage erheben und tatsächlich immer wieder in die Märkte ein- und dann wieder aussteigen, sodass auch für sie Trading-Kosten anfallen, dann sieht es nicht danach aus, dass sie ihren Bezugsindex übertreffen.
In diesem Buch habe ich die absolute Performance befürwortet. Und dabei handelt es sich um eine komplett andere Geschichte. Nehmen wir an, Sie haben ein System, das 100 Trades pro Jahr durchführt. Es hat eine Erwartung von 0,7R, was bedeutet, dass Sie durchschnittlich 70R pro Jahr erzielen sollten. Wenn Sie nun bei jedem Trade ein Prozent riskieren, dann sollten Sie mit Zinsen annähernd 100 Prozent pro Jahr erreichen. Und 0,7R pro Jahr mit einem 100-Trade-System ist keine unerreichbare Erwartung.
Die Größe ist jedoch ein wesentlicher Faktor. Ein Day-Trader, der jeden Tag 20 Trades durchführt, könnte pro Monat 50 Prozent erzielen. Die meisten schaffen das nicht, weil ihre Systeme aufhören zu funktionieren oder sie große psychologische Fehler begehen. Dennoch ist es für sie möglich, dies zu erreichen. Stellen Sie sich vor, das System des Day-

Traders hat eine Erwartung von 0,4R. Bei 200 Trades pro Monat könnte dieser Trader am Ende des Monats leicht auf 80R kommen. Und wenn er pro Position ein Risiko von 0,5 Prozent eingeht, dann können Sie erkennen, wie er auf 50 Prozent kommen könnte.

Swing-Trader, die 20 Trades pro Monat durchführen, könnten leicht zehn bis 15 Prozent pro Monat erzielen. Nehmen wir an, diese Swing-Trader haben ein System mit einer Erwartung von 0,6R. Das heißt, dass sie durchschnittlich 12R pro Monat erzielen würden. Wenn sie ein Prozent riskieren, dann könnten sie leicht 15 Prozent erzielen. Die meisten kurzfristig orientierten Trader werden jedoch einen Fehler pro Monat begehen, der die Gewinne eines ganzen Monats auslöschen könnte.

Und betrachten wir uns eine langfristig orientierte Positions-Traderin, die 50 Trades pro Jahr durchführt. Nehmen wir an, diese Traderin hat ein System, das eine Erwartung von 1,3R aufweist. Am Ende des Jahres könnte sie leicht auf 65R kommen. Und wenn sie pro Trade ein Prozent riskiert, dann könnte sie pro Jahr 75 Prozent erzielen. Doch ein oder zwei psychologische Fehler könnten den gesamten Ertrag leicht ruinieren.

Ich weiß, dass einige Leute aus der wissenschaftlichen Welt diese Ideen austesten wollen, um zu sehen, ob sie tatsächlich funktionieren. Funktioniert Position Sizing im echten Leben tatsächlich? Gelingt es Menschen mit Position Sizing, angemessen gute Erträge zu erzielen? Nun gut, ich kann dies bereits beantworten. Sie sollen Menschen finden, die Folgendes verstehen: Erwartung, das Wissen, wie man Position Sizing durchführt, um seine Ziele zu erreichen, und wie man sich selbst kontrolliert. Die beiden ersten Eigenschaften sind selten, doch wenn man den dritten Faktor hinzufügt, dann reden wir vermutlich von weniger als einem Prozent aller Trader und Investoren.

**Spielt nicht auch die Kontogröße eine Rolle?**
Selbstverständlich ist die Größe ebenfalls wichtig. Wenn Ihr Konto zu klein ist, dann werden Sie vermutlich zu groß traden und Ihr Konto leicht auslöschen.

Wenn Sie aber mit Ihren Trades unter, sagen wir mal, zehn Millionen Dollar bleiben, dann sind die von mir vorgeschlagenen Zahlen durchaus realistisch. Wenn aber ihre Größe zunimmt, sagen wir mal, auf 50 Millionen bis hin zu einer Milliarde Dollar, dann werden Sie bestimmte Ausführungsprobleme haben. Einige der großen Hedge-Fonds, die federführend für fünf Milliarden Dollar sind, eignen sich wirklich gut, wenn sie pro Jahr 20 Prozent erzielen können. Doch in diesen Fällen ruiniert die Bewegung von Größe meist die Erwartung.

Und für die meisten Investmentfonds sind fünf Milliarden Dollar fast gar nichts. Sie haben riesige Probleme, im Markt ein- und auszugehen, ohne ihn erheblich zu bewegen. Stellen Sie sich vor, welchen Einfluss Milliarden von Dollars ausüben, die versuchen, die Ideen zu traden, die ich in diesem Buch vorgestellt habe. Vermutlich könnten sie es sich nicht vorstellen. Daher müssen sie Sie davon überzeugen, dass das Geheimnis, Geld zu machen, im Kaufen-und-Halten liegt. Und deshalb zielen sie auf relative Performance ab und versuchen, ihren Richtwert zu übertreffen, was ihnen selten gelingt.

**Okay, wie sieht es mit Disziplin und dem Trading-Prozess aus?**
Dies ist der Bereich, für den ich vor über 20 Jahren das erste Modell erstellt habe. Wenn man diesen Bereich versteht, hat man eine echte Erfolgschance. Doch wenn man ihn nicht versteht, hat man kaum Erfolgschancen.

Das Allererste, was ich tat, um etwas über gutes Trading herauszufinden, war, eine Reihe von guten Tradern zu fragen, was sie eigentlich machten. Ich vermutete, dass die häufigsten Antworten die »wahren« Erfolgsgeheimnisse wären.

**Geben Sie uns einen Überblick. Wie wäre es mit ein paar Schritten, denen man regelmäßig folgen könnte, um als Trader disziplinierter zu sein?**
Die meisten Trader erzählten mir etwas über ihre Methoden. Nachdem ich mich mit 50 Tradern unterhalten hatte, hatte ich 50 verschiedenen Methodologien. Daher kam ich zu dem Schluss, dass die Methodologie für den Trading-Erfolg nicht so wichtig ist. Diese erfolgreichen Trader hatten allesamt risikoarme Ideen, es gab jedoch zahlreiche verschiedene Arten von risikoarmen Ideen, und dies war nur einer der Schlüssel. Heute würde ich dies so ausdrücken, dass man eine hohe positive Erwartung hat, mit vielen Gelegenheiten und sehr viel Verständnis dafür, wie man mithilfe von Position Sizing diese Erwartung langfristig gesehen realisiert. Doch dazu benötigt man eine Menge Disziplin. Ich habe einen kompletten Kurs zum Thema »Trading mit Spitzenleistungen« entwickelt, und zwischen diesem Kurs und dem vorliegenden Buch gibt es kaum Überschneidungen.

**Schritt eins** lautet, dass man einen Trading-Plan hat und ihn testet. Das meiste davon sollte Ihnen mittlerweile dank der in diesem Buch enthaltenen Informationen klar sein. Grundsätzlich haben Sie das Ziel, Vertrauen zu entwickeln sowie ein starkes Verständnis des von Ihnen verwendeten Trading-Konzepts. Wenn Sie weitere Informationen zur Entwicklung eines Trading-Plans haben möchten, dann besuchen Sie bitte unsere Website www.iitm.com.

**Schritt zwei** wäre, dass man die totale Verantwortung für alles übernimmt, was einem passiert. Selbst wenn sich jemand mit Ihrem Geld davonmacht oder ein Makler Sie abzockt, gehen Sie ruhig davon aus, dass

Sie irgendwie daran beteiligt waren, diese Situation zu schaffen. Ich weiß, das klingt ein bisschen heftig. Doch wenn Sie dies tun, können Sie Ihre Rolle in dem, was passiert, korrigieren. Wenn Sie aufhören, immer wieder dieselben Fehler zu begehen, dann haben Sie eine Chance, erfolgreich zu sein.

Der größte Fehler, den ich je begangen habe, war, einem meiner wichtigsten Kunden zu vertrauen, der sich letztlich als Hochstapler entpuppte. Dies kostete mich sehr viel Geld, und wahrscheinlich hat auch mein Ruf in gewisser Weise darunter gelitten. Wenn Sie jedoch diese Philosophie verfolgen, so wie ich es tue, dann müssen Sie sich fragen: Was habe ich eigentlich getan, um mich für eine derartige Person interessant zu machen? Welche Fehler habe ich gemacht? Und sobald Sie das verstehen, können Sie Maßnahmen ergreifen, um sicherzustellen, dass dies nie mehr passiert. Wenn Sie das nicht tun, dann werden Sie Ihre Fehler meist bis zum Erbrechen wiederholen.

**Schritt drei** lautet: Finden Sie Ihre Schwächen, und arbeiten Sie daran. Ich habe mehrere Coaches, die mir als Geschäftsmann helfen. Zudem bin ich selbst als Coach für mehrere Teilnehmer unseres »Super Trader«-Programms aktiv. Und der Schlüssel zu diesem Programm ist es, (1) einen starken Geschäftsansatz zum Traden zu entwickeln und (2) Schwächen ausfindig zu machen und sie auszumerzen. Erstellen Sie ein Tagebuch dessen, was Ihnen passiert. Sie erzeugen diese Emotionen; seien Sie also die Ursache dessen, was Ihnen passiert, anstatt das Opfer externer Umstände.

**Schritt vier** besteht darin, einige Worst-Case-Szenarien durchzuführen. Erstellen Sie eine Liste mit allem, was in Ihrem Geschäft schieflaufen könnte, und stellen Sie fest, wie Sie auf diese Situationen reagieren werden. Dies wird der Schlüssel zu Ihrem Erfolg sein – wissen, wie man auf Unerwartetes reagiert. Entwickeln Sie für alles, was Ihrer Meinung nach schieflaufen könnte, verschiedene Vorgehensweisen. Erproben Sie diese Aktionspläne, bis Sie Ihnen in Fleisch und Blut übergehen. Dies ist ein äußerst wichtiger Schritt auf dem Weg zum Erfolg.

**Schritt fünf** lautet, dass man sich tagtäglich selbst analysiert. Bei den eigenen Trades und Investitionen ist man selbst der wichtigste Faktor. Wäre es da nicht sinnvoll, ein wenig Zeit dafür zu opfern, dass man sich selbst analysiert? Wie fühlen Sie sich? Was läuft ab in Ihrem Leben? Je genauer Sie über diese Fragen Bescheid wissen, desto weniger werden sie Ihr Leben beeinflussen. Stellen Sie sich folgende Frage: Tue ich alles für den Trading-Erfolg? Ohne totales Engagement wird nichts funktionieren, aber mit totalem Engagement ist alles möglich.

**Schritt sechs** besteht darin, festzustellen, was zu Tagesbeginn schief beim Traden laufen könnte. Wie werden Sie darauf reagieren? Gehen Sie im Kopf jede Option so lange durch, bis Sie sie im Griff haben. Bei Sportlern spielt mentales Training eine große Rolle, und auch Sie sollten nicht darauf verzichten.

**Schritt sieben:** Lassen Sie den Tag am Ende noch einmal Revue passieren. Stellen Sie sich eine einfache Frage: Habe ich meine Regeln eingehalten? Lautet die Antwort ja, dann klopfen Sie sich selbst auf die Schulter. Genau genommen sollten Sie sich sogar zwei Mal auf die Schulter klopfen, wenn Sie Ihre Regeln befolgt und Geld verloren haben. Lautet die Antwort nein, dann müssen Sie feststellen, warum. Wie könnten Sie in Zukunft in eine ähnliche Situation geraten? Wenn Sie diese ähnliche Situation ausfindig machen, dann müssen Sie diese Situation immer wieder im Kopf durchspielen, damit Sie sicher wissen, wie Sie in Zukunft angemessen reagieren können.

Die oben genannten sieben Schritte sollten jeden Trader stark beeinflussen.

**Was ist das Wichtigste, was ein Trader oder Investor tun kann, um seine Leistung zu steigern?**

Das ist eine einfache Frage, die Antwort darauf ist aber nicht ganz so einfach. Übernehmen Sie die totale Verantwortung für alles, was mit Ihnen geschieht – im Markt und in Ihrem Leben. Ich habe es bereits mehrere Male gesagt: Seien Sie die Ursache dessen, was mit Ihnen passiert, und nicht ein Opfer der äußeren Umstände.

Ich habe bereits das Beispiel des Hochstaplers erwähnt, der mich eine Menge Geld gekostet hat. Damit mir dies nie mehr passieren kann, kommt es in erster Linie darauf an, nicht dieser Person die Schuld zu geben, sondern vielmehr zu überlegen, was ich eigentlich getan habe, um diese Person anzulocken, und sicherzustellen, dass ich dies nie mehr tun werde. Oft kommt es vor, dass diejenigen, die Geld verloren haben, nur nach jemandem suchen, dem sie die Schuld in die Schuhe schieben und den sie verklagen können. Wenn man so etwas tut, lernt man jedoch rein gar nichts, und es ist wesentlich wahrscheinlicher, dass sich erneut dieselben Dinge einschleichen, weil man sich nicht verändert hat. So berichtete zum Beispiel die örtliche Zeitung, dass einige der Investoren, die auf diesen Hochstapler hereingefallen waren, zuvor bereits von drei anderen Hochstaplern betrogen worden waren.

Und wenn dieses Beispiel schwierig für Sie ist, dann will ich Ihnen ein anderes Beispiel von einem der Murmelspiele liefern, die wir bei unseren Seminaren spielen. Nehmen wir an, unser Publikum hat 10.000 Dollar Spielgeld, und jedes Mitglied kann davon beliebig viel auf jede gezogene (und ausgewechselte) Murmel setzen. Nehmen wir außerdem an, 60 Prozent der Murmeln sind Verlierer, und eine von ihnen verliert fünf zu eins (das heißt, es handelt sich um ein 5R-Multiple). Das Spiel umfasst 100 Züge, sodass es zu einigen gewaltigen Pechsträhnen kommen wird. Bei

100 Zügen werden wir irgendwann vermutlich zehn bis zwölf Verlierer hintereinander verzeichnen. Darüber hinaus könnte diese Pechsträhne auch den Fünf-zu-eins-Verlust beinhalten.
Ich bin etwas raffiniert. Wenn jemand eine Murmel mit einem Verlust zieht, bitte ich diese Person, so lange weiterzuziehen, bis sie schließlich eine Murmel mit einem Gewinn zieht. Dies bedeutet, dass irgendjemand in unserem Publikum die gesamte lange Pechsträhne zieht.
Bis zum Ende des Spiels hat für gewöhnlich die Hälfe der Teilnehmer Geld verloren, und viele von ihnen sind pleitegegangen. Wenn ich sie frage:»Wie viele von Ihnen glauben, dass diese Person [das heißt die Person, die die Pechsträhne gezogen hat] für Ihre Verluste verantwortlich ist?«, dann heben viele von ihnen die Hand. Wenn sie das wirklich glauben, bedeutet dies, dass sie rein gar nichts aus dem Spiel gelernt haben. Sie gingen pleite, weil ihr Position Sizing mangelhaft war. Dafür gaben sie aber lieber einer anderen Person (oder Sache) die Schuld, wie zum Beispiel jener Person, die die verlustreichen Murmeln gezogen hatte.
Die cleversten Trader und Investoren sind diejenigen, die diese Lektion frühzeitig lernen. Sie schauen immer auf sich selbst, wenn es darum geht, Fehler zu korrigieren. Dies bedeutet, dass sie letztlich die psychologischen Probleme bereinigen, die sie davon abhalten, viel Geld zu verdienen, und irgendwann sogar von ihren Fehlern profitieren werden.
Daher erteile ich jedem zunächst folgenden Rat: Sehen Sie sich selbst als die Ursache für alles, was in Ihrem Leben passiert. Was sind die häufigsten Muster, und wie können Sie jene Muster in Ordnung bringen, die nicht wirklich funktionieren? Wenn Sie so vorgehen, steigen Ihre Chancen auf Erfolg rapide. Urplötzlich haben Sie Ihr Leben wieder unter Kontrolle.

**Haben Sie zu guter Letzt noch irgendwelche Goldenen Worte?**
Ich habe zwar bereits über Überzeugungen gesprochen, möchte aber noch einmal darauf zurückkommen, da ich sie für sehr wichtig halte. Zuerst einmal können Sie nicht die Märkte traden, sondern lediglich das, was Sie von den Märkten halten. Somit ist es für Sie unerlässlich, dass Sie sich über Ihre genauen Überzeugungen im Klaren sind.
Zudem werden gewisse grundsätzliche Überzeugungen, die nichts mit dem Markt zu tun haben, noch immer über Ihren Erfolg in den Märkten bestimmen. Dabei handelt es sich um Ihre Überzeugungen von sich selbst. Wozu sind Sie Ihrer Meinung nach in der Lage? Ist Ihnen Trading oder Erfolg wichtig? Wie sehr haben Sie Ihrer Meinung nach Erfolg verdient? Ein schwacher Glaube an sich selbst kann Trading mit einem tollen System unterminieren.
An diesem Punkt möchte ich etwas erwähnen, das Ihnen helfen wird, den nächsten Schritt zu machen. Auf unserer Website www.iitm.com finden

Sie ein Spiel, das Sie downloaden können. Dieses Spiel gibt Ihnen eine positive Erwartung und legt ausschließlich Wert auf Position Sizing sowie darauf, dass man seine Gewinne laufen lässt. Ich würde Ihnen Folgendes vorschlagen: Verwenden Sie dieses Spiel als Trainingsplatz für Ihr Trading. Achten Sie darauf, ob Sie bei diesem Spiel Geld verdienen. Die ersten drei Levels des Spiels sind für Sie kostenlos. Entwickeln Sie einen Plan, wie Sie durch diese drei Levels kommen, ohne übermäßig viel zu riskieren. Es ist möglich. Schauen Sie, ob Sie es durch das ganze Spiel schaffen, ohne übermäßig viel zu riskieren. Wenn Sie dieses Spiel absolvieren, können Sie die Prinzipien, über die ich in diesem Buch spreche, besser verstehen. Spielen Sie dieses Spiel mehrmals, weil Sie (1) etwas über unterschiedliche Szenarien lernen werden, mit denen Sie es als Trader zu tun haben, (2) eine Menge über sich selbst erfahren werden und (3) dadurch, dass Sie verschiedene Dinge ausprobieren, viel über Position Sizing lernen werden. Und wie gesagt: Die ersten drei Levels des Spiels sind kostenlos.

Beweisen Sie sich selbst, dass Sie es schaffen können. Spiele sind ein Spiegel Ihres Verhaltens. Wenn Sie es in unserem Spiel nicht schaffen, dann haben Sie im Markt keine Chance. Die meisten psychologischen Probleme, mit denen Sie es auf dem Markt zu tun haben, tauchen auch im Spiel auf. Das Spiel ist ein preiswerter Platz, um zu lernen.

Als Letztes möchte ich Ihnen noch mit auf den Weg geben, dass Sie dieses Buch vier oder fünf Mal lesen. Ich habe die Erfahrung gemacht, dass man die Dinge je nach Glaubenssystem filtert. Wenn Sie das Buch erst einmal komplett gelesen haben, dann haben Sie vermutlich einiges übersehen. Wenn Sie das Buch ein zweites Mal lesen, werden Sie merken, dass es durchaus noch einige Schmankerl bereithält. Und bei mehrmaligem Durchlesen werden Ihnen diese Informationen in Fleisch und Blut übergehen.

# Literaturverzeichnis

Alexander, Michael. *Stock Cycles: Why Stocks Won't Beat Money Markets over the Next Twenty Years.* Lincoln, Neb.: Writer's Club Press, 2000. Interesting analysis of a 200-year history of the stock market that shows the tendency for long secular bull and bear cycles.

Balsara, Nauzer J. *Money Management Strategies for Futures Traders.* New York: Wiley, 1992. Good money management book, but it is more about risk control than position sizing.

Barach, Roland. *Mindtraps, Die großen Denkfehler beim Investieren*, 1. Auflage, FinanzBuch Verlag München 2005.

Buffett, Warren E. und Lawrence A. Cunningham. *Essays von Warren Buffett: Das Buch für Investoren und Unternehmer*, 1. Auflage, FinanzBuch Verlag München 2006.

Campbell, Joseph (with Bill Moyers). *The Power of Myth.* New York: Doubleday,1988. One of my all-time favorite books.

Chande, Tushar. *Beyond Technical Analysis: How to Develop and Implement a Winning Trading System.* New York: Wiley, 1997. One of the first books to really go beyond just emphasizing entry.

Colby, Robert W., und Thomas A. Meyers. *Encyclopedia of Technical Market Indicators.* Homewood, Ill.: Dow Jones Irwin, 1988. Excellent just for its scope.

Connors, Laurence A., und Linda Bradford Raschke. *Street Smarts: High Probability Short Term Trading Strategies.* Sherman Oaks, Calif.: M. Gordon Publishing, 1995. Great book of short-term trading techniques.

Covel, Michael. *Trend-Following: How Great Traders Make Millions in Up and Down Markets*, new expanded edition. Upper Saddle River, N.J: Financial Times Prentice Hall, 2005. Probably the best overall book available on the concept of trend following.

Easterling, Ed. *Unexpected Returns: Understanding Secular Stock Market Cycles.* Fort Bragg, Calif.: Cypress House, 2005. In this self-published book, Ed Easterling presents a masterful job of helping people get a major perspective on why the market may do what it's going to do. If you want to understand the big picture, then this book is a must read.

Gallacher, William R. *Winner Take All: A Top Commodity Trader Tells It Like It Is.* Chicago: Probus, 1994. One of the systems mentioned in the text comes from this witty and straightforward book.

Gardner, David, und Tom Gardner. *The Motley Fool Investment Guide: How the Fool Beats Wall Street's Wise Men and How You Can Too.* New York: Simon & Schuster, 1996. Simple investment strategies most people can follow.

Graham, Benjamin. *Intelligent Investieren: Der Bestseller über die richtige Anlagestrategie*. 1. Auflage, FinanzBuch Verlag München 2005.

Hagstrom, Robert, Jr. *The Warren Buffett Way: Investment Strategies of the World's Greatest Investor*, 2nd ed. New York: Wiley, 2004. Probably the best book on Buffett's strategy. However, this is not Buffett writing about his strategy, and the author seems to have all the normal biases that most people have-it makes it seem as if all Buffett does is pick good stocks and hold on to them.

Kase, Cynthia. *Trading with the Odds: Using the Power of Probability to Profit in the Futures Market*. Chicago: Irwin, 1996. I believe there is more to this book than even the author knows.

Kaufman, Perry. *Smarter Trading: Improving Performance in Changing Markets*. New York: McGraw-Hill, 1995. Great ideas and contains another of the systems discussed throughout this book.

Kilpatrick, Andrew. *Of Permanent Value: The Story of Warren Buffett*. Birmingham, Ala.: AKPE, 1996. Fun reading.

LeBeau, Charles, und David W. Lucas. *The Technical Traders' Guide to Computer Analysis of the Futures Market*. Homewood, Ill: Irwin, 1992. One of the best books ever written on systems development.

Lefèvre, Edwin. *Reminiscence of a Stock Operator*. New York: Wiley Investment Classics, 2006. New edition of an old classic first published in 1923.

Lowe, Janet. *Warren Buffett Speaks: Wit and Wisdom from the World's Greatest Investor*. New York: Wiley, 1997. Fun reading with great wisdom.

Lowenstein, Roger. *Buffett: The Making of an American Capitalist*. New York: Random House, 1995. A good book to round out your Buffett education.

Mitchell, Dick. *Commonsense Betting: Betting Strategies for the Race Track*. New York: William Morrow, 1995. A must for people who really want to stretch themselves to learn position sizing.

O'Neil, William. *How to Make Money in Stocks: A Winning System in Good Times and Bad*, 2nd ed. New York: McGraw-Hill, 1995. A modern classic that includes one of the systems reviewed in this book.

Roberts, Ken. *The World's Most Powerful Money Manual and Course*. Grant's Pass, Oreg.: Published by Ken Roberts, 1995. Good course and good ideas. However, be careful if you don't have enough money. Call 503-955-2800 for more information.

Schwager, Jack. *Magier der Märkte. Interviews mit Top-Tradern der Finanzwelt*. 2. Auflage, FinanzBuch Verlag München 2004.

*The New Market Wizards*. New York: HarperCollins, 1992. Continues the tradition, and it again is a must read. William Eckhardt's chapter alone is worth the price of the book.

*Fundamentale Analyse*. 2. Auflage, FinanzBuch Verlag München 1998.

*Technische Analyse. Schwager on Futures.* 5. Auflage, FinanzBuch Verlag München 2005.

Sloman, James. *When You're Troubled: The Healing Heart.* Raleigh, N.C.: Mountain Rain, 1993. Call 1-919-466-0043 for more information. Great book about helping yourself through life. The author calls this book his life's purpose, and I tend to agree.

Sweeney, John. *Campaign Trading: Tactics and Strategies to Exploit the Markets.* New York: Wiley, 1996. Great book that emphasizes the more important aspects of trading.

Tharp, Van. *Peak Performance Course.* 1. Auflage, FinanzBuchverlag München 2008.

*How to Develop a Winning Trading System That Fits You, CD Course.* Cary, N.C.: International Institute of Trading Mastery (IITM), 1997. Call 1-919-466-0043 for more information. This is our original systems workshop, which is great information for all traders and investors.

*The Definitive Guide to Expectancy and Position Sizing.* Cary, N.C.: International Institute of Trading Mastery (IITM), 2007. Call 1-919-466-0043 for more information.

Tharp, Van, D. R. Barton, und Steve Sjuggerud. *Safe Strategies for Financial Freedom.* New York: McGraw-Hill, 2004. This book presents some new rules for the money gain, discusses the big picture, and then goes on to lay out specific strategies that fit the big picture. All of those strategies work, and this book describes all of the strategies that I use personally.

Tharp, Van. *Beruf: Trader.* 1. Auflage, FinanzBuch Verlag München 2006.

Vince, Ralph. *Portfolio Management Formulas: Mathematical Trading Methods for the Futures, Options, and Stock Markets.* New York: Wiley, 1990. Difficult reading, but most professionals should tackle it.

*The New Money Management: A Framework for Asset Allocation.* New York: Wiley, 1995. An improvement from *Portfolio Management Formulas* and again a book that most professionals in the field of investing and trading should read.

Whitman, Martin J. *Value Investing: A Balanced Approach.* New York: Wiley, 2000. Marty Whitman has been making consistent phenomenal returns through value investing for many, many years. In this book he talks about some of his strategies, and I consider it another must read for value investors.

Wilder, J. Welles, Jr. *New Concepts in Technical Trading.* Greensboro, N.C.: Trend Research, 1978. One of the classics of trading and a must read.

Wyckoff, Richard D. *How I Trade and Invest in Stocks and Bonds.* New York: Cosimo Classics, 2005. Reprint of the original 1922 edition.

# Index

## A

Ablenkungen *79, 87*
Abwertung *176, 184*
Abwicklungskosten *405-406, 417*
Adaptive Moving Average *302, 444*
Adaptive-Trading *301*
Aktienmarktsysteme *323, 341*
Anfangsrisiko *8, 14, 112-113, 115, 245, 308, 310, 326, 411, 413, 416, 428, 436, 438*
Anlageziel *33, 400, 417, 437, 441*
Arbitrage *8, 25, 105-106, 152-153, 156, 158, 173, 199*
Arbitragehändler *153-156, 158, 173*
Aufnahmefähigkeit *48*
Auftragsausführung *455, 458-459*
Ausstiegspunkt *8, 14, 22, 45, 59-60, 86, 91, 114, 115, 121-122, 140, 170-171, 220, 223, 228, 236, 286-287, 350, 355, 368, 451, 454*
Ausstiegsstrategie *9, 73, 228, 330, 342-344*
Ausstiegstechniken *266, 338*

## B

Balkendiagramm *48, 50-58, 61, 63, 65, 72, 314*
Band-Trader *139-140, 245, 247, 397*
Band-Trading *8, 26, 103-104, 134-135, 138-140, 172, 350, 355*
Beschleunigung *295-299*
Bollinger-Bänder *137-138*
Börsenaufsicht (SEC) *199*
Börsen-Setups *259*
Business-Evaluation-Modell *300*
Business-Plan *44, 57, 79, 87, 107, 349, 397*

## C

Candlestick-Chart *50, 52, 366, 371, 375, 378, 381, 388*
CANSLIM-Methode *323, 443*
Channel-Break-outs *275-277, 281-282, 287, 321-322*
Channel-Break-out-Trailing-Stop *333*
Chicago Board of Trade *11, 105, 145, 244*

## D

Day-Trader *68, 105, 107, 110, 114, 125, 190, 199, 244-245, 322, 407, 410, 459-461*
Day-Trading *109, 134, 199-200, 210, 407*
Day-Trading-System *109*

Deflation *183, 189-190*
Depression *43, 183, 190, 307*
Dev-Stop *321, 325-326*
Diversifikation *352, 420, 429*
Dividende *124, 155, 187, 342*
Dollar-Stop *319, 324, 326, 332-333, 337*
Dreieck *284*
Drei-Schritte-Muster *267-269, 326*

## E

Ein-Prozent-Risiko-Algorithmus *274*
Einstiegsevaluierung *9, 300*
Einstiegskriterien *101-102, 104, 262*
Einstiegsphase *9, 240-242, 246-248*
Einstiegspunkt *14, 57, 59, 86, 91, 101, 113, 139, 170, 173, 233, 236, 247, 252, 286, 288, 297, 303, 314, 368, 390*
Einstiegssignal *9, 22, 26, 59-61, 111, 113, 122, 170, 249, 251-252, 254, 256, 265, 267, 271-272, 274-277, 281-287, 290, 292, 294-296, 300, 304, 310, 321, 331, 339, 372-373, 376*
Einstiegsstrategie *22, 308, 330*
Einstiegstechnik *9, 22, 36, 59, 121, 236, 248, 272, 275-276, 281, 283, 300, 303, 305, 307, 310-311, 321, 329, 343*
Elliott-Wellen *165-166, 239-240, 245, 285, 335*
Empfehlung *4, 10, 33, 132, 273, 334, 344, 349, 354-355, 388, 410-413, 416-417, 454, 479*
Entscheidungsfindung *32, 160, 203, 456*
Evolutionsprozess *32*

## F

Failed-Test-Setup *249, 251-252*
Fehlinformationen *21*
Filter *9, 18, 67, 170, 176, 254-255, 265, 269-270, 303, 305, 343*
Finanzielle Freiheit *17-18, 44*
Freiheitsgradneigung *66*
Fundamentalanalyse *8, 126-128, 130-131, 164, 172, 240*
Fundamental-Trading *126, 264, 266, 325, 343, 446*

## G

Geheimnis *31, 37, 308, 339, 355, 462*
Geld-Brief-Spanne *200, 402, 405*
Gesamtsystem *8, 116, 219*
Gesetz der kleinen Zahlen *60, 72*
Getreide *32, 145, 159, 299, 309, 431, 433, 435, 447*
Gewinnmitnahme *9, 45, 71, 114-115, 144, 236, 267, 269, 322, 330, 341*
Gewinnwahrscheinlichkeit *22, 219, 229, 233, 426, 432*
Gewinnziel *9, 127, 156, 170, 335-336, 338-339, 402*
Gleitende Durchschnitte *49, 55, 66, 137, 254, 264, 273, 291-294, 301-302, 305, 321, 331, 440*
Globalisierung *8, 190*
Gold *151-152, 161-164, 176, 179, 197, 207, 336, 433-435, 440*
Großunternehmen *53, 423*
Guru *33-34, 58-59*

## H

Hammer *284*
Hanging Man *284*
Heiliger Gral *7, 29-32, 34-38, 47, 240, 346, 451, 458*
Heuristik *15, 30, 44, 49, 54, 58, 101*
High-Tech-Unternehmen *94*
Hook Reversal *267, 268*
Hurricaneomic-Analyse *160*

## I

Indikator *22, 49, 55, 66-67, 80, 88, 101, 121, 124-125, 127, 129, 147, 241, 254-255, 257, 274, 283, 289-291, 294, 296, 321, 414*
Individual Retirement Accounts *200*
Ineffizienz *79, 156, 158, 202*
Inflation *107, 119, 176, 183-184, 187, 189-193*
Innere Kontrolle *38*
Inter-Markt-Analyse *151, 159, 163-164, 173*
International Monetary Market (IMM) *150*
Irrglaube *49, 69-70, 424*

## K

Kapitalausstattung *245*
Kapitalentnahmen *85*
Kausalzusammenhänge *63*
Keile *284*
Kleininvestoren *70, 156*
Komponentendaten *256*
Konservatismus *62, 65, 73*

Konsolidierung *83, 89, 292, 333, 344, 358-359, 361, 372, 388-389, 391*
Kreuzparitäten *150-151*
Kundenbeziehungen *85, 90*
Kundenkonto *84, 90, 156*
Kurskorrektur *253, 255, 281, 320, 349*
Kursprognose *129, 163, 287*

## L

Leerverkäufe *31-32, 126, 244*
Liquidität *141, 145, 196, 242-243, 277, 378*
Lottoneigung *57, 58, 60, 62, 64, 72, 236, 285, 420*

## M

MACD *55*
Management *11, 16, 22, 27, 38, 42, 60, 85, 90, 156, 240, 258, 260, 262, 320, 325, 372, 419-421, 427, 429, 448, 467, 469*
Manipulierung *57-58*
Marktaktivitäten *50, 54, 65, 136, 145*
Marktauswahl *14, 242*
Markteffizienzmodell *264*
Markteinflüsse *160*
Marktindizes *196, 460*
Marktinformationen *7, 50, 98*
Marktkenntnisse *80, 88*
Marktprognose *71, 286*
Marktrecherche *30, 44, 118*
Marktrichtung *246-247, 287, 290, 294, 303*
Markt-Stalker *9, 248*
Markt-Stalking *272*
Markt-Timing *9, 248, 271*
Mental-Scenario-Planung *178*
Mental-Scenario-Trader *175, 177*
Metapher *7, 9, 34-38, 209, 211-212, 214-215, 220, 399, 423, 425*
Mindesteinsatz *426*
Mission *7, 80, 101, 158*
Money Management *419-421, 429, 448*
Money-Management-Stop *320, 427*
Moving-Average-Trailing-Stop *333*
Multimarkt-Effekt *163*
Murmelspiel *219, 223, 230-232, 421, 408, 464*

## N

Nachrichten *65, 128-129, 141, 154, 178*
Neigung *7, 8, 22, 38, 42-43, 47, 49-50, 55-56, 60-62, 64-74, 101, 116, 141-142, 164, 202, 222, 237, 342*
Neigung zur Willkür *62, 64, 69, 73*
Neurolinguistische Programmierung (NLP) *41, 95*

Newsletter *10, 22, 26, 45, 56, 107, 126, 132, 134, 138, 148, 191, 205, 241, 273, 334-335, 346, 349, 354-355, 363-364, 369, 374, 380, 385, 388, 393-394, 397, 410-417, 435, 454, 479*
Nische *105*
Notfallplan *119, 353*

## O

Offene Investmentfonds *86, 194-197, 241-242, 460*
Optimierung *66-67, 112, 257, 339, 344*
Optionshandel *33*
Order Execution *458*
Oszillator *254, 274, 290, 294-295, 305*

## P

Parabolische Stops *337*
Parketthändler *12, 25, 53, 105, 125, 148, 150-151, 172*
Positionsgrößenbestimmung *10, 27, 249, 269, 271, 273, 281, 313, 320, 330, 355, 404, 417, 421-423, 427, 429, 431, 435, 443-444, 448*
Position Sizing *8, 10, 13-14, 19, 22, 26-27, 33, 38-39, 42-43, 45, 64, 68-70, 73, 86-87, 91, 96, 100, 109, 117, 121-122, 128, 170-171, 211, 215, 219-220, 223-224, 226, 227, 229, 231, 346, 348, 353, 386, 397, 411, 414, 416, 421-425, 427, 429-436, 439, 440, 441, 442, 443-448, 451-452, 455-456, 458-462, 465-466, 469*
Position-Sizing-Strategie *10, 139, 426-427, 431-432, 438*
Postdictive Error Bias *67*
Preissignal *162*
Profit-Retracement-Stop *333-334*
Prozent-Risiko-Modell *10, 274, 429, 435-439, 441-442, 446, 449*
Prozent-Volatilitäts-Modell *10, 439-442, 446, 449*
Psychologie *12-13, 22, 38-39, 41, 96, 121, 202-204, 407, 416, 419, 421-424, 452, 455*
Psychologische Ausstiege *338*

## R

Random-Entry-System *286, 305, 310*
Regelwerke *197, 422, 453*
Rendite-Risiko-Verhältnis *453-454*
Repräsentativitätsneigung *51, 55, 63, 72*
Retracement-Setup *253-255, 295, 299*
Retracement-Stop *323, 326, 332-334, 400*
Rezession *190*
Risikobewertung *158*
Risiko-Gewinn-Verhältnis *67*
Risikokontrolle *38, 42, 197, 338, 353, 420-421*

Risikoniveau *68, 432*
Risiko-Rendite-Verhältnis *11, 14, 76, 86, 114-115, 215-216, 222, 236, 330, 335*
Risikovermeidung *420*
R-Multiple *8, 10, 19, 26, 114-116, 134, 171, 216-219, 222-225, 229-233, 272, 280-281, 285, 297, 299-300, 308-309, 311, 317, 326, 335, 338, 354-355 395, 399-401, 407-408, 411-413, 416-417, 421, 430, 436, 439, 451, 458-459*

## S

Schattierung *52*
Schlupfloch *105, 156, 158, 198-199, 353*
Schlüsselbegriffe *44*
Schneeballschlacht-Metapher *209, 425*
Schuldenkrise *182*
Schwäche *252*
Schwankungsbereich *31, 103*
Selbsteinschätzung *79, 87*
Selbstfindung *30, 44*
Selbstinventur *97*
Seriosität *121*
Sicherungs-Stop *112-113, 312, 319, 322, 325-326, 384*
Slippage *68, 111, 113, 125, 405-406, 459*
Software *22, 26, 56, 59, 66, 159-160, 254, 257, 455-457*
Softwareanwendungen *66-67, 85*
Sonnenflecken *166-167*
Spreading *8, 106, 148, 152, 172*
Staatsdefizit *160*
Statistiken *80, 87, 147, 167, 256, 354*
Stochastik *49, 55, 294*
SuperTrader *106*
Swing-Trader *107, 251, 350, 357, 367, 372, 376, 382, 388-389, 391-392, 394, 461*
Swing-Trading *109, 134, 253*
Systementwicklung *44, 49, 65-66, 77-78, 95, 98, 107, 246, 274, 332, 346*

## T

Terminmarkt *22, 86, 106, 108, 118, 125, 128, 130, 140, 144, 148, 172, 236*
Terminmarktsysteme *342*
Time-Setup *255*
Time-Stop *322-323, 327*
Trader-Axiom *25, 123*
Trading-Gelegenheiten *108, 176, 256, 346, 431, 453, 459*
Trading-Ideen *12, 85, 90, 151-152, 164, 176-177, 203, 329, 411*
Trading-Kosten *68, 196, 210, 212, 214, 370, 405-406, 453, 460*
Trading-Plan *13, 85, 90, 348, 462*

473

Trading-Programm *82, 85*
Trading-System *7, 9, 15, 19, 22, 27, 30, 34,*
*36-37, 39-40, 49-50, 55, 59-60, 62, 64-65,*
*68, 70, 72-73, 77-81, 87-88, 94, 99-100, 109,*
*114-116, 126, 138, 170, 209, 215-217, 224,*
*226, 229, 232-233, 237, 239-240, 249-250,*
*254, 257, 261, 269-271, 288, 305, 308-309,*
*312, 314, 318, 327, 329-330, 335, 338, 340,*
*344, 346, 350, 397, 404, 410, 416-417, 421,*
*428, 441, 448, 451, 453, 455, 457*
Trailing-Stop *86, 91, 277, 331-335, 337,*
*339-340, 344, 350, 370, 377, 385, 387, 390,*
*394, 401, 411, 413, 428*
Transaktionskosten *108, 110-113, 124-125, 221,*
*223, 310, 316, 318, 324-326, 340, 342*
Trendiness *288*

## U

Überzeugung *33, 41, 98-101, 122, 133, 159,*
*176-178, 205, 207, 244, 331, 347, 355, 361,*
*397, 413, 416, 451, 458, 465*
Umsatzerwartung *33*
US-Aktienmarkt *21, 176, 185, 190, 193, 206*
US-Unternehmen *181, 189, 191*
US-Verbraucher *181, 184, 192-193, 203*

## V

Value-Aktie *133, 206*
Value-Investing *132, 415*
Value-Investitionen *131, 133-134, 172*
Value-Trader *131, 351-352, 360, 368, 372, 377,*
*384, 388, 390-392, 394*
Value-Trading *8, 105, 131*
Varianz *52, 63, 73, 170*
Verbraucherschulden *17, 43*
Verhaltensmuster *56*
Verkaufssignal *31, 251, 303*
Verlangsamung *295-297, 299-300*
Verlangsamungen *297*

Verlustfalle *11, 12*
Vermittlungsprovisionen *405*
Vermögensaufbau *12*
Vermögensverwalter *97, 122*
Vermögenswerte *78, 131-132, 182, 196, 203*
Verschuldung *8, 175-176, 178-181, 184, 193-194,*
*207*
Vertrauen *57-58, 145, 164, 457-458, 462*
Volatilitäts-Break-out *31, 286-287, 303, 305,*
*336*
Volatilitäts-Stop *273, 320, 325-326, 323, 340,*
*432*
Volumendaten *256, 270*
Vorstellung *13, 15, 18-19, 42, 64, 98, 122, 127,*
*164-165, 176, 243, 255, 288, 308, 310, 347*

## W

Wahrnehmung *47-49*
Weltwirtschaftskrise *43, 182*
Wimpel *284*
Wirtschaftswachstum *188-189*
Wirtschaftswissenschaftler *47, 62*
Workshop *11-13, 26, 40, 42, 77-78, 80, 98, 100,*
*107, 119, 122, 126, 134, 257, 273, 289, 307,*
*414*

## Z

Zeitrahmen *8, 53, 107, 114-115, 156, 190, 236,*
*248, 265, 269, 272, 274, 296, 317, 356, 378*
Zeitraum *35, 48, 106, 111, 125, 151, 186, 188,*
*192, 228, 230, 277, 289, 297, 301, 303, 305,*
*312, 316, 333, 356, 364, 403, 411-413, 420,*
*428, 430, 439*
Zentralbankinterventionen *161*
Zocker *70, 426-427*
Zuverlässigkeit *55, 101, 108-113, 124, 169, 209,*
*211, 236, 271, 453*
Zuverlässigkeitsneigung *55, 72*

# Über den Autor

Van K. Tharp, Ph.D., ist ein international anerkannter Berater und Coach für Trader und Investoren. Zudem ist er Gründer und Präsident des »Van Tharp Institute«. Er ist Verfasser mehrerer Bestseller über Trading- und Investmentstrategien. Tharp gilt als profunder Vortragsredner und entwickelt Kurse sowie Seminare für Banken und Investmentfirmen auf der ganzen Welt. Für renommierte Finanzmagazine wie beispielsweise *Forbes*, *Barron's Market Week* und *Investor's Business Daily* verfasst Tharp regelmäßig Artikel zum Thema Trading.

## Eine persönliche Einladung von Van K. Tharp an alle Leser

Besuchen Sie meine Website unter www.vantharp.com und werden Sie Mitglied unserer Community. Dort können sie u.a. meinen Newsletter beziehen, meine Kolumnen lesen und eine Trading-Simulation herunterladen, mit der Sie den Handel unterschiedlicher Positionsgrößen üben können.

### Kostenlose Trading-Simulation
Der beste Weg, unterschiedliche Positionsgrößen handeln zu lernen, ist zu üben! Dazu haben wir ein Spiel mit zehn Schwierigkeitsstufen entwickelt, mit dem Sie Ihre Fähigkeiten trainieren können. Die ersten drei Stufen sind für Mitglieder der Community kostenlos!

### Welche Art von Trader sind Sie?
Machen Sie einen Selbsttest und schauen Sie sich die Antwort auf der »Tharp Trading Skala« an.

### Kostenloser Newsletter
Abonnieren Sie »Tharp's Thoughts«, den kostenlosen Newsletter, und profitieren Sie von meinen Empfehlungen, Kolumnen und weiteren Artikeln aus der Welt des Tradings!

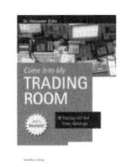

Folgende Bücher sind im Handel erhältlich oder können bestellt werden bei:
Fordern Sie unseren kostenlosen und umfangreichen Katalog an!

# FinanzBuchVerlag
## www.finanzbuchverlag.de

Frundsbergstraße 23
D-80634 München
Telefon: 089 651285-0
Fax:  089 652096
eMail: bestellung@finanzbuchverlag.de

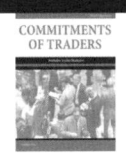

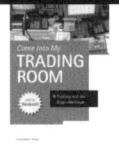

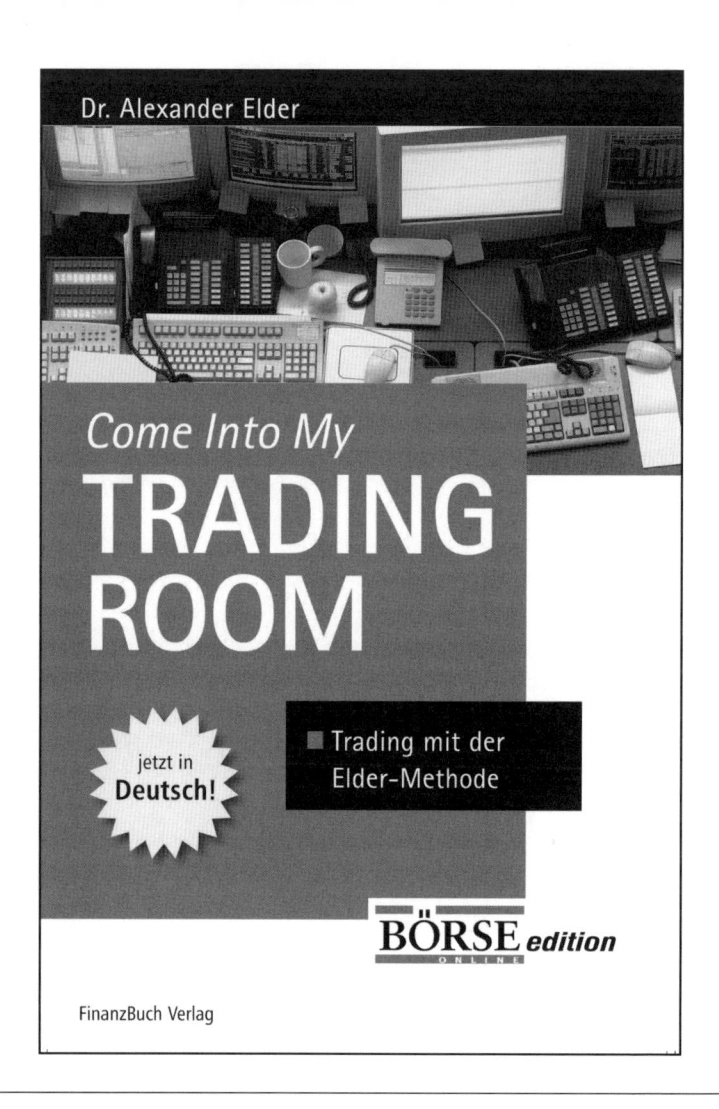

Dr. Alexander Elder

# Come Into My
# TRADING ROOM

jetzt in **Deutsch!**

■ Trading mit der Elder-Methode

**BÖRSE** edition

FinanzBuch Verlag

---

Dr. Alexander Elder

## Come into my Trading Room

327 Buch + 185 Workbook
Preis € 49,90 (D); € 51,30 (A); SFr 85,50
ISBN: 978-3-89879-050-5

Der weltbekannte Börsenprofi Dr. Alexander Elder präsenti[e]
dem Leser in seinem neuen Buch das einzigartige System f[ür]
den profitablen Handel mit Aktien, Futures, Währungen u[nd]
Optionen. Er enthüllt Kapitel um Kapitel eine Fülle höch[st]
profitabler Indikatoren, die von den meisten Experten bisla[ng]
übersehen wurden. Der Leser erhält auf diese Weise unerse[tz]
bare Einblicke über das Funktionieren der Märkte. Gleichzei[tig]
bekommt er praktische Methoden an die Hand, um gera[de]
die volatilen Märkte von heute zu handeln.

Jeder kann von der Lektüre dieses Buches profitieren: W[as]
bewegt die Märkte wirklich, wie vermeidet man die häufig[s]
ten Fehler, wie sieht der Aufbau eines erfolgreichen Mon[ey]
Managements aus?

## Stock Market Wizards

Schwager, Jack D.

96 Seiten, Hardcover
eis € 39,90 (D); € 41,10 (A); SFr. 66,70
BN 978-3-89879-019-2

Jack Schwager ist Autor zahlreicher Werke zum Thema Trading. Besonders bekannt wurde er auch in Deutschland durch seine Serie „Schwager on Futures", die ebenfalls im FinanzBuch Verlag erschienen ist. Vorliegende Novität ist der dritte Teil der weltbekannten „Market Wizard"-Serie, die in Deutschland unter dem Namen „Magier der Märkte" bekannt ist. Der renommierte US-Analyst und Trainer enthüllt in zahlreichen feinfühligen Interviews die Geheimnisse und Trading-Ansätze der Stars aus der amerikanischen Trading-Szene.